Click!
클릭의
사회학

Click!
클릭의
사회학

페이스북에서
위키피디아까지
디지털 민주주의
깊이 읽기

이항우 지음

이매진

이매진 컨텍스트39

클릭의 사회학

페이스북에서 위키피디아까지 디지털 민주주의 깊이 읽기

지은이 이항우 **펴낸곳** 이매진 **펴낸이** 정철수 **편집** 최예원 기인선 김성현 **디자인** 오혜진
마케팅 김둘미 **처음 찍은 날** 2013년 3월 28일 **등록** 2003년 5월 14일 제313-2003-0183
호 **주소** 서울시 마포구 성지5길 17, 301호(합정동) **전화** 02-3141-1917 **팩스** 02-3141-
0917 **이메일** imaginepub@naver.com **블로그** blog.naver.com/imaginepub **ISBN** 978-89-
93985-92-4 (93300)

/

이종철, 이춘자 두 분의 무한한 은혜와
윤숙명, 현영, 상민의 깊은 사랑에 이 책을 바친다.

차례

1 ^장 들어가며

1439년경 요하네스 구텐베르크^{Johannes Gutenberg}에 의한 이동식 활자판 발명은 중세 유럽의 암흑을 몰아내고 종교 개혁과 르네상스, 계몽과 과학 혁명의 근대를 여는 데 지대하게 공헌한 역사적 사건이었다. 당시의 최고 권력이던 교회는 역설적이게도 이동식 활판 인쇄술의 최대 수혜자이자 희생자였다. 구텐베르크는 자신이 발명한 기술로 이른바 '구텐베르크 성경' 180부를 인쇄했고, 가톨릭 교회가 1454년 즈음부터 발행한 면죄부는 당대의 가장 활발한 인쇄 품목들 중 하나였다. 그러나 정작 인쇄술은 종교 개혁의 중요한 촉매제가 됐는데, 루터의 95개 테제는 30만 부 가량의 인쇄본이 전 유럽에 유통됐고, 면죄부를 비판하기 위해 발행된 신문 형태의 문건은 이후 전국적 대중 신문의 탄생으로 이어졌다. 무엇보다도 구텐베르크 인쇄술은 유럽 전역에 교육과 모국어의 확산을 촉진하고, 가톨릭 교회 중심의 위계 질서를 근본적으로 뒤흔드는 기술적 토대가 됐다. 가톨릭 교회는 유럽인들의 광범위한 문맹과 라틴어 성서 독점을 토대로 수백 년간 막대한 권력을 누렸지만, 이동식 활자판의 대량 복제 기술에 힘입은 정보와 지식의 확산은 대중들에게 기존의 제도적 권위에 도전하고 궁극적으로 그것을 전복할 수 있는 힘을 부여해줬다.

과연 인터넷으로 대변되는 최근의 디지털 혁명은 반세기 전의 구텐베르크 인쇄 혁명에 비견될 만하다. 어쩌면 현재의 정치, 경제, 사회 변동은 인쇄술의 그것보다 훨씬 더 급진적인지도 모른다. 비록 인쇄술이 중세 지배 집단의 지식 독점을 해체하고 대중 권력의 확산에 기여했지만, 신문을 포함한 근대 대중 매체는 여전히 막대한 자본을 가진 소수 엘리트 집단만이 소유할 수 있는 기술이었다. 그리하여, 프레이저와 두타가 말했듯이, "미디어 메시지는 확산됐지만 미디어 권력은 중앙으로 집중됐다" (Fraser and Dutta 2008, 199). 대다수 근대인들은 대중 매체가 전달하는 메시지와 정보의 수동적 청중 또는 수용자의 위치에 머물렀다. 그러나 오늘날의 소셜 미디어는 매체 소유와 관련한 진입 장벽을 사실상 제거함으로써, 디지털 네트워크에 접속한 사람이면 누구나 세계를 대상으로 자신을 알리고 표현할 수 있게 해줬다. 이제 지식과 정보와 권력은 소수 엘리트의 손에서 벗어나 역사상 그 어느 때보다도 더 주변으로, 더 많은 사람들에게 확산되고 있는 것처럼 보인다.

디지털 네트워크의 확산과 함께 지난 300여 년을 지배해온 근대적 사회 조직 원리는 점점 더 낡은 것이 되고 있는 반면, 새로운 디지털 사회 조직 원리의 영향력은 점차 강화되고 있다. 실재와 가상, 자연과 인공, 원본과 복제물, 실체와 개념, 본질과 현상 등과 같은 엄격한 양분 대립에 근거한 근대적 재현 관념은 각 대립쌍들 사이의 점증하는 탈경계화에 따라 그 유효성이 심각하게 의문시되고 있다. 그리고 공적인 것과 사적인 것의 명확한 구분이라는 근대 사회생활의 기본 원리는 공적인 것과 사적인 것이 혼재된 비공식적 공적 생활 영역의 확대와 '사회적으로 매개된' 공인의 출현이라는 새로운 현상에 도전받고 있다. 나아가 근대 사회에서 전문가는 세상에 관한 보편 타당한 지식을 생산하고 복잡한 사회 문제의 합리적 해결책을 제공해주는 독보적인 존재로 여겨졌지만, 컴퓨터 네트워크의 확산에 힘입은 수많은 아마추어들의 자발적 협력은 전통적인 전문가주의와 전문가의 권위를 압도할 정도로 지식 생산과 문제 해결의 훌륭한 원천이 되고 있다.

또한 디지털 미디어는 예전처럼 공식적인 집단이 독점했던 대규모의 전문적이고 중앙 집중적인 집합 행동 대신에 분산성, 수평성, 개방성, 다양성, 유연성, 비공식성의 원리에 토대를 둔 집합 행동이 표출될 수 있는 조건을 제공해준다. 게다가 합의의 형성보다는 상이한 입장들이 활발하게 표출되고 서로 역동적으로 경합하는 사이버 토론 공간은 사회 질서에 대한 반본질주의적 태도가 확산되는 탈근대 정치의 무대가 되고 있다. 아울러 디지털 네트워크를 통한 지적, 문화적 공유 자산의 생산 확대는 전통적인 자본주의 사유화 논리와 점점 더 대립하고 있다.

이 책은 최근의 이런 사회 변동과 사회조직 원리의 성격을 탐구한다. 구체적으로 사이버 공간에서 새롭게 형성되고 있는 온라인 사회 관계, 디지털 네트워크를 통한 대규모 온라인 협력, 광범위한 인터넷 토론으로 대변되는 온라인 민주주의, 그리고 디지털 공간의 중심화와 탈중심화를 조절하는 인터넷 거버넌스의 특징을 분석한다. 그러기 위해 공간적으로는 한국과 미국에서, 시간적으로는 1990년대 후반부터 최근에 이르기까지, 커다란 사회적 관심의 대상이 된 대표적인 인터넷 영역의 사례를 살펴본다. 2001년 미국의 9.11 테러 사건, 2004년 한국의 양심적 병역 거부 논란과 행정수도 이전 논쟁, 2006년 인터넷 실명제 논란, 2008년 광우병 쇠고기 수입 반대 촛불 시위, 2011년 미국 월가 점령 운동 등의 주요 사회적 사건들과 관련해, 유즈넷 뉴스그룹Usenet Newsgroup, 디시인사이드 토론

갤러리, 다음 아고라 토론방, 페이스북 그룹 등에서 벌어진 사용자들 사이의 상호 작용의 성격을 분석한다. 이밖에도 싸이월드, 위키피디아, 사회 연결망 사이트Social Network Site, 국제인터넷주소자원관리기구, 한국정보보호진흥원 등과 같은 사이트에 관한 사례 분석을 통해 사이버 공간 속의 자아 표현과 공동체 관계, 온라인 협력, 인터넷 거버넌스, 전자 감시와 개인정보 보호 등의 문제를 탐구한다.

1부는 최근 디지털 네트워크를 통한 비공식적 공적 생활의 확장에 초점을 맞춰 온라인 사회 관계의 성격을 규명한다. 개괄적 도입부라 할 수 있는 2장은 1990년대 중반 이후 지금까지 진행된 온라인 사회 관계에 관한 국내외의 다양한 학술 연구의 쟁점과 성과를 다룬다. 웹 2.0 이전의 온라인 사회 관계에 관한 대부분의 연구는 온라인 사회 관계를 약한 유대 관계로 간주했으며, 유익한 정보 교환에 약한 유대 관계가 갖는 장점이 온라인 그룹에 널리 적용될 수 있다고 봤다. 또한 온라인의 약한 유대 관계가 공동체 관계로 발전할 수 있다고 간주했으며, 이 점은 사회학의 지배적인 사회 관계 이론에 중대한 수정을 초래했다. 한편 최근의 사회 연결망 사이트는 대체로 강한 유대 관계라는 측면에서 이해되며, 정보의 신뢰성 측면에서 이전의 온라인 포럼보다 더 유리하다고 파악된다. 그러나 대부분의 사이트가 상업 공간이라는 점에서, 감시 강화와 프라이버시 침해, 성적 일탈 같은 위험 요소가 더 많이 수반된다고 볼 수 있다.

2005년 한국의 '싸이 열풍'을 다루는 3장은 '싸이월드'를 '비공식적 공적 생활'의 장으로 파악하고, 그것의 성격을 사용자들의 공/사 경계 조율 행위와 관련해 탐구한다. 싸이월드의 메인 페이지에 소개된 미니홈피들 중에서 수집한 총 23개의 개인 사이트에 관한 분석을 통해, 싸이월드의 미니홈피가 사용자들에게 가정과 직장과는 분리된 독립된 제3의 장소로 인식되며, 미니홈피의 주된 청중은 오랜 지인이나 새로이 사귀게 된 친구 등과 같은 '준거 타자'로 설정되며, 개방성과 협력성 그리고 즐거운 분위기 등 전통적인 비공식적 공적 생활의 특징들이 대체로 확인되는 공간이라는 점을 밝힌다. 미니홈피는 모든 인터넷 사용자들이 원하기만 하면 접근할 수 있는 개방된 곳이라는 점에서 공적 공간이라 할 수 있지만, 마치 공원과 같은 공적 공간에서 일어나는 친구들 사이의 모임이 흔히 사적인 것으로 간주되는 것과 유사한 맥락에서 사용자들은 미니홈피의 사적인 성격을 보호하기 위한 다양한 행위 규범을 만들어내고 있다.

4장은 사이버 공간의 대표적 행위 유형이라 할 수 있는 플레이밍 flaming 현상을 다룬다. 사이버 공간 속 적대성의 표출에 영향을 미치는 요인, 그것의 부정적 효과를 다루기 위해 도입되는 행위 전략, 그것들이 오프라인 상황과 다르게 나타나는 양상을 살펴본다. 한 유즈넷 뉴스그룹에 관한 관찰을 통해, 이 장은 그룹 탈퇴, 사과, 비난, 중재, 연대감 표출, 농담, 의례화, 정상화 등과 같은 행위 유형들의 특징을 살펴본다. 또한 지리적 경계를 초월해 일어나는 온라인 상호 작용이 플레이밍으로 쉽게 빠져드는 경향이 있으며, 말하기와 글쓰기가 혼재된 비동시적인 상호 작용이 새로운 형태의 갈등 스타일을 촉진시킨다는 사실도 보여준다. 온라인 상호 작용 참가자들은 의례화나 정상화 같은 전략을 도입함으로써, 플레이밍이 유감스럽기는 하지만 기꺼이 수용할 수 있는 상호 작용 범주라고 간주하는 경향이 있다.

5장은 온라인 토론 공간에서 일어나는 자아 표현의 진실성과 신뢰성 문제를 다룬다. 익명적인 온라인 상호 작용은 탈중심적, 유동적, 다중적 정체성을 실험할 수 있게 해준다고 이해되지만, 이런 탈육적 disembodied 온라인 정체성은 종종 자아 표현의 신뢰성 문제를 수반한다고 간주되기도 한다. 유즈넷 토론 그룹에 관한 사례 연구를 통해, 이 장은 '구성원들은 자신의 정체성 정보를 숨기기 위해 어떤 기술들을 도입하는가?', '어떤 조건에서 자신들에 관한 정보를 자발적으로 드러내는가?', '다른 사람들에 관한 유형 지식을 구축하기 위한 정체성 단서를 탐색하는가?', '온라인 자아 표현과 대면적 정체성 유형 사이의 유사성과 차이점은 무엇인가?' 등의 질문들을 규명한다. 이런 노력은 그동안 정체성 숨김과 자기 표출의 과정에 집중해온 온라인 자아 표현 연구에 참여자들의 적극적인 '정체성 탐색' 동학을 중요한 하나의 상호 작용 차원으로 통합시키는 작업이라 할 수 있다.

2부는 집단 지성이라는 관념에 초점을 맞춰 온라인 백과사전 위키피디아, 2009년의 광우병 쇠고기 수입 반대 촛불 시위, 2011년 미국의 월가 점령 운동 등에 나타난 디지털 네트워크 시대 대규모 집합 행동의 성격을 살펴본다. 6장은 오늘날의 네트워크 사회에서 권위에 관한 사회적 관념이 어떻게 변하고 있으며, 그 속에서 새로운 권위 유형은 어떻게 형성될 수 있는지 탐색한다. 집단 지성 구축의 가장 성공적 사례로 널리 평가받고 있는 위키피디아 경험에 관한 분석을 통해 집단 지성이 전통적인 전문가주의와 어떻게 충돌하며, 집단 지성의 성립 조건은 무엇인지 밝힌다. 위키피디아 집단 지성은 전문가와 아마추어 대중이 백과사전 지식의 편찬 작업에 서로 협력할 수 있다는 원칙적 관념으로는 설명할 수 없는 다양한 형태의 반전문가주의 문화를 드러내고 있다. 그것은 위키-실력주의, 전문성의 협소함, 전문가 신드롬, 전문가의 편향성 등의 문제와 관련돼 있다. 또한 위키피디아 집단 지성은 개방성, 다양성, 개별성, 탈중심적 협력, 실시간 조정 등과 같은 네트워크 사회 권위 형성의 새로운 조건들을 발전시키고 있다. 네트워크 사회에서 권위는 이제 소수의 전문가와 엘리트가 독점하고 중앙 집중적인 방식으로 행사되는 것이 아니라, 점점 더 탈중심화된 네트워크 속에서 다중의 자유로운 상호 작용과 수평적 협력의 원리를 이해하고 관철시키는 것 속에서 비로소 형성될 수 있을 것이다.

7장은 집합 행동의 '중심적, 통일적, 하향적 작동'과 '탈중심적, 분산적, 상향적 양상'의 맥락에서 2008년 촛불 시위의 성격을 분석하고, 그것이 디지털 시대 사회운동론에 갖는 이론적 함의를 분석한다. 이 글은 인터넷 포털 '다음' 아고라 토론방, 《동아일보》, 《한겨레》, 《경향신문》 사설과 칼럼, '광우병쇠고기국민대책회의' 발표문에 관한 비판적 담론 분석을 통해 촛불 시위가 보여준 탈중심적이고 분산적인 네트워크 운동 양상은 보수 대중 매체의 '배후론' 담론에 의해 증폭된 측면이 있다는 점, 시위 현장과 인터넷 토론방에서 빈발하던 '프락치'와 '알바' 논란은 외부 공격과 내부 분쟁에 대한 네트워크 운동의 취약성을 드러냈다는 점, 그리고 '폭력/비폭력' 문제에 관한 '광우병쇠고기국민대책회의'의 위로부터의 프레이밍은 집합 행동의 정치적, 실천적 상상력을 제약하는 측면이 있었다는 점을 밝힌다. 전문적이고도 강력한 위로부터의 작업이 자율적이고 수평적인 네트워크 사회운동에도 여전히 중요하게 강조돼야 하는 요소라는 것이 촛불 시위가 디지털 시대 사회운동론에 갖는 함의라고 할 수 있다.

8장은 '월가 점령 운동occupy wall street'에서 나타난 네트워크 사회운동의 특징을 분석한다. 지난 십여 년간 지구적 저항 운동의 문법이 된 '비위계성', '개별성', '다양성' 등과 같은 원리들이 어피너티 그룹들affinity groups의 점령 운동에서 어떻게 표출됐는지 탐구한다. 또한 점령 운동에서 소셜 미디어가 어떻게 활용됐으며 전통적인 대중 매체와 어떤 관계를 보였는지 살펴본다. 아울러 개인화된 집합 행동으로서 월가 점령 운동에서 참여자들의 집합 정체성은 어떻게 형성됐는지 탐구한다. 2011년 9월 23일부터 11월 27일까지 페이스북 그룹 '함께 점령occupy together'에 올라온 총 377개의 게시글과 그 댓글을 분석했다. 네트워크 사회운동 이론은 사회운동의 개인화를 강조하고 집합 정체성의 유효성을 의문시하지만, 집합 정체성의 새로운 동학인 상향적 집합 정체성 형성이라는 관념을 좀 더 적극적으로 수용할 필요가 있다.

3부는 탈근대 사회정치 이론인 경합적 다원주의의 관점에서 온라인 민주주의의 성격을 탐구한다. 9장은 인터넷 실명제가 사이버 공간을 규율하는 제도로 성립된 과정(2003년~2006년)을 비판적 담론 분석의 방법으로 고찰한다. 정당이나 시민 사회 단체 성명서와 언론사 칼럼, 사설 등 총 41개의 문건들에 관한 비판적 담론 분석을 통해 실명제 찬성 담론이 우월성을 확보하는 데 어떤 인지적, 규범적, 정치적 담론 자원과 전략이 동원됐으며, 사이버 폭력은 어떻게 담론적으로 구성됐는지 살펴본다. 실명제 찬성 담론은 사이버 폭력과 익명성 사이의 인과성, 사이버 폭력의 심각성, 그리고 사이버 폭력 해결 방안으로서 실명제라는 주제에 관한 인지적 우월성을 확보했다. 사이버 폭력과 인터넷 익명성의 인과성을 실증적으로 뒷받침하는 일은 실명제 도입에 관한 사회적 논란에서 거의 중요한 문제가 되지 못한 반면, 사이버 폭력을 결코 그대로 방치해서는 안 된다는 규범적 주장은 실명제 도입에 매우 중요하고도 결정적인 요인으로 작용했다. 실명제 찬성 담론의 정치적 정당성 확보는 입법부와 행정부에 의한 정치적 강압과 긴밀하게 결부된 채 진행됐다.

10장은 정치적 적대와 대립을 강조하는 경합적 다원주의 모델에 근거해 '양심적 병역 거부'를 둘러싼 온라인 토론 과정에서 지배 담론과 저항 담론이 조직되는 방식을 탐구한다. 온라인 상호 작용의 성격에 관한 일부 경험 연구들은 사이버 공간이 공론장의 기대를 제대로 실현하지 못하고 있다고 주장한다. 대부분의 온라인 토론이 의견의 대립을 좀처럼 해소하지 못하며, 합의의 형성보다는 플레이밍으로 쉽사리 귀결된다는 것이다. 그러나 이런 사실 때문에 온라인 토론의 민주적 함의를 반드시 부정적으로 한계 지을 필요는 없을 것이다. 숙의 민주주의 모델은 합의의 형성을 민주적 과정의 핵심적 요소로 간주하지만, 많은 연구자들은 합의보다는 차이와 불일치가 민주적 발전 과정에 더 중요한 구실을 한다는 점을 강조한다. 이 장은 '입론', '반전', '단정', '표면적 부정', '의제 설정'과 같은 지배 담론 전략의 유형들을 밝힌다. 또한 저항 담론 전략이 '확실성을 향한 도전', '모호성의 인식', '차이의 인정'과 같은 유형들로 조직되고 있다는 점을 밝힌다.

11장은 행정수도 이전을 둘러싼 인터넷 토론에 관한 담론 분석을 통해 온라인 토론이 지닌 탈근대 정치의 함의를 탐색한다. 탈근대 민주주의 이론의 중요한 한 가지 흐름을 형성하는 경합적 다원주의는 정치 과정을 합리적 개인들의 자율적 실천보다는 '우리/그들' 사이의 집단 간 대결이라는 맥락에서 이해한다. 그리고 특정 사회 질서의 성립을 상이한 사회 정치 집단들 사이의 헤게모니 대결의 일시적 결과로 간주하며, 헤게모니 질서는 늘 유동적이고 불안정할 수밖에 없는 것으로 파악한다. 행정수도 이전을 둘러싼 인터넷 토론에서 사적 이익, 공동선, 권력 불평등은 '우리'와 '그들'의 구별과 대립의 중요한 계기로 작용한다. 행정수도 이전을 공동선 추구라는 맥락에서 틀 지으려는 시도는 행정수도 이전 문제가 결코 개인적 이해관계를 넘어서서 사고될 수 없다는 완고한 프레임을 쉽게 넘어서지 못한다. 온라인 토론을 사회정치적 불평등에 따라 초래된 집단들 사이의 권력 다툼으로 틀 짓는 일은 행정수도 이전을 사적 이익이나 공동선의 프레임으로 접근하는 시도의 급진적 대안이 될 수 있다. '합의'의 규범적 구속력을 강조하는 것도 지배 헤게모니를 강화하기 위한 담론 전략으로서 의미를 가질 수 있다.

4부는 인터넷의 중심화와 탈중심화 동학과 온라인 거버넌스 사이의 관계를 탐구한다. 12장은 자율적이고 자치적인 공유 자원 기관의 디자인 원리와 유즈넷의 조직화 사이의 차별성과 유사성을 살펴본다. 백본 케이블Backbone Cabal의 성장과 쇠퇴 그리고 알트alt 위계의 탄생은 유즈넷의 중심화와 탈중심화 과정 사이 초기 갈등의 대표 사례라 할 수 있다. 오늘날의 8개 대위계와 알트 위계에서 그룹 생성 절차와 유즈넷 사형 선고 등은 초기의 갈등이 여전히 지속되고 있다는 점을 보여준다.

13장은 글로벌 거버넌스 기구로서 인터넷주소자원관리기구의 성격을 신자유주의화라는 시대적 맥락에서 파악해, 1998년 출범에서 2009년 현재까지 신자유주의 규범과 가치가 어떻게 글로벌 인터넷 거버넌스에 투영되고 관철됐는지 탐구한다. 구체적으로 신자유주의와 세계화, 글로벌 거버넌스와 제도주의 국제 관계 이론을 중심으로 인터넷주소자원관리기구의 신자유주의적 진화 과정을 민영화, 기업친화주의, 복수 이해당사자주의, 엘리트의 집행력 중심주의, 투명성과 책무성 담론 등과 같은 문제들을 중심으로 고찰한다. 효율성과 엘리트의 집행력을 강조하는 신자유주의 원리는 거버넌스의 대표성 문제에서 특히 취약한 모습을 드러낸다. 글로벌 거버넌스에는 특히 사적 권위의 발전이 두드러진 현상으로 나타난다고 한다면, 그것은 대체로 경제 엘리트의 막강한 권력을 염두한 말이다. 여기에 시민 사회 단체를 초국적 자본과 동등한 하나의 비정부 부문으로 간주하고 국가 개입에서 자유로운 자율 규제와 복수 이해당사자주의를 옹호하는 것은 신중하게 재고될 필요가 있다.

14장은 디지털 시대 개인정보의 이용과 보호를 규율하는 제도의 실효성을 다룬다. 개인정보 자기결정권은 탈중심화되고 일상화된 그리고 자발성에 근거한 전자 감시 체제에 의한 개인정보 침해를 예방하기 위하여 성립된 정보 인권 관념이다. 그러나 그것이 개인정보의 인권적 가치와 상품적 가치가 서로 균형을 이루어야 한다는 논리에 근거하고 있다는 점에서, 그 실효성은 항상 점검되어야 한다. 개인정보 자기결정권이 정보 인권을 보장해줄 것이라는 낙관적 전망을 넘어서서, 상품과 인권의 (불)균형이 실제로 어떻게 일어나고 있는지를 구체적으로 따져볼 필요가 있다. 이 장은 개인정보 분쟁조정위원회가 2002년부터 2006년까지 처리하여 보고한 총 300개의 분쟁 조정 사례들을 분석하여, 개인정보 자기결정의 원리가 과연 어떻게 실현되고 있는지를 살펴본다. '정보통신망 이용촉진 및 개인정보 보호를 위한 법률'을 통해 적용되고 있는 우리의 개인정보 자기결정권이 개인정보의 수집·이용·양도와 관련한 정보수집자와 정보주체 사이의 힘의 불균형을 해소시켜주는 데 적지 않은 한계를 드러내고 있다. 개인정보 자기결정권이 자본의 감시 체제를 실질적으로 통제하는 효과는 미미한 반면, 개인정보 자기결정권을 보장하는 법률과 기구가 있다는 믿음이 오히려 점점 더 많은 감시 및 통제 기술의 광범위한 사회적 적용을 정당화하고 합리화하는 결과를 초래할 수도 있다.

　　마지막으로 이 책은 모두 필자가 기존에 국내외의 사회학 관련 학술지에 발표한 논문들로 구성됐다. 그 출처는 다음과 같다. 〈온라인 사회관계 — 웹 2.0 사회연결망 사이트 이전과 이후〉(2장, 《사이버커뮤니케이션학보》 26(3)), 〈미니홈피와 비공식적 공적 생활의 조건 — 공/사 경계의 조율〉(3장, 《한국사회학》 40(3)), "Privacy, Publicity, and Accountability of Self-Presentation in an Online Discussion Group"(4장, *Sociological Inquiry* 76(1)), "Behavioral Strategies for Dealing with Flaming in an Online Forum"(5장, *The Sociological Quarterly* 46), 〈네트워크 사회의 집단지성과 권위 — 위키피디어의 반전문가주의〉(6장, 《경제와 사회》 84호), 〈네트워크 사회운동과 하향적 집합행동〉(7장, 《경제와 사회》 93호), 〈소셜 미디어, 사회운동의 개인화, 그리고 집합정체성 구성 — 페이스북 그룹 '함께 점령' 사례 분석〉(8장, 《경제와 사회》 95호), 〈사이버폭력의 사회적 구성과 인터넷 실명제〉(9장, 《경제와 사회》 79호), 〈경합적 다원주의와 온라인 사회정치토론 — '양심적 병역거부 찬반담론의 분석〉(10장, 《경제와 사회》 68호), 〈온라인 상호작용과 민주주의 — 경합적 다원주의의 관점〉(11장, 《경제와 사회》 75호), "No Artificial Death, Only Natural Death: The Dynamics of Centralization and Decentralization of Usenet Newsgroups"(12장, *The Information Society* 18(5)), 〈신자유주의 글로벌 인터넷 거버넌스와 정당성 문제 — ICANN의 사례〉(13장, 《경제와 사회》 87호).

온라인 사회 관계
— 비공식적 공적 생활

2장

온라인 사회 관계
― 웹 2.0 사회 연결망 사이트

1. 들어가며

이 장은 1990년대 중반 인터넷의 본격적 대중화부터 최근 웹 2.0 문화의 확산까지 온라인 사회 관계의 성격에 관한 연구 동향과 쟁점을 살펴본다. 흔히 '플랫폼platform으로서 웹'이라 불리는 웹 2.0은 협력과 참여와 공유를 모토로 2000년대 초반부터 등장했다. 그리고 2006년 미국의 시사 주간지 《타임Time》은 '당신You'을 '올해의 인물'로 선정했다. 유튜브YouTube, 마이스페이스MySpace, 페이스북, 위키피디아 등 웹 2.0 사이트에서 형성되고 있는 사람들 사이의 사회 관계를 올해의 인물로 지목한 것이다. 실제로 2005년 초국적 미디어 자본 머독Rupert Murdoch이 5억 8000만 달러에 인수한 '마이스페이스'는 2008년 초까지 세계에서 가장 많은 사람들이 방문하는 '사회 연결망 사이트Social Network Site, SNS'였다. 2004년 미국 하버드 대학교에서 처음 시작된 '페이스북' 서비스는 2012년 9월 기준 전세계에서 약 10억 명의 사용자가 이용하고 있다. 한국의 싸이월드 미니홈피는 2008년 12월에서 2009년 3월까지 100일 동안 사이트 총 방문자 수가 532만 여 명으로 한국의 전체 웹사이트 중 네이버, 다음, 네이트 등과 같은 종합 포털에 이어 네 번째로 많은 방문자 수를 기록했다. 이렇게 흔히 "개인들이 특정 시스템 속에 공개/반공개 프로파일을 만들게 해주고, 서로 접촉 중인 다른 사용자들의 명단을 보여주고, 시스템 속에서 다른 사람들을 관찰할 수 있게 하는 웹 서비스"(Boyd & Ellison 2007, 2)인 사회 연결망 사이트는 유튜브와 위키피디아 등과 함께 웹 2.0의 사회 관계가 창출되는 대표 영역들 중의 하나가 되고 있다.

그러나 웹 2.0에서 나타나는 것과 같은 온라인 사회 관계에 관한 사회적 관심은 최근에서야 온전히 모습을 드러낸 독특한 현상이라 할 수는 없다. 인터넷이 공동체 관계의 발전과 민주주의의 심화에 상당히 중요한 구실을 할 것이라는 기대는 이미 오래전부터 존재해왔기 때문이다. 1990년대 중반에 시작된 인터넷의 대중화와 함께, 거의 대부분의 전통 매체들은 인터넷으로 수렴됐다. 인터넷에서는 편지나 전화를 통한 개별적 사회 관계의 형성이 가능할 뿐만 아니라 신문과 텔레비전을 통한 대규모 사회 관계의 형성도 가능하다. 그리고 인터넷은 전자 우편과 같은 일대일, 홈페이지와 같은 일대다, 전자 게시판과 같은 다대다, 대화방과 머드MUD와 같은 일대일과 일대다가 혼합된 상호 작용을 가능하게 해줬다. 이런 변화에 따라, 사이버 공간에서 새롭게 형성되고 있는 사회 관계에 관한 많은 연구들이 주로 '온라인 정체성', '가상 공동체', '사이버 공론장' 등과 같은 주제를 중심으로 활발하게 수행됐다. 그리고 그런 연구의 대부분은 다대다의 대화형 소통 공간이라 할 수 있는 유즈넷 뉴스그룹, 머드 게임, 대화방, 전자 게시판, 메일링리스트를 대상으로 했다. 사실 웹 2.0의 대표 영역들 중의 하나인 블로그Blog나 사회 연결망 사이트는 종종 이전의 유즈넷 뉴스그룹이나 전자 게시판과 같은 것으로 비유되기도 한다(O'Reilly 2005). 이용자들이 "서로의 웹사이트에 등록하고 페이지에 관한 개별 논평에 연결될 수 있게 해줄 뿐만 아니라, 트랙백이라는 메커니즘을 통해 누가 자기 페이지를 방문했는지 알 수 있으며, 링크를 걸거나 논평을 첨가함으로써 대답할 수도"(O'Reilly 2005) 있게 해주는 블로그는, 이전의 유즈넷 뉴스그룹이나 전자 게시판처럼 사용자들 사이의 활발한 상호 작용을 가능하게 해줬기 때문이다. 웹 2.0은 '손쉽게 만들 수는 있지만 사실상 아무도 방문하지 않는 외로운 자가-출판self-publish'으로도 치부되던 기존의 웹페이지를 활발한 대화와 토론이 오가고 우정이 형성되는 새로운 공동체 생활의 공간으로 재탄생시켰다. 일방적 소통의 성격이 강하던 이전의 홈페이지가 수많은 사회 연결망 사이트와 블로그로 인해 역동적인 상호 작용의 장으로 바뀐 것이다.

　　따라서 사회 연결망 사이트에서 형성되는 사회 관계의 성격에 관한 연구는 유즈넷 뉴스그룹이나 메일링리스트 같은 대화형 인터넷 공간의 온라인 사회 관계에 관한 연구의 연속선상에서 생각할 수 있다. 오늘날 사회 연결망 사이트에서 어떤 사회 관계가 형성되고 있느냐는 문제는 웹 2.0 이전의 온라인 사회 관계를 규정하던 문제들과 관련해 탐구될 수 있다는 것이다. 이것은 사회 연결망 사이트의 사회 관계가 웹 2.0 이전의 온라인 사회 관계에 견줘 어떤 점에서 서로 유사하고 또 서로 다른지 평가해야 한다는 것을 의미한다. 그리고 그 속에서 온라인 사회 관계의 성격이 전반적으로 규명될 수 있을 것이다. 아래에서 자세히 살펴보겠지만, 이 글은 웹 2.0 이전의 온라인 사회 관계가 주로 익명의 상황에서 공통의 관심사를 중심으로 형성된 반면, 사회 연결망 사이트에서 나타나는 사회 관계는 대체로 실명의 행위자를 중심으로 형성되고 발전한다는 점에 주목한다. 웹 2.0 이전의 온라인 사회 관계가 주로 유즈넷 뉴스그룹이나 메일링리스트 같은 익명적이고 비대면적 환경에서 공통의 관심사를 중심으로 형성되었다는 점에서, 그것은 대체로 약한 유대 관계와 유사한 특성을 갖는다고 파악됐으며, 특히 정보적 도움의 교환이라는 점에서 그 유용성이 비교적 높이 평가됐다. 반면 사이버 공간에서 사회 정서적 지원 관계 또는 공동체적 관계의 형성 가능성 문제는 연구자들 사이에 비관론과 낙관론이 서로 비슷하게 나타났다. 그러나 웹 2.0 시대의 사회 연결망 사이트는 거의 대부분 실명에 바탕을 둔 친한 친구들 사이의 상호 작용 공간이라는 점에서, 그것에 관한 많은 연구들도 강한 유대 관계의 속성에 초점을 맞췄다. 따라서 사회 연결망 사이트의 공동체적 성격이 더 많이 부각됐으며, 강한 유대 관계가 갖는 정보의 신뢰성도 강조됐다. 아울러 대부분의 상업주의 사회 연결망 사이트가 초래할 수 있는 이용자 감시 강화와 프라이버시 침해 같은 '위험'의 문제도 상당히 중요하게 다뤄졌는데, 이 점은 사회 연결망 사이트의 사회 관계가 실명에 바탕을 두고 있다는 사실에 크게 기인했다고 할 수 있다.

구체적으로 웹 2.0 이전의 온라인 사회 관계에 관한 연구는 주로 '어떤 유대 관계가 사이버 공간에서 형성되고 있는가?', '온라인 사회 관계는 어떤 점에서 유용한가?', '온라인의 약한 유대 관계에서 사람들은 왜 서로에게 도움을 주는가?', '온라인 사회 관계는 과연 사회 정서적 지원 관계가 될 수 있는가?', '사이버 공간에서 공동체 관계는 형성될 수 있는가?', '인터넷 이용은 사회 관계의 망을 확장시켜 주는가?' 등과 같은 연구 문제들을 중심으로 수행됐다(Cerulo and Ruane 1998; Constant, Sproull and Kiesler 1996; Döring 2002; Kollock 1999; Mitra and Cohen 1999; Parks and Floyd 1996; Petric 2003; Turkle 1996; Walker 2000; Walther 1996; Wellman and Gulia 1998). 반면 웹 2.0 시대의 사회 연결망 사이트 속 사회 관계의 성격에 관한 연구는 주로 '누가, 왜 사회 연결망 사이트를 이용하는가?', '이용자의 외향성이나 개방성이 사회 연결망 사이트 이용을 촉진하는가?', '자아 표현의 전략들은 무엇인가?', '상대방의 인상은 어떻게 형성되는가?', '주요 청중은 누구인가?', '친구의 의미는 무엇인가?', '교환되는 정보는 과연 믿을 만한 것인가?', '공론장의 가능성이 실현되는가?', '사회 연결망 사이트 이용에 뒤따르는 위험은 무엇인가?', '왜 공개된 공간에서 사적 정보를 스스럼없이 드러내는가?', '상업주의가 어떻게 감시를 강화하고 이용자의 프라이버시를 침해하는가?' 같은 질문들을 중심으로 수행됐다(Barnes 2006; Beer 2008; Boyd and Ellison 2007; Brown 2006; Byrne 2007; Hevern 2004; Johnson and Kaye 2002; Lange 2007; Sanderson 2008; Tong, Heide, Langwell, and Walther 2008; Zywica and Danowski 2008; 김유정 2008; 박광순·조명휘 2004; 배영 2005; 윤명희 2007; 이항우 2006). 이상에서 열거한 연구 질문들에서 알 수 있듯이, 익명의 온라인 사회 관계의 전반적 성격을 오프라인의 약한 유대 관계에 비유해 분석한 웹 2.0 이전의 많은 연구들과 달리, 사회 연결망 사이트 속 사회 관계 연구들은 좀더 구체적이고 세부적인 질문들을 중심으로 온라인의 강한 유대 관계의 성격을 규명하는 것에 초점을 맞추고 있다고 평가할 수 있다. 이런 문제 의식을 바탕으로 지금까지 진행돼온 온라인 사회 관계에 관한 연구의 성과를 웹 2.0 이전과 이후로 나눠 순차적으로 살펴보겠다.

2 인터넷과 온라인 사회 관계

▮ 온라인 사회 관계의 유용성은 무엇인가?

많은 연구자들은 사이버 공간에서 형성되는 사회 관계를 약한 유대 관계로 규정한다(Wellman & Gulia 1998). 유즈넷 뉴스그룹이나 대화방의 온라인 상호 작용이 지닌 절대적, 상대적 익명성에 비춰볼 때, 대부분의 온라인 사회 관계는 전통적인 오프라인의 약한 유대 관계와 유사한 측면이 많다는 것이다. 사이버 공간에서 사람들은 앞으로 다시 만날 가능성이 거의 없는 완전히 낯선 많은 사람들과 접촉할 수 있다. 구성원들 사이의 상호 작용이 매우 활발한 온라인 그룹에서도 상대방을 직접 대면하거나 상대방의 실명이나 직업을 알 수 있게 될 것이라고 기대하지 않는 경우가 상당히 많다. 이런 관계는 대면 접촉을 결여하고 정서적으로 거리감이 있으며 이전에 어떤 호혜적 서비스를 교환한 적이 없는 '약한 유대'로 규정될 수 있다. 그런데 온라인 사회 관계의 익명성에도 불구하고 많은 연구자들은 인터넷이 훌륭한 정보 협력의 공간이 될 수 있다고 주장한다(Constant et al. 1996). 서로 다른 것을 알고 있을 가능성이 큰 오프라인의 약한 유대 관계처럼, 물리적, 공간적 경계를 넘어서서 다양한 사회문화적 배경을 가진 사람들로 구성되는 온라인 포럼은 구성원들의 다양한 정보 요구를 충분히 포괄할 수 있는 가능성이 높다는 것이다(Constant et al. 1996; Kollock 1999; Wellman & Gulia 1998).

온라인 사회 관계는 정보가 제공되는 방식에서도 장점이 있다. 온라인 토론의 정보적 유익성 때문이다. 온라인 그룹에서 유익한 정보는 대체로 누군가의 요청에 관한 응답으로 제공되지만, 경우에 따라서는 직접적인 정보 요청이나 제공과 관련 없이 특정한 주제에 관한 일반적인 토론의 과정에서 자연스럽게 제공될 수도 있다. 곧, 식견 있는 논쟁도 정보적으로 상호 지원적인 것이 될 수 있다. 토론 참가자들이 자신의 입장을 강화하고 상대방의 주장을 논박하려는 노력 속에서, 논점을 이탈하지 않고 적대감 표출을 자제하며 균형 잡힌 논리적 추론과 훌륭한 근거를 제공한다면 토론은 매우 흥미롭고 정보적으로 유익하며 도움이 되는 것으로 평가될 수 있다. 허링(Herring 1999)은 정보적으로 유익한 온라인 토론의 대표적인 특징은 오프라인의 대면 상호 작용에서는 거의 불가능한 매우 집중적이고 동시적이며 다자 간의 상호 작용을 가능하게 해준다는 점이라고 주장한다. 허링은 그런 상호 작용이 "상호 작용의 강도를 높여준다는 점에서, 곧 대면 상황에서 가능한 것보다 훨씬 더 단일한 시간의 틀 안에서 더욱 집중된 상호 작용을 가능하게" 한다는 점에서 '하이퍼퍼스널 hyperpersonal'한 상호 작용으로 부를 수 있다고 주장한다.

미트라와 코언(Mitra and Cohen 1999)은 인터넷의 하이퍼링크hyperlink가 유익한 정보 교환에 유용한 수단이라고 지적한다. 하이퍼링크는 관련 정보를 수록한 웹사이트에 매우 손쉽게 접근할 수 있게 해줘 텍스트들 사이의 촘촘한 상호 텍스트성이 구축되게 해준다. 미트라와 코언에 따르면, "웹 텍스트에는 어떤 무한한 측면이 있다고 할 수 있는데, 그것은 어떤 한 페이지에서 출발해 결코 멈추거나 텍스트의 '끝'에 도달하지 않기 때문이다"(같은 책, 183). 하이퍼링크가 만들어주는 이런 촘촘한 상호텍스트성 때문에, 유용한 웹사이트를 알려주는 것은 연관된 정보 또는 제기된 주제에 관한 무한한 탐색의 출발점이 될 수도 있다. 나아가 하이퍼링크는 그것을 제공받는 사람에게, 제공자가 그 주제에 관해 갖고 있는 정보의 신뢰성이나 깊이가 얼마나 큰 것인가를 평가해야 하는 문제를 해결해주기도 하는데, 이 점은 하이퍼링크가 대체로 신뢰할 만한 부문에 의해 만들어진 정보 자원일 경우 더욱 명확하게 나타난다. 인터넷에서 제공되는 정보가 갖는 문제점으로 흔히 지적되는 '잘못된 정보misinformation'의 문제는 토론 참여자들이 자신들의 주장을 뒷받침하기 위해 신뢰할 만한 웹사이트를 제공하는 노력 속에서 일정 정도 해결될 수 있다.

이처럼 온라인 사회 관계가 유익한 정보의 교환에 장점을 갖는 것이라면, 온라인의 약한 유대 관계에서 사람들은 왜 정보적 도움을 서로 주고받는가? 콘스탄트와 그 동료들(Constant et al. 1996)은 다른 사람에게 도움을 주고 정보를 제공하는 이유는 그것이 전문성이나 선함과 같은 자신의 정체성 표현에 중요한 매개가 되기 때문이라고 주장한다. 다른 사람을 돕는 일이 자긍심을 높이고 다른 사람들에게 존경심을 획득하는 수단이 될 수 있다는 것이다. 한편 인터넷에서 일어나는 정보와 도움의 제공은 반드시 직접적이고 즉각적인 보답을 기대하고 벌어지지는 않는다는 점에서 선물 교환과 비슷하게 이해될 수도 있다(Rheingold 1993; Kollock 1999). 콜락(Kollock 1999)에 따르면, 온라인 선물 교환은 전통적인 그것과 몇 가지 점에서 서로 다르다. 전통적인 선물 교환은 "서로 관련돼 있고 의무적인 사람들" 사이에서 일어나며, 대체로 수혜자에게 일정한 미래에 보답할 것을 암묵적으로 요구한다(같은 책, 221). 그러나 이런 의무적 호혜성은 온라인 선물 교환에서 수혜자의 절대적 익명성 때문에 형성되기 어렵다. 콜락에 따르면, 유용한 정보와 도움은 집단 전체에게 제공되는 경향이 있다. 주는 사람과 받는 사람 사이의 균형은 "특정인에게 준 도움이 그 수혜자가 아니라 그룹 속의 어떤 다른 사람에 의해 되돌아올 수 있는 것이 되는"(같은 책, 222) 전체로서 집단에서 일어날 수 있다. 이런 네트워크 차원의 책임 구조를 콜락은 "일반화된 호혜성generalized reciprocity"이라 부른다. 인터넷에서 정보와 충고의 교환은 직접적 호혜성과 반드시 연관되는 것은 아니며, 정보 자원 체계로서 집단 유지를 지향하는 일반화된 호혜성의 규범에 따라 일어날 수 있다(Constant et al. 1996; Wellman & Gulia 1998).

② 사회 정서적 온라인 지원 관계는 형성될 수 있는가?

많은 연구자들은 얼굴이나 몸짓 같은 시청각적 단서와 계급이나 성 같은 사회적 단서를 결여한 온라인 상호 작용에서 참가자들 사이에 정서적으로 친숙한 관계가 형성되기는 매우 어렵다고 믿는다(Kiesler et.

al 1984; Short, Williams, & Christie 1976; Siegel, Dubrovsky, Kiesler, & McGuire 1986). 단서 부재론cues-filtered-out approach은 온라인 상호 작용이 동의 형성보다는 의견 불일치를 더 많이 드러내고, 대면 상황에 견줘 사회 심리적으로 부정적인 태도가 더 지배적으로 나타나며, 사무적 목적 지향적이고, 상대방을 하나의 인격으로 보지 못하는 몰인격화에 빠지기 쉬우며, 욕설과 인신 공격 같은 인화적인inflammatory 행동으로 흐르기 쉬운 경향이 있다고 주장한다. 또한 사이버 공간에서는 관심의 초점이 청중에서 메시지의 작성과 그것에 관한 반응으로 이전하고, 당혹감, 죄책감, 동정심, 반격이나 배척됨에 관한 두려움이 감소하며, 반사회적anti-social이고 절제되지 않는 행동이 강화되는 특징이 있다고 지적한다(Kiesler et. al 1984; Short et al. 1976; Siegel et al. 1986; Sproull & Kiesler 1986).

그러나 웰먼과 줄리아(Wellman & Gulia 1998)는 온라인 그룹이 대체로 매우 특화된 주제들에 초점을 맞추고 있기 때문에 그룹 구성원들 사이의 관계는 협소하고 특화된 관계가 되기 쉽지만, 온라인 그룹이 정보 교환뿐만 아니라 유대감, 사회적 지원, 소속감 같은 것들을 추구한다는 점에서,구성원들 사이의 포괄적 지원 관계가 얼마든지 발전할 수 있다고 주장한다. 유사하게 월터(Walther 1996)는 인터넷 사용자들이 장기적이고 반복된 상호 작용을 통해 상대방에 관한 인상 정보를 축적한다면, 익명성과 관련된 부정적 현상은 많이 극복될 수 있다고 주장한다. 월터는 온라인 상호 작용이 대체로 다음의 4단계를 통해 상대방에 관한 인상을 형성한다고 지적한다. 첫째, "관계적 동기가 사람들을 움직여서, 둘째, 텍스트에 근거한 단서들을 해독함으로써 상대방에 관한 분명한 인상을 발전시키며, 셋째, 컴퓨터 매개 상호 작용에서 다른 행위자들에 관한 심리적 수준의 지식을 도출하고, 넷째, 그 지식에 따라 컴퓨터 통신의 관계적 변화를 관리하고 관계적 메시지를 해독한다"(같은 책, 67). 따라서 이런 인상 형성의 과정에서 다른 사람의 사회적 현존감은 무시되지 않고, 익명성과 관련된 사회 정서적으로 부정적인 태도와 현상은 충분히 극복될 수 있다.

한편 무선드(Moursund, 1997)는 사회 정서적 지원 관계를 보여주는 온라인 행위 유형들을 제시한다. 사회 정서적 지원 행위의 유형에는 존중과 애정을 표현하는 긍정적인 반응, 자기 자신과 자신을 둘러싼 세상, 행위 규범과 역할 모델에 관한 정보 제공, 자신의 정체성을 드러내거나 나른 사람이 표출한 정체성에 관한 반응, 공통의 공간에 있다는 느낌이나 상호 소속감을 교환하는 행위, 다른 사람과 협력하고 특정 문제에 관해 상의하고 경험을 공유함으로써 동아리 의식을 고양하는 행위, 동기를 부여하고 북돋아주는 행위 등이 포함된다. 무선드에 따르면, 자신이 겪고 있는 문제에 관해 다른 사람에게 이야기하는 행위는 온라인 상호 작용에서 흔히 발견할 수 있는 상호 지원 행위에 해당한다. 과거부터 지금까지 자신이 겪고 있는 고통, 인간관계나 금전적 어려움, 두려움이나 공포 또는 혼란스러움 같은 감정, 외로움이나 소외감 등의 감정 표현은 흔히 당사자들 사이 상호 지원 행위의 교환으로 귀결된다. 더불어 참여자들 사이에 개인적 경험을 공유하는 것도 사이버 공간에서 흔히 발견되는 정보적, 정서적 상호 지원 행위 유형에 해당한다. 개인적 기쁨이나 여가와 휴가에 관한 느낌의 전달이나 사랑하는 대상에 관한 이야기는 상호 작용 참여자들 사이의 편안하고도 진실 어린 의견의 교환으로 종종 발전한다. 그리고 존중, 애정, 따스한 공감 같은 긍정적 반응의 표현도 사이버 공간 속 상호 지원 행위의 대표적인 유형으로 분류된다. 또한 세상사의 규범이나 역할 모델에 관한 정보의 제공도 사회 정서적으로 상호 지원하는 행위 유형으로 분류될 수 있다. 나아가 축하나 격려, 소속감을 확인하는 상호 작용도 온라인 공간에서 흔히 발견할 수 있는 상호 지원 행위 유형으로 간주될 수 있다. 무선드는 이런 상호 지원 행위는 상호 작용 참여자들에게 즐거움, 경쟁심, 중독증, 흥분감 같은 심리적 몰입을 가져다준다고 강조한다.

❸ 온라인 포럼은 공동체 관계로 발전할 수 있는가?

온라인 사회 관계의 성격을 공동체에 관한 기존의 사회학 이론에 견줘 살펴보는 연구도 그동안 상당히 많이 진행됐다(Fernback 1999). 온라인 사회 관계의 공동체적 성격에 관한 평가는 크게 낙관론과 비관론으로 양분된다. 낙관론자들은 온라인 상호 작용이 정보 교환과 사회 정서 측면에서 상당히 유용하고 서로 도움이 되는 사회 관계가 형성되게 해준다고 평가한다(Chesebro 1985; Franzen 2002; Hornsby 2001; Parks & Floyd 1996; Rheingold 1993; Turkle 1996; Wellman & Gulia 1998). 사이버 공간은 상호 작용의 시공간 장벽을 낮춤으로써 상호 작용 비용을 줄이는 대신 속도는 높여주고, 지리적으로 분산된 사회 관계가 지속될 수 있게 해주며, 새로운 관계의 형성과 공동체의 발전을 촉진시키고, 더 풍부하고 더 큰 연결망이 만들어질 수 있게 해준다는 것이다. 라인골드(Rheingold 1993)는 "충분한 수의 사람들이 사이버 공간 속에서 개인적 관계망을 형성할 정도로 충분한 인간적 감정을 갖고 충분한 기간 동안 공적 토론을 수행"(같은 책, 5)한다면 얼마든지 공동체 관계가 발전할 수 있다고 주장한다. 웰먼과 줄리아(Wellman & Gulia 1998)도 공동체 관계의 핵심 요소는 지역적, 장소적 준거가 아니라 사람들 사이의 "사회적 연결망"이라고 주장하며, 온라인 사회 관계가 공동체적 관계로 발전할 수 있다고 주장한다. 실제로 많은 인터넷 사용자들은 유즈넷 뉴스그룹, 머드 게임, 대화방, 전자 게시판 등과 같은 사이버 공간에서 수행되고 형성되는 상호 작용과 사회 관계를 상당히 강렬하고 매우 실제적인 것으로 경험하고 있다.

그러나 비관론자들은 대부분의 온라인 사회 관계가 피상적이고 일시적이며 몰인격적이라고 주장한다(Coget, Yamauchi, & Suman 2002; Foster 1997; Gimenez 1997; Kolko & Reid 1998; Lockard 1997; Putnam 2000; Slouka 1995). 콜코와 레이드(Kolko & Reid 1998)는 사이버 공간 속 자아가 분절적, 다중적으로 표현되기 쉬우며, 이런 분절성은 유연한 사회적 상호 작용을 가로막을 수 있다고 지적한다. 오프라인에서 사람들은 다양한 직업적, 개인적 상황에 따라 각기 상이한 인격성을 드러내기도 하지만, 이런 분절된 사회적 얼굴은 대체로 하나의 통일된 자아라는 의식으로 통합되기 마련이다. 모든 사람들이 동일한 공간에 존재하며, 다른 사람들로부터 하나의 통일된 인격으로 인식되기 때문이다. 콜코와 레이드는 온라인 인격성이 공간적으로 통합되지 않으며, 하나의 인격과 다른 하나의 인격을 취하는 것 사이에는 분명한 '심리적 단절psychological disjuncture'이 존재한다고 주장한다. 사이버 공간 속 인격은 자아의 특수성에 너무 과도하게 매몰되고 그 연속성에는 무관심한 경향이 있다는 것이다. 콜코와 레이드는 자신이 말한 것을 방어하는 데 집착하기 쉬운 이런 가상 인격성은 사회적 상호 작용의 유연성과 사회적 책임감을 결여할 수 있다고 주장한다. 설사 온라인 그룹에서 어떤 공동체와 같은 느낌을 갖게 되더라도, 그것은 충분히 공동체적인 것으로 간주되지 않으며, 온라인 공동체의 삶은 "실제" 공동체 속의 그것과 양립할 수 있는 것으로 이해되지도 않는다(Foster 1997; Gimenez 1997).

그러나 온라인 사회 관계에 관한 이런 비관론과 낙관론 사이의 대립은 종종 무익해 보이기도 한다. '온라인 상호 작용을 오프라인의 그것과 대비해 서로 경쟁시켜야 하는가?'라는 질문을 던질 수 있기 때문이다(Miller & Slater 2000; Mitchell 1995; Naughton 2002; Turkle 1996; Wellman & Gulia 1998). 그것들은 서로 다르지만 잠재적으로 상호 보완하는 구실을 하는 것으로 이해할 수 있다. 터클(Turkle 1996)은 온라인/오프라인 사회 관계를 서로 배타적인 것으로 보기보다는 오히려 "어떻게 하면 양자의 최고 장점을 흡수할 것인가?"(같은 책, 53)를 고민하는 편이 나을 것이라고 주장한다. 나아가 세룰로와 루엔(Cerulo & Ruane 1998)은 오늘날의 매체 문화에서 온라인과 오프라인, 실제적인 것과 가상적인 것 사이의 탈경계화는 사회 유대에 관한 오랜 사회학 관념에 중요한 변화를 초래하고 있다고 지적한다. 사회학이 전통적으로 소규모의 직접 접촉에서만 나타난다고 본 '지속적 친밀성enduring intimacy'의 관계가 온라인의 대규모 간접 접촉에서도 무수히 출현하고 있기 때문이다. 따라서 오늘날의 사회학은 이런 새로운 현상을 포괄할 수 있는 새로운 개념 틀을 발전시켜야 한다고 주장한다.

한편, 만일 온라인 사회 관계가 공동체 관계로 발전할 수 있다면, 인터넷은 과연 사람들 사이의 사회 정서적 지원 관계의 형성과 확대에 얼마나 도움이 되고 있는가? 슬로베니아 인구에 관한 표본 조사에서 흘레벡과 그 동료들(Hlebec, Manfreda, & Vehovar 2006)은 인터넷 사용이 단지 부분적으로만 관계망 크기를 확대시킨다고 주장한다. 인터넷이 관계망 확대에 갖는 효과는 특히 소외된 사람들에게서 더 크게 나타나지만, 인터넷 사용 자체가 반드시 사회 연결망의 크기를 증가시키는 것은 아니라고 지적한다. 또한 인터넷 사용자들의 온라인 연결망 구성원들은 사용자들에게 비교적 덜 중요한 존재들로, 지리적으로 분산돼 있으며 서로 알게 된 지 얼마 되지 않은 약한 유대의 사람들이라고 주장한다. 나아가 흘레벡과 그 동료들은 인터넷 이용자들의 상호 지원적 사회 관계에서 인터넷은 지배적 통신 수단이 아니라 전통 매체의 보완 수단으로 사용되고 있으며, 일상적으로 다른 사람들과 더 자주 소통하는 사람들이 인터넷을 더 자주 사용한다고 주장한다. 곧, 인터넷을 오랫동안 그리고 자주 사용한 사용자가 대부분의 인터넷 적극 사용자 집단을 형성하고, 거기에서 인터넷은 강한 유대 관계로 엮인 사람들 사이의 소통 수단으로 사용되는 것으로 밝혀졌다. 요컨대 한편으로는 인터넷이 새롭고 다양하고 약한 유대의 접촉을 촉진시키는 매체이면서도, 다른 한편으로는 그것이 다른 소통 수단을 통해 이미 상호 작용하고 더 강한 유대 관계에 있는 사람들 사이의 상호 작용을 촉진시키는 작용을 한다고 주장한다.

서컵(Soukup 2006)은 대화방, 머드, 전자 게시판 같은 전통적인 대화형 인터넷 공간에서 형성되는 사회 관계의 성격을 올덴버그Oldenberg의 '제3의 장소' 이론에 비춰 설명한다. 켄덜(Kendall 2002)은 머드 게임이 흔히 업무 압박감에서 해방된 '천국'으로 비유되고, 다른 사람들과의 사교와 유대를 위한 장으로 이용된다고 설명한다(Soukup 2006, 424에서 재인용). 슐러(Schuler 1996)는 대화방, 머드, 전자 게시판은 종종 대화와 유머와 놀이 분위기가 지배하는 공간이라고 지적한다(Soukup 2006, 424에서 재인용). 서컵은 컴퓨터 통신 공간이 제3의 장소와 같이 고정 멤버가 지속적으로 찾아오는 '집 밖의 집'의 성격을 지닌다고 평가한다. 이런 측면에서, 뉴스그룹, 전자게시판, 대화방, 머드 등과 같은 많은 컴퓨터 통신 환경이 올덴버그가 말한 선술집, 커피숍, 카페, 미용실 등과 같은 제3의 장소의 성격을 어느 정도 지니는 것으로 간주할 수도 있다고 주장한다. 그러나 서컵은 컴퓨터 통신이 진정한 의미의 제3의 장소가 되기는 어렵다고 역설한다. 서컵에 따르면, 제3의 장소와 온라인 포럼은 세 가지 측면에서 근본적으로 다르다. 첫째, 제3의 장소는 지역 공동체를 강조한다. 둘째, 제3의 장소는 사회적 평등화 공간이다. 셋째, 제3의 장소는 접근 가능하다. 컴퓨터 통신은 물리적 공간을 초월하여 지역과 분리된 소통을 제공한다. 따라서 서컵은 거기에서 형성되는 사회 관계는 지역에 근거한 공동체적 관계와 현격한 차이를 보인다고 주장한다. 사이버 공간의 '가상 술집'에는 어떤 이웃도 없으며, 특정 마을의 정치와 사교성에서도 분리돼 있다는 것이다. 오히려 서컵은 '가상 술집'이 이웃과 고립되기 쉽다고 주장한다. 다음으로

서컵은 컴퓨터 통신 환경은 모든 사람이 어디에서든 접근할 수 있는 것이 아니라는 점을 강조한다. 정보 격차가 존재하며, 대화의 내용은 상당히 특수한 주제들이며, 기술 능력 등과 같은 지위가 참여에 영향을 미친다는 것이다. 또한 서컵은 올덴버그의 제3의 장소 이론은 미국이나 유럽과 같은 서구적 경험에 근거한 것이기 때문에, 그것을 비서구 국가들의 온라인 문화에 관한 설명 범주로 설정하기에는 무리가 따른다고 지적한다. 요컨대 서컵은 컴퓨터 통신환경이 올덴버그가 말한 의미의 진정한 제3의 장소로 간주되기 어렵다고 주장한다.

3. 사회 연결망 사이트의 온라인 사회 관계

1 누가 그리고 왜 사회 연결망 사이트를 이용하는가?

2004년부터 확산되기 시작한 마이스페이스, 페이스북, 싸이월드 등과 같은 사회 연결망 사이트의 주요 사용자층은 주로 10대에서 20대 초반의 젊은 연령층이다. '퓨 인터넷과 미국 생활 프로젝트Pew Internet & American Life Project'에 따르면, 2009년 1월 14일 기준 18세 이상의 미국 성인 인터넷 이용자의 35퍼센트만이 사회 연결망 사이트를 이용하는 반면, 12세에서 17세 사이의 연령층의 65퍼센트가 사회 연결망 사이트를 이용하고 있다. 그리고 18세에서 24세 사이의 성인 이용자들 중 75퍼센트가 사회 연결망 사이트를 보유하고 있는 반면, 25세에서 34세 사이의 이용자는 57퍼센트가 그것을 이용하고 있으며, 그 비율은 고령으로 갈수록 점차 줄어든다. 물론 그런 사이트를 이용하는 성인 인터넷 인구가 2005년에는 8퍼센트에 불과했다는 점에 비춰볼 때, 성인 인구 사용자가 지난 몇 년 사이에 급격히 늘었다는 점도 강조돼야 할 것이다. 18세 이상의 사회 연결망 사이트 이용자의 약 50퍼센트가 마이스페이스를 이용하는 반면, 22퍼센트의 이용자가 페이스북을 이용하고 있었다(Pew Internet & American Life Project 2009).

존슨과 그 동료들에 따르면(Johnson, Kaye, Bichard, & Wong 2007), 블로그 이용자들은 대체로 네 가지 이유 때문에 블로그를 이용한다. 첫째는 공동체 형성의 욕구다. 이용자들은 블로그를 통해서 자신들의 의견과 견해를 다른 사람과 공유하고 또 서로 의견을 교환하는 공동체적 생활을 추구한다. 둘째는 정보 취합의 편리성이다. 블로그는 이용자들이 많은 다양한 사이트에서 손쉽게 정보를 모으고 따라서 다양한 관점을 접할 수 있게 해준다. 셋째는 전통 매체에서는 잘 다뤄지지 않는 정보 탐색의 가능성이다. 블로그는 상업주의적인 전통 대중 매체가 자세하게 다루지 않거나 무시하는 이슈에 관한 정보를 탐색하는 데 많이 활용된다. 넷째는 구체적인 정보의 제공 가능성이다. 블로그는 특정 주제에 관한 방대하고도 깊은 분석을 제공할 수 있기 때문에, 사용자들에게 정보적으로 매우 유용한 공간이 될 수 있다. 요컨대 존슨과 그 동료들에 따르면, 블로그 문화는 다양하고도 깊이 있는 정보 추구라고 하는 목적 지향적인 활동이 두드러지면서도, 동시에 이용자들 사이의 공동체 생활을 향한 욕구도 중요한 요소로 작용하고 있다고 말할 수 있다.

범가너(Bumgarner 2007)는 미국 동부의 한 대학에서 1049명의 페이스북 이용자를 대상으로 실시한 온라인 조사를 통해, 대학생들의 사회 연결망 사이트 이용 동기와 목적 달성 방식을 파악했다. 범가너는 8가지의 동기 요소를 제시하고 있는데, 첫째는 일상 탈출 또는 오락과 관련된 '기분 전환diversion'이고, 둘째는 정체성 형성이나 표현과 관련된 '개인적 표출personal expression'이다. 셋째는 사회 관계망 확보나 조직과 관련된 '수집과 연결collection and connection'이며, 넷째는 여러 가지 상황에서 참조하거나 가이드로 삼을 수 있는 것과 관련된 '디렉토리directory'이다. 다섯 번째 요소는 관계 맺기이며, 여섯 번째는 다른 사람의 근황을 지켜보는 것과 관련된 '관음증'이다. 일곱 번째 요소는 친구와 나누는 사회 활동이나 특정 주제에 관한 대화와 연관된 '사회적 유용성'이며, 마지막 요소는 남들이 사용하니까 자신도 따라하는 '따라 하기herd instinct'다. 범가너는 이 중에서도 친구관계의 강화에 초점이 놓여 있는 '사회적 유용성'이 페이스북이용의 가장 지배적인 동기이며, '디렉토리'나 '기분 전환'도 상당히 공통적 동기가 된다고 주장한다. 반면 친구 맺기나 개인적 표출 같은 요소는 비교적 덜 공통적인 동기에 해당한다. 아울러 범가너는 이런 특징이 마이스페이스 같은 다른 사회 관계망 사이트보다 대학 캠퍼스 중심의 페이스북에서 더 두드러지게 나타나는 현상으로 이해할 수 있다고 주장한다.

어떤 요인들이 사회 관계망 사이트 이용을 촉진시키느냐는 질문도 기존의 사회 관계망 사이트 연구의 주요 질문들 중 하나였다. 스테페논과 장(Stefanone & Jang 2007)은 과연 이용자의 외향성이나 개방성이 자신의 강한 유대 관계의 수의 확대에 영향을 미치고, 그것이 다시 더 많은 블로그 이용으로 귀결되는지 탐구했다. '블로거blogger.com' 이용자들 중 700명의 블로거들을 대상으로 한 온라인 설문 조사에 근거해, 이용자 개인의 외향성이나 개방성과 자신이 맺고 있는 강한 유대 관계의 수 사이에는 긍정적 관계가 존재하며, 강한 유대 관계의 수는 블로그를 관계 유지목적으로 사용하는 것과 긍정적으로 연관돼 있다는 점을 밝혔다. 아울러 블로그에 자신의 신원이 쉽게 인식될 수 있게 내용을 작성하는 사람들은 블로그를 기존 관계를 유지하는 목적으로 사용한다는 점도 지적했다. 외향적이고 개방적인 성향을 지닌 블로거가 그렇지 않은 사람에 견줘 강한유대 관계망이 더 크고, 블로그를 사교적인 소통 수단으로 더 많이 사용하며, 신원 인식 가능성 여부는 블로그의 관계 유지 기능을 판별하는데 매우 중요한 요소로 작용한다는 것이다. 이런 결과를 통해 스테페논과 장은 블로그가 사용자들의 사회적 고립이 아니라 기존 관계의 발전에 도움을 준다고 간주해야 한다고 주장한다.

한편 통과 그 동료들(Tong, Heide, Langwell, & Walther 2008, 542)은 이용자의 외향성이 반드시 페이스북 같은 사회 연결망 사이트를 활발하게 이용하게 만드는 것은 아니라고 지적한다. 사회 연결망 사이트에서 수많은 친구 관계를 맺고 그것을 통해 자신의 인기나 대중성을 보여주려는 행동은, 자칫하면 대면 상황보다는 비대면 상황이 더 편한 내향적인 사람들이 사이버 공간에서 많은 시간을 투자해 친구 관계를 확대하려는 일종의 필사적인 노력으로 이해될 수 있기 때문이다. 그리고 사회 연결망 사이트에서 표현된 많은 수의 친구 관계가 반드시 그 사람의 매력을 반영하는 것이 아닐 수 있다는 것이다.

이용자의 외향성과 내향성이 사회 관계망 사이트 이용에 미치는 영향에 관한 좀더 종합적인 분석은 자이위카와 다노브스키(Zywica & Danowski 2008, 19)의 연구에서 찾아볼 수 있다. 자이위카와 다노브스키는 페이스북을 이용하는 대학생 614명을 대상으로 한 설문 분석을 통해, 사교적이고 외향적이며 자존감이 높은 사람들은 온라인과 오프라인에서 모두 다른 사람들에게 인기가 높으며, 이런 결과는 오프라인에서 인기 있는 사람들이 그것을 온라인에도 확장함으로써 자신의 인기를 강화한다는 '사회적 상승social enhancement' 가설을 뒷받침해준다고 주장한다. 동시에 자이위카와 다노브스키는 사교적이지 못하고 내향적이며 자존감이 낮고 오프라인에서 인기가 낮은 사람들은 그런 약점들을 상쇄하기 위해 자신들의 페이스북 인기를 높이려 한다는 '사회적 보상social compensation' 가설도 지지될 수 있다고 주장한다.

② 자아 표현과 인상 형성의 전략은 무엇인가?

범가너(Bumgarner 2007)는 페이스북 같은 사회 관계망 사이트를 관음증과 노출증이 작동하는 공간으로 파악한다. 허번(Hevern, 2004; Sanderson 2008, 914에서 재인용)은 20개의 개인 블로그 분석을 통해 블로거들이 여러 가지 리스트와 일상의 개인적, 업무적 활동 기록으로 구성된 '자아-중심적self-focused' 전략과, 링크와 연락처와 연구 결과 등을 모아놓은 '타자-중심적other-focused' 전략을 사용하고 있다고 주장한다. 존스와 그 동료들(Jones, Millermaier, Goya-Martinez, & Schuler 2008)은 마이스페이스와 블로그의 내용이 연예인, 스포츠, 텔레비전, 영화, 정치 등과 같은 내용보다는 이용자의 감정 상태, 사랑, 우정, 일, 건강 등과 같은 좀더 직접적인 개인적 내용을 더 많이 다루고 있다는 점에서 사회 관계망 사이트가 정체성 표현의 주요 공간이 되고 있다고 주장한다. 자이위카와 다노브스키(Zywica & Danowski 2008)는 페이스북 이용자의 온라인 이름, 프로파일, 게시글이 자신에 관한 다른 사람들의 인상 형성을 돕는 매체라고 지적한다. 보이드(Boyd 2007)는 마이스페이스 이용자의 '프로파일'이 자신에 관한 좋은 이미지를 남기기 위한 인상 관리가 특별히 집중되는 영역이라고 지적한다. 프로파일에 관한 친구나 동료들의 긍정적인 논평은 이용자의 핵심 관심사가 된다. 또한 이용자가 사회 관계망 사이트에서 밝히고 있는 친구 수도 인기와 연관된 인상 관리의 중요한 영역을 구성한다(Tong et al. 2008; Zywica & Danowski 2008). 보트리(Bortree, 2005; Sanderson, 2008, 914에서 재인용)는 10대 소녀들의 블로그에서 볼 수 있는 자아 표현의 대표적인 전략은 다른 사람들에게 자신의 긍정적인 모습을 보여주고 호감을 얻으려는 환심 사기ingratiation 전략이며, 그 뒤를 유능함competence을 보여주거나 도움을 청하는supplication 전략이 따르고 있다고 주장한다. 류(Liu 2007)는 마이스페이스 이용자가 드러내고 있는 관심 목록이 개인의 관심 분야에 관한 단순한 사실 공개를 넘어선 개인의 취향 표출을 통한 자아 표현의 도구가 되고 있다고 주장한다. 위신과 차별화가 마이스페이스 이용자의 취향 표현의 기본 목적이라는 것이다.

그리고 사회 관계망 사이트는 이처럼 자아 표현의 장이기도 하지만, 동시에 자아 표현에 관한 청중의 인상 형성이 활발하게 이루어지는 장이기도 하다. 정체성 표현이 이용자의 일방적 작업으로 마무리된다기보다는, 청중의 정체성 탐색과 인상 형성 작업이 적극적으로 이루어진다는 것이다. 사회 관계망 사이트에서 자신에 관한 긍정적 이미지를 드러낼 수 있는 방법들 중의 하나는 자신이 맺고 있는 친구 관계의 수가 많다는 점을 보여주는 것이다. 흔히 친구 관계가 폭넓고 다른 사람들에게 인기가 많은 사람은 잘생겼다거나 아름답다는 의미에서 육체적 매력 또는 신뢰할 만하거나 친절하다는 의미에서 사회적 매력이 큰 사람으로 간주된다(Tong et al. 2008, 535~536). 그리고 전통적으로 사람들은 10명에서 20명 내외의 아주 가까운 관계를 유지할 수 있고, 최대한으로 관리할 수 있는 사회적 관계의 수가 150명 내외라고 알려진 반면, 한 대학의 페이스북 이용자 표본에 관한 일부 연구들은 친구 수의 평균이 246명에서 272명에 이른다고 밝히고 있다(Tong et al. 2008, 533).

그러면 과연 사이버 공간에서 한 사람이 관리할 수 있는 친구 관계의 수는 무한대로 늘어날 수 있으며, 친구 관계의 수는 그 사람이 지닌 매력에 관한 긍정적 평가로 반드시 귀결되는가? 통과 그 동료들은 어떤 사람의 친구 수를 그 사람이 지닌 매력의 정도를 드러내주는, 인상 형성에서 중요한 요소가 되는 일종의 '행위적 잔여behavioral residue'로 이해하면서, 페이스북의 한 이용자가 맺고 있는 친구의 수와 그 사람의 사회적 매력에 관한 청중의 평가 사이에는 곡선형curvilinear 관계가 있다는 점을 밝히고 있다. 곧, 친구 관계가 102명 정도로 적은 이용자에 관한 사회적 매력감은 낮으며, 그 수가 대략 300명에 이르면 해당 이용자에 관한 청중의 사회적 매력감은 가장 높아지고, 300명을 넘어서는 이용자에 관한 매력감은 102명을 가진 이용자의 수준으로 떨어진다는 것이다. 따라서 통과 그 동료들은 사회 연결망 사이트에서 지나치게 많은 친구 수는 인기나 외향성을 보여준다기보다는 오히려 그 사람의 사회적 매력에 관한 부정적 판단을 초래하고 비사회적인 성격을 반영하는 것으로 해석될 수 있다고 주장한다.

❸ 주요 청중은 누구이며, 사회 연결망에서 친구란 무엇인가?

보이드와 엘리슨(Boyd and Ellison 2007)은 대부분의 사회 연결 사이트가 낯선 사람들 사이의 새로운 관계 맺기보다는 오프라인에서 이미 서로 알고 있는 "잠재적 유대latent ties" 관계 사이의 소통에 주로 이용된다고 주장한다. 사회 연결망 사이트가 일차적으로 이미 존재하는 사회 관계를 뒷받침하는 데 이용된다는 것이다. 그리고 그런 점에서 마이스페이스나 페이스북 같은 사이트는 '관계 맺기networking' 사이트가 아니라 '연결망network' 사이트로 이해돼야 한다고 주장한다. 이런 주장은 '퓨 인터넷과 미국 생활 프로젝트(Pew Internet & American Life Project 2009)'의 조사 결과와 대체로 일치한다. 이 조사 결과에 따르면, 사회 연결망 사이트는 직업적인 목적보다는 친구 관계의 유지 같은 개인적 목적으로 더 많이 활용된다. 성인 응답자의 89퍼센트가 '친구와 연락하기 위해' 사회 연결망 사이트를 이용한다고 밝힌 반면, '새로운 친구를 만들기 위해' 이용한다고 밝힌 응답자는 49퍼센트, '새로운 사업적, 직업적 관계를 맺기 위해' 사회 연결망 사이트를 이용한다고 밝힌 응답자는 28퍼센트에 머물렀다.

스테페논과 장(Stefanone & Jang 2007)은 인터넷을 통한 상호 작용이 친구나 가족 같은 가까운 사람들 사이의 관계를 유지하는 데 많은 도움이 된다고 보고, 인터넷을 통한 상호 작용이 관계 유지를 위해 기존의 상호 작용 매체에 추가적인 기회를 제공한다고 주장한다. 스테페논과 장에 따르면, 블로그 사용자들은 자신의 주요 청중이 친구나 가족 등과 같은 사람들이라고 생각하고 있으며, 다양한 상호 작용 매체를 통해 친구나 가족의 반응을 기대한다. 이것과 유사하게 범가너(Bumgarner 2007)는 페이스북에 관한 분석을 통해 페이스북이 기본적으로 이용자들 사이의 한담과 잡담의 공간으로 이용된다고 주장한다. 이런 특징은 페이스북이 마이스페이스 같은 사회 관계망 사이트와 달리, 지리적으로 가까이 있으면서 서로 이미 알고 있는 대학생들이 주된 이용자라는 데서 기인하는 측면도 있다.

그러나 사회 관계망 사이트에서 전개되는 비공식적 공적 생활은 단순히 기존의 강한 유대 관계만 강화하는 효과를 낳는 것은 아니다. 그것은 새로운 친구 관계가 쉽게 형성될 수 있는 기회를 제공한다(Donath 2007; Jones et al. 2008; Lange 2007). 도네이스(Donath 2007)는 사회 관계망 사이트가 소수의 중요한 사람들에 초점을 맞춘 사회 관계로부터 많은 수의 약한 유대로 구성된 사회 관계로 전환을 촉진하고 있다고 지적한다. 랭거(Lange 2007)는 비디오 공유 사이트인 유튜브가 어떻게 사회 연결망 발전과 유지에 활용되는지 1년간의 참여관찰 방법으로 분석했다. 유튜브는 원래 비디오 공유 플랫폼으로 출발하였으나, 개인적 프로파일 페이지와 친구 맺기 기능도 제공하고 있다. 랭거는 어떻게 이런 비디오 공유가 공간적으로 분산돼 있는 친구들 사이의 사교를 촉진시켜 결과적으로 사회 연결망을 뒷받침하는 데 긍정적인 작용을 하는지 분석했다. 유튜브에 익숙하지 않은 사람들은 왜 사람들이 기술적으로 보잘것없어 보이는 비디오를 서로 공유하는지 이해하기 어려울 수도 있다. 그러나 그런 비디오는 기술적 측면에서만 판단될 수 없는 중요한 사회적 기능을 할 수도 있다. 정보 수집이 목적이 아니라 사람들 사이의 연결 의식 또는 친숙성을 마련하려는 목적에서 비디오를 교환할 수 있다. 랭거에 따르면, 유튜브는 사회 연결망을 새로 창출할 수도 있으며 조율할 수도 있는 장이다. 그것은 이미 존재하는 연결망을 유지하게 해줄 뿐만 아니라 새로운 친구를 만나고 사귈 수 있게 해준다. 유튜브에서 비디오를 공유하고 의견을 교환하는 일은 멀리 떨어져 있는 친구들이나 친척들과 관계를 유지하는 데 도움이 되고 있다.

　　따라서 사회 연결망 사이트의 주요 청중은 '준거 타자reference others'로 이해될 수 있다. 그리고 그 속에서 형성되는 사람들 사이의 관계는 올덴버그의 '제3의 장소the third place'와 '비공식적 공적 생활informal public life' 이론의 맥락에서 해석될 수 있다(Oldenberg 1999). 사회 연결망 사이트는 현대인의 가정과 직장이 제대로 제공하지 못하는 비공식적이지만 공적인 삶을 향한 욕구를 충족시켜주는 사회생활 영역으로 이해될 수 있다. 사회 연결망 사이트는 인터넷에 접속한 사람이면 누구나 접근 가능한 개방된 영역이지만, 실제로 거의 대부분의 방명록과 게시판은 자주 만나는 가까운 친구나 동료, 지리적으로 멀리 떨어져 있어 자주 만나지 못하는 사람들 사이의 일상적인 안부 인사, 새로 사귄 친구와 나누는 교류, 오랫동안 연락이 닿지 않던 친구들 사이의 대화로 채워진다. 리빙스톤(Livingstone 2008)은 사회 관계망 사이트 이용자들의 자아 표현은 종종 장난기 어린 playful 특징을 띤다고 지적한다. "이용자들의 프로파일은 흔히 생각하듯이 자신에 관한 정보를 세상에 표현하는 매체라는 점에서 의미 있는 것이 아니라, 장난기 어린 내용이 자신이 형제들이나 친구들과 맺고 있는 생기 있고 신뢰할 만한 관계의 증거이기 때문에 유의미한 것이다"(같은 책, 400).

　　한편 사회 연결망 사이트에서 형성되고 표현되는 친구 관계의 성격과 관련해 보이드(Boyd & Ellison 2007)는 그것이 오프라인의 전통적인 친구관계와 결코 동일할 수 없다고 주장한다. 사회 연결망의 친구관계는 모든 종류의 이용자들 사이의 상호 관계를 포함한다. 곧 사회 연결망 사이트의 친구는 오프라인의 친한 친구나 친지, 가족, 직장이나 학교 동료, 존경하는 사람이나 낯선 사람 등 이용자의 폭넓은 사회 관계망 속에 있는 사람도 포함한다. 친구 관계의 많은 부분이 사회 자본 확대를 위한 관계 맺기에 불과하다는 것이다. 보이드와 엘리슨(Boyd & Ellison 2007)과 드와이어(Dwyer 2007)는 대부분의 사용자들이 온라인 친구 관계를 그다지 심각한 관계로 생각하지 않으며, 대체로 피상적인 것으로 간주한다고 주장한다. 통과 그 동료들(Tong et al. 2008)도 페이스북 같은 사회 연결망 사이트에서 친구의 의미는 전통적인 의미의 친구와 다르다고 지적한다. 통과 그 동료들에 따르면, 사회 연결망 사이트는 오프라인 친구 관계를 반영하는 것이기도 하지만, 온라인 친구 관계는 오프라인의 그것과 동일하지 않으며 그 수도 매우 많이 증대될 수 있다. 그리고 통과 그 동료들은 사회 연결망 사이트가 제공하는 기술이 그런 규모의 친구 관계를 유지할 수 있게 해주기 때문에 거기에서 형성되는 친구 관계는 피상적인 관계가 되기 쉽다고 주장한다.

그러나 오프라인 친구 관계와 사회 연결망 사이트의 친구 관계가 서로 동일하지 않다는 지적만으로는 사회 연결망 사이트에서 출현하는 새로운 친구 관계의 성격을 충분히 설명하기는 어렵다. 비어(Beer 2008, 520)에 따르면, 설사 사회 연결망의 친구 관계가 전통적인 오프라인의 친구관계와 다르다 해도, 사회 연결망 이용이 점점 더 문화적 규범이 되고 있는 최근의 상황에서 이용자들에게 일상적 의미의 친구 관계란 곧 사회 연결망 친구 관계를 지칭하게 될 가능성이 점차 커지고 있다. 곧 오프라인의 친구 관계와 사회 연결망 사이트의 친구 관계가 사실상 그다지 전적으로 구분되지 않는 것이 될 가능성이 점점 더 커질 수 있다는 것이다. 따라서 비어는 오프라인과 온라인 맥락을 불문하고 새로운 기술 환경 속에서 친구 관계 또는 우정의 의미가 어떻게 달라지는지 구체적으로 검토하는 작업이 필요하다고 주장한다.

4 사회 연결망 사이트의 정보는 신뢰할 만한 것인가?

사회 연결망 사이트에서 일어나는 상호 작용은 과연 얼마나 신뢰할 만한 것인가? 도네이스(Donath 2007)는 사이버 공간에서 형성되는 많은 약한 유대 관계에 신뢰성을 덧붙일 수 있게 한 것이 사회 관계망 사이트의 가장 중요한 의의라고 주장한다. 도네이스에 따르면, 사람들은 자신이 신뢰하는 사람에게 얻는 새로운 정보를 신뢰하는 경향이 있는데, 사회 관계망 사이트는 이용자들이 자신의 관계망을 공개적으로 전시할 수 있게 하며 그것이 궁극적으로는 자신의 신뢰성을 알리는 매체가 된다. 그리고 도네이스는 사회 관계망 사이트는 이용자의 친구나 동료들이 자신을 지켜보고 있다는 생각을 갖게 하기 때문에 좀더 신뢰할 만한 행동을 하게 만드는 작용도 한다고 지적한다.

정보 취득의 중요한 장이 되고 있는 블로그는 이용자들 사이에 과연 얼마나 신뢰할 만한 공간으로 인식되고 있는가? 블로그가 정보 자원으로서 신뢰할 만한 것이 못 된다는 일부의 믿음과 달리, 존슨과 케이예(Johnson & Kaye, 2004; Sanderson 2008, 916에서 재인용)는 3747명의 인터넷 사용자를 대상으로 한 설문 조사에서 응답자의 4분의 3에 이르는 사람들이 블로그를 기존의 텔레비전이나 신문 같은 전통 매체보다 더 신뢰할 만한 뉴스 자원으로 간주한다는 사실을 밝혔다. 존슨과 그 동료들(Johnson et al. 2007)은 정치지향적인 인터넷 사용자들이 블로그를 대체로 신뢰할 만한 매체로 생각하고 있으며, 블로그를 기존의 텔레비전 뉴스와 그 온라인 버전, 케이블 텔레비전 뉴스, 전통 신문, 온라인 신문보다 공정성, 정확성, 심층성, 믿음직함 등의 측면에서 더 신뢰할 수 있는 매체로 간주한다는 점을 밝혔다. 또한 블로그는 공정성의 측면에서는 다소 신뢰성이 떨어지지만, 심층성에서는 높은 신뢰성을 갖는다고 주장한다. 아울러 존슨과 그 동료들은 블로그가 상업 매체에서 독립적이라는 점도 신뢰성을 높이는 주요 요인으로 평가됐다고 지적한다.

5 사회 연결망 사이트는 공론장이 되고 있는가?

한편 사회 관계망 사이트는 공동체 구성원 공통의 관심사를 토론하고 해결책을 모색하는 기능을 하기도 한다는 점에서 중요한 정치적 의의를 지닌다. '어셈블리assembly.com'라는 사회관계망 사이트는 마이스페이스나 페이스북과 달리 이용자들 사이에 사회적이고 이념적인 문제에 관한 지적이고도 격렬한 토론을 적극 유도하는 사이트다. 물론 대규모의 사회 관계망 사이트에 견줘 이 사이트의 회원 수는 매우 적지만 이런 정치지향적인 사이트는 빠르게 확대되고 있다(Brown 2006). 번(Byrne 2007)은 '블랙플래닛BlackPlanet.com'이라는 흑인 사회 관계망 사이트에 관한 분석에서 공동체 생활의 장으로서 흑인 사회 관계망 사이트가 얼마나 공적 담론과 시민적 실천의 장으로서 구실하는지 분석했다. 대부분의 사회 관계망 사이트에 관한 분석이 이용자들 사이의 사적 대화에 주목한 반면, 번의 연구는 공적 담론과 '공공선'에 관한 담론에 주목한다. 번은 사회적 이슈에 관한 토론과 시민적 참여 사이의 관계에서 세 가지 중요한 패턴을 발견했다. 첫째, 참여자들은 이데올로기적 또는 이론적 수준에서 '행동을 취하기'에 관해 토론하지 구체적인 행동 방침이라는 측면에서 토론하지 않는다. 둘째, 구체적인 행동 방침이 제안되면, 제안자는 종종 무시되거나 '비합리적인' 사람으로 치부된다. 셋째, 비록 참여자들은 '수의 힘'을 인정하면서도 온라인 사회 연결망 속에서 동원할 수 있는 자원이나 수의 힘을 실제로 탐색하려 하지 않는다. 이런 발견에 근거할 때, 온라인 흑인 공동체에서 일어나는 공적 이슈에 관한 토론은 시민 참여의 담론적 수준을 넘어서지 못하는 것으로 평가할 수 있다. 컴퓨터 통신 매체가 사회운동에 효과적으로 사용되는 경우는 오프라인에서 이미 형성된 관계가 온라인에서 네트워킹할 때라고 밝힌 디아니(Diani 2000)와 같이, 번은 사회 연결망 사이트가 제공하는 연결망 구축 가능성은 명확하게 표현된 목적이 부재한 상태에서는 손쉽게 또는 자동으로 시민적 참여로 전환되지 않을 것이라고 주장한다.

사회 연결망 사이트가 지닌 공적 공간의 성격에 관한 연구는 '도지볼Dodgeball.com'이라는 미국의 모바일 사회 관계망 사이트에 관한 험프리(Humphrey 2007)의 연구에서도 살펴볼 수 있다. '도지볼'은 사용자들이 도시 지역의 한 지점에서 서로 손쉽게 만날 수 있게 이용자의 위치 정보를 제공하는 모바일 서비스다. 다른 사회 관계망 사이트들처럼 그것은 친구들의 사회 관계망을 공적으로 표출해 자신의 위치를 개별 모바일 서비스에 전파할 수 있게 한다. 험프리는 21명의 도지볼 적극 사용자들과 나눈 심층 면접을 통해 모바일 사회 연결망 사이트에서 어떤 성격의 상호 작용이 일어나고 있으며('누가, 무엇을 위해 그것을 사용하는가?'), 그런 상호 작용이 얼마나 도시의 공적 공간에 관한 사용자들의 생각과 경험을 변화시키는지 분석했다. 험프리는 모바일 사회 관계망 이용이 서로 현 위치를 확인하는 '협력적' 이용, 좋은 곳에 다녀갔다는 일종의 자기 만족감을 과시하는 '연출적' 이용, 그리고 자신이 방문한 곳의 목록을 작성하는 '카탈로그적' 이용으로 나뉜다는 점을 밝혔다. 아울러 험프리는 모바일 사회 관계망이 제3의 장소의 특징도 일부 지니지만, 장소에 근거한 친분

관계와 달리 그것은 약한 유대 관계 친구들 사이의 대면 접촉을 활성화 시킨다고 주장한다. 또한 험프리는 모바일 사회 관계망이 사회 집단들로 하여금 도시 공간을 집단적으로 경험하고 운동할 수 있게 해준다는 점에서 사회적 분자화social molecularization를 촉진한다고 지적한다.

6 사회 연결망 사이트는 안전한가?

많은 사회 연결망 사이트 이용자들, 특히 젊은 이용자들이 자신에 관한 사적 정보를 완전히 낯선 사람을 포함한 많은 사람들이 접근할 수 있는 공적 공간에 공개하는 것이 야기할 수 있는 위험이나, 그런 잠재적 위험이 있는데도 왜 스스럼없이 자신의 민감한 정보를 게시하느냐는 질문도 사회 연결망 연구의 주요 질문이다(Albrechtslund 2008; Barnes 2006; Donath 2007; Dwyer 2007; Lange 2007; Livingstone 2008). 마이스페이스에서 종종 발생하,는 낯선 남성들이 10대 중반의 여자 이용자들을 성폭행하는 사건은 사회적으로 커다란 염려를 낳고 있으며, 또한 그것에 관한 마이스페이스의 민사적 책임 여부는 뜨거운 사회적 논란의 대상이 되기도 한다(Barnes 2006; Marwick 2008). 그런데 어린 여성 이용자들에게 커다란 위협이 되는 이런 잠재적인 성범죄자들 말고도, 사회 관계망 사이트를 이용하는 많은 청소년들에게 학교 당국, 고용주, 수사 기관 등은 얼마든지 자신의 사이트에서 자신에 관한 사적 정보를 수집하고 감시할 수 있는 위협적인 존재로 간주된다(Jones et al. 2008). 마이스페이스의 한 여고생 이용자는 자신이 다니던 고등학교 교사들이 마이스페이스에 접속해 "학생들의 프로파일을 읽고, 학생들이 술이나 마약을 복용하고 있는지 여부를 감시"(Noguchi 2006)했다고 밝혔다. 또한 수사 기관이 사건 용의자의 정보를 캐기 위해 사회 연결망 사이트를 검색하는 것도 종종 발생하는 일이다. 실제로 미국의 국가안보원National Security Agency, NSA은 온라인 사회 관계망 사이트에서 공유되는 정보를 대량으로 수집할 수 있는 방법에 관한 연구 개발을 지원하기도 했다(Albrechtslund 2008).

공개된 장소에서 자신의 신상 정보를 스스럼없이 드러내는 것과 관련해, 한 암호 프로그램 생산자는 다음과 같이 밝히고 있다. "사람들이 자발적으로 온라인에 게시하는 자신에 관한 정보의 상세함에 나는 끊임없이 놀라고 할 말을 잃는다"(Albrechtslund 2008). 그러나 도네이스(Donath 2007)는 이런 현상을 정보 사회 속의 사회적 지위를 드러내는 일종의 온라인 유행으로 이해할 수 있다고 주장한다. 사회 연결망 사이트를 이용하는 것은 정보 사회의 새로운 변화에 잘 적응하는 유능함을 보여주는 하나의 지위 표현과 같은 것이기 때문에, 사용자들은 그것을 가꾸고 관리하는 데 기꺼이 많은 시간을 투자할 뿐만 아니라 프라이버시 침해 같은 위험까지 마다하지 않는다는 것이다. 사회 연결망 사이트에 자신의 상세한 신상 정보를 게시하는 '놀라운' 일은 물론 주로 10대 이용자들이 사회 연결망 사이트의 공적인 성격을 이해하지 못하는 데서 일어나는 일이기도 하겠지만(Barnes 2006), 다른 이유들이 있을 수 있다. 무엇보다도 그것이 사회 연결망 사이트가 갖는 공적인 공간의 성격과 사적인 공간의 성격의 혼재성에서 기인하는 측면도 중요하게 고려해야 한다(Donath 2007; Marwick 2008). 마윅(Marwick 2008)은 마이스페이스 같은 사회 관계망 사이트가 외부 사람들에게는 매우 공적인 공간으로 간주되는 반면, 내부 사용자들에게는 그 자체의 사회적 규범과 관습을 내포하고 있는 사적인 공간으로 이해되는 경향이 있다고 지적한다. 유사하게 도네이스(Donath 2007)는 일부 이용자들이 자신의 사회 연결망 사이트를 소수의 친한 친구들만이 찾는 안전하고도 닫힌 공간으로 간주할 수 있다고 주장한다. 드와이어(Dwyer 2007; Jones et al. 2008에서 재인용)는 대부분의 사회 관계망 사이트 이용자들이 개인정보 통제의 책임은 사용자 자신에게 있으며, 개인의 프라이버시 침해는 사이트 이용의 일종의 대가로 어느 정도 감수해야 하는 것으로 생각한다고 주장한다. 경우에 따라서는 자신의 사이트에 가능한 한 많은 사람들을 끌어들이기 위한 아주 효과적인 방법으로 자극적이고 도발적인 글을 게시할 수도 있다. 랭거(Lange 2007)에 따르면, 비록 기업이나 기관이 사회 연결망 사이트를 감시해서 얼마든지 자신의 직원에 관한 정보를 얻을 수 있는 가능성이 존재하지만, 사회 연결망 사이트 이용자들은 자신에 관한 정보와 자신의 행위가 갖는 공적인 성격과 사적인 성격의 적절한 수준을 유지하는 방식으로 그런 공적 공간을 통제한다. 그런 통제에 "공적으로 사적인" 행위와 "사적으로 공적인" 행위가 대표적인 전략으로 이용된다. 유튜브 사용자들은 자신의 정체성 정보를 공적으로 드러내면서도 그것을 향한 접근을 제한하는 "공적으로 사적인publicly private" 행위 전략과, 제한된 정체성 정보를 드러내지만 많은 사람들이 접근할 수 있는 "사적으로 공적인privately public" 행위 전략을 구사한다는 것이다.

한편 사회 연결망 사이트에서 형성되는 사회 관계와 그것이 지닌 위험성의 문제와 관련해 그동안 비교적 분명하게 제기되지 않은 문제가 바로 그것의 상업주의적 측면이다(Beer 2008; Beer & Burrows 2007). 마이스페이스나 페이스북, 싸이월드 같은 사회 연결망 사이트에 남아 있는 기록을 활용해 많은 경제적 이윤을 남기려는 자본에게 그런 사이트는 더할 나위 없이 중요한 경제적 수익의 원천이 된다. 사회 연결망 사이트들은 이용자의 개인정보를 수집하고 그것을 상품의 판촉과 판매에 이용한다. 비어는 사회 연결망 사이트가 하나의 "자본주의의 문화 회로"(Beer 2008, 523)가 되고 있으며, "사회 연결망 사이트가 보유하고 있는 (이용자) 정보는 지식 자본주의 맥락에서 엄청난 가치를 가진다"(같은 책, 523)고 주장한다. 그런 점에서 사회 관계망 사이트는 자본의 웹 2.0 전략의 핵심 요소로 이해할 수 있으며, 사회 연결망 사이트에 관한 비판적 관점은 웹의 민주화, 협력 문화, 집단 지성, 참여 문화 등과 같은 웹 2.0 담론에 관한 좀더 비판적이고 균형 잡힌 관점을 견지하는 노력의 한 요소로 이해돼야 한다.

4. 나가며

웹 2.0 이전의 온라인 사회 관계는 주로 유즈넷 뉴스그룹, 전자 게시판, 대화방, 메일링리스트, 머드 등과 같은 사이트를 중심으로 형성됐다. 이런 사이트들은 대체로 공통의 관심사를 공유하는 낯선 사람들이 익명의 상황에서 상호 작용하는 사회 공간이다. 따라서 대부분의 연구는 온라인 사회 관계를 약한 유대 관계로 간주했다. 그리고 유익한 정보 교환에 약한 유대 관계가 갖는 장점이 공통의 관심사에 관한 온라인 토론 관계에 널리 적용될 수 있다고 봤다. '일반화된 호혜성'이라는 관념은 이처럼 약한 유대의 온라인 사회 관계에서 일어나는 정보적 도움의 교환의 성격을 적절하게 설명해주는 강력한 개념이 됐다.

물론 웹 2.0 이전의 온라인 관계가 전적으로 약한 유대 관계로만 설명된 것은 아니다. 익명의 비대면 상호 작용에서도 사회 정서적 지원 관계가 성립할 수 있다는 사실을 보여주는 많은 연구 결과가 발표됐고, 온라인 그룹들에서 일어나는 사회 관계가 일시적이고 피상적인 것이 아니라 지속적이고 충분히 인간적인 감정을 공유하는 공동체 관계로 발전할 수 있다는 주장도 상당한 설득력을 얻었다. 이런 발견은 기존 사회학의 지배적인 공동체 이론이나 사회 관계 이론에 중대한 수정을 초래했고, 각 이론은 결과적으로 더 새로워지고 더 풍부해졌다. 공동체는 이제 더는 소규모의 직접 접촉에 바탕을 두거나 지리적 장소에 준거를 두지 않더라도 공유된 관념이나 상징에 따라 또는 사람들 사이의 연결망 그 자체로서 얼마든지 성립될 수 있는 관념이라는 인식이 널리 확대됐다.

　　요컨대 전자 게시판, 유즈넷 뉴스그룹, 메일링리스트 같은 낯선 사람들 사이의 공유 관심사 토론 공간에서 형성된 온라인 사회 관계에 관한 연구는 온라인의 관계 양상들이 오프라인의 그것들과 어떻게 비교될 수 있으며, 온라인의 약한 유대 관계가 과연 오프라인의 강한 유대 관계와 같은 공동체적 관계로 발전할 수 있느냐는 문제에 주로 천착했다고 평가할 수 있다.

　　한편 웹 2.0의 사회 연결망 사이트에서 형성되고 있는 온라인 사회 관계는 대체로 공통의 관심사를 매개로 형성되는 것이 아니라 개별 행위자를 중심으로 형성되고 있다는 점에서 기존의 뉴스그룹이나 머드 같은 온라인 포럼과 매우 다르다고 할 수 있다. 가장 두드러진 차이는, 기존의 온라인 사회 관계는 주로 약한 유대 관계라는 측면에서 탐구된 반면, 싸이월드나 마이스페이스 같은 사회 연결망 사이트의 사회 관계는 대체로 강한 유대 관계라는 측면에서 이해된다. 이런 사실은 사회 연결망 사이트의 주요 청중이 친한 친구나 가까운 친지이며, 대부분의 이용자가 그것을 친구 관계의 유지를 위해 사용한다는 점에서도 두드러지게 나타난다. 이것은 이전의 일방적이고도 아무도 찾지 않는 외로운 섬과 같던 개인 홈페이지가 새로운 웹 2.0 기술에 따라 역동적인 참여와 상호 작용의 장인 사회 연결망 사이트로 다시 탄생한 데서 일정 정도 기인한다. 이런 상황에서 사회 연결망 사이트가 갖는 공동체적 성격이나 제3의 장소적 성격은 이전에 견줘 훨씬 더 부각되고 강조됐다. 물론 사회 연결망 사이트의 공동체적 성격을 강조한다고 해서 반드시 거기에서 새롭게 형성되는 사회 관계의 존재 또는 중요성을 배제하는 것은 아니다. 사회 연결망 사이트의 비교적 강한 유대 관계는 약한 유대 관계를 포함한 다수의 폭넓은 유대 관계를 하나의 관계망 속에 포괄하는 경향이 있기 때문이다. 그런 점에서 일부 연구자들은 사회 연결망 사이트의 사회 관계는 오프라인의 친구 관계처럼 심각한 관계가 아니며 많은 부분 사회 자본 확대를 위해 맺어진 것에 지나지 않는다고 주장한다. 이런 문제는 결국 사회 연결망 사이트 이용이 점점 더 사회문화적 규범이 돼가고 온/오프라인 친구 관계의 구분이 점점 더 약화되고 있는 오늘날의 상황에서 그 구분을 강조하기보다는 친구 또는 우정의 의미가 어떻게 달라지는지 탐구하는 것이 필요하다는 주장으로 연결되기도 한다.

사회 연결망 사이트는 정보의 신뢰성 측면에서 이전 온라인 포럼의 약한 유대 관계보다 더 유리한 점이 있다. 앞서 살펴봤듯이 약한 유대 관계는 정보 제공자의 잠재적 범위에서는 장점이 상당히 많지만, 정보의 신뢰성 측면에는 적지 않은 문제가 있다. 낯선 사람들 사이의 교환에서는 정보를 제공하는 사람이 얼마나 신뢰할 만한 사람인지를 판단하기가 어렵다. 그리고 제공되는 정보가 얼마나 전문적인 것인지 평가하기도 쉽지 않다. 또한 정보를 요청하는 사람의 의도를 정확히 알지 못해서 뜻하지 않게 부정확한 정보를 전달할 가능성이 높으며, 심지어는 의도적으로 잘못된 정보를 전달할 가능성도 높다. 그러나 사회 연결망 사이트는, 도네이스(Donath 2007)가 밝혔듯이, 이런 문제에서 비교적 자유롭다. 사회 연결망 사이트에 공개되는 자신의 관계망이 곧 자신의 신뢰성을 드러내주는 하나의 단서가 되고, 비교적 서로 잘 아는 사람들끼리 공유하는 공간에서는 사람들이 좀더 신뢰할 만한 행동을 하기 마련이기 때문이다.

마이스페이스나 싸이월드 같은 사회 연결망 사이트에서 형성되는 사회 관계가 뉴스그룹이나 메일링리스트 같은 웹 2.0 이전의 온라인 사회 관계와 비교해 두드러지게 다른 점은 사회 연결망 사이트의 온라인 사회 관계가 훨씬 더 상업적인 환경 속에서 형성되고 있다는 점이다. 따라서 그것은 웹 2.0 이전에 견줘 사용자 감시의 강화와 사용자의 프라이버시 침해, 성적 일탈 등 위험 요소를 더 많이 수반한다. 이런 문제는 사회 연결망 사이트의 주요 이용자가 10대와 20대 초반의 어린 연령층이라는 점 때문에 사회적으로 더욱 심각한 염려를 불러일으키기도 한다. 온라인 사이트는 공적인 것과 사적인 것 사이의 경계를 지속적으로 허물고 있으며, 많은 사회 연결망 사이트 이용자들은 그런 공/사 혼재성을 적절하게 조율하는 행동 규범을 발전시키고 있다. 그러나 사회 연결망 사이트에 게시된 이용자의 정보를 직장 상사, 학교, 경찰, 기업이 얼마든지 열람할 수 있다는 점에서, 그것을 단순히 정보적, 사회 정서적 도움의 교환이 일어나는 공동체 생활의 장으로 낙관적으로만 바라보는 관점은 경계해야 한다. 웹 2.0은 2000년대 초반의 이른바 '닷컴.com' 붕괴에 관한 웹의 자구적 대응 속에서 탄생했으며, 그것이 강조하는 공유와 참여와 협력의 원리는 얼마든지 웹 2.0 자본주의의 이윤 추구 문화 논리로 포섭될 수 있기 때문이다.

지금까지 설명한 사회 연결망 사이트의 온라인 사회 관계와 그 이전의 온라인 사회 관계 사이의 차별성에도 불구하고, 기존의 연구는 두 시기를 관통하는 온라인 사회 관계의 일반적 특징을 밝혀주고 있다. 그것은 인터넷이 강한 유대 관계 사이의 일상적이고도 공동체적인 상호 작용의 보조 매체로 활용되면서도 동시에 폭넓은 약한 유대 관계 형성의 도구로 이용되고 있다는 점이다. 그 속에서 한편으로 사교적이고 외향적인 사람들은 자신들의 사회 관계를 온라인에도 확장함으로써 자신의 사회성을 강화하며, 다른 한편으로 내향적이고 비사교적인 사람들은 사이버 공간에서 적극적인 관계를 형성함으로써 일정한 사회적 보상을 만들어내고 있다고 볼 수 있다.

3[장] 공/사 경계의 조율
— 싸이월드 미니홈피

1. 들어가며

2005년 6월 기준 약 1400만 명의 회원을 확보한 '싸이월드'는 최근 한국 사회의 문화 현상을 특징적으로 드러내주고 있다. '개인 홈페이지들의 연결망'으로 이해할 수 있는 싸이월드의 하루 방문자 수는 2000만 명이 넘고, 싸이월드의 모든 디지털 상품을 살 수 있는 사이버 화폐인 이른바 '도토리'는 하루 2억 원 이상 팔려나가고 있다. 싸이월드는 삼성경제연구소가 선정한 2004년의 최고 히트 상품이었으며, 2004년 12월 31일자 《인터내셔널 트리뷴》과 2005년 6월 8일자 《월스트리트 저널》은 각각 '재미있게 변형된 블로그, 한국을 강타하다'와 '싸이월드에서 한국 여성들은 해방'이라는 제목으로 싸이월드의 인기를 상세하게 소개하기도 했다. 20대 인구의 90퍼센트가 사용하고 있다는 싸이월드는, "이전에 습관적으로 자유롭게 친구들이랑 찍던 사진들도 이제는 밖에서 레스토랑 같은 데서 사진 찍을 때면 처다보는 사람들이 '쟤네 저거 싸이에 올리려고 찍는 거야'하고 생각할까봐 좀 쪽팔린다. 그리고 본인도 남들이 사진 찍으면 그렇게 생각한다"(《조선일보》 2004년 3월 13일)고 밝힌 한 이용자의 말처럼, 이미 많은 한국 사람들의 사회적 삶에 중요한 하나의 일상적 계기가 되고 있는 것이다.

　　　　이른바 '싸이 열풍' 또는 '싸이 현상'은 많은 사회학적 문제를 제기한다. 왜 그토록 많은 사람들이 싸이월드에 빠져드는가? 거기에서 어떤 일들이 일어나고 있는가? 왜 사람들은 공개된 공간에 자신의 사생활을 스스럼없이 드러내는가? 자아는 어떻게 표현되고 있는가? 개인의 프라이버시는 어떻게 보호되고 있으며 또 어떻게 침해될 위험이 있는가? 이용자들 사이의 상호 작용은 어떤 성격을 띠고 있는가? 사회적 관계는 어떻게 형성되고 유지되며 확장되는가? 단순한 자아 도취와 나르시시즘의 공간에 불과한가? 공동체 생활의 새로운 형태가 출현하고 있는가? 사적 행위와 공적 행위는 어떻게 조율되고 있는가? 이런 질문들은 싸이월드 현상을 사회학적으로 이해하기 위한 기본적인 문제들이라고 할 수 있지만(한상진 2005), 그 현상이 갖는 풍부한 사회문화적 함의에 관한 진지한 학술적 연구는 아직 전문 학술지에 본격적으로 발표되지 않고 있다. 물론 그 해답을 제공하려는 노력이 전혀 없었다고 말할 수는 없다. 신문, 시사 잡지, 텔레비전 같은 언론 매체와 한 인터뷰에서 일부 연구자들은 주로 '노출증'과 '관음증'이라는 두 가지 핵심어를 중심으로 싸이월드 현상을 설명하고 있다(《동아일보》 2004년 2월 1일). 그러나 이런 접근법은 싸이월드를 향한 대중들의 관심이 폭증하게 된 심리학적 이유를 어느 정도 설명해주는 장점을 지니고 있는 동시에 적지 않은 한계도 드러내고 있다. 먼저 이미 수많은 대중들의 일상생활의 한 영역이 돼버린 싸이월드를 노출증과 관음증의 공간으로 규정하는 것은 싸이월드에서 벌어지는 전반적 활동을 마치 정상적인 것에서 일탈한 병리적인 현상인 양 인식하는 문제점을 지니고 있다. 더욱이 이런 관점은 싸이월드에서 자아 표현은 어떻게 되고 있으며 이용자들 사이의 사회적 상호 작용과 사회적 관계는 어떤 특징을 보이는가 하는 문제를 단순히 노출증과 관음증의 차원으로 환원해 다룸으로써 싸이월드 현상이 지닌 사회문화적 의의를 협소하게 파악하는 한계를 지니고 있다.

이 장은 이런 감각주의적 접근법 대신에, 싸이월드 현상이 제기하는 두 가지 중요한 문제 곧, 싸이월드 미니홈피에서 일어나는 자아 표현은 어떤 성격을 지니고 있으며 이용자들 사이의 상호 작용은 어떤 특징을 드러내고 있는지 탐구하려 한다. 구체적으로 싸이월드라는 공간이 지닌 공적 성격과 사적 성격의 혼재성의 특징은 무엇이며, 그 속에서 나타나는 자아 표현과 상호 작용은 어떻게 공/사의 경계를 조율하고 있으며, 어떤 행위 규범에 따라 조직되고 있는지 고찰하려 한다. 먼저 전통적인 개인 홈페이지, 블로그, 미니홈피와 관련한 기존의 연구문헌들을 검토한 뒤, 사회생활의 공적/사적 영역, 공적/사적 행위, 비공식적 공적 생활에 관한 주요 이론들을 살펴볼 것이다. 다음으로 싸이월드 미니홈피에서 나타나는 공/사 경계의 조율과 행위 규범의 특징에 관한 경험적 관찰 결과를 제시할 것이다. 마지막으로 그 결과에 근거해 싸이월드 현상의 사회문화적 함의에 관해 논의할 것이다.

2. 이론적 배경

■ 홈페이지, 블로그, 미니홈피

개인 홈페이지에 관한 기존의 연구는 그것의 기능을 주로 네 가지의 측면에서 파악한다(Petric 2003; Walker 2000). 먼저 홈페이지는 사용자들이 자신의 사이트에 가능한 한 많은 유용한 정보와 지식을 올리고, 그것들이 다시 다른 사이트들로 연결되게끔 하는 링크로 이용된다. 이렇게 링크로 이용되는 홈페이지는 사용자가 가지고 있는 정보와 경험을 인터넷이라는 정보 저장고에 덧붙이는 공적 기능을 수행하기도 하지만, 사용자가 자신이 즐겨 찾는 사이트들을 하나의 리스트에 모아서 그것들에 손쉽게 접근할 수 있게 하는 개인 북마크bookmark로 활용되는 것이 대부분이다. 다음으로 홈페이지는 사용자가 자신의 정체성을 실험하고 형성하려는 목적으로 사용되기도 한다. 홈페이지를 통해서 사용자는 오프라인에서는 쉽게 표출하지 못하는 자신의 모습을 더욱 자유롭게 표현할 수 있다. 나아가 홈페이지는 다른 인터넷 사용자들과 상호 작용하고 사회적 관계를 유지하는 데 사용되기도 한다. 홈페이지는 멀리 떨어져 있는 친구나 가족과 지속적으로 소식을 주고받기 위해 사용되기도 하고, 오프라인에서 일상적으로 만날 수 있는 사람들과 관계를 발전시키는 데 활용되기도 한다. 넷째, 공통의 관심이나 신념에 따라 사이버 공간에서 처음으로 접하게 된 사람들과 맺는 새로운 사회적 관계가 홈페이지를 통해서 형성되기도 한다. 마지막으로 홈페이지는 정치적, 사회적 문제들에 관해 자신의 의견이나 신념을 공적으로 표현하는 공간으로 사용되기도 한다.

그러나 개인 홈페이지에서 나타나고 있는 이런 활동의 성격, 특히 홈페이지에서 나타나는 자아 표현의 성격에 관한 연구는 그동안 국내외를 막론하고 그다지 활발하게 수행되지 못했다(Döring 2002; Petric 2003). 가상 정체성의 실험과 자아 표현이라는 주제는 가상 공동체, 사이버 공론장, 프라이버시와 감시 등과 같은 주제들과 함께 사이버 공간에 관한 연구의 중요한 주제였던 것은 사실이지만, 자아 표현의 성격에 관한 연구는 개인 홈페이지보다는 오히려 머드, 대화방, 전자 게시판, 메일링리스트, 유즈넷 뉴스그룹 같은 영역을 중심으로 수행돼왔다(Chandler and Roberts-Young

1998). 반면 개인 홈페이지는 자아도취, 자기 광고, 노출증, 관음증이 지배하는 피상적인 공간으로 간주돼왔다(Rothstein 1996; Döring 2002에서 재인용). 이것은 홈페이지가 대화방이나 전자 게시판 같은 영역에 견줘 훨씬 덜 익명적인 공간이라는 점에서, 가상 정체성과 자아 표현의 성격에 관한 연구에 비교적 덜 매력적인 소재로 간주됐기 때문일 수도 있다. 또는 양방향 소통 공간이라고 할 수 있는 대부분의 온라인 그룹들과 달리, 개인 홈페이지는 비교적 일방적 소통 공간이라는 점에서 상호 작용 과정을 충분히 고찰할 수 없다는 한계가 작용했을 수도 있을 것이다.

그러나 1997년 개인 홈페이지와 가장 가까운 인터넷 장르라고 할 수 있는 블로그weblog의 등장과 함께, 개인 홈페이지와 유사한 성격의 인터넷 영역에 관한 기존의 소극적인 연구 태도는 상당히 많이 바뀌게 됐고, 블로그에 관한 연구는 최근 많은 인터넷 연구자들의 주요 관심 주제들 중의 하나가 됐다(박광순·조명휘 2004; 이창호 2005; 현대원·박창신 2004; Donath and Boyd 2004; Herring, Scheidt, Bonus and Wright 2005; Viegas 2005). 정치, 사회, 문화, 종교, 군사, 일상사 등 다양한 주제들에 관한 이야기들이 최신의 것부터 시간순으로 게시되는 블로그는 관심 있는 이웃 블로그 이용자, 자기 블로그 방문자, 그리고 자신의 방명록이나 게시판에 논평을 남긴 이용자들의 블로그에 손쉽게 접근할 수 있는 하이퍼링크를 제공함으로써 이용자들 사이의 상호 작용 가능성을 매우 높여준 인터넷 영역이다. 블로그는 주된 이용 목적에 따라 개인 일기장, 뉴스 미디어, 정치 실천의 장, 교육 도구, 종교 활동의 공간 등 다양한 방식으로 활용될 수 있다. 그런데 미국과 유럽 등 서구에서는 블로그가 주로 이용자들 사이의 정치, 사회 문제들에 관한 토론의 장으로 활용되고 있는 반면, 한국에서는 싸이월드로 대표되듯이 개인의 일상을 기록하고 그것을 친구들과 공유하는 개인형 중심의 블로그 문화가 2004년부터 급속하게 성장하게 됐다.

싸이월드가 수많은 사람들의 일상생활에 중요한 부분이 되면서 싸이월드에 관한 사회적 관심은 매우 높아졌다. 그러나 앞에서도 밝혔듯이, 싸이월드에서 나타나는 사회적 상호 작용의 성격에 관한 국내의 연구는 아직 전문 학술지에 그다지 많이 발표되지 않았으며, 본격적인 연구는 이제 막 시작 단계에 있다고 볼 수 있다. 한편 일부 연구자들은 언론 매체와 한 인터뷰 등에서 싸이월드를 기본적으로 '노출증'과 '관음증'이 지배하는 공간으로 규정한다《동아일보》 2004년 2월 1일; 《동아일보》 2004년 8월 1일; 《동아일보》 2005년 2월 1일). 자신을 적극적으로 드러내고 다른 사람의 사생활을 엿보려는 인간의 기본 욕구가 싸이월드를 통해 활발하게 분출되고 있다는 것이다. 김동식은 "블로그 문화의 주역인 10대와 20대는 새로운 매체환경에서 자라나 과시욕구가 강한 세대"이며, 이 사람들은 "소통의 코드를 개방해 자신을 드러내고 관찰당하기를 원하며 또 타인을 관찰하는 데서 기쁨을" 얻는다고 주장한다《동아일보》 2004년 2월 1일). 싸이월드를 자기 광고, 스타 심리, 엿보기 심리로 규정하는 관점은 개인 홈페이지에 관한 일부 초기 연구들이 홈페이지를 자아도취와 전시주의로 파악한 것과 논리적으로 맞닿는 입장이라고 할 수 있다. 그러나 이런 관점은 앞서도 언급했듯이 싸이월드에서 나타나는 이용자들의 자아 표현이 싸이월드가 갖는 공적 성격과 사적 성격의 혼재성을 어떻게 의식적으로 조율하고 있는지에 관한 관심을 적절하게 다루지 못하는 한계가 있다. '인상 관리impression management' 또는 자신에 관한 정보의 조절과 통제는 일상적 자아 표현의 과정에서 지속적으로 일어나는 현상이며(Goffman 1959), 공/사 경계의 조율은 싸이월드에서 나타나는 인상 관리에 특히 중요한 하나의 요소가 된다고 봐야 할 것이다. 다음으로, 개인 홈페이지들의 연결망으로도 불릴 수 있는 싸이월드 미니홈피는 전통적인 개인 홈페이지와 달리 그 이용자들 사이의 양방향 소통과 상호 작용 가능성을 현격하게 끌어올리고 있다.

그런데도 그것을 여전히 정태적인 노출증과 관음증의 견지에서 해석하는 것은 싸이월드에서 나타나는 상호 작용의 역동성과 상호 관계의 다양성을 제대로 읽어내지 못하는 문제점을 지닌다고 할 수 있다.

② 공적/사적 영역, 공적/사적 행위

공적인 것과 사적인 것에 관한 사회과학의 개념 규정은 매우 다양하고 복잡해서 어떤 하나의 기준으로 그 경계를 명확히 나누기란 거의 불가능하다. 그러나 공/사 개념에 관한 다양한 용법을 가로지르는 의미 모델로서 다음의 두 가지 접근법은 주목할 만한 가치가 있다. 첫째는 벤과 가우스Benn, S. and G. Gaus가 제시한 관점으로, 공적인 것과 사적인 것을 주로 "행위자", "이익 또는 이해관계", "접근성"이라는 세 가지 요소에 근거해 구분한다(Benn, S. and G. Gaus 1983, 7). 이 접근법에 따르면, 행위자가 자신의 개인적 목적을 위해 벌이는 행동은 사적인 것으로 간주되며, 국가나 지방정부, 공동체의 목적을 위해 행동할 때 그것은 공적인 것으로 파악된다. 다음으로 기업의 영리 활동처럼 사적 이익을 위한 행위는 사적인 것으로, 공공의 이익을 위한 행위는 공적인 것으로 이해된다. 마지막으로 공적인 것과 사적인 것은 물리적 공간, 활동, 상호 작용, 정보, 자원에 관한 접근 여부에 따라 구분된다. 이런 영역에 누구든지 접근할 수 있는 한 그것은 공적인 것이며, 누군가가 다른 사람의 접근을 허용할 것인지 또는 아닌지를 선택할 수 있다면 그것은 사적인 것이 된다. 접근성의 측면에서 공적인 것은 접근의 대상이 어느 특정인에게 직접 귀속되지 않고 공동체 구성원 전체에게 열려 있는 상태를 지칭한다. 그리고 사적인 것은 자신을 제외하고는 그 누구도 그 대상에 접근할 수 없다는 것이 아니라 접근의 통제권을 그 자신이 가지고 있다는 것을 의미한다. 사적인 영역은 대체로

가정 또는 집, 가족이나 친구 그리고 친지와 같은 개인적 관계, 민감하고
도 은밀한 개인적 정보와 같은 일신상의 개인적 영역에 해당한다.

두 번째 모델은 뢰슬러(Rössler, B. 2004)가 제시한 양파 모델인데, 그
것은 공적인 것과 사적인 것 사이의 상이한 껍질들을 도식적으로 구분할
수 있게 해준다. 뢰슬러에 따르면,

> 양파의 가장 중앙에 위치한 것은 개인적, 육체적 내밀성 또는 사적 프라이버시
> 의 영역(예를 들어 사적 일기장이 보호될 수 있는 영역)이며, 그 밖의 외부 영
> 역은 모두 공적 영역이다. 양파의 두 번째 층은 고전적으로 사적인 것으로 간
> 주되는 지점, 곧 가족(또는 그 밖의 친밀한 관계)에 해당하며, 이것은 더 넓은
> 사회 또는 국가를 포함하는 공적 영역에 둘러싸여 있다. 그 다음 층은 사회(예
> 를 들어 경제 제도 또는 시민 사회의 영역)인데, 그것은 국가의 간섭과 관련해
> 사적인 것으로 간주되며, 프라이버시의 또 다른 영역으로서 국가의 개입에서
> 보호돼야 하는 영역이다. 양파의 가장 바깥 껍질, 곧 국가만이 더 바깥의 껍질
> 을 갖지 않는 완전한 공적 영역에 해당한다(2004, 6).

따라서 우리의 사회적 행위가 어떤 영역에서 일어나는가에 따라,
가장 협소하게는 개인적, 육체적 프라이버시 영역만이 사적인 것으로 간
주될 수도 있고, 또는 가장 넓은 의미에서는 경제 제도나 시민 사회의 영
역까지 사적인 것으로 이해될 수도 있다. 위에서 서술한 벤과 가우스의
공/사 구분법은 행동의 동기, 목적, 책임성 등과 같은 행위적 요소와 독
자성, 자율성 등과 관련된 개념인 특정 영역에 관한 접근성의 요소를 동
시에 고려하는 특징을 지니는 반면, 뢰슬러의 구분법은 주로 대상 영역에
관한 접근성의 측면에 초점을 맞추는 특징을 보인다. 사회과학자들 사이
에서 공/사 개념이 규정되는 방식은 매우 다양하다. 사회심리학은 대체로
뢰슬러가 말한 양파의 최중심층에 해당하는 영역, 곧 다른 사람들이 관찰
할 수 없는 개인의 정신적, 내면적 자아의 영역을 사적인 것으로 간주한

다. 따라서 많은 사회심리학자들에게 다른 사람들이 볼 수 있는 개인의 행위는 공적인 행위가 된다. 정치학에서 공/사 구분은 주로 행위자의 위치에 근거하는데, 행위자가 사적인 목적을 위해 행동하느냐 또는 공적 기관을 대표해 행동하느냐에 따라 행위의 공적/사적 성격이 나뉜다. 사회학과 페미니즘은 대체로 가족을 사적 영역으로, 시장 경제를 공적 영역으로 다루지만, 대부분의 주류 경제학은 시장 경제를 사적인 것으로 간주하고 정부와 국가를 공적인 영역으로 다룬다(Weintraub 1997).

      사회심리학에서 공적 영역과 사적 영역은 고프먼의 무대 전면 front stage과 무대 후면back stage으로 비유되기도 한다. 무대 전면은 관객이 상황 정의를 할 수 있게 행위자가 일관된 방식으로 자아 표현을 수행하는 공간이다. 곧 행위자의 자아 표현이 청중에게 관찰되는 공간이다. 반면 무대 후면은 관객에게 관찰되지 않는 곳에서 행위자가 자아 표현의 여러 가지 기술을 연마하는 공간이다. 따라서 공적 공간은 관객이 행위자의 행위에 접근할 수 있는 개방된 공간으로 이해할 수 있는 반면, 사적 공간은 접근이 어려운 폐쇄된 공간으로 이해할 수 있다. 그런데 공적인 영역과 사적인 영역을 포괄하는 우리의 일상생활은 고프먼이 말한 인상 관리의 기술에 따라 조직된다. 인상 관리는 대체로 "행위자", "청중", "상황"이라는 세 가지 요소에 영향을 받는다(Schlenker and Weigold 1992, 142). 첫째, 인상 관리는 행위자가 자아 관념이나 가치관 등 자신에 관해 갖고 있는 자아상에 영향을 받는다. 둘째, 인상 관리는 행위자의 공연을 지켜보는 청중에게 영향을 받는다. 곧 청중이 행위자에게 갖는 기대나 행위가 청중에게 어떤 반응을 얻게 될 것인가에 관한 고려가 인상 관리에 중요한 영향을 미친다. 마지막으로 인상 관리는 행위자의 자아표현이 일어나는 상황에 일정한 영향을 받는다. 행위자의 인상 관리는 자아 표현이 일어나는 상황에 적합하다고 판단되는 사회적 구실을 적극적으로 고려하게 된다.

대부분의 물리적 장소와 사회적 공간은 그 속에서 벌어지는 행위가 과연 사회적으로 적합한 것인가 또는 부적절한 것인가에 관한 일정한 사회문화적 판단 기준을 내포하고 있다. 공개된 장소에서 노골적인 성적 표현을 할 때처럼, 특정 사회적 장소나 공간에서 일어나는 행위가 사회적으로 문제가 된다면 이것은 그것이 과연 그 공간/장소에 적절한 것인가 아닌가에 관한 논란을 불러일으키기 때문이라고 말할 수 있다. 사적인 것과 공적인 것에 관한 관념은 행위의 적절성에 관한 판단 기준의 중요한 한 구성 요소라고 볼 수 있는데, 그것이 우리가 벌이는 사회적 행위의 종류와 범위에 일정한 영향을 미치며, 다른 사람들의 행위에 대한 기대와 평가에도 많은 영향을 미치기 때문이다. 공적 공간에서 일어나는 행위는 대체로 익명적, 비정서적이며, 타자를 향하는 행위, 불확실성이나 의심 또는 위협에 많은 영향을 받는 행위라고 할 수 있다. 반면 사적 행위는 친밀하고도 정서적이며, 자기 자신을 향하고 자아 성찰적 성격이 두드러지는 행위로 이해할 수 있다. 그리고 공적 행위는 다른 사람들에게 긍정적인 인상을 남기려 하고, 다른 사람들과 나누는 상호 작용을 촉진시키려 하며, 사회적 승인과 평판을 얻으려는 지향이 강한 행위 유형이라 할 수 있다(Tesser and Moore 1986, 104). 반면 사적이고도 개인적인 영역은 외부로부터 부당한 간섭이나 침해를 받지 않아야 한다는 규범이 강하게 지배한다고 볼 수 있다. 슈렌커와 웨이골드(Schlenker and Weigold, 1992, 152~153)에 따르면, 공적 행위는 사적 행위와 비교하여 대체로 다음과 같은 차이점을 갖는다. 먼저 그것은 사적 행위에 견줘 육체적, 정신적, 심리적으로 더 민감하고 자극적이다. 그리고 공적 행위는 다른 사람들의 평가에 영향을 미치고 따라서 행위자의 정체성과 상호 작용의 결과에 영향을 미친다는 점에서 사적 행위에 견줘 더 중요하다고 볼 수 있다. 나아가 공적인 주장이나 표현이 다른 사람들에게 도전을 받게 됐을 때 그것을 방어하고 증명할 수 있어야 한다는 점에서 공적 행위는 사적 행위보다 더 제약된 것으로 볼 수 있으며, 한 번 행해진 공적 행위는 다시 철회하기가 어려우며 행위자로 하여금 다음에도 일관된 방식으로 행동해야 한다는 생각을 갖게 한다는 점에서 사적 행위보다 더 큰 책임성을 요구받는다. 마지막으로 공적 행위는 사적 행위에 견줘 행위자의 정체성과 사회 현실을 규정하는 데 더욱 권위적인 자원이 되기도 한다.

3 제3의 장소와 비공식적 공적 생활

그러나 지금까지 살펴본 공/사 구분법에도 불구하고, 사회생활에서 공적인 것과 사적인 것 사이의 경계는 명확하게 양분될 수 없는 매우 모호하고도 복잡한 것이다. 그 경계 구분은 대부분 추상적이고 일반적인 수준에서만 타당하며, 모든 실질적 경험의 영역에서 늘 적용할 수 있는 명확한 구분의 기준이란 존재하지 않는다고 봐야 할 것이다. 공적인 것과 사적인 것 사이의 관계는 완전히 사적인 영역과 완전히 공적인 영역으로 양분될 수 있는 성질의 것이 아니라, 연속적이며 복합적인 것으로, 곧 좀더 공적인 것에서 좀더 사적인 것 사이의 연속성의 관계로 이해하는 것이 타당하다. 실제로 다른 사람이 관찰할 수 있는 거의 모든 영역을 공적인 것으로 파악하는 사회심리학에서도 공적인 것과 사적인 것의 중간 영역에 관해 신중하게 이론적으로 고려하고 있다는 것을 알 수 있다.

사회심리학에서 일상적 행위의 사적/공적 성격을 가늠할 수 있게 하는 여러 가지 요인들 중의 하나는 행위가 주로 어떤 청중을 대상으로 해서 일어나는가이다. 슈렌커에 따르면, 자아 표현은 자기 자신, 다른 사람들, 준거 타자를 대상으로 해서 일어나는데, 이 중 준거 타자를 주된 청중으로 삼아 일어나는 자아 표현은 공적 관심과 사적 관심의 중간에 위치하는 행위로 이해할 수 있다(Schlenker 1986, 28). 자기 자신을 주된 청중으로 삼아서 일어나는 자아 표현은 자신이 내면적으로 가지고 있는 신념 체계나 행위의 기준에 크게 영향을 받는다고 볼 수 있다. 다음으로, 자아 표현은 행위자와 상호 작용하는 다른 사람들을 청중으로 삼아 일어나기도 한다. 이 범주에는 행위자와 직접적인 관계를 맺고 있는 사람이나 완전히 낯선 사람 모두 포함된다. 행위자의 사회적 행위는 다른 사람들이 지켜보는 가운데서 일어나거나, 다른 사람들이 자신의 과거 행위를 기억하거나, 또는 다른 사람과 상호 작용이 예견될 때, 다른 사람들에 따라 커다란 영향을 받게 된다. 대부분의 공적 행위가 이 경우에 해당한다고 볼 수 있다. 마지막으로 자아 표현은 자신의 삶에 특별한 의미를 갖는 준거 타자를 주된 청중으로 삼아 일어나기도 한다. 이 범주에는 부모, 절친한 친구, 배우자, 자녀, 존경하는 스승, 준거 집단이 포함될 수 있다. 행위자는 자신의 준거 대상이 지닌 의견이나 가치 기준을 존중하고 그것을 자신의 행위 표본으로 삼는다. 준거 대상은 행위자가 현재 직접 접촉하지 않더라도, 또는 미래에 상호 작용할 것으로 기대되지 않더라도, 심지어는 아예 한 번도 만난 적이 없다고 하더라도 행위자의 행동에 커다란 영향을 미치는 존재다. 그런데 슈렌커는 준거 타자를 주로 염두에 두고 일어나는 행위를 사적 관심과 공적 관심의 중간에 위치하는 행위라고 주장한다. 곧 공적인 측면에서 보면, 많은 준거 대상은 행위자가 실제로 상호 작용하는 사람들이며, 준거 대상이 행위자에 관해 갖는 의견이나 평가는 행위자의 자아 표현에 중요한 영향을 미친다. 다른 한편, 행위자는 준거 대상의 가치 기준이나 의견이 설사 자신의 그것과 다르다고 해도 그것을 자기 평가와 행동의 기준으로 삼는다는 측면에서 준거 대상은 사적 관심을 반영하는 것으로 이해할 수 있다.

공/사 경계의 모호성에 주목하는 많은 연구자들은 공/사 구분법과 관련하여, 이분법이 아니라 공적 성격과 사적 성격이 혼재된 제3의 사회생활 영역을 포괄할 수 있는 삼분법을 제안한다(Arendt 1958; Oldenberg 1999; Wolfe 1997). 울프는 개인의 자유와 이익을 극대화하기 위한 행위 영역은 사적 영역으로, 사회 구성원들 모두에게 동등하게 적용되는 결정이 일어나는 영역은 공적 영역으로 볼 수 있는 반면, 가족과 친족, 소수 민족과 인종 집단, 언어 공동체, 관심이나 신념 공동체 등은 사적 영역과 공적 영역의 중간에 존재하는 제3의 영역으로 간주돼야 한다고 주장한다(Wolfe 1997, 196). 한편 올덴버그는 카페, 커피숍, 서점, 길거리, 미용실, 선술집 같은 장소를 인간의 일상생활에서 매우 중요한 비공식적이고도 공적인 생활을 제공하는 '제3의 장소third place'라고 봤다(Oldenburg 1999). 올덴버그에 따르면, 사람들의 일상생활은 크게 3가지 장소를 중심으로 구성되는데, 그 첫 번째는 가정이고, 두 번째는 직장이며, 세 번째가 바로 위에서 말한 제3의 장소들이다. 일상생활에서 가장 중요한 장소라고 할 수 있는 가정은 그 구성원들에게 편안함과 휴식을 가져다주며, 심리적, 정서적 발달에 아주 큰 영향을 미치는 장소다. 직장은 개인들을 생산의 한 요소로 간주하고 개인들 사이의 경쟁을 강조하는 영역이지만, 사람들은 그곳에서 생활의 물질적 자원을 획득하게 된다. 근대화 또는 산업화 이전까지는 서로 명확하게 분리되지 않았던 이 두 영역은 근대화, 산업화의 진전에 따라 농촌에서 도시로 이동한 대다수의 인구가 대규모 공장 노동에 종사하게 됨으로써 본격적으로 분리되기 시작했다. 사적인 공간으로서 가정과 공적인 공간으로서 직장 사이의 분화가 발생하게 된 것이다.

올덴버그에 따르면, 제3의 장소가 근대인의 일상생활에서 갖는 중요성은 그것이 가정과 직장 모두가 결코 완전하게 제공하지 못하는 비공식적이면서도 공적인 생활에 대한 인간의 욕구를 충족시켜 준다는 점에 있다. 가정은 대체로 가족 구성원에게 편안함과 휴식을 가져다주는 기능을 하지만, 실제로 모든 가정이 반드시 그런 기능을 성공적으로 수행한다고 볼 수 없으며, 불행한 가족 관계가 어쩔 수 없이 오랜 기간 지속되는 경우도 허다하다. 또한 폐쇄된 가족 관계 또는 지나치게 가족 중심적인 생활은 흔히 외로움과 지루함에서 자유롭지 못하기도 하다. 올덴버그에 따르면, 사람들에게는 가족 구성원의 의무와 역할에서 벗어나 마음에 맞는 친구들과 대화하고 사귀는 시간이 반드시 필요하다. 그리고 사람들은 직장 생활에서 받는 스트레스, 긴장, 분노, 좌절에서 해방돼 편히 쉴 수 있는 공적인 휴식의 공간을 필요로 한다. 이처럼 제3의 장소는 가정 생활과 직장 생활이 파생하는 지루함, 외로움, 단조로움, 무료함, 긴장감, 의무감, 스트레스, 소외감을 떨쳐내고 삶의 새로운 기운을 북돋아내는 데 긍정적인 구실을 하는, 사회생활의 매우 중요한 한 영역이라고 말할 수 있다. 비공식적 공적 생활은 다분히 축제적인 분위기를 띠는데, 성공을 위한 경쟁 심리나 일상생활을 짓누르는 스트레스는 잠시 잊으며, 일견 무례하게 비춰질 수도 있는 유머나 농담은 서로 우정과 연대감을 교환하는 행위로 이해된다. 그것은 또한 매우 협력적인 성격을 띠는데, 자신에게 더는 필요 없는 것을 기꺼이 다른 사람들에게 주고, 자신에게 필요한 도움을 다른 사람들에게 손쉽게 받는다. 나아가 비공식적이고도 공적인 공간은 이미 알고 있는 친구를 만나는 곳일 뿐만 아니라, 새로운 사람을 처음으로 접하고 사귀게 되는 개방된 사회 공간이다. 비공식적 공적 생활은 그곳에 정기적으로 방문하는 사람이 과연 언제, 얼마나 자주 오며, 얼마나 오랫동안 머무르는지가 일정하지 않으며, 어떤 고정 구성원이 오게 될지, 어떤 새로운 인물이 나타나게 될지, 또 누가 오랜만에 다시 나타나게 될지 알 수 없다는 점에서 늘 신선하고 새로움을 제공하는 생활로 이해될 수 있다. 마지막으로 비공식적 공적 생활에서 벌어지는 대화를 통해서 사람들은 자신들의 자기 표출의 욕구를, 그것이 아무리 미숙하고 세련되지 못한 것일지라도 자유롭게 표현하기도 한다.

　　이제부터 지금까지 살펴본 공적/사적 영역, 공적/사적 행위, 비공식적 공적 생활에 관한 논의에 근거해, 싸이월드 미니홈피가 지닌 공적/사적 성격의 혼재성이 이용자들의 자아 표현과 상호 작용의 과정에서 어떻게 다뤄지고 있는지 고찰하려 한다. 이 글은 다음과 같은 두 가지 연구 질문을 제기한다.

● 미니홈피의 자아 표현은 공/사 경계를 어떻게 조율하는가?
● 미니홈피에서 상호 작용은 어떤 행위 규범에 따라 조직되는가?

　　본 연구에서 "공/사", "공식/비공식"의 개념들은 주로 다음과 같은 의미로 사용된다. 먼저 위에서 밝힌 벤과 가우스의 구분법에 따라, 대부분의 미니홈피는 행위자나 이익의 측면에서는 공적인 것으로 파악될 수 있는 여지가 지극히 적은 사적인 것으로 볼 수 있는 반면, 주로 접근성의 측면에서 공적인 성격이 강한 것으로 간주될 수 있다. 인터넷에 접속한 사람이면 누구든지 손쉽게 거의 모든 미니홈피에 접근할 수 있기 때문이다. 그리고 뢰슬러의 구분법을 응용해, 개인의 내면적 프라이버시와 가족은 미니홈피에서 사적 영역으로 파악될 수 있는 반면, 친구를 포함한 남들과 상호 작용이 일어나는 영역은 공적인 것으로 간주될 수 있다. 접근성의 측면에서 미니홈피는 공연장, 전시장, 버스, 지하철, 도로, 공원, 커피숍처럼 이용자들이 자유롭게 접근할 수 있는 공개된 공간이라는 점에서 공적인 성격을 갖는다. 그러나 이런 공적인 공간에서 벌어지는 행위가 형식이나 격식, 의례를 중요하게 따지느냐 아니냐에 따라, 그것은 다시 공식적인formal 것과 비공식적인informal 것으로 나뉠 수 있다. 미니홈피는 학술 논문, 인쇄물, 공연장, 전시장과 같은 공식적인 공적 영역과 달리, 그리고 버스, 지하철, 도로, 공원, 커피숍처럼 이용자의 행위가 격식이나 의례를 중요하게 따지지 않고 일어난다는 점에서 비공식적인 공적 공간이라 할 수 있다.

이 장은 총 23개의 싸이월드 미니홈피 관찰 자료를 활용했다. 이 연구는 2005년 5월 16일에서 5월 25일까지 총 10일 동안 싸이월드의 메인 페이지에 접속해, 2005년 4월 1일부터 4월 30일까지 싸이월드 메인 페이지에서 소개된 미니홈피들 중 23개를 추출해 거기에 게시된 자료들을 분석했다. 추출된 개별 미니홈피에 접속해 공개 수준을 특정인으로 제한하지 않은 개방된 자료들 중 내 컴퓨터로 출력이 가능한 자료들은 곧바로 출력했으며, 자동 출력이 허용되지는 않았지만 연구에 꼭 필요하다고 판단된 자료들은 한글 프로그램을 활용해 컴퓨터 파일에 옮겨 쓰는 방식으로 자료를 수집했다. 개별 미니홈피는 사용자에 따라 그 구성이 다양하지만, 대부분의 미니홈피는 '홈', '프로필', '미니룸', '다이어리', '사진첩', '갤러리', '게시판', '방명록' 등으로 구성돼 있다. 이 중 '사진첩'이나 '갤러리', '게시판'에 관한 분석에서, 이 장은 사용자들이 자신의 온라인 정체성을 꾸미고 드러내기 위해 어떤 테마들(사진, 음악, 그림, 시, 스포츠 등)과 자료들을 활용하는지 주로 살펴봤으며, '다이어리'와 '방명록' 등에서는 사용자들이 방문자들과 공유하는 상호 작용의 성격을 공/사 경계의 조율과 상호 관계의 특징적 양상을 중심으로 살펴봤다.

3. 분석

■ 1 미니홈피의 공/사 혼재성과 그 경계의 조율

① 싸이월드의 공적/사적 성격

싸이월드 이용자들의 사적 관심은 미니홈피를 일기장이나 앨범과 같은 자신만의 공간으로 인식해, 일상사와 내면의 고민을 기록하거나 사진을 포함한 자신의 자료들을 보관하기 위해 활용하는 것에서 확인할 수 있다. 이런 사적 자아의 표현 또는 사적 행위는 대체로 자아 성찰적인 성격을 드러내며, 자기 자신에 관한 문제를 다루고, 개인적 감정을 비교적 직접적으로 표출하는 특징을 지닌다. 미니홈피에서 그것은 흔히 내면적 자아에 관한 관심, 바람직한 자아상의 추구, 일상의 고통과 번민의 묘사 등을 포함하는데, 많은 이용자들은 성격 유형(혈액형별, 탄생석별, 사상체질별, 좋아하는 색깔별 등), 사랑(고백, 궁합, 남녀간 차이 등), 미용(다이어트, 피부 관리, 운동 등), 처세법(화내는 법, 좋은 인상 남기는 법, 성공 비법, 생활 속 지혜 등)과 같은 주제를 자신들의 사이트에서 다루고 있다. 아래의 [예 1]은 사적 공간으로 활용되는 미니홈피의 대표적 표현 유형들 중의 하나인 내면적 고통과 번민의 기록을 보여주고 있다.

[예 1]
우리 모두 더 사랑할 수 있다면. 너는 무엇이고 나는 무엇이기에 우리는 왜 항상 떠나야만 하는가. 나는 너에게 너는 나에게 잊혀지지 않을 하나의 의미로 우리 모두 더 사랑할 수 있다면 보고 싶은 모든 것 다 볼 수는 없지만 알고 싶은 모든 것 알 수는 없지만 밟혀도 밟혀도 다시 피는 민들레 피고 피고 또...
(1997년 당신의 수첩 한켠에 남기신 글 속에서..)

잊으려 하면 잊혀질까. 결국에 나혼자 남았다. 나에게 있어서 가장 큰 내편이 지금 내곁엔 없다. 모든 걸 주시고 아무 것도 받지 않고 떠나가셨다. 내 빚은 누구에게 갚아야 하나.

위의 [예 1]은 한 이용자가 자기 어머니의 죽음을 정리하며 쓴 독백의 글이다. 유품을 정리하다가 발견한 어머니의 글이 먼저 소개되고, 이어지는 글에서는 어머니의 죽음을 받아들여야만 하는 이용자의 회한이 드러나고 있다. 이렇게 사적 자아의 내면적 고통을 드러내는 글이 반드시 다른 누군가에게 보여주기 위해 서술된 것이라고 보기는 어려울 것이다. 그런 표현의 독자는 다른 어떤 사람들이라기보다는 자기 자신 또는 내적 자아에 훨씬 더 가깝다고 봐야 할 것이다. 이처럼 순수하게 사적인 관심에서 이용되는 미니홈피는 말 그대로 개인 낙서장이나 일기장과 같은 것으로서, 대체로 군이 남을 의식하거나 또는 남에게 보여주려는 의도로 이용된다고 보기는 어렵다.

한편 미니홈피는 기본적으로 인터넷에 접속한 모든 사람이 특정 미니홈피에 접근할 수 있는 개방된 곳이라는 측면에서 공적 공간이다. 따라서 이용자는 자신이 다른 사람들에게 어떻게 인식되는가라는 공적인 자아에 관한 관심에서 완전히 자유로울 수는 없다. 공적 행위는 격식을 갖추고 공식적으로 나타나는 행위에서 가장 분명하게 그 특징이 드러나겠지만, 대부분의 미니홈피에 나타나는 비공식적 행위에서도 대체로 적용된다고 볼 수 있다. 아래의 [예 2]를 살펴보자.

[예 2]
운영자: 박정희 대통령이...딸 박근혜(현 한나라당 대표)씨 운동회에...늦게 참석하여...손을 잡고 달리기를 하는 모습...경호원들도 이런 상황에 어쩔 줄 몰라 웃으며 쫓아가는 모습...한 나라의 대통령이기도 하지만...한 가정의 아버지이기도 한...가슴 뭉클해지는...기분 좋아지는 그런 사진......이 다음에 나도 저런 멋진 아버지가 되고 싶다.
방문자(갑): 글쎄요. 개인적인 아버지는 어떤지 몰라도 대한민국에 쓰레기를 뒤집어 씌운 분이시죠. 지금 한국사회의 모순이 저 양반에게서 시작됐죠. 길게 얘기하고 싶은 마음은 없고 그냥 우연히 왔다가 한 마디 남기고 갑니다. 박정희라는 썩은 향수에서 깨어나길 바라는 마음에서 한 말이니 무례를 용서하시길. 그럼 이만.
방문자(을): 위엣 분...그래도 인정할 건 인정해주어야 하지 않나 싶네요...우리나라의 경제발전에 획을 그은 대통령이잖아요...
운영자: 저도 물론 박통의 독재 정치권력에 대해서 싫습니다.

위의 [예 2]에서, 미니홈피의 운영자는 박정희 전 대통령이 박근혜 씨의 학교 운동회에 참석해 뛰고 있는 모습을 담은 사진을 게시하고, 그 사진에 관한 개인적 소감을 밝히고 있다. 그러나 이처럼 다분히 개인적 느낌의 비공식적 표현조차도, 그것이 논란이 되는 인물에 관한 느낌을 공적인 공간에서 드러내고 있다는 점 때문에 운영자와 방문자(갑), 방문자(을) 사이에 상호 도전과 충돌이 일어나게 된다('개인적인 아버지는 어떤지 몰라도 대한민국에 쓰레기를 뒤집어씌운 분이시죠', '박정희라는 썩은 향수에서 깨어나길 바라는 마음에서', '그래도 인정할 건 인정해주어야 하지 않나 싶네요...우리나라의 경제발전에 획을 그은 대통령이잖아요'). 그리고 다른 사람의 평가가 자신의 공적 자아 관념에 중요한 문제가 된다고 여기는 운영자는 그것에 반응하여 자신의 정체성을 방어하려 든다('저도 물론 박통의 독재 정치권력에 대해서 싫습니다').

대체로 공적 행위는 사람들에게 긍정적인 인상을 남기려 하고, 사회적 승인과 평판을 얻으려는 지향이 강하다. 개비슨(Gavison 1983)에 따르면, 사람들은 일상생활에서 인기와 명성을 추구해 자신에 관한 내밀한 정보가 많은 사람들에게 알려지는 것을 꺼리지 않는 경우가 많다. 이런 경향은 싸이월드 이용자들이 미니홈피 방문자 수를 인기도의 반영으로 이해해, 얼마나 많은 사람들이 자신의 사이트에 방문하는지에 커다란 호기심을 갖는 데서 잘 드러난다. 그래서 '일촌평 남기기', '리플(댓글) 달기', '방명록 남기기', '스크랩 코멘트 달기' 등은 이용자들 사이에 지켜져야 할 행위 규범으로 강조되기도 한다. 방문자 수를 늘리기 위해 다른 사람들의 방명록에 유혹의 글을 올리기도 하며, 자신의 사이트에 사적이고도 내밀한 정보를 공개하거나, 다른 사람들의 관심을 끌 수 있는 사진이나 동영상을 올리기도 한다. 그런데 이런 경향은 싸이월드를 비롯한 많은 인터넷 기업들이 회원 수를 늘리기 위해 방문자가 많은 개인 사이트의 운영자들에게 금전적인 보상과 혜택을 주는 상업적 관행과 맞물려 종종 사생활의 지나친 공개와 프라이버시의 침해라는 부정적인 결과를 초래하기도 한다.

그러나 싸이월드의 일부 이용자들이 보여주고 있는 공적 자아에 관한 관심 또는 '인기'에 관한 집착이 반드시 지나친 '노출증' 또는 '노출 경쟁'으로 귀결된다고 볼 수는 없다. 미니홈피에서 나타나는 행위는 상황의 불확실성이나 의혹 또는 위협에 많은 영향을 받는 행위이다. 신생아 학대 사진을 올려 사회적 파문을 낳은 '산부인과 간호 조무사 사건'이나 '서울대 도서관 폭행 사건', 그리고 '연예인의 음주 운전 뺑소니 사건' 등은 미니홈피에서 나타난 행위 또는 개인 사이트가 순식간에 커다란 공적 분노와 반감의 표출 대상 또는 범죄 행위의 공식적 증거 자료로 얼마든지 이용될 수도 있다는 사실을 잘 보여준 사건들이라고 할 수 있다. 이처럼 행위의 사적 성격과 공적 성격이 얼마든지 서로 뒤섞일 수 있는 상황은 싸이월드에서 나타나는 자아 표현이 맹목적인 노출 경쟁이 아니라 싸이월드의 사적, 공적 성격에 관한 이용자들의 의식적 조율을 자아 표현의 필수 조건으로 만들고 있는 것으로 봐야 할 것이다.

❷ 공/사 경계의 조율

앞에서도 지적했듯이, 미니홈피에서 드러나는 사적이고도 내밀한 정보의 공개가 갖는 문제점과 위험성은 그것이 인터넷에 접속한 사람이면 누구나 접근할 수 있는 공적인 공간에서 벌어진다는 사실에서 나온다. 물론 싸이월드에는 이용자들의 사적 영역을 보호하기 위해 도입된 여러 가지 장치들이 있다. 싸이월드는 로그인하지 않은 사람들이나 비회원이 미니홈피에 글을 쓸 수 없도록 하거나, 방명록을 제외한 모든 글과 사진을 비공개로 설정할 수 있도록 하는 기능을 이용자들에게 제공한다. 그리고 방문 기록을 남긴 사람과 미니홈피의 운영자만이 볼 수 있는 비밀 방명록 기능도 도입돼 있다. 싸이월드는 이용자들이 미니홈피의 각 게시물과 폴더를 '비공개', '전체 공개', '일촌 공개'로 선택의 폭을 세분화해 사용할 수 있게 하기도 하고, 일촌 집단을 다시 직장, 학교, 친구, 가족 등으로 구분해 이용할 수 있게 해주고 있다. 이름과 생년월일 또는 이메일 주소를 이용해 사람을 찾아주는 '사람 찾기' 기능도 회원이 원하지 않으면 적용되지 않게 해주는 기능을 제공하기도 한다.

이처럼 자신의 게시물을 어떤 수준에서 공개할 것인가를 선택할 수 있게 하는 여러 가지 기능을 활용함으로써, 이용자들은 미니홈피가 지닌 공적인 성격과 사적인 성격 사이의 경계를 어느 정도 조율할 수 있다. 실제로 이용자들은 이런 공적/사적 성격의 혼재성을 조율하기 위한 여러 가지 행위 전략들을 개발하고 있다. 그 대표적인 한 가지 유형은 이용자들의 사적 영역을 지켜주기 위해 방문자들이 따라야 할 행위 규범을 발굴하는 것이다. 먼저 일촌평이나 공개 방명록을 작성할 때도 미니홈피 운영자의 사적 영역을 침해하지 않으려는 의식적인 노력이 필요하다는 점이 종종 강조된다. 한 사용자는 "그 사람과 일촌을 맺은 이상~ 그 사람의 사생활을 낱낱이 공개하는 듯한 일촌 평이나 공개방명록을 자제하는 자세!~^^ 공개방명록엔 정말 일상적인 안부! 그 외엔 스스로 판단해서 비밀방명록에 남겨두는 센스!"가 필요하다고 말한다. 그러나 미니홈피의 운영자가 자신의 방명록이나 게시판에 올라오는 글에 전적인 통제력을 행사할 수가 없다는 사실 때문에, 방명록을 메뉴에서 아예 삭제해버리는 경우도 흔히 발생한다. 일촌평이나 공개 방명록 이외에 일촌 사진의 공개는 이용자의 사적 영역이 곧잘 침해당할 수 있는 영역이다. 이 문제와 관련해 한 사용자는 "아무리 친구가 멋져도...친구사진은 일촌공개 해주는 센스~ 아님 친구의 동의를 얻고 올리는 센스~"가 필요하다고 말한다. 이는 일촌끼리 교환되는 사진도 그것이 사이버 공간에서 어떻게 떠돌아다니게 될지 모른다는 염려의 한 가지 표현으로 이해할 수 있다. 싸이월드 이용자들의 사적 영역을 침해하는 것으로 흔히 간주되는 또 다른 행위는 이용자가 정성들여 만들어 올린 창작물을 다른 사람들이 무단으로 복제하고 도용, 오용하는 행위다. 한 사용자는 다음과 같이 말하고 있다. "아무리 익명이라고 남의 사진을 퍼가서 수정하여 올려놓고 그 사람에게 피해가 가게 하는 일은 없었으면 좋겠습니다." 또 다른 사용자는 "출처도 안 밝히고 마음대로 가져가시면 만든 사람의 가치는 없어지니까요"라며 무단 복제가 개인의 사적 영역을 침해하는 행위가 될 수 있음을 강조한다.

이처럼 사적 영역을 보호하기 위한 여러 행위 규범들이 이용자들 사이에서 자발적으로 형성, 발전되고 있는 반면, 싸이월드가 지닌 공적인 성격에 주목해 그런 행위 규범의 강조가 과도하다는 태도도 어렵지 않게 발견할 수 있다. 한 이용자는 "싸이월드 사생활이라...이미 싸이를 시작했으면 자신의 사생활이 어느 정도 없어짐을 만끽할 수 있을 겁니다. 사생활을 가지고 싶다면 일촌 신청을 마구 하거나 받지 말고 정말 나의 사생활에 참여해도 좋을 것 같은 사람만이 일촌을 하는 것이 좋다"고 지적한다. 또 다른 이용자는 다음과 같이 말한다. "그게 누구든 인터넷의 익명성에 딴지를 거는 것은 잘못된 판단이라는 것이 제 생각입니다. 상대가 누구이든 '누군가 보고 있다'는 점을 자신이 군이 의식해야 하는 것은 어쩌면 당연합니다." 싸이월드 공적/사적 성격의 혼재성에 관한 이런 이중적 태도는 기본적으로 그것이 '개인의 사생활' 또는 '자신만의 공간'인 동시에 '친구들 및 일촌들과 함께하는 공간'으로 인식되기 때문이다.

그러면 이런 딜레마, 곧 공적 공간에서 벌어지는 행위가 여전히 사적 영역으로 보호받아야 될 부분이 있다면 그 근거는 과연 무엇인가?

니센바움(Nissenbaum 1997)에 따르면, 공원이나 길거리 같은 공적 공간에서 일어나는 일은 흔히 공적인 것으로 간주되지만, 공원 같은 개방된 공간에서 일어나는 친구들 사이의 배타적인 모임이나 활동은 의당 사적인 것으로 간주되기도 한다. 누구든지 접근이 가능한 공적인 공간에서도 높은 수준의 사적인 영역이 존재할 수 있기 때문이다. 공적인 공간에서 발생한 사건이나 공적인 기록을 통해서 입수한 사실을 해당 개인의 희망과 반대로 공적으로 표현할 수도 있지만, 공적인 공간에서 일어난 특정 개인들 사이의 은밀한 활동은 경우에 따라서는 자유롭게 공표할 수 없는 것도 사실이다. 싸이월드의 미니홈피도 누구든지 접근할 수 있는 개방된 공간이지만 그것을 온전하게 공적인 공간으로만 볼 수 없는 이유는, 마치 공원에서 일어나는 친한 친구들 사이의 모임과 활동이 사적인 성격을 지니는 것으로 대체로 인정되는 것과 마찬가지 이유에서라고 말할 수 있다. 물론 미니홈피에서 일어나는 행위는 문자나 그래픽으로 기록되고 오랜 기간 반복적으로 접근 가능하다는 점에서, 그것이 지닌 공적인 성격은 공원에서 일어나는 일회적 성격의 활동과 상당한 차이점을 갖는다고 볼 수 있겠지만, 싸이월드 이용자들이 공원에서 친구들과 파티를 즐기는 사람들이 기대하는 것과 유사한 수준의 프라이버시를 싸이월드에서도 당연히 기대할 수 있다는 것은 그다지 모순적인 태도가 아닐지도 모른다.

4. 미니홈피와 비공식적 공적 생활

▌1 비공식적 공적 공간으로서의 싸이월드

앞에서도 밝혔듯이, 비공식적 공적 공간은 가정이나 직장과 분리돼 오랜 친구를 만나고 새로운 사람을 사귀는 일상적이고도 정규적인 상호 작용의 공간이다. 비공식적 공적 생활은 가족 구성원으로서 갖는 의무감과 직장에서 받게 되는 스트레스에서 잠시나마 해방돼 지루함, 단조로움, 무료함, 긴장감, 의무감, 소외감을 떨쳐내고 삶의 새로운 기운을 북돋아내는 데 긍정적인 구실을 하는 사회생활의 매우 중요한 한 영역이다. 아래의 [예 3]과 [예 4]는 싸이월드가 가정의 사적 생활과 직장의 공적 생활에서 모두 분리된 독자적 공간이라는 점을 시사하는 사례들이라고 할 수 있다.

[예 3]
내가 외동딸이나 아들이었으면 집안에서 이렇게 멸시받지 않았을 거야. 여자로 태어난게 죄야?? 누군들 여자로 태어나고 싶어서 여자로 태어났데?? 그저 딸이면 못잡아 먹어서 안달이지. 그렇게 부려먹고 싶디?? 왜 잘난 아들은 안 부려먹고 왜 자꾸 딸한테 그러는데?? 여자라서 우습게 보이든?? 부모고 뭐고 이젠 다 짜증난다... 이놈의 집구석에서 태어나지 말았어야 했어...

[예 4]
오늘도 어김없이 비가 오네요..엄마는 장마가 끝났다고 하시는데..도대체 언제 끝나는지.. 지겨워서 몸둘바를 모르겠네요^^;; 오늘은 아침부터 다들 회의에 들어갔어요..덕분에 나만 텅빈 사무실에 홀로 앉아 이렇게..싸이를 하고 있죠..비록 이 시간이 길진 않겠지만.. 그래도 마냥 행복하네요..

가정은 흔히 휴식과 편안함을 제공해주는 장소로 이해되지만, 가부장적 가족 제도 아래에서 모든 가족 구성원이 그런 효과를 동일하게 누리는 것은 아니다. [예 3]에서 사용자는 부모의 가부장적 성차별을 향한 불만을 강하게 드러내고 있다('그렇게 부려먹고 싶디?? 왜 잘난 아들은 안 부려먹고 왜 자꾸 딸한테 그러는데?? 부모고 뭐고 이젠 다 짜증난다'). 사실 많은 싸이월드 미니홈피 이용자들에게 부모는 그다지 반가운 청중 또는 관객의 범주에 속하지 못한다. 은밀한 성 경험이나 흡연 또는 음주 등 친구들에게는 말할 수 있어도 부모에게는 말하기 힘들거나 또는 부모들이 깜짝 놀랄 만한 이야기들이 많이 게시될 수 있기 때문이다. 실제로 50대의 부모들이 20대 자식들의 생활이 궁금해 미니홈피에 방문하는 경우가 적지 않지만, 부모들의 시선을 부담스럽게 여기는 젊은 이용자들은 사진첩이나 방명록 그리고 일기장 등을 '일촌 공개'로 설정함으로써 부모들이 접근할 수 없는 영역으로 만들어버리는 경우가 많다. 그리고 부모가 자식에게 일촌 신청을 했다가 거절당하는 경우도 종종 일어난다. 싸이월드에서 '일촌'이란 서로 은밀한 안부나 정보, 사진 등을 주고받고 서로 사생활을 함께 공유함으로써 직계 가족처럼 정서적 유대를 유지하는 관계를 가리킨다. 그러나 역설적이게도, 현실 세계의 일촌 관계가 곧바로 싸이월드의 일촌 관계로 전화하지 못하는 경우가 허다하다. 한편, 위의 [예 6]에서는 싸이월드가 가져다주는, 일상생활의 지루함과 직장생활의 스트레스에서 해방된 즐거움('비록 이 시간이 길진 않겠지만..그래도 마냥 행복하네요')이 표출되고 있다.

2 '준거 타자'로서 청중

싸이월드는 인터넷에 접속한 사람이면 누구나 자신이 원하는 한 접근이 가능한 공간이다. 따라서 그것이 청중으로 삼을 수 있는 사람들의 범위는 가장 친한 친구에서 이름도 전혀 모르고 한번도 만난 적이 없는 낯선 사람까지 매우 넓다고 볼 수 있다. 여기에서 미니홈피가 실제로 과연 누구를 주된 청중으로 삼고 있는지를 살펴보는 것은 싸이월드가 갖는 비공식적 공적 생활의 장으로서 성격을 이해하기 위한 하나의 방법이 될 수 있을 것이다. 그리고 방명록이나 게시판이 주로 어떤 사람들에 의해 작성되고 있으며 어떤 내용으로 채워지고 있는지 살펴보는 것은 미니홈피의 주된 청중이 누구인지 파악하는 방법들 중 하나가 될 수 있을 것이다. 싸이월드는 인터넷에 접속한 사람이면 누구나 접근 가능한 개방된 영역이지만, 실제로 거의 대부분의 방명록은 자주 만나는 가까운 친구나 동료, 지리적으로 멀리 떨어져 있어 자주 만나지 못하는 사람들 사이의 일상적인 안부 인사, 새로 사귄 친구와 나누는 교류, 오랫동안 연락이 닿지 않았던 친구들 사이의 대화로 채워진다.

[예 5]
와따간다.....할말없다.....그냥간다.....재미없냐.....원래글타.....때릴라고.....아플려나.....아프겠지.....토껴야지.....쫒아오나.....오지마라.....자빠진다.....성질나냐.....참아야지.....어쩌겠냐.....아무쪼록.....오늘하루.....재미나게.....잘지내고.....끼니한끼.....빠짐없이.....챙겨먹어.....그럼이만.....진짜간다.....시간있냐.....시간날때.....나의홈피.....방명록좀..... 남겨주라.....안그러면.....공개수배.....진짜간다.....농담일까.....천만에다.....짜증나나.....어쩌겠냐.....인생이다.....그런거지.....감기조심.....즐건하루.....안녕이다.....자주올께.....진짜간다.....빠빠이다.....

[예 6]
방문자: 어떻게 지냈어~~안보구 지낸지 많이 오래됐당. 앞으로 연락자주하며 지내자꾸나.
운영자: 중학시절 이후를 말하는 거겠지. 그 질문? 그래 잘 지낸 편에 속해..넌? 무지 궁금하다. 예전 성격, 모습 그대로인지? 그 때 넌 꽤 유쾌한 친구였잖아...!! 난, 그게 무지 부러웠는데...시간될 때 연락해. 얼굴이나 함 보자!!
방문자: 지금도 그때랑 똑같지 뭐~ 내 번호는 010-****-****.

위의 [예 5]는 친구들 사이의 일상적 안부 인사가 방명록에서 다소 익살스러운 형태로 전달되고 있다는 점을 보여주고 있는데, 이것은 대체로 서로 우정을 확인하는 행위로 이해될 수 있다. [예 6]은 오랫동안 연락이 끊긴 학창 시절 친구들 사이의 소통이 미니홈피를 통해서 재개되는 상황을 보여주는 사례다. 이처럼 미니홈피에서 발생하는 행위는 대체로 비계획적이고 무정형적인 것이라 할 수 있다. 정기적으로 그곳을 방문하는 사람은 있지만, 과연 그 사람이 얼마나 자주, 그리고 언제 오게 될지, 그리고 얼마나 오랫동안 거기에 머무르는지는 일정하지 않다. 또한 거기에 어떤 고정 방문객이 오게 될지, 어떤 새로운 인물이 나타나게 될지, 위의 예들처럼 누가 오랜만에 다시 나타나게 될지 알 수가 없다. 이런 무정형성 때문에 미니홈피는 가정이나 직장 생활이 종종 가져다주는 단조로움이 아니라 늘 신선함과 새로움을 제공하는 장소로 이해될 수 있다.

미니홈피는 이미 서로 알고 있는 친구들을 만나는 장소일 뿐만 아니라 새로운 사람을 사귀게 되는 사회적 공간이기도 하다. 미니홈피는 물리적, 사회적 구속에서 비교적 자유로운 상태에서 다양한 종류의 사람들과 풍부한 인간적 접촉을 할 수 있는 생활 영역이다. '파도타기'를 통해 낯선 사람의 미니홈피에 접속하게 되는 것은 흔히 일어나는 일이다. "친구 홈피에 들어갔다가...좋은 음악을 찾아서 왔더니 여기까지 오게 되었네요~ 좋은 음악들 허락도 안 받고 많이 퍼갔습니다. 고마워요~~*^^*." 이처럼 우연한 방문에 뒤따르는 일회성 인사말 말고도, 아래의 [예 7]에서 볼 수 있듯이 서로 낯선 사람들이 미니홈피를 매개로 새로운 관계를 발전시키는 일이 종종 발생하기도 한다.

[예 7]
방문자: 네이버에서 서로이웃 신청하고 여기까지 왔네요..저도 다이어트 해야 하는 상황이라~글구 같은 고향 언니네요...전 71년생이어요..대구에서 나고 자랐지요...결혼하면서 천안에 왔지만요...느무 반갑네요...날씬하고 솜씨 좋으시고 자신감에 찬 모습...보기 조아요...저도 꼭 날씬해 지렵니다...참... 제가 누구냐 하면 '***'랍니다...ㅋ ㅋ.
운영자: ***님 ...ㅎㅎㅎ 그렇네요. 고향동생이네요. ㅋㅋ 자주 놀러 오세요. 꼭 날씬해질거예요. 홧팅!!!!!!

[예 7]은 서로 낯선 사람들이 '다이어트'라는 관심을 매개로 새로운 사회적 관계를 형성하게 되는 것을 보여준다. 방문자와 운영자는 모두 다이어트를 향한 관심과 출신 고향의 동질성을 활용해 서로 쉽게 다가가려 한다. 여기에서 보이는 낯선 사람들을 향한 개방적인 태도는 비공식적이고도 공적인 생활이 지닌 일반적 속성에서 이해할 수 있을 것이다. 개방적 태도는 싸이월드 이용자들이 지향해야 할 하나의 중요한 행위 규범으로 강조되기도 한다. 한 사용자는 "싸이활동도 인간관계(대인관계)에 속하기 때문에 모르는 사람이어도 가장 가까운 친구처럼 친근하게 대해준다. 어서오세요, 또 놀러오세요, 즐거운 시간되셨나요? 라는 가벼운 인사말로 상대방이 편히 구경하고 갈 수 있도록 돕는" 태도가 필요하다고 주장한다. 그러나 싸이월드가 낯선 사람들하고도 얼마든지 의미 있는 관계를 형성할 수 있는 개방적인 공간이라고 해서, 이용자들이 아무런 관계도 없는 사람들이 뿌리는 무차별적인 광고, 악의적인 행동, 무의미한 방명록 등이 아무렇게나 방치되게 놔두지는 않는다. 한 이용자는 "광고, 악플 사칭 등등 이런 일들이 넘쳐나면 문을 꼭꼭 걸어 잠그는 홈들이 생겨나구...그럼 점점 개방하지 않고 꼭 우리 현실 삭막한 아파트촌 되어버릴 것만 같아요"라며 싸이월드 이용자들의 개방적 태도를 위협하는 행위를 경계한다.

위에서 살펴본 예들에서 미니홈피의 주된 청중은 준거 타자로 설정되고 있다. 준거 타자가 행위자에게 갖게 되는 의견이나 평가('그 때 넌 꽤 유쾌한 친구였잖아! 난, 그게 무지 부러웠는데')가 행위자의 자아 표현에 중요한 영향을 미치고 있으며, 준거 타자의 가치 기준이나 의견을 자기 평가와 행동의 모범으로 삼는 일('날씬하고 솜씨 좋으시고...저도 꼭 날씬해지렵니다')이 일어나고 있다는 점에서 그렇다. "나와 같은 취미를 공유하는 사람들, 그것을 넘어 내가 좋아하고 사랑하고, 그 이상 내가 믿고 신뢰할 수 있는 사람들이라면 사생활을 은밀히 말할 수 있다"라는 한 이용자의 말에서 알 수 있듯이, 준거 타자로서 청중을 향한 싸이월드 이용자들의 태도는 매우 개방적이다.

3 호혜성과 귀속감의 형태들

비공식적이면서도 공적인 생활은 협력적이고 호혜적인 성격을 갖는다. 비공식적 공적 생활을 공유하는 사람들은 다른 사람들이 필요로 하는 재화나 서비스를 제공하고 자신이 필요한 것을 다른 사람들에게 손쉽게 얻음으로써 상호 협력의 관계를 유지한다. 먼저 싸이월드에서 발견되는 상호 협력의 가장 간접적인 형태는 많은 이용자들이 자신들의 사이트를 다른 사람들이 유익하다고 생각할 법한 내용들로 채우려는 의식적인 노력 속에서 확인할 수 있다. 미니홈피가 다루는 정보의 종류는 여행지, 음식, 식당, 요리법, 패션, 인테리어, 다이어트, 피부 미용, 운동, 컴퓨터 기술, 포토샵, 외국어 학습, 육아, 교육, 무역 실무, 사랑 고백, 궁합, 생활 속 지혜, 처세법 등 매우 다양하다. 이런 정보는 이용자들이 자신의 생각과 지식에 근거해 직접 작성한 것도 있겠지만, 대부분의 경우 이용자들은 온/오프라인에 이미 존재하는 정보들을 취합해 게시한다. 물론 그런 정보는 굳이 다른 사람을 위해서가 아니라 순전히 개인적 관심에 따라 취사선택되고 개인적 필요에 따라 언제든지 다시 열람할 수 있도록 하기 위해 게시된 것일 수도 있다. 나아가 그런 정보가 실제로 얼마만큼이나 다른 사람들에게도 유용하고 도움이 되는지 즉각적으로 가늠할 수 없는 것도 사실이다. 그러나 미니홈피에 게시된 정보의 대부분은 그것이 아무리 일상생활과 관련한 사소한 성질의 정보라 해도, 여전히 다른 사람들도 충분히 관심을 가질 법한 안주 같은 이야기, 익살맞은 이야기, 실생활에 유용할 것으로 믿는 정보로 구성돼 있다. 설혹 그것이 단순히 방문자수를 가능한 한 많이 확보하려는 동기에서 비롯됐다 해도, 자신뿐만 아니라 다른 사람들에게도 유용하고 도움이 될 것 같은 정보를 게시하는 것은 미니홈피 운영에서 이미 하나의 지배적인 행위 규범이 되고 있다고 말할 수 있다.

이처럼 방문자들에게 유용한 생활 정보를 제공하려는 노력 말고도, 미니홈피 이용자들 사이에는 특정한 기술이나 정보와 연관된 직접적인 도움과 서비스를 서로 제공하는 경우도 종종 발생한다. 아래의 [예 8]은 한 미니홈피의 방문자가 그 운영자에게 포토샵 기술을 활용해 자신의 얼굴 사진을 재처리해줄 것을 요청한 사례다.

[예 8]
방문자: 안녕하세요 ***씨^^;; 음....제가 부탁드릴건...왼쪽 볼에 뾰드락지하고 입꼬리가 올라가서 주름진 거. 그거 좀 없애주시구요..ㅠ_ㅠ.. 뒤에 배경 멋진거 하나만 달아주시면 안될까요..? 사진이 전체적으로 조금 지저분한 것 같아서요...그리고 구석에 'I can to it..!' 적어주시면 감사드려요..^^;; 제가 수정을 할 줄 몰라서 ㅠㅠㅠ.. 한 번 부탁드려볼게요.
운영자: 드디어 완성했어요..근데 아쉽게도 제가 배경이 꽃배경 밖에 가진 것이 없어서리..꽃배경으로 합성했는데..어찌 괜찮은가요?? 미리 말했듯이 사진이 디카가 아니기 때문에 화질상 꾸미기가 어려워요..ㅠㅠㅠ. 글구 힘들게 정성들여 만든거니까..잘 쓰세용~~^^ 글구 고맙단말 한마디 꼭 해주시~!!
방문자: 와...디카사진이 아니라서 이정도까지 바라지 않았는데...기대이상이네요...고맙습니다..〉〉 ㅑ~~행복하세요^^

이 사례에서 방문자는 운영자가 포토샵 기술을 활용해 다른 사람들의 사진을 꾸며준다는 사실을 알고 방문을 했지만, 두 사람은 서로 잘 아는 관계가 아니다. 방문자의 요청에 따라 운영자는 사진 재처리를 해주지만, 자신의 노력('드디어 완성했어요', '힘들게 정성들여 만든거니까')에 대한 감사의 말을 해줄 것을 요구할 뿐, 자신의 행위에 어떤 직접적인 물질적, 금전적 보답을 바라지는 않는다.

　　이처럼 직접적인 보답을 기대하지 않고 이루어지는 도움의 교환
은 사이버 공간에서 흔히 발견되는 '일반화된 호혜성generalized reciprocity'으
로 이해할 수 있다(Kollock 1998). 그러나 싸이월드는 일반화된 호혜성이 곧
바로 다시 '직접적 호혜성direct reciprocity'으로 전환되도록 유도하는 장치인
도토리라는 사이버 화폐를 도입하고 있다. 카페에서 친구들과 술이나 음
료를 함께 마시는 것처럼, 이용자들은 미니홈피를 꾸미는 데 필요한 음
악이나 그림 등과 같은 물건을 마련하기 위해 도토리를 구입하기도 하고
다른 사람들에게 선물하기도 한다.

　　도토리의 교환 말고도, 일촌들의 사이트를 한꺼번에 연속적으로
방문한다는 의미의 이른바 '일촌 순회'는 이용자들 사이의 심리적 소속감
을 유지시키기 위해 형성된 관행이다. 이용자들은 일촌 관계를 맺은 사람
들 사이에 서로 미니홈피에 자주 방문하고 방명록에 기록을 남기는 것을
바람직한 행위 규범으로 인식하는 경향이 있다. 자신의 사이트를 방문한
일촌에게는 반드시 답방을 가서 방명록에 방문 기록을 남겨야 한다는 것
은 일종의 의무처럼 되고 있다(김혜은 2004).

5. 나가며

　　미니홈피는 학술 논문, 인쇄된 출판물, 전시회, 공연장 등이 갖는
공식적이고도 공적인 성격과 개인의 일기장과 낙서장이 갖는 사적인 성
격의 중간에 위치하는, 비공식적이면서도 공적인 공간으로 이해할 수 있
다. 챈들러(Chandler 2004)는 개인 홈페이지에서 흔히 발견할 수 있는 자아
는 공적 자아와 사적 자아의 중간에 위치하는 자아라고 주장한다. 챈들

러에 따르면, 일반적으로 공적 자아는 인쇄된 논문이나 시에서 볼 수 있는 것처럼 공개적이고 공식적으로 표현된 자아인 반면, 사적 자아는 개인의 일기장에서 볼 수 있는 것처럼 비공개적이고 비공식적으로 표현된 자아로 이해할 수 있다. 개인 홈페이지에 서술된 내용들은 자동적으로 기록되며 전통적인 대중 매체나 인쇄물보다도 더 광범위한 규모로 발표된다는 점에서 공적인 성격을 지닌다. 그러나 개인 홈페이지는 끊임없이 수정되며 일시적이고 비공식적이며 개인적인 비망록으로 구성돼 있다는 점에서 인쇄된 논문이나 책자가 지니고 있는 정도의 공적 성격과 공식성을 띠지는 못한다. 개인 홈페이지가 지닌 비공식적 성격은 그것이 완전히 낯선 사람들과 나누는 대면적 상호 작용에서는 대체로 발견할 수 없는 자신과 친구들에 관한 매우 진솔한 이야기들을 주로 담고 있다는 점에 있다.

싸이월드 미니홈피는 매우 사적이고도 내면적인 기록을 위한 일기장이나 낙서장에서 정치적, 사회적 신념이나 대의의 공식적이고도 공적인 표현의 장까지 그 이용 형태가 다양하게 분류될 수 있다. 그러나 이용자들이 싸이월드와 가정이나 직장 사이의 심리적 단절을 경험한다면, 다시 말해서, 싸이월드를 가정과 직장하고는 분리되고 독립된 공간으로 인식한다면, 그리고 그곳에서 이루어지는 주된 활동이 오랜 친구들을 만나고 새로운 친구들을 사귀는 것이라고 한다면, 싸이월드는 다른 무엇보다도 비공식적인 공적 생활의 한 영역으로 이해돼야 할 것이다. 대부분의 물리적 장소와 사회적 공간이 그 속에서 벌어지는 사회적 행위가 과연 적절한 것인가 또는 부적절한 것인가에 관한 일정한 사회문화적 판단 기준을 내포하고 있듯이, 비공식적 공적 생활의 공간으로서 싸이월드에서도 이용자들은 거기에 걸맞은 행위 규범들을 만들어내고 있다. 앞에서도 살펴봤듯이, 싸이월드는 전통적인 비공식적 공적 생활이 갖는 일반적 속성들과 대체로 유사한 특징을 보여주고 있는 것으로 보인다. 일촌 관계의 대부분을 형성하는 오랜 지인들과 나누는 일상적인 상호 작용, 일촌 관계를 매개로 새로이 접하게 되는 사람들을 향한 비교적 개방적인 태도, 유머와 농담, 익살스런 화법의 구사를 통한 편안하고도 즐거운 분위기의 유지, 도토리의 교환이나 일촌 순례를 포함한 정서적, 정보적, 물질적 도움의 교환 등은 싸이월드에서 나타나는 비공식적 공적 생활의 행위 규범을 구성하는 요소들이라고 할 수 있다. 익명성에 바탕을 둔 많은 온라인 사회 관계하고는 달리, 싸이월드는 이용자들의 실명에 근거하고 있다는 사실이 이런 전통적인 비공식적 공적 생활의 요소들이 거기에서 더욱 잘 발전될 수 있게 하는 측면이 있다고 볼 수도 있을 것이다.

전통적인 제3의 장소가 대부분 상업적 장소이듯이, 전자적 제3의 장소인 싸이월드도 본질적으로 상업적인 공간이다. 전통적인 제3의 장소에서 판매되는 커피와 음료 등이 이용자들에게 경제적으로 큰 부담 없이 저렴하게 제공되듯이, 싸이월드 이용자들은 프로필, 다이어리, 미니룸, 앨범, 게시판, 방명록 등과 같은 기본 서비스를 무료로 이용한다. 그리고 싸이월드를 이용함으로써 멀리 떨어져 있는 친구들이나 가족들 사이의 통신비가 크게 절감되기도 한다. 그러나 전통적인 소자본의 지역적 제3의 장소와 달리 지리적 한계를 뛰어넘은 사이버 공간에서 싸이월드는 도토리 판매를 통한 막대한 이윤을 누리고 있다(한상진 2005). 싸이월드는 이용자들이 일촌 관계를 중심으로 도토리를 교환하도록 적극 유도하고 있다. 모든 미니홈피의 메인 페이지에는 운영자의 사이버 인격을 드러내준다고 하는 '에로틱', '페이머스', '프랜들리', '카르마', '카인드' 같은 지표가 자동적으로 게시된다. 이 중 '카인드'는 미니홈피의 운영자가 다른 사람들에게 얼마나 많은 선물('도토리')을 줬는지 보여주는 지표다. 미니홈피의 이용자들은 한 개당 100원씩 하는 '도토리'를 다른 사람들에게 선물로 줌으로써 호혜적 관계를 유지하지만, 싸이월드는 도토리 판매를 통해 커다란 수익을 올리고 있다. 가능한 한 많은 회원과 방문자를 확보함으로써 상업적 이윤을 창출하려는 싸이월드의 노력은 이용자들 사이의 상호 귀속감의 유지와 확대에도 일정한 부작용을 초래할 수도 있다. 위에서 살펴본 일촌 순례와 관련해, '싸이를 하다보면 의무감에 1촌 순회를 하고 점점 더...1촌이 사는 모습에 관심을 갖기 보단 (게시판, 사진첩 둘러보기) 방명록에만 들어와서 의무감으로 안부를 묻고 가기 바쁘다'라고 말하는 한 이용자처럼, 단순한 의무감으로 형식적인 일촌 순회와 안부 인사를 교환하는 일이 발생하기도 한다.

싸이월드에서 나타나는 이용자들 사이의 상호 작용은 전통적인 비공식적 공적 생활과 분명한 차이점이 있다. 전통적인 국지적 제3의 장소와 달리, 싸이월드의 비공식적 공적 생활에서는 자아 표현의 공적인 성격과 사적인 성격을 더욱 의식적으로 조절해야만 한다. 지리적 경계를 초월한 사이버 공간에서 벌어지는 상호 작용의 범위와 규모는 전통적인 상황하고는 비교할 수 없을 정도로 지구적이고 방대할 수 있기 때문이다. 친구들 사이의 일상적 대화나 동호인들 사이의 정보의 공유 활동이 얼마든지 지구의 정반대편에 있는 어떤 사람 또는 완전히 낯선 누군가에 의해 추적되고 본인들이 전혀 원하지 않는 방향으로 활용될 잠재성은 늘 존재한다. 나아가 카페나 선술집 같은 전통적인 소규모 자본하고는 달리 전 지구적 활동 범위를 갖고 있는 싸이월드는 비공식적 공적 생활에 관한 이용자들의 욕구를 끊임없이 상업화하고 있으며, 그 속에서 개인의 사적 영역이 거대 자본에 침해될 가능성도 늘 존재한다. 이런 모순적 상황에 대처하는 이용자들의 행위 전략은 싸이월드를 순수하게 공적인 공간으로만 파악하는 소극적인 태도로 나타날 수도 있겠지만, 많은 경우에 그것은 사진이나 방명록, 게시판을 작성할 때 이용자들이 적용해야 할 행위 규범을 정식화하기도 하고, 공원에서 일어나는 친구들 사이의 모임이 사적인 것으로 간주되는 것과 유사한 맥락에서 싸이월드 미니홈피의 사적 성격을 강조하는 태도로 나타나기도 한다. 미니홈피는 접근이 개방된 공적 공간이지만, 기본적으로 공식적이라기보다는 비공식적인 공적 공간의 성격을 강하게 띠고 있기 때문이다.

역사적으로 집 또는 가정은 사회생활의 공적 영역과 사적 영역을 분리해주는 장소 또는 공간의 구실을 오랫동안 해왔다고 볼 수 있겠지만, 공적 공간과 사적 공간은 사실상 서구에서 근대의 성립과 함께 더욱 엄격히 구분되기 시작했다. 근대 이전의 대부분의 서구 사람들은 일생 동안 가족이나 소규모 공동체 안의 가까운 친척이나 친구들과 함께 생활을 했기 때문에, 사적인 행위와 공적인 행위를 엄밀하게 분리하려는 노력을 별로 심각하게 하지 않았다. 중세 사회에서 개인의 독자성이나 프라이버시는 사회적으로 바람직한 가치로 인정되지 못했으며, 개인적 욕구나 필요는 거의 대부분 공동체나 집단의 이익에 복속됐다(Shapiro 1998, 277~278). 공동체 생활에서 생기는 사적 자아와 공적 역할 사이의 간극은 거의 대부분 공적 역할에 자신을 완벽하게 일치시키면서 해소됐다. 그러나 서구의 근대 계몽 사상은 인간 주체를 친족이나 소규모 공동체 관계에서 철저하게 분리된 독립된 사회적 존재로 규정함으로써 공적인 것과 사적인 것에 관한 관념의 분화에도 결정적인 구실을 하게 됐다. 이성적 존재로서 인간 존엄성에 관한 계몽 사상의 믿음은 외부에서 오는 억압과 강제에서 자유로운 개인의 자율적이고도 사적인 영역의 존중이라는 관념을 발전시켰다. 더불어 근대의 산업화와 도시화의 진전에 따라, 사람들은 친척이나 공동체 구성원 같은 잘 아는 사람들보다는 익명의 낯선 사람들과 점점 더 많은 접촉을 하게 됐고, 이런 익명적 관계에서 드러나는 자아는 자신의 진정한 내적이고도 사적인 자아와는 분리된 것이라는 관념이 더욱 강화됐다. 그런데 최근의 싸이월드의 이용자들은 익명의 낯선 사람들로 구성된 공적 공간에 자신의 사적인 감정을 거침없이 드러내고 사적인 것과 공적인 것을 굳이 엄밀하게 구분하지 않는 비공식적 생활의 영역을 확대함으로써, 공/사 경계의 조율에서 전근대적이지도 근대적이지도 않은 새로운 양상들을 만들어내고 있다고 볼 수 있을 것이다.

4^장 / 플레이밍 대처 전략
— 유즈넷 뉴스그룹

1. 들어가며

 욕설, 인신 공격, 모욕 등 격한 감정의 적대적 표출로 정의할 수 있는 '플레이밍flaming'은 온라인 상호 작용의 가장 두드러진 특징 중 하나로 널리 알려져 있다. 그래서 그것은 최근 수년간 온라인 상호 작용의 성격 연구의 핵심 쟁점이 됐다(Castella, Abad, Alonso, and Silla 2000; Hilt, Turoff, and Johnson 1989; Kiesler, Siegel, and McGuire 1984; Kiesler, Zubrow, Moses, and Geller 1985; Lea, O'Shea, Fung, and Spears 1992; McCormick and McCormick 1992; Selfe and Meyer 1991; Siegel, Dubrovsky, Kiesler, and McGuire 1986; Thompsen and Foulger 1996; Walther 1996). 이 연구들이 검토한 많은 문제들 중, 사이버 공간에서의 플레이밍의 편재성ubiquity 여부는 온라인 상호 작용의 성격 파악에 매우 중요한 요소로 간주됐다. 적대적 감정 표출의 빈도가 컴퓨터 매개 의사소통과 그 밖의 의사소통 방식에서 서로 다르게 나타나는지 아닌지가 온라인 상호 작용의 성격을

규정하는 실마리로 이해된 것이다. 만일 컴퓨터 매개 통신이 다른 의사소통 방식에 견줘 플레이밍 발생 빈도가 더 높다면, 사이버 공간 속의 행위는 절제되지 않는 적대성의 표출로 귀결될 가능성이 높다는 주장이 상당한 타당성을 얻게 될 것이다. 그러나 여기에 관한 대답은 아직 불확정의 상태로 남아 있다. 일부 연구자들은 컴퓨터 매개 통신에서 플레이밍이 너무 과장돼 있으며, 실제로는 드물게 발생하는 현상이라고 주장한다(Lea et al. 1992). 반면 또 다른 연구자들은 그것이 사이버 공간에서 상당히 일반적인 현상이라고 주장한다(Thompsen and Foulger 1996; Wallace 1999).

그러나 사이버 공간 속 플레이밍과 관련해 아직 별로 연구되지는 않았지만 반드시 다뤄져야 할 또 다른 매우 중요한 문제들이 있다. 인터넷에서 적대성은 과연 어떻게 나타나는가? 어떤 요인들이 사이버 공간 속 적대성의 표출을 조건 짓는가? 플레이밍이 개인들 사이의 관계에 미치는 부정적 영향을 다루기 위해 사람들은 어떤 행위 전략을 도입하는가? 플레이밍은 오프라인의 그것과 어떻게 다른가? 물론 이런 질문들은 온라인 상호 작용이 특별히 플레이밍에 취약한가 하는 문제하고는 무관하다. 그러나 이것들은 온라인 상호 작용의 격정적 성격만큼이나 그것의 특성을 탐구하기에 적합한 주제라 할 수 있다. 그렇다면, 인터넷의 몇 가지 구조적 속성들(예를 들어 지리적 경계의 초월, 비대면의 글쓰기형 소통과 비동시적인 다자 간 말하기형 상호 작용의 혼재성, 사적인 것과 공적인 것 사이의 탈경계화, 가상적인 것과 실제적인 것의 뒤섞임 등)이 사이버 공간 속 플레이밍 표출 과정에 어떻게 연관되는지 고찰해야 할 것이다. 따라서 이 장은 플레이밍이 개인 간 관계에 미치는 부정적 영향을 다루기 위해 온라인 토론 그룹 참가자들이 사용하는 행위 전략을 분석함으로써 적대적 감정 충돌과 그 대처 전략의 특성을 온라인 상호 작용의 구조적 속성들과 맺는 관계 속에서 탐구하려 한다.

인터넷과 관련된 기술적 문제에 관한 정보, 의견, 사회정치적 논쟁, 사적인 잡담 등을 교환하는 한 유즈넷 뉴스그룹의 게시물을 자료로 활용했다. 게시물의 첫 번째 세 가지 범주들은 정보적 도움을 요청하는 행위, 정보와 도움을 제공하는 행위, 기술적, 사회적, 정치적, 문제들에 관한 입장을 밝히는 행위 등을 포괄한다. 마지막 범주인 잡담하기 등은 좀 더 사교적인 활동으로 분류될 수 있다. 나는 이 뉴스 그룹을 1999년부터 약 2년 6개월 동안 관찰했다. 그룹의 정규 참여자들은 대략 60명 정도이며, 대부분은 40세 이상이다. 그룹은 미국인, 프랑스인, 이탈리아인, 호주인, 영국인 등으로 구성돼 있지만, 대부분은 미국인들이다. 1일 평균 게시물은 약 75개에 이르며, 구글은 이 그룹을 매우 활동적인 뉴스그룹 중의 하나로 분류했다.

먼저 오프라인의 갈등과 비교해 인터넷에서 플레이밍이 어떤 특징을 보이는지에 관한 이론적 근거를 얻기 위해 갈등과 갈등 관리에 관한 사회학 또는 사회심리학 문헌들을 검토할 것이다. 다음으로 플레이밍의 발생부터 종결까지 플레이밍의 전 과정에서 그룹 구성원들이 플레이밍의 부정적 효과를 다루기 위해 어떤 행위 전략을 사용하는지 살펴볼 것이다. 이런 방법을 통해 유즈넷 뉴스그룹에서 벌어지는 갈등 스타일과 갈등 관리 방식이 오프라인의 대면 상황의 그것과 어떻게 다른지 밝힐 것이다.

2. 갈등과 갈등 관리 이론

온라인 상호 작용은 대면적 상호 작용에 견줘 사회적 현존감이 매우 낮은 것으로 간주된다. 곧 온라인 상호 작용은 따뜻하고, 사적이고, 사교적으로 느껴지기보다는 차갑고, 몰인격적이고, 비사교적으로 느껴지기가 쉽다는 것이다(Short, Williams, and Christie 1976; Walther 1996). 따라서 지겔과 그 동료들(Siegel et al. 1986)에 따르면, 온라인 상호 작용의 참여자들의 관심은 자신의 청중들에 관한 것에서 언어적 메시지의 작성과 그것에 관한 반응으로 이동한다. 참여자들은 다른 사람들이 자신의 메시지에 어떻게 반응하는지에 관심을 덜 갖게 되며, 자신들의 행위가 사회적 규범을 따라야 한다는 생각도 적어진다. 이렇게 낮아진 사회적 현존감은 당혹감, 죄책감, 공감, 반격과 거절에 관한 두려움 등이 대체로 낮아지고, 반규범적이고 절제되지 않는 행위가 좀더 현저해지는 몰인격화로 귀결된다(Siegel et al. 1986, 161). 온라인 상호 작용의 특징은 대면 상호 작용에 견줘 몰인격적, 반규범적, 반사회적, 업무 지향적, 자기 몰입적이며, 불일치를 조율하거나 해결하기가 어렵고, 공격적이고 적대적인 언어적 교환이 일어나기 쉬운 것으로 간주된다(Kiesler et al. 1984; Short et al. 1976; Siegel et al. 1986; Sproull and Kiesler 1996; Trevino, Lengel, and Daft 1987). 나아가 인터넷에서 형성된 개인들 사이의 관계는 충분히 공동체적이지 못한 '유사-공동체'의 환상을 불러일으키는 피상적이고, 불안정하며, 협소하고, 일시적인 것이 되기 쉽다고 이해됐다(Foster 1997; Gimenez 1997).

그러나 갈등은 그 자체로 부정적인 현상이 결코 아니며, 지극히 자연스러운 인간관계의 한 부분이다. 사회적 갈등의 기능에 관한 고전 사회학적 분석에서, 코저(Coser 1996)는 갈등이 사회 집단들의 경계를 세우고 유지하며, 외집단과 겪는 갈등에 직면한 집단 내부의 응집력을 높여주고, 적대자들을 한데 묶으며, 연합과 제휴를 창출하는 기능을 한다는 것을 밝혔다. 갈등을 사회 관계의 불가피한 요소로 간주하는 수많은 연구들은 갈등 유형과 갈등 관리에 초점을 맞췄다(Gabriel 1998; Oetzel 1998; Oetzel, Ting-Toomey, and Yokuchi 2000). 개브리얼(Gabriel 1998)은 따돌리기, 고정 관념 만들기, 중요한 정체성 요소를 망각하기, 배은망덕하기, 희생양 삼기, 무례하게 굴기, 약속 깨기, 무시하기 또는 계속 기다리게 하기, 이상화된 대상이나 사람, 관념을 모독하기 등과 같은 다양한 형태의 모욕적 행위 요소들을 밝혀냈다.

갈등 유형과 관련해 라힘(Rahim 1983)은 자기 자신에 관한 관심과 다른 사람에 관한 관심이라는 두 가지 차원에 근거해 갈등 관리를 다섯 가지 유형으로 나눴다. 그것들은 '통합'(자기 자신과 다른 사람에 관한 높은 관심), '타협'(양자 모두 중간 정도의 관심), '지배'(높은 자기 관심과 낮은 타자 관심), '복종'(낮은 자기 관심과 높은 타자 관심), 그리고 '회피'(양자 모두 낮은 관심)이다. 유사하게, 팅-투미(Ting-Toomey 1991)는 갈등 유형을 세 가지 범주로 나누는데, 여기에는 '통합적'(자신과 타자에 관한 높은 관심), '분배적'(높은 자기 관심과 낮은 타자 관심), 그리고 '수동적-간접적'(높은 타자 관심)이 포함된다. 외첼과 그 동료들(Oetzel et al. 2000)은 갈등 유형과 전술의 지형도를 만들면서 체면 유지 상호 작용facework의 세 가지 요인들(지배적, 회피적, 통합적 요인들)을 밝혔다. 지배 유형은 공격과 자기 방어를 포함한다. 회피 유형은 회피, 가장, 굴복, 3자 개입 등과 같은 행위들을 포함한다. 통합 유형은 사과하기, 타협하기, 배려하기, 문제를 말하기, 사적 대화 등을 포함한다. 통합 유형은 관계 속에서 신뢰감, 친밀감, 그리고 만족감으로 연결되는 반면, 지배 전략은 그런 요소들의 결여로 연결된다. 외첼(1998)은 소규모 집단에서 세 가지 구별되는 갈등 관리 유형들을 밝혔다. 먼저 회피 전술은 문제를 무시하고 회피하기, 상대방을 회피하기, 농담하기, 굴복하기, 이견을 숨기기 위해 침묵하기 등을 포함한다. 두 번째로 협력 전술은 생각을 공유하기, 평가하지 않고 토론하기, 양보하기, 문제 해결 등으로 구성된다. 세 번째로 경쟁 전술은 위협하기, 요구하기, 설득하기 등을 포함한다.

이 연구는 위에서 살펴본 갈등 관리 유형들을 크게 '경쟁-지배 전략', '협력-통합 전략', '회피 전략'의 세 가지 주요 행위 범주들로 구분한다. '경쟁-지배' 전략은 공격하기, 방어하기, 위협하기, 요구하기, 설득하기 등으로 구성된다. '협력-통합' 전략은 타협하기, 사과하기, 배려하기, 문제에 관해 토론하기, 사적으로 대화하기, 생각 공유하기, 평가 없이 토론하기, 양보하기, 문제 해결하기 등을 포괄한다. '회피 전략'은 문제를 무시하기, 문제와 상대방을 회피하기, 가장하기, 굴복하기, 제3자 개입하기, 농담하기, 침묵하기, 이견을 감추기 등과 같은 행위 유형들을 포함한다.

앞으로 이런 세 가지 갈등 관리 유형들을 온라인 그룹에서 플레이밍 동학 분석에 적용함으로써 그룹 구성원들이 플레이밍에 대처하기 위해 도입하는 탈퇴, 사과, 비난, 작시, 중재, 연대, 농담, 의례화, 정상화 등과 같은 대표적인 행위 전략을 보여주려 한다. 이것들 중 플레이밍을 비난하거나 시를 올리는 행위는, 점점 더 격화되는 플레이밍과 함께, 경쟁-지배 전략에 해당한다. 탈퇴는 회피 전략의 대표적인 사례로 간주할 수 있다. 협력-통합 전략은 플레이밍의 파괴적 효과를 다루기 위해 종종 도입되는 사과하기, 중재하기, 연대감을 보이기, 농담하기, 의례화하기, 정상화하기 등과 같은 행위 유형들을 포함한다.

3. 분석

1 경쟁-지배 전략

① 플레이밍

다음은 그룹에서 흔히 볼 수 있는 플레이밍의 한 예다. 토론은 유즈넷 게시물의 적절한 '인용' 방법을 둘러싸고 진행됐다. 겨우 한두 줄

밖에 안 되는 자기 생각을 덧붙이기 위해 앞의 전체 메시지를 인용하는 것에 짜증이 난 A가 다른 사람들에게 인용문을 줄이라는 요구를 한다.

> 여러분, 인용문을 삭제해 주세요!!! 쉰여섯 줄 인용문에 두 줄을 덧붙이는 사람들은 도대체 어찌된 사람들인가요...

이 게시물에 대하여, B가 반대 의견을 밝힌다. 다른 사람들이 인용문을 편집해야 하는지 아닌지는 A가 상관할 바가 아니라는 것이다.

> 내가 그러고 싶으면 그럴 것이고, 그러고 싶지 않으면 그러지 않을 것입니다.

이처럼 단순한 이견 표출이 A의 신경을 건드려 절제되지 않은 발언이 나오고, 이것은 다시 두 사람 사이의 본격적인 플레이밍으로 발전하게 된다.

> 유즈넷이 쓰레기통에 처박혀 지옥으로 급송돼야 하는 이유로군요.

A에게, 명백히 불필요한 인용 부분을 삭제함으로써 효과적인 소통법을 만들자는 자신의 제안이 거부되는 것은 화가 나는 일이다. A는 불필요한 인용문이 편집되지 않는다면 많은 유즈넷 메시지가 "쓰레기통"에 버려질 쓸데없는 정보로 가득 차게 될 것이라고 밝힌다. 더욱이 유즈넷에 게시물을 올리는 것에 관한 건설적 규범을 만들려는 토론을 막는 것은 문제를 더욱 악화시키게 될 것이다("유즈넷이 왜 지옥으로 급송돼야 하는지"). 그래서 A의 후속 게시물은 B를 향한 적대감을 드러내고, 여기에 B는 다시 욕설로 응답한다("너처럼 자임한 네트-나치").

만일 유즈넷이 잘못되고 있다면, 그것은 나 같은 사람들이 당신처럼 자임한 네트-나치가 자신의 개인적 취향이 마치 복음인 양 떠들지 못하게 하기 때문이 아니지요.

다음은 이 그룹에 나타난 플레이밍의 또 다른 예들이다.

개 같은 년아, 무슨 개 같은 소리냐?

대단한 멍청이, 잘난 척 그만하고 무식한 잡년 짓 좀 그만 두시지.

우리들 중 누구라도 마음만 먹었다면 너에게 꺼지라고 말할 수 있었지만 그러지 않았어. 대체로 우리가 너를 좋아하기 때문이지만, 네가 똥구멍같이 군다면 이야기는 달라지지.

너의 무분별한 천박하고 모욕적인 행동들은 너와 의미 있는 대화를 나누는 것을 매우 어렵게 만들었다. 네가 언제 저속하고, 잔인하며, 펄펄 끓는 뜨거운 기름으로 가득 찬 프라이팬을 마구 휘둘러 댈지 아무도 모르기 때문이지.

위의 예들은 욕설("개같은 년", "똥구멍"), 모욕("무식한 잡년", "우리 중 누구라도 너에게 꺼지라고 말할 수 있었다", "너와 의미 있는 대화를 나누기는 매우 어렵다"), 비난("너의 무분별한 천박한 행위") 등과 같은 적대적 감정의 표출을 보여주고 있다.

② 비난하기

한번 시작된 플레이밍은 좀처럼 합의나 상호 존중에 이르지 못하고 계속 이어지기 때문에, 때때로 제3자가 개입해 상당히 적대적인 방식으로 그것의 중단을 요구하기도 한다. 제3자가 플레이밍을 직접적으로 비난하는 것은 이런 개입 방식의 한 가지 예다. 이 경우, 개입은 플레이밍의 의미나 가치에 의문을 던지는 모습을 띤다.

> 자신들이 선호하는 정치적 아이콘을 옹호하기 위해 사람들이 이데올로기적 착
> 란의 플레이밍으로 뛰어드는 것은 놀랍지 않은가? 빌어먹을 고어, 염병할 부
> 시, 그리고 그들의 아랫것임을 자랑스러워 하는 사람들의 지독한 한심함. 그
> 것은 참으로 실망스러운 일이며 상당한 소외감을 불러일으킨다. 사람들이 그
> 것에서 무엇을 얻는지 알 수가 없다. 소속감 또는 자신를보다 더 큰 무엇의 한
> 부분이라는 느낌? 모를 일이다...그것이 우리가 그토록 얻으려고 노력했던 개
> 별적 자아감을 상실하는 것으로 확대되지 않기를 바랄 뿐이다. 내가 세상에서
> 진정으로 이해하지 못할 일들 중 하나.

이 메시지의 게시자(A)에게, 대부분 정치적 이슈에 관한 것들인 플레이밍은 좀처럼 이해하기 어려운 행동이다. A는 플레이밍이 자신보다 더 큰 무엇인가에 속해 있다는 소속감을 얻으려는 무망한 심리적 노력에 불과하다고 규정한다.

코저(1956)는 갈등이 이데올로기나 정치적 신념에 관한 문제와 결부될 때 더욱 심해지고 격렬해진다고 주장한다. 개인적 이해관계를 넘어선 갈등은 직접적인 개인적 이해관계보다 훨씬 더 급진적이고 무자비해지는 경향이 있다(Simmel 1955; Coser 1956). 위에서 소개한 그룹 참여자의 말과 아래에서 코저가 갈등과 이데올로기 사이의 독특한 관계에 관해 말한 내용을 비교해보자.

> 자기 그룹의 대표자로 행동하도록 기대되는 개인은 자신을 그룹의 목적과 권
> 력의 구현자로 간주한다. 그 개인은 그룹을 자신의 한 부분으로 만들고, 내면
> 화하고, 마침내 자신을 확충하고 확장함으로써 그룹과 동일시한다. 따라서 그
> 개인의 에너지는 강화되고 그 개인의 싸움은 집단에게 부여한 권력에서 나오
> 는 권력감으로 충만해진다.

정치적 논쟁의 인화적inflammatory 성격에 더해, 다양한 문화적, 정치적 배경을 지닌 수많은 사람들이 온라인 토론 그룹에서 서로 만날 수 있다는 가능성 자체가 적대성이 자주 표출되게 하는 조건을 제공할 수도 있다. 시공간의 임플로전은 인터넷에서 일어나는 상호 작용의 가상성을 조건 짓는 가장 중요한 구조적 속성들 중 하나다. 인터넷은 개인들을 전자적이고, 즉각적이며, 지구적인 통신망 속에서 서로 연결할 수 있기 때문에 시공간 장벽을 넘어서서 전례 없는 규모로 사용자들이 상호 작용할 수 있는 가능성을 높여준다. 확실히 지리적 경계(지역적, 국가적, 국제적)는 온라인 그룹 참여자들이 사이버 공간에서 한데 모이는 데 거의 아무런 장애가 되지 않는다. 그룹 멤버십은 다양한 문화적 배경을 가진 사람들을 포괄하는데, 이 점은 흔히 사회적, 정치적, 문화적 견해와 경험의 다양한 표현으로 나타난다. 인터넷 이용자들은 다른 소통 수단 사용자들보다 상이한 국적, 정치적 신념, 문화적 취향, 사회경제적 배경을 가진 사람들과 접촉할 기회가 더 많다.

다국적, 다문화적 온라인 멤버십은 정보 지원과 같은 상호 작용 유형과 마찬가지로 적대성의 표출 방식에도 상당한 영향을 미친다. 이 연구의 대상 그룹에서 정치 토론 참여자들은 적대적 감정 표출에 특히 취약하다. 정치 논쟁은 공화당 지지파와 민주당 지지파가 충돌할 때 또는 미국인과 비미국인이 지구정치적 이슈에 관해 싸울 때 더욱 적대적으로 되는 경향이 있다. 아래의 예는 구성원들이 이미 하나의 관행으로 인식한 정치 논쟁의 인화적 성격을 잘 보여준다.

> 네가 나에게 보여주려고 한 텍스트에 관해, 만일 네가 내 말을 있는 그대로 받아들일 수 없다면, 정치적 이슈에 관해 나와 대화하려 애쓰지 마라. 네가 무엇을 하든지 간에 나도 똑같이 그럴 것이다. 너와 꽤 괜찮은 교환을 한다는 것은 불가능하다...어쨌든, 인간관계에 관한 너의 백치 수준의 관점은 이 문제에 관

한 나의 모든 관심이 사라지게 만들었다.

이 글의 게시자는 정치적 문제에 관해 상대방과 품위 있는 대화를 하기가 어렵다는 점을 짜증스럽게 밝히고 있다("정치적 문제에 관하여 나와 대화하려 애쓰지 마라"). 상대방을 "인간관계에 관한 백치 수준의 관점"을 가진 것으로 묘사함으로써 불만은 적대감의 표출로 발전한다.

③ 시를 올리기

비동시적이고 글쓰기적 형태의 온라인 상호 작용은 플레이밍을 향한 불만을 표현하고 그것이 초래하는 긴장을 줄이는 방법에 영향을 미친다. 상당히 격렬하고 오래 지속되는 플레이밍에 지치고 그것을 더는 참지 못하게 될 때, 구성원들은 종종 시poem를 게시하는 것으로 자신의 불만을 나타낸다. 플레이밍에 관한 일종의 비판 형태인 그 시들은 플레이밍을 조롱하는 내용으로 채워진다. 다음의 두 가지 사례는 이 점을 잘 보여준다. 첫 번째는 다수의 그룹 구성원들이 18일 동안 총 150개의 메시지 중 65개의 플레이밍을 주고받은 사례이고, 다른 하나는 20일 동안 167개의 메시지 중 113개의 플레이밍을 주고받은 사례다. 이 그룹에서 발견되는 플레이밍의 대부분이 2~3일 동안 30~40개의 게시물로 표현된다는 점에 비춰본다면, 이 두 사례는 지속 기간이나 포스팅의 수의 측면에서 매우 예외적인 것이라 할 수 있다. 이 두 사례에서 모두 주로 두 세 사람이 플레이밍을 지속하고 여기에 많은 다른 사람들도 참여하는 양상을 보였다. 매우 격렬하게 진행되는 플레이밍에 관해 구성원들은 당사자들을 중재하려는 노력을 기울인다. 플레이밍 당사자들에게 서로 진정할 것을 요구하거나 농담을 던지기도 하지만, 때로는 매우 적대적인 게시물을 올리기도 한다. 그러나 그 어떤 것도 플레이밍을 멈추게 할 수 없다는 것에 짜증이 나면, 다음에서 보는 것처럼 구성원들은 종종 자신의 불만을 시를 올리는 일을 통해 나타내기도 한다.

나는 작은 새가 나무에 앉아 있는 것을 본다. 얼마나 달콤한개!/그것은 아래, 위 주위를 둘러본다. 그리고 "쨱쨱(tweet tweet)"하고 지저귄다/"오 새여, 우리처럼 말하고 싶지 않니?"라고 나는 묻는다/"사람들처럼 말하는 것?"라고 새는 말하고는, "차라리 죽는게 낫지!/내가 그 무구한 '쨱쨱'에 국한된다고 생각하지 마라/그러나 너희들 인간이 내뱉는 넌센스를 반복하고 싶지 않아/너희들은 고통과 불화를 유발하는 것에서 아주 독특한 즐거움을 얻지/미안하지만, 나는 단순한 새의 삶이 좋아/"그렇지만 새야", 나는 말했다, "그게 꼭 그렇게 나쁘지만은 않아, 우리가 이룩한 것들을 한번 생각해봐/셰익스피어, 쉘리...처칠의 아들은 말할 것도 없고"/새는 깡충깡충 뛰며 잠시 생각하더니/곧바로 그리고 태연하게 작은 알을 낳았다/"너희들도 이처럼 유용한 일을 한다면/네가 한 말을 한번 생각해보고 너희들처럼 말해도록 해보지/그러나 그때까지는", 새는 마치 다 알고 있다는 듯이 말했다, "나의 관심을 끄는 유일한 단어는 너의 공손한 '안녕'이야!"

플레이밍에 관한 비판적이고 냉소적인 태도가 시를 통해 표현되고 있다. 이 포스팅의 게시자에게 참여자들 사이의 끝없이 지속되는 플레이밍은 새의 지저귐보다 무의미한 것이며, 새가 알을 낳는 것보다 비생산적이고 무용한 것이다.

② 화피 전략

① 탈퇴

커너배일과 프로브스트(Carnevale and Probst 1996)는 '철수withdrawal'가 사회 갈등을 풀기 위한 협상 전략들 중의 하나라고 말했다. 온라인 그룹에서 플레이밍의 가장 일반적인 결과는 당사자들이 그룹에서 일시적으로 또는 영원히 탈퇴하는 것이다. 만일 당사자들이 플레이밍을 그다지 심각하게 생각하지 않는다면, 그 사람들은 종종 플레이밍에 대한 불만을 그룹에 관한 소속감과 함께 드러낸다. 이 경우, 탈퇴는 대부분 일시적이며 일정한 기간이 지난 뒤 사람들은 그룹으로 복귀한다. 아래는 그 예다.

> 산에 가야 할 때가 됐다. 새롭게 향상된 과대 망상의 '그룹 이름'을 즐겨라. 가끔씩 여기에 들르겠지만, 지금 여기는 아주 시시분하나. 너무나도 뻔한 욕실에 관해서는, 그것이 양방향으로 퍼진다는 것을 명심하라.

그러나 또 다른 경우에, 플레이밍은 구성원의 영원한 탈퇴로 이어진다. 플레이밍이 가져다주는 상처의 강도와 관련해 한 구성원은 "오직 글이 유일한 소통 수단인 뉴스그룹에서 위협을 느끼게 되다니 얼마나 이상한 일인가"라고 탄식한다. 플레이밍 당사자가 그룹을 완전히 떠나기로 결심하면, 더는 글을 게시하지 않고 탈퇴를 최종적으로 알린 뒤 떠나거나 또는 아예 그런 공지 없이 그룹을 탈퇴한다. 2년 이상 다양한 주제에 관한 수많은 토론에 참여한 한 구성원은 다른 사람들과 겪은 수차례에 걸친 플레이밍 끝에, 다음과 같은 말로 최종적으로 그룹을 떠날 결심을 밝힌다. "(무조건적 사랑이란) 네가 환영받지 못하는 곳에 더는 머물지 않는 것이 최선이라는 것을 이해하는 것이다." 이후 이 회원은 어떤 글도 게시하지 않았고 결국 플레이밍은 고정 멤버의 상실로 귀결됐다.

탈퇴가 일시적이든 영구적이든, 탈퇴자들은 인화적인 토론 환경 속에서 그룹의 고정 멤버로 남을 것인가에 관한 결정을 스스로 내린다. 플레이밍을 별로 개의치 않는 사람들은 고정 멤버로 남고, 그렇지 않은 사람은 그룹을 떠난다. 그러나 그런 결정에 더 중요한 것은 교환된 플레이밍 자체보다는 그룹을 향한 구성원들의 애착이나 소속감이라 할 수 있다. 지배적인 그룹 정체성(예를 들어 정치적 또는 문화적 지향)이 불편할수록 그룹을 떠나기가 쉽다. 당연히 노골적인 개인적 공격이나 모욕 주기는 그룹을 완전히 탈퇴하는 결정을 촉진한다.

그러나 플레이밍이 개인 간 관계에 미치는 부정적 영향이 아무런 장점을 가지지 않은 것은 아닌데, 그것이 때때로 그룹의 경계를 확인하는 데 중요한 작용을 하기 때문이다. 코저(Coser 1956)는 갈등이 그룹 정체성과 경계를 세우고 유지하는 기능을 한다고 지적한다. 코저에 따르면, "다른 집단과 겪는 갈등은 그룹의 정체성을 설정하고 재확인하게 해주며 외부 사회 세계와 집단의 경계를 유지하게 해준다"(같은 책, 38). 필립스(Phillips 1996)는 플레이밍을 그룹 정체성을 향한 위협에 대응하고 집단의 경계를 보호하는 수사 전략들 중의 하나로 이해할 수 있다고 주장한다. 특히, 게이, 레즈비언, 페미니즘 그룹 등과 같은 성적, 정치적 정체성 집단에서 플레이밍은 그룹 활동에 이질적인 요소나 외부자의 공격을 제한함으로써 그룹 정체성(정치적, 사회적, 성적, 문화적)을 높이는 좋은 장치가 된다(Hall 1996; Phillips 1996). 그러나 만일 그룹이 상호 관심사에 관한 고정 멤버들 사이의 많은 토론을 진행한 안정된 공동체인 경우에는 플레이밍이 구성원의 영원한 탈퇴와 손실로 이어지는 가능성은 낮다. 또는 설사 영원한 탈퇴가 일어난다 해도 플레이밍에 따른 고정 멤버의 상실이 대다수의 다른 구성원들에게 유감스러운 일로 간주된다. 비록 플레이밍이 가상적 상호 작용의 불가피한 현상이기는 하지만, 그룹 구성원들은 지금부터 볼 내용과 같이 그것의 파괴적 효과를 극복하기 위한 다양한 행위 전략들을 발전시킨다.

3 협력−통합 전략

① 사과하기

"욕설은 욕설을 낳는다"는 한 구성원의 말처럼, 한번 시작된 플레이밍은 또 다른 플레이밍으로 이어진다. 그것은 대체로 일정 기간 지속되며 한쪽이 다른 쪽의 공격을 무시하고 반응하지 않을 때에야 끝난다. 플레이밍이 당사자들 사이의 상호 합의나 존경 또는 긍정적 해결로 귀결되는 경우는 드물다. 그러나 모든 플레이밍이 반드시 극심한 적대적 대결의 연속으로 나타나는 것은 아니다. 때때로 그룹 구성원들은 '사과하기 Apologizing'로 플레이밍의 진행을 막고 상호 이해를 도모한다.

다음의 예는 이런 '사과하기와 순조로운 해결' 과정을 보여준다. 사형 집행 문제에 관한 한 토론에서, 15명 이상의 그룹 멤버들이 95개 이상의 포스팅을 교환하였다. 2명의 멤버가 일정 기간의 논쟁 끝에 플레이밍에 빠져들기 시작했다. 애초에 논쟁은 A가 미국이 개인적 선택과 사회적 관용을 중시한다고 하면서도 사형 집행 장면의 텔레비전 중계를 금지하는 것은 위선적이라고 비판하면서 시작됐다. A의 지적을 미국을 향한 공격으로 간주한 B는 미국 시민도 아니고 미국 사회의 실상을 잘 알지 못하는 A가 보이는 엘리트주의적 태도("너희들보다 더 잘 안다")는 용납할 수 없는 것이라고 반박한다. 미국 사회에 관한 제한된 지식으로 미국을 위선적이라고 말할 수는 없다는 것이다. 이 반응은 다시 A의 반격을 촉발했는데, A는 미국이 세계 최고 강대국이라고 해서, 나머지 세계가 미국이 아니고 또 구체적인 미국 정치 시스템을 모르기 때문에 그 어떤 판단도 내릴 권리가 없다고 말할 수는 없다고 주장한다. 둘 사이의 이런 감정적 의견 교환 이후, B가 다음과 같은 메시지를 올림으로써 두 사람 사이의 논쟁은 본격적으로 플레이밍이 되기 시작했다.

> 나는 포기했다. 나는 설명하고, 예를 들기도 했다. 나는 네가 진짜 트롤에 불과하다고 생각한다. 적어도 C가 이런 상황에 직면하면, 지금처럼, 그저 "엿 먹어" 또는 그 이상의 말을 함으로써 대화가 끝났다는 것을 알게 해줄 것이다. 적어도 나는 그렇게 생각한다. 어디 계속 해보시지.

이 말은 다시 A에게서 다음과 같은 반응을 불러온다.

참으로 교묘하게 엿 먹으라고 말하고 있군. 고마워.

B가 A에게 "엿 먹어라"는 말을 돌려줌으로써 A와 B 사이의 부정적 감정은 축적된다.

너는 내 말을 이해하지 못거나 이해하지 않으려는 것 같아. 나는 그것이 바로 네가 나에게 말하려던 내용이었다는 것을 말했을 뿐이야.

그러나 이 메시지를 올린 직후 B는 A에게 사과의 글을 올린다.

A에게 사과한다. 내가 네 글을 이해하는 데 확실히 문제가 있었다. 그래서 앞으로는 성급하게 결론 내리지 않으려 한다. 내 글이 초래한 잘못에 관해 미안하다는 것 말고는 달리 할 말이 없다. 즐거운 휴일 보내기를 바란다. 진심으로.

B의 사과는 플레이밍이 계속 진행되는 것을 막고 두 사람 사이의 상호 이해가 공유되는 계기가 된다.

나도 B에게 사과한다. 나는 어제 매우 화가 났지만, 그것은 내가 너를 좋아하기 때문이었고 내가 너를 귀찮게 만든 것에 미안하다. :-) 나는 좀더 시간을 들여 글을 써야 할 것 같다. 그렇지만 나는 충동적인 사람이고(그리고 나는 그것이 늘 좋은 것은 아니라는 것을 안다) 그래서 즉각적으로 반응하고 글 쓰고 포스팅을 올리는 경향이 있다. 사실 포스팅을 올리기 전에 다섯 번 정도 다시 글을 읽었더라면 아마도 내 글의 일부는 수정했을 텐데. 어쨌든 글을 올릴 당시의 나는 진짜 내가 아니었던 것 같다.

다른 구성원들은 플레이밍의 평화로운 해결에 만족감을 표현한다. D는 "잘 됐네"와 "또 다른 훌륭한 결말"이라고 말함으로써 B와 A에게 동감을 보여준다. E는 "부활절 휴일에 이 그룹에서 일어난 사과는 무서운 일이지"라는 농담을 던진다.

② 중재하기

플레이밍에 관한 직접적, 간접적 비난에 덧붙여 '중재하기 Mediating'도 플레이밍을 완화하기 위해 자주 활용되는 전략들 중의 하나다. 두 명 이상의 멤버들 사이에 진행되는 플레이밍에 종종 제3자가 개입해 당사자들을 중재하려는 모습이 나타난다. 다음은 이런 중재의 한 예다. 정치적 이슈에 관한 한 토론에서, 16명 이상의 멤버들이 85개 이상의 포스팅을 교환했다. 논쟁은 점점 격화됐고 일부는 플레이밍으로 발전했다. 의견 불일치가 좀처럼 해소되지 않자 A는 마침내 B에게 다음과 같은 감정적인 언어 공격을 하게 된다.

> 오, 미국인으로서 우리는 그저 물러 앉아 너 같은 머저리가 미국을 비난하는 것을 듣고만 있어야 한다는 것이냐?

이 말은 오늘날의 국제 정치 이슈에 관한 미국의 역할을 비난한 B에게 보이는 적대적 반응이다. "너 같은 머저리"라는 욕을 함으로써 A는 B와 플레이밍을 시작한다. 비록 많은 다른 멤버들도 논쟁에 참여하고 있었지만, B에 동의하지 않았던 대부분의 멤버들은 A의 적대적 감정 표현에도 동의할 수 없었다. C는 A의 게시글에 나타난 논조를 비판한다.

> 네가 원하는 대로 글을 올릴 수 있지만 네 글의 논조에 동의하지 않는다는 것을 말해야만 하겠어. 그것은 건설적이지도 않고 너의 분노를 표출하는 것 말고는 아무것도 이루지 못해. 너와 B는 뉴스 그룹의 소중한(적어도 나에게는) 멤

버들이고, 너희 둘이 진정으로 같은 것을 원하면서도 둘 사이에 나쁜 감정이
쌓이는 것을 나는 원하지 않아.

C는 A에게 더는 플레이밍을 진행하지 말 것을 요구한다. A의 글
을 비판하면서, C는 A와 B가 모두 그룹의 소중한 구성원이라고 말함으
로써 둘을 화해시키려 한다. C는 그룹 구성원들이 만들어온 관계를 파괴
하지 말 것을 요구하고 그룹을 향한 헌신의 중요성을 강조한다.

③ 농담하기

'농담하기Joking'는 긴장을 완화시키기 위한 또 다른 담론 장치다.
플레이밍 참여자들의 감정에 영향을 미치는 플레이밍의 잠재적 해악을
줄이는 이 장치는 결과적으로 일종의 집단 연대감을 높여준다. 아래의 예
는 농담의 이런 효과를 잘 보여준다. 정치적 주제에 관한 일련의 뜨거운
논쟁 끝에 A는 상대방에게 다음과 같이 플레이밍을 시작한다.

나머지 우리에게는 신경 쓰지 않는 너희들은 부끄러운 줄 알아라.

이 말은 B에게서 적대적 반응을 유발한다.

그래, 우리는 정말로 신경 쓰지 않지. 맞아. A야, 우리에게 아첨이라도 하렴.

A는 자신의 공격이 플레이밍을 시작한 사람을 대상으로 한 반격
일 뿐이고, 그것은 여전히 정당하다고 주장한다.

"멍청이", "개 같은 년"이라고 불린 뒤에야, "엿 먹어라"는 말을 들은 뒤에야, 나
는 그 무식하고 거만한 사람에게 글을 보냈다. 만일 너희들 중 일부가 내 말이
자신들을 향한 것이라고 느낀다면 그것은 너희들 문제이고 해결해야 할 사람

은 바로 너희들이지 내가 아니다.

C는 A가 그룹을 탈퇴하면 좋겠다는 반감을 드러낸다.

후속 게시물에서 네가 이 그룹을 떠나겠다고 결심한 것을 알겠다. 기쁜 일이다.

그러나 A는 그룹에 남아있을 것이며, D가 다른 멤버들에게서 플레이밍을 당하고 그룹을 탈퇴하겠다는 의사를 표현한 일에 공감을 느꼈기 때문에, 자신은 개인적 공격에서 벗어나겠다고 말한 것이라는 점을 분명히 밝힌다.

글쎄, 나는 인신공격에서 벗어나겠다고 결정한 것이다. 그러나 지난번 D의 게시물은 내 마음을 많은 슬픔으로, 내 눈을 많은 눈물로 채웠다.

A의 낙담과 슬픔("내 눈은 많은 눈물로 채워졌다")에 관해, 제3자인 E는 다음과 같은 선의의 농담을 던지며 A를 지지한다.

며칠간 잠시 그룹을 떠나 어떻게 되는지 보겠다. 도대체 누가 감히 너에게 욕을 하는가?! 그 사람들이 누군지 말하면 그 사람들을 아주 패버리겠다. 갑옷을 입고, 칼을 차고, A의 호의를 입은 E.

다음과 같이, E의 농담은 다른 구성원들에게서 연속적인 농담을 불러온다.

친구여, 나는 네 편이다. (칼 이상을 가진) F

흠.............. G

A의 호의가 뭔데? ;-))))))))))))))))) G

네가 할 수 있는 모든 말은 내가 그것을 가졌으나, 내가 잠든 사이 E가 훔쳐 갔다는 사실이야. H

도둑놈들! 도둑놈들!! 너희들 모두 도둑놈들!!!! G

단수형으로 해 주세요. H.

잠깐만. 이 뉴스 그룹에서 욕할 수 있는 사람은 나뿐인데, 나의 스타일을 훔쳐 너에게 사용한 그 사람에게 화가 나는군. I

④ 연대감을 보이기

긴장을 줄이기 위한 또 다른 전략은 '연대감 보이기Showing Solidarity'이다. 다음의 이야기는 어떻게 그룹 구성원들이 연대감을 보임으로써 플레이밍에 상처 입은 한 구성원을 잃지 않으려 하는지를 잘 보여준다. 미국에서 수많은 사람들의 죽음을 초래한 한 정치적 사건에 관한 토론에서, 일부 구성원들은 비미국인은 그 사건에서 대부분의 미국인이 겪는 슬픔의 강도를 이해하지 못한다고 주장한다. 이 의견에 반대하며 비미국인인 A는 미국이 "너희는 결코 이해할 수 없다"는 태도와 비미국인은 미국에 공감해야 한다는 태도를 버려야 한다고 주장한다. A의 주장을 한낱 "잠꼬대"라고 치부하면서, B는 A와 플레이밍을 시작한다.

네가 알지 못하는 것을 안다고 말함으로써, 너는 많은 사람들을 모욕했다. 너는 계속 자신이 이 모든 것을 안다는 식의 태도를 보여왔다. 이제 그만 내려오시지. 이제 깨달을 때도 되지 않았나.

B의 공격("너는 계속 자신이 이 모든 것을 안다는 식의 태도를 보여왔다. 이제 그만 내려오시지. 이제 깨달을 때도 되지 않았나")에 분노

해, A는 그룹을 탈퇴하겠다는 말을 한다.

> 정말 이해할 수가 없다. 잠자리에서 일어나 이것을 접하고 충격 받았다. 포기
> 하고, 너희 모두에게 작별 인사를 해야겠다.

애초의 A의 의견에 관한 지지 여부와는 상관없이, 대부분의 구성
원들은 A의 탈퇴 의사를 반대한다. 모든 후속 게시물은 A가 떠나지 말기
를 촉구하는 글이었다.

> 네가 충격 받았다면 네가 이해했다는 뜻이다. 부디 가지 말길...나는 사적 감정
> 을 가지지 말라는 말을 많이 들었는데, 만일 네가 이 그룹을 떠나기로 결정했
> 다면 그것은 나 때문이라는 것을 안다...무슨 말을 해야 할지 모르겠지만 한 가
> 지 분명한 것은 나 또한 충격 받을 것이라는 사실이야. :-(C

> 나갈 필요가 없어. 그 말들은 이해될 필요가 없고 너의 탈퇴가 그것에 도움이
> 되지는 않아. D

> 이 그룹은 한데 묶인 연필 다발과 같아. 한 자루씩 부수는 것은 쉽지만, 한 묶
> 음을 통째로 부수려 한다면 탈장에 걸릴 거야. E

> 그 구호가 어떻게 되었지? 아무도 나갈 수 없어. 아무도 나갈 수 없어. 아무도
> 나갈 수 없어. F

> 네 성격을 형성한 요소를 나는 알아. 그리고 너는 탈퇴하지 않을 것인데, 나가
> 는 것은 너의 의견을 존중했던 우리를 배신하는 것과 같은 일이며, 너의 목소리
> 를 우리로부터 빼앗아 갈 수는 없어. G

C는 플레이밍 때문에 고정 멤버를 잃는 것은 그룹 구성원으로서
자신의 책임이라고 간주하고 A의 탈퇴를 충격으로 받아들인다. D와 F는
A에게 나가지 말 것을 요구한다. "한데 묶인 한 다발의 연필"이라는 비유

를 통해, E는 그룹 연대감을 강조하고 A의 탈퇴를 만류한다. G는 탈퇴가 A의 견해를 존중해온 전체 그룹을 배신하는 것만큼이나 나쁜 것이라고 말한다.

⑤ 의례화하기

또 다른 전략으로 '의례화하기Ritualizing'가 있다. '외향성 정도' 같은 인성 요소가 플레이밍 과정에 영향을 미칠 수도 있다. 스몰렌스키와 그 동료들(Smolensky, Carmody, and Halcomb 1990)은 매우 외향적인 사람이 그렇지 않은 사람보다 플레이밍에 더 많이 빠져드는 경향이 있다고 주장한다. 이 경향은 이 연구의 관찰에서도 나타난다. 플레이밍 메시지와 인성 요인 사이의 관계를 분석하기 위해 매우 인화적인 토론 글의 예에서 토론 참여자의 수, 플레이밍의 수, 그리고 플레이밍 참여자 수를 확인했다. 이 토론에서 대부분의 플레이밍에는 A, B, C 세 사람이 참여했다. A는 B(33건의 플레이밍 교환)와 C(14건의 플레이밍 교환) 두 사람과 플레이밍을 진행했다. 확실히, 어떤 사람들은 다른 사람들보다 더 쉽게 이견에 적대감을 드러낸다. 그룹 멤버들이 특정 멤버의 행동 패턴에 관해 자주 언급하는 경우, 그것은 인성 요인이 적대감 표출에 미치는 영향을 보여주는 것으로 이해할 수 있다. 다음의 예는 위에서 언급한 세 참여자들의 게시물에서 확인할 수 있는 인화적 행동 패턴을 보여준다.

> 너는 내가 이 뉴스 이야기를 게시했다는 사실을 좋아하지 않고 나에게 욕설을 하기 시작했다. 너는 이 그룹의 많은 사람들에게 욕설을 퍼붓는 오랜 역사를 가지고 있다.

A를 향한 인화적 메시지에서, C는 A를 상습적 플레이머("너는 욕설을 퍼붓는 오랜 역사를 가지고 있다")로 비난한다. 그러나 또 다른

고정 멤버인 D는 "A야, C가 너를 너무 많이 괴롭히지 않도록 해라. C는 보수적인 사람들의 화를 돋우는 전문가로 인정받아왔다"고 말하면서 오히려 C의 인화적 스타일을 강조한다. 나아가 B의 인성이 적대적 감정 표출에 미치는 영향은 그룹의 많은 구성원들에게 꽤 명확한 것처럼 보인다.

> 게다가 B와 플레이밍을 하는 것은 '통과 의례(갔노라, 했노라, T셔츠를 얻었노라)'이다. 너는 두 가지 사실을 배우게 될 것이다...1. B는 멈추지 않는다. 결코 (만일 멈춘다면, 조화를 보내라. B는 죽은 거다). 논리, 이성, 방정식에 넣지 마라. 인내심만이 요구된다. 내 말을 들어라. B는 너무나도 많은 플레이밍을 벌였고 땀 한 방울 흘리지 않고 너를 다룰 수 있다(이건 모욕이 아니라. 사실의 표현일 뿐이다).

플레이밍은 다른 사람들보다 적대감을 더 잘 표현하는 사람들에게 집중되는 경향이 있다. 그렇지만 이것이 반드시 일부를 제외한 대부분의 사람들이 플레이밍에 거의 빠져들지 않는다는 뜻은 아니다. 비록 전형적인 플레이밍 행위자로 간주되지는 않지만, 적지 않은 사람들이 상황에 따라 플레이밍에 참여한다. 다음의 이야기는 많은 그룹 멤버들이 플레이밍에 휘말리게 된 사례에 관한 것이다.

> 소아성애병자라는 명칭을 스스로 받아들일 마음이 있는 것처럼 보이는군. A
>
> 나는 결코 네가 범죄자였다고 말하지 않았다. 내가 말한 것은 네가 소아성애병자라는 것이다. 그래서 이제, 프로이트적 의미의 말실수처럼, 네 글에서 진실이 드러난다. 너는 유죄 판결을 받은 소아성애병자이다. 도대체 누가 상상이나 했을까. 네가 유즈넷 게시물에서 그렇게 공개적으로 말할 줄을 누가 알았겠는가...아참, 네가 멍청이라는 사실도 잊었네. B
> 친애하는 바보에게. 그 어떤 연관성도 없는 주장을 끌고 와서 어디에 놓을 작정이냐. 너의 터무니없는 인신공격은 이미 오래 전에 흥미로운 것이기를 멈추었고 내 생각에는 심지어 철자법 수정도 못하는 너의 바보 같은 태도보다 더 상투적이고 멍청한 것이 되었다. C

나는 나를 먼저 공격한 사람만을 공격한다. 그러니 똥대가리야 꺼져버려라. B

참든가, 입 닫든가, 아니면 나가든가. D

너도 엿 먹어라. "반유대인적" 석회 똥으로 나를 공격했던 것에 대응하는 나를 좋아하지 마라. 참는 것에 관한 한, 그의 게시물을 읽어봐라. 입 닫는 것에 관한 한, 잊어 버려라. 나가는 것에 관해서는, 누가 너를 관리자로 만들어줬니? B

위의 예에 나타난 것처럼, A와 B 사이의 계속되는 플레이밍 중간에, 다른 구성원들(C와 D)이 B에게 욕설("바보")이나 모욕적인 표현("꺼져라")을 함으로써 B와의 플레이밍에 빠져든다. 물론 C와 D를 향한 B의 반격이 뒤따른다("너도 엿먹어라", "누가 너를 관리자로 만들어줬니?")

플레이밍과 온라인 상호 작용 당사자들 사이의 친밀감과 관련해, 월터(Walther 1996)는 사회정서적으로 부정적이고 몰인격적인 온라인 상호 작용 형태는 서로 모르는 사람들 사이의 초기 상호 작용에서 나타나며, 시간이 지남에 따라 점차 사라진다고 주장한다. 그러나 이 연구에서는 많은 오랜 고정 멤버들이 플레이밍에 상당히 자주 빠져드는 것을 확인할 수 있다. 플레이밍이 대체로 다른 구성원들에게 매우 부정적이고 적대적인 반응을 유발하는데도, 한 참여자의 반복적인 플레이밍은 다른 사람들이 수용할 만한 일종의 "승인된" 행동 패턴이 되기도 한다. 플레이밍은 "통과 의례"가 될 수도 있다.

개브리얼(Gabriel, 1998)은 "모욕의 교환은 때때로 선물 교환처럼 그리고 마치 농담을 주고받는 관계처럼 하나의 의례로 제도화될 수 있다"고 말했는데, 확실히 모욕적 언행의 지속적 교환은 의례와 비슷한 요소를 지니고 있다. 다음은 그룹 안에서 어떤 상습적인 플레이밍 행위자와 플레이밍에 빠져드는 것에 관한 소감 글이다.

나는 수년간 A와 논쟁을 벌였다...그리고 개인적으로 그것은, A가 무슨 언어를 사용했든(비록 욕설이 논점을 이탈하게 만들었지만 그것은 A가 선택한 전술이었다고 생각한다), 상당히 즐거운 것이었다. 유일한 문제는(만일 문제라고 할 수 있다면) A가 자신이 처음에 한 말을 기억하지 못하거나, 않으며, 또는 의도적으로 기억하지 않기로 선택한다는 것이다...그래서 너는 A를 건망증이 심한 교수처럼 다뤄야 할 것이다. 그러나 그것이 바로 이 유즈넷 뉴스그룹의 다양한 개성이 이곳을 즐겁고 재미있는 곳으로 만들어주는 것이다...

플레이밍은 일종의 놀이로 이해될 수 있다. 플레이밍 참여자들이 그것에서 감정을 분리하기만 한다면, 플레이밍은 참여자들에게 적지 않은 즐거움이 될 수도 있다(Myers 1987). 유사하게, 밀러드(Millard 1997)는 플레이밍이 고통스러운 것이기보다는 생산적인 담론 장치가 될 수 있다고 주장한다. 밀러드에 따르면, "인터넷에서 글쓰는 사람들이 자신들의 온라인 얼굴이 다양하고 그것들이 만들어내는 수사가 복잡하다는 사실을 받아들인다면, 플레이밍은 고통보다는 생산적인 해석학적 도구"(같은 책, 158)가 될 수 있다. 위의 발췌문은 밀러드가 플레이밍의 유희적 측면이라고 생각한 것을 보여준다. 상습적인 플레이밍 행위자의 인화적 글쓰기 스타일은 수용 가능한 것일 뿐만 아니라 그룹 전체가 즐길 수 있는 것인데, 그것이 다양한 의견과 개성들을 존중하기 때문이다.

⑥ 정상화하기

위에서 살펴본 전략들과 함께, '플레이밍을 정상화하기Normalizing'는 플레이밍의 부정적 효과를 최소화하는 데 중요한 장치다. 플레이밍을 컴퓨터 문화에 고유한 일종의 '규범과 연관된' 하위문화적 현상과 연결지으려는 연구들이 있다(Kiesler et al. 1985; Lea et al. 1992; McCormick and McCormick 1992). 키슬러와 그 동료들(Kiesler et al. 1985)에게 플레이밍은 익명적이고 텍스트만을 통한 상호 작용뿐만 아니라, 컴퓨터 문화가 지닌 공유된 행위 규범이나 에티켓의 부재에서 나오는 것일 수도 있다. 리어와 그 동료들(Lea et al. 1992)에게 플레이밍은 사회 집단이 그것을 하나의 규범으로 받아들일 때 더욱 현저해진다는 점에서 맥락 의존적인 현상이다. 맥코믹과 맥코믹 (McCormick and McCormick 1992)의 연구에서 대부분 서로 잘 아는 젊은 남자 학생들 사이에서 일어나는 플레이밍은 혐오감이나 적대감의 표현이라기보다는, 애착과 신뢰의 표현이라는 청년 문화적 현상으로 이해될 수 있다. 이 연구들은 대체로 행위 규범의 현저함 또는 부재가 온라인 집단의 플레이밍 과정에 중요한 영향을 미칠 수 있다는 점을 보여준다. 한편으로, 플레이밍은 오프라인 행위의 전통적 규범을 많이 공유하지 않는 컴퓨터 문화의 산물로 이해할 수 있다. 다른 한편, 온라인 그룹이 그것을 하나의 그룹 규범으로 긍정적 방식으로 받아들일 때 두드러지게 나타날 수도 있다. 더욱이 플레이밍이 널리 수용되는 행위 규범이 되면, 그것이 당사자들과 그룹 전체에 미치는 부정적 효과의 강도는 줄어들게 된다.

온라인 토론의 조건에 관한 참여자들의 인식은 플레이밍의 정상화에 크게 영향을 미친다. 그룹 구성원들은 수많은 게시물에서 토론의 조건에 관한 자신들의 의견을 밝히면서도, 플레이밍에 관한 하나의 메타 토론을 조직하기도 한다. 정중하고도 교양 있는 토론을 수행하는 법에 관한 토론에서, 참가자들은 몇 가지 규칙들을 제안한다. '대화하려는 자세를 갖추기("친절은 친절을 낳는다", "욕설은 욕설을 부른다")', '욕설("어떤 행동을 특징짓는 것은 괜찮지만 그 행동을 하는 사람을 특징짓는 것은 바람직하지 않다")', '인신공격("지성보다는 감정이나 편견에 호소하기 또는 상대방의 주장에 대한 대답보다는 그 사람의 성격을 공격하기")', '무지에 편승("청중의 무지에 호소하거나 그것을 활용하는 추론을 제기하는 것")', '인과 오류("먼저 일어난 일이라는 단순한 이유로 하나의 사건을 다른 사건의 원인으로 주장하는 것")', '불평("내가 화가 나서 했던 완전히 다른 주제에 대한 말을 가지고 새로운 주제에 관해 반복적으로 그것을 환기하는 것')', 그리고 '엘리트주의적 태도("네가 충분히 성숙하고 나의 지적 수준에 도달했을 때 나에게 말할 기회를 주지")' 등을 막을 수 있는 것들이 포함된다.

그러나 토론의 조건을 이해하는 것은 사실상 온라인 토론의 기본 한계에 관한 인식에 토대를 두고 있다. 한 멤버는 "뉴스그룹 토론에서 그 누구도 지는 사람은 없다"고 말한다. 비슷하게, 다른 멤버는 토론의 성격을 다음과 같이 묘사한다. "그것은 말하자면 오랜 백병전과 같다. 그 누구도 상대방을 완전히 무너뜨릴 정도로 강하게 공격하지 못한다." "키보드 앞의 일부 사람들의 무지와 완고함이" 아무리 짜증스러운 것이라 해도 그 누구도 결코 지는 일이 없는 토론의 조건과 플레이밍의 성격을 이해하는 것은 "한 줌의 소금과 함께 그것을 삼키는" 일처럼 간주된다. 유즈넷에서 서로 의견이 다른 사람들 사이에 욕설이 일어나는 것은 꽤 흔한 일이기 때문에, 플레이밍이 누군가로 하여금 글을 올리지 않게 하는 일은 잘 일어나지 않는다. 많은 멤버들은 "피로가 점차 누적되고" 누군가가 매우 지치게 될 때까지 "플레이밍은 지속된다"는 것을 안다. 플레이밍은 당사자들에게도 지겨운 것이 될 때에야 사라진다.

한편 온라인 논쟁과 플레이밍에서 상대주의를 수용하려는 일반적인 경향이 있는 것처럼 보일 수도 있다. 한 멤버는, 논쟁이 "개종 경험이 아니"기 때문에, "다른 사람들이 당신과 같은 관점을 가지고 있지 않다는 것을 받아들일" 수 있어야 한다. 포스팅 게시자들에게 "당신의 요점을 밝히고, 그것이 이해되었다면, 설사 받아들여지지 않았다 할지라도 그냥 두어야 할 때를 알아야" 한다. 다른 한편으로, 메시지의 수용자들에게 "모든 사람들이 자신의 의견을 밝힐 권리를 가지고 있다"는 것을 알아야 하고, "만일 다른 사람의 의견을 수용할 수 없다면, 그것을 다른 사람에게 주지 마라." 이상의 인용문들은 온라인 토론과 플레이밍에서 존중되고 하나의 지배적 가치로 작용하는 상대주의를 보여주는 것일지도 모른다. 그러나 밀러드(Millard 1997)에 따르면, 온라인 토론 그룹에서 나타나는 상대주의 또는 "불일치에 관한 동의"는 사실 인터넷에서 지속되는 "상대주의의 불가능성에 관한 인식"에 다름 아니다. 밀러드는 다음과 같이 말한다.

> 이런 토론의 끝에 일어나는 플레이밍의 종결은, 만일 모든 사람이 할 말을 다 했다면, 불일치에 관한 동의와 관련돼 있다. 이 결말은 인터넷 담론을 지배하는 상대주의적 주장의 표현으로 이해되지 말아야 한다. 플레이밍과 논쟁은 이 매체에서 열려 있는 것이고 그 어떤 권위도 그것을 멈추게 하지 못한다. 그러나 플레이밍의 전반적인 서사는 상대주의의 불가능성에 관한 분명한 인정을 요구한다고 말할 수 있다. 상대방을 설득하고야 말겠다는 욕망이 그 행위를 촉발하고 지속하게 만드는 동기라는 점에서 그렇다. 때때로 그런 욕망은 일시적인 것이 아니며 심지어는 깰 수 없는 것이라는 증거가 분명해진다(같은 책, 157).

따라서 온라인 그룹에서 플레이밍의 지속적인 발생은 상대주의의 불가능성에 관한 멤버들의 분명한 인식을 반영하는 것일지라도, 상대주의를 향한 호소는 많은 멤버들이 이전의 수많은 플레이밍에서 배운 온라인 토론의 한계에 관한 하나의 반응으로 이해할 수 있다. 한 고정 멤버는 그룹의 오랜 멤버로서 반복적으로 확인한 플레이밍의 지속성에 관해 다음과 같이 말한다. "우리는 여전히 똑같다. 누구도 우리가 토론한 많은 주제에 관해 자신의 마음이나 관점을 바꾸지 않았다. 우리는 서로의 반응을 잘 살펴왔고 앞으로도 계속 그럴 것이다."

4. 나가며

지금까지 적대적 감정 표출의 시작부터 종결까지 그 전 과정이 온라인 상호 작용의 구조적 속성에 어떻게 영향을 받는지를 분석했다. 오프라인에서 벌어지는 정치적 논쟁의 인화적 성격은 다양한 정치적 신념과 문화적 배경을 가진 사람들이 손쉽게 한데 모일 수 있는 온라인 그룹에서 더욱 두드러지게 나타난다. 비동시적인 글쓰기의 상호 작용은 그룹 구성원들의 모욕적 발언에 일정한 영향을 미친다. 상대방에게 특정한 단어들(예를 들어 "이론 혐오증", "실어증")의 사전적 의미를 단순히 제시해 주는 것은 직접적으로 모욕적 언어를 던지는 것보다 더 불쾌한 것이 될 수 있다. 시를 게시하는 것에서 본 것처럼, 온라인 상호 작용은 또한 그룹 구성원들이 긴장과 갈등을 다루는 방식에도 영향을 미친다. 일부 비관론자들이 이야기하듯이 비록 온라인 그룹에서 참여와 탈퇴가 "단지 클릭 하나의 거리"일 수도 있지만, 인터넷에서 일어나는 상호 작용은 적대적 감정의 교환이 일어나는 경우에서도 전적으로 피상적인 것이 아니다. 분명 적대적 감정 교환의 가장 불행한 결과는 플레이밍 당사자인 고정 멤버의 영원한 탈퇴일 것이다. 한 멤버가 "그 말들이 나에게 끼친 '진짜' 고통을 너는 상상할 수 없을 것이다. 내가 얼마나 화가 났는지 말할 수조차 없다. 녹슨 면도날이 지금 내 마음을 가득 채우고 있는 이미지이다"라고 말한 것처럼, 노골적인 개인적 공격은 고통스럽고 아픈 것이 된다.

또한 그룹 구성원들이 플레이밍의 부정적 영향을 다루기 위한 다양한 행위 전략을 개발한다는 사실을 밝혔다. 그것들은 회피하기, 탈퇴하기, 사과하기, 동의하기, 부정하기, 시를 올리기, 중재하기, 연대감을 보이기, 농담하기, 의례화하기, 그리고 정상화하기 등을 포함한다. 이 그룹에서 발견된 플레이밍에 대한 대부분의 관리 유형(예를 들어 사과하기,

회피하기, 농담하기)은 사회심리학 문헌에서 밝혀진 협력적이고 통합적인 갈등 관리 유형들과 유사성이 있다. 장기 고정 멤버들 사이의 지속적인 플레이밍은 반드시 해롭지만은 않은 의례적 성격을 내포하고 있을 수도 있다. 어떤 경우에는 계속되는 플레이밍이 고정 회원들 사이의 숙적 관계를 형성하게 하기도 한다. 또 다른 경우에, 플레이밍은 그 유희성의 차원에서 일종의 애착과 신뢰의 상징으로 읽힐 수도 있다. 플레이밍이 대면적 상황보다는 직접적이고 즉각적인 물리적 반격이 가능하지 않은 사이버 공간에서 더 쉽게 일어나는지는 불분명하다. 그러나 의례화하기나 정상화하기 등과 같은 위에서 살펴본 플레이밍 대처 전략들은 많은 멤버들이 이전의 수많은 플레이밍에서 터득한 "아무도 지지 않는" 온라인 토론의 특성에 대한 일종의 반응으로 이해될 수도 있다. 대처 전략들은 토론 환경의 인화적 성격 아래에서도 고정 구성원으로 남기로 한 사람들이 발전시킨 것으로 간주될 수 있다. 플레이밍에 관한 대처 메커니즘을 발전시킨 그룹은 그렇지 않은 그룹보다 쉽게 사라지지는 않을 것이다.

5^장 / 온라인 자아 표현의 신뢰성

1. 들어가며

다양한 의사소통 방식이 사이버 공간에서 서로 뒤섞임으로써 뉴
스그룹이나 전자 게시판 등과 같은 인터넷 도메인에서 사적인 것과 공
적인 것의 경계는 점점 더 약화되고 있다(Cerulo 1997; Diani 2000; Fernback 1997;
Knapp 1997; Mayrowitz 1985; Walker 2000; Waskul and Douglass 1997; Wynn and Katz 1997).
뉴스그룹에 게시된 메시지는 공적인 것이기도 하고 사적인 것이기도 하
다. 인터넷에서 누구라도 그것을 읽을 수 있다는 점에서 그것은 공적인
것이다. 마치 누군가가 술집에서 또는 길거리에서 한 말이 흔히 공적인
것으로 간주되는 것과 마찬가지로 뉴스그룹 메시지는 다른 사람들에게
열려 있는 대상이다. 그러나 뉴스그룹 게시물은 동시에 사적인 성격을 띠
는데, 그것이 글의 첫머리나 서명 부분에 실명, 이메일 주소, 소속, 직장 주
소 등과 같은 정체성과 개인정보를 분명하게 드러내기도 하기 때문이다.

이처럼 공적인 것과 사적인 것의 구분이 희미해지는 것에 관하여 냅(Knapp 1997)은 토론 그룹에 게시된 메시지를 에세이로 간주하는데, "그것이 개인적 경험을, 그 구체성에도 불구하고, 궁극적으로는 공적으로 표현하고 공식적으로 제시"(같은 책, 183)하기 때문이다. 뉴스그룹 이용자들은 한편으로는 자신에 관해 많이 이야기하고 상당한 양의 개인정보를 공공연하게 드러내면서도, 다른 한편으로는 프라이버시가 침해되지 않도록 자신의 실명이나 주소가 드러나는 것을 꺼리기도 한다. 온라인 그룹 참여자들에게, 사적인 것과 공적인 것 사이의 경계를 조율하는 것은 자아표현에 중요한 영향을 미치는 요인이라 할 수 있다.

이 장은 한 온라인 토론 그룹에 관한 사례 연구를 통해 사이버 공간에서 나타나는 자아 표현의 성격을 탐구한다. 구체적으로 공적/사적 경계의 약화라는 문제와 관련한 온라인 정체성의 탈육성disembodiment과 신뢰성accountability 문제를 다룬다. 먼저 온라인 자아 표현의 탈육성/신뢰성에 관한 기존 이론을 검토한다. 또한 대면 상황에서 자아 표현에 관한 연구에 토대를 둔 정체성 이론도 살펴볼 것이다. 그 속에서, 온라인 자아 표현에 관한 연구가 정체성 숨김이나 드러냄의 과정뿐만 아니라, 다른 사람에 관한 정체성 지식을 구성하기 위한 이용자들의 적극적인 정체성 확인 동학에도 주목해야 한다는 점을 역설할 것이다. 온라인 자아 표현과 오프라인의 대면적 자아 표현 사이의 유사성과 차이점도 밝힐 것이다.

2. 이론적 배경

■1 온라인 자아 표현의 탈육성과 신뢰성

인터넷 이용자들이 자신의 프라이버시를 보호하려는 노력을 가장 회의적인 관점에서 보면 온라인 상호 작용의 신뢰성 문제가 부각된다. 흔히 탈육적이고 다중적인 온라인 정체성 형태들은 온라인 페르소나의 진실성과 신뢰성 문제를 수반한다고 간주되기 때문이다(Foster 1997; Kolko and Reid 1998; Stallabrass 1995). 콜코와 레이드(Kolko and Reid 1998)에 따르면, 가상 공간의 분절된 자아가 유연하고 탄력 있는 온라인 페르소나를 형성하기란 쉽지 않다. 실제 세계에서 개인은 다양하고 각기 상이한 사회적 얼굴들을 갖고 있지만, 본능적으로 그것들이 여전히 하나의 자아에 통합돼 있다는 느낌도 갖고 있다. 그리고 다양한 사회적 얼굴을 물리적으로 서로 떼어내기란 쉽지 않다. 그런데 콜코와 레이드는 온라인 페르소나가 자신의 다양한 얼굴들 사이에 결정적인 "심리적 단절"을 경험한다고 주장한다. 많은 얼굴들이 하나의 물리적 개인의 모습으로 쉽게 통합되지 않을 수 있기 때문이다. 그리고 이런 "단절" 때문에 온라인 페르소나는 상대방과 상호 작용할 때 유연한 조정과 조율 능력을 발휘하기가 어렵다고 간주된다. 콜코와 레이드에 따르면, "각각의 가상 페르소나는 그것이 투사하는 자아의 특수성에 너무 집중하는 반면, 그것의 연속성에 대해서는 거의 아무런 관심이 없다"(같은 책, 220). 콜코와 레이드는 온라인 정체성의 탈육적, 다중적, 유동적 성격 때문에 사람들이 자기 정체성의 일관성에 무심하고 가상 공동체의 지속성에 별로 기여하지 않는 경향을 보인다고 주장한다. 유사하게, 포스터(Poster, 1997)는 탈육적인 온라인 상호 작용이 "유아독존주의solipsism" 또는 "자기중심적인 자가—몰입"을 촉진하는 경향이 있다고 주장한다. "타자는 진정으로 타자가 아니며 실제로는 자신의 자기—되기의 한 계기에 불과한 것"(같은 책, 27)이 되기 쉽기 때문이다. 따라서 온라인 페르소나는 타자의 반응을 살피면서 자신의 정체성을 만들어 가는 것에 별로 관심을 기울이지 않고 의식적인 자아 확장에 빠지기 쉽다. 이런 이유로, 포스터는 유희적 정체성, 익명성, 시공간의 분리 등 흔히 온라인 상호 작용의 장점들로 간주되는 요소들이 사이버 공간에서 "결사체에 견준 공동체의 우위"(같은 책, 32)를 방해할 수 있다고 본다.

그러나 온라인 상호 작용의 탈육적이고 익명적인 조건 때문에 온라인 정체성의 신뢰성이 반드시 근본적으로 의문스럽다고 말하는 것은 지나친 일이 될 것이다. 먼저 참여자들은 온라인 게시물의 공적 성격을 매우 잘 알고 있으면서도 자신에 관한 개인적이고 사적인 정보를 종종 드러낸다. 참여자들은 아이디와 서명 파일 이용, 역할 수행, 개인정보 공개 등을 통해 다른 사람들이 자신을 확인할 수 있는 캐릭터를 만들어낸다(Baym 1995; Etzioni and Etzioni 1999; Hardy 2002; Walker 2000). 하디(Hardy 2002)에 따르면, 탈육적이고 익명적인 온라인 상호 작용은 "환영적 자아를 만들기보다는 신뢰를 쌓고 실제 관계를 만들기 위한 토대"(같은 책, 570)가 될 수 있다. 참여자들은 자신의 정체성 정보를 드러낼 뿐만 아니라, "많은 개별 멤버들을 다양한 특징('플레이밍'에 잘 빠지는 경향 등)과 관점('그 사람은 그룹의 가장 자유주의적인/정보에 밝은/책임감 있는 멤버이다' 등)에 연결함"(Etzioni and Etzioni 1999, 243)으로써 상대방에 관한 정체성 지식을 얻으려고 노력한다. 따라서 탈육성이 반드시 기만적이고, 진실 되지 않으며, 거짓의 가상적 상호 작용으로 이어지는 것은 아니다. 오히려 사이버 공간 속 자아 표현의 진실성은 맥락 의존적인 현상으로 이해돼야 할 것이다. 왓슨(Watson 1997)은 온라인 그룹에서 자아 표현의 진실성과 신뢰성을 판단할 수 있는 사람은 바로 상호 작용 당사자들 자신이라고 주장한다. 왓슨에 따르면, "모든 상황에서 의사소통의 진실성을 판별할 수 있는 기준은 없다. 따라서 진실성은 맥락에 특수한 방식으로 그리고 맥락에 익숙한 사람들에 의해서만 측정할 수 있다"(같은 책, 109).

비록 위에서 살펴본 두 가지 논의들이 상당히 타당한 것은 분명하지만, 동시에 일정한 한계도 있다. 전자는 온라인 상호 작용의 탈육성이 자아 표현에 미치는 영향을 지나치게 강조한다는 점에서 결정론이다. 다른 한편으로, 후자는 인터넷의 구조적 속성들(공/사, 말하기/쓰기 경계의 소멸 등)이 가상 공간의 자아 표현에 미치는 효과를 고려할 여지를 별로 남기지 않는다. 따라서 온라인 자아 표현의 맥락 의존적 성격에 관한 설명은 정체성 숨김과 드러냄의 과정뿐만 아니라, 상대방에 관한 정체성 정보를 얻고 축적하는 적극적인 정체성 탐색의 동학을 다룰 때 더욱 포괄적인 것이 될 수 있다. 많은 연구자들이 익명의 온라인 정체성 놀이에서 비롯되는 다양하고도 분절적인 정체성에 많은 관심을 기울인 반면 (Burkhalter 1999; McLaughlin et al. 1997; Rheingold 1993), 그런 정체성 놀이에 반응하고 상대방에 관한 정체성 정보를 구축하는 방식에 관해서는 많이 논의되지 않았다. 그렇지만 정체성 단서를 탐색하는 것은 온라인 맥락에서 지속적으로 발견되는 행위 패턴이다. 마르크스(Marx 1999, 99)에 따르면, 익명의 온라인 상호작용은 다음과 같은 정체성 지식의 요소들을 드러낸다.

> (1) 법적 이름, (2) 위치 확인 가능성, (3) 법적 이름과(또는) 위치 확인 가능성과 연결될 수 있는 가명. 말 그대로 유사-익명성, (4) 다른 형태의 정체성 지식과 연결될 수 없는 가명. '진짜' 익명성과 동일한 것(선택한 이름이 '진짜' 정체성의 일부 요소를 암시할 수도 있다는 것을 제외하고), (5) 유형 지식, (6) 사회적 범주화, 그리고 (7) 자격/무자격의 상징.

다른 사람들과 나누는 언어적 교환 속에서, 가상적 상호 작용 참여자들은 상대방에 관한 이런 정체성 단서들을 획득할 수 있다. 이메일 주소와 서명 파일은 글쓴이의 실명, 위치, 소속 등을 분명하게 또는 암시적으로 드러낼 수 있다. 메시지의 본문도 독자들로 하여금 그 사람에 관한 '유형 지식'을 축적할 수 있도록 해준다. 마르크스(Marx, 1999)에 따르면, '유형 지식'은 "실제 정체성이나 위치가 알려지지 않은 사람의 분명한 외

양 또는 행위 패턴"(같은 책, 100)과 관련돼 있다. 따라서 온라인 맥락에서 유형 지식은 "익명의 게시물을 올리는 사람은 글의 내용이나 스타일에 따라 파악될 수 있다"(Kling, Lee, Teich, and Frankel 1999, 80). 온라인 상호 작용 참여자들은 상대방의 "인종적 정체성을 파악하기 위해 그 사람의 관점, 신념, 태도 등을 활용한다"(Burkhalter 1999, 62). 상대방에 관한 '유형 지식'을 축적하고 다른 사람의 글의 내용이나 스타일에 적응해 서로 알게 되는 한, 온라인 익명성은 상당히 감소될 수 있다. 이처럼 '유형 지식'은 상대방에 관한 인상을 형성하기 위한 참가자들의 노력에서 매우 중요한 구실을 한다.

2 정체성 이론

사이버 공간 속에서 나타나는 자아 표현의 맥락 의존적 성격을 분석하려면 온라인 상호 작용의 맥락을 오프라인의 대면적 맥락과 비교해 살펴봐야 한다. 따라서 정체성 연구자들이 밝힌 오프라인 상황의 자아 표현 또는 정체성 스타일에 관한 문헌들을 검토하는 것이 필요하다. 온라인 자아 표현의 일부 특징들은 오프라인 정체성 스타일과 여전히 유사성을 띨 것이다. 그것들 사이의 차이점들도 맥락의 상이함에 근거해 설명할 수 있을 것이다.

고프먼(1959)이 밝혔듯이, '인상 관리', 곧 자신에 관한 정보의 조절과 통제는 일상적인 개인 간 관계에 지속적으로 일어나는 일이다. 일상의 대면적 자아 표현을 탐구한 많은 문헌들은 인상 관리가 대체로 '자기 자신(자아 관념, 가치 등)', '청중(기대, 보상-비용 가능성 등)', '상황(연관된 사회적 역할 등)'을 평가하는 방식에 의존한다는 점을 밝혔다(Schlenker and Weiglod 1992, 148). 버존스키(Berzonsky 1996)는 세 가지 정체성 처리 유형(정보적, 규범적, 분산적/회피적)을 확인하는 '자기 지향' 모델을 제안했다.

버존스키에 따르면, 정보 지향적 개인은 "연관된 정보를 찾고, 평가하고, 활용함으로써 정체성 갈등이나 결정 상황을 다룬다." 규범적 정체성 지향은 "유의미한 타자들의 기대나 요구에 부응"하는 특징을 갖는다. 분산/회피 지향은 "문제나 결정을 직면하거나 다루기를 꺼리는" 것과 같은 방어적 전략을 택한다(같은 책, 597). 그러나 버존스키의 자아 지향 모델은 청중이나 상황 등의 정체성 요소들이 자아 표현에 미치는 효과를 고려하지 않는다.

에터와 디욱스(Ethir and Deaux 1994)는 상황 단서들(집합적 멤버십 또는 그룹 일체감 등)이 자아 표현에 미치는 영향을 강조하는 '사회 정체성 이론'을 제안한다. 에터와 디욱스에 따르면, 맥락의 변화(물리적 장소나 사회 환경의 변화 등)는 개인들로 하여금 새로운 맥락에 적응할 수 있도록 자신의 사회적 정체성을 유지하는 방식을 변화시키게끔 한다. 그러나 자아 표현의 분석을 위한 좀더 포괄적인 얼개는 행위자, 청중, 상황이라는 세 가지 요소가 모두 자아-인식self-identification에 영향을 미치는 것으로 보는 슈렌커와 웨이골드1992의 "사회적 동일시 이론social identification theory"에 의해 제시됐다. 사회적 동일시 이론에서 자아 표현은 단순한 자아 관념의 표현이 아니다. 슈렌커와 웨이골드에 따르면, 모든 자아 표현에는 두 가지 핵심 요건이 있다. 첫째, 자아 표현은 "명확한 증거를 합리적으로 올바르게 구성한 것으로 간주돼야 한다"는 의미에서 신뢰성에 토대를 둬야 한다. 둘째, 자아 표현은 "행위자가 그것을 다른 것에 견줘 자신의 목적을 달성하고 가치를 촉진시키는 것으로 본다는 점에서 도움이 되는"같은 책, 142 것이어야 한다.

슈렌커와 웨이골드에 따르면, 기존의 정체성 연구에서 "취득적acquisitive" 자아 표현 스타일과 "방어적protective" 자아 표현 스타일의 두 가지 서로 반대되는 유형이 확인됐다. 취득적 유형은 토론을 먼저 시작한다든가, 더 많이 이야기한다든가, 더 분명하고 자신을 더 돋보이게 하는 특징을 보여주는 것과 같은 사회적 상호 작용에 적극적으로 참여하는 것과 관련돼 있다. 슈렌커와 웨이골드는 사람들이 다른 사람들에게 좋은 인상을 남길 수 있을 것으로 예측할 때 취득적 유형을 채택하는 경향이 있다고 주장한다. 취득적 유형은 "높은 자존감, 자기 통제감, 자신감, 낮은 사회적 불안감, 그리고 많은 유쾌함"(같은 책, 147) 등과 같은 특징과 연관돼 있다. 방어적 유형은 "덜 빈번하게 상호 작용을 시작하기, 적게 말하기, 무지를 드러내거나 이견을 낳을 수 있는 화제를 피하기, 자신을 드러내지 않기, 조심스럽고 소극적이며 관심 받기를 꺼리는 자아 표현"(같은 책, 147) 등으로 대변되는 제한적이고 축소된 사회적 상호 작용에 참여하는 것과 연관돼 있다. 슈렌커와 웨이골드는 사람들이 "좋은 인상을 남기기 어렵다고 생각할 때"(같은 책, 147) 이런 방어적 유형을 도입하는 경향이 있다고 주장한다.

자기 인식 이론의 또 다른 중요한 이슈는 사람들이 언제 자신을 '자동적automatic' 또는 '통제적controlled' 방식으로 표현하는지 측정하는 것이다. 슈렌커와 웨이골드에 따르면, 인상 관리는 일상적 상호 작용의 지속적 행위 특징이지만, 그것은 의도적이고 의식적으로 고안된 행위들과 비교적 자동적이고 습관적인 행위들로 구분할 수 있다. 슈렌커와 웨이골드는 공연이 자신에게 좀더 중요할 때, 원하는 자기 동일시에 장애를 예상할 때, 또는 판단 실수의 비용이 클 것이라고 생각할 때 사람들은 '통제된' 자아 표현을 선택한다고 주장한다. 또한 자아, 청중, 상황을 평가하는 데 많은 인지적 노력을 투입할 수 있을 때 '통제된 자아' 표현을 선택한다고 주장한다(Schlenker and Weigold 1992; Swann et al. 1990). 슈렌커와 웨이골드에게 이런 취득적/방어적 또는 자동적/통제적 유형들 중 어느 하나의 선택은 상황에 의존하거나 행위자의 지속적인 성향에 의존한다.

고프먼은 일상적 자아 표현에 관한 자신의 연극론적 분석에서

'무대 전면'과 '무대 후면'을 구분했는데, 이후의 많은 사회심리학자들은 그것을 공적인 것과 사적인 것의 구분으로 재정립했다. 고프먼에 따르면 관객에게 숨겨진 무대 후면에서 개인들은 인상 관리의 기술을 연마한다. 그리고 무대 전면의 행위자는 관객이 상황을 정의할 수 있도록 일관된 방식으로 자아 표현을 수행한다. 무대 전면/후면 구분의 매우 중요한 기준인 '공연의 관찰 가능성'은 공적 행위와 사적 행위의 구분에도 중요한 기준이 된다. 슈렌커와 웨이골드(1992)에 따르면, 공적 행위는 사적 행위에 견줘 일반적으로 더 중요한데, "그것이 다른 사람들의 평가와 기대 그리고 행위자의 정체성과 개인 간 관계의 결과에 큰 영향을 미치기" 때문이다. 또한 그것은 "행위자가 미래에도 동일한 방식으로 행동하도록 강제한다"는 점에서 더욱 책임감을 갖게 하는 것이며, "행위자가 자신의 주장의 근거를 제시하고 그것을 방어할 수 있어야 한다"는 점에서 더 구속적인 것이며, 생리학적으로 더 자극적이며, "사회 현실을 정의함에 있어" 더 권위적인 행위이다(같은 책, 152). 이런 일반적 특징에 더해, 슈렌커와 웨이골드에 따르면, 공적 행위는 사적으로는 잘 드러나지 않는 은밀한 의제를 사용하거나 다른 사람들을 조종하거나 속이는 것과 같은 전략을 쉽게 도입한다.

온라인 그룹의 상호 작용 영역은 고프먼의 연극론적 의미에서 '무대 전면'에 해당한다. 그룹 멤버들은 다른 사람들이 자신들에 관해 갖는 인상을 통제하기 위한 '인상 관리'를 조심스럽게 진행한다. 무대 전면은 관객에 의해 관찰되는 것에만 상응하며, 온라인 그룹의 탈육적 상호 작용은 구성원들이 조심스럽게 표현한 게시물에 크게 의존한다. 따라서 온라인 상호 작용에서 무대 후면은 관객들에게 좀처럼 알려지지 않는다. 그러나 공적/사적 차원이라는 점에서 보면, 온라인 그룹의 상호 작용 영역은 오프라인의 대면적 상황처럼 완전한 공적 공간으로 이해될 수 없다.

대부분의 온라인 자아 표현은 상호 작용 당사자들이 서로 육체적으로 공존하지 않는 맥락에서 나타난다. 탈육화된 온라인 자아 표현은 익명성과 결합해 온라인 공간을 오프라인의 대면적인 공적 공간과 다른 곳으로 만든다. 그러므로 위에서 살펴본 공적 행위의 특징들이 온라인 상호 작용에서는 명확하게 나타나지 않을 수 있다.

지금까지 살펴본 논의로부터 다음과 같은 구체적인 질문을 제기한다.

● 그룹 멤버들은 자신의 정체성에 관한 정보를 숨기기 위해 어떤 기법들을 사용하는가?
● 어떤 맥락에서 멤버들은 자신의 정체성 정보를 자발적으로 드러내는가?
● 멤버들은 다른 사람들의 정체성 단서를 어떻게 탐색하고 다른 사람들에 관한 유형 지식을 어떻게 형성하는가?
● 온라인 자아 표현과 대면적 정체성 유형들 사이의 차이점과 유사성은 무엇인가?

3. 방법

이 연구는 한 유즈넷 뉴스그룹을 연구 대상으로 선택했다. 이 그룹은 사이버 공간에서 일어나는 행위자들의 정체성 조율 과정을 살펴보기에 적합한 대상이라 할 수 있는데, 이 그룹에서 나타난 일정한 고정 멤버들 사이의 지속적이고 장기적인 상호 작용이 이 연구에서 분석하려는 정체성 은폐, 드러냄, 정체성 단서 탐색, 유형 지식의 형성 등과 같은 정체성 작업의 다양한 특징들을 보여주기 때문이다. 뉴스그룹의 매우 강력한 전달자인 구글은 이 그룹을 가장 활발한 그룹들 중의 하나로 분류한다. 이 그룹은 원래 인터넷에 관한 가장 최신의 미디어 보도에 관해 토론하는 집단이었지만, 점차 매체 기술에 관한 문제와 사회정치적 이슈에 관해 토론하고, 일상적 대화와 한담을 나누는 집단으로 발전했다.

　　　자료 수집을 위해 내용 분석과 관찰의 두 가지 방법을 사용했다. 먼저 그룹 환경과 고정 멤버의 인구학적 특징을 파악하기 위해 대략적인 내용 분석을 수행했다. 2000년 11월과 2001년 2월 사이의 100일 동안, 7454건의 포스팅이 게시됐으며, 하루 평균 토론 주제는 14건이었다. 하루 평균 새로운 토론 주제는 7건이 게시됐고, 여기에 평균 6건의 댓글이 게시됐다. 그룹은 50~60명의 고정 멤버들로 구성됐고, 대부분이 40세 이상이었다. 미국인이 그룹의 다수를 차지했지만, 그룹 구성은 프랑스인, 이탈리아인, 호주인, 영국인 등 다국적이다. 그룹 상호 작용에 관한 관찰은 1999년 1월에서 2001년 6월까지 수행됐다. 나는 "매개된 환경의 동학을 이해하는 데 필수적이고 충분한 방법"(Vrooman 2002, 58)으로 간주되는 '숨은 관찰자covert observer'의 역할을 취했다. 구글의 공개 유즈넷 아카이브에서 정체성 조율에 관한 분석과 연관된 그룹 내 상호 작용의 상세한 기록을 저장하고 분류했다. 자료 수집은 정체성 조율에 관한 일정한 패턴이 충분히 확인될 때까지 계속됐다.

4. 분석

▉ 숨기기

① 헤더와 서명

　　뉴스그룹 포스팅은 자동적으로 '머리 부분' 또는 '헤더'header를 표시한다. 헤더는 게시자의 이름(가명, 핸들, 필명, 실명 등)과 이메일 주소, 포스팅의 제목, 게시 시간, 뉴스 그룹 이름 등을 포함한다. 이것들 중, 개인의 기본 정체성 정보를 확인할 수 있는 부분은 게시자의 이름과 이메일 주소다. 기관 도메인이 상업 도메인보다 더 믿을 만하고 사적인 것으로 간주된다는 점에서 이메일의 도메인 이름은 글쓴이에 관한 맥락 단서를 제공할 수 있다(Donath, 1999). 기관 이메일 주소는 위치('id@institute.ca', 'id@institute.fr' 등), 사회적 범주('id@institute.edu' 등)와 같은 정체성 정보의 실마리를 제공한다. 그러나 상업 도메인('id@hotmail.com', 'id@att. net', 'id@bellsouth.net', 'id@aol.com')에서는 그런 정보를 얻기가 매우 어렵다.

그렇지만 이메일 주소는 도메인 이름이 제공하는 맥락 단서를 제외하고는 개인정보를 별로 보여주지 않는다. 한편으로 점증하는 상업 도메인은 이용자의 정체성 단서를 확보하는 것을 어렵게 만든다. 다른 한편으로 익명의 재발신기anonymous remailer를 통해 전달된 포스팅에서 게시자의 정체성 정보를 얻는 것은 더욱 어렵다. 재발신기는 게시자의 프라이버시를 보호하기 위해 유용하게 사용되는 도구이다. 그것은 처음 수신된 메시지에서 모든 정체성 정보를 삭제하고 가상의 주소를 부여한 뒤, 익명 또는 가명으로 다시 전달한다. 'id@nospam.non', 'id@b.invalid', 'id@me.noway', 'id@128.0.0.1', 'id@munged.net' 등은 이 그룹에서 발견된 예들이다. 재발신된 이메일 주소의 'abc', 'never_was', 'NotMe' 등과 같은 아이디는 다른 것들에 견줘 좀더 장난스럽다 할 수 있다.

또한 약 66명의 고정 멤버들 중 27명 이상이 재발신 이메일 주소를 사용했다. 재발신기가 가짜 이메일 주소를 만들기 위해 얼마든지 다양한 문자와 숫자를 조합한다는 점에서, 'id@hotmail.com'과 'id@bellsouth. net'과 같은 상용적인 유형도 반드시 진짜 주소로 간주될 수 있는 것은 아니다. 많은 멤버들에게, 정체성 흔적을 지울 수 있도록 해주는 재발신기의 사용은 자신들의 익명성과 프라이버시를 지키기 위한 좋은 방법이다. 이메일 주소에 관한 한, 대부분의 그룹 구성원들은 자신들의 진짜 오프라인 정체성 정보가 이메일 주소에 드러나지 않기를 원한다. 이메일의 서명 부분에서도 이런 사실을 확인할 수 있다. 약 66명의 고정 멤버들 중 28명이 포스팅의 마지막 부분에 서명 부분을 활용했는데, 그중 5명만이 본인 사진이나 가족 사진, 이력서, 취미, 전화 번호, 거주지 주소 등과 같은 실제 정체성 정보가 담긴 개인 홈페이지 주소를 밝혔다. 그리고 나머지 부분은 접근 불가능한 개인 홈페이지, 명언, 슬로건, 거주 지역 등과 같은 매우 약한 정체성 정보를 드러냈다.

② 사라진 구성원 찾기

이메일 주소와 서명 부분이 반드시 추적 가능한 정체성 정보를 제공하는 것은 아니기 때문에, 한 고정 멤버가 아무런 말도 없이 사라져도 그 멤버를 찾기란 거의 불가능하다. 이 연구의 대상 그룹에서 갑자기 연락이 끊긴 고정 멤버를 찾기 위한 그룹 차원의 노력이 진행된 적이 있었다. B는 A가 최근 한 달간 아무런 글을 게시하지 않았다며 A의 행방을 묻는 글을 그룹에 게시했다. 여기에 15명의 멤버들이 25건 이상의 댓글을 달았다. 많은 멤버들에게 한 달 이상 지속된 A의 침묵은 분명히 예외적인 일이었다. B는 다음과 같이 말한다.

> 아무런 말도 없이 떠난다는 것은 A답지 않은 행동이다. A는 매우 직설적인 사람이다. 만일 화가 났다면, 약간의 잘 선택한 말들로 사람들을 날려 보냈을 것이다. A는 그러지 않았다. 또한 A는 자신의 삶의 일부를 네트워크(사적인 장소라고 말할 수 없고, A도 그것을 잘 알고 있었다)에서 우리와 공유했다(누구도 A가 공유하도록 '강제됐다'고 말할 수 없다). A는 이사와 기차 여행에 관해 말했다. 자신이 이사한 마을에 관해 이야기했다. 자신이 살던 곳의 사진도 올렸다. 이것은 사라지기로 마음먹은 사람들이 보이는 행동하고는 거리가 멀지

만 지금 정확하게 발생한 일이다.

A의 실명과 거주 지역을 아는 멤버가 있기는 했지만, A와 접촉할 수 있을 만큼 도움이 되는 것은 아니었다. 멤버들 중 누구도 A의 실제 이메일 주소나 전화번호를 알지 못했다. 그룹 멤버들은 A가 자주 방문했던 다른 뉴스그룹을 검색하고, A가 사용한 것으로 추정된 인터넷 서비스 제공자와 접촉하기도 했다. 또한 지역 신문의 부고란을 찾아보기도 하고, A가 이사한 마을의 실종자 보고서를 검색하기도 했다. 나아가 A의 주소를 확인하기 위해 지역 도서관에 연락도 하고, 병원에 전화를 걸어 혹시 A가 입원했는지 확인하기도 했다. 이런 모든 노력에도 불구하고 그룹 멤버들은 A를 찾는 데 실패했다. 이런 상황에 무력감을 느낀 한 멤버는 다음과 같이 말했다. "충분해. 나는 사이버 공간에서 만나는 사람들에게 그다지 많은 애착을 가지지 않는 사람들 중의 하나다. 그래서 아마 그것이 내가 이 모든 혼란에 약간 당황스러워하는 이유일 것이다. 내 생각에 '혼란'이라는 것이고, 폄하하는 그런 말은 아니다."

③ 유형 지식 만들기

온라인 상호 작용의 이런 일반적인 정체성 은폐 경향에도 불구하고, 장기적이고 안정적인 상호 작용을 주고받은 그룹 멤버들은 다른 사람들에 관한 '정체성 지식', 특히 '유형 지식'을 축적한다. 멤버들은 프라이버시를 지키기 위해 자신의 개인정보를 숨길 수 있지만, 다양한 층위에서 정체성을 확인할 수 있고 유형 지식도 형성할 수 있다. 먼저 이름('아이디', '가명', '핸들') 그 자체는, 실명이든 가명이든, 제한된 정체성 정보만을 담고 있지만 다른 사람들에게 자신은 그것으로 알려진다는 점에서 유형 지식이 형성되는 데 중요한 작용을 한다. 한 멤버는 핸들이 평판과 유형 지식 형성에 갖는 중요성을 다음과 같이 강조한다. "나는 내가 올리는 모든 게시물에 책임을 지려 한다. 나는 내 이름과 개인적 평판을 걸고 그 것을 뒷받침할 것이다."

서명 부분도 때때로 자신의 독특한 온라인 정체성을 표현하고, 다른 사람에게 심어주고 싶은 자신의 인상이 만들어지는 영역이 된다. 다양한 형태의 서명 부분에서, 멤버들은 지역('자랑스런 뉴욕인' 등), 개인적 관심사에 관한 의견('이메일에서 스팸 트랩을 제거하라' 등), 명언('대규모 그룹에 있는 우둔한 사람들의 힘을 과소평가하지 말라' 등), 이메일 주소, 개인 홈페이지 주소 등과 같은 정체성 정보를 드러낸다. 이런 요소 중, 개인 홈페이지는 나이, 성별, 직업, 용모, 이력, 취미, 관심사, 위치, 소속 등에 관한 정보를 제공해준다는 점에서 자기 정체성 표현에 매우 중요한 부분이라 할 수 있다. 이메일 계정에 있는 아이디와 함께, 서명 파일과 명언 인용은 특정 멤버에 관한 유형 지식을 형성할 수 있도록 하는데 특히 유용하다. 한 구성원은 자신의 서명 파일에 다음과 같은 말을 포함한다. "주목: 철자법 오류는 다른 사람들을 고침으로써 자기 삶이 실현된다고 믿는 사람들을 위해 남겨둔다." 이 말이 암시하듯, 이 멤버는 철자법 오류를 많이 범하는 사람으로 널리 알려져 있다. 다소 역설적인 인용구를 덧붙임으로써, 이 멤버는 사실상 자신의 철자법 오류를 개의치 말라고 요구한다. 아래의 예는 이 멤버의 독특한 글쓰기 스타일을 둘러싸고 멤버들 사이에 유형 지식이 어떻게 형성되는지를 보여준다.

A: 의회가 어디에서 이 전쟁을 섬포했는지(delaired) 밝혀라.
B: 우리가 전쟁을 선포했다고(declared) 말하지 않았다...그런데 1.5 요원은 철자 확인기를 갖고 있지 않으신지?
C: A는 철자법 오류를 허락받았지. A는 소리 인식기를 사용하며(만일 내가 올바로 이해했다면) 그것은 대체로 별 문제가 없어.
C: 나는 철자법 오류에 근거해 성격을 판단하는 사람이 아니다. 적어도 이 그

룹에서는...나는 여전히 내 할머니에게 받은 편지들을 기억하고 있다...나는 할머니의 편지를 묵독할 수 없었다. 그렇지만 내가 만일 그것을 큰 소리로 읽는다면 완벽하게 이해할 수 있었다. 사실 할머니의 철자법은 올바른 것으로 간주되는 것보다 종종 더 나았다.

B는 '선포declared'라는 말과 관련된 A의 철자법 오류를 지적한다. 그러나 A의 철자법 오류는 널리 알려진 일이고 대부분의 고정 멤버들에게 그것은 특별한 문제가 아니었다. C는 A의 포스팅에서 반복되는 철자법 오류는 A의 독특한 글쓰기 스타일을 형성하고, 거의 문제될 것이 없다고 말한다. A는 철자법 오류를 허락받았고, 철자법을 개의치 않는다. A에게, 철자법 오류는 철자법이나 문법에 대한 A의 무지에서 기인한 것이 아니다. 오히려 그것은 때때로 의도적으로 보이기도 한다. A가 철자법 오류가 없는 글을 게시하면, 다른 멤버들은 다음과 같은 식의 농담을 한다. "세상에! A, 철자법이 향상되었구나! 네가 진심으로 어떤 글을 쓸 때면 우리가 네 뜻을 확실하게 이해하기를 원하는 것 같아. 날 믿어, 우리는 너를 이해해."

④ 정체성 단서 찾기

모든 게시물은 암묵적으로든 명시적으로든 정체성 지식의 일부를 드러낸다. 그룹 멤버들은 포스팅을 해석하면서 다른 사람들에 관한 유형 지식을 획득할 수 있다. 그런 점에서, 정체성 지식의 형성은 매우 자연발생적으로 일어나는 일이라 할 수 있다. 그러나 정체성 지식은 정체성 단서를 탐색하는 것과 같은 상당히 적극적인 활동을 통해서 얻어지기도 한다. 정체성 단서의 탐색은 다른 사람들이 다양한 상황에서 자신을 드러내는 방식의 유사성과 차이점을 알 수 있게 해준다. 정체성 탐색을 통해, 일부 구성원들은 종종 새로운 멤버의 출현을 신뢰하지 않기도 하는데, 그것이 아이디를 바꾼 고정 멤버인 경우가 가끔씩 있기 때문이다. 나아가 정체성 탐색을 통해 고정 멤버들은 멤버들의 친구, 연인, 형제 자매, 가족 등과 같은 특수한 관계를 눈치채기도 한다. 당연히 신입 멤버의 등장은 그 멤버에 관한 정체성 단서를 찾으려는 다른 고정 멤버들의 관심을 많이 끈다. 정체성 단서의 탐색은 서로 상당히 많이 아는 고정 멤버들 사이에서도 종종 일어난다. 그리고 정체성 단서를 얻기 위해 가장 많이 도입하는 방법들 중의 하나는 여러 개의 상이한 가명이나 아이디에서 어떤 일관성을 찾는 것이다. 그래서 신입 멤버의 등장은 일부 고정 멤버들에게 반드시 그런 것으로 받아들여지는 것은 아니다. 한 고정 멤버는 다음과 같이 말한다. "새로 들어온 사람들에게 현혹되지 마라. 그들은 진짜 신입이 아니다. 글을 올릴 때마다 가명과 아이디를 바꾸는 사람들이 많다."

때때로 고정 멤버들의 정체성 단서 탐색은 겉으로 드러난 것보다는 일정한 행위 패턴에 초점을 맞춘다. 아래의 이야기는 이 점을 잘 보여준다. 한 멤버는 자신이 여성 가명을 사용했는데도 실제로 여성으로 간주된 경우는 드물다고 말한다.

> 내가 옷장에서 나오기 전에 어떻게 ○○가 됐는지를 설명해야겠다. 그것은 내 아내가 사용하던 아이디였고, 아내가 더는 그것을 쓰지 않게 됐을 때, 내가 얼마 전에 그것을 이어받았다. 나는 그것을 가능한 한 중성적으로 보이게끔 했지만, 여성 아이디를 사용하는 것이 조금은 멋쩍게 느껴졌다. 지난 6개월 동안 나를 여성으로 간주하고 대답한 경우는 단 두 차례에 지나지 않았다.

이 멤버는 자신의 아이디가 원래 자기 부인 것이었고, 다른 사람들을 속이려고 여성 아이디를 쓴 것은 아니었다고 말한다. 이 멤버는 가능한 한 자신이 어떤 성인지 드러나지 않도록 노력했고, 대체로 성공한 것처럼 보인다. 다른 사람들과 상호 작용할 때 단지 두 차례만 여성으로 간주됐다고 밝혔기 때문이다. 다른 멤버들은 그 멤버를 거의 여성으로 보지 않았던 것이다. 이 사례는 겉으로 드러난 정체성 단서 자체보다는 유형 지식이 다른 사람에 관한 인상을 형성하는 데 더 중요한 구실을 한다는 점을 보여주는 것이라 할 수 있다.

정체성 단서를 탐색하는 것은 종종 더욱 직접적인 형태로 나타나기도 한다. 고정 멤버들 사이의 장기간의 안정적인 상호 작용에도 불구하고, 그리고 그것이 다른 사람들에 관한 인상을 형성하는 데 도움이 되는데도, 고정 멤버들은 때때로 상대방의 나이, 성별, 직업, 거주지, 인종 등에 관해 직접적인 질문을 하기도 한다. 아래의 예에서 한 멤버는 다른 멤버에게 직업이 무엇인지 직접적으로 물어본다.

A: 그런데, 당신은 프랑스에서 무엇을 하시나요? 공부? 일? 사교? 사색? 노래? 교육?

정체성 정보를 직접적으로 묻는 것은 때때로 불편하게 느껴질 수 있으며, 따라서 진실한 대답을 얻지 못할 수가 있다. 그렇지만 동시에 직접 질문은 직접적인 자기 공개라는 반응을 불러일으키기도 한다. A의 질문에 B는 다음과 같이 대답한다.

재미있네요. 먼저 그 사람은 옷가지를 담은 가방, 12살 된 아들, 17살 된 아들과 아들의 여자 친구를 자동차에 싣고, 남편과 함께 바다와 태양이 있는 밤을 위해 화창한 스페인으로 떠날 8월 16일 밤을 학수고대하고 있어요. ;-)...다음으로, 작은 아들이 대학에 입학하고 남편과 함께 화창한 스페인에 실제로 '살게 될', 아마도 사이버 카페를 열고, 생의 마지막 날들을 열기 속에서 지내게 될 2007년 6월 13일을 손꼽아 기다리고 있어요. :-)

B는 결혼 상태, 두 아이의 나이, 가족 여행, 은퇴 뒤의 삶에 관한

계획 등 자신에 관한 정보를 구체적으로 밝힌다. 정체성 정보를 탐색하는 것은 기본적으로 다른 사람들에 관한 사적 정보를 얻기 위한 노력이다. 그것은 프라이버시를 보호하려는 다른 사람들의 정체성 놀이에 대처하는 온라인 그룹 멤버들의 행위 전략의 한 형태이다.

2 자기를 드러내기

① 자신에 관해 말하기

정체성 단서의 탐색과 함께, 자기 공개 또는 '자신에 관해 말하기'도 정체성 지식의 축적과 인상 형성에 기여한다. 많은 경우에 자기 공개는 다른 사람의 정체성 단서 탐색에 관한 대답을 통해, 또는 멤버들의 상호 관심사에 관한 일반적 토론 과정에서 나타난다. 사람들은 왜 자신이 특정한 가명을 쓰는지 설명하기도 하고 자신의 성별, 나이, 국적, 직업, 생일, 취미 등을 자발적으로 드러내기도 한다.

비록 많은 멤버들이 평온한 분위기에서 자기 자신에 관해 이야기하고 정체성 단서를 직접 드러내기도 하지만, 자기 공개가 늘 그런 분위기에서 일어나는 것은 아니다. 자기 공개는, 다음의 예처럼 종종 예기치 않은 갈등 상황에서 일어난다. 멤버들은 재미있는 이야기나 사건 그리고 농담 등에 관한 사이트를 일상적으로 그룹에 링크한다. 그리고 많은 대화는 그것들과 관련한 농담으로 구성된다. 그런데 한 멤버가 입양 여부를 확인시켜주는 유머 웹사이트 링크를 그룹에 게시하면서, 멤버들 사이의 대화는 뜻하지 않은 방향으로 흘러갔다. 실제로 입양된 한 멤버에게 그 유머 사이트는 결코 즐겁거나 흥미로운 것이 아니었다. 그 멤버는 다음과 같이 말한다.

그 테스트가 필요하지 않아. 나는 법적 서류를 가지고 있어. 내가 입양됐다는 사실을 나는 늘 알고 있었다. 훌륭한 부모 아래에서 자란 것은 나에게 커다란 행운이었어. 그렇지만 나는 아직 약간의 의문을 가지고 있다. 그것이 단순히 농담 사이트라는 것을 알지만, 유감스럽게도 나는 그것이 전혀 즐겁지가 않아. 너무 예민하게 굴려는 것은 아니지만, 입양된 사람들은 다루어야 할 진짜 문제를 가지고 있어. 엄격한 입양법을 가지고 있는 내가 사는 주(미주리 주)에서 가장 큰 문제는 생물학적 정체성이다. 나는 지금 성인이고 다른 모든 성인들과 마찬가지로 나의 출생 신고서를 가지고 있을 권리가 있다. 나를 낳아준 부모와 만날 생각은 없지만, 내가 죽기 전에 내가 어디에서 왔는지에 관한 일종의 공백을 채우고 싶은 마음은 있어. 나에게는 민감한 문제다.

이글을 올린 멤버는 자신이 입양됐다는 것을 밝힌다. 스완(Swann 1987)에 따르면, 사람들은 "설사 부정적인 것이라 할지라도, 마음속으로든 실제 생활에서든, 자신의 현존 자아 관념을 증명하는 환경을 창출하려"(Schlenker and Weigold 1992, 140)고 애쓴다. 위 글의 게시자는 해당 웹사이트에 관한 불만을 적대적으로 드러내기보다는, 자신이 살고 있는 미주리 주의 모든 피입양인들이 겪어야만 하는 딜레마에 대해 말한다. 출생 신고서를 얻기 위해서는 생물학적 부모에 관한 일정한 정보를 밝힐 것을 요구하는 입양에 관한 주법은, 생물학적 부모를 알지 못하는 자신과 같은 피입양인이 자신의 출생 신고서 사본을 얻는 일을 어렵거나 불가능하게 만든다. 게시자는 애초의 링크에 관해 너무 예민하게 반응하지 않겠다고 말하지만, 그룹에서 진행되는 피입양인에 관한 이야기에 일정한 유감을 표현하고 있다. 그리고 자신의 생물학적 근원을 알고자 하는 바람을 밝힌다.

② 개인적 경험을 공유하기

'개인적 경험을 공유하기'는 자기 공개가 일어나는 또 다른 대표적 대화 유형이다. 자신의 경험에 관해 이야기하는 것은 대체로 명백한 정체성 단서를 드러내지는 않지만 멤버들 사이의 상호 이해를 높여준다. 그 것은 가상적 상호 작용 참여자들 사이의 익명성을 어느 정도 낮춰준다. 다음의 사례는 개인적 경험에 관한 이야기를 통해 일어나는 자기 공개를 보여준다. 한 멤버가 다른 사람들에게 일생 동안 죽을 뻔한 경험을 한 적이 있는지를 물어보면서 이야기가 시작된다.

> 여기 사람들과 대화하면서, 여러분의 전체 삶에서 이제 죽는구나라고 생각한 일에 관해 이야기하는 것이 어떨까 싶습니다. 정말 위험한 상황, 자동차, 등산 등과 관련된 일들 말입니다.

이 질문에 12명 이상의 멤버들이 36건 이상의 댓글로 반응했다. 다양한 개인적 경험이 교환됐다. 산과 절벽 등반과 추락, 활주로 끝에 누워 있기, 총 맞을 뻔한 상황, 자동차 사고, 항공기 고장, 배의 침몰, 의료적 응급 상황, 익사 위기, 가스 누출, 베트남 전쟁 등과 관련한 사건 등이 포함됐다. 이것들 중 많은 이야기들이 청소년기 경험과 관련돼 있었다. 청소년기 경험에 관한 대화는 멤버들의 현재 정체성 단서를 많이 드러내지는 않지만, 게시자의 개인사와 성격을 더 잘 이해하는 데 도움이 되는 정보를 제공해준다. 한 참여자는 자신의 청소년기 경험을 이렇게 밝힌다.

> 좋아. 가장 끔찍한 경험은 한 친구가 바닷가 절벽을 내려가 보자고 했던 캘리포니아에서 한 경험이지. 100피트 절벽이었고, 물이 빠진 바다은 평평한 바위였어. 12피트쯤 내려갔을 때 발 디딜 곳이 없어 다시 올라가기로 마음먹었어. 거의 꼭대기에 다 와서 위로 올라서려 했으나 몸이 움직이지 않았지. 아무 것도 잡을 수가 없었고, 흙 속에 손톱만 박고 있었어. 그런데 약간의 도움을 받았는지 갑자기 몸을 올려 꼭대기에 설 수가 있었어. 그 아이가 올 때까지 땅바닥에 엎드려 숨을 헐떡였어. 그 애는 나에게 도대체 무슨 일을 한 거냐고, 내려갈 수는 있지만 올라올 수는 없다고 말했어.

이 이야기에는 글쓴이의 정체성 단서가 별로 나타나지 않는다. 어린 시절의 위험한 상황이 서술되고 있을 뿐이다. 그런데도 그것은 가상적 상호 작용의 익명성을 낮추고 다른 사람들이 자신을 더 잘 알게 해주는 장점을 갖는다. 스토리텔링은 듣는 사람이 생생한 경험을 공유하게 하는 상상의 공간을 만든다. A는 이 글에 관해 자신의 감정을 다음과 같이 표현한다. "나는 높은 곳을 싫어해. 그리고 절대로 그런 곳에 가지 않을 거야. 하느님을 찾아야만 했던 상황 같군. 되돌아올 수 있어서 다행이다." 아울러 A는 자신의 청소년 경험을 덧붙인다. "727이 20피트 앞에서 착륙할 때 활주로 끝에 누워 있는 일(처음에는 앉아 있었지만 눕는 게 더 현명하다고 마음을 바꿨지)의 공포는 정말 살 떨리는 것이었지." 개인의 경험을 밝히는 일은 종종 상호 작용 당사자들 사이에 유사한 경험의 교환으로 이어진다. 자신의 아찔한 경험에 관한 A의 이야기는 B의 유사한 스토리텔링으로 이어진다.

> 오래 전...우리 어린 남자아이들은 하늘을 나는 꿈을 꾸며 공항에 놀러다니곤 했다...나는 1950년대의 따뜻한 여름 오후를 진입로 바로 인근의 잔디밭에 누워 비행기들이 내 몸 바로 50피트 이내로 날아가는 것을 쳐다보며 보냈다. 때로는 경비행기의 운전사가 착륙할 길의 끝이 얼마나 가까운지 볼 수 있었을 것이다. 때로는 무서운 순간들이었지만, 관두지는 않았다. 내가 기억하는 한, 나는 늘 내 머리를 구름 속에 넣었다.

활주로 가까이 누워 있는 것을 즐겼다는 점에서, B의 경험은 A의 것만큼 위험한 것으로 보이지는 않는다("때로는 무서운 순간들이었지만, 관두지는 않았다"). 그렇지만 B의 후속 게시물은 비행기에 대한 강한 애착을 보여주고, 나중에 실제로 B가 비행사가 됐다는 사실을 드러냈다.

또 다른 비슷한 경험이 C와 D라는 두 멤버들 사이에 공유됐다.

먼저 C는 36년 전에 자신이 병원에서 겪은 경험을 이야기한다. "한 번 그런 적이 있었는데, 당시에는 몰랐다. 내가 기억한 마지막 일은 사람들이 내 침대를 붙잡고 병원 복도를 달리고 있었다는 것이다. 나는 내가 죽어가고 있다고 생각하지 않았지만, 다른 모든 사람들은 그렇게 생각했다..그것은 36년 전이었다." D는 자신의 최근 의료 경험으로 이 이야기에 화답한다. "C, 나도 3개월 반 전에 그런 상황에 놓였어. 나는 내가 죽는다고 생각했지만, 내 머리 속 모르핀이 그렇게 생각하지 않게 해줬지."

사적이고 민감하고 위험한 정체성 단서를 분명하게 드러내지 않고서도, 위에서 살펴봤듯이, 개인적 경험을 공유하는 일은 자기 공개의 한 가지 형태가 될 수 있다. 자기 공개는 익명성의 정도를 낮추고 관계의 깊이를 더해주며, 가상적 상호 작용 참여자들 사이의 친밀성을 높여주는 작용을 한다.

3 익명과 실명

자기 공개는 종종 온라인 상호 작용의 특성에 관한 주요 가정과 충돌한다. '자신에 관해 말하기'는 익명의 온라인 상호 작용의 전형적인 행위로 볼 수 없다. '자신에 관해 말하기'와 '익명성 뒤로 숨기'는 두 가지 서로 대립되는 행위 특징이라 할 수 있다. 참여자들이 공적 공간에서 자신에 관해 더 많이 말하면 할수록, 익명성 뒤에 숨기나 프라이버시 보호의 현저성은 더욱 더 떨어질 것이다. '자신에 관해 말하기'를 통해 일어나는 자기 공개는 탈육적 온라인 상호 작용의 무책임성이나 허위성의 해악을 감소시킬 잠재성을 갖고 있다.

온라인 상호 작용의 진실성이 맥락 의존적 현상인가에 관한 논란은 가명 사용에 관한 멤버들의 반응 속에서도 나타난다. 위에서 살펴본 것처럼, 서로 간의 오랜 상호 작용에도 불구하고 그룹의 절대 다수는 여전히 가명을 사용한다. 그룹에서 가명 사용 그 자체가 특별히 문제될 일은 없지만 일부는 다수의 가명을 사용하거나 이름이 늘 바뀌는 것을 탐탁지 않게 생각한다. 한 멤버는 무책임한 언어 공격을 위해 가명을 수시로 바꾸는 것은 용인하기 어렵다고 말한다.

> 다른 사람들을 공격하기 위해 자신의 이름을 바꾸는 사람들은 가장 저열한 사람들이다. 뉴스 그룹에서 자기 자신에게 말하기 위해 복수의 아이디를 사용하는 진짜로 미친 정신병자가 있다. 기괴한, 매우 기괴한.

그러나 뉴스그룹의 많은 참여자들에게, 인터넷에서 실명을 사용하는 것이 가명을 사용하는 것보다 반드시 자아 표현의 진실성을 담보해 주는 것은 아니다. A라는 멤버가 두 명의 다른 여성 멤버들에게 다른 사람의 공격을 사전에 막기 위해 여성 아이디를 사용하는 것은 적절치 않다고 비난하면서 격렬한 플레이밍이 시작됐다. 자신의 행위 스타일에 대한 적대적 평가에 반응해, B는 자신이 늘 자신의 '진짜' 이름을 사용했으며, 무엇인가의 뒤에 숨은 것은 자신이 아니라 바로 A라고 반격한다. B는 다음과 같이 말한다.

> 수년 동안 네가 유즈넷에 글을 올리는 것을 지켜봤고 내가 아는 한, 너는 법원의 명령서가 아니고서는 너 자신을 확인할 수 있는 어떤 것을 가지고 글을 올리지 않는다. 만일 누군가가 무엇인가의 뒤에 숨고 있다면, 그것은 바로 너다...내가 뭔가 뒤에 숨는 사람이라고 말하는 너는 도대체 누구인가? 여기 사람들은 너의 본명조차도 모른다. 나는 유즈넷에 올리는 모든 글에 나의 실명과 평판을 함께 건다.

이 논쟁은 가상적 상호 작용에서 실명을 사용하는 것과 가명을 사용하는 것 중 어느 것이 더 책임성을 담보하는 것인가에 관한 문제로 발전한다. B는 실명의 사용이 가명보다 훨씬 더 신뢰할 만하고 책임감 있는 것이라고 믿는 반면, A는 인터넷에서 가명을 사용하는 것은 이미 하나의 관습이며 대부분의 익명의 온라인 상호 작용에서 실명과 가명을 구분하는 것은 매우 어렵거나 불가능하다고 주장한다. 나아가 A는 뉴스그룹 포스팅에 자신의 실명을 사용하는 것은 그저 '대책 없는 얼간이'에 지나지 않는다고 주장한다.

> 진실로, 여기에 있는 누가 그것이 너의 실명인지 알 수 있는가. 나는 내 아이디를 15년 이상 사용했다. 많은 사람들이 내 실명보다 아이디로 나를 알고 있다...상황 파악 좀 해라. 아이디는 언제나 온라인에 글을 올리기 위한 방법이었다. 대책 없는 얼간이나 이곳에서 자기 실명을 사용한다.

B는 A의 반격의 마지막 두 지점에 반응한다. B에게 자기 이름의 신뢰성은 확실한 것인데, 이것은 자기 글의 서명 부분을 통해 접근할 수 있는 자신의 홈페이지에 자기 사진, 집 주소와 전화 번호, 유효한 이메일 주소, 직업 등과 같은 기본 정체성 정보를 밝히고 있기 때문이라고 주장한다. 더욱이 많은 사람들이 온라인 상호 작용에서 실명을 사용하고 있을 뿐만 아니라, 실명 사용 그 자체가 자기 메시지의 책임성을 높여준다고 주장한다. B는 다음과 같이 말한다.

> 이런 젠장...내 이름은 나와 내 가족 그리고 내 집과 함께 내 웹사이트에 표시돼 있다. 내 주소도 거기에 기재돼 있으며, 집 전화번호...내 이메일 주소도 유효한 것이다...모두 쉽게 확인할 수 있다...아, 그래서 실명으로 글을 올리는 사람들은 모두 대책 없는 얼간이들이라고???...나는 잘 지내왔다...나는 유즈넷에 올린 나의 모든 말을 내 이름과 개인적 평판을 걸고 뒷받침한다는 것에 관해 이야기하는 것이다. 너는 결코 그럴 마음이 없겠지만.

그러나 A에게 비대면의 온라인 상호 작용에서 다중의 아이디를 만드는 것은 일상적인 일이기 때문에, 정체성 주장은 궁극적으로 늘 의심의 대상이 될 수밖에 없다. 이름(실명이든 아니든)의 신뢰성에 관해 B가 자신의 실명으로 한 것과 정확하게 똑같은 방식으로 A는 가명을 통해 자신의 평판을 높이려 했고 포스팅에서 했던 모든 말들을 책임지려 했다고 말한다. "이 매체에서 누구든지 자신이 원하는 가상 인물을 투사할 수 있으며, 사람들은 확실히 알지 못한다...너는 말한다. 나도 A라는 이름으로 똑같이 한다." 따라서 A에게, 사이버 공간 속 자아 표현의 신뢰성은 결코 그것이 실명에 근거한 것이냐 또는 가명에 근거한 것이냐라는 단순한 사실에 의해 결정되지 않는다. 그것은 맥락 의존적인 현상이다.

5. 토론과 결론

그룹 멤버들은 온라인 자아 표현에서 사적인 것과 공적인 것 사이의 경계를 끊임없이 조율한다. 조율은 정체성 정보 숨기기(가명과 재발신기 사용, 헤더와 서명에 매우 약한 정체성 흔적 남기기 등), 자기 공개(자신에 대해 말하기, 다른 사람과 경험을 공유하기 등), 유형 지식 구성하기, 정체성 단서 탐색하기 등을 통해 수행된다.

멤버들은 메시지의 형식 부분에서는 사적이고도 개인적인 정보(실명, 유효한 이메일 주소, 소속, 전화 번호 등)를 숨기는 경향이 강하다. 익명을 유지하고 프라이버시를 지키려는 의지는 강한 것으로 보인다. 사이버 공간에서 '서로 알기'가 지닌 근본적인 한계는 탈육화된 자아의 표현이 프라이버시를 지키려는 노력 때문에 다른 사람들이 '진짜' 정체성을 알기가 매우 어렵게 만든다는 사실이다. 이런 '숨기기'의 동학 때문에, 우리는 앞에서 언급한 공적 행위의 전형적 특징들(더 중요하고, 더 헌신적이며, 더 제한적이고, 더 민감하고, 더 권위적인)이 대면 상황에서보다 사이버 공간에서 더 많이 나타날 것이라고 기대하기 어렵다. 가명과 재발신기의 사용은 온라인 행위의 일관성을 유지하려 하는 마음과 양립하기 어렵고, 자신의 주장이 공격받을 때 스스로 방어할 수 있게 제약하는 것으로 보기 어렵다. 고정 멤버들은 획득적이고 자동적인 자아 표현 유형보다는, 방어적이고 통제된 유형을 채택하는 경향이 강하다. 앞에서 살펴본 것처럼, 다른 사람의 관심을 끌고 싶지 않을 때 사람들은 조심스럽고 방어적인 자아 표현 유형을 드러낸다. 자아 표현이 손실보다는 이득이 크다고 생각될 때 또는 판단 실수가 그다지 큰 비용을 초래하는 것이 아니라고 여겨질 때 통제된 유형을 취하기 쉽다(Schlenker and Weigold 1992).

고정 멤버들이 자신의 사적 정보를 드러내지 않으려는 이유는 '사이버 공간 감시'에 관한 염려하고도 관련되어 있다. 오늘날 많은 웹 사이트들은 사용자가 사용하는 컴퓨터의 종류, 이메일 주소, 사용자가 이전에 방문한 웹 사이트 등 컴퓨터에 접속한 사람들에 관한 많은 양의 개인 정보를 수집할 수 있다. 심지어 이메일의 내용도 모니터링될 수 있다. 라이언(Lyon 1998)이 말했듯이, 인터넷은 "작업장 상황, 정부 행정, 경찰, 그리고 무엇보다도 마케팅 등과 연관된 감시-통합의 새로운 차원"(같은 책, 92)의 출현을 가능하게 만든다. 따라서 헤더와 서명 부분에서 모든 정체성 정보를 삭제하는 것에는 자신의 온라인 정체성이 대면 상호 작용 영역에 나쁜 영향을 미치지 않을까 하는 걱정이 자리 잡고 있다고 말할 수 있다.

하지만, 온라인 그룹의 탈육적 자아 표현이 반드시 부정적으로 평가될 필요는 없다. 가명과 아이디 사용이 정체성 단서를 걸러내긴 하지만, 그것들은 여전히 유형 지식의 구성 요소다. 가명은 '독특한 개인적 향기를 전달하는 표시' 같은 것이 될 수 있다. 온라인 페르소나의 형성에 가명이 갖는 중요성을 강조하면서, 마이어스(Myers 1987)는 가명은 "모호하고 도 익명의 전자 게시판 소통 환경에서 친구 혹은 원수로 인식될 수 있게 하는 독특한 개인적 향기라 할 수 있는 트레이드마크로 전환"(같은 책, 240) 된다. 버크헐터(Burkhalter 1999)는 "속이기가 매우 흥미로운 것만큼이나, 온 라인 상호작용에서 자신들이 알려지게 하고, 이해되게 하고, 특징지어지 게 하는 방식도 흥미롭다"(같은 책, 64)라고 주장한다. 개인 홈페이지에 나 타난 단서들도 유형 지식의 구성 자원이다. 홈페이지는 "서명, 명함, 수 첩, 소개서 등과 같은 대면적 상호 작용에서 사용되는 물리적 대상"(Walker 2000, 107)에 종종 비유된다. 이런 개인 홈페이지에 방문함으로써 멤버들은 서로 더 많이 알 수 있게 되며, 이것은 다른 사람에 관한 지식을 높여준다 (McLaughlin et al. 1997). 자아 표현이 상황적 요구나 역할 기대에 따라 일어나 는 것과는 별도로, 한 번 일어난 자아 표현은 행위자 자신에 의해서도 그 리고 청중에 의해서도 진정한 자아의 표현으로 간주된다. 슈렌커와 웨이 골드(Schlenker and Weigold 1992)는 "정체성이 한 번 구축되면, 개별 참가자들 은 자신이 선택한 그 정체성에 부합하는 행위를 해야 하고 다른 사람들 에 의해 선택된 정체성을 받아들이고 존중해야 한다는 도덕적 의무감을 갖게 된다"(같은 책, 137)고 주장한다.

　　　　정체성 정보를 숨기는 것은 자아 표현의 진실성 문제를 반드시 수반하는 것은 아니다. 자신의 사적이고도 은밀한 정보를 포스팅의 형식 부분에서 숨기려는 경향과는 달리, 멤버들은 상당한 양의 정체성 정보를 게시물의 내용 부분에서 드러낸다. 그룹 멤버들은 방어적이고 통제된 유 형보다는 획득적이고 자동적인 유형을 보이는 경향이 있다. 슈렌커와 웨 이골드가 밝혔듯이, 획득적 유형은 사회적 상호 작용에 관한 좀더 완전 한 참여와 연관된다. 획득적 유형을 보이는 사람들은 대화를 먼저 시작 하고 더 자주 이야기하며 더 분명한 특징을 드러낸다. 온라인 그룹 멤버들 사이의 토론이 다양한 주제와 행위를 포괄함에 따라, 상호 작용의 폭과 깊이는 증대한다(Parks and Floyd 1996). 멤버들 사이의 상호 관계가 깊어짐에 따라, 사적이고, 민감하며, 위험한 개인 정체성 단서를 자발적으로 드러낸다. 자아 표현 이론은 자신을 정직하게 드러내는 것을 도덕적으로 더 우월하다고 간주하는데, 그런 점에서 사적이고도 민감한 개인 정체성 단서의 제공은 상호 작용 상의 강점을 갖는 것으로 이해될 수 있다. 자신들의 온라인 상호 작용의 맥락에 익숙한 그룹 멤버들이 온라인 자아 표현의 진실성을 판단할 수 있는 주체로 간주돼야 한다.

이 연구는 온라인 토론 그룹에 관한 사례 연구를 통해 사이버 공간 속 자아 표현의 특징을 탐구했는데, 사실 사적/공적 경계의 뒤섞임과 온라인 자아 표현 사이의 관계는 블로그에 관한 분석에서도 중요한 주제가 될 수 있다. 존 바거John Barger가 1997년에 만든 블로그라는 말은 사용자가 자신의 다양한 관심사를 자유롭게 게시할 수 있는 개인 웹사이트를 지칭하는 용어다. 블로그는 두 가지 두드러진 기능을 한다. 한편으로는 사용자가 자신의 일상생활을 최근 시간 순으로 기록하고 저장할 수 있게 해주는 사적이고 개인적인 일기장처럼 사용될 수 있다. 다른 한편으로는 정치적 캠페인과 미디어 프로그램을 위한 공적 장치로 활용될 수 있다. 따라서 사적인 것과 공적인 것의 혼재성은 블로그에서 더욱 두드러지게 나타날 수 있다. 유즈넷 뉴스그룹에 관한 탐구를 통해, 이 연구는 정체성 정보의 숨김, 자기 공개, 유형 지식의 구성, 정체성 단서 탐색 등과 같은 공/사 경계의 조율을 위한 행위 전략들을 확인했다. 그러나 앞으로 할 연구는 새롭게 출현하는 블로그의 영역에서 사용자들이 공/사를 조율하기 위해 어떤 행위 전략의 유형들을 채택하는지를 밝혀야 할 것이다.

2부

온라인 협력
― 집단 지성

6장

집단 지성과 권위
― 위키피디아

1. 들어가며

2008년의 촛불 시위가 한국 사회에 제기한 많은 문제들 중의 하나는 전문 지식의 신뢰성과 엘리트 집단의 권위를 향한 대중들의 확연한 부정적 인식과 태도다. 그것은 광우병 쇠고기 문제를 둘러싼 관료 엘리트의 정책 권위를 압도했을 뿐만 아니라, 쇠고기 수입 반대를 위한 운동 엘리트의 실천 권위도 상당히 무색케 만들어버렸다. 한편으로 시위 참여자들은 관료들의 과학 합리성에 관한 절대적 믿음에 별로 동조하지 않았다. 관료 엘리트들이 주장한 것처럼 미국산 쇠고기를 먹어서 인간 광우병에 걸릴 통계적 확률이 아무리 낮다고 할지라도, 많은 사람들은 자신이 원한 적 없는 광우병 쇠고기가 자기 식탁에 올라올 위험 자체를 거부하는 것이 너무나도 당연한 시민의 권리라 믿었다. 과학이 광우병에 관해 설명할 수 있는 것보다 그렇지 못한 것이 훨씬 더 많으며, 일부 전문가와 엘리트들이 보편 과학의 이름 아래 권력과 자본의 특수 이해를 얼마든지 옹호할 수 있다는 사실이 확인되는 상황에서, 그런 반응은 더욱 더 강화될 수 있었다. 나아가 쇠고기 대량 생산을 위한 대규모 축산 공장 시스템이 드러내는 근대 과학 합리성과 효율성의 독주에 관한 비판적 성찰도 상당한 사회적 반향을 불러일으켰다.

다른 한편으로 지난 촛불 시위는 멀리는 1990년대 말부터 나타난, 이전의 수직적이며 위계적이고 일사불란하던 집합 행동의 양태하고는 다른, 수평적 네트워크의 탈중심화된 집합 행동 양상을 더욱 확연하게 드러내 보였다. 먼저 촛불 집회의 발단부터가 운동 엘리트 집단의 의식적이고 조직적인 준비에서 비롯된 것이 아니라, 여중고생 중심의 자연발생적인 대중 집회에서 비롯됐다. 촛불 집회의 연사들도 명망 있는 정치인이나 엘리트보다는 학생, 주부, 직장인, 노인 등 평범한 대중들을 중심으로 구성됐다. 그리고 초기의 촛불 문화제가 나중에 반정부 가두 시위로 발전한 것도 운동 엘리트의 의도된 기획이나 조직적 동원이 아닌 집회 참여 대중들 사이의 자유로운 현장 토론의 결과였다. 요컨대 운동 엘리트는 촛불 집회와 시위의 플랫폼을 제공하는 것 이상의 특별한 지도력을 발휘하지 못했고, 집회와 시위의 내용과 형식은 스스로 결정하고 스스로 실천하는 참여 대중에 따라 사실상 좌우된 것이다.

이처럼 사회적 의제 설정과 집단적 문제 해결에 아마추어 혹은 광범위한 일반 대중이 기존의 전문가나 엘리트보다 더 중요하고도 주도적인 구실을 할 수 있다는 것을 보여주었다는 점에서, 2008년의 촛불 시위는 오늘날과 같은 네트워크 시대에 전통적인 사회 권위가 점점 더 탈중심화돼가는 과정의 한 계기로 간주될 수 있으며, "중심만이 아니라 가장자리, 머리만이 아니라 긴 꼬리"(O'Reilly 2005)에 도달하려 하는 집단 지성 collective intelligence의 한 가지 표출로 이해될 수 있다. 집단 지성은 탈중심화된 네트워크 속에서 다중multitude의 자유로운 상호 작용과 수평적 협력에서 출현하는 집단적 지식과 기술을 의미한다. 그것은 "모든 것을 아는 사람은 아무도 없지만 모든 사람은 어떤 무엇인가를 알고 있으며, 결국 모든 지식은 인류 전체에 내재한다"(Levy 1997, 13~14)는 핵심 관념에 바탕을 두고 있다. 집단 지성에서 기존의 전문가 또는 엘리트 집단이 배타적으로 누리던 사회 권위가 그대로 인정되기란 어려우며, 도처에 존재하는 무수히 많은 아마추어들이 전문가들과 동등한 위치에서 공동체의 문제를 제기하고 해결할 수 있다.

그런데 집단 지성이 엘리트 중심의 위계적인 권위 구조와 대립하는 것이라면, 과연 그것은 어떻게 기존의 전문가주의 또는 엘리트의 권위에 도전하고 있는가? 집단 지성은 전문가주의를 어떻게 문제 삼는가? 그것은 전문가주의 권위 모델과 어떻게 다른가? 집단 지성은 어떤 대안적 권위 유형을 창출하고 있는가? 집단 지성 속에서 권위는 어떻게 관철될 수 있는가? 이런 질문들은 오늘날과 같은 네트워크 사회에서 권위에 관한 사회적 관념이 어떻게 변하고 있으며, 그 속에서 새로운 권위 유형은 어떻게 형성될 수 있는가에 관한 사회학적 탐구의 핵심 문제의식을 구성한다고 볼 수 있다.

이런 문제들을 탐구하기 위해, 이 장에서는 오늘날 집단 지성 구축의 가장 성공적 사례로 평가받고 있는 위키피디아Wikipedia의 경험을 분석하겠다. 온라인 백과사전 위키피디아는 웹 2.0의 대표 사이트로 널리 알려져 있다. 그것은 고도의 대중 자발성과 목적 의식성에 바탕을 두고 있으며, 철저한 비영리주의와 반상업주의를 지향한다. 한편으로 위키피디아에서는 누구든지 기사를 작성할 수 있지만, 그 누구도 중앙 집중적인 편집 통제권을 가질 수 없다. 그리고 어떤 내용도 작성자에게 귀속되지 않으며, 누구나 무료로 기사 내용에 접근할 수 있다. 2008년 11월 기준 영어판의 경우 약 260여 만 건의 기사를 수록하고 있는 위키피디아는 기사 작성과 편집에 관한 상세한 규정과 가이드라인이 사실상 거의 전적으로 전세계에 흩어져 있는 무수히 많은 일반 이용자들에 의해 만들어진다. 또한 그것은 어떤 명시적인 공통의 규범이나 규칙을 공유하지 않는 이용자들에 의해 토론 문화가 거의 전적으로 결정되는 대부분의 온라인 포럼하고도 질적으로 구분된다. 다른 한편으로 위키피디아는 영리 목적을 위해 상업 기관들이 운영하는 대부분의 웹 2.0 사이트들과도 매우 다르다. 2001년 웨일스Wales와 생어Sanger가 처음으로 위키피디아 작업을 시작할 때부터 반상업주의를 천명했고, 현재 위키피디아의 최종 운영권을 갖고 있는 위키미디어Wikimedia도 완전한 비영리 기구다. 이처럼 위키피디아 작업은 고도의 대중 목적 의식성과 비영리주의에 바탕을 둔 매우 독특한 온라인 집단 프로젝트라 할 수 있다. 위키피디아는 자발적 참여자들이 집단적으로 백과사전 지식을 집대성하고, 그런 작업에 필요한 다양한 장치와 절차를 참여자들 스스로 만들어가는, 모든 과정이 곧 집단 지성의 구현 과정이라는 점을 보여주고 있다. 이 장은 위키피디아 집단 지성 분석을 통해 오늘날 네트워크 사회의 집단 지성이 기존의 전문가주의를 어떻게 문제 삼으며, 동시에 새로운 권위 형성의 조건은 무엇인지를 밝히려 한다.

2. 이론적 배경

일반적으로 전문가experts란 보통 사람과 달리 특정 분야에 방대한 양의 지식과 능력을 보유하고 있는 사람을 지칭한다. 전문가는 흔히 복잡하고 어려운 문제를 적절하게 판단하고 지혜롭게 해결하기 때문에,

동료나 대중에게 신뢰를 얻고 권위를 인정받는다. 전문가 관념은 근대 서구 사회에서 본격적으로 형성됐는데, 그것은 과학자를 엄밀한 과학적 탐구 방법을 통해 물질 세계의 법칙을 밝혀내는 존재로 간주한 데 바탕을 두고 있다. 근대 사회에서 전문가는 세상에 관한 보편 타당한 지식을 생산하고 복잡한 사회 문제를 합리적으로 해결하는 데 필요한 수단을 제공해주는 매우 독보적인 존재로 인식됐다. 세이러위츠(Sarewitz 1996)에 따르면, 근대 사회에는 전문가의 탐구 활동이 공공선에 크게 기여할 것이라는 강력한 믿음이 존재한다. 과학적 연구가 아무런 제약 없이 뒷받침돼야 한다는 주장도 그런 믿음에 연원한다. 아울러 근대 사회는 전문적 탐구 활동이, 그것의 실제적, 도덕적 결과하고는 독립적으로, 자신의 영역을 끊임없이 개척할 수 있어야 한다는 믿음을 폭넓게 공유하고 있다. 그리고 전문가들이 누리는 권위는 대체로 전문가들이 생산한 지식이 사회정치적 분쟁 해결의 객관적 토대를 제공한다는 대중들의 믿음에서 나온다(김환석 2006, 148에서 재인용). 세이러위츠는 이런 믿음이 근대 실증주의 과학의 신화를 구성한다고 지적한다. 오직 과학적 탐구 방법에 능통한 연구자들과 전문가들만이 오늘날의 복잡 다기한 사회 문제를 중립적이고 객관적인 관점에서 진단할 수 있고 공공선을 확대하는 데 필수적인 물질 세계의 법칙을 발견해낼 수 있다는 믿음은 근대 실증주의 과학의 전문가주의 이데올로기에 다름 아니라는 것이다.

1970년대 이래 과학 지식에 관한 많은 사회구성주의 이론가들은 이런 전문가주의에 관해 좀더 본격적인 비판을 전개했다(Barnes 1974; Bloor 1976; Collins and Yearley 1992; Latour and Woolgar 1979). 사회구성주의 과학 지식 관념에서, 과학 지식이란 객관 세계의 투명한 반영 결과가 아니라, 탐구 대상에 관한 과학자 집단의 특정한 해석과 질서 부여 작업이 어떤 하나의 특수한 해석을 마치 객관 세계에 관한 보편타당한 지식인 양 만들어낸

결과물, 곧 사회적 구성물이다. 사회구성주의는 "자연 법칙의 충실한 재현을 보증해주는 합리성의 보편적 원칙이란 존재하지 않으며, 과학지식의 선택은 과학자들의 사회적·정치적·전문적·개인적 이해관계에 의해 주로 결정"(김환석 2006, 22)되는 것으로 간주한다. 대부분의 실증주의 과학 이론과 달리, 사회구성주의는 과학 지식을 객관 세계의 투명한 반영으로 이해하지 않으며, 그것의 절대적인 타당성도 인정하지 않는다. 또한 과학 지식 생산 작업이 사회적, 경제적, 정치적 맥락에 크게 의존하고 있다는 점에서, 그것의 중립성에 관해서도 매우 회의적이다. 나아가 사회구성주의는 전문성이 늘 누군가의 이익에 봉사하기 마련이라고 보기 때문에, 전문성의 문제는 민주주의의 문제와 밀접하게 결부돼 있다고 믿는다. 요컨대 사회구성주의 지식 이론에 따르면, 우리는 최소한 소위 전문가가 생산하는 지식을 반드시 중립적이고 보편타당한 지식으로 간주할 필요는 없게 된다.

최근 발전하고 있는 다양한 집단 지성 이론에서도 우리는 전문가주의에 관한 비판적 관념을 확인할 수 있다. 먼저 집단 지성 개념과 관련해 레비(Levy 1997)는 그것을 "끊임없이 향상되고, 실시간으로 조정되며, 기능의 효과적 동원으로 귀결되는, 폭넓게 분포된 지성"(같은 책, 13)으로 규정한다. 탭스콧과 윌리엄스(Tapscott and Williams 2006)는 집단 지성을 최근의 새롭고 혁신적인 조직 패러다임으로 이해하며, 그것을 "독립된 참여자 집단에 의한 탈중심적 선택과 판단에서 출현하는 집합적 지식"(같은 책, 41)으로 정의한다. 다중의 집단 지성이 가진 급진 민주주의 운동의 잠재성에 주목하는 정치사상가 네그리(2008)는 집단 지성을 "중앙 집중적 통제나 보편 모델의 제공 없이 문제를 해결하는 집합적이고 분산된 기술들"(같은 책, 139)로 이해한다. 탭스콧과 윌리엄스 그리고 네그리의 집단 지성 이론은 모두 "지켜보는 눈동자가 많으면 시스템 오류는 쉽게 찾아낼 수 있다Given enough eyeballs, all bugs are shallow"는 '리누스 법칙Linus' Law'의 창안자 리누스 토르발스Linus Torvalds의 오픈소스 운동에서 각자의 이론을 발전시키고 있다. 요컨대 집단 지성은 탈중심화된 네트워크에서 벌어지는 다중의 자유로운 상호 작용과 수평적 협력을 통해 창출되는 집단적 지식과 기술로 정의할 수 있다.

전통적인 전문성 관념, 특히 이른바 전문가주의를 향한 집단 지성의 비판적 관점은 우선, '반-자격편중주의anti-credentialism'에 바탕을 두고 있다. 전통적으로 양질의 지식과 기술은 전문 경영인들이 관리하는 거대한 위계 조직 속의 일군의 숙련된 전문가들에 의해서만 생산된다고 인식돼왔다. 그러나 집단 지성 이론은 발전된 인터넷 기술에 힘입어 1990년대부터 출현한 '협력'이라는 새로운 생산 모델에 주목하며, 숙련된 아마추어들의 느슨한 연결망이 전통적인 고립된 전문가, 조직, 출판사가 생산할 수 있는 것보다 더 낫거나 비슷한 수준의 지식과 기술을 만들어낼 수 있다고 믿는다. 탭스콧과 윌리엄스에 따르면, 오늘날 정보통신 기술의 발전은 새로운 가치를 창출하는 데 느슨한 동료peer 연결망이 얼마든지 활용될 수 있게 하는 전례 없는 가능성을 제공하고 있다. 이미 수백만의 사람들이 자율적 협력에 참여해 새로운 재화와 서비스를 만들어내고 있으며, 이런 흐름은 세계 최대 기업들의 활동에 실질적인 영향을 미칠 정도로 중요해졌다. 탭스콧과 윌리엄스는 혁신과 성장을 위해 대중들과 대규모 조직이 공개적으로 협력하는 생산 시스템에서, "한때 '전문가주의'와 자격증을 갖춘 지식 생산자들만이 독점했던 요새는 '아마추어' 생산자들과 그 무대를 공유하게"(Tapscott and Williams 2006, 11) 됐다고 지적한다. 네그리도 혁신은 특정 개인의 천재성이나 전문성에 의해서가 아니라, 네트워크 속에서 자원의 공유와 다중들의 자유로운 상호작용에 따라서 발생한다는 점을 강조한다. 네그리에 따르면, 전통적인 조직 모델의 관점에서는 명령을 내리는 그 어떤 중심도 없는 네트워크는 그 어떤 조직도 갖고 있지 않은 것으로 간주되지만, 사실 네트워크는 매우 조직적이고 합리적이며 창의적이다. 개인 사이의 소통이 개인을 넘어선 집단 지성의 형성을 가능하게 해주기 때문이다.

다음으로 전문가가 지식 생산의 무대를 아마추어와 공유하게 된 상황에서 전문가의 관습적인 권위주의는 쉽사리 용인되기 어렵다. 레비는 우리의 소중한 자산인 다양한 경험과 기술을 아마추어적인 것이라고 조롱하고 무시하고 모욕하여 폐기할 것이 아니라, 그 가치를 인정하고 사용하고 발전시켜야 한다고 주장한다. 나아가 개별 전문가가 지닌 전문성의 범위가 사실은 너무나도 협소하다는 점도 집단 지성의 반전문가주의의 또 다른 중요한 토대가 된다. 이 점과 관련해 서로위키(Surowiecki 2004)는 우리가 전문성의 가치를 과대 평가하고 있다고 지적한다. 우리는 대체로 어떤 한 가지 지적 분야에 능통한 사람은 다른 영역에서도 비슷한 능력을 발휘할 것이라고 생각하지만, 사실 그 전문성의 범위는 너무나도 협소해서 그런 생각은 하나의 신화에 지나지 않는다. 서로위키에 따르면, "우리는 집단의 결정이 집단 내 개개인의 결정보다 대부분의 경우 낫다는 사실을 알고 있으며, 결정할 일이 많을수록 이런 현상이 더 뚜렷해진다는 사실을 알고 있다. 반면 전문가가 내는 성과는 풀어야 하는 문제가 무엇이냐에 따라 오락가락한다. 따라서 한 개인이 집단보다 계속해서 더 나은 결과를 내놓을 가능성은 없다"(같은 책, 69). 서로위키는 탁월한 능력을 지닌 전문가가 비록 어떤 한 가지 문제에 관해 다수의 평범한 사람들보다 더 나은 판단과 예측을 할 수도 있겠지만, 다수의 문제들에 관해 한 사람의 전문가가 집단보다 일관되고 지속적으로 더 나은 결정을 내리는 경우란 거의 없다고 주장한다. 그런 의미에서 서로위키에게 집단의 지성은 언제나 개인의 지성보다 우월하다.

이처럼 전통적인 전문가주의는 최근 중대한 도전을 경험하고 있는 반면, 오늘날의 네트워크 사회는 집단 지성의 확대 속에서 개방성, 다양성, 독립성, 탈중심성, 실시간 조정과 통합 등과 같은 사회적 권위 형성의 새로운 원리들을 창출하고 있다. 오늘날 점점 더 많은 조직들이 개방성을 조직 활동의 매우 중요한 원리로 채택하고 있다. 탭스콧과 윌리엄스는 "자신의 경계를 외부의 아이디어나 인적 자원에 다공적인porous 것으로 만드는 조직들이 자신의 내적 자원과 능력에만 의존하는 조직들보다 더 나은 성과를 거두고 있다"(Tapscott and Williams 2006, 21)고 지적한다. 레비에 따르면, "공식적으로 타당성을 인정받은 기술은 실제로 유용한 많은 기술들의 단지 매우 작은 한 부분에 불과"(Levy 1997, 15)하다. 따라서 우리는 우리가 가진 많은 비공식적 지식과 기술의 가치를 충분히 인정하고 그것을 집단 작업 속에 적극적으로 투입시킬 필요가 있다. 다음으로, 다양성은 집단 지성 권위 형성의 또 다른 중요한 조건이 된다. 서로위키에 따르면, 전문가들 또는 똑똑한 사람들로만 구성된 집단보다 똑똑한 사람과 그렇지 않은 사람들로 구성된 집단이 문제 해결 능력이 더 뛰어나다. 동질적인 집단이 자신의 전문성을 발휘하는 일에는 뛰어나지만 대안을 탐색하는 능력은 떨어지기 때문이다(Surowiecki 2004, 64). 아울러 다양성은 우리가 미처 생각하지 못한 관점을 추가해주며, 소수의 사람들이 집단의 의사 결정을 독점함으로써 생기는 파괴적 결과를 예방하는 데도 커다란 장점이 있다.

다양성은 집단 지성의 또 다른 중요한 조건인 독립성하고도 매우 긴밀하게 연관돼 있다. 개인들을 물신화된 전체에 종속시키는 전체주의와 집단 지성을 혼동하면 안 된다. 레비에 따르면, "집단 지성은 개별 지성을 어떤 무차별적인 마그마에 흡수하지 않으며, 개별성이 성장하고, 분화하고, 상호 재생하는 과정이다"(Levy 1997, 17). 집단 지성 속의 개별 행위자들은 다양한 공동체와 나누는 상호 작용 속에서 고정된 위계에 속박

되지 않고 지속적으로 변형되는 독자적이고 다중적이고 유목민적인 개인이 된다. 마찬가지로 탭스콧과 윌리엄스도 집단 지성이 전체주의적, 집단주의적 관념이 아니라는 점을 강조한다. 집단 지성은 중앙 집중적 통제와 강제에 의존하거나 개인주의를 억누르는 것이 아니라, 개인들의 자유로운 선택과 개인들 사이의 자발적이고 폭넓은 조정에 바탕을 두고 있기 때문이다. 서로위키는 독립성이 개인의 판단 오류가 서로 연관돼 집단 전체의 판단 오류로 발전하는 것을 막아주며, 개인들이 늘 집단 전체가 공유하고 있는 것 이외의 새로운 자료와 정보를 갖도록 촉진하는 작용을 한다(Surowiecki 2004, 79)고 주장한다.

　　　　나아가 탈중심성도 집단 지성 발전의 또 다른 매우 중요한 요소다. 서로위키에 따르면, "위에서 아래로 직접 지시하기보다는 자기중심적이며 독립된 여러 사람이 동일한 문제를 분산된 방식으로 풀 때, 집단적 해법이 다른 어떤 해답보다 나을 가능성이 높다"(같은 책, 111). 탈중심화된 조직에서 권력은 한 곳에 집중되지 않으며, 중요한 의사 결정은 좁고 특수한 지식을 가진 각 개인들에 의해 내려진다. 모든 것을 아는 지혜로운 한 사람이란 사실상 존재할 수 없기 때문이다. 네그리(2008)는 우리의 두뇌가 하나의 요인에 따라 중앙 집중적으로 작동하는 것이 아니라 수십억 뉴런들의 일관된 패턴을 지닌 협력을 통해 작동하듯이, 네트워크는 다중으로 구성되며 서로 다르고 창의적인 다중의 소통과 협력을 통해 떼 지성 또는 집단 지성이 만들어진다고 주장한다. 네그리에 따르면, "분산된 네트워크 구조는 경제적, 사회적 생산의 지배적인 형식들에 상응하는 절대적으로 민주적인 조직을 위한 모델을 제공해주며, 또한 지배 권력 구조에 대항하는 가장 강력한 무기이기도 하다"(같은 책, 135). 네트워크 조직은 중앙 집중적이고 통일된 명령 구조로 환원되지 않으며, 그 어떤 중심도 갖지 않는 오직 환원 불가능한 복수성만이 존재한다. 아울러 탈중심성은 "특정한 장소나 직무, 또는 경험에 특화되어 있어서 다른 사람들에게 쉽게 요약해 전달할 수 없는 성격의 지식이지만 가치가 매우 높은"(Surowiecki 2004, 112), 이른바 "암묵적 지식tacit knowledge"을 활용하는 데도 커다란 이점이 있다.

마지막으로 집단 지성은 탈중심화된 네트워크 안의 다양한 정보를 효과적으로 통합해낼 때만 실현될 수 있다. 곧 집단 지성의 성공적 발전을 위해서는 독립적 개인들의 다양한 판단 속에서 최상의 대안을 도출해낼 수 있는 통합 메커니즘을 구축하는 것이 중요하다. 그리고 새로운 정보 통신 기술은 이런 통합 작용에 매우 유용하게 활용될 수 있다. 레비에 따르면, 집단 지성은 실시간으로 조정될 수 있는데, 이것은 정보 통신 기술이 사용자들로 하여금 시공간의 장벽을 넘어 손쉽게 상호 작용할 수 있게 해주기 때문이다.

요컨대 전통적인 전문가주의는 전문 지식의 중립성과 보편타당성, 자격편중주의, 관습적 권위주의, 그리고 전문성의 협소함 등과 같은 측면에서 중대한 도전에 직면해 있는 반면, 오늘날의 네트워크 사회에서 집단 지성의 권위는 그것의 개방성, 다양성, 독립성, 탈중심성, 실시간 조정과 통합 등과 같은 속성들에 의해 점점 더 강화되고 있다.

한편, 지금까지 살펴본 최근의 집단 지성 원리가 가장 성공적으로 적용되고 있는 영역은 바로 위키피디아라 할 수 있다. 웨일스에 따르면, "수많은 사람들이 위키피디아를 갖고 있다는 관념은 수많은 개별 사용자들이 각기 약간의 내용을 첨가하고 거기에서 응집된 작업물이 출현하는 현상(군중의 지혜, 무리 지성 등과 같은 현상)을 의미한다"(Millard 2008). 사실 위키피디아는 백과사전을 지향한다는 점에서 마이스페이스, 페이스북, 유튜브 등의 집단 지성보다 전문 학술 영역의 영향을 더 많이 받을 것으로 생각하기 쉽다. 위키피디아에서는 전문 연구자가 지식 편찬의 직접적 주체가 되거나 지식 편찬 문화와 규범의 정립에 좀더 적극적인 구실을 하기가 쉬울 것으로 기대할 수 있다. 그러나 이런 기대와 반대로, 위키피디아 프로젝트는 전문 학술 세계의 엘리트주의 또는 전문가주의와 상당한 긴장 관계를 형성해왔다. 무엇보다도 위키피디아는 전통적인 백과사전이나 대부분의 학술 저널하고는 달리 전문가 중심의 편집 원리를 받아들이지 않는다. 전통적으로 백과사전은 전문가주의만이 양질의 지식을 보장할 것이라고 믿으며(Wallace & Fleet 2005), 집필자와 편집자 모두 전문가들로 구성된다. 그렇지만 위키피디아는 오로지 전문가들만이 기사 작성에 참여하고 기사 심사를 담당해야 한다는 전문가주의 편집 원리를 추구하지 않는다. 위키피디아는 기사 작성과 관련해 개방성의 원리에 바탕을 두고 있다. 사실상 누구든지 위키피디아 기사를 작성할 수 있고, 또 누구든지 기사를 수정하거나 첨삭할 수 있다. 잘못된 기사는 즉시 수정될 수 있으며, 수정된 내용은 즉시 다른 사람들에게 알려진다. 위키피디아에서는 어떤 기사도 공식적인 동료 심사 절차를 거치지 않으며, 어떤 내용도 작성자에게 귀속되지 않는다. 그리고 그 누구도 중앙 집중적인 편집 통제권을 행사할 수 없다.

　　위키피디아의 이런 개방성 원리에 반대하며 비관론자들은 아마추어들이 작성한 위키피디아 기사는 필연적으로 부정확할 수밖에 없으며, 밴덜리즘에서도 결코 자유롭지 못할 것이라고 비판한다(McHenry 2004; Sanger 2004). 2001년에 웨일스와 함께 최초로 위키피디아를 만들었으나 2002년에 그것의 이른바 반엘리트주의와 급진적 개방주의 편집 원리에 반대하며 위키피디아를 떠난 대표적 비관론자 생어는 위키피디아 기사가 신뢰성, 특히 세부 사항에서 신뢰성을 결여한 매우 아마추어적인 기사가 되기 쉽다고 지적한다. 생어에게, 비록 많은 사람들이 현재 위키피디아를 사용하고 있다 할지라도, 이것은 사용자들이 그것을 별로 신뢰하지 않으면서도 어쨌든 사용하고 있는 것에 불과하다. 기본적으로 생어는 누구나 기사를 작성할 수 있고 아무런 전통적인 심사 과정을 거치지 않는 위키피디아가 학자와 교사들 사이에서 적절한 신뢰를 얻기란 매우 어렵다고 본다. 더 큰 문제는, "전문성이 어떤 특별한 존중도 받지 못하고, 전문성을 향한 냉대와 불경이 용인되는" 위키피디아의 "반엘리트주의"다. 생어는 위키피디아 프로젝트의 참가자들이 "전문성을 향한 전통적인 경의에 엄청난 혐오감을 갖고 있기 때문에", 그것을 주도하는 사람들이 전문가 편집 위원회 같은 장치를 도입할 생각을 하지 못한다고 지적한다. 하지만 생어는 위키피디아가 기사의 신뢰성을 높이고 밴덜리즘을 극복하려면 전문가를 존경하고 존중하는 공식 정책을 채택함으로써 전문가들이 기고 과정과 심사 과정에 더 많이 참여할 수 있게 해야만 한다고 주장한다. 곧, 위키피디아는 반전문가주의를 폐기해야 한다는 것이다.

그러나 낙관론자들은 위키피디아가 백과사전 편찬 영역에서 이미 상당한 권위를 확보하고 있다고 평가한다(Chesney 2006; Giles 2005). 2007년 퓨PEW 인터넷 조사 연구 결과는 응답자의 교육 수준이 높을수록, 가구 소득 수준이 높을수록 위키피디아 사용에 더 긍정적인 태도를 보이고 있다는 점을 보여준다(PEW Internet & American Life Project 2007). 《네이처Nature》 뉴스 팀이 2005년에 실시한 브리태니커와 위키피디아 기사의 정확도에 관한 조사는, 일반의 예상과 달리, 두 백과사전 기사의 정확도가 거의 동일하다는 점을 보여주었다. 42개의 과학 관련 기사에 관한 해당 전공 과학자들의 평가에서 위키피디아는 기사당 평균 4개의 오류, 브리태니커는 기사당 평균 3개의 오류를 내포하고 있는 것으로 파악돼, 두 사전 사이의 기사의 정확도는 사실상 거의 차이가 없는 것으로 판명되었다. 그리고 42건의 기사에서 중요한 관념에 관한 잘못된 설명 같은 치명적인 오류는 단지 8개에 지나지 않았는데, 두 백과사전에서 각각 4개씩 발견된 것이었다(Giles 2005, 900~901). 나아가 밴덜리즘의 위험성에 관한 많은 지적과는 달리, 경험 연구 결과들은 위키피디아의 밴덜리즘 대응 기제가 매우 성공적으로 작동하고 있다는 점을 보여주고 있다(Bryant et al. 2005; Cross 2006; Halavais 2004; Magnus 2008; Neus 2001; Viegas et al. 2004). 비에거스와 그 동료들(Biegas et al. 2004)은 밴덜리즘의 한 종류인 대량 또는 전부 삭제된 기사의 회복 중간값이 2.8분에 불과할 정도로 위키피디아에서 밴덜리즘은 매우 빠른 시간 안에 회복되고 있다고 주장한다. 위키피디아는 무정부적이라기보다는 오히려 악의적인 행위에 매우 신속하게 대응할 수 있을 정도로 그 속에서 집단적인 조정과 조율이 아주 잘 되고 있다는 것이다.

위키피디아의 반전문가주의 경향에 관한 비판에도 불구하고, 위키피디아가 백과사전 지식의 편찬 작업에서 이미 상당한 권위와 신뢰성을 획득하고 있다는 사실에서 우리는 그것이 앞서 살펴본 집단 지성의 반전문가주의와 새로운 권위 형성 원리에 관한 이론을 경험적으로 고찰할 수 있는 훌륭한 영역이 될 수 있다고 믿는다. 따라서 위에서 밝힌 이론 논의에 근거해 이 연구는 다음과 같은 질문을 제기한다. 위키피디아는 전통적인 전문가주의와 어떻게 대립하는가? 전문 지식의 중립성과 보편타당성, 자격편중주의credentialism, 전문가의 권위(주의), 전문성의 깊이와 범위 등과 같은 전문가주의의 핵심 요소들은 위키피디아 프로젝트와 어떻게 결부되는가? 개방성, 다양성, 독립성, 탈중심성, 실시간 조정과 통합 등과 같은 집단 지성의 주요 원리들은 위키피디아에서 어떻게 작동하는가? 네트워크 사회에서 새롭게 출현하는 권위의 성격을 어떻게 정의할 수 있는가?

3. 연구 자료와 방법

이 질문들을 규명하기 위해 30건의 위키피디아 정책 기사들과 정

표 1. 담론 분석 대상 위키피디아 기사

위키피디아 정책 에세이와 편집 정책	정책 에세이와 편집 정책에 관한 토론
Wikipedia: Expert editors	Wikipedia Talk: Expert editors
Wikipedia: Expert editors/New draft	Wikipedia Talk: Expert editors/New draft
Wikipedia: Expert retention	Wikipedia Talk: Expert retention
Wikipedia: Export rebellion	Wikipedia Talk: Expert rebellion
Wikipedia: Credentials(proposal)	Wikipedia Talk: Credentials(proposal)
Wikipedia: Credential verification(proposal)	Wikipedia Talk: Credential verification(proposal)
Wikipedia: There is no credential policy	Wikipedia Talk: There is no credential policy
Wikipedia: Credential ban	Wikipedia Talk: Credential ban
Wikipedia: Ignore all credentials	Wikipedia Talk: Ignore all credentials
Wikipedia: Credentials matter	Wikipedia Talk: Credentials matter
Wikipedia: Credentials are irrelevant	Wikipedia Talk: Credentials are irrelevant
Wikipedia: Neutral Point of View	Wikipedia Talk: Neutral Point of View/Archive001
Wikipedia: Verifiability	Wikipedia Talk: Verifiability/Archive 1
Wikipedia: No Original Research	Wikipedia Talk: No Original Research/Archive 1
Wikipedia: Vandalism	Wikipedia Talk: Vandalism/Archive 1

책 관련 에세이들에 관한 담론 분석을 수행하려 한다. 이 문건들은 위키피디아 공동체가 전문가 편집자, 전문 자격증, 그리고 전문성 그 자체에 관해 과연 어떤 편집 방침을 갖는 것이 적절한 것인지를 집중적으로 토론한 것들로서, 표 1에 나타난 것처럼, 위키피디아의 전문가 편집자에 관한 '정책 에세이(11건)'와 그것에 관한 '토론 기사(11건)', 위키피디아 '편집 정책 기사(3건)'와 그것에 관한 '토론 기사(3건)', 그리고 밴덜리즘에 관한 '에세이(1건)'와 그것에 관한 '토론 기사(1건)'로 구성되어 있다. 이 문건들

은 전통적인 전문가나 전문성에 관한 위키피디아 정책 관련 에세이를 사실상 모두 포괄하고 있다는 점에서, 위키피디아의 반전문가주의와 집단 지성의 특성을 고찰하는 데 매우 유용한 자료라 할 수 있다.

　　물론 구체적인 기사 작성에서 위키피디아의 반전문가주의가 어떻게 드러나고 있는지 분석하는 것이 그것의 반전문가주의와 집단 지성의 성격 고찰에 더 적합한 방법일 수도 있겠지만, 위키피디아 반전문가주의의 핵심은 이미 그것이 전통적인 전문가 중심의 편집 원리를 따르지 않고 누구든지 기사 작성과 수정, 첨삭에 자유롭게 참여할 수 있도록 편집권을 일반 대중에게 완전히 개방한다는 사실에 있다는 점에서, 기사 작성의 구체적인 과정을 보여주는 것이 반드시 그것의 반전문가주의를 가장 잘 드러내는 방법이라고 말할 수는 없다. 그리고 앞서 밝혔듯이, 이른바 반전문가주의 위키피디아 기사의 신뢰성과 전통적인 전문가주의 브리태니커 기사의 신뢰성은 사실상 별반 차이가 없다는 사실도 구체적인 위키피디아 기사의 특성에 관한 탐구가 그것의 반전문가주의를 드러낼 수 있는 적절한 방법이 될 수 없는 또 다른 이유가 된다. 결국 누구든지 참여할 수 있는 개방된 프로젝트에서 실제로 매우 신뢰성 높은 기사를 작성하고 있는 위키피디아 공동체가 특별히 전문가 편집자에 관한 정책을 둘러싼 토론을 벌이고 실제 정책을 수립한다면, 그것은 마땅히 위키피디아의 반전문가주의를 좀더 풍부하게 이해하기 위한 매우 유용한 자료로 다뤄져야 하며, 위에서 소개한 자료는 바로 그런 자료에 속하는 것이라 할 수 있다.

　　분석 자료에 관한 설명과 관련해, 위키피디아에 수록된 모든 기사의 메인 페이지는 '기사article', '토론discussion', '편집edit this page', '역사history'라는 네 개의 하위 범주 메뉴를 포함하고 있다. '기사'는 해당 주제에 관한 편집자들의 합의된 내용을 보여주는 사실상의 본문에 해당하며,

'토론' 메뉴는 편집자들이 해당 주제에 관해 자유롭게 진행한 토론 공간으로 안내한다. '편집' 메뉴는 편집자들이 기사를 수정하거나 편집할 수 있도록 하는 공간으로 안내하며, '역사' 메뉴는 가장 최신의 '기사' 형태 이전의 많은 과거 버전들을 열람하고 필요에 따라서는 그것을 다시 최신 '기사' 버전으로 되돌릴 수 있도록 해준다. 이 연구의 분석 대상 문건들은 위키피디아의 일반 기사들하고는 범주적으로 구분되는 명칭을 갖고 있다. 곧, 일반 기사의 모든 제목은 '전문가expert'나 '자격증credential' 또는 '아인슈타인Einstein'과 같은 주제어 그 자체가 해당 기사의 제목으로 표시되지만, 이 연구의 분석 대상 문건들은 '위키피디아Wikipedia'라는 표제어가 첨가된 제목, 곧 '위키피디아: 전문가 편집자Wikipedia: Expert editors' 또는 '위키피디아: 자격증Wikipedia: credentials'과 같은 제목의 문건들로 구성된다. 그리고 분석 대상 문건의 종류와 관련해 '에세이 기사'와 '정책 기사'는 그 규범적 구속성에서 커다란 차이를 보이는데, 후자는 위키피디아 공동체가 하나의 공식 정책으로 합의한 것인 반면, 전자는 아직 합의에 도달하지 못한 정책 제안 기사라 할 수 있다. 곧 표 1에 제시된 자료들 중, '위키피디아: 중립적 관점Wikipedia: Neutral Point of View', '위키피디아: 검증 가능성Wikipedia: Verifiability', 그리고 '위키피디아: 독창적 학술 조사 금지Wikipedia: No Original Research'는 영어판 위키피디아의 공식 정책들로, 모든 편집자들이 반드시 준수해야만 하는 규범들이며, 그것을 수정하는 행위는 반드시 공동체의 합의를 반영한 것이어야 한다. 반면, 그 밖의 '에세이 기사'는 일부 위키피디아 편집자들이 제기한 의견이나 제안이며, 많은 사람들의 의견을 반영한 것일 수도 있고 또는 단지 소수의 의견이 표출된 것일 수도 있다. 많은 경우 그것은 위키피디아의 공식 정책으로 채택될 것을 목표로 작성되고 제안된다.

4. 분석

1 반–자격편중주의

위키피디아 공동체에서 흔히 볼 수 있는 반전문가주의의 한 형태는 이른바 '반–자격편중주의anti-credentialism'다. 위키피디아에서 전문가는 학술 학위나 전문 자격증을 소지한 사람, 특정 분야에 수상 경력이 있거나 저서를 출판한 경험이 있는 사람, 전문가 집단에게 추천을 받은 사람, 교수나 연구원 등을 지칭하는 의미로 통용된다. 그러나 위키피디아에서 전문성은 박사 학위나 전문 자격증으로 저절로 담보되지는 않는다. 오로지 신뢰할 만한 출처로 뒷받침되는 양질의 기사를 작성하는 것 속에서만 전문성은 인정받을 수 있다. 위키피디아에서 전문가 담론은 자격편중주의를 넘어선 이른바 위키–실력주의wiki-metritocracy를 지향한다. [발췌 1]을 보자.

[발췌 1]
WP: ATT(출처 밝히기)와 WP: OR(원 조사)에 따라, 우리는 편집자들이 기사에 자신만이 아는 지식을 사용하는 것을 권장하지 않는다. ..성인이면서 학위를 가진 사람들이 아이들이나 청소년들 또는 공식 자격증을 갖지 못한 사람들보다 우월한 존재처럼 행동하게 될 것이다...설사 어떤 편집자가 진실로 자격을 갖추고 있을지라도(또는, 예전에 실제로 일어난 것과 같이, 세계적으로 유명한 전문가라 할지라도) 그 사람들이 다른 위키피디안들에 견줘 우월한 존재로 여겨져서는 안 되며 그 주장이 권위 있는 것으로 간주돼서도 안 된다.

흔히 기사 내용에 관한 상이한 입장들이 서로 충돌해 상대방의 기사를 끊임없이 수정하는 '편집 전쟁edit war'이 진행되는 상황에서, 해당 주제에 관한 토론 페이지에서 어떤 사람이 스스로 그 분야의 전문가라고 주장하는 경우, 학위나 자격증은 전문성에 관한 새로운 논쟁의 시발점이 되기도 한다. 그런데 [발췌 1]에서 나타난 것처럼, 위키피디아에서는 어떤 편집자가 자신의 학위나 자격증을 보여줌으로써 자기가 전문가라고 주장할 수는 있겠지만, 그것이 자신이 작성한 기사의 타당성을 보증하는 데 아무런 보탬이 되지 못하는 경우가 얼마든지 발생할 수 있다.

　　[발췌 1]에서 우리는 위키피디아의 편집자들은 서로 동등한 존재로 간주하며("성인이면서 학위를 가진 사람들이 …… 우월한 존재처럼 행동하게 될 것이다"), 상대방이 전문가인지 아닌지에 관해 커다란 관심을 두지 않는다("그 사람들이 다른 위키피디안들에 견줘 …… 그 주장이 권위 있는 것으로 간주돼서도 안 된다")는 사실을 확인할 수 있다. 개별 편집자가 지닌 전문성에 관한 평가는 그 편집자가 위키피디아에서 행한 편집의 양과 질에 근거하는 것으로 이해된다. 따라서 위키피디아에서는 열다섯 살 학생이 박사 학위를 지닌 대학 교수보다 자동으로 열등한 존재로 간주되지는 않는다. 박사 학위를 가진 대학 교수가 위키피디아에 훌륭한 기사를 보태면 그것으로 그 교수는 다른 사람들에게 존중 받을 것이고, 마찬가지로 15세 학생이 좋을 글을 쓴다면 동일하게 다른 사람들에게 존중 받게 될 것이다. 따라서 "나는 박사니까 너는 입 닥쳐"라는 식의 태도는 위키피디아 공동체에서 용인되기 어렵다. 오히려 "만일 당신이 특정 분야의 전문가라면서 유치하고도 바보 같은 실수를 범한다면, 다른 사람들로부터 조롱 받는 것을 당연하게" 여기는 것이 더 적절해 보이기도 한다.

　　요컨대 위키피디아 공동체는 전문가 또는 전문 자격증 중심의 자격편중주의가 아니라 신뢰할 만한 출처로 뒷받침되는 양질의 기사 작성 능력 중심의 위키-실력주의를 더욱 중요하게 강조하는 경향이 있다.

2 전문성의 협소함

전문성의 협소함에 관한 강조는 위키피디아 반전문가주의의 또 다른 한 형태다. 일반적으로 대중이 전문가의 권위를 인정하는 이유는 그 사람이 다른 사람들보다 특정 분야를 오랜 기간 동안 깊이 연구했다고 믿기 때문일 것이다. 위키피디아에서 전문가들은 흔히 많은 자료들을 신속하게 찾을 수 있으며, 자료의 신뢰성을 잘 평가할 수 있는 사람들로 이해된다. 그리고 대체로 그 사람들은 복잡한 문제를 세심하게 다룰 수 있으며, 상반되는 주장을 적절하게 고려하고, 다른 사람들과 비판적 상호작용을 잘 수행할 수 있도록 훈련을 받았을 것으로 간주된다. 전문가에 관한 이런 전통적 믿음과 신뢰는 위키피디아 공동체에서도 비교적 널리 확인할 수 있지만, 전문가 관념을 향한 부정적이고 비판적인 태도도 다양한 형태로 드러나고 있다. 아래의 [발췌 2]를 보자.

[발췌 2]
설사 고급 학위를 갖고 있다고 하더라도 여러 가지 이유 때문에 전문가가 아닐 수도 있다. 또는 그 전문성이 너무나도 협소해서 실질적으로 아무짝에도 쓸모 없는 것일 수도 있다. 예를 들어 시간 개념에 관한 철학 박사 학위를 가진 사람이 다른 사람들보다 반드시 도덕 철학을 더 많이 안다고 볼 수는 없다.

[발췌 2]에서는 고급 학위를 소지하고 있다는 것이 곧바로 전문성을 담보하는 것은 아니라는 주장을 확인할 수 있다("설사 고급 학위를 갖고 있다고 하더라도 여러 가지 이유 때문에 전문가가 아닐 수도 있다"). 더욱 중요하게, [발췌 2]에서는 전문성의 협소함에 대한 통렬한 비판도 찾아볼 수 있다("그 전문성이 너무나도 협소해서 아무짝에도 쓸모없는"). 시간 관념에 관한 박사 전문가가 도덕 철학에 관해서도 박사급의

전문성을 주장할 수 없는 것은, 마치 17세기 영국 문학 전문가가 20세기 미국 문학에 관한 전문 연구자만큼의 전문성을 주장할 수 없는 것과 같은 이치라 할 수 있다. 이처럼 전문성의 협소함을 문제 삼는 사람들에게, 소위 전문가들이 지극히 좁은 분야에 관한 자신의 전문성을 가지고 그것과 인접한 분야 또는 그것과는 전혀 다른 분야에서도 전문가연하는 태도는 용인하기가 매우 어려운 일이 될 것이다.

　　위키피디아 공동체에서 전문성의 협소함에 관한 이런 지적은 종종 설사 공식 자격 획득 과정이 아닌 비공식적 과정으로라도 누구든지 어떤 분야에 충분히 많은 시간을 투자하면 전문성은 얼마든지 획득할 수 있는 것으로 봐야 한다는 주장과 결합하기도 한다. 이를테면 앞서 언급한 '암묵적 지식'처럼, 일반인들 또는 아마추어들도 조류에 관한 오랜 기간의 취미 생활이나 관찰 활동을 통해 동물학 학위를 가진 전문가보다 조류의 특정 측면에 관해 더 잘 아는 경우가 얼마든지 있을 수 있다는 것이다. 전문성의 협소함에 관한 지적은 종종 "그 누구도 모든 것에 관한 전문가라 할 수 없으니, 우리는 모두 비전문가"라거나, 또는 "모든 사람은 적어도 어떤 분야의 전문가"라는, 전문가와 비전문가 구분을 사실상 부정하는 주장으로 발전하기도 한다.

3 전문가 신드롬

　　위키피디아 공동체의 반전문가주의는 이른바 전문가 신드롬을 향한 강한 거부감으로 표출되기도 한다. 전문가 신드롬은 전문가 편집자들이 비전문가 편집자들을 무지하고, 무능하며, 과도한 자기 확신에 빠져 있으며, 고집불통의 태도를 바꾸지 않는 사람들이라고 비난하는 모습 속에서 종종 확인된다. 아래의 [발췌 3]을 보자.

[발췌 3]
위키피디아와 관련한 문제는 명백한 트롤들보다는 반복되는 질문, 편향된 편집, 모든 주장들 아래 숨겨진 개인적 의제로 다른 사람들에게 기사 편집이 고통스러운 일이 되도록 하는 사람들, 높은 책임성과 성숙된 관점을 요구하는 임무보다는 살아 있는 사람을 자신의 사적인 정치 플랫폼으로 간주하는 미숙한 십대와 대학생...토론 페이지를 넌센스로 도배하는 사람들, 반론이 타당하다는 것을 알면서도 이기심 때문에 그것을 거부하는 사람들이다.

[발췌 3]은 비전문가 아마추어 편집자들이 보이는 다양한 부정적 행태들을 나열하고 있다("반복되는 질문, 편향된 편집", "기사 편집이 고통스러운 일이 되도록 하는", "사적인 정치 플랫폼으로 간주하는", "넌센스로 도배하는", "이기심 때문에 그것을 거부하는"). 따라서 고급 자격증을 소지한 일부 위키피디아 편집자들에게, "위키피디아 기사가 자연스럽게 단선적으로 향상될 것이라고 믿는 것은 너무나도 순진한 기대"일지도 모른다. 그 사람들은 전문가가 작성한 훌륭한 기사들이, 자료를 적절하게 다룰 능력과 일관된 문장 구조를 유지할 수 있는 능력을 결여한 아마추어 편집자들의 부주의한 수정 작업에 따라 점차 변형되고 해체되는 일이 빈번하게 발생한다고 생각한다. [발췌 3]에서 볼 수 있는 것과 유사하게, 위키피디아에서 전문가 신드롬은 비전문가 편집자들 중에는 자신의 매우 기괴한 관점이 마치 잘 정립된 과학적, 역사적 사실인 양 우기는 '꼴통들cranks'이 있다고 역설하는 행태 속에서도 드러난다. 또한 전문가 편집자들은 아마추어 편집자들이 자신들의 지식을 스스로 과대평가하거나 자신들의 관점을 고집스럽게 주장하는 경향이 있다고 단정하기도 한다. 심지어 위키피디아의 전문가 신드롬은 비전문가 편집자들을 교화가 안 되는 "기생충, 범법자, 제정신이 아닌 사람들"로 간주하거나, 또는 "반과학적 음모 이론이나 반과학적 정치 운동을 벌이는 일군의 하위 문화 또는 집단"으로 간주하는 모습으로 나타나기도 한다. 나아가 비전문가

편집자들을 "자기가 하는 말이 무슨 의미인지 모르는 아마추어들"로 단정하거나, "자기 엄마 집 지하실에 빌붙어 사는 20대의 대학 중퇴 실업자"로 규정하는 것으로 전문가 신드롬이 표출되기도 한다.

또한 위키피디아 공동체에서 전문가 신드롬은 아래의 [발췌 4]에서 볼 수 있듯이, 전문가 편집자들의 특권 의식, 거만함, 괴팍함, 존중 강요 등과 같은 행태들로 표출된다.

[발췌 4]
이 문제와 관련해 내가 접한 불평들은 "나는 × 분야의 전문가인데 넌더리나는 위키피디언들은 …… 나의 권위를 존중하지 않아"라는 형태를 띤다. 여기에 훌륭한 기사를 제공할 수 있는 많은 과학자들과 같은 부류의 사람들은 대체로 전문가들을 특권 계급처럼(심지어는 학술적 맥락 바깥에서도) 떠받드는 환경(특히 학계)과 문화(예컨대 동구)에 있는 사람들이라서 다른 사람들에게 존경받는 것을 당연하게 생각한다. 존중받지 못하거나 또는 '초보자를 위한 ×' 한 권을 읽은 십대가 선량한 의도에서 ×에 관한 전문가의 글을 "수정"할 때도, 그들은 불쾌해한다.

[발췌 4]는 비전문가 편집자의 눈에 비친 전문가 편집자의 모습을 보여준다. 전문가 편집자들의 특권 의식은 다른 사람들이 자신들에게 복종해야 한다는 거만하고도 권위주의적인 태도와 연관된다("나는 ×분야의 전문가인데 넌더리나는 위키피디언들은 …… 나의 권위를 존중하지 않아"). 그리고 권위주의적 태도는 실제 생활과 마찬가지로 위키피디아에서도 전문가들이 환영받고 존중받는 것은 당연하다는 태도도 포함한다("전문가들을 특권 계급처럼 떠받드는 환경과 문화에 있는 사람들이라서"). "만일 당신이 전문가가 아니라면, 당신은 자신이 무슨 말을 하는지 모를 때가 상당히 많을 수 있다"고 믿는 전문가 편집자에게, 아마추어 편집자가 자신의 글을 수정하는 것은 참기 어려운 일이기 쉽다.

이런 전문가 신드롬에 관한 위키피디아 공동체의 반감은 위키피디아의 반전문가주의의 또 다른 요소가 된다. 전문가 신드롬을 향한 반감은 엘리트주의에 관한 비판과 전문성 그 자체를 향한 의심 등과 같은 형태로 표출된다. 아래의 [발췌 5]를 보자.

[발췌 5]
만일 위키피디아가 문화를 바꾸어 박사 학위를 가진 사람들이 자기를 촌뜨기 취급하는 것에 화가 나서, 좋은 편집자들이 위키피디아를 떠나버리면 어쩔 텐가? 학자연하는 사람들은 디지털 우주에 한번 등록해보라. 어디 그 모델이 작동하는지 보자. 위키피디아는 그 자체의 모델이 있으며, 나는 학계에 의해 그것이 타격 입는 것을 원치 않는다.

[발췌 5]에서는 위키피디아 공동체가 전문가 편집자의 자격증을 존중하는 방향으로 문화를 전환하는 것은 곧 비전문 편집자를 '촌뜨기' 또는 2등급 편집자로 취급하는 엘리트주의를 초래할 것이라는 우려가 나타나고 있다. 그런데 [발췌 6]에서 볼 수 있는 것처럼, 이런 엘리트주의는 위키피디아의 공동체 문화에 무익한 불평등의 장벽을 쌓게 될 뿐인 것으로 간주된다.

[발췌 6]
우리의 지식에 훌륭한 과학성과 학술성을 부여하는 많은 지적인 사람들은 사실 개인적으로는 다루기가 어려운 사람들이다 …… 불행하게도, 많은 곳에서 발견되는 학술 문화나 전문가 문화는 꼴통asshole이 되는 것이 마치 권위 있는 사람의 기득권(그리고 의무!)인 양 간주한다는 점이다. 그런 행위는 위키피디아에서는 용인되지 않으며 용인돼서도 안 된다. 공동체의 일원이 될 수 없는 전문가(또는 어떤 편집자라도)가 왜 우리 위키피디아에 필요한지 모르겠다.

[발췌 6]에서는 학계 또는 전문가 세계의 문화가 안하무인격의

오만한 문화에 찌들어 있다는 비판이 통렬하게 표출되고 있다. 그런 통렬함은 꼴통 같은 짓을 하는 것이 권위자가 누릴 수 있는 권리를 넘어서서 마땅히 행해야만 하는 의무로까지 보인다는 진술에서 두드러진다. 이런 전문가 신드롬을 향한 반감으로 인해, [발췌 6]에서는 전문가와 훌륭한 편집자가 서로 명확히 구분된다("공동체의 일원이 될 수 없는 전문가가 왜 우리 위키피디아에 필요한지 모르겠다"). 특정 분야에 많은 지식을 가진 전문가라 하더라도 그 사람이 반드시 위키피디아에서 훌륭한 편집자가 되리라는 보장은 없다. 오히려 전문가들은 종종 매우 파괴적인 편집자가 될 수 있다. 전문가 신드롬을 향한 반감은 전문가들을 너무 난해한 기술 용어들을 사용하거나, 글의 출처를 제대로 밝히지 않거나, 설사 좋은 출처를 밝히더라도 그것하고는 정반대되는 주장을 펼치는 사람들로 치부하는 태도로 나타나기도 한다.

위키피디아의 반전문가주의는, 좀더 냉소적으로, 전문가의 전문성 자체를 의심하거나 부정하는 양상으로 나타나기도 한다. 아래의 [발췌 7]을 보자.

[발췌 7]
당신이 세상의 모든 자격증을 다 갖고 있다고 하더라도, 여전히 당신은 아무것도 모르는 사람일 수 있다. 당신은 완전히 무능하면서도 자격증을 지니고 있을 수 있다. 당신이 무엇인가를 연구했다고 말해주는 종이 쪽지가 당신이 똑똑하다거나 당신이 스스로 하는 말을 다 안다는 것을 의미하지는 않는다 …… 당신은 어떤 것을 연구하는 데 5년을 소비하고도 여전히 그것에 관해 아무것도 모를 수 있다. 그것은 늘 발생하는 일이다.

[발췌 7]에서는 자격증과 전문성을 분리해야 한다는 관념이 한층 직접적으로 드러난다. 곧, 자격증이 반드시 지적 우월성을 담보하는

것은 아니라는 수준을 넘어서서, 어떤 분야에 관한 자격증을 갖고 있지만 그 분야에 완전히 무지하고 무능한 경우가 얼마든지 있을 수 있다는 말을 하는 것이다. 전문가에 관한 이런 비판적 태도는 자격증을 가진 전문가가 해당 분야의 동료들에게 특별히 존중받지 못하거나 아예 인정받지 못하는 경우도 흔히 발생한다는 주장으로도 나타난다. 위키피디아에서 전문가연하는 편집자를 향한 이런 극단적인 반감은 "만일 당신이 정말로 적절한 자격을 갖춘 '전문가'라면 수많은 학술 잡지들 중의 하나에 당신의 연구결과물을 발표하든가, 책을 출판하든가, 《SEP(스탠포드 철학 백과사전)》이나 《네이처》나 《IEP(인터넷 철학 백과사전)》 등에 기고하라 …… 무수한 선택지가 있지 않은가?"와 같이, 전문가로 자처하는 사람들이 과연 전문가들의 세계에서 진정으로 전문가로 인정받고 있느냐고 반문하는 행동으로도 표출된다.

④ 전문가의 편향성

위키피디아 반전문가주의의 또 다른 형태는 전문가 또는 전문 지식의 중립성에 관한 회의적 관념에서 찾을 수 있다. 일반적으로 전문가는 자신의 전문 분야와 관련된 자료를 많이 보유하고 있으며, 어떤 것이 더 나은 자료인지를 잘 판단할 수 있는 사람으로 평가된다. 아래의 [발췌 8]은 위키피디아의 전문가 편집자와 비전문가 편집자 사이에 존재하는 인용 자료 해석 능력의 차이를 강조하고 있다.

[발췌 8]
그런 입장은 우리들 중 그 누구라도 어떤 주장의 정확성을 분별할 수 있다는 것을 전제한다. 그리고 인용의 강조를 염두에 둘 때, 그것은 인용된 자료를 검토함으로써 그럴 수 있다는 것을 의미하는 것으로 보인다. 그렇지만 그것이 항

상 그렇지는 않다. 우리는 단순히 인용 자료를 복사만하는 것이 아니라 일종의 해석 작업을 수행한다. 그런 과정이 전문성을 요구하지 않는다고 말할 수는 없다 …… 종종 아마추어 편집자들은 이해력이 부족해서 또는 자격증이 증명해주는 훈련을 결여해서 자료를 왜곡할 수 있다.

[발췌 8]은 다른 출판 자료에 의한 뒷받침 가능성만으로는 특정 위키피디아 기사의 신뢰성을 충분히 담보할 수 없다고 말하고 있다. 자료의 의미를 객관적으로 그리고 제대로 이해해야만 그것을 특정 주장의 적절한 근거로 사용할 수 있기 때문이다. 그런데 자료를 객관적으로 타당하게 해석할 수 있는 능력은 전문적 훈련에 의해 배양된다. 결국 자료에 관한 적절한 이해와 일관성 있는 기사 작성을 위한 전문가적 자질이 매우 중요해지는 것이다.

그러나 위키피디아 공동체에서, 전문가가 자료를 객관적이고 보편 타당하게 해석할 수 있다는 관념은 종종 불신된다. [발췌 9]에 나타나듯이, 전문적인 '해석 작업'은 객관적이고 중립적인 지식을 생산하기보다 오히려 그 정반대로 평가된다. 전문가의 해석은 여전히 하나의 의견에 해당할 뿐이며, 본질적으로 중립적 관점이 될 수 없다.

[발췌 9]
학자들은 흔히 자신이 옳다고 믿는 입장에 경도된 결과를 발표하며, 선동에 능숙하다. 자신의 선배 학자가 지정한 정통에 순응하느냐 마느냐가 경력을 좌우하는 관건이 되기 때문에, 학자들은 중립적 관점이 무엇인지 판단할 수 있는 능력과 또 판단하려고 하는 관심에서 가장 멀리 떨어진 사람들이다.

[발췌 9]에서, 학자들은 중립성과 객관성의 외피를 쓰고 사실은 지극히 주관적이고도 편협한 주장을 하는 사람들이다. 학자들의 고용, 승진, 학술적 지위와 정치적 권력의 획득 등과 같은 일이 거의 대부분 순수

한 객관적 진리 탐구 활동의 결과가 아니라, 학자들 사이의 개인적, 정치적 이해관계에 좌우되기 때문에, 학자들은 중립성을 유지할 능력과 의사를 가장 많이 결여한 집단이 된다. 심지어 전문가들은 "자신의 주장을 뒷받침하기 위해 편향된 자료를 제시한다든가, 또는 편향되지 않은 자료를 매우 당파적으로 사용하는" 사람들로 평가되기도 한다.

5 다양성과 개별성

지금까지 살펴본 것과 같이 위키피디아는 반전문가주의의 다양한 양상들을 드러내고 있다. 그런데 그런 반전문가주의에도 불구하고 위키피디아가 신뢰할 만한 지식 편찬 작업으로 널리 받아들여지게 된 요인은 무엇인가? 그 이유는 먼저, 위키피디아가 개별 편집자들이 지닌 관점의 다양성과 개별성을 최대한 보장하려 한다는 데서 찾을 수 있다. 위키피디아 기사의 신뢰성을 높이기 위해 도입된 '중립적 관점neutral point of view' 정책은 다양성이라는 집단 지성의 원리를 실현하는 데도 매우 중요한 장치가 된다. [발췌 10]을 보자.

> [발췌 10]
> 위키피디아는 인간 지식을 집대성한 백과사전이다. 그러나 위키피디아는 공동체 작업으로 만들어진 국제적 자원이기 때문에, 협력자들이 모든 경우에 또는 많은 경우에 무엇이 엄밀한 의미에서 지식을 구성하는지에 관해 의견이 일치하리라고 기대할 수 없다. 따라서 우리는 '인간 지식'에 관한 더욱 느슨한 정의, 곧 서로 대립하고 충돌하는 다양한 이론들이 우리가 '지식'이라고 부르는 것을 구성한다는 생각을 받아들일 수 있게 된다.

[발췌 10]은 '위키피디아: 중립적 관점'의 일부다. '중립적 관점'은 위키피디아 내용에 관한 가장 오래되고 근본적인 정책 원리다. 그것의 핵

심은 모든 위키피디아 기사가 공정해야 하며, 가능한 한 편견을 배제한 채 중요한 관점을 모두 보여줄 수 있어야 한다는 데 있다. 따라서 중립적 관점은 관점의 부재나 모든 관점의 배제와는 분명히 다르다. 중립적 관점 정책은 모든 의견과 인용 자료가 특정한 하나의 관점을 내포할 수밖에 없다는 사실을 충분히 고려하고 있다. [발췌 10]의 "서로 대립하고 충돌하는 다양한 이론들이 우리가 '지식'이라고 부르는 것을 구성한다는 생각을 받아들일 수 있게 된다"는 진술에서 드러나듯이, 그것은 다양한 관점들을 한데 묶어 하나의 중립적인 기사로 만들려는 위키피디아 공동체의 노력 속에서 탄생한 정책이라 할 수 있다. 이런 사실은 [발췌 11]에서 나타난 한 편집자의 설명에서도 확인할 수 있다.

[발췌 11]

나는 세상의 상태(과학, 역사, 문화 등)에 관한 어떤 개인의 독창적 관점을 읽기 위해서가 아니라, 합의된 관점(가능하다면 서로 경쟁하는 몇몇 관점)을 접하기 위해 위키피디아(또는 그 어떤 백과사전이라도)를 이용한다. 이것이 내가 풍경의 개요를 보고, 대체로 논란의 소지가 없는 흥미로운 세부 사실들을 배우고, 일정한 연관성을 파악하고, 중요한 이론이나 논쟁을 알게 되는 방식이다. 위키피디아는 상이한 관점을 조심스럽게 제시하려 애쓴다. 매우 많은 사람들이 기사를 작성한다는 점에서 그것은 많은 도움을 받는다. 만일 내가 뜻하지 않게 하나의 독창적 관점을 접하게 된다면, 그것은 세상과 관념 일반에 관한 개괄적 설명을 제공하는 것으로서 위키피디아의 가치를 축소하는 것이 될 것이다.

위키피디아가 중립적 관점의 원칙을 고수하기 위하여 상이한 관점들을 조심스럽게 제시하고 가능한 한 서로 경쟁하는 몇 개의 관점이나 합의된 관점을 담아내려고 노력하는 것은 결과적으로 다양한 관점이 위키피디아에서 조화롭게 공존할 수 있도록 해준다. 물론 다양한 관점의 조화로운 공존을 가능하게 해주는 중립성은 기계적 중립성을 의미하는 것은 아니다. 위키피디아 공동체는 모든 관점을 공정하게 다뤄야 할지라도 각 관점이 차지하고 있는 비중에 따라 차별적으로 다루는 것이 중립성 달성의 중요한 조건이 된다고 강조하기 때문이다.

그런데 중립적 관점 정책은 이처럼 다양성의 원리를 실현하기 위한 장치인 동시에, 개별성과 독립성이라는 집단 지성의 또 다른 원리를 뒷받침하는 중요한 요소가 되기도 한다. [발췌 12]를 보자.

[발췌 12]
우리가 이 정책을 준수해야 하는 또 다른 이유가 있는데, 우리가 독자들이 어떤 특정한 의견을 받아들일 것을 기대하지 않는다는 사실이 독자들에게 명확하게 인식된다면, 그것은 독자들이 스스로 결정하도록 해주며 따라서 독자들의 지적 독립성을 권장하는 것으로 귀결될 것이다. 전체주의 정부와 교조주의 기구들은 위키피디아에 반대할 이유를 찾겠지만, 우리가 만일 우리의 중립주의 정책을 성공적으로 고수한다면, 다양한 주제들에 관한 수많은 경쟁 이론들을 제시하는 것이 곧 위키피디아 편집자들인 우리가 독자들을 스스로 자신의 의견을 형성할 수 있는 존재로 신뢰한다는 점을 보여주게 될 것이다 …… 중립성은 도그마를 전복한다.

중립적 관점 정책에 따르면, 모든 기사가 왜 특정 관점이 특정 집단에게 더 인기 있는지는 설명할 수는 있지만, 그것을 다른 입장에 견줘 더 우월하거나 열등한 것으로 단정해서는 안 된다. 특정 관점의 우열성은 위키피디아가 제공하는 다양한 관점에 관한 개별 이용자들의 판단에 맡겨야 하기 때문이다. 이것은 [발췌 12]에서 볼 수 있듯이, 독자들로 하여금 "스스로 결정하도록 놓아주며" 결과적으로 "독자들의 지적 독립성을 권장하는 것으로 귀결"되는 의의를 갖는다. 그리고 바로 이런 점에서 위키피디아 집단 지성은 개인의 개별성과 독립성을 억압하는 전체주의나 교조주의 정치 체제와 근본적으로 대립하는 프로젝트라 할 수 있다. 위키피디아의 집단 지성은 다양한 경쟁 이론들 속에서 개별 사용자들이 스스로 자신의 독자적 의견을 형성하도록 해주는 것 속에서 실현되고 있다.

6 탈중심적 협력

위키피디아 집단 지성을 뒷받침하는 또 다른 중요한 두 가지 원리는 모든 기사의 '검증 가능성verifiability'과 '독창적 학술 조사 금지no original research'다. '중립적 관점'과 함께 이 두 가지는 위키피디아 기사 내용에 관한 3대 정책을 구성한다. 위키피디아에서 중요한 것은 기사의 진리 여부가 아니라 그것의 검증 가능성 여부다. 그리고 신뢰할 만한 출처를 밝히지 못하는 모든 기사는 위키피디아에서 금지하는 원조사에 해당한다. 아래의 [발췌 13]와 [발췌 14]은 각각 '검증 가능성'과 '독창적 학술 조사 금지'에 관한 위키피디아 정책 기사들의 일부다.

[발췌 13]
위키피디아에 수록되기 위한 경계점은 진리가 아니라 검증 가능성 곧, 위키피디아에 첨가된 기사를 우리가 참이라고 생각하는지의 여부가 아니라, 그것이 신뢰할 만한 출처에 의해 이미 출판됐는지 우리가 확인할 수 있는가의 여부다. 편집자들은 모든 인용문과 도전받거나 도전받을 수 있는 모든 기사의 신뢰할 만한 출처를 제공해야 하며, 만일 그렇지 않을 경우, 그 기사는 삭제될 수 있다.

[발췌 14]
위키피디아는 독창적 연구나 독창적 사고를 출판하지 않는다. 여기에는 발표되지 않은 사실, 주장, 추측, 그리고 관념 등이 포함되며, 발표되지 않은 모든 분석, 특정한 입장을 뒷받침하는 것으로 귀결되는 출판된 자료들의 종합이 포함된다. 이것은 위키피디아가 당신 자신의 의견, 경험, 주장을 발표하는 곳이 아니라는 것을 의미한다.

[발췌 13]에서 나타난 것처럼 위키피디아에서는 기사의 내용이 신뢰할 만한 다른 출판물에 의해 뒷받침될 수 있는가가 중요하지 그것의 진위 그 자체가 중요한 것은 아니다("경계점은 …… 첨가된 기사를 우리가 참이라고 생각하는지의 여부가 아니라 그것이 신뢰할 만한 출처에 의해 이미 출판됐는지"). 그리고 [발췌 14]에서는 위키피디아가 독창적 연구 결과나 생각을 발표하는 공간이 아니며, '독창적 학술 조사 금지'는 기사의 '검증 가능성'을 보장하기 위한 장치라는 것을 알 수 있다("여기에는 발표되지 않은 사실, 주장, 추측, 그리고 관념 등이 포함되며", "위키피디아가 당신 자신의 의견, 경험, 주장을 발표하는 곳이 아니라는"). 위키피디아는 기존에 발표된 글을 종합하고 재조직하는 것을 적극 권장하지만, 기존에 발표된 문헌을 종합한 글도 만일 그것이 어떤 새로운 결론을 도출하는 것이면, '독창적 학술 조사 금지'라는 기준을 충족시키지 못하는 것으로 간주한다.

그런데 이 두 가지 정책은 위키피디아의 모든 편집자들 사이의 관계를 중앙 집중의 위계적인 것이 아니라 탈중심의 수평적 협력 관계가 되도록 해준다. '독창적 학술 조사 금지' 원리는 학술 세계의 규범과는 근본적으로 상반된다. 전문 학술 활동의 가치는 과학적 방법론에 의해 뒷받침되는 발견의 독창성에 있다. 그러나 위키피디아에서는 과학적 방법론이나 주장의 독창성이 아니라 주장의 문헌적 뒷받침이 중요하다. 따라서 기사 내용이 동등한 가치를 갖는 문헌에 의해 뒷받침되는 한, 그것이 전문가에 의해 작성됐든 아마추어에 의해 작성됐든 그 가치는 동등하다. 전문가의 독창적 조사 결과는 아무리 고도의 과학적 방법론이 경험적으로 뒷받침하더라도 위키피디아에서는 그저 삭제 대상이 될 뿐이다. 요컨대 [발췌 15]에 나타난 한 편집자의 말처럼, 위키피디아는 인류 지식의 집대성 작업이 위계 구조에 바탕을 둔 소수의 전문가들만의 작업이 아니라 무수히 많은 다중들의 탈중심적 협력 작업이 되도록 하고 있다.

[발췌 15]

수많은 상이한 사람들에 의해 만들어진 거대한 기사 내용 더미를 얻게 될 때까지 어떤 사람이 하나의 기사를 작성하면 다른 누군가가 또 다른 기사를 쓰는 등의 과정이 일어난다는 의미에서 아마도 사람들은 위키피디아가 협력적인 것이라고 생각하는 것 같다. 그러나 위키피디아 과정의 진정한 본질은 기사들 그 자체가 서로 알지 못하고 무한의 시간의 양에 의해 분리된 수많은 편집자들의 느슨한 협력적 노력을 통해 진화한다는 것이다. 오늘 작성되기 시작한 기사들이 아직 태어나지 않은 다른 편집자들에 의해 어느 날 수정될 수 있다. 이런 과정의 결과는 기사들이 하나의 합의된 관점, 대부분의 사람들이 대체로 만족할 만한 관점을 점차로 대변하게 될 것이라는 사실이다.

분명 '검증 가능성'과 '독창적 학술 조사 금지'는 자신의 글이 곧 전문가 연구 결과에 해당하기 때문에 굳이 인용이나 출처를 밝힐 필요가 없다는 듯이 행동하는 전문가 편집자를 규제하는 효과가 있다. 그러나 탈중심 협력 메커니즘과 관련해, 위키피디아는 기존의 학술 관행을 받아들여 검증 가능한 출처들 사이의 신뢰도를 구분함으로써 가능한 한 양질의 기사를 수록하려 한다. 위키피디아 기사는 사실 확인과 정확성에서 일정한 명성을 갖춘 신뢰할 만하고 제삼자가 출판한 자료에 근거해야 하는데, 일반적으로 동료 심사를 거친peer-reviewed 학술지나 대학 출판사 발행 서적이 가장 신뢰성 높은 자료로 인정된다. 다음으로는 대학 교재, 잡지, 유명 출판사 발간 서적, 주류 신문 등이 신뢰성 있는 매체로 인정받는다. 반면, 자가 출판한 글, 소문, 개인 의견, 상업 광고 등과 같은 진위가 의심스러운 자료들은 위키피디아에서 신뢰할 만한 자료로 인정받기 어렵다. 또한 위키피디아는 자기 자신이나 자기와 가까운 사람과 연관된 글의 수정이나 편집은 가능한 한 자제하고 토론 페이지에서 그것에 관해 토론하는 것을 권장한다.

7 실시간 조정

위키피디아에서 밴덜리즘vandalism은 위키피디아의 통합성을 훼손하기 위해서 행해지는 내용 첨가, 삭제, 변화를 가리킨다. 위키피디아에 관해 제기된 중요한 비판들 중의 하나는 그것이 밴덜리즘에서 자유로울 수 없을 것이라는 비판이다. 많은 사람들이 위키피디아는 누구든지 기사를 편집하고 수정할 수 있기 때문에 밴덜리즘이 기승을 부릴 것이라고 지적했다. 그러나 위키피디아에서 밴덜리즘은 대부분 매우 빠른 시간 안에 회복돼, 사실상 위키피디아에서 별 문제가 되지 않는다. 밴덜리즘을 행하는 데 소요되는 시간보다 회복되는 데 필요한 시간이 더 짧다는 사실은 위키피디아 집단 지성의 실시간 조정과 능력을 잘 보여준다. [발췌 16]을 보자.

[발췌 16]
밴덜리즘을 발견하는 최상의 길은, 인터넷 프로토콜 주소들에서 이루어진 편집 기사를 확인할 수 있도록 해주는 최근 변화 링크를 사용하거나, 당신 자신의 요주의 목록을 주시하는 것과 같이, 최근의 변화 목록을 살펴보는 것이다. 텍스트 삽입(Insert text), 링크 타이틀(Link title), 머리말 텍스트(Headline text), 강조 텍스트(Bold text), 이미지: 표본.jpg 그리고 이미지: 표본.ogg 등과 같은 페이지를 연결하는 것은 많은 시범적 편집과(또는) 밴덜리즘을 찾아내기 위한 좋은 곳이다. 자동-요약 기능도 밴덜리즘을 찾아내는 데 도움을 줄 수 있다.

[발췌 16]에서 나타난 것처럼, 위키피디아 사용자들은 밴덜리즘

을 찾아내기 위한 효과적인 방법을 공유할 뿐만 아니라, 효과적인 다양한 대응 방식도 공유한다. 편집자들은 밴덜리즘이 발생한 기사를 단순히 삭제하기 이전에 기사의 '편집 역사edit history'를 확인해야 한다고 믿는다. 바로 직전의 기사도 밴덜리즘 기사인 경우가 있기 때문이다. 그리고 편집자들은 요주의 목록에서 발생한 밴덜리즘은 즉각적으로 원상 복구한다. 또한 일부 편집자들은 의심스러운 다른 편집자가 행한 수정을 자동으로 알려주는 소프트웨어인 '밴덜프루프VandalProof'를 이용해 최근의 기사 수정을 좀더 꼼꼼히 관찰하기도 한다. 편집자들은 밴덜리즘을 일으킨 사용자의 다른 기사들을 확인하고 그것들이 대부분 확실한 밴덜리즘이라면, 그 편집자를 즉각 위키피디아 관리자administrator에게 알리거나 그 사용자의 토론 페이지talk page에 경고 메시지를 남기기도 한다.

아울러, 편집자들은 '위키스캐너wikiscanner'를 이용하여, 어떤 사람 또는 어떤 기관이 어떤 기사를 작성했는지를 파악할 수 있도록 해줌으로써 특정 기사의 배후나 동기를 파악하기도 한다. 그 밖에도 위키피디아 편집자들은 오탈자나 잘못된 링크, 그리고 특정 종류의 밴덜리즘을 자동으로 잡아내는 다양한 로봇 프로그램을 활용한다. 위키피디아에서는 이런 밴덜리즘 방지 소프트웨어 사용을 넘어서서, 밴덜리즘을 급속하게 바로잡기 위한 사용자 조직도 생겨났는데, '클린업 태스크포스Cleanup Taskforce'와 '뉴 페이지 패트롤New Page Patrollers', 1500명의 편집자가 참여하고 있는 '리슨트 체인지 패트롤Recent changes Patrollers'과 1500명의 편집자가 참여하고 있는 '카운트-밴덜리즘 유닛Counter-Vandalism Unit' 등이 여기에 해당한다. 요컨대, 수많은 열성 편집자 집단이 기사의 오류를 바로잡거나 밴덜리즘에 즉각적으로 대처하는 등의 실시간 조정 작업을 통해 위키피디아의 가독성을 유지하고 있다.

5. 나가며

위키피디아 편찬 작업은 비영리주의에 바탕을 둔 대중들의 자율적이고 자치적인 대규모 온라인 협력 프로젝트다. 그것은 단순히 무료의 온라인 백과사전을 만드는 것을 넘어서는 중요한 사회적 의미를 지닌다. 기존의 전문가주의에 바탕을 두지 않는 새로운 지식 형성 모델을 제공함으로써, 네트워크 시대 '권위'에 관한 새로운 관념과 태도가 발전하는 것을 도와준다. 위키피디아는 탈중심화된 네트워크 속에서 다중의 자유로운 상호 작용과 수평적 협력이 만들어내는 집단적 지식과 기술, 즉 집단 지성의 한 형태다. 위키피디아 집단 지성은 전문가주의와 상당한 긴장 관계, 갈등 관계를 빚으며 발현되고 있다. 전문가와 아마추어 대중이 백과사전 지식의 구성 작업에 서로 협력할 수 있다는 원론적 주장으로는 설명할 수 없는 다양한 형태의 반전문가주의 지향과 분위기가 위키피디아 공동체에 존재한다. 위키피디아에서 전문가 자격증 그 자체는 결코 양질의 기사를 보장해주는 담보물이 되지 못한다. 위키피디아에서 실력은 전문가 자격증이 아니라 양질의 기사를 신뢰할 만한 자료에 근거해 작성하는가에 달려 있다. 박사 학위를 가진 교수나 열다섯 살 학생이나 모두 서로 동등한 위키피디아 편집자들로 간주될 뿐이다. 오직 엄밀한 과학 탐구 방법에 능통한 전문가만이 사회 공공선 확대의 토대가 되는 객관 세계의 법칙을 발견할 수 있다는 통념은 위키피디아에서 쉽게 수용되기 어렵다.

물론 위키피디아 공동체가 전문가의 일반적인 덕목들, 곧 폭넓은 자료에 관한 신뢰할 만한 평가 능력과 복잡한 문제에 관한 비판적 상호 작용 능력과 같은 덕목들을 부정하거나 무시하는 것은 아니다. 그러나 한 사람의 전문가가 보유하고 있는 전문성의 영역은 너무나도 협소하기 때문에, 그것의 가치를 지나치게 과대평가하거나 다른 영역까지 부당하게 확대하지 말아야 할 것으로 보인다. 우리가 만일 한 가지 분야에 능통한 사람은 다른 분야에서도 유사한 재능을 보일 것이라는 헛된 믿음에 빠지지 않는다면, 특정 분야에 국한된 전문성을 그 밖의 영역까지 확대하는 오류는 범하지 않을 것이다. 또한 위키피디아 공동체에서 강조되는 전문성의 협소함은 특정한 영역에 고유한 문화, 전통, 관행 등에서 형성된 '시민 지식'이나 특정한 지역적 맥락에 특화돼 외부에 쉽게 전달되지 못하는 '암묵적 지식'의 유용성이나 중요성에 대비될 수도 있다.

전문가 집단의 특권 의식과 권위주의적 태도 등과 같은 이른바 전문가 신드롬에 관한 위키피디아 공동체의 반응은 종종 매우 냉소적이다. 전문가들은 자신의 지독한 권위주의적 태도를 마치 전문가가 마땅히 누려야 할 권리와 의무인 양 여기는 사람들로 간주된다. 전문가 세계가 보여주는 권위주의 문화에 관한 비판은 사뭇 통렬하다. 때로는 자격증으로 표현되는 전문성 자체가 조롱당한다. 어떤 사람이 특정한 자격을 알려주는 '종이 쪽지'를 갖고 있다고 하더라도, 그 사람이 사실은 아무것도 모르는 매우 무능한 사람일 수 있다는 것이다. 또한 어떤 전문가가 자신이 속한 전문가의 세계에서 진정으로 훌륭한 실력자로 인정받고 있는지 따져봐야 한다는 식의 태도도 위키피디아가 보여주는 전문가 신드롬에 관한 냉소적 반응의 한 형태다. 나아가 위키피디아 집단 지성에서는 자료에 관한 전문가의 전문적인 해석 능력이 종종 강조되지만, 그것이 반드시 자료에 관한 객관적이고 중립적인 해석을 담보하는 것으로 받아들여지지는 않는다. 오히려 전문가들은 객관성과 중립성의 외피를 쓰고 사실은 매우 주관적이고 당파적인 주장을 펼치는 사람들로 간주되곤 한다. 전문가들의 활동이 대부분 개인적, 정치적 이해관계에 좌우되고 사회의 정치적, 경제적 맥락에 의존하고 있기 때문에, 전문가들은 차라리 중립성을 유지할 능력과 의지를 가장 심각하게 결여한 집단으로 보아야 할지도 모른다. 요컨대 위키피디아 집단 지성에서 전문가 집단에 관한 전통적인 근대적 관념, 곧 전문가란 과학적 방법을 통해 객관 세계의 법칙을 투명하게 밝혀내고 보편타당한 지식을 제공하는 자율적이고 독립적인 존재라는 관념은 여러 가지 이유와 근거에서 부정당하거나 도전받는다.

    물론 위키피디아의 이런 반전문가주의가 위키피디아 공동체 안의 편집 활동 참여도에 따른 위계 구조의 형성이나 소수의 전문적인 편집자 그룹의 출현과 같은 현상과 배치되는 것으로 봐서는 안 된다. 위키피디아 참여자들이 점점 더 집중적이고 빈번하게 위키피디아 활동에 개입하면 할수록, 새로운 목적과 역할을 설정하고 그것을 달성하기 위한 새로운 수단을 도입하게 되는 경향이 있다(Bryant et al. 2005). 실제로 위키피디아 공동체는 일종의 위계 구조를 형성하고 있는데, 가장 밑바닥에는 일반 '편집자editors'가 있으며, 이 일반 편집자들 중 광범위한 공동체 승인에 의해 '관리자administrators'가 된, 2008년 9월 기준 약 1600여 명의 사용자들은 밴덜리즘이나 편집 논란이 발생하는 경우 특정 페이지를 삭제할 수도 있으며 페이지가 수정되는 것을 막을 수도 있으며 특정 이용자들의 편집 활동을 봉쇄할 수 있다. 그리고 이 관리자들 중 일부는 관리자 지명과 해촉에 관한 권한을 갖는 '관료bureaucrats'가 될 수도 있는데, 관료는 대략 26명으로 구성된다. 마지막으로 '조정위원회arbitration committee'가 최종 의사 결정 기구를 형성하는데, 조정위원회는 편집자 토론이나 관리자 관리 그리고 중재 등에도 불구하고 논쟁이 해소되지 않을 경우, 그것에 관한 최종적이고 강제력 있는 결정을 내리는 기구며, 2008년 11월 기준 약 13명의 위원들로 구성된다. 이런 위계 구조와 더불어, 위키피디아 공동체에는 소수의 전문적인 편집자 그룹이 출현하기도 하는데, 웨일스는 위키피디아 기사 편집의 75퍼센트가 대략 2퍼센트의 사용자들에 의해 수행된다고 주장했다(Millard 2008). 그렇지만 그 소수의 사용자들이 하는 편집 작업은 대부분 사소한 수정이나 밴덜리즘 방어인 반면, 대부분의 기사의 핵심 내용은 위키피디아의 열성 사용자가 아니면서도 특정 주제에 상당한 전문성을 가진 사람들에 의해 작성된다는 점에서, 위키피디아는 두 종류의 집단 모두에 의해 유지된다고 말할 수 있다(Millard 2008). 요컨대 위키피디아 공동체 안에서 소수의 강력한 사용자 집단이 형성되고 그 집단의 전문성이 다른 사용자들에 의해 널리 인정된다는 사실이 위키피디아의 반전문가주의와 서로 배치되는 것은 전혀 아니며, 오히려 그 정반대라 할 수 있다. 위키피디아 프로젝트는 공식 학위나 전문 자격증을 지닌 전문가만이 신뢰할 만한 지식을 구성할 수 있다는 의미의 전문가주의에 반대하며, 공식 자격증을 지니고 있지 않은 수많은 사람들도 특정 분야에 상당한 전문성을 갖추고 있을 수 있으며, 그런 사람들에 의해 신뢰할 만한 기사가 얼마든지 생산될 수 있다고 믿기 때문이다.

이처럼 위키피디아 집단 지성은 반전문가주의의 다양한 형태들을 드러내면서도, 동시에 네트워크 사회의 새로운 권위 유형 창출에 필요한 몇 가지 중요한 조건들을 발전시키고 있다. 위키피디아의 열린 편집권과 개방성의 원리는 우리의 비공식적이고 아마추어적인 지식과 경험도 얼마든지 집단적 문제 해결의 소중한 원천으로 활용될 수 있도록 해준다. 위키피디아가 전통적으로 매우 높은 권위를 인정받고 있는 브리태니커 백과사전보다 수십 배 이상의 기사를 수록하고 있으며, 기사의 신뢰도도 브리태니커의 그것과 거의 동등하다는 사실은 상당 부분 그것의 개방성 원리에 기인한다고 볼 수 있다. 위키피디아 공동체는 '중립적 관점' 정책을 통해 집단 지성 성립의 또 다른 조건인 다양성의 원리를 구현하고 있다. 그것은 모든 관점의 배제라는 비현실적인 원리를 추구하는 것이 아니라, 관점과 의견의 다양성을 보장함으로써 집단의 문제 해결 능력을 높이려 한다. 아울러 '중립적 정책'은 개별 지성이 스스로 자신의 의견을 형성할 수 있도록 해준다는 점에서, 집단 지성의 또 다른 한 가지 원리인 독립성과 개별성을 뒷받침하는 정책이라 할 수 있다. 따라서 위키피디아 집단 지성은, 레비가 말했듯이, "개별 지성을 어떤 무차별적인 마그마에 흡수"(Levy 1997, 17)시키는 전체주의 또는 교조주의와 정반대로 고정된 위계 구조에 속박되지 않고 지속적으로 변화하는 유목민적 개인을 만들어낸다.

그리고 위키피디아의 '검증 가능성' 정책과 '독창적 학술 조사 금지' 정책은 아마추어 대중이 전문가들과 동등한 자격으로 백과사전 편찬이라는 집단 프로젝트를 위해 서로 협력할 수 있도록 하는 장치다. 위키피디아가 독창적인 연구 결과를 발표하는 공간이 아니며, 모든 기사는 그것의 진리성이 아니라 검증 가능성이라는 조건에서 서로 동등하다는 관념은 인류 지식의 집대성 작업이 소수 전문가들의 "중앙 집중적이고 통일된 명령 구조"(네그리 2008, 135)가 아니라 "자기중심적이며 독립된 여러 사람들"(서로위키 2004, 111) 사이의 탈중심적 협력을 통해 이루어질 수 있는 조건을 제공해준다. 마지막으로 위키피디아 집단 지성의 실시간 조정 능력은 위키피디아의 최대 약점으로 자주 지적돼온 사항인 밴덜리즘 대처 능력에서 특히 두드러지게 나타난다. 노스(Neus 2001)의 '인공적 정보 경제artificial information economy'라는 개념이 설명하듯이, "A가 유발한 저질의 변화를 B가 원상태로 되돌리는 것이, A가 저질의 변화를 일으키는 데 들인 비용보다 훨씬 더 '저렴하기' 때문에" 위키피디아에서 밴덜리즘의 유혹은 지속되기 어렵다.

지금까지 살펴본 것처럼, 위키피디아 집단 지성은 전통적인 전문가주의하고는 상당한 긴장 관계를 드러내고 있으며, 개방성, 다양성, 개별성, 탈중심적 협력, 실시간 조정 등과 같은 네트워크 사회 권위 형성의 새로운 조건들을 발전시키고 있다. 이런 대중 협력의 새로운 원리와 규범들은 사이버 공간에 형성돼 있는 수많은 포럼들이 좀더 생산적이고 건설적인 집단 지성의 문화를 만들어 가는 데 훌륭한 밑거름으로 활용될 수 있다. 무엇보다도, 네트워크 사회에서 권위는 이제 소수의 전문가와 엘리트가 독점하고 중앙 집중적인 방식으로 행사되는 것이 아니라, 점점 더 탈중심화된 네트워크 속에서 다중의 자유로운 상호작용과 수평적 협력의 원리를 이해하고 관철시키는 것 속에서 비로소 형성될 수 있을 것이다.

1. 들어가며

2001년 필리핀의 대통령 탄핵 심판 반대 투쟁부터, 2008년 한국의 광우병 쇠고기 수입 반대 촛불 시위, 2011년 1월과 2월의 이집트와 튀니지 시민 혁명, 그리고 2011년 9월에 시작된 미국의 월가 점령 시위에 이르기까지, 최근의 사회운동은 인터넷과 소셜 미디어를 빼놓고는 제대로 설명하기 어려울 정도로 점점 더 디지털 미디어를 매개한 저항 운동이 되고 있다. 디지털 미디어는 적은 비용으로 정보를 폭넓게 확산할 수 있게 해주며, 비교적 정확하고 다양한 정보를 대중들이 손쉽게 획득할 수 있도록 해준다. 또한 토론과 논쟁을 통해 대중들이 정보에 관한 판단과 해석을 서로 교환할 수 있도록 해주며, 지리적으로 흩어진 수많은 개인들을 한데 묶어 집합 행동에 동참할 수 있게 해준다. 디지털 미디어가 제공하는 이런 가능성 덕분에 사회운동은 점점 더 전통적인 중앙집중적 지도력 모델보다는 분산적이고도 무정형적인 네트워크 사회운동 모델을 따르고 있는 것처럼 보인다.

　　그러나 디지털 미디어의 활용이 전혀 새로운 집합 행동 유형을 창출하고 사회운동의 문법 자체를 바꾸고 있다고 단정하기는 어렵다. 무엇보다도 디지털 미디어를 매개한 약한 유대와 저위험 행동이 체계적이고 구조적인 사회 변동을 이끌어내는 데 과연 얼마나 전략적으로 유효한 자원이 될 수 있을지 의문이다. 또한 다양한 소셜 미디어의 활용에도 불구하고, 대중매체가 여전히 운동 동원과 의제 설정에 매우 강력한 영향력을 행사하고 있다는 사실도 부정하기 어렵다. 나아가 사회운동의 승패는 전문적인 저항 조직의 중앙집중적, 하향식의 운동 프레임 구축 작업에 크게 의존한다고 볼 수 있기 때문이다.

　　디지털 시대 사회운동이 지닌 이런 이론적 난제는 지난 2008년의 미국산 광우병 쇠고기 수입 반대 촛불 시위(이하 '촛불 시위')에 관한 평가에서도 드러난다(정태석 2009; 홍성태 2008). 2008년 5월 2일에 시작돼 연 인원 수백만 명이 석 달 넘게 진행한 촛불 시위는 그 규모와 지속 기간의 측면에서 세계적으로 유례를 찾아볼 수 없는 집합 행동이었다(이해진 2008; 김철규, 이해진, 김선업, 이철 2010). 또한 그것은 인터넷 포털 사이트 '다음'의 아고라 토론방이 집합 행동의 진원지와 같은 구실을 했으며, 휴대폰, 디지털 카메라, 무선 인터넷, 노트북 컴퓨터 등과 같은 디지털 매체가 광범위하게 활용된 대규모 시위였다(진중권 2008). 아울러 촛불 시위는 기존의 정치 정당이나 시민 사회 단체들 중 그 어떤 조직도 운동 지도부로 인정받지 못하고, 참가자들의 자발적, 자율적, 탈중심적 집합 행동의 양상을 극명하게 드러낸 사회운동이었다(문화과학편집위원회 2008; 이동연 2008; 황진태 2011).

　　그러나 수십, 수백만 명의 사람들이 밤을 새워가며 그토록 오랫동안 참여했는데도, 촛불 시위가 과연 그만큼의 성과를 거뒀는지는 단정하기 어렵다. 두 번에 걸친 대통령 사과와 미국과 진행한 추가 협상에 만족하기에는 촛불 시위에서 표출된 에너지의 양은 너무 많았다. 광우병 쇠고기 위험을 보도한 MBC 프로듀서들은 정권에 의해 법정에 세워졌다. '유모차 부대'를 포함한 수많은 참여자들은 이명박 정부에 불려가 조사받고 처벌받았다. 촛불 시위가, 뜨겁던 열기에도 불구하고 정권의 탄압을 막아낼 만큼 강력해지지 못한 이유는 무엇인가? 기존의 많은 연구는 촛불 시위가 보여준 새로운 무정형의 네트워크 운동 양상에 환호했지만(조정환 2009), 그 한계도 냉정하게 짚어봄으로써 이런 질문에 관한 해답을 찾는 것이 촛불 시위가 가진 디지털 시대 사회운동의 이론적, 실천적 의의를 규명하는 데 매우 중요하다고 할 수 있다(당대비평기획위원회 2009; 이득재 2008).

촛불 시위가 거둔 성과와 한계의 정치, 경제, 사회문화적 요인을 총체적이고도 복합적으로 분석하는 것은 이 연구의 목적과 범위를 벗어나는 일이다. 대신 여기서는 디지털 시대 사회운동의 자율적, 분산적, 수평적 동학과 전문적, 중앙집중적, 수직적 동학 사이의 관계를 둘러싼 이론적 논쟁의 맥락에서 촛불 시위의 성격을 분석하려 한다. 구체적으로, '돌과 화염병 대신에 각종 디지털 기기를 손에 든, 그리고 그 어떤 정치조직의 지도력도 거부하는, 자발적이고 자율적인 시위대로 상징될 수 있는 촛불 시위는 정말로 위로부터의 지도를 무용한 것으로 만들었는가?'와 '시위 참가자들의 아래로부터의 운동에 부응하는 위로부터의 실천은 과연 어떻게 조직됐는가?'와 같은 문제들에 관한 규명을 통해, 촛불 시위가 디지털 시대 사회운동론에 어떤 이론적 의의를 갖는지를 탐색하려 한다. 이런 질문들에 답하기 위해 촛불 시위의 운동 지도력과 관련한《동아일보》,《한겨레》,《경향신문》 사설과 칼럼, 아고라 토론방 포스팅, 그리고 '광우병위험미국산쇠고기전면수입을반대하는국민대책회의'(이하 '대책회의') 발표문에 관한 비판적 담론 분석을 수행했다.

2. 이론적 배경

1 네트워크 사회운동론

디지털 미디어가 사회운동의 효율성을 현격하게 높여준다는 논의는 주로 '병참론적 관점logistic approach'에서 이해될 수 있다(Baringhorst 2008; Donk, Loader, Nixon, and Ruicht 2004; Shirky 2011). 일부 연구자들은 디지털 미디어가 정보 수집과 확산, 대화와 토론, 집단 형성과 유지, 행동 조직과 조율 등과 같은 사회운동의 병참적 요구를 매우 잘 충족시켜 준다고 믿는다. 분명 디지털 미디어를 활용한 의사소통의 신속성과 광범위성은 사회운동의 동원 비용을 크게 감소시키며, 대규모 인구의 집합 행동을 효율적으로 조직할 수 있는 가능성을 높여준다. 또한 디지털 미디어는 "이전에는 공식적인 집단이 독점했던 저항 운동이나 공적 미디어 캠페인"(Shirky 2011, 7)을 이제는 느슨하게 연결된 대규모 인구 집단이 수행할 수 있게 해준다. 나아가, 디지털 시대 사회운동은 텔레비전이나 신문과 같은 전통적인 대중매체가 무시하거나 간과하는 정보를 대중에게 직접 전달할 수 있는 많은 수단을 갖게 됐으며, 자신의 대의와 주장이 기존 매체에 의해 걸러지거나 왜곡되는 상황에서 점점 더 자유로워지고 있다.

그런데 디지털 미디어의 이런 병참적 의의에 주목하는 일부 연구자들은 디지털 시대 사회운동은 기본 성격 자체가 점점 더 네트워크 운동이 되고 있다고 주장한다(Beckett 2011; Bennett 2004; Melucci 1996; Negri and Hardt 2004; Pickard 2006) 이른바 '네트워크 사회운동론'은 최근의 사회운동이 중앙집중적이고 전문적인 방식보다는 수평적이고 분산적인 네트워크형 운동 양상을 점점 더 분명하게 드러내고 있다는 사실을 강조한다. 월(Wall 2007, 261)에 따르면, 탈산업 사회의 사회운동은 "확인 가능한 지도자들에 의해서가 아니라 소규모의 자가 형성적 집단들이 유사한 뜻을 가진 다른 집단들과 연결되고 때때로 행동을 조율하고 정보를 공유하면서도 서로 책임을 묻지 않는 친한 집단 또는 세포 같은 구조"로 특징 지어진다. 갈락과 하인(Garlach and Hine 1970, 33)은 1960년대 말 이래 사회운동 조직의 가장 일반적 형태는 "분절적, 다중심적, 통합적 네트워크" 형태를 띤다고 주장한다(Pickard 2006, 320에서 재인용). 돈크와 그 동료들(Donk et al. 2004, 4)도 신사회운동은 "통일성, 중심성, 공식성 그리고 강력한 리더십"과 같은 전통적 운동 원리보다는 "다양성, 탈중심성, 정보성 그리고 풀뿌리 민주주의"와 같은 네트워크 원리가 더 두드러진다고 주장한다. 또한, 멜루치(Melucci 1996, 113)도 "텔레커뮤니케이션과 컴퓨터 기술은 최근의 사회운동에 전형적으로 나타나는 탈중심화되고, 분절적이며, 그물 모양의 구조와 잘 양립한다"(Pickard 2006, 322에서 재인용)고 주장한다.

이처럼 '네트워크 사회운동론'은 디지털 시대 사회운동이 탈중심성, 비위계성, 민주성, 개방성, 다양성, 확장 가능성, 이질성, 분산성, 유동성, 유연성, 비공식성, 자치성의 원리에 점점 더 의존한다는 사실을 강조한다(Bennett 2004; Pickard 2006). 또한 그것은 네트워크 사회운동에서 참가자들 사이의 강한 집합 정체성이나 이데올로기적 통일성을 기대하기는 어렵다고 주장한다. 베넷(Bennett 2004, 123)에 따르면, 최근의 사회운동은 "지구적 범위, 네트워크화된 복잡성, 다양한 정치 정체성에 대한 개방성, 실용적인 정치적 성과를 위한 이데올로기적 통일성의 희생" 가능성이 높다. 나아가 네트워크 사회운동론에서는 강력한 조직적 리더십이 전통적 사회운동만큼 강조되지 않으며, 오히려 강력한 리더십의 부재가 역설적으로 지배 권력에 훨씬 더 유연하고도 효과적으로 저항할 수 있도록 해주는 것으로 평가된다.

지금까지 밝힌 네트워크 사회운동의 성격에 관한 논의로부터 다음과 같은 연구 질문을 제기해보겠다.

많은 연구자들이 이런 네트워크 사회운동에 관해 다양한 비판을 해왔다(Byrne 2007; Diani 2001; Gladwell 2010; Tilly 2004). 글래드웰(Gladwell 2010, 12)은 소셜 미디어를 매개한 대부분의 집합 행동은 전자 청원이나 온라인 기부 등과 같이 참여자들에게 그다지 큰 희생을 요구하지 않는 저위험 행동에 불과하다고 평가한다. 디아니도 인터넷이 집합 행동에 "유용한 정보와 자원을 확대시킬 수는 있겠지만 그것이 새로운 사람들을 운동에 참여시킬 수단으로 작용할지는 의문"(Diani 2001: Carty and Onyett 2006, 239에서 재인용)이라고 주장한다. 또한 바이언(Byrne 2007)은 사회 관계망 사이트 이용자들은 구체적인 집합 행동 방침을 제안하는 사람을 무시하거나 비합리적인 사람으로 치부하며, 온라인 사회 관계망 속에서 동원할 수 있는 잠재적 자원을 적극적으로 탐색하지 않는다고 주장한다. 이런 비판들은 공통의 경험과 연대감, 상호 헌신과 신뢰, 강한 도덕적 의무감과 집합 정체성이 결여된 약한 유대의 온라인 사회 관계는 좀처럼 고위험 행동으로 발전할 수 없다는 사실을 강조한다.

나아가 비판론자들은 약한 유대의 네트워크는 구조적이고 체계적인 사회 변화를 향한 집합 행동의 조직화에 적합한 조직 형태가 되기 어렵다고 주장한다. 글래드웰(2011, 10)에 따르면, "네트워크의 구조적 특징(예컨대 중심 권위의 부재, 라이벌 집단의 제어되지 않는 자율성, 공식 절차를 통한 분쟁 조정의 불가능성)은 외부의 공격과 내부의 분쟁에 취약"하다. 베넷(Bennett 2004, 124)도 네트워크 조직 구조는 "캠페인을 통제하고 일관된 집합 정체성 프레임을 구성하기" 어려우며, "개방적이고 집단적인 소통 과정을 도입하면 자신의 내부적 방향과 목적에 대한 도전을 경험" 하게 되는 취약성이 있다고 지적한다.

　　네트워크 사회운동의 한계와 취약성에 관한 이런 논의를 통해 다음과 같은 연구 질문을 제기해보겠다.

> 연구 질문 2: 2008년 촛불 시위에서 네트워크의 구조적 특징이 지닌 한계는 어떻게 나타났는가?

2 구성주의 사회운동론

　　네트워크 사회운동론과 함께 최근 새롭게 부상하고 있는 구성주의 사회운동론은 저항 행동의 동원과 조직에서 운동 참여자들의 자발성과 탈중심성이 두드러진다고 해서 집합 행동의 프레이밍도 참여자들의 탈중심적 협력을 통해 자연 발생적으로 형성되는 것은 아니라는 사실을 강조한다. 스노우와 벤포드(Snow & Benford 1992)에 따르면, "여론과 대중적 사건에 영향을 미치려 하는 활동가들이 참여자들의 불만을 지배적인 믿음 또는 가치와 연결함으로써 잠재적 참여자들의 공감을 얻을 수 있도록 자신들의 의제를 어떻게 프레이밍하는가"(Carty & Onyett 2006, 234에서 재인용)가 사회운동에서 매우 중요하다. 유사하게, 루트(Ruckt 2004, 32)는 사회운동에 관한 대중매체의 반응이 "운동의 궁극적 성공 또는 실패의 전제 조건"이 되기 때문에, "모든 운동이 대중매체에 의해 보장되거나 거부되는 공적 가시성을 위해 노력한다"고 주장한다. 따라서 구성주의 사회운동론에서 전통적인 대중매체가 대중 동원과 의제 설정 등과 같은 집합 행동에 미치는 영향력은 여전히 매우 중요하다고 간주된다.

확실히 전통 대중매체의 중요성에 관한 강조는 소셜 미디어의 여론 형성 기능을 중요시하는 네트워크 사회운동론과 대립하는 측면이 있다. 네트워크 사회운동론은 디지털 미디어가 단순히 운동 동원과 행동 조직 가능성을 높여줄 뿐만 아니라, 사용자들 사이의 '공유된 인식shared awareness'을 강화해준다고 주장한다. 여론이란 대중매체의 메시지가 대중에게 곧바로 침투함으로써 형성되는 것이 아니라는 캐츠와 라자스펠드Katz and Lazarsfeld의 '소통의 두 단계 흐름two-step flow of communication' 이론을 빌어, 셔키(Shirky 2011)는 최근의 소셜 미디어가 이용자들이 친구, 동료, 가족 등 자신이 일상적으로 접촉하는 사람들과 나누는 대화 속에서 여론을 형성하게 만드는 '소통의 두 번째 단계' 구실을 수행한다고 주장한다. 그러나 이 주장은 '소통의 두 단계 흐름' 이론이 실제로 강조하는 사실이 여론 형성에 대중매체의 직접적 영향력보다는 여론 주도층의 매개적 구실이 더 중요하다는 점과, '두 단계 소통'의 과정에서도 '대중매체에서 대중에게'라는 여론 형성과 흐름의 방향은 바뀌지 않는다는 점이라는 것을 간과하고 있다. 구성주의 사회운동론의 관점에서 보면, 소통의 두 번째 단계에서 실제로 일어나는 일은 여전히 사회정치 현안에 관한 대중매체의 관점을 수용한 여론 주도층이 페이스북과 트위터와 같은 소셜 미디어를 이용해 주변 사람들에게 그것의 타당성과 정당성을 전달하고 설득하는 과정이라 할 수 있는 것이다.

구성주의 사회운동론과 대중매체에 관한 이상의 논의를 통해 다음과 같은 연구 질문을 던져보겠다.

연구 질문 3: 2008년 촛불 시위에서 전통적인 대중매체의 영향력은 어떻게 발휘됐는가?

물론 구성주의 사회운동론이 대중매체의 영향력을 주목한다고 해서, 네트워크 사회의 집합 행동이 점점 더 상향적, 평등적, 사회적 소통 방식에 토대를 두고 표출되고 있다는 사실을 부정하는 것은 아니다. 구성주의 사회운동론은 오늘날의 사회운동이, 한편으로는 다양한 공중을 수평적으로 집합 행동의 장 속에 통합해내야 하며, 다른 한편으로는 저항 이슈를 적절하게 프레이밍함으로써 수많은 공중의 인식과 태도에 일정한 방향성을 부여해야 한다는 점을 역설한다(Baringhorst 2008, 77). 대중 동원의 측면에서는 디지털 미디어의 수평적이고 평등주의적인 네트워크 논리가 중요하겠지만, 집합 행동의 방향 설정이라는 측면에서는 대중매체를 적극 활용하는 하향적이고 위계적인 매스 미디어의 논리가 중요하다고 보기 때문이다. 따라서 사회운동은 스스로 성찰적 집합 행동을 조직할 수 있는 대중과 적극적이고도 하향적인 방식으로 결합하려는 노력을 게을리 해서는 안 된다. 그리고 그러기 위해 사회운동은 대중매체가 전달하는 메시지에 적극적으로 개입하고, 사회정치 사안에 관한 진보적 관념과 해석, 곧 진보 프레임을 전파하는 활동을 적극적으로 전개해야 한다.

요컨대 대중의 관심을 특정한 이슈에 집중시키고, 그것에 관한 공통의 의미화 작업을 조직하고, 공유된 행동 프로그램을 창출함으로써 지배 질서를 대상으로 한 대중적 압력을 높여나가는 것은 사회운동의 중요한 임무다. 대중들은 일상적 상호 작용 과정에서 자신들이 옳다고 믿는 가치와 행동의 의미 그리고 부정의를 향한 분노 등을 공유함으로써 집합 정체성을 발전시키지만, 구성주의 사회운동론은 그런 작업이 사회운동의 의식적이고 적극적인 담론 자원의 생산과 공급에 크게 의존한다는 사실을 강조한다.

하향식 저항 프레임 구축에 관한 이런 논의로부터 다음과 같은 연구 질문을 제기한다.

연구 질문 4: 2008년 촛불 시위에서 사회운동의 저항 프레임 구성은 어떤 특징을 드러냈는가?

3.자료와 연구 방법

이상에서 제기한 연구 질문에 답하기 위해, 이 장은 인터넷 포털 사이트 '다음'의 '아고라' 토론방 게시글, 《동아일보》, 《한겨레》, 《경향신문》의 사설과 칼럼, 대책회의 발표문 등과 같은 자료에 관해 비판적 담론 분석을 수행했다. 이 자료들은 모두 이 글의 기본 문제의식이라 할 수 있는 촛불 시위의 운동 지도력과 직접적으로 관련이 있는 것들로 구성됐다.

먼저 아고라 토론방에서 '광우병대책국민회의'라는 검색어를 입력해 얻은 2008년 5월 1일에서 8월 30일 사이의 게시글 중에서 토론 참가자들 사이의 댓글 논쟁이 매우 활발했던 글을 골라 분석 자료로 활용했다. 여기에는 2008년 5월 30일에 게시된 〈다함께 논란에 대해〉(댓글 수 114개), 6월 7일에 게시된 〈광우병 국민대책회의 실체를 아십니까?〉(댓글 수 198개), 8월 7일에 게시된 〈[독재타도] 전문시위꾼이 됩시다〉(댓글 수 206개) 등 총 3개의 온라인 토론 자료가 포함됐다. 이 자료들은 물론 아고라 게시판 토론의 기본 성격을 정확하게 대표하는 것은 아니지만, 댓글 토론을 거의 수반하지 않는 대부분의 다른 게시글과 달리 댓글 수, 조회 수, 찬반 수 등의 측면에서 참여자들 사이의 활발한 상호 작용 과정과 토론방 전체의 분위기를 잘 보여주는 자료라 할 수 있다.

또한, 이 장은 '미디어 가온'이라는 인터넷 사이트에서 '광우병대책국민회의'라는 검색어를 입력하여 얻은 2008년 5월 1일에서 8월 30일 사이의 《동아일보》 사설과 칼럼 총 40건, 《한겨레》 사설과 칼럼 11건, 《경향신문》사설과 칼럼 10건을 담론 분석 자료로 활용했다. 아울러, '대책회의'가 2008년 5월 28일에 발표한 "조중동 왜곡보도 규탄 기자회견문", 6월 7일에 아고라 토론방에 게시한 "광우병 국민대책회의 답변입니다"(댓글수 186개), 6월 8일에 발표한 "평화집회 호소문"을 분석 자료로 활용했다.

'연구 질문 1'과 관련해서 '탈중심성과 비위계성'에 초점을 맞춰 네트워크 사회운동의 특징적 양상을 분석했다. '연구 질문 2'와 관련해서는 '외부 공격과 내부 분쟁에의 취약성'이라는 점을 중심으로 네트워크의 구조적 특징이 지닌 한계를 검토했다. '연구 질문 3'과 관련해서 '촛불 시위 배후론'에 초점을 맞춰 전통 대중매체의 영향력을 분석했다. '연구 질문 4'와 관련해서는 '폭력/비폭력' 논란을 중심으로 사회운동의 저항 프레임 구성 문제를 탐구했다.

전체적으로, 연구 질문들에 관한 분석은 아고라 토론방 참여자 집단, 《동아일보》, 《한겨레》, 《경향신문》 등의 대중 매체, 대책회의라는 세 가지 주요 행위 주체가 촛불 시위의 지도력에 관해 어떤 태도를 취했으며, 그것을 관철시키기 위해 어떤 담론 전략을 구사했는지에 초점을 맞춰 수행했다.

4. 분석

1 운동의 탈중심성과 비위계성

2008년 촛불 시위가 네트워크 사회운동의 대표 특징이라 할 수 있는 탈중심성과 비위계성을 두드러지게 드러냈다는 것은 분명한 사실이다. 촛불 시위에서는 수많은 정치 정당과 시민사회단체들 중 그 어떤 조직도 명실상부한 운동 지도부의 지위를 획득하지 못했다. 1700개 시민 사회 단체가 모여 결성한 대책회의는 100여 차례의 촛불 집회와 시위를 주최했으나, 스스로 운동 지도부로 자처한 적이 없으며 대중들로부터 그렇게 인정받은 적도 없다. 집회와 시위 현장에서 대책회의는 대중들에게 집합 행동의 장을 제공하고 시위 진행을 도와주는 것 이상의 조직적 위상을 갖지 못했다. 시위 참여자들은 자신들을 지도하려 하거나 또는 계몽하려는 모든 행위는 자신들의 자발성과 자율성을 부정하거나 제한하는 시도로 간주하고 강한 거부감과 반감을 드러냈다. 촛불 시위의 이런 탈중심적, 비위계적 성격은 주로 아래의 [발췌 1]과 같은 진술로 나타났다.

[발췌 1]
시민이 개개인의 의지와 소신을 가지고 자발적으로 참여하는데 하나의 단체가 시민 개개인의 행동을 컨트롤 한다거나 하는일은 있어서도 안되고 그렇게 되지도 않을것입니다. 시민들의 자발적 참여를 더럽히지 않았으면 합니다 단체들은 주동자가 아니며 시민들의 도우미역활에만 충실히 하여도 시민들은 그들을 잊지않고 손을 들어 줄것입니다.

[발췌 1]은 아고라 게시판에 올라온 〈다함께 논란에 대해〉라는 글의 댓글 중 일부다. 여기에서 '다함께'란 한국의 급진적 정치 운동 조직의 명칭인데, 이 그룹은 촛불 시위와 아주 밀접하게 결합해 자신들의 정치적 지도력을 구축하려 노력했다. 그러나 시위 현장에서 확성기를 들고 구호를 선창하며 시위를 주도하려 한 '다함께'는, 자신의 기대하고는 정반대로 시위 참여자들에게 격렬한 반발과 비난을 받았다. [발췌 1]에서 볼 수 있듯이, 참여자들은 대체로 자신들을 독립적 의지를 지닌 자발적 행위 주체로 정립하려는 의지를 비교적 분명하게 드러냈다.

참여자들의 이런 의지와 충돌하는 현상이 전개될 때 참여자들은 흔히 다음과 같은 종류의 반감을 댓글로 표출했다. "행진할때 대부분 사람들이 그랬습니다. 쟤네 왜또 나서? 쟤네가 뭔데나서? 어디서 듣보잡 단체가와서 대표라고 앞에서냐? 제발 꺼지십시오. 뒤에서 티내지말고 조용히 대한민국 국민으로서만 참가해달란말이에요." 이런 반감은 다음과 같은 반응하고도 유사하다. "다함께든, 민주당이든, 진보신당이든, 민주노동당이든 심지어는 뉴라이트든 광우병 쇠고기 수입과 이명박 정부 반대 시위에 동참할 수는 있어도 시민을 이끌고 지도하려 해서는 안 된다." 참여자들은 정치 정당이나 시민단체들이 일반 시민을 바라보는 방식이 "명청한 대중은 비판적 사유가 부족하므로 몇가지 기술을 걸면 의외로 쉽게 꼬드길 수 있다"는 것과 유사하지 않은지 경계한다. 요컨대 참여자들은 "지도해야 할 대중이란 없으며, 대중은 지도 받기 싫어한다"는 사실을 강조하고 "대중을 일방적으로 계몽하려"는 행위는 용인될 수 없다는 인식을 대체로 공유하고 있었다.

대책회의는 아고라 게시판에 나타난 참여자들의 이런 주장과 태도에 동의하였다. '대책회의'의 시각은 "국민이 더 잘 알고 더 잘 실천하는데 계몽하겠다고 하는 것은 망상입니다"라거나 "우리 사회가 촛불항쟁을 거치면서 '평범한 시민'들이 주도하는 참된 참여민주주의 사회로 눈부시게 발전해가고 있다"는 종류의 논평으로 나타났다. 대책회의의 이런 반응은 디지털 시대의 대규모 집합 행동에는 이제 전통적 운동 방식이 통하지 않는다는 사실을 확인해주는 것이었다. 실제로 2008년의 촛불 시위에서는 1987년 민주항쟁 당시 '민주헌법쟁취국민운동본부'와 같은 강력한 운동 지도부, 독재 타도와 직선제 개헌이라는 통일된 구호, 공권력에 대항한 물리적 싸움의 단일한 대오 등과 같은 사회운동 양상은 찾아보기 어려웠다. 〈다함께 논란에 대해〉에 관한 또 다른 댓글의 일부인 [발췌 2]를 보자.

[발췌 2]

우연성의 개입을 막는 모범적 집회, 질서있는 집회야말로 우리의 실패임을 알아
야 한다...시위가 조직된 특정 집단에 의해 질서 있게 통제되어서는 안 된다...우
리가 진짜 중요하게 생각해야 하는 것은 '휴대폰과 디카와 인터넷방송이 세상
을 어떻게 바꾸는가'이다...어느 정도의 예측불가능성이 필요하다. 혼선이 필요
하다. 모여앉아 구호를 외치는 잘 짜여진 시위가 아니라 시끌벅적한 축제분위
기가 필요하다...우리는 무질서해야 한다. 그 무질서는 다양성에서 비롯되어야
한다. 예비군부대도 와야 한다. 자전거부대도 와야 하고, 오토바이부대도 와야
하고, 유모차부대도 떠야 하고 1인 시위도 있어야 한다. 대학생도 노동자도 함
께해야 한다...우리는 저들보다 더 똑똑하다. 우리는 저들보다 더 다양하다.

[발췌 2]에서는 무질서, 예측 불가능성, 디지털 기술, 축제 분위
기, 다양성 등과 같은 용어들이 촛불 시위의 기본 성격을 규정하는 핵심
요소들로 강조된다. 반대로 모범, 질서, 조직적 통제 등과 같은 전통적 시
위 양태는 극복돼야 할 대상으로 간주된다. 아고라 토론방에 반복적으로
나타나는 이런 주장은 디지털 시대 집합 행동의 특성에 관한 당시의 그리
고 이후의 많은 사회정치 담론과 동일한 맥락에서 이해할 수 있다. '촛불
소녀', '하이힐 족', '82쿡', '소울드레서', '쌍코', '세바녀(세상을 바꾸는 여
자들)', '개념찬 여자들', '마이클럽', '앞치마 연대', '예비역 부대', '프로축구
서포터스', '홍대 라이브 클럽 밴드', '유모차 부대', '노트북과 카메라와 무
선 마이크를 장착한 수많은 1인 방송의 리포터들'과 같은 다양한 주체들
이 촛불 시위에 참가했다. 재기발랄한 반정부 패러디와 문구, 해산 명령을
내리는 경찰에 돌려준 '노래해'라는 연호, 다기한 복장과 다양한 길거리
공연, 경찰차에 붙여진 주차 위반 스티커, 닭장차 투어, '명박산성'을 비웃
는 토성 쌓기 퍼포먼스 등은 시위를 마치 축제와 같은 것으로 만들었다.
과연 촛불 시위는 강한 이데올로기적 통일성을 갖지 않는, 다양하고도 이
질적인 사람들 사이의 느슨하고도 약한 유대에 바탕을 둔, 전혀 새로운

대규모 집합 행동의 양상을 드러내 보였다.

인터넷 게시판 아고라에서 표출된 이런 네트워크 사회운동 양상은 《한겨레》,《경향신문》과 같은 진보 개혁 언론의 시위 프레이밍하고는 대체로 조화를 이룬 반면,《동아일보》와 같은 보수 언론의 그것하고는 충돌하는 것이었다. 먼저 진보 개혁 언론의 프레이밍과 관련해 [발췌 3]을 보자.

[발췌 3]
촛불 모임은 인터넷을 통한 디지털 소통 문화를 바탕으로 하여 형성된 새로운 정치문화의 표현이다. 디지털 문화의 가장 큰 특성은 소통이 일방적으로가 아니라 쌍방적 내지는 다방적으로 이루어지며 …… 다방적 소통이 이루어지는 곳에 '배후'를 말하는 것은 자가당착이다. 어느 누구도 상부의 지시에 따르지 않으며, 또한 지시를 하는 상부도, 고정된 중심도 없기 때문이다. 인터넷상의 소통에서 또 다른 특정은 개개인 하나하나가 중심이란 점이다. 전체를 우선시하는 거대담론으로 개인을 강제하는 것은 받아들여지지 않는다 …… 또한 이 새로운 저항의 문화는 경쾌하고 흥미로운 축제로 진행된다. 강제가 아닌, 개인의 자발성, 창발성이 바탕이기 때문이다.

[발췌 3]은 2008년 7월 7일《경향신문》에 게재된 〈아는 만큼 '소통'된다〉는 칼럼의 일부다. 촛불시위가 "개인의 자발성"과 다방향의 디지털 소통에 바탕을 둔 "새로운 정치 문화의 표현"이며, "경쾌하고 흥미로운 축제"라는 주장은 [발췌 2]의 내용과 거의 동일하다. 그리고 아고라가 이런 시위이자 축제인 촛불의 열기가 들불처럼 지속적으로 타오르게 한 구심점이 됐다는 평가도 진보 개혁 언론의 시위 프레이밍의 주요 구성 부분이었다.

반면 보수 언론의 프레이밍은 "거리의 직접민주주의가 익명의 디지털 포퓰리즘과 결합", "정작 인터넷에서는 '깃털이 같은 새'끼리만 모여 유유상종하고 조금이라도 깃털의 색깔이 다른 새에 대해서는 저주를 퍼붓는다", "누리꾼들은 같은 생각을 가진 사람들이 모이는 사이트만 찾아다니며 자기 의견을 강화하기에 바쁘다", "인터넷 사이트마다 그룹싱크 groupthink(집단 사고) 현상이 심해지는" 등과 같은 표현들로 인터넷 게시판의 시위 프레이밍과 충돌하였다. 아래의 [발췌 4]를 보자.

[발췌 4]
'아고라'에는 최근 망치로 경찰버스 유리창을 깬 대학생을 경찰 프락치라고 주장한 글이 떴다. 사진을 멋대로 분석해 프락치로 몰았지만 이 역시 사실이 아니었다. 사진을 조작해 "전경이 여대생을 목 졸라 즉사시켰다"는 '여대생 사망설'을 인터넷에 유포한 사람이 구속 기소된 것도 얼마 전이다. 검증된 뉴스를 보도하는 신문을 보지 않고 미확인 정보와 허위 사실이 횡행하는 사이트만 들여다보는 누리꾼이 많으니 실로 걱정이다.

[발췌 4]는 2008년 6월 25일 동아일보에 게재된 〈2008년 6월 대한민국 경찰〉이라는 사설의 일부다. 여기에는 많은 누리꾼이 "미확인 정보와 허위사실이 횡횡하는" 인터넷 사이트만을 즐겨 찾는다는 사실과, 신문은 "검증된 뉴스를 보도"한다는 사실이 대비되고 있다. 이런 평가를 통해 보수 언론은 촛불 시위가 1980년대의 '선전선동 정치'로 되돌아가고 쇠파이프를 동원하고 전경버스를 파괴하는 폭력 시위로 변질됐다고 주장한다. 요컨대 촛불 시위가 보여준 탈중심적이고 비위계적인 네트워크 사회운동 양상에 관한 한, 보수 언론의 프레이밍은 대다수 네티즌과 시위 참여자들의 운동 프레이밍과 대립하고, 또 거부됐다고 볼 수 있다.

2 외부 공격과 내부 분쟁에의 취약성

분명히 촛불 시위는 중심 권위의 부재와 다양한 참여 집단의 자율성 등과 같은 네트워크 조직 구조의 일반적 속성을 드러냈다. 그렇지만

그것은 외부의 공격과 내부의 분쟁에 취약한 네트워크 조직 구조의 한계
도 보여줬다. 아래의 [발췌 5]를 보자.

[발췌 5]
cyberpolice: 장남삼아라도 불법, 과격시위에 동조하거나 동참하지 맙시다.
moon1234: 부당함에 대하여 저항하는것 민주시민의 당연한 권리아닙니까?메
아리가 없으면 반드시 소리를 더 크게 치는게 순리아닙니까?그런데 저 청와대
귀머거리...의도적으로 절대다수의 국민의견을 씹고 있습니다...저 식기는 대한
민국의 대통아닙니다!!지만 모르지.
복숭아: 불법은 이메가랑 떡찰이 충분히 저질르고있거든? 거기가서 이야기하렴.
cyberpolice: 복숭아는 빠샤샤 친구? 아고라에 방 잡고 논 게 두 님이 비슷한
것 같네.
cyberpolice: you는 따라 다니면서 내용도 없는 소리만 하나? 내가 알바면
어떻고 비정규직이면 어떤데, 넌 뭔데? 세작 똘만이냐?

[발췌 5]는 2008년 7월 15일 아고라에 게시된 〈[독재타도] 전문
시위꾼이 됩시다〉라는 주제 글에 대한 댓글의 일부이다. [발췌 5]는 촛
불시위 기간 이용자들 사이에서 반복적으로 나타나는 상호 작용 유형
들 중의 하나를 보여준다. 소위 '알바' 또는 '프락치' 논쟁이 그것이다. [발
췌 5]에서 'cyberpolice'라는 이용자는 시위 참여자를 경고하고("장난삼아
라도 불법, 과격시위에 동조하거나 동참하지 맙시다"), 자신이 토론방 이
용자들을 감시하고 있다는 사실을 숨기지 않는다("아고라에 방 잡고 논
게 두 님이 비슷한 것 같네"). 또한 빨갱이론("넌 뭔데 세작 똘만이냐?")으
로 이용자들을 자극하고 위협한다. 촛불시위의 '외부자'인 '사이버폴리스'
의 공격은 시위 지지자들을 위축시킬 수 있을 만큼 음습하다. 이런 공격
을 반복적으로 행하는 '외부'에 대하여 토론방 이용자들이 보이는 전형적
반응들 중의 하나는 그것을 한나라당과 이명박 정부가 고용한 '알바(아
르바이트)'로 간주하는 반응이다("내가 알바면 어떻고 비정규직이면 어떤

데?"). 그렇지만 '알바'로 지목된 사람들이 실제 '알바'인지 아닌지하고는 별도로 '알바' 논란 그 자체는 이미 온라인 토론을 플레이밍과 상호 불신이 지배하는 것으로 만드는 결과를 낳는다("불법은 이메가랑 떡찰이 충분히 저질르고 있거든? 거기가서 이야기하렴"). 온라인 토론공간을 향한 외부의 공격은 온라인 토론이 불신의 늪으로 빠져들게 하는 데 상당한 효과를 거두고 있는 것이다.

그런데 이런 취약성은 토론 참여자들이 자신과 의견이 다른 모든 사람들을 쉽사리 '알바'나 '프락치'로 낙인찍는 행태로 증폭되어 나타나기도 한다. 촛불 시위 기간 내내 대책회의조차도 참여자들로부터 이명박 정부의 사주를 받은 프락치 집단이라는 비난과 공격을 받았다는 사실이 이 점을 잘 보여준다. 아래의 [발췌 6]을 보자.

[발췌 6]
가끔 글을 읽다 보면 대책위는 꺼져라라는 격한 말을 듣게 됩니다. 그 와중에는 소위 말하는 알바라는 영혼없는 인간들의 글도 있지만 몇몇 아고리언 분들도 계신 걸로 보입니다. 시청에서 노래나 부르고 뭐하는 짓이라며 대책위가 대통령의 사주를 받고 있다는 말까지 나옵니다.

[발췌 7]
촛불집회에서 자주 듣는 말중에 하나가 아마도 프락치라는 말일 것 같습니다. 서로가 서로를 믿지 못하고 의심하는 모습 좋지 않습니다. 시위를 하다보면 과격해지기도 하고 하는 것이지 선동하는 사람이라고 프락치라고 하고 아마도 정부가 원하는 게 바로 프락치라는 말로 서로를 의심하고 경계하는 것일 듯 합니다.

[발췌 6]은 아고라 토론방의 〈광우병 국민대책회의 실체를 아십니까?〉라는 글의 댓글들 중 일부이며, [발췌 7]은 2008년 6월 8일 대책회의가 발표한 〈평화집회 호소문〉에 달린 댓글들 중 하나다. [발췌 6]에서는 소문과 오해를 활용해 대책회의 활동을 무력화하려는 이른바 '알바'

들뿐만 아니라("소위 말하는 알바라는 영혼없는 인간들의 글도 있지만"), '대책회의'가 자신들의 뜻대로 움직이지 않는다고 생각하는 적지 않은 집회 참여자들과 아고라 회원들에 의해서도 대책회의가 '프락치'로 공격받는 모습("대책위가 대통령의 사주를 받고 있다는 말까지 나오고 있습니다")을 확인할 수 있다. [발췌 7]에서는 촛불 시위 현장이 '프락치' 논란으로 너무 많이 오염돼 있다는 사실을 확인할 수 있다. "아마도 정부가 원하는 게 바로 프락치라는 말로 서로를 의심하고 경계하는 것일 듯 합니다"라고 프락치 논란의 문제점을 지적하는 말에서 알 수 있듯이, 촛불 시위 현장에서 과격한 행동을 하는 사람이나 급진적인 구호를 외치는 단체를 '프락치'로 의심하는 행태는 매우 널리 퍼져 있었다고 볼 수 있다. 이처럼 시위 참여자들이 대책회의조차도 프락치로 비난하는 상황은 촛불 시위가 내적 분쟁에 상당히 취약했다는 사실의 한 가지 표현이라 할 수 있다.

요컨대 촛불 시위 현장과 아고라 토론방에서 두드러지게 나타난 상호 불신의 분위기는 네트워크 사회운동이 지닌 외부적 공격과 내부적 분쟁에의 취약성이라는 맥락에서 이해될 수 있다.

3 대중매체의 '배후' 프레이밍 효과

앞서 살펴봤듯이 촛불 시위 참여자들의 시위 프레이밍은 지도부 없는 '탈중심적이고 자발적인 집합행동'을 중심으로 조직됐지만, 거기에는 이른바 대중매체의 '배후론'이 중요한 시위 프레임으로 작동하고 있었던 것도 사실이다. 참여자의 독자성과 자발성에 토대를 둔 새로운 사회운동 양상을 긍정적으로 바라보는 탈중심·비위계성 프레임과, 촛불시위를 무력화하기 위한 이명박 정부와 보수 세력의 배후 세력 프레임이 뒤섞여 존재했던 것이다. 아래의 [발췌 8]을 보자.

집회를 주최한 '광우병 위험 쇠고기 전면 수입을 반대하는 국민대책회의'에는 좌파단체와 인터넷모임이 대거 가담하고 있다 …… 과학적 의학적 사실을 무시하고 광우병 불안을 확산시키는 것은 정치적 선동이라고 볼 수밖에 없다. 그동안 촛불집회를 주도한 세력은 광우병 파동 이전부터 정치활동을 하던 단체들이다 …… '효순이 미선이'에서부터 광우병 괴담까지 촛불집회를 주도하는 세력의 코드는 친북반미다.

[발췌 8]은 2008년 5월 10일 《동아일보》에 실린 〈광우병 촛불집회 배후 세력 누구인가〉라는 사설의 일부다. 이 사설에서 보수 세력은 대책회의를 "좌파단체와 인터넷 모임"으로 구성된 "친북반미" 코드의 촛불 배후 세력으로 단정한다. 대책회의라는 촛불 시위 참여와 진행 주체를 곧바로 배후 세력으로 등치시키고 있는 것이다. 이런 담론 전략의 목표는 촛불 시위 참여자들을 소위 순수한 일반 대중과 불순한 배후 세력으로 분리하는 것이다. 그리고 쇠고기 수입 협상을 향한 대중의 분노가 좌파세력의 친북 반미 정치적 선동에 악용되고 있다는 '빨갱이'론이 그런 목적달성의 수단으로 활용되고 있다.

이런 '배후론'에 근거하여, 보수 세력은 촛불 시위를 불법 폭력, 법치주의 훼손, 대통령 선거 결과 불복종, 헌정 질서 전복 등으로 단정하는 담론을 지속적으로 전파하였다. 아래의 [발췌 9]를 보자.

[발췌 9]
촛불집회의 일부 배후세력이 궁극적으로 노리는 정권퇴진이나 일부 누리꾼이 자행하고 있는 언론재편 운동은 이 나라 이 사회를 근본적으로 뒤엎으려는 시도에 다름 아니다. 우리 사회는 자유민주주의와 법치주의, 시장경제를 근간으로 하는 체제다. 이것이 대한민국과 우리 헌법의 정체성이고 지향점이다. 따라서 일부 세력의 빗나간 운동은 헌법에 정면 도전하는 혁명적 발상이다.

[발췌 9]는 2008년 6월 23일 동아일보에 실린 〈광고주 협박범죄의 중대성〉이라는 칼럼의 일부다. [발췌 9]는 촛불 시위에 배후 세력이 있다고 단정하고, 배후 세력이 "정권 퇴진"을 노리고 "이 사회를 근본적으로 뒤엎으려는 시도"를 하고 있다고 단정한다. 나아가 그런 시도가 "자유민주주의"와 "시장경제"를 근간으로 하는 대한민국의 "헌법에 정면 도전하는" 것이라고 주장한다. 여기에서도 광우병 쇠고기 수입에 반대해 발생한 촛불 시위를 정권 타도와 체제 전복 행위로 몰아붙이는 과장 어법이 동원되고 있다.

요컨대 보수 세력은 "골수친북수구좌파 인물들이" "불순한 의도"를 가지고 촛불 시위를 "배후 조종"하고 있다는 핵심 프레임과, 촛불 시위는 법치주의를 훼손하는 불법 폭력 시위라는 담론 전략, 그리고 시위 참여자들의 대통령 "탄핵"과 "하야"와 "타도" 구호는 헌정 파괴 행위에 다름 아니라는 프레임을 지속적으로 전파함으로써 촛불 시위를 단속하고 통제하려 했다.

한편 대책회의는, [발췌 10]에서 알 수 있는 것처럼 보수 세력의 '배후론' 프레이밍을 적극적으로 비판했다.

[발췌 10]
조선 중앙 동아일보가 국민에게 버림받겠다고 작정한 모양이다. 이들 신문은 미국산 쇠고기 전면 수입개방에 반대하는 시민들의 자발적인 거리시위를 어떻게든 폄훼하고 음해하려고 안간힘을 쓰고 있다. 해묵은 '배후론'도 다시 등장했다. 시민들은 검역 주권과 건강권을 찾아 거리로 나섰는데, 이른바 '메이저 신문'들은 실체 없는 '배후'를 찾아 헤매고 있으니 참으로 딱한 노릇이다...이 시위에는 특정한 '지도부'가 없다는 사실을 이명박 정부와 경찰 수뇌부, 그리고 수구보수신문들만이 부정하고 있다 …… 조중동은 지금까지 진보세력을 음해하고 공격하던 구시대적 수법이 이번에도 통할 것이라고 생각하는 모양이다 …… 시대의 흐름과 민심을 읽지 못하는 세력이 몰락하는 것이 세상의 이치다. 조중동은 지금 그 길을 가고 있다.

[발췌 10]은 2008년 5월 28일 '조중동 왜곡보도 규탄 기자회견'에서 대책회의가 발표한 〈국민은 조중동에 속지 않는다〉라는 성명의 일부다. 대책회의는 촛불 시위가 기본적으로 시민들의 "검역 주권"과 "건강권" 요구 투쟁이며, "특정한 '지도부'가" 없는 시위인데도 보수 언론이 '배후론'을 동원하여 시대착오적인 '색깔론'과 '빨갱이론'의 망령을 불러오고 있다고 비판한다. 이런 비판을 통해 대책회의는 촛불 시위가 지도부가 없는 시민들의 자발적인 시위라는 사실을 다시금 강조하고, "구시대적 색깔론" 프레이밍으로 보수 세력의 '배후론'에 적극적으로 맞서고 있다.

그러면 보수 대중매체를 통해 제기된 '배후' 프레이밍은 온라인 토론과 촛불 시위에 과연 어떤 영향을 미쳤는가? 여기에 관한 평가는 양가적이다. 참여자들은, 한편으로는 보수 대중매체의 '배후론'이 시위의 본질을 호도하는 것이라고 분명하게 비판하면서도, 다른 한편으로는 '배후 세력 경계' 의식도 상당히 폭넓게 공유했다. [발췌 11]과 [발췌 12]를 보자.

[발췌 11]
대책위에서 말하고 했습니다...자신들은 주도를 하지 않고...시민들을 따라 갈 뿐이라고...대책위가 시민들을 진두진휘 할 수는 없습니다...그렇게 되면 그들이 배후가 될 수 있지 않을까요???시민들 또한 그들이 진두진휘하는 것을 원하지 않습니다...

[발췌 12]
국공합작도 아니고 순수해야할 우리 촛불문화제에서 반자본주의로 이념을 무장한 단체는 순수성을 훼손하는 것이며 이명박 정부에게 빌미를 제공할 뿐 입니다. 특히나 좌파들이 주동하고 배후세력을 캔다고 하는 마당에 좀 더 사려 깊게 생각해봐야할 문제라고 생각합니다. 지금 하는 짓을 보면 그러질 않길 바라지만 정부의 프락치가 아닐지도 모른다는 생각도 듭니다.

[발췌 11]과 [발췌 12]는 모두 〈다함께 논란에 대해〉에 관한 댓글

의 일부다. 이 발췌문들에서 알 수 있듯이, 시위 참여자들은 이명박 정부의 배후론이 운동의 본질을 호도하는 논리라고 반박하면서도, 다른 한편으로는 어쨌든 배후 세력은 경계해야 한다는 인식을 드러낸다. [발췌 11]에서는 대책회의가 지도부로 자처하는 것은 곧 스스로 촛불 시위의 배후임을 자인하는 꼴이 될 것이라는 경계 의식이 표출되고 있다. 그리고 [발췌 12]에서는 촛불 시위에 참여하고 있는 반자본주의 정치 조직은 이명박 정부가 말한 대로 불순한 배후 세력이거나 심지어는 이명박 정부의 프락치일 수 있다는 인식이 좀더 직접적으로 드러나고 있다. 촛불 시위가 요구하는 것은 광우병 쇠고기 유입 반대이지 자본주의 반대가 아니며, 정부로부터 배후 세력으로 의심받지 않도록 반자본주의 단체의 시위 참여를 제한해야 한다는 일종의 자기 검열과 같은 양상이 나타나고 있는 것이다. 이런 배후 세력 경계론은 국민의 '순수한' 의도가 '반정부, 좌파, 반미 세력의 선동'에 변질되지 않도록 해야 한다는 생각을 중심으로 조직되고 있다. 물론 여기에 관해 "구닥다리 '배후 세력' 논리가 아직까지도 이리 잘 먹히는 이유가 이와 같은 '매우 순수한' 여론 때문"이라든가 "다함께 비판 목소리 중에 레드 콤플렉스나 마녀사냥 심리가 엿보이는 것도 사실"이라는 반응이 제기되기도 했지만, 배후 세력 경계론은 민주당이든, 진보신당이든, 민주노동당이든, 다함께든, 대책회의든 그 누구도 시위를 주도하려 해서는 안 된다는 주장과 연결돼 아고라 게시판에 비교적 큰 비중을 차지한 담론으로 평가될 수 있다. 기존 정치 정당과 조직을 향한 시위 참여자들의 불신이 이런 조직에 따른 운동 지도를 거부할 뿐만 아니라, 배후 세력 경계론까지 발전하고 있는 것이다.

이런 점에서, 배후 세력 경계 담론은 온라인 토론과 촛불 시위가 이명박 정부, 한나라당, 《조선일보》, 《동아일보》, 《중앙일보》 등 보수 세력의 '배후론' 프레이밍에서 완전하게 자유롭지 못했다는 사실을 보여주는 것이라 할 수 있다. 그리고 이처럼 보수 세력의 '배후론'에 영향을 받은 배후 세력 경계 담론이 토론과 시위 공간에 상당히 널리 퍼져 있었다는 점에서, '배후론'에 맞선 촛불 시위의 대항 프레이밍은 일정한 한계를 지닌 것으로 평가될 수 있다.

4 운동의 '폭력/비폭력' 프레이밍 효과

운동의 '폭력/비폭력' 논쟁은 촛불 시위 현장과 아고라 토론방에서 매우 많은 논란을 불러일으킨 또 다른 쟁점들 중 하나다. 그리고 그것은 시위 참여자, 대중매체, 대책회의가 시위의 방향과 성격을 둘러싸고 전개한 프레임 각축의 중요한 지점이기도 했다. 촛불 시위는 시종 비폭력 기조로 일관했지만, 그 과정에서 시위 참여자들 사이의 '폭력/비폭력'을 둘러싼 논쟁은 끊이지 않았다. 아고라 토론방에서는 비폭력 평화 시위 기조가 참여자들의 투쟁 의지를 오히려 억누른다는 지적이 지속적으로 제기됐다. [발췌 13]을 보자.

> [발췌 13]
> 보다 중요한건 서울에서 하던 지방에서 하던 강력하게 해야한다는겁니다. 비폭력찌질거리는 소리에 우왕좌왕말고 소수라도 단 몇십이라도 뭉쳐서 당사를 점거하던 한나라의원을 붙잡고 늘어지던 먼가 강력한 투쟁의지를 보여줘야만...소수라도 투쟁의지를 강력히 발휘하면 충분히 전체 촛불시위에 많은 도움 됩니다.

[발췌 13]은 아고라 토론방의 〈[독재타도] 전문시위꾼이 됩시다〉라는 글의 댓글들 중 일부다. 폭력/비폭력에 구애받지 않고("비폭력찌질 거리는 소리에 우왕좌왕 말고") 소수라도 강력한 투쟁을 전개하는 것이 전체 촛불 시위에 오히려 도움이 된다는 것이 [발췌 13]의 요지다. 이런

주장은 수십 차례의 촛불 시위가 장시간 한 곳에 모여 앉아 "노래 부르고 자유 발언하는" 문화제 형식으로 진행돼온 것에 대한 불만과 반감의 표출로 이해할 수 있다. 촛불 시위 패턴에 관한 비판이 종종 '알바'나 '프락치' 활동으로 치부되는 상황에서도, 아고라 토론방 이용자들은 "유럽 사람들처럼 한번 해봤으면...언제 한 번 한나라당 당사로 쳐들어가 확 엎어버리고 똥칠도 하고 계란칠도 해봤으면"과 같은 답답한 마음을 드러냈다. 촛불 시위 형식이 "명박쉐이가 경찰도 있고, 힘도 있고, 권력도 있는데, 시민들이 갖고 있는게 뭡니까? 자발성만 있으면 이길 수 있습니까? 저는 시민들에게도 힘이 있었으면 좋겠습니다. 촛불의 힘요? 물대포 쏘면 꺼지고 바람불면 꺼져요. 이기고 싶단 말입니다"라는 참여자들의 열망을 제대로 담아낼 수 없다는 불만은 토론방에서 반복적으로 제기됐다.

이처럼 비폭력 프레이밍을 넘어서는 행동을 바라는 요구는 촛불 시위 전체 과정에서 소수 입장에 머물렀지만, 보수 세력은 [발췌 14]에 나타난 것처럼 대중매체의 '불법'과 '폭력' 프레이밍으로 촛불 시위를 단속하려 했다.

[발췌 14]
광우병국민대책회의는 "정권 퇴진운동도 불사하겠다"고 공언했다. 시위 현장에서는 "비폭력하려면 집에 가라"는 말이 공공연히 나돈다. 포털 사이트 다음의 토론방에는 "아직 싸움이 끝나지도 않았는데 어설픈 비폭력 논리로 물을 흐릴 것이 아니라 결정적 순간에 공권력을 완전히 무력화해야 한다"는 주장이 난무한다. 정부는 폭도화한 시위꾼들을 보고만 있을 것인가. 광우병국민대책회의와 폭력시위의 주동자들을 반드시 검거해 사법처리해야 한다.

[발췌 14]는 2008년 동아일보에 실린 〈'폭도가 된 시위꾼들'에게 언제까지 짓밟힐 텐가〉라는 사설의 일부다. 촛불 시위 참여자들을 "폭도화한 시위꾼들"로 단정하고 이들에 대한 사법처리를 주문하고 있다. 보

수 언론의 '폭력' 프레이밍은 "정부의 법치 의지 퇴색에 대해 국민의 우려와 불만이 커지고 있다", "법질서가 무너진 나라는 사회 안정도, 경제 회생도, 선진화도 기대하기 어렵다", "헌정질서 수호를 위한 공권력 행사의 마지노선" 등과 같은 '법치주의'와 '헌정질서 수호' 프레이밍과 결합해 촛불시위가 더는 급진화되지 못하게 통제하는 작용을 하고 있다.

이런 보수 대중매체의 '폭력' 프레이밍에 맞서, 진보 세력은 폭력 행위의 주체는 바로 경찰이라는 점에 초점을 맞춰 대응했다. [발췌 15]와 [발췌 16]을 보자.

[발췌 15]
경찰력을 함부로 동원해 비폭력 시위대를 무차별 폭력 진압한 경찰이 손해배상 소송을 내는 것부터가 적반하장이다. 다른 나라 같으면 더한 폭력과 유혈로 번질 수 있는 대규모 집회와 시위를 두 달 이상 평화적으로 이끄는 데 일조한 이들이 체포와 처벌의 대상이 되는 것도 옳은 일이 아니다.

[발췌 16]
우리 〈광우병 국민대책회의〉는 비폭력, 평화 원칙을 선언하고, 지난 31차례에 걸친 촛불문화제 진행과정에서 이를 일관되게 견지하고 있습니다. 촛불에 참가한 우리 국민은, 놀라운 자제력과 왕성한 자기조절 능력을 보여주고 있습니다...저들의 함정에 빠지지 않기 위해 보여주신 그 놀라운 자제력과 성숙한 시민의식은 실로 경탄스런 수준으로 높이 평가되어야 마땅하다고 봅니다...우리는, 폭력유발 행위를 즉각 중단할 것을, 경찰에 강력히 촉구합니다. 동시에 우리 자신에게 다시 한번 확인합시다. 지금 이 시각 폭력을 원하는 사람은 누구이겠습니까? 촛불에 참가한 시민이 쇠파이프를 휘두르기를 간절히 기도하는 사람이 누구겠습니까? 촛불을 폭력으로 매도하여, 국민과 촛불을 분리시키고 싶은 이들이 누구이겠습니까? 정부와 경찰입니다. 이것이 경찰의 폭력유발 책동에 넘어가지 말아야 하는 이유입니다.

[발췌 15]는 2008년 7월 26일 《한겨레》에 게재된 〈때 만난 듯 설치는 경찰의 적반하장〉이라는 사설의 일부다. 그리고 [발췌 16]은 대책회

의가 2008년 6월 8일에 발표한 〈평화집회 호소문〉의 일부다. [발췌 15]에서는 "비폭력 시위대"와 "무차별 폭력 진압한 경찰"을 서로 대비함으로써, 그리고 [발췌 16]에서는 "폭력유발 행위를 즉각 중단할 것을" 경찰에게 요구함으로써 '폭력' 행위의 주체가 바로 경찰임을 밝히고 있다. 여기에는 이명박 정부와 보수 세력의 '폭력' 프레임을 바로 그 내부에서 균열시키는 담론 전략이 작동하고 있는 것으로 볼 수 있다.

그런데 '폭력/비폭력'의 프레임 대결에서는, [발췌 15]와 [발췌 16]이 일정한 차이점을 드러내고 있다. 먼저 《한겨레》 사설은, 촛불 시위가 반드시 비폭력의 틀 속에서 이뤄져야 한다는 당위를 강조하지는 않는다("다른 나라 같으면 더한 폭력과 유혈로 번질 수 있는 대규모 집회와 시위"). 촛불 시위를 '폭력/비폭력'의 프레임에 갇혀 보지 않을 여지를 남겨두고 있는 것이다. 반면 '대책회의'의 성명은, "비폭력, 평화 원칙을 선언하고" "이를 일관되게 견지하고 있다"는 표현에서 알 수 있듯이, '비폭력'을 규범적 당위로 강조하고 있다. 나아가 진정으로 폭력을 원하는 집단은 바로 이명박 정부와 경찰이기에 일체의 폭력 행위를 하지 말 것을 시위 참여자들에게 촉구하고 있다. '폭력 행위는 곧 이명박 정부가 바라는 것'이라는 등식을 성립시킴으로써 시위를 '비폭력'의 틀 속에 한정시키고 있는 것이다. 그리고 대책회의의 비폭력 호소는 실제로 아고라 토론방의 많은 댓글에서 공명을 얻었다("앞에서 주동하는 사람이 진짜 우리시민인지 아니면 정말 폭력시위를 주동하려는 세력인지는 모르겠으나 거기에 말려들면 정부에서는 바로 폭력집회라는 빌미로 폭력진압을 할것입니다").

그러나 대책회의의 '위로부터의' 비폭력 프레이밍은 토론방 참여자들에게 많은 비판을 받은 것도 사실이다. 대책회의의 비폭력 방침을 대책회의 나름의 몫으로 이해하는 대신, 시위 참여자들도 비폭력을 넘어서는 자기 나름의 몫을 하면 된다는 평가도 제시되기는 했다. 그러나 대책회의의 "평화집회 호소문"에 달린 댓글의 일부인 [발췌 17]에서 볼 수 있는 '비폭력' 방침 자체를 향한 비난이 아고라 게시판 토론의 많은 비중을 차지했다.

[발췌 17]
하지만 경찰의 거대한 폭력 앞에서 "비폭력"만을 외치는 것은 무책임하다고 생각합니다. 촛불집회의 시작이 비폭력 평화집회로 시작된 것은 알고 있지만, 십만, 이십만이 모여도 정권과 자본은 야간에 잠시의 불편을 당하는 것일뿐 아무런 타격을 받지 않고 있습니다...폭력과 비폭력은 상황에 맞게 선택해야지 비폭력을 절대화하는 것은 문제가 있다고 생각합니다. 경찰과 군대, 국정원, 군대, 등등의 물리적인 폭력 앞에서 비폭력만을 외치는 것은 답답해 보입니다.

요컨대, 대책회의의 '폭력/비폭력' 프레이밍은 '폭력' 행위의 주체가 바로 경찰이라는 사실을 강조한다는 점에서는 이명박 정부와 보수 세력과 대립하는 것이었지만, 촛불 시위가 시종일관 '비폭력'이어야만 한다고 주장한다는 점에서는 보수 세력과 별반 다르지 않았던 것으로 평가할 수 있다. 물론 대부분의 사회운동은 아주 특별한 경우를 제외하고는 폭력 행동을 공공연하게 천명하지는 않는다는 점에서, 대책회의의 비폭력 프레임을 보수 세력의 논리와 사실상 동일한 것으로 보는 것은 과도할 수도 있다. 그렇지만 대책회의의 비폭력 프레임은 [발췌 15]에 나타난 《한겨레》의 입장이나 [발췌 17]에 나타난 게시판 이용자의 주장처럼, 촛불 시위를 군이 폭력/비폭력의 틀 속에서 보지 않거나 비폭력을 절대화하지 않는 입장보다는 훨씬 더 단호한 것이 사실이다. 비폭력 시위를 촉구하는 것과 모든 과격하고 물리적인 행위를 이명박 정부와 경찰의 사주에 따른 것으로 단정하는 것은 커다란 차이가 있기 때문이다. 그리고 이 차이점이 일부 참여자들에게는 상당히 불편한 문제가 됐다. 아고라 토론방의 적지 않은 참여자들에게, 대책회의가 일관되게 비폭력 시위를 호소하는 것을 넘어서서 모든 폭력 시위 양태를 굳이 정부와 경찰의 사주에 의한 것으로 간주하겠다고 천명하는 것이 그렇게 쉽게 이해되는 일은 아니었던 것이다. 다소 과격한 물리적 행동조차도 의심과 불신의 눈초리를 받게 되는 상황에서는 집합 행동의 정치적 상상력도 제한당할 수밖에 없게 되기 때문이다.

5. 나가며

2008년 촛불 시위는 탈중심성, 분산성, 비위계성, 수평성 등과 같은 네트워크 사회운동의 특징적 양상을 현저하게 드러냈다. 어떤 정치 조직도 시위 참여자들에게 운동 지도부로 인정받지 못할 정도로 일반 시민들의 자발적이고 자율적인 의지와 판단이 두드러지게 표출된 집합 행동이었다. 촛불 시위는 디지털 시대의 사회운동이 점점 더 강력한 중앙 집중적 지도력이나 일사불란한 행동 등과 같은 전통적인 운동 원리에 따라 조직되기가 어려운 것임을 분명하게 보여줬다.

그러나 촛불 시위는, 인터넷 토론방과 시위 현장에서 끊임없이 불거진 '프락치' 또는 '알바' 논란에서 알 수 있듯이 외부 공격과 내부 분쟁에 취약하다는 네트워크 사회운동의 한계를 드러내기도 했다. 촛불 시위를 반대하는 사람들이 아고라 토론방에 접근해 촛불 시위를 공격하고 비난할 때, 토론은 흔히 극렬한 플레이밍에 빠져 들고 상대방을 향한 의심과 불신의 분위기가 팽배해진다. 외부의 공격이 초래한 이런 결과는 참여자들 사이의 상호 작용에도 영향을 미쳐, 자기와 다른 입장을 가진 사람들을 모두 알바로 단정하거나 심지어는 '대책회의'조차도 프락치로 공격하는 일이 빈발했다. 촛불 시위 현장과 아고라 토론방은 시민들의 의사가 자유롭고 평등하게 표출될 수 있는 공론장의 가능성을 보여준 것 못지않게, 상대방을 향한 의심과 불신 그리고 여기에 따른 혼란이 압도하는 공간이 될 수 있다는 사실도 보여줬다.

　　나아가 촛불 시위는 네트워크 사회운동과 전통 대중매체 사이의 관계에 관해서도 중요한 문제를 제기한다. 전통 대중매체가 네트워크 사회의 대규모 집합 행동에 여전히 큰 영향을 미친다는 사실을 보여줬기 때문이다. 시위 참여자들이 기존 정치 조직의 중앙 집중적이고도 하향적인 지도에 가진 반감과 거부감에는 보수 대중매체의 '배후론'도 일정한 효과를 발휘했다. 보수 세력은 대중매체를 통해 촛불 시위를 대상으로 '위로부터의 개입과 통제' 작업을 적극적으로 진행했다. '다함께' 같은 정치조직뿐만 아니라 대책회의조차도 친북 반미 코드의 촛불 시위 배후 세력이라고 규정하고, 이들이 주도하는 불법과 폭력의 촛불 시위는 법치주의 파괴와 헌정 질서 교란을 노리고 있다는 비판을 줄기차게 제기했던 것이다. 물론 대부분의 시위 참여자들은 '배후론'이 지도부 없이 자연발생적으로 전개된 촛불 시위의 본질을 의도적으로 호도하기 위한 것이라는 점을 널리 공유했다. 그러나 더불어 참여자들 사이에서 배후 세력으로 의심받을 만한 일체의 행동을 하지 말아야 한다는 배후 세력 경계 담론이 일종의 자기 검열 기제처럼 작동하고 있었던 것도 사실이다. 요컨대 '배후론'의 반작용의 한 형태라 할 수 있는 배후 세력 경계 담론은 촛불 시위의 탈중심적이고 비위계적인 네트워크 사회운동 양상을 증폭시킨 측면이 있다고 봐야 하며, 이것은 운동의 자율적, 분산적, 상향식 메커니즘을 중시하는 네트워크 사회운동론에서는 충분히 다뤄지지 못하는 문제라 할 수 있다.

　　'배후론'이라는 보수 대중매체의 위로부터의 개입의 효과가 역설적으로 보여주듯이, 디지털 시대의 탈중심적이고 상향적인 네트워크 사회운동에서도 중심적이고 하향적인 운동 동학의 작동은 여전히 중요하다.

사회정치 현안에 관한 진보적 관념과 해석의 조직화, 곧 위로부터의 적극적인 진보 프레임 구축과 전파 작업은 디지털 시대 사회운동이 결코 등한시해서는 안 되는 과제인 것이다. 이런 점에서, 촛불 시위 기간 내내 논란이 된 '폭력/비폭력' 문제에 관한 대책회의를 포함한 사회운동의 입장은 시위 참가자들의 집합 정체성을 강화하고 저항 행동을 급진화하는 프레이밍 작업하고는 다소 거리가 있었다. 비폭력 시위 기조를 일관되게 유지하고 그것을 촉구하는 것을 넘어서서, 폭력은 곧 정부와 경찰의 사주에 따른 것이라고 규정한 대책회의의 시위 프레이밍은 시위 참여자들의 투쟁 의지를 억누르거나 촛불시위가 더는 급진화되지 못하게 하는 효과를 발휘한 측면이 있다. 이명박 정부가 경찰력을 동원해 축제와도 같았던 집회와 시위의 장을 원천 봉쇄했을 때, 촛불 시위는 그것을 돌파할 수 있는 그 어떤 강력한 물리적 정치적 상상력도 보여주지 못하고 스러져버렸다는 사실이 이 점을 뒷받침한다.

촛불 시위 같은 느슨하고도 약한 유대의 네트워크 사회운동은 전문적이고 강력한 위로부터의 프레이밍 작업이 동반되어야만 체계적이고 구조적인 사회 변동을 끌어낼 만큼 충분히 유효한 집합 행동이 될 수 있다는 것이 이 글이 네트워크 사회운동론에 제기하는 근본 문제다.

8^장 / 소셜 미디어와 집합 행동
— 월가 점령 운동

1. 들어가며

　　2011년 5월 15일 스페인 전역 58개 도시에서 '지금 당장 진정한 민주주의Democracia Real Ya'라는 정치 그룹을 포함한 다양한 개인, 커뮤니티, 집단 등 13만 명이 참여한 대규모 시위가 발생했다. 시위의 구호는 "우리는 정치인과 은행가들의 손에 내맡겨진 상품이 아니다"였다. 그런데 이 날을 기점으로 매우 새로운 시위 형태가 역사상 처음으로 출현했다. 시위만으로는 부족하다고 느낀 일부 참여자들이 마드리드 중심부에서 정치 권력과 자본을 향한 사회, 정치, 경제, 문화적 저항의 새로운 방법으로서 '광장 캠핑', 곧 "광장을 차지하라Take the square"라는 운동을 시작한 것이다. '5월 15일 운동' 혹은 'M 15'로 불리는 이 운동은 '개방성', '수평성', '집단 지성', '비폭력성' 등을 새로운 저항 운동의 주요 원리들로 천명했다. '광장 캠핑'은 어떤 특정 정치 집단에 따라 대변되거나 좌우되지 않는 다양한 사람들의 운동을 지향했다. 모든 사람이 의사 결정 과정에 참여할 수 있고 또 결정된 의사를 공유할 수 있어야 한다고 믿었다. 그리고 그 것은 권력의 논리를 넘어서서 참여자들 사이의 상호 존중과 협력을 통해 당면 문제를 해결하려 했으며, 비폭력이 폭력보다 운동을 더 강하고 급진 적으로 만들 수 있다고 믿었다. '5월 15일 운동'은 스페인을 넘어서서 남 유럽과 중남미로 확산돼 지금도 지속되고 있는 장기 저항 운동이다.

스페인의 '5월 15일 투쟁'은 미국의 "월가 점령Occupy Wall Street 운 동"에도 적지 않은 영감을 줬다. 월가 점령 운동은 2011년 9월 17일 뉴욕 의 주코티 공원을 점령한 시위대 중 100여 명이 노숙 투쟁에 돌입함으로 써 시작됐다. 점령 운동은 점차 확대되어 10월 15일에는 미국 600여 개 지역을 포함한 전세계 82개국 951개 도시에서 금융 자본 반대 시위가 동 시다발적으로 전개됐다. 11월 15일에 예정됐던 또 한 번의 전세계 대규모 시위를 앞두고 미국 경찰이 뉴욕을 비롯한 대부분의 도시에서 시위대를 강제 퇴거시키면서 점령 운동은 많이 약화됐지만 2012년 5월까지도 그것 은 여전히 계속되고 있었다.

월가 점령 운동이 세계에 미친 파장은 그것이 2008년에 폭발한 신자유주의 근본적 위기를 향한 아래로부터의 본격적인 대규모 저항 행 동이었다는 점과, 페이스북과 트위터와 유튜브 같은 소셜 미디어가 사회 운동의 매우 유력한 매체로 활용됐다는 사실에 있다. 점증하는 양극화, 한 줌의 엘리트만을 위한 정부 정책, 근본적 경제 위기 해결 능력을 상실 한 오늘날의 체제, 이것들 모두 지난 신자유주의 세월의 결과물이라는 사 실은 이제 소수 급진 좌파들만의 구호가 아니라, 점점 더 세계 수많은 시 민들의 상식이 되고 있다는 점을 월가 점령 시위는 보여줬다. 또한 2011 년 초 튀니지와 이집트 혁명 과정에서 페이스북과 트위터 등의 소셜 미디 어가 혁명의 촉매제로 매우 중요한 작용을 했듯이, 월가 점령 시위에서도 소셜 미디어는 저항의 동원과 조직에서 이전의 대중매체를 압도하는 영향력을 발휘했다.

특히 월가 점령 시위를 지지하기 위해 9월 23일에 만들어진 페이스북 그룹 '함께 점령occupy together'은 점령 운동의 허브와 같은 사이트가 됐다. 그것은 개설 3주일 만에 100개 이상의 지역에서 점령이 실행되고 1200개 이상의 지역에서 점령이 조직되게 만드는 데 매우 중요한 작용을 했다. 오바마 미국 대통령에게 월가 점령 시위의 정당성을 인정할 것을 요구하는 백악관 청원 운동을 9월 25일부터 시작했으며, 점령 운동의 초기에 이미 전국적 규모의 행사와 전국에 걸친 조직 건설의 필요성을 강하게 제기했다. 그룹 형성 나흘 만인 9월 27일에는 최초로 100여 건에 달하는 대규모 댓글이 페이지에 달리기 시작했으며, 10월 1일까지 이 사이트는 전국 각지의 점령 운동이 시작될 수 있도록 독려하고 지지하는 활동에 집중했다. 10월 7일부터는 오프라인 행동을 촉진시키기 위하여 '미트업MeetUp' 온라인 사이트 활용을 촉구하고 '유스트림Ustream'과 유튜브 같은 동영상 사이트를 통해 각지의 점령 운동 상황을 전세계에 전파하는 활동을 벌였다. 또한 10월 15일에는 은행 반대 직접 행동, 10월 16일에는 대형 은행 계좌 폐쇄 운동, 10월 28일에는 두 번째 미트 업 데이Meet Up Day를 조직했다. 아울러 10월 28일에는 일부 대기업 최고 경영자에게 항의 서한을 직접 전달하는 실천을 조직하고, 11월 5일에는 대형 은행에서 지역 공동체 은행으로 계좌를 이동하는 투쟁을 전개했으며, 11월 24일에는 대기업 불매 운동을 조직하기도 했다. 요컨대 '함께 점령' 페이스북 그룹은 10월과 11월 사이에 하루 평균 6개 총 377개의 글이 게시되고 각 게시글에는 평균 100개에 이르는 댓글이 달릴 정도로 매우 활발한 점령 운동의 공간이 됐다.

분명 월가 점령 운동은 1990년대 초중반의 자파티스타 운동과 1999년 시애틀의 세계무역기구WTO 반대 투쟁의 뒤를 이어 초국적 저항 운동과 뉴미디어의 결합이 얼마나 큰 파급력을 가질 수 있는지 다시금 전세계에 알린 위력적인 집합 행동이었다. 그러면 과연 월가 점령 운동은 네트워크 사회운동의 어떤 새로운 양상들을 드러냈는가? 최근 수십 년간의 지구적 저항 운동의 문법처럼 돼온 '다양성', '개방성', '비위계성', '집단 지성' 등과 같은 원리들은 어떻게 표출됐는가? 그것들은 어떻게 구현됐고 또 어떤 도전을 받았는가? 이전의 초국적 저항 운동에서 널리 활용되던 인터넷이나 유즈넷과 구별되는 페이스북, 트위터, 유튜브 등과 같은 소셜 미디어는 월가 점령 운동에 어떻게 결합했는가? 그것은 전통적인 주류 대중매체와 어떤 관계를 형성했는가? 네트워크 사회운동의 집합 정체성은 어떻게 형성됐는가? 이런 질문들에 관한 답을 탐색함으로써, 이 장은 새롭게 형성되고 있는 네트워크 사회운동의 성격을 규명하고, 그것이 최근의 지구적 권력 관계를 향한 저항적 실천에 갖는 장점과 한계를 밝히려 한다.

2. 이론과 연구 질문

1 '어피너티 그룹'과 저항 네트워크

'함께 점령' 페이스북 그룹은 스스로 "월가 점령 운동과 연대해 전 세계에서 일어나고 있는 모든 사건들의 허브"로 규정했다. 일반적으로 허브란 비위계적 네트워크 구조 속에 존재하는 작은 중심들을 가리키는 말이다. 그리고 인터넷에서 허브 사이트란 통상 중앙의 운영 사이트들과 주변의 다양한 전문 사이트들 사이의 연합체를 의미한다. 중앙의 운영 사이트는 한편으로는 그것을 둘러싸고 있는 연합 사이트들에게 소통 수단을 제공하고, 다른 한편으로는 그것들로부터 다양하고도 전문화된 정보와 서비스를 제공받는다. 허브로 자처함으로써 '함께 점령' 페이스북 그룹은 현재 진행 중인 운동이 수평적인 네트워크 사회운동이라는 사실과, 그것이 결코 운동의 지도부 또는 대표자가 아니라는 사실을 밝히고 있는 셈이다.

그런데 허브는 저항 네트워크에 참여한 '어피니티 그룹affinity group'의 결합 양태로 이해될 수도 있다. 실제로 "함께 점령" 그룹은 스스로를 월가 점령 운동의 '어피니티 사이트'로 규정했다. 어피니티 그룹은 일반적으로 서로 잘 알고 신뢰할 수 있으며 사회정치 사안에 직접 행동을 함께 하는 3명에서 20명의 사람들로 구성된 활동가 그룹을 지칭하는 말로 알려져 있다. 19세기 스페인의 무정부주의 활동에서 시작된 어피니티 그룹은 1970년대 미국의 반전 운동에서 다시 출현했고, 최근에는 1999년 시애틀의 세계무역기구 반대 시위를 포함한 많은 반反신자유주의 세계화 시위에 적극적으로 결합했다. 오늘날의 비위계적이고 탈중심적이며 유연한 네트워크형 사회운동은 수많은 어피니티 그룹들 사이의 느슨한 연대와 협력을 통한 행동 조율의 결과물로 이해될 수 있다(Pichardo 1997).

맥도널드(McDonald 2002)에 따르면, 어피니티 그룹은 근대적 위계와 위임의 조직 원리를 따르지 않는다. 개인이 조직 속에서 어떤 위치를 차지하고 어떤 임무를 맡고 있는지와 상관없이, 개인이 실제로 어떤 행동을 수행하는가가 더 중요하다. 그리고 어피니티 그룹은 특정 조직의 장기 회원이 되기보다는 단기간의 프로젝트를 중심으로 행동한다. 그것은 "친구와 함께 개인으로 행동하지 시민이나 노동자나 또는 그 밖의 특정한 공동체 정체성으로 행동하지 않는다"(같은 책, 117). 친구들과 하는 공동 행동은 경계가 느슨하고 구조가 불분명하며 유연성이 체화되어 있다는 점에서 유동적인fluid인 공동 행동이다. 그리고 이런 저항 행동에서는 독특하고 개성적인 자아의 공적 표출이 집합적 연대감보다 우선시된다. 곧, 네트워크 사회운동에서는 단일한 연대성보다는 다중적인 유동성이 더 중요하다.

유사하게, 리터만(Lichtermean 1996, 153)에 따르면, 네트워크 사회의 운동 참여자들은 공식적 위계 조직에 대한 일체감을 좀처럼 형성하지 않으려 하며, 특수하고 개별적인 자아를 강조하는 경향이 있다. 높은 교육 수준을 지닌 그들은 독자적이고 개별적인 작업 방식에 익숙하며, 독특한 자기 스타일과 자아 실현에 관심이 높다(McDonald 2002, 112에서 재인용). 베넷과 세거버그(Bennett and Segerberg 2011)는 이런 운동 양상을 집합 행동의 '개인화personalization'로 설명한다. 개인들은 공식 조직에 소속함으로써가 아니라 자신의 생활방식을 토대로 다양한 대의를 선별하고 행동에 참여한다. "복수의 소속과 정체성 그리고 풍부한 네트워크 접속을 자랑하는 디지털로 서로 연결된 개인들이 대규모 저항의 속도와 규모와 조직에 점점 더 핵심적인 것으로 되고 있다"(같은 책, 772). 베넷과 세거버그는 이런 유연하고도 개인화된 집합 행동이 전통적인 저항 운동에 견줘 효율성이 떨어진다는 일부의 우려와는 반대로, 높은 운동 참여도와 의제 집중도 그리고 강한 상호 연결성을 보여준다고 주장한다.

어피너티 그룹에 관한 이상의 논의로부터, 이 장은 다음과 같은 연구 질문을 제기한다.

> 연구 질문 1: '함께 점령' 페이스북 그룹에서 어피너티 그룹의 개인주의적 사회 운동 양상은 전통적인 운동 리더십과 서로 모순되지 않았는가?

2 소셜 미디어와 소통의 두 번째 단계

1990년대 이래 디지털 기술은 지구적 저항 운동에 매우 유력한 수단이 되었다. 특히 최근에는 페이스북과 트위터와 같은 소셜 미디어가 세계 각국의 대규모 정치 행동에 폭넓게 활용되고 있다(백욱인 2012; Loader and Mercea 2011; Van Laer and Van Aelst 2010). 서로 느슨하게 연결된 소규모 집단들도 이제는 대규모 공식 조직 못지않게 광범위한 집합 행동을 수행할 수 있게 되었다. 사회운동 연구는 대체로 집합 행동에 대한 전통 대중매체의 부정적 묘사가 운동의 정당성에 지대한 손상을 입힌다고 보았다. 그러나 최근 많은 연구자들은 소셜 미디어를 포함한 새로운 매체가 집합 행동 참가자들로 하여금 더 이상 전통 대중매체에 얽매이지 않아도 되는 상황을 만들고 있다고 강조한다(Baringhorst 2008; Bekkers Beunders, Edwards and Moody 2011; Garrett 2006; Scott and Street 2000; Harlow and Harp 2012). 게럿(Garrett 2006)에 따르면, "새로운 정보통신 기술은, 새로운 수준의 편집 통제력을 확보함으로써, 대중매체의 여과 장치에 의해 시위대가 왜곡당하는 것을 막을 수 있도록 해준다"(같은 책, 214). 유사하게, 할로우와 하프(Harlow and Harp 2012)에 따르면, 소셜 미디어와 같은 뉴미디어 덕분으로 사회운동은 "전통적인 게이트키퍼를 우회하고 대안적 관점을 제공할 수"(같은 책, 199) 있게 되었다.

집합 행동의 동원과 조율 비용을 현격하게 낮춰주는 것을 넘어서서, 소셜 미디어는 공론장의 형성에도 상당히 긍정적인 작용을 하고 있는 것으로 간주되기도 한다. 셔키(Shirky 2011)는 소셜 미디어가 사용자들 사이의 '공유된 인식', 곧 개인들로 하여금 현재의 상황을 더 잘 파악할 수 있게 할 뿐만 아니라 다른 사람들도 자신들과 비슷한 생각을 갖고 있다는 인식을 강화시켜준다고 주장한다. 친구나 동료들과 일상적으로 소통하는 도구인 소셜 미디어는 대중 여론이 실제로 형성되는 '소통의 두 번째 단계'를 활성화시켜 줄 수 있다는 것이다. 셔키에 따르면, 소셜 미디어는 이런 구실을 통해 '공론장'을 구현하고 있다.

그러나 소셜 미디어가 소통의 두 번째 단계를 제공해준다 해도 소셜 미디어가 과연 얼마나 전통 대중매체의 영향으로부터 자유로운가는 여전히 규명돼야 할 문제로 남아 있다(이항우 2011). 하버마스에게 공론장의 주요 전제 조건들 중의 하나는 신문과 같은 대중매체의 전국적 유통이다. 19세기의 부르조아 지식인들은 카페와 살롱 같은 곳에서 전국적으로 순환되는 신문과 인쇄물이 제공해주는 사회적 이슈를 두고 논쟁을 벌였으며, 이들의 토론 내용은 다시 신문에 대중 여론으로 게재됐다. 대중매체는 공론장의 필요조건이었던 셈이다. '소통의 두 단계 이론'을 주창한 캣츠와 라자스펠트(Katz and Lazarsfeld 1955)도 두 번째 단계에서 여론 주도층이 대중의 여론 형성에 실질적으로 중요한 구실을 한다는 사실을 강조했지만, 대중매체('첫 번째 단계')에서 대중('두 번째 단계')으로의 여론 형성의 방향을 부정하거나 의문시하지는 않았다. 요컨대, '소통의 두 단계' 이론이나 '공론장' 개념은 그 자체로는 소셜 미디어가 전통 대중매체에 견줘 갖는 독립성을 충분히 설명해주지 못한다.

소셜 미디어와 대중매체에 관한 이상의 논의로부터 다음과 같은 연구 질문을 제기한다.

연구 질문 2: '함께 점령' 페이스북 그룹은 전통적인 대중매체의 영향력을 어떻게 우회하였는가?

3 운동 정체성의 담론적 구성

집합 정체성은 사회운동 출현과 성공의 관건적 요소이다. 1990년대 이래 사회운동 연구에 매우 중요한 하나의 이론 패러다임으로 자리잡은 집합 정체성 모델은 사회운동의 해석적이고 구성적인 과정을 강조함으로써 이전의 사회운동론이 지닌 구조주의적이고 결정론적인 편향을 극복할 수 있도록 해줬다(최현·김지영 2007; Benford and Snow 2000; Polletta and Jasper 2001; Snow, Rochford, Worden, and Benford 1986; Zimbra, Chen, and Abbasi 2010). 자원동원 이론의 가장 큰 한계는 사회운동의 구조적 조건들(예컨대 경제적 궁핍, 정치적 불만, 사회문화적 소외 등)이 성숙하면 마치 자동적으로 대중들의 직접 행동이 뒤따를 것이라고 전제한다는 점에 있다. 그러나 직접 행동의 조직화에서 중요한 것은 단순히 대중적 불만이 존재하고 정치적 기회가 열렸는가의 여부가 아니라 그런 불만이 어떻게 해석되며 대중들 사이에 얼마나 확산되는가이다.

집합 정체성은 "구성원들의 공통 관심, 경험, 연대로부터 도출되는 집단에 대한 공유된 정의"(Taylor and Whittier 1992, 105) 또는 "더 넓은 공동체, 범주, 실천, 기관에 대한 개인의 인지적, 도덕적, 정서적 연결"(Polletta and Jasper 2001, 285)로 규정할 수 있다. 폴타와 디아니(Porta and Diani 1999)에 따르면, "집합 행동은 공통의 특성과 분명한 연대성으로 특징지어지는 '우리'의 부재에서는 일어날 수 없다"(같은 책, 87). '그들'에 맞선 '우리' 집합 정체성 구성은 집합 행동의 핵심 요소라 할 수 있다. 스노우와 그 동료들(Snow et al. 1986)에 따르면, "개인적 관심, 가치관, 신념 등이 사회운동 조직의 활동, 목표, 이데올로기 등과 서로 합치하고 존중하도록 하고, 개인과 사회운동 조직의 해석적 지향이 서로 연결되게"(같은 책, 464) 하는 '프레이밍'이 집합 행동의 조직화에 매우 중요하다. 요컨대, 현재의 불만스러운 삶의 조건을 새로운 방식으로 해석하고 그것을 반드시 바꿔야겠다는 대중들의 집합 정체성이 형성돼야 직접 행동이 시작될 수 있으며, 그런 사회운동의 과정에서 집합 정체성은 더욱 강화될 수 있다. 즉, 집합 정체성은 사회운동의 필요조건이자 결과물이라 할 수 있는 것이다.

그런데 집합 정체성 이론에서, 프레이밍과 집합 정체성 구축의 주요 책임자는 사회운동 조직이다. 사회운동 조직은 사회적 사건과 개인들의 경험을 특정한 방식으로 해석하고, 그것이 곧 개인들의 해석틀이 될 수 있게 하는 운동의 미시 동원을 담당해야 한다. 그러나 '지도부 없는 운동'이라 불릴 정도로 단일한 사회운동 조직에 따른 지도라는 관념이 광범위하게 거부되고 있는 오늘날의 네트워크 사회운동에서, 집합 정체성 관념의 입지는 점점 더 좁아지고 있다. 그러면 과연 집합 정체성 문제는 이제 사회운동에서 무용한 것이 되었는가? 최근의 소셜 미디어는 여기에 관해 하나의 해답을 제공해줄 수 있다. 그것은 곧 전통적 사회운동 조직의 하향적 집합 정체성 구성 대신에 개별 운동 참여자들에 의한 상향적 집합 정체성 형성의 공간을 소셜 미디어가 열어줄 것이라는 사실이다. 소셜 미디어를 통한 개별 운동 참여자들의 상호 작용과 집단 지성이 사회운동 조직의 성명서나 대중 연설보다 훨씬 더 풍부하고도 구체적으로 운동의 집합 정체성 구축에 기여할 수 있다. 그런 점에서 사회운동의 집합 정체성 이론은 집합 정체성의 상향적 형성 문제를 본격적으로 다룸으로써 현재의 이론적 난관을 극복할 수 있어야 한다.

집합 행동과 집합 정체성에 관한 이상의 논의로부터 이 장은 다음과 같은 연구 질문을 제기한다.

연구 질문 3: '함께 점령' 페이스북 그룹에서 '우리'와 '그들'의 집합 정체성 구성은 어떤 담론 요소들을 중심으로 조직됐는가?

3. 자료와 방법

이상의 연구 질문들을 규명하기 위해, 이 장은 '함께 점령' 페이스북 그룹의 포스팅을 분석 자료로 활용했다. 자료는 '함께 점령' 페이스북 그룹이 처음 만들어진 9월 23일부터 11월 26일까지 해당 페이지에 게시된 총 377개의 게시글과 그 댓글로 구성됐다. 이 기간 동안 하루 평균

표 1. '함께 점령' 그룹 게시글 수와 댓글 수(9/23~11/26, 2011)

기간	게시글 수	댓글 수	하루 평균 게시글 수	하루 평균 댓글 수	게시글 당 평균 댓글 수
9/23~9/30	117	2,184	14.6	273	18.7
10/1~10/15	93	10,350	6.2	690	111.3
10/16~10/30	67	9,109	4.5	607	146.0
11/1~11/15	62	9,511	4.1	634	153.4
11/16~11/26	38	6,026	3.5	548	158.6

게시글의 수는 5.88개였고 하루 평균 댓글 수는 580.9개였다. 그리고 각 게시글당 평균 댓글 수는 98.6개였다. 자료를 11월 26일까지의 글로 한정한 이유는 그 기간이 '월가 점령' 운동이 가장 활발하게 전개돼 운동 양상을 가장 잘 파악할 수 있는 기간이었기 때문이다. '월가 점령' 운동은 시작 후 3개월까지는 점진적 상승기를 거치다가 그 이후부터는 점점 소강상태에 접어들었고, 따라서 '함께 점령' 페이스북 그룹에 게시된 글과 그 댓글의 수도 점차 줄어들었다.

이 자료에 관한 분석과 관련해, '연구 질문 1'을 검토하기 위해 '함께 점령' 페이스북 그룹에 연결된 다른 점령 운동 그룹과 사이트들을 확인하고 이 사이트들 사이의 관계를 탐구했다. 아울러, '함께 점령' 페이스북 그룹 참가자들이 네트워크 사회운동으로서 월가 점령 운동을 어떻게 이해하는지에 관한 담론 분석을 수행했다. 또한 '연구 질문 2'를 검토하기 위해 '함께 점령' 페이스북 그룹에 게시된 기사를 자체 제작 기사와 전통 대중매체 기사, 뉴미디어 사이트로 나눠 살펴봤다. 또한 그룹 참여자들이 전통 대중매체에 어떤 태도를 드러냈는지에 관한 담론 분석을 수행했다. 또 '연구 질문 3'과 관련해, '함께 점령' 페이스북 그룹에서 참여자들 사이의 '우리/그들' 집합 정체성이 어떻게 구성됐는지 담론 분석했다.

4. 분석

■1 지도자 없는 운동의 지도력

'함께 점령' 페이스북 그룹은 점령 운동을 촉진하는 과정에서 많은 다른 운동 참여 그룹을 자신의 페이지에 총 58회에 걸쳐 연결했다. 여기에는 'OccupyTogether.org', 'Occupywallst.org', 'InterOccupy.org', 'takethesquare.net', 'moveyourmonyproject', 'occupytheboardroom', '#HowToOccupy', #'HowToCamp', 'nycga.cc', 'account.google.com', 'takethemameal' 등이 포함됐다. 이 그룹들은 자신들만의 독자적인 운동 프로젝트를 수행하기 위해 결성된 그룹들이다. '함께 점령' 그룹의 메인 인터넷 사이트를 운영한 'OccupyTogether.org' 그룹은 '함께 점령' 페이지에 총 34회 연결됐다. 이 그룹이 게시한 다양하고도 상세한 세계 각지의 점령 운동 정보가 '함께 점령' 페이스북 그룹에 링크됐다. 또한 이 그룹이 주창한 추수감사절과 크리스마스 시즌의 대기업 상품 불매 운동, 인권의 날 기념 행동, 법무부 장관 항의 전화 등과 같은 시위 레퍼토리가 '함께 점령' 그룹에 연결됐다. '함께 점령' 그룹에 총 2회 연결된 'InterOccupy.org' 그룹은 미국을 포함한 세계 전역의 점령운동 참여자들에게 상호 의사소통 채널을 제공하는 활동을 벌였다. 그것은 각 점령지의 활동가 그룹들을 연결하는 주간 회의를 주도했는데, 여기에는 최대 500명이 전화로 상호 작용할 수 있는 회의 기술이 적용됐다. 앞서 밝힌 것처럼 2011년 5월 스페인 시위에서 탄생한 'takethesquare.net' 그룹은 12월 10일 전세계 대규모 저항 행동을 위한 다양한 아이디어를 모으는 활동('An alternative Day of Action 10th Dec.')을 조직했고, '함께 점령' 페이스북 그룹은 이 프로젝트를 포함한 총 3건의 'takethesquare.net' 그룹의 활동을 자신의 페이지에 연결했다.

 'moveyourmonyproject' 그룹은 대공황에 버금가는 경제 위기를 초래한 월가의 금융 기관들의 부패와 탐욕을 규탄하는 운동을 조직했다. 이 그룹은 소위 대마불사로 불리는 대형 금융기관들 즉, 골드만 삭스Glodman Sachs, 모건 스탠리Morgan Stanley, 시티그룹Citigroup, 뱅크 오브 아메리카Bank of America, 제이피모건 체이스JPMorgan Chase, 웰스 파르고Wells Fargo 등에 예치된 계좌를 폐쇄하는 대신 지역의 소규모 은행들과 신용조합들에 계좌를 개설하자는 운동을 벌였다. '함께 점령' 페이스북 그룹은 이 캠페인을 자신의 사이트에 연결하여 참가자들의 지지와 동참을 호소했다. 유사한 취지에서, 'occupytheboardroom' 그룹은 대규모 금융기관의 최고경영자들에게 경제 위기와 경제 위기로 인한 수많은 시민들의 경제적 고통의 책임을 묻는 항의 서한을 조직했다. 이 그룹은 시민들의 항의 서한을 최고경영자들에게 직접 대면 전달하겠다는 것을 천명했으며, '함께 점령' 그룹은 그것을 자신의 페이지에 연결해 그 프로젝트를 지원했다.

 또한 '함께 점령' 페이스북 그룹은 'takethesquare' 그룹과 함께 트위터 해시태그 '#HowToOccupy'와 '#HowToCamp'를 만들겠다고 밝혔는데, 이 프로젝트는 점령 운동에 필요한 다양한 정보와 데이터베이스가 전 세계적으로 널리 보급될 수 있게 하는 운동이었다. 이 자료들에는 점령 방법, 조직 기법, 참여 민주주의, 지속가능한 삶, 비폭력주의, 시민 불복종, 풀뿌리 실천 등에 관한 자료들이 포함됐다. 또한 '함께 점령' 그룹은 'nycga.cc'라는 월가점령 시위대의 전체 총회 의사록을 그룹 참여자들에게 제공했으며, 'account.google.com' 사이트를 통해 전국의 점령운동 소식을 전했다. 아울러, '함께 점령' 그룹은 2007년 곤궁에 처한 사람들에게 식사를 제공하기 위해 시작된 'takethemameal' 그룹의 운동 프로젝트가 월가 점령 운동과 결합했다는 사실을 자신의 사이트에 밝힘으로써 월

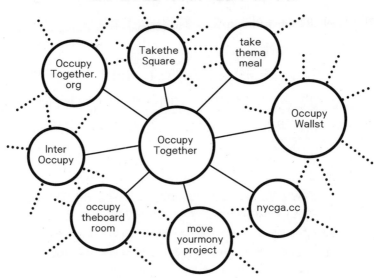

그림 1. '월가 점령' 어피너티 그룹들의 허브 사이트

가 점령 시위가 더욱 다양화될 수 있도록 하였다.

확실히 이 운동 그룹들과 '함께 점령' 페이스북 그룹의 관계는 결코 수직적이거나 중앙집중적인 것이 아니었으며, 서로 동등하고 자율적인 위치에서 월가 점령 시위가 활성화될 수 있도록 협력했다. 이 운동 그룹들은 월가 점령 시위나 '함께 점령' 그룹하고는 독립적으로 자신들만의 자율적인 점령 시위 프로젝트를 수행했다. 그리고 이 그룹들의 점령 운동을 자신의 사이트에 적절하게 연결함으로써, '함께 점령' 그룹은 월가 점령 시위가 훨씬 더 다양하고 활발하게 전개될 수 있도록 뒷받침했다. 요컨대, '함께 점령' 페이스북 그룹과 이 프로젝트 그룹들 사이의 수평적 네트워크는, 그림 1에서 나타나듯이, 월가 점령 네트워크 운동 속의 하나의 중요한 허브 사이트를 형성했다.

'함께 점령' 페이스북 그룹이 지닌 월가 점령 운동의 허브로서의 성격은 그것이 운동의 지도부로 자처하는 것이 아니라, 월가 점령 시위가 '지도자 없는 운동'이라는 점을 지속적으로 강조한 데서도 확인할 수 있다. '함께 점령' 페이스북 그룹은 월가 점령 운동이 활발하게 전개될 수 있도록 다양한 조직화 작업을 수행했지만, [발췌 1]에 나타난 것처럼, 결코 스스로 점령 운동을 공식적으로 대변하는 자격이나 권리를 가진 것으로 자처하지 않았다.

> [발췌 1]
> 이 운동에는 많은 목소리들이 있으며 99퍼센트의 우리들 속에 존재하는 다양성만큼이나 시위자들 사이에도 커다란 다양성이 존재한다는 점을 기억해야 한다. 이런 상이한 배경, 철학, 소속 등은 하나의 대의 아래 묶여야 하고 묶일 수 있다. 그 대의는 우리 모두에게 영향을 미친 기업의 탐욕, 부패, 개입의 종식이다. 그 어떤 집단도, 사람도, 웹사이트도 이처럼 다양한 개인들의 모임을 대변할 수 없을 것이다.

'지도자 없는 운동'이라는 관념은 운동 참여자의 다양성이라는 관념과 조응한다. 월가 점령 시위는 기업 지배 반대라는 하나의 대의를 공유하지만, 그 누구도 운동을 대변할 수 없다는 점에서 지도자 없는 운동이다. "보스는 없다. 네가 이끌 수도, 네가 따라갈 수도 있다"는 주장으로도 나타난 '지도자 없는 운동'에 관한 믿음은 '함께 점령' 페이스북 그룹에서 상당히 폭넓게 공유되었다. 이런 믿음은 지도부를 자처하는 것이 흔히 운동 참여자나 지지자들을 명령하고 통제해 결국에는 돌아서게 만드는 결과를 낳는다는 관념과 결합한다. 또한 '지도자 없는 운동'에 관한 믿음은 엘리트와 최상위 1퍼센트에 저항하는 점령 운동이 운동 엘리트라는 또다른 형태의 엘리트를 요구하는 것은 모순이라는 관념으로도 나타났다.

'함께 점령' 페이스북 그룹에 나타난 운동 지도부 또는 지도자라는 관념에 관한 반감에는 운동의 개별 참가자들 사이의 동등성에 관한 믿음이 자리 잡고 있다. [발췌 2]에 나타난 것과 같이, 모든 개인들이 동등하게 참여하는 운동을 전개하는 한, 운동의 공식적 대표나 대변인 같은 직함은 필요 없다. 따라서 누군가가 개별 참가자들이 무엇을 해야 하고 무엇을 하지 말아야 할 것인지에 관한 지침을 세우는 것은 불필요한 일이다. 각기 다른 배경을 가진 개인들이 서로 다른 위치에 서 있으면서도 동시에 함께 설 수 있는 것이 진정한 조화라는 사실이 강조됐으며, 그것이 바로 다양성의 운동으로서 월가 점령 운동이 갖는 강점으로 인식됐다.

[발췌 2]
개인 이외에는 그 어떤 지도자도 없으며, 변화와 약간의 진보를 가져다 줄 수 있는 존재는 바로 개인들이다. 대변인과 자원봉사 조직가들만이 있을 수 있다. 이것은 게임이 아니며, 클럽도 아니고, 조직도 아니다. 이것은 자유, 정의, 공정이라는 분리할 수 없는 정신에 뿌리박은 지각 운동이다.

'지도자 없는 운동'이라는 관념은 종종 전략적 선택 사항이라는 차원에서 강조되기도 한다. '함께 점령' 페이스북 그룹의 일부 참가자들에게, 지도자가 있다는 것은 저항 행동에 오히려 약점이 된다. 강력한 지도부는 지배 권력의 핵심 공격 대상이 될 것이고, 만일 그것이 탄압에 의해 제거된다면 운동은 점차 소멸할 위험이 크기 때문이다. 설사 점령 운동이 궁극적으로 지도부를 요구하게 된다고 할지라도, 현재와 같은 운동의 초기 단계에서 그것은 시기 상조라는 주장도 반복적으로 제기되었다.

이처럼 지도부 없는 운동의 필요성은 다양한 방식으로 강조됐지만, 그것은 결코 논란의 여지없이 합의된 관념은 아니었다. 오히려 그것은 '함께 점령' 페이스북 그룹의 참가자들 사이에 뜨거운 논쟁의 대상이었다. [발췌 3]에서 볼 수 있듯이, 참가자들 사이에서 운동 지도부의 필요성을 역설하는 주장이 지속적으로 나타났다.

[발췌 3]
개별 지도자의 부재 속에서, 개인들이 선택한 행동들을 서로 연결할 '비전'과, 그런 통일된 비전을 실현할 수 있도록 계획된 행동을 조직하는 원칙들을 형성하는 데 (조율하는 집단에 의한) '지도력'은 매우 중요하다.

[발췌 3]에서 설사 개별 지도자는 없을지라도 운동의 지도력은 존재해야 한다는 믿음을 확인할 수 있다. 따라서 점령 운동은 지도자 없는 운동이 될 수 없다. 단일한 운동 대오와 통일된 운동 대의의 필요성을 강조하기 위해, '함께 점령' 페이스북 그룹 참가자들은 역사상 수많은 대중적 운동에는 늘 지도자가 존재했으며, 조직 구조를 결여한 운동은 저항의 기본 의제 설정에도 매우 큰 어려움을 겪는다는 논리를 동원한다. 분명한 목적을 갖지 못한 모든 풀뿌리 운동은 취약한 것이 될 수밖에 없으며, 매우 많은 목소리들이 존재하지만 그 어떤 지도력도 없다는 것이 월가 점령 운동의 큰 한계로 지적됐다.

② 소통의 두 번째 단계와 미디어

'함께 점령' 페이스북 그룹의 활동에서 전통 대중매체의 영향력은 형식적으로나 내용적으로 극히 미미한 것이었다. 먼저 '함께 점령' 그룹에 게시된 글의 출처를 살펴보면, 대중매체 기사가 이 페이지에 링크된 비율은 매우 낮았으며, 글의 대부분은 참여자들이 자체적으로 작성하고 게시한 글이 차지했다. 표 2에서 알 수 있듯이, 총 377건의 게시글 중에서 대중매체를 링크한 기사는 34건(9.0퍼센트)에 불과했으며, 뉴미디어를 링크한 기사는 79건(20.9퍼센트)이었다. 앞에서 소개한 운동 그룹들을 연결한 기사는 58건(15.3퍼센트)이었으며, 참가자들의 자체 작성 포스팅이 206건(54.6퍼센트)을 차지했다.

표 2. '함께 점령' 페이스북 페이지 게시글의 출처

구분	대중매체	뉴 미디어	다른 운동 그룹	자체 제작
매체 이름	Guardian, CNN, MSNBC, ABC, NY Times, Washington Post, Time, The Nation, Spectator, LA Times, Business Insider, International Business Times, Philadelphia Weekly, Reuters, Atlanta Journal of Constitution, The Atlantic, Inside Bay Area, All Headline News, 9 News, Mercury News, Wfaa News Channel 5, News 9, Nashville Scene	YouTube, Livestream Ustream, Vimeo, MeetUp, Boing Boing, Huffington Post, Wikipedia, Venturebea, Examiner, Yfrog, Mosireen, WordPress, Paper.li, Occupystream, Indymedia, Adbuster, Obey Giant, Rearmag	OccupyTogether, OccupyWallst, Nycga.cc, TaketheSquare, InterOccupy, HowToOccupy, OccupyBoardRoom, Takethemameal, MoveYourMoneyProject, Account.google.com MoveYourMoneyProject, Account.google.com Occupy Together	Occupy Together
기사 건수	34	79	58	206
합계	377			

대중매체 기사는 《가디언Guardian》과 CNN에서 각각 4회씩, ABC 와 MSNBC에서 각각 2회씩, 그리고 나머지는 각 1회씩 '함께 점령' 페이스 북 그룹에 링크되었다. 월가 점령 운동 소식을 전하고 공유하려는 실용적 인 목적으로 이 기사들을 링크했을 뿐이며, 대중매체 메시지의 실질적 영 향력 아래에서 페이스북 그룹의 대화와 토론이 전개되는 경우는 거의 발 생하지 않았다. 반면 소셜 미디어를 포함한 뉴미디어는 점령 운동을 촉진 시키고 활성화하는 데 매우 유용한 도구가 됐다. 다양한 뉴미디어 사이

트가 링크되었지만, 그 중에서도 특히 유튜브(26회 링크), 라이브스트림 Livestream(20회 링크), 유스트림Ustream(7회 링크) 등과 같은 동영상 사이트가 널리 활용됐다. '함께 점령' 페이스북 그룹은 이 동영상 사이트들을 통해 점령 운동의 실제 상황을 전세계에 전달했다. 이 밖에도 미트업MeetUp과 비미오Vimeo가 각각 5회씩, 보잉보잉Boing Boing과 허핑턴 포스트Huffington Post가 각각 2회씩 링크됐다. 이 중 특히, 서로 가까운 지역에 사는 이용자들이 실제 공간에서 서로 만날 수 있도록 도와주는 미트업 사이트는 점령운동이 벌어지고 있는 실제 장소와 페이스북 페이지뿐만 아니라 이용자들이 서로 만나는 그 모든 곳이 점령운동 장소가 되도록 하는 데 중요한 구실을 했다. 요컨대, 페이스북 그룹 게시물이 거의 대부분 이용자가 직접 만든 내용물이고, 그 밖의 대부분의 뉴미디어 기사가 전통 주류 매체에 비판적인 관점을 담은 글이라는 점을 고려한다면, '함께 점령' 페이스북 그룹은 주류 대중매체의 영향을 거의 받지 않는 이용자들의 독자적이고 자율적인 점령 운동 공간이 됐다고 볼 수 있다.

전통 대중매체의 미미한 영향력은 대중매체에 관한 '함께 점령' 페이스북 그룹의 대화와 토론에서도 확인할 수 있다. '함께 점령' 페이스북 그룹은 대중매체가 점령 운동을 마약에 중독된 히피들의 사회 혼란과 무질서 유발 행위로 프레이밍하는 것에 커다란 분노를 공유했다. 대중매체가 점령 운동 참가자들을 일부 성난 철부지들과 말썽꾼들로 묘사하고, 어떤 목표나 방향도 갖고 있지 않은 혼란스러운 집단으로 치부하고, 미국의 가치와 이익을 위협하는 세력으로 간주하는 것 등이 '함께 점령' 페이스북 그룹의 공분을 불러일으켰다.

[발췌 4]
론 폴(Ron Paul) 사이트와 페이지는 그 추종자들에게 "점령운동을 점령하라"고, "그것을 차지하라"고, "누가 진정한 범죄자들인지를 가르치라"고, "운동 참

가자들을 방해하고 그들이 누구인지 세상에 알리라"고 공개적으로 촉구했다. 그것이 바로 론 폴 추종자들이 보스턴에서 (투표 다수자의 의지를 직접적으로 부정하면서) 뉴스 카메라 앞에서 의도적으로 연기를 피워온 이유다. 그들은 운동을 향한 불신을 조장하기 위해, "한 무리의 마약쟁이 히피들"이라는 고정관념이 바로 사람들이 텔레비전과 인터넷에서 보는 것이 되도록 하기 위해 애쓴다. 이들에게 현혹되지 말라. 그들은 운동이 맞서 싸우는 그 모든 것을 대변하고 있다.

[발췌 4]에서는 미국의 보수파 공화당 지도자 론 폴의 점령 운동 왜곡과 공격에 대한 비판이 이루어지고 있다. 그리고 보수파의 공격이 텔레비전과 같은 대중매체에 그대로 반영돼 월가 점령 운동이 '마약쟁이 히피들'의 무질서한 행동으로 비춰지는 것에 관한 우려가 드러나고 있다. [발췌 4]에 나타난 것처럼, 보수파와 대중매체의 합작은 점령 운동을 흠집 내기 위해 사실을 왜곡하고 호도하며, 이것을 통해 점령 운동의 힘을 약화시키고 대의를 희석시키려 하는 것으로 규정된다. 따라서 원래 주류 대중매체가 점령 운동 참가자들의 편이 아니었기 때문에 아예 그것을 보이콧하자는 주장이 '함께 점령' 페이스북 그룹에서 반복적으로 제기됐다.

이처럼 전통 대중매체를 거부하는 대신, '함께 점령' 페이스북 그룹은 [발췌 5]에 나타난 것처럼 소셜 미디어야말로 자신들의 이야기를 공유하고 전달하기 위한 아주 유효한 매체라는 점을 적극적으로 강조한다.

[발췌 5]
주류 미디어는 결코 그 어떤 것도 가질 수 없다!!! 그것은 뉴스를 만들려 애쓰며, 뉴스를 만들 수 없을 때는 마치 하등 영장류가 오물을 사방에 날리는 것처럼 진흙탕을 뿌려댄다 …… 제4의 정부 기관으로서 가진 권력. 단지 한 쪽의 정치적 입장만을 듣는 사람들은 마음 약한 로봇에 다름 아니다 …… 그것이 폭스 뉴스와 MSNBC가 자신들의 시청자들에게 잘 하는 일이다 …… 소셜 미디어의 힘과 정보를 향한 직접 연결로, 우리들은 숙고된 결정을 내리는 데 필요한 현장의 목소리, 균형감 있는 뉴스의 실제 비디오, 그리고 구체적인 숫자와 정보를 얻을 수 있는 방법을 알아냈다.

[발췌 5]에서는 대중매체를 향한 거부감과 소셜 미디어에 관한 기대감이 교차해 나타나고 있다. 점령 운동 소식이 텔레비전과 같은 주류 대중매체를 통해 전달되지 않는다 하더라도, 운동 주체들은 페이스북과 트위터와 같은 소셜 미디어를 통해 얼마든지 그것을 전국에 알리고 서로 공유할 수 있다. 그리하여 텔레비전에서 열변을 토하는 낡은 정치는 거부되고, 스마트폰과 페이스북과 트위터를 통해 만나는 친구들이 오히려 더 나은 정보 제공자로 간주된다. 나아가, 현실적 제약 때문에 점령 운동 현장에 나갈 수 없는 사람들에게 점령 운동에 관한 다양한 소식을 페이스북 페이지에 올리고 확산하는 것은 운동 참가의 한 가지 형태로 간주되기도 한다. 물론 '함께 점령' 페이스북 그룹은 직접 행동에 참여하지 않고 눈과 귀로만 점령 운동과 함께 하는 행태를 비판하기도 했지만, 소셜 미디어가 없었다면 점령 운동은 충분히 발전할 수 없었을 것이라는 관념을 널리 공유했다.

요컨대, '함께 점령' 페이스북 그룹은 대중매체를 사실상 거의 통하지 않고서도 소셜 미디어를 포함한 뉴미디어를 통해 운동에 관한 정보를 전국적이고 전세계적으로 전달하고 공유할 수 있었으며, 그룹의 대화와 토론을 통해 대중매체의 점령 운동에 관한 모든 부정적 프레이밍을 적극적으로 논박하는 모습을 보였다.

3 '1퍼센트의 그들'과 '우리 99퍼센트'의 구성

① '1퍼센트의 그들'

점령 운동의 '그들' 상위 1퍼센트에 관한 프레이밍은 '지배자', '감시자', '부패하고 탐욕스럽고 무책임한 집단', '범죄자'라는 용어들을 중심으로 모아졌다. '함께 점령' 페이스북 그룹에게, 상위 1퍼센트는 '지배자'

이다. '그들'은 '우리'가 타고 다니는 자동차, 우리가 사는 집, 우리가 이용하는 은행 계좌 등 우리가 가진 거의 모든 것의 실질적인 소유자이다. 정부는 월가의 금융 자본에 장악돼 있으며, 재정, 지식, 군사, 산업 등 국가의 거의 모든 일이 그들의 손 안에 있다. 그들은 금융, 산업, 광고, 분배, 오락 그리고 그 밖의 모든 것으로 상호 연결된 시스템을 통해, 역사상 존재했던 그 어떤 집단들과 시스템보다 더 많은 권력과 물질적 부를 축적하고 있다. 상위 1퍼센트는 게임의 규칙을 만들 수 있는 힘을 배타적으로 독점하고 있기 때문에, 사회의 모든 핵심 자원이 점점 더 그들에게 집중되고 있다. 그 결과는 대다수 시민의 희생 위에 일부 극소수의 사람들만 더욱 더 강해지고 부유해지는 심각한 사회 불평등과 사회 양극화이다.

[발췌 6]
사람들을 확인하고 우리가 맞서 싸우는 에인션트 이블(ancient evil)을 인식하라. 너의 적을 알라. 압제자로부터 너 자신을 방어해야만 하는 때가 올 것이다. 그것은 권력의 원천으로 꽃을 들고 있는 99퍼센트의 손에 의해서가 아니라 모든 무기를 소유하고 방아쇠를 당길 준비가 된 1퍼센트의 손에 의해 오게 될 것이다. 혁명은 언제나 그랬듯이 우리 자신을 방어해야만 하도록 강요될 때 시작된다.

[발췌 6]에서 상위 1퍼센트는 '에인션트 이블'이고 '압제자'이다. 그리고 그들이 심화시키고 있는 부의 양극화는 인간 문명의 발전에 중대한 위협이 된다. 그래서 점령 운동과 같은 저항 운동이 필요하지만 그것은 압제자의 탄압을 이겨내야 하는 과제를 안고 있다. 상위 1퍼센트는 소수의 지배를 불식시키려 하는 일반 시민들의 노력을 끊임없이 감시하고 통제하는 감시자들이기도 하다. '함께 점령' 페이스북 그룹은 수많은 비밀 경찰들이 월가 점령 시위 현장이나 자신들의 온라인 페이지에 잠복해 점령 운동에 관한 정보를 수집하고 운동에 대한 불신감을 조장하는 다양

한 활동을 벌이고 있다고 믿는다.

'함께 점령' 페이스북 그룹에게, 상위 1퍼센트의 압제자와 감시자는 부패하고 탐욕스럽고 무책임한 집단이다. 최근의 심각한 경제 위기와 경제 위기로 인한 99퍼센트 대다수 인구의 고통과 궁핍은 상위 1퍼센트의 부패와 탐욕과 지배에서 비롯된 것이다. [발췌 7]을 보자.

[발췌 7]
많은 미국인들이 자각하기 시작했으며, 자신들만의 이익을 염두에 둔 채 우리 모두를 끊임없이 수탈해간 기업과 1퍼센트의 탐욕과 부패에 "이제 그만"이라고 외치고 있다. 우리는 인간의 고통, 폭력 등에 관해 충분히 밝힐 것이다.

상위 1퍼센트의 탐욕과 부패를 향한 분노는 이들이 2008년과 2009년에 일반 납세자들로부터 엄청난 양의 긴급 구제 금융을 받아가 놓고도, 2009년과 2010년 사이에 막대한 보너스와 배당금 잔치를 벌인 일에서 더욱 격화되었다. 예를 들어, 2008년의 위기로 369억 달러의 긴급 구제 금융을 받은 '웰즈 파르고'는 2010년에 246억 달러의 수익을 거뒀다. 그 수익에는 은행 계좌 수수료 49억 달러와 신용카드 수수료 37억 달러 등과 같은 일반 이용자들에게 직접 부과한 돈이 포함돼 있다. 그런데 은행 창구 직원은 시간당 10달러 63센트만을 받은 반면, 최고 경영자 스텀프J. Stumpf는 스톡 보너스로 1230만 달러를 챙겼으며, 총 272억 달러가 보너스와 보상금으로 사용됐다. 또한 2008년 금융 위기로 1000억 달러의 긴급구제 금융을 받았던 '뱅크오브아메리카'는 2010년에 291억 달러의 수익을 얻었다. 여기서도 은행 창구 직원은 시간당 10달러 77센트의 임금을 받은 반면, 최고경영자 모이니한B. Moynihan의 급여는 1000만 달러였다. 이 은행은 2009년에 소득세를 한 푼도 내지 않았지만, 351억 달러를 보너스와 보상금으로 사용했다. '함께 점령' 페이스북 그룹은 골드만 삭스, 모건 스탠리, 시티그룹, 제이피모건 체이스 등에서 유사한 사례를 공유했다. 바로 이런 상황 인식 때문에, '부패하고 탐욕스럽고 무책임한 그들 상위 1퍼센트'가 월가점령 시위의 핵심 프레이밍들 중의 하나가 됐다.

금융자본의 탐욕과 부패를 향한 분노는 상위 1퍼센트를 '범죄자'로 프레이밍하는 것으로도 나타난다. 아일랜드가 국가 부도를 초래한 정치인들과 은행가들을 체포해 법정에 세웠듯이, 미국도 이 은행가들과 사기꾼들을 체포해야 한다.

[발췌 8]
기업 법인(corporate personhood)을 끝장내고 기업들이 더는 단기 이익을 최대화하도록 하지 못하게끔 기업 구조를 바꿔야 한다. 뿐만 아니라, 회사에 단순히 벌금을 물리는 것을 넘어서서 범죄에 책임이 있는 기업 내 개인들을 체포하기 시작해야 한다.

'함께 점령' 페이스북 그룹에게, 상위 1퍼센트의 끊임없는 착취와 선동과 물질적 과욕은 경제와 사회를 손상시킨 것은 물론이거니와 우리의 정신과 영혼 그리고 지구를 온통 쓰레기로 뒤덮는 결과를 초래했다. 한마디로, 상위 1퍼센트의 범죄는 인간성을 심각하게 훼손한 것에 있다. 따라서 [발췌 8]에 나타나듯이, 이 범죄자들을 체포하는 것이 필수적이며, 점령 운동의 성패는 바로 그들을 몰아낼 수 있는가의 여부에 달려있다.

이상에서 살펴본 것처럼, '함께 점령' 페이스북 그룹의 '그들 상위 1퍼센트'를 향한 프레이밍이 '지배자'와 '감시자' 그리고 '부패하고 탐욕스러운 범죄자'라는 용어들로 모아졌지만, '함께 점령' 페이스북 그룹은 '그들 상위 1 퍼센트'의 점령 운동을 향한 비판과 공격 담론에도 대응해야 했다. 월가점령 운동을 향한 공격 담론은 크게 두 가지 방향으로 나타났다. 하나는 그것이 히피와 낙오자들의 충동적인 사회 불만 표출 행동이라는 것이고, 다른 하나는 점령운동이 공산주의와 마르크스주의를 신봉하는 반자본주의 운동이라는 것이다. 전자는 "비생산적 히피", "낙오자", "실직자", "마약쟁이", "패배자", "회피주의자", "멍청한 저능아", "철부지 아이들" 등과 같은 용어들이 점령 운동을 공격하는 데 자주 등장한 것에서 확인할 수 있다. 빚을 잔뜩 짊어진 실업자 히피들이 정작 성실하게 일할 생각은 하지 않고, 오히려 월가에 직장을 가진 멀쩡한 사람들을 실직에 빠트리고 공공 자산을 파괴하려 한다는 것이다. 이런 비판은, [발췌 9]에 나타나듯이, 종종 운동 참가자들이 찾아가야 할 곳은 점령 시위 장소가 아니라, 일자리를 알아봐 줄 직업 안내소라는 냉소를 동반했다.

[발췌 9]
여기 너희들 99퍼센트에게 들려줄 이야기가 있다 …… 게으른 너희들 궁둥짝을 걷어치우고, 뭔가를 생산하고, 1%의 한 부분이 되어라!! 스티브 잡스가 자신이 가진 것을 얻기 위해 시위하고, 짜증내고, 불평했던가!! 아니다. 그는 노력해서 그것을 얻었다. 멍청하고 게으른 몸뚱이들아, 연합해라!!!! 뭔가 생산적인 일을 해라!!!!

점령 운동이 전혀 생산적인 활동이 아니라는 주장은 흔히 하위 99퍼센트보다 더 많은 연방 세금을 내는 상위 1퍼센트에게 고마워해야 한다는 관념과 결합한다. 99퍼센트가 사용하는 물건과 향유하는 서비스를 제공해주는 상위 1퍼센트에 저항하는 것은 자신의 모든 것을 잃어버리는 길로 가는 지름길이 된다. 그리고 점령 운동의 반대파에게, 점령 운동은 도둑질하고, 마리화나를 피우고, 얼굴에 수많은 피어싱을 하고, 일자리를 요구하면서도 십 년 이상 샤워도 하지 않은 것처럼 트렌치코트를 입고 다니는 히피들의 소요 행위에 다름 아니다. 그것은 한편으로는 마약과 다른 한편으로는 공짜 정부 지원금으로 히피들이 나라를 망치려 하는 행위에 불과하다. 나아가 [발췌 10]에 나타난 것과 같이, 점령 운동 반대파에게 점령 시위대는 99퍼센트가 아니라 그저 소수에 불과하다. 기껏해야 미국인의 5퍼센트에 지나지 않는 사람들이 대다수의 95퍼센트에게 말도 안 되는 요구를 하고 있는 것이 된다.

[발췌 10]
웃기는 일이다. 그 사람들은 마치 자신들이 뭔가 중요한 일을 하고 있는 것처럼 생각하고 있기 때문이다. 군중 속에 서 있을 때는 많은 사람들이 참여하고 있는 것처럼 보여도, 실상은 그저 작은 소수에 지나지 않는다는 것을 그 사람들은 알지 못한다. 대부분의 사람들은 먹고 사는 데 너무 바빠서 공원에 앉아 사소한 사회적 이슈에 관한 합의를 모아내려고 애쓸 여유가 없다.

'공산주의', '마르크스주의', '반자본주의' 등과 같은 문제들도 월가 점령 운동을 둘러싼 핵심 쟁점을 형성했다. '함께 점령' 페이스북 그룹의 일부 참가자들은 마르크스주의와 사회주의적 개혁은 현재의 기업 자본주의 체제의 폐해를 극복하는 데 매우 중요한 전망을 제공해준다고 주장한다. 따라서 그 참가자들에게 점령 운동은 전략적으로 마르크스주의를 수용할 필요가 있다. 다른 한편으로, 반대파들은 점령 운동이 지닌 바로 그런 사회주의적 경향 때문에 점령 운동은 정당화될 수 없다고 본다. 반대파들에게, 점령 운동을 지도하고 지지하는 것은 바로 마르크스주의인데, 이 사실을 알아채지 못하는 것은 이미 그것에 세뇌당했거나 맹목적으로 된 것의 결과일 뿐이다. [발췌 11]을 보자.

[발췌 11]
왜 사람들이 자본주의를 철폐하고 싶다고, 사실상 가능하지도 않은 일을 말하는지 모르겠다. 당신의 모든 자유를 포기하고 그 어떤 표현과 결사의 자유도 없는 전체주의 체제 아래에서 살고자 하지 않는 한. 이 운동을 순수 사회주의와 연결하는 것은 운동에 해악만을 끼치는 일이 될 것이다. 왜냐하면 사람들은 자유와 정부에 대한 요구 등을 포기하지 않을 것이기 때문이다. 왜 사람들은 좀더 분별력을 갖지 못하고 극단으로 향하는 걸까?

[발췌 11]에서, 점령 운동이 자본주의 종식과 공산주의를 위한 싸움을 지향하는 한, 초기의 지지자들을 잃고 정당성을 상실하게 되는 것은 불을 보듯 명확한 일이다. 사회주의와 마르크스주의 논란은 시위 반대자들이 운동의 정당성을 공격하기 위해 자주 동원한 것이기도 하지만, 경우에 따라서는 바로 그 이유 때문에 사회주의와 마르크스주의에 관한 글들이 운동을 파괴하려는 사람들의 선동에 다름 아니라는 반응도 '함께 점령' 페이지에서 종종 나타났다.

②'우리 99퍼센트'

"우리 99퍼센트We the 99%"라는 월가 점령 운동의 핵심 슬로건은 "빌어먹을, 싫어, 안 갈 거야Hell no, we won't go"라는 베트남 참전 반대 구호 이래로 가장 성공한 슬로건으로 평가받는다. 점령 운동 참가자들에게 '우리 99퍼센트'는 2500만 명의 실업자, 1억 명의 빈곤층, 종교와 나이와 성별과 인종을 넘어선, 게으르지도 남의 것을 부당하게 탐하지도 않는, 전 세계의 모든 보통 사람들이다. 경제를 파탄 낸 범죄 집단 기업과 그 봉사자들이 아닌 한, 대다수의 보통 사람들은 99퍼센트에 속한다. '우리'가 99퍼센트라는 것만큼 단순하고 간명한 사실은 없으며, 더 다른 말이 필요 없다. 다른 대안은 없다.

[발췌 12]
우리는 99 퍼센트다. 우리는 우리의 집에서 쫓겨나고 있다. 우리는 식료품점이냐 월세집이냐 사이의 선택을 강요받고 있다. 우리는 적절한 의료로부터 거부당했다. 우리는 환경 오염으로 고통 받고 있다. 우리는 노동을 하는 경우에도, 저임금과 장시간 그리고 아무런 권리도 누리지 못한 채 노동하고 있다. 그들 1퍼센트가 모든 것을 가지고 있는 동안 우리는 아무 것도 가지지 못하고 있다. 우리는 99퍼센트이다. 우리는 미국의 거의 모든 일을 담당하지만 부의 극히 일부분만을 가진 99퍼센트이다. 우리는 미국을 한데 묶고 있지만 워싱턴 D.C.에서의 정치적 토론에서는 배제된 99퍼센트이다. 우리는 모든 희생을 감당하도

록 요청받는 99퍼센트이지만 상위 1퍼센트는 더 많은 세금 감면과 보조금을 받는다. 우리는 99퍼센트이고 거리를 본다. 더 이상 침묵하는 다수로 남지 않을 것이기 때문에. 경제적 정의는 너무나도 지체되었다!

[발췌 12]에 나타나듯이, '우리 99퍼센트'는 경제적으로 박탈당하고 정치적으로 배제되고 사회적으로 희생을 강요받는 다수이다. 그리고 현재의 상태는 더 이상 참기 어려운 것이 되었기 때문에 부정의를 바로잡기 위한 거리의 실천이 불가피하다. 그런 실천은 그 누구도 다른 어떤 누구보다 더 낫지 않다는 것을 천명하고, 1퍼센트가 끼친 고통에 저항해 그들을 넘어뜨리는 투쟁이다. 모든 권력의 궁극적 원천인 '우리 99퍼센트'가 없으면 상위 1퍼센트의 부와 특권도 있을 수 없다. 따라서 이 점을 확인하고 실현할 수 있는 길은 '우리 99퍼센트'의 연대와 단결에 있다.

'함께 점령' 페이스북 그룹은 '혁명'이라는 용어로 '우리 99퍼센트'의 저항이 지닌 근본적이고 급진적인 성격을 부각시키려 한다. 월가 점령 운동은 종종 프랑스 혁명과 러시아 혁명에 뒤이은 미국에서 시작된 전 세계 혁명, 미국의 지성 혁명, 또는 제3의 혁명 등으로 규정됐다. 그것은 "사과를 상자 속에서 솎아내는 것이 아니라 사과 상자 자체를 뒤집는" 행동인 셈이다. [발췌 13]을 보자.

[발췌 13]
그들은 저항을 분쇄할 수 있을 것이다. 그들은 시위대를 체포하고 조사할 수 있을 것이다. 그러나 그들은 결코 우리 모두가 공유하고 믿고 있는 생각을 분쇄할 수는 없을 것이다. 이것은 혁명의 시작에 다름 아니다.

'함께 점령' 페이스북 그룹의 이런 '혁명' 담론에서, 사회의 변화는 느리고도 누적적인 과정을 통해 일어나는 것이라는 소위 전문가들과 권력자들의 오랜 주술은 거부된다. 그리고 현재의 과두 지배 체제를 일거에 쓸어버리는 것이 월가 점령 운동의 목표로 강조된다. 따라서 이 운동은 단순히 월가를 점령하는 것을 넘어선 새로운 미국 혁명의 시작이라는 의의를 지닌다. 혁명 담론의 정당성은 점령 운동이 건국의 지도자들이 만들고 지키기 위해 싸웠던 나라를 상위 1퍼센트의 손아귀에서 되찾아 오는 노력에 다름 아니라는 주장을 통해서 나타난다. '함께 점령' 페이스북 그룹은 이런 혁명의 성공을 위해 다양하고도 광범위한 직접 행동(설사 그것이 아무리 사소한 것이라 할지라도) 양식을 공유했다. 점령 운동 장소에 가능한 한 많은 사람들이 모이면 좋겠지만, 시위 현장에 갈 수 없는 사람들을 위한 다양한 실천 양식들이 제안됐다. 상위 1퍼센트에게 항의 편지를 보내고, 이메일을 보내고, 전화를 걸고, 점령 운동에 관한 링크를 공유하고, 페이스북에 글을 올리고, 지역 경찰에 항의 전화를 하고, 시민권을 행사하는 사람들을 체포하는 것은 경찰이 할 일이 아니라는 것을 알리는 것과 같은 단순한 활동도 혁명에 커다란 영향을 미친다는 사실이 적극적으로 강조됐다.

한편, 이처럼 점령운동의 혁명적 의의를 강조하면서도, '함께 점령' 페이스북 그룹은 과연 그것이 폭력적으로 되어도 좋은가 아니면 비폭력으로 일관해야 하는가를 두고 많은 논란을 벌였다. 비폭력주의 담론은 폭력이란 본래 지배자와 경찰의 것이라는 점, 폭력으로는 이길 수 없다는 점, 폭력을 쓰면 운동은 정당성을 잃게 될 것이라는 점, 폭력보다 더 유력한 대안이 존재한다는 점, 그리고 비등점까지 폭력을 유보해야 한다는 점 등을 중심으로 전개되었다. 반대 담론은 저항 운동이 폭력화되는 것은 불가피할 뿐만 아니라 필요한 것이라는 점, 그것이 훨씬 효과적이라는 점, 폭력 앞에서 비폭력을 외치는 것 자체가 폭력적이라는 점, 자기 방어를 위해 필요하다는 점 등을 들어 점령 운동의 폭력화를 반대하지 않는다.

[발췌 14]

경찰과 싸우는 것은 어리석은 짓이다. 그것은 사람들을 다치게 하고 경찰을 더 강하게 만들 것이다. 사람들을 다치게 하는 것보다 구타를 당하는 것이 더 용감한 일이다. 서로 방어하는 가장 좋은 방법은 비폭력 저항 방법을 사용하는 것이다. 폭력과 파괴 행위는 경찰의 혹독한 억압을 불러올 것이다.

[발췌 15]

"폭력을 옹호하는 것은 아니지만 동시에 자기 방어로 폭력을 사용하는 것을 반대하지 않는다. 자기 방어를 폭력이라 부를 수는 없다. 그것은 지성이다." "비폭력에 관해 말하자면, 어떤 사람이 야만적 공격의 오랜 희생자인데도, 그 사람에게 자신을 방어하지 말라고 가르치는 것은 범죄이다." 경찰이 당신을 때려눕힐 때, 스스로를 방어하는 것은 폭력인가 자기 방어인가? 이들이 평화 시위를 고려해 줄 것이라고 생각하는가? 변화는 청하는 것에서 오지 않는다. 그것은 요구하고 취하는 것에서 온다.

"함께 점령" 페이스북 페이지의 공식 입장은 점령 운동이 평화적으로 진행되어야 하며, 그 어떤 폭력도 용납하거나 조장하거나 지지할 수 없다는 것이었다. 그룹의 많은 참가자들도 저항이 평화적이고 비폭력적인 것이 되어야 한다며 호응했다. [발췌 14]에 나타난 것과 유사하게, 다양한 근거들이 그런 입장을 뒷받침했다. 폭력은 운동에 해악을 끼칠 뿐인 것으로 간주되었는데, 그것이 저항의 정당성을 갉아먹고 운동을 향한 지지를 상실하게 만든다고 봤기 때문이다. 또한 폭력과 공포 전략은 원래 지배 집단과 우익 세력의 무기에 다름 아니며, 모든 사람을 흥분시켜 폭력을 유발하려는 집단은 바로 경찰의 프락치라는 일종의 검열 논리도 작동했다. 다른 한편으로, 무장한 경찰에 물리력으로 맞서 싸우는 것은 승산이 없다는 관념도 공유됐는데, 이길 수 없는 싸움을 하는 것은 어리석은 일로 간주되었다. 대신 인내심을 갖고 더 많은 사람들의 지지를 확보하는 것이 훨씬 더 효과적인 전략으로 강조됐다. 그리고 물리적 폭력이 아니라 스마트폰과 카메라와 같은 정보 통신 기기들이 더 중요한 무기라는 점도 널리 공유됐다.

　'함께 점령' 페이스북 그룹의 대다수 이용자들은 이런 비폭력 저항 원칙에 동의하였지만, 폭력 시위가 불가피하다는 것도 그룹에서 상당한 비중으로 나타났다. 경찰이 물리력을 사용하고 있는 상황에서, 시위대들도 목소리뿐만 아니라 물리적 수단도 사용할 권리를 당연히 가질 수 있다는 것이다. 60~70년대의 수많은 비폭력 저항이 거둔 성과는 미미한 것이었으며, 모든 진지한 싸움과 심각한 투쟁은 결코 평화적으로 진행될 수 없다는 것이 역사의 교훈으로 강조됐다. 현 체제를 뒤엎는 혁명적 변화는 폭력을 수반할 수밖에 없다는 것이다. 또한 직접적인 물리적 행동은 미디어와 대중의 관심을 촉발시키고 정부의 반응을 유도할 수 있다는 점에서 매우 효과적인 것으로 간주되기도 하였다. 나아가 [발췌 15]에 나타난 것과 같이, 폭력에 맞선 자기 방어는 폭력으로 단정될 수 없으며, 폭력의 희생자에게 비폭력을 주문하는 것 자체가 매우 폭력적인 요구라는 주장도 폭력/비폭력을 둘러싼 논란의 한 부분을 구성하였다.

　'지역화localization'는 '함께 점령' 페이스북 그룹에서 '우리'의 집합 정체성 구성에 자주 등장한 또 다른 주요 담론이다. 월마트Walmart와 같은 대규모 자본이 아니라 지역의 소규모 영세 사업자의 물건과 서비스를 구입하고, 아메리카 은행과 같은 대규모 금융 기관의 계좌를 폐쇄하는 대신 지역의 신용 조합에 계좌를 개설하고, 과다 소비의 오랜 생활 방식을 반성하고 지역 공동체의 복리에 실질적으로 도움이 되는 현명한 소비 생활을 하자는 것 등이 '우리' 집합 정체성 구성의 주요 담론으로 등장했다. 실제로 '함께 점령' 페이스북 그룹은 소비가 아닌 공동체를 위한 '아무 것도 사지 않기의 날', '대안 행동의 날', '웰즈 파르고 점령 투쟁', '월마트 점령 운동', '계좌 이동 프로젝트' 등과 같은 구체적인 실천을 조직했다. 참가자들은 2011년 9월 말부터 11월 초까지 45억 달러 가량이 대형 은행에서 신용 조합으로 이동했으며, 2011년 10월에만 2010년 한 해 전체의 신규 가입자 보다 많은 숫자인 65만 명이 새로이 신용 조합에 가입했디는 정보를 공유하기도 했다. [발췌 16]은 대규모 자본에 맞선 지역화 운동의 의의가 '함께 점령' 페이지 참가자들 사이에 어떻게 공유되고 있는지를 보여준다.

[발췌 16]
나는 조그만 지역 상점과 시장에서 물건을 사기로 했다. 그 이유는 구체적으로, 1) 그곳은 매번 친절하고 친밀한 훌륭한 서비스를 제공해준다. 2) 그곳은 내가 긴급한 상황에서도 운전하지 않고 가서 물건을 살 수 있는 곳이며, 그곳을 정기적으로 이용함으로써 그들이 계속 영업을 할 수 있도록 해준다. 3) 그곳의 상품들, 특히 신선한 채소와 고기는 포장되고, 맛있고, 쓰레기 같은 대형 상점의 물건들보다 훨씬 더 낫다. 4) 그 물품들은 실제로 자신이 노력한 만큼의 가격에 따라 소득을 얻는 농부들에게서 구입한 것들이다.

[발췌 16]에는 대기업의 물건을 사지 말고 지역의 생산자와 소규모 사업체를 돕는 것이 왜 유익하고 정당한 것인지 잘 나타나 있다. 이런 관점에서는, 대기업의 발전이 지역 공동체와 대다수 시민들의 생활 향상에 별 도움이 되지 않는다면, 그것이 계속 성장하도록 도와줄 이유가 없다. 조금 더 급진적으로는, 월마트나 이턴Eaton 같은 대형 쇼핑센터를 이용하는 것은 점령 운동의 대의와 모순되는 것이며, 그런 쇼핑센터로 돈이 흘러들어가는 것을 막아야 한다. '함께 점령' 운동 참여자들은 자신들이 지역 공동체와 지역의 정치에 영향을 미칠 수 있는 큰 힘을 가지고 있다는 사실을 공유한다. 단순히 점령지에서 캠핑만을 하는 것이 아니라 서로 대화하고, 생각을 공유하고, 상호 이해를 촉진하고, 해결책을 마련하고, 여론을 확산시키고, 직접 행동에 참여하는 모습을 보이고 있는 것이다.

5. 나가며

　　'함께 점령' 페이스북 그룹은 월가 점령 운동에서 '네트워크 사회운동의 허브', '상향적 집합 정체성 형성 공간', 그리고 '대중 매체를 우회하고 포위하는 담론장'이 됐다. 우선, '함께 점령' 페이스북 그룹은 월가 점령 운동에서 'Occupywallst.org', 'takethesquare.org', 'moveyourmoneyproject.org' 등의 그룹들과 함께 수평적 네트워크를 형성했다. 그리고 이 수평적 네트워크는 각기 서로 다르고도 독자적인 운동 프로젝트를 수행하기 위해 만들어진 어피니티 그룹들 사이의 연결망이었다. 월가 점령 운동이 '다양한 개인들의 운동'이며 '개인 이외에는 그 어떤 지도자도 없는 운동'이라는 주장이 '함께 점령' 페이스북 그룹에서 반복적으로 나타난 데서 알 수 있듯이, 이 어피니티 그룹들의 운동은 어떤 개인도, 그룹도, 조직도 운동을 대의하거나 지도할 수 없다는 어피니티 그룹의 일반적인 행동 원리를 분명하게 드러내 보였다. 최근의 지구적 저항 운동에 특징적인 '개방성', '다양성', '수평성', '개별성' 등의 집합 행동 원리들이 이 어피니티 그룹들의 활동의 밑바탕으로 작용하고 있다는 점을 확인할 수 있다.

　　하지만 이런 지배적 경향에도 불구하고 '함께 점령' 페이스북 그룹에서는 집단 지성이 어떻게 개인들의 행동을 서로 연결하고 공통의 요구를 실현하기 위해 계획적으로 행동을 조직할 수 있을 것인가에 관한 의문이 반복적으로 제기됐다. 집단 지성을 구현하기 위해서는 독립된 개인들의 다양한 선택으로부터 최고의 대안을 도출해낼 수 있는 통합 메커니즘을 구축해야 하지만, 네트워크 사회운동이 과연 그런 통합 메커니즘을 갖추고 있는지에 관한 의문에서 제기되는 문제인 것이다. 월가 점령 운동이 구체적 목표를 결여하고 있다는 비판이 운동 외부에서만이 아니라 내부 참여자들에 의해서도 지속적으로 제기되었다는 점에 비춰볼 때, 개별 지도부의 부재 속에서도 운동 지도력은 필요하고 중요하다는 역설은 최근의 네트워크 사회운동 이론이 해결해야만 하는 주요 딜레마임에 분명하다.

집합 행동의 개인화 이론은, 최근의 사회운동이 집합적 프레이밍에 의존하기보다는 점점 더 개별 정체성의 실현과 표출 가능성을 추구하는 경향, 즉 집합 행동의 개인화가 매우 두드러진다고 보고, 전통적인 집합 정체성 관념은 이제 더는 네트워크 사회운동을 설명하는 유효한 도구가 되기 어렵다고 주장한다. 그렇지만 바로 위에서 밝힌 것과 같은 이유 때문에, 집합 정체성 관념은 네트워크 사회운동에서도 여전히 중요한 이슈로 다뤄져야 한다. 물론 이런 관점은 집합 정체성이 위로부터의 프레이밍에 의한 하향식 방식보다는 아래로부터의 상향식 방식으로 운동의 집합 정체성이 구축되어야 한다는 점을 강조한다는 점에서 전통적 집합 정체성 이론하고는 구별된다.

이 글에서 '함께 점령' 페이스북 그룹은 아래로부터의 집합 정체성 형성의 주요한 공간이 되었다고 볼 수 있다. 하루 평균 약 6건의 게시글과 게시글 당 평균 약 100건의 댓글이 수반된 토론을 통해서, 그룹 참여자들은 '1퍼센트'의 '지배자', '감시자', '탐욕과 부패 집단', '범죄자' 등의 '그들' 정체성 레퍼토리와, '우리 99퍼센트', '혁명', '비폭력', '지역 공동체' 등의 '우리' 정체성 레퍼토리를 대비시켰다. 또한 월가점령 운동을 '히피'와 '낙오자'들의 소요 행위 혹은 '마르크스주의'와 '사회주의'를 추구하는 집단행동으로 단정하는 것에 맞선 담론 전략들을 발전시켰다. 이처럼 다양한 쟁점들에 대한 활발한 논쟁을 통해, '함께 점령' 페이스북 그룹은 월가 점령 운동의 집합 정체성을 아래로부터 형성해가는 담론 공간이 되었다. 이 점을 염두에 둘 때, 사회운동의 개인화를 강조하는 오늘날의 네트워크 사회운동 이론은 집합 정체성 관념의 유효성을 근본적으로 의문시하기보다는 집합 정체성 구축의 새로운 동학, 즉 상향적 집합 정체성 형성 동학을 면밀하게 분석하는 작업이 필요하다.

마지막으로, '함께 점령' 페이스북 그룹은 사회운동이 전통 대중매체를 우회할 뿐만 아니라 그것을 포위할 수 있는 가능성을 분명하게 보여주었다. '함께 점령' 페이스북 그룹에 링크된 전통적 대중매체 기사는 그룹 전체 포스팅의 10퍼센트에도 미치지 못한 반면, 점령 운동에 관한 소식이나 정보는 유튜브, 라이브스트림, 어스트림, 트위터 등과 같은 소셜 미디어를 통해 실황으로 전세계에 전달됐다. 전체 포스팅의 90퍼센트 이상이 그룹 참여자들의 자체 작성 포스팅이나 점령 운동을 지지하고 조직하는 사이트의 기사로 구성되었다는 사실은 페이스북이 거의 완벽하게 전통 대중매체를 우회하는 매체로 활용될 수 있다는 점을 잘 보여준다. 내용적으로도, 월가 점령 운동에 대한 전통 대중매체의 프레이밍은 '함께 점령' 페이스북 그룹의 대화와 토론에 거의 인용되지 못했으며, 설사 인용된 경우에도 부정적이고도 비판적으로만 다루어졌을 뿐이다. 대중매체의 프레이밍이 페이스북 그룹에 사실상 아무런 영향력을 갖지 못하고 거부되는 상황, 이것이 바로 페이스북 페이지에 의한 대중매체 우회와 포위의 실현 양상이다.

그런 점에서, '함께 점령' 페이스북 그룹은 캣츠와 라자스펠트 혹은 셔키가 말한 것과는 다른 의미에서 '소통의 두 번째 단계'를 보여주었다고 말할 수 있다. 즉, 그것이 보여준 것은 '대중매체로부터 대중에게로'라는 여론 형성의 방향성이 관철되지 못하는 여론의 형성 공간이다. 그리고 이것은 소위 '역의제 설정 이론'으로도 충분히 설명할 수 없는 현상인바, 소통의 두 번째 단계로서 페이스북 페이지는 '대중매체에서 대중으로' 혹은 '대중에서 대중매체로'라는 순환 과정에서 탈각한 여론 형성 공간이기 때문이다. 페이스북 페이지가 사회운동에 갖는 급진적 의의도 바로 '대

중매체로부터 대중에게로'라는 여론 형성의 방향성을 극복할 수 있는 가
능성에서 찾아야 힐 것이다.

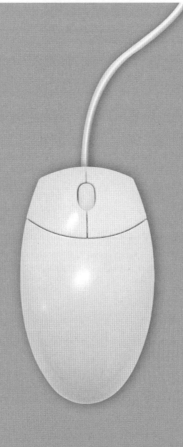

3부

온라인 민주주의
— 경합적 다원주의

9장

사이버 폭력의 사회적 구성
─ 인터넷 실명제

1. 들어가며

　　이 장은 인터넷 실명제가 사이버 폭력의 사회적 구성을 통해 사이버 공간을 규율하는 제도로 성립된 과정을 비판적 담론 분석의 방법으로 고찰한다. '제한적 본인 확인제'로 이름 붙여진 인터넷 실명제는 하루 평균 방문자 수가 10만 명이 넘는 언론사와 인터넷 포털 사이트에 글을 쓰고자 하는 사람들은 모두 반드시 본인임을 확인하는 절차를 거쳐야만 글을 게시할 수 있도록 하는 제도이다. 이 제도 아래에서, 온라인 게시판에 글을 쓰려는 모든 이용자들은 설사 회원 가입이나 로그인 절차를 거쳤더라도 별도의 본인 확인 절차를 한 번 더 거쳐야 한다. 2005년 12월, 국회는 세계적으로 유례가 없는 이 제도를 국민의 압도적 지지 속에서 통과시켰다. 법률안 통과 직후인 2007년 1월 18일 여론조사 전문기관 리얼미터가 발표한 인터넷 실명제에 대한 조사 결과를 보면, 찬성 의견(72퍼센트)이 반대의견(22퍼센트)보다 세 배 이상 높았다. 이후 2007년 한 해 동안 각종 인터넷 게시판에서 사회정치적 현안에 관한 의견을 게시하기가 훨씬 더 까다로워지고, 게시되는 글의 양도 점점 더 줄어듦에 따라, 욕설이나 인신공격 등과 같은 이른바 '악성 댓글'의 양도 점점 더 줄어들고 있다는 사실 속에서, 사이버 폭력을 예방하기 위해 불가피하게 도입되었다는 이 제도의 효과가 일견 긍정적으로 나타나고 있는 것처럼 보이기도 한다.

그러나 최근의 인터넷 실명제에 관한 압도적으로 우호적인 여론과 그 효과에 대한 낙관적인 평가와는 달리, 초기 공론화 시점인 2003년에는 찬반 여론이 서로 팽팽했으며, 실명제가 실시되고 있는 현재에도 그 효과에 관한 부정적인 시각은 사회적으로 아직 강고하다. 그러면, 2003년 초 인터넷 실명제에 대한 여론의 찬반 균형이 어떻게 하여 2006년 말의 거의 전폭적인 찬성 입장으로 바뀌게 되었는가? 인터넷 실명제는 어떤 과정을 거쳐 사이버공간을 규율하는 제도로 정립되었는가? 어떤 논리들이 실명제 도입담론에 '상식의 권능warrant of common sense'을 부여했는가? 그리고 그런 논리들은 어떤 정치적 이데올로기와 연관돼 있는가? 실명제 찬성담론이 지배력을 확보하는데 어떤 인지적 자원이 활용됐는가? 어떤 규범적 요소들이 실명제 찬성 담론의 지도력을 강화해줬는가? 정치적 강압과 지도력은 인터넷 실명제의 성립에 어떻게 작용했는가? 그 속에서 사이버 폭력은 어떻게 담론적으로 구성됐는가?

이런 질문들은 인터넷 실명제와 관련된 사회적 의사 결정 과정의 본질과 성격을 묻는 문제들이라 할 수 있다. 사회적 의사 결정에 관한 이론에는 대의민주주의론, 기술관료제론, 조합주의론, 참여민주주의론, 숙의민주주의론 등 다양한 모델들이 있다(하연섭 외 2006, 324). 이런 이론 모델들은 대체로 사회적 의사 결정과 관련된 다양한 사회적 행위자들과 그 행위자들을 둘러싼 사회경제적 환경 사이의 동학을 강조한다. 그런데 위에서 제기한 질문들은 특정한 정책이 어떠한 사회적 담론 과정 속에서 결정됐는가라는 문제에 초점을 맞춘다는 점에서, 사회적 의사 결정 과정에 관한 대안적 이론 모델을 발전시키는 데 유용한 질문들이라 할 수 있다. 의사 결정의 헤게모니 과정, 특히 담론 헤게모니의 동학에 주목하기 때문이다. 사회적 의사 결정에서 담론 과정을 중시하는 이론 모델은 무엇보다도 언어란 단순히 현실의 반영 또는 재현수단이 아니라 현실의 생산 요인 또는 사회적 실천이라는 사실에 주목한다. 따라서 담론 분석은 곧 실질적 현실 분석이 되며, 비판적 담론 분석은 그런 연구의 주요 방법론이 될 수 있다. 그것은 "언어에서 드러나는 지배, 차별, 권력, 통제에 관한 구조적 관계"(Wadak 2002, 2)에 주목하고, "언어사용에 의해 표현되고 발신되고 구성되고 정당화되는 사회 불평등을 비판적으로 고찰"(Wadak 2002, 2)하기 때문이다.

실명제 찬반 담론의 경합과 사회적 의사 결정 과정의 성격을 탐구하기 위해, 이 글은 2003년 2월부터 2007년 1월까지 인터넷 실명제와 관련해 발표된 각종 시민 사회 단체의 성명서와 언론사 칼럼, 사설 등 총 41개의 문건들에 관한 비판적 담론 분석을 수행했다. 먼저 2003년에서 2007년까지 진행된 인터넷 실명제를 둘러싼 사회정치적 논쟁 과정을 간략하게 서술할 것이다. 다음으로, 사회적 의사 결정 과정과 그 특성에 관한 유력한 이론 모델들을 검토함으로써 연구의 분석틀을 도출할 것이다. 그리고 거기에 근거하여 성명서와 신문 사설, 칼럼에 관한 비판적 담론 분석을 수행할 것이다. 마지막으로, 분석 결과를 요약하고 그 이론적 함의를 논할 것이다.

2. 인터넷 실명제 논쟁 ― 2003~2007

인터넷 실명제를 둘러싼 사회정치적 논란은, 인터넷이 커다란 영향력을 발휘했던 2002년 12월 대통령 선거 직후인 2003년 2월과 3월 사이에, 한나라당과 정보통신부가 그것의 입법 필요성을 공개적으로 천명함으로써 본격화됐다. 실명제 도입 필요성을 처음으로 공식적으로 제기한 사람은 이상배 당시 한나라당 정책위원장이었다. 이상배 정책위원장은 한나라당 주요당직자회의에서 "인터넷에서 인신공격이 난무하고 북한의 심리전 활동매체로도 활용되는 문제점이 드러나고 있다"며, "인터넷 공간에서 책임 있는 의견 제시와 의견 교환이 이루어지도록 하기 위해 인터넷(이용자) 실명제 등을 도입하는 방안을 검토할 계획"이라고 밝혔다. 그리고 진대제 당시 정보통신부 장관도 청와대 업무보고에서, "사이버 인권 침해 문제를 막기 위한 인터넷 게시판 실명제를 우선 공공기관부터 도입한 뒤 사회적 합의과정을 거쳐 민간분야로 확대"할 것이라고 밝혔다. 인터넷 실명제에 관한 공식 논의가 처음으로 제기될 시기에 실명제 도입 주장은 인신공격과 같은 사이버 인권침해를 막아야 한다는 규범적인 요구뿐만 아니라, 인터넷이 북한의 대남 공작의 장으로 활용될 수 있다는 이데올로기적, 정치적 관심을 반영하고 있었다.

그러나 이 시기의 인터넷 실명제 추진 계획은 여론의 지지를 충분히 받지 못했다. 정보통신부 스스로 밝혔듯이, 실명제에 대한 인터넷 이용자들의 의견은 찬반 입장이 팽팽한 가운데 반대 의견이 약간 우세한 것으로(찬성 32.3퍼센트, 반대 33.4퍼센트) 나타났다. 실명제로 인한 표현의 자유 침해 우려가 좀더 강했던 것이다. 그리고 '함께하는 시민행동'을 포함한 많은 시민단체들의 강력한 반발도 정보통신부의 실명제 추진 작업을 제지하는 데 상당한 기여를 했다고 볼 수 있다. 정보통신부 산하 국책

연구기관인 정보통신정책연구원은 2003년 7월, 국민들의 표현의 자유를 위축시킬 수 있는 인터넷 실명제를 도입하는 것은 시기상조라는 입장을 밝히기도 했다. 이런 상황에서 정보통신부에 의한 인터넷 실명제 추진 활동은 소강 국면에 빠져들었고, 그 상태는 2005년 6월까지 지속됐다.

　　　　한동안 잠잠하던 실명제를 둘러싼 사회정치적 대립은 2003년 12월 말부터 진행된 국회정치개혁특별위원회의(이하 '정개특위') 선거법 개정 과정에서 매우 첨예하게 표출되기 시작했다. 당초 정개특위는 사이버 공간에서 이른바 후보 비방과 흑색선전 등과 같은 불법 선거 운동이 일어나는 것을 막는다는 명분으로 선거 게시판 전자서명제를 도입하려 했다. 전자 서명제란 선거일 90일 전부터 인터넷 언론 사이트에서 선거 관련 글을 쓰려는 모든 사람은 반드시 본인임을 확인하는 전자서명 절차를 거치도록 하는 제도였다. 그러나 반대 여론이 거세지자, 정개특위는 2004년 2월 전자서명제를 철회하는 대신 선거 게시판 실명인증제를 도입하기로 결정하였다. 이 제도는 각 언론사 온라인 사이트나 정치 관련 인터넷 사이트에 선거와 관련된 글을 게시하기를 원하는 모든 이용자들은 반드시 본인 여부를 확인하는 절차를 거치도록 하는 제도다. 그러나 선거 게시판 실명제도 전자서명제 못지않게 커다란 사회정치적 반발을 불러일으켰다. 그것은 언론의 자유를 거의 전면적으로 부정한 박정희 유신정권 시대의 긴급조치 9호에 비유되기도 했으며, 2004년 4월 국회의원 선거를 앞두고 정치인들에 대한 비판을 차단하려는 의도가 숨겨진 법률이며, 유권자의 의사 표현을 범죄시하는 반민주적인 제도라는 비판을 받기도 하였다. 또한 선거 게시판 실명제는 개인정보 자기결정권을 침해하게 될 것이라는 비판도 제기됐는데, 이것은 선거 게시판 실명제가 주민등록 데이터베이스나 개인 신용정보 데이터베이스가 애초의 목적 이외의 용도로 사용돼서는 안 된다는 법률 규정에 저촉되는 내용을 포함하고 있기 때문이었다. 나아가 그것은 세계인권선언이 보장한 표현의 자유를 침해하는 위헌적인 법률이라는 비판도 제기됐다.

그러나 이런 반대에도 불구하고, 선거 게시판 실명제는 2004년 3월 국회 본회의를 통과했다. 수많은 인터넷 언론사와 시민 사회 단체는 실명제 불복종 선포 기자회견을 했으며, 헌법 소원을 신청하기도 했다. 한편, 중앙선거관리위원회는 전산망 부족과 선거 게시판 실명제 적용 대상 인터넷 언론 선정 미비 등과 같은 현실의 이유로 4월 총선부터 적용하기로 했던 선거 게시판 실명제를 유보하기로 결정했다. 그리고 2004년 4월 총선거 이후, 선거 게시판 실명제를 둘러싼 사회정치적 대립은 한동안 소강 국면에 들어갔다.

그런데 인터넷 실명제는 2005년 6월 중순부터 사회적 논란의 중심으로 다시 등장한다. 그 결정적 계기가 된 사건은 이른바 '개똥녀' 사건이었다. 이 사건은 2005년 6월 5일 서울의 한 지하철에 애완견을 데리고 탑승한 여성이 그 개의 배설물을 지하철 바닥에서 치우지 않은 채 다음 정류장에 내려버린 사건에서 시작됐다. 이 장면과 지하철에 동승한 다른 승객들이 그 배설물을 치우는 장면 사진들이 인터넷에 확산되면서 이 사건은 커다란 사회적 공분을 불러일으켰다. 그 여성의 행동이 공중 도덕을 무시한 몰상식한 행동이라고 느낀 많은 사람들은 그 여성의 얼굴과 개인 정보를 인터넷에 공개하고 미니홈피를 추적해 욕설을 퍼붓는 등 매우 격한 반응을 나타냈다. 그러나 이런 반응은 오히려 마녀사냥과 다를 바 없이 매우 폭력적, 반인권적인 것이며, 개인의 프라이버시를 심각하게 침해하는 행동이라는 여론이 폭넓게 형성되도록 만들었다. 결국 '개똥녀' 사건은 지하철에서 일어난 몰상식한 행동이라기보다는, 인터넷을 통해 일어날 수 있는 극심한 사이버 폭력과 인권 침해의 대표적인 사건으로 널리 인식되게 됐다.

정보통신부는 이러한 상황을 틈타서 인터넷 실명제 도입을 다시 추진하기로 결정했다. '개똥녀' 사건을 계기로, 국민들 사이에 사이버 폭력에 의한 인권 침해의 폐해를 우려하는 입장이 표현의 자유를 존중해야 한다는 의견보다 훨씬 더 큰 설득력을 갖기 시작했다고 판단했기 때문이다. 이 무렵 정보통신부는 실명제가 사이버 폭력 근절에 효과적이라고 답한 사람이 응답자의 74.1퍼센트에 달한다는 한국갤럽의 여론조사 결과를 공개하였다. YMCA 참누리운동본부가 실시한 전국시민회의 설문조사에서도 응답자의 72퍼센트가 실명제 도입에 찬성하는 것으로 나타났다. 한편, '개똥녀' 사건 이후 한나라당도 사이버 공간에서 명예훼손과 인권 침해와 같은 폭력행위가 매우 심각한 상황이며, 전 국민이 이런 폭력의 피해자가 될 우려도 있기 때문에 인터넷 실명제를 도입할 필요가 있다는 성명을 발표했다. 열린우리당도 사이버 폭력을 막기 위한 실명제 입법을 추진하기로 하고, 2005년 8월 26일 학계, 시민단체, 인터넷 업계가 참여한 '인터넷 실명제 민·당·정 간담회'를 개최하기도 했다.

마침내 정보통신부는 2005년 12월 정보통신망법 개정방안 마련을 위한 공청회를 통해, 대형 인터넷 포털 사이트 운영자들에게 게시판에 글을 쓰는 이용자들의 본인 확인을 의무화하는 내용을 담은 정보통신망법 개정안을 공개했다. 그런데 정보통신부의 이런 방침은 2006년 1월 임수경 씨가 아들을 잃었다는 언론 보도에 악플을 단 25명을 경찰이 소환 조사하기로 했다는 사실이 알려지면서 더욱 더 큰 여론의 지지를 받을 수 있게 됐다. 실명 게시판에서 임수경 씨에게 극언을 퍼부었던 사람들은 일반의 예상과는 달리, 대부분 중년 이상, 고학력, 안정적인 직장인들로 밝혀졌다. 이런 사실은 인터넷 게시판에서 일어나는 사이버 폭력이 소수의 특수한 사람들만이 벌이는 행동이 아니라, 평범한 사람들도 얼마든지 범할 수 있는 행위라는 인식이 널리 확산되게 만들었다.

한편, 2006년 5월 31일 지방선거를 목전에 둔 시점인 2006년 3월경부터 정부와 시민단체는 서서히 선거 게시판 실명제를 둘러싸고 충돌을 벌이기 시작했다. 앞서 밝혔듯이, 2004년에 개정된 공직선거법은 시민들이 인터넷 언론사 홈페이지에서 특정 정당 후보자에 관한 지지 또는 반대의 글을 게시할 때는 반드시 실명 확인을 받도록 규정했다. 그리고 이 제도는 2006년 5월 18일부터 처음으로 적용됐다. 중앙선거관리위원회는 공직선거법에 따라 적용 대상 인터넷 언론사 807개 가운데 5월 20일 기준 선거게시판 실명제를 위반한 총 26개의 사이트에게 이행 명령서를 발부하고, 3일 안에 개선하지 않을 경우 기본 부과액 500만 원에 매일 50만 원씩 과태료를 부과할 것이라는 사실을 통보했다. 그렇지만 선거실명제폐지 공동대책위원회는 기자 회견을 열어 실명인증시스템 설치 명령을 이행하지 않은 인터넷 매체인 '민중의 소리'에 부과한 과태료를 철회하라고 요구했다. 아울러, 공동대책위원회는 실명제가 국민들의 표현의 자유와 사생활을 침해하며, 정치권에 대해 국민들이 정당한 비판을 하는 것을 가로막는 악법이라고 규정했다. 그리고 선거게시판 실명제의 폐지를 촉구했다.

이런 반발에도 불구하고, 선거게시판 실명제는 2006년 5월 지방선거에서 실시됐다. 이후, 인터넷 실명제는 거침없이 본격적인 입법화의 과정에 접어들었다. 2006년 6월 열린우리당 변재일 의원이 정보통신망법 개정안을 발의하였고, 한나라당 이상배 의원은 실명제 공청회를 개최했으며, 노무현 대통령도 실명제 찬성 입장을 밝히기도 했다. 열린우리당과 정부는 2006년 6월 29일 당정협의회에서 인터넷 실명제를 도입하기로 최종 결정했다. 이상배 한나라당 의원도 '정보통신망에서의 실명확인 등에 관한 법률안'을 독자적으로 제출하기도 했다. 마침내 인터넷 실명제는 정보통신망법 개정안에 포함되어 2006년 12월 22일 국회에서 통과됐으며,

2007년 3월 시행령과 시행규칙이 입법 예고되었으며, 2007년 7월 1일부터 전면적으로 실시되게 됐다.

3. 이론적 배경

이상에서 밝힌 인터넷 실명제 입법 과정은 과연 어떻게 평가될 수 있을까? 그것은 '사회적 합의의 형성' 과정인가 또는 '시민적 동의의 획득' 과정인가? 실명제 제도화 과정은 사이버공간 속 욕설, 비방, 인신공격 등과 같은 현상에 관한 합리적 논의와 소통의 결과, 국민 대다수가 사이버 폭력에 대한 합당한 해결책이 곧 실명제라는 합의에 도달하게 된 과정으로 평가될 수 있을까? 만일 그렇다면, 한국 사회는 인터넷 실명제라는 보편타당한 정책에 관한 비강압적 합의를 이루어냈다고 말할 수 있을 것이다. 아니면 실명제 제도화 과정은 실명제 도입을 추진한 세력이 반대 담론을 압도해, 시민들로부터 인터넷 실명제가 사이버 폭력 예방을 위한 적절한 정책 수단이라는 동의를 획득한 과정으로 해석될 수 있을까? 이 경우, 실명제는 설득과 강압을 통해 사이버 폭력에 관한 특수한 관점이 보편적 관점으로 전화한 결과 성립된 제도가 된다. 사회적 의사 결정과 관련해, 사회적 합의 형성 모델('합의 모델')과 시민적 동의의 획득 모델('헤게모니 모델')은 많은 점에서 서로 다른 입장을 보이고 있는데, 특히 두 가지 측면, 즉 '민주적 의사 결정과 강압 사이의 관계'와 '결정된 의사가 갖는 보편타당성의 지위'에 관하여 매우 상이한 관점을 드러내고 있다.

먼저, 의사 결정의 민주적 정당성 문제와 관련해, 합의 모델은 최근 많은 학술적, 실천적 관심을 불러 모으고 있는 이론이다. 그런데 그것은 '합의consensus'를 유사한 개념으로 종종 잘못 간주되는 '타협compromise'

이나 '동의agreement'하고는 전혀 다른 개념이라고 주장한다(이항우 2005; 2007; Benhabib 1997; Dryzek 2005). '타협'과 '동의'는, '합의'와는 달리, 늘 강제 또는 강압과 연관돼 있다고 판단하기 때문이다. 합의론자 베내빕Benhabib에 따르면, "강압의 상태에서 도달되는 타협이나 여타의 동의와 담론을 구별시키는 것은, **모든 관련 당사자들이 자유롭게 부여한 찬성**[강조는 원문에 따름]만이 담화 상황에서 도달된 동의의 상태로 간주된다는 사실이다" (Benhabib 1997, 79). 베내빕이 강조하는 사회적 합의 형성 모델에서, 숙의를 통한 합의의 형성은 민주 질서의 정당성을 부여하는 결정적 요소가 되는 반면, 강압은 정당성과 거의 전적으로 상반된 개념이 된다.

　　합의 모델에 따르면, 한 사회의 질서가 유지되기 위해서는 사회 구성원들이 공통의 규범, 신념, 가치관을 가지고 "수많은 사실들을 동일한 관점에서 바라볼 수"(Femia 1985, 175) 있어야 한다. 그런 가능성을 높이는 최상의 방법은 전략적 혹은 도구적 행위의 지배를 극복하고 소통 합리적 행위를 복원하는 것에 있다. 모든 사람들이 공유하는 목적을 위해 대화가 이루어지는 이상적인 담화 상황은 모든 사람들이 동의하는 인식과 행위의 보편적 토대가 될 수 있다. 따라서 합의 모델에 따르면, 집합적 의사 결정의 정당성은 과연 그것이 자율적이고 동등한 개인들 사이에서 공정하고 합리적인 숙의를 통하여 도출된 것인가의 여부에 달려있다. 그리고 합리적 숙의를 가능하게 해줄 이상적 담화 상황은 몇 가지 규범 요건을 충족시켜야 한다. 그것들은 '국가와 자본으로부터 자율성 확보', '도덕적·실천적 주장의 비판적 교환', '성찰적 태도', '역지사지의 자세', '진실성과 투명성', '개방성과 평등성', '책임성', '공공성', '충분한 정보 제공' 등과 같은 원리들을 포함한다(Dahlberg 2005; Noveck 2004). 이런 원리들은 대체로 이상적 담화 상황의 비강압성을 보장하지만, 특히 '국가와 자본으로부터의 자율성 확보'는 숙의를 통한 합의의 형성을, 강압의 상태에서 도달된 동의와 구분시켜주는 결정적 원리라 할 수 있다. 합의 모델에서, 시민들 사이의 대화는 오로지 시민들의 관심사에 터해야 하며, 국가의 행정 권력이나 시장의 화폐 권력에 좌지우지되지 말아야 한다. 토론을 지배하는 규범은 정치 권력과 시장 권력이 지닌 강압적 힘이 아니라 오직 순수하게 더 나은 주장이 갖는 설득력이 돼야 한다.

다음으로, 합의 모델에 따르면, 우리가 이상적인 담회 상황에서 숙의를 통해 합의에 도달한다면, 그것은 보편적 합리성을 구현한 것이 될 수 있다. 합의 모델은 개별 시민들의 정치적 선호를 이미 주어진 것으로 간주하지 않고, 오히려 민주적 숙의의 과정이 개인들의 선호와 관점을 변화시키고 더 나은 결정에 도달할 수 있도록 한다고 본다. 이런 의미에서 민주적 대화란, 공동체주의자들처럼 이미 존재하는 공동선 또는 공통의 이익을 발견하는 과정이 아니라, 상호 이해와 합의를 통하여 공동선과 보편적 이익을 형성해가는 과정이라 할 수 있다. 베내빕(Benhabib 1996, 71)에 따르면, 숙의를 통한 합의의 형성은 다음의 세 가지 근거에서 보편타당한 의사 결정의 도출로 이해될 수 있다. 우선, 숙의 과정에 참여하는 그 누구도 모든 정보를 다 가지고 참여하는 것은 아니며, 모든 정보를 미리 완벽하게 예측할 수도 없다. 숙의는 모든 참여자들에게 이미 갖지 못했거나 또는 미처 생각하지 못한 정보를 획득할 수 있게 해준다는 의미에서, 기본적으로 참가자들 사이에 서로 정보를 공유하는 과정으로 볼 수 있다. 다음으로, 참가자들은 이미 일정한 관점과 의견을 갖고 토론에 참여하지만, 분명하고도 일관된 견해는 오직 다른 사람들과 의견을 교환하는 과정을 통해서 형성된다. 마지막으로, 자신의 의견이 설득력을 가지려면 다른 사람들이 동의할 수 있는 훌륭한 근거를 제시해야만 한다. 따라서 다른 사람의 관점에서 생각할 수 있는 성찰적 태도는 민주적 대화의 과정에 필수적으로 요청되는 덕목이라 할 수 있다. 결국, 이런 요소들로 인해, 숙의를 통한 합의 형성이 사회의 공동선과 보편적 합리성을 구현하는 유력한 방안이라는 믿음이 강해질 수 있다.

그렇지만 이상에서 밝힌 두 가지 이슈에 관한 합의 모델의 관점은 많은 비판에 직면하였다. 먼저, 현실적으로 강제 또는 강압의 위협으로부터 자유로운 담화 상황이란 있을 수 없다. 그리고 강압을 정당성의 구성 요소에서 완전히 배제하는 것은 문제가 있다. 서로 갈등하는 사회 집단들 사이에 종종 이루어지는 타협은, 각 집단들이 얼마나 여론의 지지를 받고 있으며, 자신들의 입장을 전달할 수 있는 물질적, 조직적 역량을 얼마나 확보하고 있는가와 같은, 타협을 강제하는 요인들로부터 영향을 받는다. 그러면 이처럼 타협을 강제하는 요소들은 결정된 의사의 민주적 정당성을 침해하는 것으로 간주되어야 하는가? 그렇지 않다. 우리가 터하고 있는 민주 질서의 많은 부분들이 사실은 강제와 강압에 근거하고 있기 때문이다. 맨스브리지(Mansbridge 1997, 50)에 따르면, 강제와 강압은 민주적 정당성의 구성 요소가 될 수 있다. 우선, 모든 사람들이 동의할 것으로 기대되는 원리, 예를 들어, 교통 법규, 대기 오염 방지 규칙, 다수결 원리 등과 같은 원리를 보호하기 위한 강제는 정당성을 갖는다. 그리고 사유 재산권, 차별 금지법, 멸종 동물 보호법과 같이 실질적 정의를 실현하기 위한 강압도 흔히 정당화된다. 마지막으로, 1인 1표제 또는 동등한 개인의 동등한 권력이라는 원리에서 행사된 강제는 정당한 것이 된다. 이상과 같은 맨스브리지의 주장은, 강압은 설득력과는 상반되는 단순한 물리적 힘만을 의미하는 것이 아니라, 오히려 설득력과 긴밀하게 결부돼 있다는 점을 강조하고 있다.

다음으로, 합의 모델은 의사 결정의 정당화가 집단 간 권력의 배분과 어떤 관계에 있는지를 규명하지 못하는 중대한 약점을 지니고 있다. 합의 이론의 기대와는 달리, 소통 지향적 행위와 전략적 행위는 현실에서 언제나 그다지 명확하게 구분되지는 않는다. 오히려 그 둘은 서로 얼마든지 뒤섞일 수 있다. 목적 달성을 위한 하나의 전략으로서 소통 지향적 행위를 흉내 내는 실천이 얼마든지 존재할 수 있다. 또 매우 소통 지향적인 관계에서도 얼마든지 전략적 행위가 채택될 수도 있다(Fairclough 2003, 72). 이런 문제들을 심각하게 고려하지 않는 한, 합의 모델은 사회 체계와 질서의 "안정성을 촉진시키는 규범적·인지적 통일성은 어떤 형태의 것이든 본질적으로 가치 있는 것"(Femia 1985, 181)이며, 보편적으로 수용 가능한 것으로 받아들인다는 비판으로부터 자유로울 수 없다. 요컨대, "무엇이 합의의 진정한 원천이며, 누가 그것으로부터 더 많은 권력을 누리게 되는가"(Femia 1986, 181)라는 질문이 충분히 고려되어야 한다.

한편, 헤게모니 모델은 의사결정의 민주적 정당성과 관련하여, 설득력과 강제의 두 요소를 적절하게 고려하는 이론 모델이다(임영일 1985, 322; 최장집 1985, 18~19). 합의 모델과는 달리, 그것은 사회적 의사 결정을 특정한 권력 구조와 권력 투쟁의 결과로 이해한다. 헤게모니 이론은 한 사회 안에서 지배적인 관념과 신념 및 가치들이 성립되고 확산되며 유지되는 방식을 연구하는 데 상당히 유용한 틀을 제공해준다. 헤게모니 개념은 그람시 사회사상의 핵심 개념인데, 그것은 종종, 좁은 의미에서는, 지배 질서에 관한 동의를 이끌어낼 수 있는 지적, 도덕적 '지도력'을 가리키는 개념으로, 넓은 의미에서는, 물리적 강제력과 이데올로기적 동의에 바탕을 둔 '지배'를 가리키는 개념으로 이해된다. 즉, 헤게모니는 경우에 따라 '지도력'과 동의어가 되기도 하고 혹은 '지배'와 동의어가 되기도 한다. 그러나 헤게모니에 관한 이런 이해는 매우 부적절한 것이다. 헤게모니는 '지도력'으로 협소하게 환원될 수도 없고 '지배'와 단순히 등치될 수도 없다. 그것은 지적, 도덕적 '지도력'과 물리적, 강제적 '지배'를 아우르는 개념이다(김성국 1991, 217; 임영일 1985, 320; 최장집 1985, 18). 그람시에 따르면, "한 사회 집단의 우위성은 '지배'와 '지적, 도덕적 지도력'의 두 가지 방식으로 표현된다. 한 사회 집단은 그것이 '일소하거나' 혹은 무력으로 복속시키고자 하는 적대 집단을 지배한다 …… 정부 권력을 획득하기 전에 이미 '지도력'을 행사할 수 있고 또 반드시 행사해야만 한다"(Gramsci 1971, 57~58).

한 사회 집단의 우위성 혹은 헤게모니는 지도력과 지배 모두를 포괄한다. 한편으로, 국가 혹은 정치사회는 법원, 감옥, 경찰, 군대와 같은 강압적 국가 기구들을 통하여 인구 대중들이 현존 질서를 받아들이도록 강제한다. 아울러 정치사회는 사람들이 참여하는 구체적인 정치 활동을 통해 시민들의 정치적, 문화적 능력을 일정한 수준으로 끌어올리는 교육 기능도 수행한다. 다른 한편으로, 시민사회에서 교육, 종교, 언론, 가족과 같은 사회 제도와 일상생활의 미시적 실천을 통하여 생산된 가치, 신념, 규범, 관행, 의미 등은 다양한 사회 집단들이 현 상황을 동의하도록 이끈다. 페미아(Femia 1985)에 따르면, 헤게모니는 "특정한 생활 양식과 사고가 지배하는 하나의 질서 속에 존재한다. 이 질서 속에서 현실에 관한 단일한 개념이 전체 사회에 만연된다. 즉, 모든 제도적, 사적 표현체들 속에 그 정신을 반영하는 취향과 도덕과 관습과 종교나 정치의 원칙들이 확산되며, 이것이 사회 관계 속에도, 특히 지적, 도덕적 의미를 가지는 사회 관계들 속에도 확산된다"(같은 책, 151~152). 현존 질서를 유지하기 위해서는 정치사회의 국가 기구가 동원되기도 하고, 다양한 사회 집단들이 지배 집단이 규정한 사회생활의 일반 원리에 자발적으로 동의하도록 만들기 위해 시민사회의 영역들이 작동하기도 한다. 이 모든 과정이 헤게모니를 구축하는 과정이다.

이런 의미에서 헤게모니를 창출하는 영역은 정치적 영역, 지적 영역, 그리고 도덕적 영역의 세 가지 차원으로 구성돼 있다고 말할 수 있다. 헤게모니는 정치 영역에서의 강압과 (소극적)동의 그리고 지식과 도덕의 영역에서의 지도력이나 (적극적)동의와 밀접히 연관돼 있다. 좀더 구체적으로, 지적 영역에서의 지도력은 주로 한 사회 집단이 보여주는 사회 현상의 인과성에 관한 설명 능력이 얼마나 다른 사회 집단의 그것을 압도하고, 얼마나 대중들을 지적으로 설득해내는가에 달려 있다고 할 수 있다. 과학적인 미래 예측 능력과 목적 달성을 위한 효율적인 수단의 선택 능력 등에 관한 대중의 신뢰를 획득하는 것이 지적 지도력 확보에 관건이 되는 요소라 할 수 있다. 도덕적 지도력은 대체로 특정 사회적 행위가 얼마나 규범적으로 타당한 것인지 혹은 타당하지 않은 것인지를 규정할 수 있는 능력에 달려 있다고 할 수 있다. 도덕적 선/악을 구분하는 작업은 종종 다양한 집합적 의례 행위를 통해 집합적 정체성을 형성하는 데 중요한 계기가 되기도 한다. 정치 영역에서의 헤게모니는 국가의 입법, 사법, 행정 기구가 주로 법률적 수단을 통해 특정한 사회적 행위를 물리적으로 강제하고, 기존 정치 질서에 관한 동의를 만들어내는 능력에 의존한다고 말할 수 있다. 따라서 헤게모니의 구축과 유지 과정의 분석 작업은 이런 세 가지 차원을 모두 상세하게 다뤄야만 할 것이다.

다음으로, 헤게모니 개념은 권력 관계를 거시적, 구조적 수준에서뿐만 아니라, 미시적, 일상적 수준에서도 분석할 수 있도록 해 준다는 점에서, 한 사회의 권력 관계 분석에 중요한 의의를 갖는다(유팔무 1991, 43). 헤게모니는 법률, 경찰, 군대, 감옥과 같은 강제적 정치 기구의 작동에서 드러나는 권력 관계와 교육, 종교, 언론, 가족, 스포츠, 영화, 일상생활의 미시적 실천에 존재하는 권력 관계를 분석할 수 있도록 해주는 개념이다. 그런데 그람시에 따르면, "인구의 거대 대중이 지배 집단(자신들의 대리인으로 활동하는 지식인들을 통해)이 사회생활에 부과한 일반적 지침에 따르는 '자발적' 동의; 이 동의는 지배 집단이 생산의 세계에서 차지하는 위치와 기능 때문에 누리게 되는 위신(그리고 결과적으로 신뢰)에 의해 '역사적으로' 초래된다"(Gramsci 1971, 12). 따라서 교육, 종교, 언론, 가족, 일상적 실천을 아우르는 시민사회 영역에서 형성되는 동의는, 한 사회 집단이 인간과 사회에 관한 자신의 특수한 관점을 여타의 사회 집단들이 보편적 사실 혹은 당연한 상식으로 받아들이도록 하는 것 속에서 형성된다. 다시 말해서, 동의를 획득하는 과정은 한 사회 집단이 다른 사회 집단들로부터 무엇이 가치 있는 것이며 무엇을 해야 하는가와 같은 일상생활의 신념, 가치, 규범, 태도, 관행을 둘러싼 자신들의 관점에 대한 동의를 획득하는 것에 의존한다. "지배력의 작동에 대한 '자발적' 동의를 확보해내는 우월적 힘이 곧 헤게모니라 할 수 있는데, 지배란 제도, 전통, 강압적 관념, 신념 그리고 이데올로기만이 아니라 일상생활의 매우 미세한 활동과 기대를 아우르는 실천들로 구성되기 때문이다"(Holub 1992, 104). 따라서 헤게모니 분석은 대중들의 일상적 태도와 믿음의 형성 과정에 관한 광범위한 현상들을 포괄할 수 있어야 한다. 그것은 스포츠나 영화와 같은 집합적 이벤트나 선거나 국민투표 등과 같은 집합적 행위 양태들 그리고 일상적인 속담이나 격언 등이 어떻게 대중들을 집합적 주체로 만들어내고 또 어떻게 전통적인 가정들을 무비판적으로 받아들이게 하는지를 분석해야 한다.

그런데 여기서 동의가 형성되는 과정은 사회 집단 간 권력 관계가 작동하고 드러나는 과정이라는 사실을 강조할 필요가 있다. 한 사회 집단이 헤게모니를 장악하기 위해서는 연대 집단의 이해관계를 고려하고 다양한 사회 집단들 사이의 타협을 이끌어내야 한다는 점에서, 헤게모니의 핵심은 "타협 관계"에 있는 것으로 간주될 수도 있다(김성국 1991, 120; 유팔무 1991, 43). 그러나 그 타협 관계가 추구하는 이익이나 가치는 결코 사회 전체의 보편적 이익이나 초월적 가치가 아니라, 단지 한 사회 집단에 의해 마치 보편적이고 초월적인 이익이나 가치인 것처럼 설득된 것에 불과하다(Fairclough 2003; Mouffe 2005). 헤게모니를 달성한다는 것은 "어떤 특수성을 보편성으로 투사하는 데 성공적인 방책 마련을 수반한다"(Fairclough 2003, 41). 다시 말해서, 현존 질서의 유지와 헤게모니의 강화를 위해서 사회 집단들 간 타협이나 협상은 얼마든지 있을 수 있지만, 그런 타협이나 협상의 내용은 늘 특수하고 제한된 것이지 결코 보편적이고 초월적인 진리일 수가 없다. 요컨대, 헤게모니를 확보한다는 것은 특수한 것을 일반적인 것 혹은 보편적인 것으로 만드는 것에 성공했다는 것을 의미한다. 헤게모니는 "그 어떤 선험적인 사회적 합리성에 의존하지 않고 가장 우선적으로 사회적 관계를 구성한다는" 의미에서 항상 "임의적"이고 "구성적"인 것이다(Mouffe 2005, 17).

4. 자료와 분석 틀

이상에서 밝힌 헤게모니 모델에 근거해, 이 연구는 인터넷 실명제가 어떻게 초기의 부정적 여론을 극복하고, 궁극적으로 사이버 공간을 규율하는 제도로 성립하게 되었는지를 밝히고자 한다. 구체적으로 아래와 같은 연구 질문을 제기한다.

- 인터넷 실명제 찬성 담론의 우월성을 확보하는 데 어떤 인지적, 규범적, 정치적 담론 자원들이 동원됐는가?
- 실명제 찬성 담론의 헤게모니 구축 과정에 어떤 담론 전략들이 동원됐는가?
- 실명제 찬성 담론의 헤게모니 속에서 사이버 폭력은 어떻게 담론적으로 구성됐는가?

이 연구는 인터넷 실명제가 처음으로 공론화되기 시작한 2003년 2월부터, 최종적으로 인터넷 실명제 법안이 국회를 통과한 직후인 2007

년 1월 사이에 발표된 정당과 시민 사회 단체 성명서 13건, 언론사 칼럼 14건, 신문 사설 13건 등 총 41건의 문건들에 관한 비판적 담론 분석을 수행했다. 비판적 담론 분석은 "담론 내부 구조에 존재하는 비일관성, 자기모순, 역설, 딜레마를 드러내는" 방법이다. 비판적 담론 분석은 이미 존재하는 것에 관한 단순한 해석만이 아니라, 담론에 의해 이루어지는 헤게모니 구축 혹은 현실의 헤게모니적 생산을 분석한다. 이 연구의 대상 자료 중, 정당과 시민 사회 단체 성명서는 한나라당 성명서 2건을 제외하고는 11건이 모두 '인터넷검열반대공동대책위원회', '선거실명제폐지공동대책위원회', '진보네트워크' 등과 같은 시민 사회 단체에서 발표한 것들이다. 총 14건의 칼럼은 《조선일보》 5건, 《중앙일보》 3건, 《동아일보》 2건, 그리고 《한겨레》, 《세계일보》, 《연합뉴스》, 《디지털 타임스》가 각각 1건씩으로 구성되어 있다. 총 13건의 신문 사설은 《한겨레》 6건, 《매일경제》 3건, 《중앙일보》 2건, 《조선일보》 1건, 《한국경제》 1건으로 구성돼 있다.

이 문건들은 인터넷 실명제 찬성 입장 23건과 반대 입장 18건으로 나뉜다. 그리고 이런 총 41건의 성명서, 칼럼, 사설들에서 인터넷 실명제와 관련하여 제시된 담론 구조는 그림 1과 같이 나타낼 수 있다. '사이버 폭력'은 흔히 사이버공간에서 발생하는 욕설, 모욕 행위, 인신공격, 명예훼손, 허위 사실 유포, 탈법적 선전, 선동 등과 같은 행위를 포괄하는 개념으로 사용된다. 사이버 폭력 개념을 구성하는 요소들 중 욕설, 모욕 행위, 인신공격 등은 평범한 개인들 사이의 행위 규범의 위반과 좀더 가까운 반면, 명예훼손, 허위 사실 유포, 탈법적 선전, 선동은 정치인과 같은 특수한 범주의 사람들과 관련하여 더 자주 일어나는 행위들이라 할 수 있다. '사이버 폭력의 심각성'은 그것에 관한 인터넷 이용자 설문조사 결과를 통해 표현되기도 하고, 사이버 공간에서는 국민 누구나 폭력의 피해자 혹은 희생자가 될 수 있다는 논리로 표현되기도 한다. '사이버 폭력의 원인은 익명성'이라는 주장은 말 그대로 사이버 폭력이 온라인 상호 작용의 익명성에서 비롯된다는 관념에 근거한다. 그리고 사이버 폭력을 예방하기 위해서는 실명제 도입이 불가피하다는 주장도 이 관념에서 도출된다.

'익명성의 순기능과 역기능'은 익명성의 역기능은 반드시 해소되어야 한다는 다소 온건한 주장부터, 익명성에 의한 득보다는 실이 더 많다는 강경한 주장까지, 그리고 표현의 자유를 빙자한 범죄 예방을 위해서는 익명성을 제한해야만 한다는 더욱 강경한 주장을 포괄한다. '소수에 의한 여론조작 방지'는 소수의 이른바 슈퍼 댓글족이 전체 댓글의 절반 이상을 차지해 마치 그 입장이 전체 인터넷 사용자들의 입장인 것처럼 여론을 왜곡하고 선거에 영향을 미치는 것을 방치해서는 안 된다는 주장에서 강조된다. 또한 그것은 인터넷이 북한의 대남 심리전 매체로도 활용되는 것을 경계해야 한다는 주장도 포함한다. '책임 있는 의사 표현'은 사이버 공간에서 자신의 정당한 주장을 떳떳하고도 당당하게 실명으로 밝힘으로써, 인터넷 사용자들의 책임 의식을 고취하고 사이버 공간이 건전한 의사소통과 책임 있는 공론의 장이 되도록 하는 것이 바람직하다는 주장을 중심으로 조직된다.

한편, '표현의 자유 침해'는 인터넷 실명제는 국민의 다양한 목소리가 자유롭게 표출될 수 있도록 하는 인터넷의 장점을 훼손할 뿐만 아니라, 국민들로 하여금 자기 검열에 빠져들게 하고 종국적으로 국가의 감시와 통제 체제를 강화하게 될 것이라는 주장을 포함한다. 그리고 그것은 실명제가 국민들을 잠재적 범죄자로 간주하는 오류를 범하고 있으며, 정치 권력에 관한 국민의 비판 여론을 차단하기 위한 것임을 폭로한다. 또한 '표현의 자유 침해'는 인터넷 실명제가 세계 어느 나라에서도 유례를 찾아볼 수 없는 제도라는 사실도 지적한다. '프라이버시 침해'는 인터넷 실명제가 과도한 개인정보 수집을 금지하는 개인정보 자기결정권을

그림 1. 인터넷 실명제 담론 구조와 분석틀

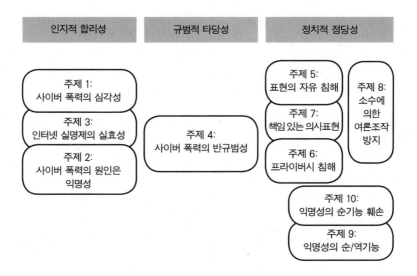

침해하고, 개인정보를 오히려 위험에 처하게 하는 결과를 초래할 수 있다는 주장을 포괄한다.

'순기능 함몰'은 익명성에 의해 사이버 폭력과 같은 인터넷 폐해가 발생한다는 점을 인정하면서도, 역기능 해결을 위해 순기능을 함몰시켜서는 안 된다는 주장을 중심으로 표현된다. '인터넷 실명제의 실효성'은 한국의 대부분의 대형 포털 사이트는 회원 가입 당시부터 이미 사실상의 실명제를 실시하고 있다는 점, 사이버 공간에서의 불법 행위는 아이피Internet Protocol, IP 주소를 통해 얼마든지 추적이 가능하다는 점, 실명 확인 게시판에서 오히려 더 많은 사이버 폭력이 발생하고 있다는 점, 사이버 폭력이 관찰되지 않는 많은 익명 기반 사이트들이 있다는 점 등을 지적하면서, 실명제는 인터넷 사용자들을 사실상 겁만 주는 효과 이상의 실효성이 없을 것이라는 주장을 내포한다. 이 글은 이런 담론 주제들을 다음과 같은 분석틀을 통하여 살펴볼 것이다.

5. 분석

1 인지적 합리성

인터넷 실명제 도입과 관련한 인지적 측면의 대립은 주로 세 가지 이슈들을 중심으로 표출되었다. 첫째는 사이버 폭력에 관한 사실 파악의 문제 혹은 사이버 폭력이 얼마나 심각한가라는 사실에 관한 문제이다. 둘째는 사이버 폭력과 온라인 익명성 사이의 인과 관계에 관한 인식의 문제이다. 셋째는 과연 인터넷 실명제가 사이버 폭력 해결에 실효성을 가질 수 있는가라는 예측에 관한 문제이다. 이 주제들은 인지적 타당성과 관련된 문제들로, 그것들에 관한 각각의 타당성 주장이 갖는 설득 능력에 따라 담론적 지배력이 결정된다. 인터넷 실명제 찬성 담론의 입론 전략 argumentation strategy, 즉 "정치적 포섭 혹은 배제, 차별과 특혜를 정당화하는 주제들"을 이용한 "긍정적 혹은 부정적 속성의 정당화 전략"(Wodak 2002, 73) 은, 대체로 사이버 공간에서 익명성에 따른 폭력 양상이 심각하며, 실명제를 도입함으로써 사이버 폭력을 해결해야 한다는 주장들을 중심으로 표출된다.

[발췌 1]은 2004년 10월 13일《조선일보》에 〈'저주의 욕설판' 걷어치우자〉라는 제목으로 실린 칼럼의 일부이다. '사이버 폭력의 심각성'을 강조하는 입론 전략이 잘 드러나고 있다.

> [발췌 1]
> 인터넷 게시판에 '악취'가 진동한다. 익명이나 가명으로 댓글을 달 수 있는 사이트는 어디든 막론하고 욕설과 조롱이 난무한다 …… 상대방에 대한 예의나 존중은 조금도 찾아볼 수 없고, 입에 담기조차 거북한 쌍스러운 욕과 증오만이 난무한다. 한국의 인터넷은 어느새 '분노와 증오의 하수구'로 변질되고 말았다 …… 글은 마음의 표현이라고 한다. 또 한 사회에 어떤 말과 글이 유행하는

가를 보면 그 사회의 건강성을 짐작할 수 있다. 지금 우리 사회에서는 '인터넷의 욕설장화(化)'가 진행되고 있다...언어의 타락은 사회의 타락을 불러온다. 극단적 언어를 방치하면, 사회도 극단으로 치닫게 된다...이제 모두가 나서서 "욕설 그만"을 외칠 때가 되었다고 생각한다. '인터넷 실명제'가 됐든 다른 무엇이 됐든, '저주의 욕설판'을 걷어치우는 일에 관심을 기울일 때다.

사이버 폭력의 심각성을 드러내기 위하여 [발췌 1]은 어휘의 측면에서 '욕설판', '악취', '진동', '욕설', '조롱', '난무', '쌍스러운 욕', '증오', '분노', '하수구', '욕설장화', '타락', '저주' 등과 같은 매우 격한 용어들을 병치collocation하고 있다. 격한 어휘들은 함축, 전제, 함의, 연관 등과 같은 부가적 의미들을 수반한다(Graber 1976, Gastil 1992에서 재인용, 477). 그리고 이것은 말하는 사람과 듣는 사람 사이의 공통의 언어와 신념을 환기시키는 작용을 통해 이루어진다. 온라인 토론 문화에 관한 매우 부정적인 표현들은 독자들로 하여금 '우리 사회'의 '건강성'을 위해 인터넷 실명제에 대하여 좀더 수용적인 태도를 취하게끔 자극한다. 또한 "반복된 격한 용어는 '세뇌 효과brainwashing effect'를 갖는다"(Gastil 1992, 478). [발췌 1]에서 병치되고 있는 격한 용어들은 사이버 폭력이 마치 당장 시급한 대책이 필요할 정도로 아주 심각하다는 것을 객관적인 사실인 것처럼 생각하게 만드는 효과를 낳는다. 요컨대 [발췌 1]은 "(차별적) 언설의 발화력을 강화하거나 약화하는" 장치를 통해 "어떤 주장의 지식 지위를 조정하는"(Wodak 2002, 73) 강화/약화 전략을 구사하고 있다. 그것은 온라인 토론 문화에 관한 부정적 심리의 격화 또는 강화 전략을 통해 사이버 폭력의 심각성을 부정할 수 없는 객관적 사실로 만들고 있다.

한편, [발췌 1]은 격한 표현들을 통해 사이버 폭력의 심각성을 객관적 사실로 만드는 반면, 과연 사이버 폭력의 원인이 익명성에 있는지 혹은 인터넷 실명제가 사이버 폭력의 해법이 될 수 있는지에 관해 명확하게 밝히지 않는다. 그 대신, 그 관계를 매우 모호하게 전제한다. 익명성과 사이버 폭력의 관계에 관해서는 "익명이나 가명으로 댓글을 달 수 있는 사이트는 어디든 막론하고 욕설과 조롱이 난무한다"는 표현 속에서 관계의 인과성을 모호하게 전제한다. 그리고 "'인터넷 실명제'가 됐든 다른 무엇이 됐든, '저주의 욕설판'을 걷어치우는 일에 관심을 기울일 때다"는 진술 속에서 인터넷 실명제의 불가피성이 사실상 함축되고 있다.

이런 담론 전략, 즉 "텍스트 속에 전제된 것이 토론의 주제는 아니지만 일반적으로 받아들여지는 어떤 것임을 암시하는"(de Goede 1996, 330) 전제 전략presupposition strategy은 '사이버 폭력의 원인은 익명성'이라는 [발췌 2]의 논지에서도 유사하게 나타나고 있다. [발췌 2]는 이상배 한나라당 국회의원이 2006년 8월 3일 《아시아경제》에 〈인터넷실명제는 건전한 사이버문화 정착의 첫걸음〉이라는 제목으로 기고한 글의 일부이다.

[발췌 2]
익명성과 비대면성을 특징으로 하는 인터넷은 그동안 우리 삶에 많은 편익을 가져다주었다. 그러나 인터넷의 활용이 반석에 오른 지금, 익명이라는 가면 뒤에 숨어 이루어지는 무분별한 비방이나 마녀사냥식 여론조장은 다른 사람에 대한 명예훼손은 물론이고, 건전한 정보사회 구축에 장애요소로 작용하고 있다.

비방, 마녀사냥, 명예훼손 등과 같은 사이버 폭력이 '익명이라는 가면 뒤에' 숨어서 이루어진다고 함으로써, [발췌 2]는 사이버 폭력의 원인이 익명에 있는 것으로 전제 혹은 암시한다. 사이버 폭력이 인터넷의 익명성 때문에 일어나는 것으로 보는 것이 타당하다는 명제적 가정이 활용되고 있다. 그러나 [발췌 2]에서는 이처럼 익명성이 사이버 폭력의 원인이라는 점이 당연하고 자명한 것인 양 전제되는 반면, 익명성과 사이버 폭력 사이의 인과성을 좀더 엄밀하게 입증하는 근거는 제시되지 않는다.

익명성과 사이버폭력의 관계를 인과적인 것으로 이해하는 관점은 매우 강력하고 마치 '상식의 보증'을 받은 것으로 간주되어, 아래의 [발췌 3]에서 볼 수 있듯이, 실명제를 반대하는 입장도 그 둘 사이의 인과성은 객관적 사실로 인정하는 경향을 드러내 보였다. [발췌 3]은 인터넷 실명제가 처음으로 공론화되기 시작하던 시점인 2003년 3월에 '함께하는 시민행동'이 발표한 성명서의 일부이다.

[발췌 3]
인터넷상의 익명제로 인한 폐해가 있는 것은 사실입니다. 익명성을 무기로 악의적 비방이나 인신공격이 빈번히 일어나는 것이 심각한 문제라는 사실은 인정합니다. 그러나 인터넷 게시판 상에서의 명백한 범죄 행위에 대해서는 이미 현행법 체계 내에서 추적 및 처벌이 가능합니다.

[발췌 3]에서는 사이버 폭력으로 인한 명예훼손 등과 같은 문제는 굳이 실명제를 도입하지 않더라도 현재의 기술적, 법률적 장치로도 얼마든지 해결할 수 있다는 주장이 제시되고 있다. 그렇지만 사이버 공간의 익명성이 상호 비방과 인신공격의 원인이 되고 있다는 점도 동시에 인정되고 있다. 아울러, 익명성에 기인하는 인신공격이 심각한 사회 문제라는 것도 객관적 사실로 다루어지고 있다. 따라서 이것은 부분적으로 실명제 반대 담론의 인지적 취약성을 드러내는 것이며, 이후에 그것이 실명제 찬성 담론에 인지적 지도력을 빼앗기게 된 원인을 일정 정도 보여주는 것이라 할 수 있다.

한편, 사이버 폭력과 익명성 사이의 인과적 관계에 대한 논란은 아래의 [발췌 4]에서 보듯이, '인터넷 실명제의 실효성'에 관한 관념과 긴밀하게 결부된다. [발췌 4]는 2005년 12월 21일에 〈인터넷 실명제 범위 더 넓혀야 한다〉는 제목으로 실린 《중앙일보》 사설의 일부이다.

[발췌 4]

인터넷 게시판의 댓글 공해가 심각하다. 누리꾼(네티즌)의 표적이 되면 사회적 흉기로 돌변한다. 익명의 인터넷 공간에서 험담과 욕설이 난무하면서 인격살인을 당하기 일쑤다. 진실은 내팽개쳐진 채 소문과 추측만으로 순식간에 사회적 매장을 당한다. 얼굴 사진은 물론 개인의 사생활까지 떠돌아다니지만 이를 규제할 수도, 피해를 보상받기도 어려운 현실이다 …… 무엇보다 누리꾼의 생각부터 달라져야 한다. 터무니없는 댓글로 인한 사회적 폐해가 너무 크다. 이는 표현의 자유를 넘어서는 일탈이다. 사실확인도 없이 무책임하게 댓글을 이곳저곳으로 옮겨서는 안 된다. 대형 포털사이트에 국한된 인터넷 제한 실명제는 시작에 불과하다. 정부는 인터넷 상의 실명제 도입범위를 더 넓혀가야 할 것이다. 인터넷을 불법과 무질서가 판치는 공간으로 방치해선 안 된다.

앞의 [발췌 1]의 경우와 마찬가지로, [발췌 4]는, 어휘 사용의 측면에서, '공해', '흉기', '돌변', '험담', '욕설', '난무', '인격살인', '사회적 매장', '터무니없는', '불법', '무질서' 등과 같은 격한 용어들을 병치함으로써 사이버 폭력의 심각성을 객관적 사실의 문제로 규정하려 한다. 그리고 인터넷을 불법과 무질서가 판치는 공간으로 방치하지 않으려면, 실명제가 도입돼야 할 뿐만 아니라, 그 범위가 넓어져야 한다는 입론이 성립되고 있다. 여기에는 실명제가 사이버 폭력 예방에 실효성이 있을 것이라고 암묵적으로 가정하는 전제 전략이 작동하고 있다. 실명제의 실효성을 당연시하는 반면, 그것에 관한 직접적이고도 엄밀한 논증은 제시되지 않기 때문이다. 여기에는 사실과 예측, 사실과 가치를 뒤섞어 마치 '다른 대안이란 없는 듯이There Is No Alternative, TINA', 특정 선택을 유도하는 '촉진 전략 promotional strategy'이 구사되고 있다(Fairclough 2002, 115). 즉, 격한 용어들의 병치를 통해 도출한 사이버 폭력의 심각성이라는 사실을, 실명제가 사이버 폭력을 해결할 것이라는 예측과 뒤섞음으로써, 실명제 말고는 다른 대안이란 없는 듯이 그것을 받아들이게끔 하는 전략이 작동하고 있는 것이다.

위의 [발췌 4]의 주장을 아래의 [발췌 5]의 내용과 비교해보자.

[발췌 5]는 2005년 7월 5일 〈인터넷 실명제는 해법 못 된다〉는 《한겨레》
사설의 일부다.

[발췌 5]
실명제 논의에는 오해와 환상이 얽혀 있다. 대표적인 것은 실명제가 시행되지
않고 있다는 오해다. 대형 포털 사이트 대부분은 이미 가입 단계에 실명제를
도입하고 있다. 언론사나 정부기관 등 상당수 사이트의 게시판도 실명 확인 없
인 글을 쓸 수 없다. 또한 선거법에는 선거 관련 게시판 실명제 조항이 들어 있
다. 보통 어떤 누리집(사이트)에 접속할 때마다 자신의 컴퓨터 아이피 주소가
기록되기 때문에 얼마든지 추적이 가능하다. 해킹 등 범죄사건 대부분은 이렇
게 해결된다. 물론 실명제가 전면적으로 도입되면 웬만한 사람은 글을 쓸 때
좀 더 조심할 공산이 크다. 하지만 …… 공분할 일을 비판하는 데 실명제 때문
에 눈치 볼 이가 얼마나 있겠는가. 결국 실명제는 인터넷의 장점인, 각종 권력
에 대한 비판과 견제만 위축시킬 위험이 높다.

[발췌 5]는 여러 가지 근거에 터하여 인터넷 실명제의 실효성을
부정한다. 그 근거들은 한국의 대부분의 대형 포털 사이트는 이용자들의
회원 가입 시부터 이미 사실상의 실명제를 실시하고 있다는 점과, 사이버
공간에서의 불법 행위는 IP 주소를 통해 얼마든지 추적이 가능하다는 점
을 포함한다. 그 밖에도 실명 확인 게시판에서 오히려 더 많은 사이버 폭
력이 발생하고 있다는 점과, 사이버 폭력이 관찰되지 않는 많은 익명 기
반 사이트들이 있다는 점 등도 포함한다. 또한 [발췌 5]에는 실명제의 효
과가 인터넷 이용자들을 겁주는 것 이상이 되기 어려울 것이라는 주장도
제시되고 있다. 그러나 이런 입론에도 불구하고, [발췌 5]는 공공 부문 게
시판 실명제와 선거 게시판 실명제가 이미 실시되고 있다고 밝힘으로써,
실명제의 실효성에 대한 비판이 실명제 자체를 향한 반대를 내포하는 것
인지 아닌지를 모호하게 만든다. 이것은 실명제 도입에 관한 수세적, 방어
적 태도에서 기인하는 것으로, 실명제의 실효성을 근본적으로 부정하면

서도 동시에 현존하는 실명제를 수용하는 듯한 모순된 반응이 나타나고 있는 것이다. 이런 한계는 익명성과 사이버 폭력 그리고 인터넷 실명제 사이의 상관관계에 관한 논쟁에서 실명제 반대 입장이 인지적 타당성 또는 우월성을 확보하지 못하게 된 주요 원인들 중의 하나로 볼 수 있다.

② 규범적 타당성

앞에서도 밝혔듯이, 사이버 폭력은 흔히 사이버 공간에서 발생하는 욕설, 비방, 인신공격, 모욕, 명예훼손, 허위 사실 유포, 탈법적 선전, 선동 등과 같은 행위로 이해된다. 이 요소들 중 명예훼손, 허위사실 유포, 탈법적 선전, 선동은 대체로 정치인들과 연관돼 자주 문제가 되는 반면, 욕설, 비방, 인신공격 등은 평범한 개인들 사이에서 일어나는 행위 규범의 위반의 문제들이라 할 수 있다. 인터넷 실명제에 대한 사회적 논란의 와중에 일어난 이른바 '개똥녀' 사건, 트위스트 김 사건, 임수경 사건 등은 사이버 폭력의 대표적인 사례들로 널리 인식됐다. 또한 그것들은 인터넷 실명제가 사이버 일탈 행위를 규범적으로 바로잡을 수 있는 최선의 대안이라는 주장이 사회적으로 폭넓게 수용되는 데 결정적인 작용을 했다. 위 사건들은 실명제 찬성 담론이 실명제의 규범적 지도력을 확보하는 데 매우 중요한 계기가 된 사건들이었던 것이다.

트위스트 김 씨 사건을 다룬 [발췌 6]은 2005년 6월 16일에 〈멀쩡한 사람 파멸시키는 인터넷 테러〉라는 제목으로 실린 《조선일보》 사설의 일부이다.

[발췌 6]
인터넷 사용법도 모르는 일흔살 영화배우 트위스트 김씨는 4~5년 전부터 자기 이름을 도용한 음란사이트 수십개가 인터넷에 난립하는 바람에 인격은 물

론 가정과 생업까지 결딴 난 사연을 말하며 울먹였다. 김씨는 '불법 성인사이트 업자'로 낙인찍혔고 …… 그는 불면증과 스트레스에 시달리다 얼굴이 돌아가는 안면 신경마비에 걸렸고 부부가 함께 우울증 치료도 받아야 했다 …… 돌파구 없는 김씨의 처지가 남의 일이 아닌 세상이다. 누구나 언제든 인터넷의 사이버 인민재판에 올라 막무가내로 인격사형을 당할지 모른다 …… 사이버 테러를 당하는 사람들은 대부분 반론 한번 제대로 못한 채 갖은 욕설과 저주를 뒤집 어쓸 수밖에 없다 …… 사이버 폭력은 위험수위를 넘어선 지 오래다. 오죽하면 인터넷의 순기능까지 흔들 수 있는 인터넷 실명제 주장이 나오겠는가 …… 근본 해결책은 결국 인터넷 이용자들의 각자 양식에 달려 있다. 학교와 가정, 사회가 꾸준히 인터넷 윤리를 가르치고 계도해 몸에 배도록 하는 국가적 노력이 절실하다.

[발췌 6]에 나타난 트위스트 김 씨 사건의 본질은 자신의 이름을 도용한 인터넷 음란사이트의 난립에 있다. 개인정보 도용이 문제의 근원인 것이다. 그리고 [발췌 6]은 "돌파구 없는 김씨의 처지가 남의 일이 아닌 세상이다"고 함으로써 트위스트 김씨와 같은 경우가 누구에게나 일어날 수 있는 것으로 '틀 짓기framing' 하고 있다. 틀 짓기는 "(차별적) 사건이나 언설의 보도, 기술, 설명, 인용" 속에서 "말하는 사람의 관점을 위치 짓는" 담론 전략이다(Wadak 2002, 73). 그런데 [발췌 6]에서 틀 짓기는 개인정보 도용이라는 문제를 통해서 이루어지는 것이 아니라, 개인정보 도용 때문에 발생한 사이버 폭력을 중심으로 이루어지고 있다. 이런 틀 짓기 속에서 김씨가 '불법 성인사이트 업자'로 낙인찍히게 만든 개인정보 도용은 이 사건과 거의 무관한 문제가 된다. "누구나 언제든 인터넷의 사이버 인민재판에 올라 막무가내로 인격사형을 당할지 모른다"는 진술은 문제의 본질이 욕설과 인신공격에 있음을 분명히 보여준다. '인민재판'과 '인격사형'과 같은 용어들이 갖는 이데올로기적 함의를 생각할 때, 김씨에게 발생한 일이 마치 공산주의적 행태인 양 비유하는 담론 전략도 구사되고 있음을 알 수 있다.

그리고 "위험수위"라는 은유는 인터넷 실명제가 사이버 폭력의 필연적인 해결책임을 정당화하고, 그것에 대한 대중의 무의식적 지지를 유도하는 작용을 한다. "오죽하면 인터넷의 순기능까지 흔들 수 있는 인터넷 실명제 주장이 나오겠는가"라는 반문은 실명제를 정당화하는 매우 모호한 수사적 표현이라 할 수 있다. 실명제를 결코 직접적으로 옹호하거나 정당화하지 않으면서도 그것의 필요성을 역설하고 있기 때문이다. 이처럼 모호한 수사적 표현은 실명제가 사이버 폭력 해결을 위한 불가피한 정책이라는 빈약한 주장을 전개하는 데 매우 효율적인 수단으로 사용된다(Gastil 1992, 481). 그것은 "오죽하면"이라는 표현을 빌어서 실명제의 당위성을 무의식적 수준에서 호소한다. 대중들로 하여금 담론 과정에 적극적으로 개입하도록 해, 결과적으로 표현 주체가 의도한 의미, 즉 실명제 도입의 필요성을 대중들 스스로 도출해내도록 한다.

위의 트위스트 김 씨 사건은 2005년 5월에 발생한 이른바 '개똥녀' 사건이 한창 사회적 파장을 낳던 시기에 세상에 알려진 사건이었다. 그런 점에서 그것의 사회적 파장은 기본적으로 '개똥녀' 사건의 그것과 동일한 맥락에서 이해될 수 있다. '개똥녀' 사건은 실명제를 둘러싼 사회적 논쟁이 표현의 자유라는 권리의 차원보다는 규범과 윤리의 차원에서 재정의되도록 한 중요한 사건이었다. 사이버 공간에서 일어나는 심각한 규범 일탈의 문제를 해결하기 위해서는 인터넷 실명제가 반드시 도입돼야 한다는 주장이 지도력을 발휘하게 된 결정적 계기가 된 사건이 바로 '개똥녀' 사건이었던 것이다.

아래의 [발췌 7]은 '개똥녀' 사건이 일어난 직후인 2005년 6월 13일에 《디지털 타임스》에 〈인터넷 '댓글' 문화 개선돼야〉라는 제목으로 실린 칼럼의 일부이다.

최근 한 20대 여성이 지하철에서 애완견 배설물을 방치한 사진이 인터넷에 유포되면서 파문이 일고 있다. 네티즌들은 그 여성을 '개똥녀'라 부르며 온갖 욕설과 비난을 퍼부었다. 나아가 확인되지도 않은 신원이 공개되고, 그 여성이 다닌다고 알려진 대학의 홈페이지가 네티즌들의 원색적인 항의로 다운되는 지경에 이르렀다. 물론 그 여성의 처사는 비난받아 마땅하다. 하지만 본인 말은 한마디 들어보지 않고 실명과 사진까지 공개하고, 익명의 그늘에 숨어 일방적 주장과 확인되지 않은 소문으로 마녀사냥하듯 남을 인신공격하는 것은 분명 잘못된 일이다. 이런 가운데 정부가 인터넷에서의 명예훼손에 대해 강도 높은 감시활동을 하겠다고 밝힌 것은 '국민의 기본권 침해'라는 논란의 소지가 있음에도 환영할 만하다.

[발췌 7]에 나타나듯이, 원래 '개똥녀' 사건은 한 여성이 지하철에서 애완견의 배설물을 방치한 데서 발생한 사건이다. 그러나 '개똥녀'에 대한 사회적 공분이 인터넷을 통해 급속히 확산되는 과정에서, 이 사건은 '개똥녀'의 납득할 수 없는 행위("물론 그 여성의 처사는 비난받아 마땅하다") 자체보다는 '개똥녀'에 대한 사이버 폭력이 더 심각한 문제로 부각되는("하지만 본인 말은 한마디 들어보지 않고 …… 인신공격하는 것은 분명 잘못된 일이다") 사건으로 전환되었다. 논란의 과정에서 '개똥녀' 사건을 둘러싼 사회적 의제가 전혀 새롭게 설정된 것이다. '개똥녀'의 행위가 더 이상 논란의 주제가 되지 못하고, '개똥녀'를 향한 폭력적 행위가 언어 게임의 주요 대상이 돼버린 것이다. 그리고 이런 의제 설정은, 정부의 "강도 높은 감시활동"이 암시하듯이, 인터넷 실명제 도입 주장이 자연스럽게 수반되게 만들었다.

앞서 밝혔듯이, '개똥녀' 사건은 2003년에 처음으로 공식적으로 제기됐다가 여론의 반대에 밀려 수면 아래로 내려갔던 인터넷 실명제가 사회적 이슈로 다시 부상하는 데 지대한 공헌을 했다. 이 시기에 정보통신부가 밝힌 실명제에 대한 국민 여론 조사 결과와 이후의 정보통신부에 의한 거침없는 입법화 과정이 이것을 뒷받침한다. 정보통신부가 밝힌 실명제에 관한 2003년의 여론 조사 결과는 반대 입장이 찬성 입장보다 약간 우세했지만, '개똥녀' 사건 직후의 2005년 결과는 찬성 의견이 70퍼센트를 상회했다. 이런 여론의 반전에 힘입어 정보통신부는 본격적인 인터넷 실명제 법안 작성 작업에 들어가 그해 12월에 인터넷 실명제가 신설된 정보통신망법 개정안을 발표했다.

이처럼 '개똥녀' 사건은 사이버 폭력이 나쁜 것이라는 '가치'의 문제와 그것이 실명제로 해결할 수 있을 것이라는 '예측'의 문제를 뒤섞음으로써, 궁극적으로 인터넷 실명제의 사회적 수용성을 높이는 데 적지 않은 기여를 했다. 그런데 사이버 폭력이 지닌 규범 일탈이 표현의 자유와 같은 정치적 진보주의를 압도하는 사회적 의제로 설정되게 된 데에는 또 다른 사건이 중요한 역할을 했는데, 그것은 2006년 1월에 알려진 임수경 씨 사건이다. 임수경 씨 사건은 사회적으로 인터넷 실명제를 정치적 진보와 보수를 넘어선 보편적 윤리와 규범의 문제로 바라보게 만드는 데 중요한 계기가 된 사건이었다. 임수경 씨 사건은 아들의 안타까운 죽음에 관해 인터넷 게시판에서 악의적인 댓글을 단 사람들을 형사 고소 하면서 알려진 사건이다. 놀랍게도, 형사 처벌 대상이 된 총 25명 중 대부분이 중년이었으며, 그중에는 대기업 회사원, 금융 기관의 중견 간부, 대학 교수, 전직 공무원 등도 포함되어 있었다. 임수경 씨의 고소는 인신 공격과 욕설 그리고 비방 등과 같은 폭력 행위에 관한 정당한 법률적 반응이었다. 그리고 그것은 당시의 법률과 제도의 틀 안에서 충분히 다루어질 수 있었으며, 반드시 인터넷 실명제의 도입 필요성을 제기하는 것이라 볼 수 없었다. 하지만 그 사건은 [발췌 8]에서 볼 수 있듯이, 인터넷 실명제의 정당화 근거로 활용됐다. [발췌 8]은 2006년 2월 13일 《주간 조선》에 실린 인터넷 실명제와 관련한 칼럼의 일부이다.

[발췌 8]

인간에 대한 최소한의 예의가 무너지고 있는 사이버 공간에서 임수경씨를 그저 운이 나빴던 희생자로만 남게 할 순 없다. 한국의 인터넷 문화는 특정 사안에 대한 합리적 비판이 아니라 정치·이념·지역·세대 갈등이 혼재된, '저급한 불만욕구의 분출지'로 전락하고 있다. 이를 막기 위한 최소한의 장치로 '인터넷 실명제' 실시와 '인터넷 윤리'의 교과서 도입을 지금부터라도 진지하게 검토할 때다.

임수경 씨에 대한 인신공격은 분명 "인간에 대한 최소한의 예의가" 무너진 행위라 할 수 있겠지만, [발췌 8]은 그런 행위 자체를 문제 삼기보다는 사이버 공간 전체를 문제 삼는다("예의가 무너지고 있는 사이버 공간에서"). 여기에서 정치적 신념, 이념적 지향, 출신 지역, 세대를 불문한 인터넷에 관한 총체적인 부정적 비유, 즉 "저급한 불만욕구의 분출지"라는 은유를 도출한다. 정치적 좌/우 혹은 진보/보수가 따로 없는 저급한 욕구 불만의 장이라는 것이다. 그리고 이런 은유는 궁극적으로 인터넷 실명제가 그처럼 나쁜 일이 발생하지 않도록 해주는 적절한 정책이라는 생각을 무의식적으로 수용하도록 만든다.

한편, 이상에서 살펴본 것처럼, '트위스트 김 씨' 사건, '개똥녀' 사건, 그리고 '임수경 씨' 사건 등이 대중들로 하여금 인터넷 실명제를 그 무엇보다도 보편적 윤리와 규범의 관점에서 접근하게 만든 반면, 그것들과 비슷한 시기에 발생한 이른바 '리니지 명의 도용' 사건은, 그것이 보여준 인터넷 실명제의 위험성 혹은 잠재적 부작용의 심각성에도 불구하고, 실명제 찬성 여론을 제어하는 데 별반 중요한 계기로 작용하지 못했다. '리니지 명의 도용' 사건은 주식회사 엔씨소프트가 운영하는 리니지 게임 사이트에 한국 국민의 이름과 주민등록번호를 도용한 21만여 개의 게임 계정이 만들어져 있다는 사실이 알려지면서 사회적으로 큰 파장을 낳은 사건이다. 21만여 개의 게임 계정은 해커들이 수많은 온라인 사이트 전산망에서 빼돌린 개인정보에 근거하여 만들어졌다. [발췌 9]는 '리니지 명의 도용' 사건의 사회적 파장을 다룬《한겨레》의 2006년 2월 15일자 사설(〈실명제 부작용 확인시킨 '리니지 사태'〉)의 일부분이다.

[발췌 9]
'리니지 명의도용' 사태 파장이 날로 커져가고 있다. 누군가 수많은 사람의 주민등록번호를 훔쳐서 온라인 게임에 가입한 이번 사건은 실명제의 부작용이 우려만이 아님을 확인시킨다. 인터넷에서 이름과 주민등록번호를 썼다가 어떤 일을 당할지 모른다는 불안감이 눈앞의 현실이 된 것이다 …… 리니지뿐 아니라 국내의 대다수 인터넷 서비스가 가입할 때 실명 확인을 위해 주민등록번호 입력을 요구한다. 중복 가입을 막는 게 목적인 이런 실명 확인은 우리나라에서만 시행된다 …… 그래서 이번 사태는 우리나라에서만 생길 수 있는 일이다 …… 정보운동단체들은 그동안 꾸준히 실명제, 특히 본인 확인을 위해 주민등록번호를 입력하는 방식의 위험성을 지적해 왔다. 주민번호만 가지면 무슨 일이든 할 수 있기에, 주민번호 도용의 부작용이 너무 크다는 것이다.

[발췌 9]는 이미 시행 중인 인터넷 사이트의 실명확인 제도와 새로이 도입하려는 인터넷 실명제가 모두 실명과 주민등록번호의 오남용을 부추기고 결과적으로 '리니지' 사건과 같은 대규모의 명의 도용 사건을 초래할 위험이 아주 크다는 점을 명확하게 밝히고 있다. 이 사건은 사이버 공간이 개인정보 유출에 매우 취약하다는 점을 여지없이 드러내준 사건이다. 따라서 이 사건을 통해서 이용자들이 사이버 공간의 여러 사이트에 자신의 개인정보를 드러내는 것을 매우 꺼림칙하고 두렵고 심지어는 위험한 일로 여기는 것은 당연할 것이다. 그러나 이 사건은 정보화 시대 개인정보 보호의 중요성과 인터넷 실명제가 갖는 개인정보 자기결정권의 침해 가능성을 역설하는 계기로 발전하지 못하였다. 적극적인 명의 도용 방지 조치를 취하지 않은 개별 온라인 게임 업체의 민사상의 책임 문제로 사태가 진전된 측면이 강하기 때문이다. 요컨대, '리니지 명의 도용' 사

건이 보여주듯이, 실명과 주민등록번호 유출에 따른 정신적, 물질적 피해 가능성은 그 중요성에도 불구하고, 실명제 도입 담론이 구축하고자 했던 사이버 폭력의 주요 범주에는 해당되지 않았던 것이다.

3 정치적 정당성

인터넷 실명제를 둘러싸고 제기된 '표현의 자유', '책임 있는 의사 표현', '프라이버시 침해', '소수에 의한 여론 조작', '익명성의 순기능/역기능' 등과 같은 주제들은 민주사회의 기본 권리와 긴밀히 연관된 이슈들이라 할 수 있다. 우선, 표현의 자유는 헌법이 보장한 기본 인권인 반면, 책임 있는 의사 표현은 흔히 민주 사회 시민의 바람직한 덕목으로 간주된다. 그리고 과도한 개인정보의 수집은 인간의 기본 권리인 프라이버시와 개인정보 자기결정권을 침해하는 결과를 초래하기 쉽다. 나아가 소수에 의한 여론 조작 방지는 사이버 공간에서 형성되는 여론의 정치적 효과 혹은 파급력을 심각하게 고려하기 때문에 제기되는 주장이라 볼 수 있다. 끝으로, 익명성의 순기능/역기능은 표현의 자유, 비밀투표권, 결사의 자유 등과 같은 근대 민주적 권리가 익명성에 바탕을 두고 있다는 사실에 관한 논의와 밀접히 연관돼 있다.

앞에서도 밝혔듯이, 인터넷 실명제가 처음으로 공론화된 시점에는, 그것이 표현의 자유를 심각하게 제약할 것이기 때문에 도입돼서는 안된다는 여론이 비교적 우세했다. [발췌 9]는 2003년 3월 31일에 '함께하는 시민행동'이 발표한 성명의 일부로서, 인터넷 실명제에 관한 시민사회의 초기 반응을 '표현의 자유'라는 관점에서 잘 드러내고 있다.

[발췌 9]
인터넷 실명제는 이제 한껏 분출되는 국민들의 다양한 목소리를 막아버리는

또 다른 국가의 폭력이며 인권의 제약입니다 …… 이것은 인터넷을 이용하는 사람들을 잠재적 범죄자로 취급하는 적대적인 정책입니다 …… 그러한 국가의 감시, 통제 체제에 찬성하실 수 있으십니까?

[발췌 9]에서는 실명제가 다양한 국민 의견이 자유롭게 표출될 수 있도록 해주는 인터넷의 장점을 훼손할 뿐만 아니라, 국민들을 잠재적 범죄자로 간주하고, 억압적인 감시 국가 체제를 강화하게 될 것이라는 주장이 전개된다. 실명제는 그 무엇보다도 표현의 자유와 관련된 인간의 기본권을 제약하는 제도라는 틀 짓기가 관철되고 있다.

그런데 인터넷 실명제는 '표현의 자유'라는 측면에서만이 아니라, 개인의 '프라이버시 침해'라는 측면에서도 정치적으로 중요한 사안이었다. [발췌 10]은 '녹색소비자연대'가 '개똥녀' 사건을 계기로 실명제 찬성 담론이 사회적으로 확산되던 시점인 2005년 7월 8일, 〈유비쿼터스 감시사회의 도래를 우려한다〉는 제목으로 발표한 성명의 일부이다.

[발췌 10]
전세계에서 유일한 주민등록제의 덕택으로 우리의 인터넷 공간은 이미 세계에서 유례없이 실명제가 보편화되어 있다. 일부 포털업체나 개인 홈페이지외에는 이미 거의 대부분의 인터넷 공간은 회원가입제를 통해 주민등록번호 등록을 의무화하고 있으며, 온라인쇼핑몰의 경우 거의 예외없이 주민등록번호 등록을 의무화하고 있다. 일반적인 표현행위에 대하여 그 행위의 주체가 실명을 사용할 것인지의 여부는 스스로 선택할 수 있는 권리이므로 이를 국가가 법으로 제한해야 할 아무런 이유가 없고 제한해서도 안 된다. 오히려 정부는 유비쿼터스 네트워크 환경에서 개인의 프라이버시 보호를 위하여 익명을 사용할 수 있는 권리를 보장하고 이를 확대하기 위한 노력에 앞장서야 한다.

[발췌 10]에서는 대부분의 온라인 사이트들이 회원등록 과정에

서 주민등록번호를 요구하고 있다는 점에서 이미 실명제가 충분히 실시되고 있는 것으로 봐야 한다는 사실이 지적되고 있다. 그리고 우리의 인터넷 환경이 세계적으로도 유례가 없을 정도로 실명에 많이 기반하고 있다는 점도 강조되고 있다. [발췌 10]은 이른바 사이버 폭력이 사실은 매우 실명의 상황 아래에서 이루어지고 있다는 주장을 함축하고 있다. 그리고 현재의 실명제나 새로이 도입하려는 실명제가 모두 "행위의 주체가 실명을 사용할 것인지의 여부는 스스로 선택할 수 있는 권리", 즉 개인정보 자기결정권을 심각하게 제한하며, 개인정보와 프라이버시를 오히려 위험에 빠트리는 결과를 초래할 것이라고 지적한다. 인터넷 실명제는 프라이버시를 보호하기 위한 것이 아니라 침해하는 것이 된다.

그러나 '표현의 자유'와 '프라이버시 보호'라는 주장을 중심으로 한 이런 실명제 반대담론은 실명제의 도입과 함께, '책임 있는 의사 표현'의 중요성을 더 강조하는 찬성 담론보다 열등한 위치에 놓이게 된다. 정보통신부는 2005년 12월 정보통신망법 개정안을 공개하면서, "인터넷의 익명성은 활발한 커뮤니케이션을 촉진하는 역할을 하였으나, 사이버공간에서의 명예훼손, 언어폭력 등 역기능 현상을 발생시키거나 조장하는 하나의 원인으로 작용"하고 있다고 평가한 뒤, "이용자의 자기책임의식을 확립하여 자기관리능력을 제고하기 위한 법적 인프라를 구축하고자 하는" 취지에서 실명제를 도입하게 됐다고 밝혔다. 정보통신부의 입장과 유사하게, 이상배 한나라당 의원은 2006년 8월 16일 《아시아경제》에 〈인터넷 실명제의 건전한 사이버문화 정착의 첫걸음〉이라는 제목의 기고문을 실었다. [발췌 11]은 그 글의 일부이다.

[발췌 11]
물론 실명제 도입을 반대하는 편에서는 표현의 자유, 프라이버시 침해의 우려를 지적하나, 인터넷은 개인적 접근이 가능한 사적영역인 동시에 네티즌들의

모임이라는 의미에서 공공의 광장이라는 성격도 갖고 있다. 또한 익명에 관한 표현의 자유라는 이유만으로 가면 뒤에 숨어 이루어지는 비방과 욕설까지도 보호할 수는 없는 것이다. 이제 인터넷상의 책임 있는 공론의 형성을 위해서는 인터넷 이용자가 자기책임의식을 제고할 수 있는 실명제의 도입이 반드시 필요하다고 본다.

[발췌 11]에서는 프라이버시 침해, 표현의 자유, 책임 있는 공론 형성, 자기책임 의식 제고 등의 주제들이 중요한 이슈로 다뤄지고 있다. 요컨대, 책임 있는 공론의 형성을 위해서는 표현의 자유와 프라이버시는 침해될 수도 있다는 입론이 이루어지고 있다. 그런데 여기에는 소위 '(자동차)발판 기법running-board technique'이라는, 의미의 함축 전략이 작동하고 있다. '발판 기법'이란 "의미의 중요한 부분이 …… 그 최종 목적지까지는 도달하지만, 자동차의 좌석에 앉을 수는 없는"(Holly 1989, Gastil 1992, 480에서 재인용) 상황을 일컫는다. [발췌 11]에서 "인터넷은 …… 공공의 광장이라는 성격도 갖고 있다"는 주장은 얼핏 보기에 다소 맥락을 벗어난 표현처럼 다가온다. 외견상 왜 그런 당연한 주장을 하는지가 분명하게 드러나지 않기 때문이다. 그러나 그 표현은 사이버 공간에서 프라이버시의 침해는 감수해야 되는 일이라는 주장을 사실상 우회적이고도 함축적으로 전개하고 있다. 글쓴이는 프라이버시 침해가 불가피하다는 점을 직접적으로 말하지 않고, 대신 독자들이 그것을 도출하도록 만든다.

그리고 [발췌 11]에서는 "익명에 관한 표현의 자유"와 "가면 뒤에 숨어 이루어지는 비방과 욕설"이라는 서로 상이한 수준의 주장이 거의 동일한 의미로 사용되고 있다. 물론 후자가 전자의 부정적인 한 형태인 것으로 서술되고 있긴 하지만, "가면 뒤에 숨어 이루어지는 비방과 욕설"을 그 범주에 속하지 않는 "익명에 관한 표현의 자유"의 형태들과 구분하지 않음으로써, 후자가 마치 전자와 동일한 것인 양 간주되게 만드는 효과를 낳고 있다. 이런 담론전략은 '악의적 환유malevolent metonymy'라 부를 수 있는데(Hackett and Zhao 1994, 513), 익명성과 관련된 가장 극단적이고도 부분적인 형태를 익명에 바탕을 둔 표현 그 자체 혹은 표현의 모든 것으로 치부하기 때문이다. 이런 악의적 환유의 결과, 프라이버시 침해를 당연한 것으로 감수하고 실명에 바탕을 둔 의사표현을 할 때에만 사이버 공간은 책임 있는 의사표현이 이루어지는 건전한 공론의 장이 될 것이라는 입론이 구축된다. 인터넷 실명제 도입 논리 속에서 프라이버시 보호와 표현의 자유라는 헌법적 가치가 매우 심각하게 훼손되는 것이다.

한편, 인터넷 실명제가 일견 사이버 폭력 예방이라는 순수하게 보편주의적 원리에 따라 제기된 듯이 보이지만, 사실은 선거 등과 같은 정치적 사안에 대한 시민들의 자유로운 의사 표현을 통제하기 위해 도입된 것이라는 주장이 강하게 제기되었다. 2006년 5월 31일 지방선거에서 처음으로 적용될 예정이었던 선거 게시판 실명제를 앞두고, 언론개혁시민연대가 2006년 3월 31일에 발표한 성명의 일부인 [발췌 12]는, 인터넷 실명제가 표현의 자유와 관련된 인권을 억압할 뿐만 아니라 선거를 앞두고 벌어지는 정치권에 관한 비판을 봉쇄하는 매우 중요한 정치적 사안임을 분명하게 밝히고 있다.

[발췌 12]
우리는 국민의 언론 및 표현의 자유를 근본적으로 부정하며, 정치에 대한 자유로운 비판을 원천 봉쇄할 뿐만 아니라, 선거와 아무런 관련이 없는 독자의견 달기나 자유게시판 이용마저도 실명제로 차단하는 선거 게시판 실명제를 다음과 같은 이유에서 즉각 폐지할 것을 강력하게 촉구한다. 1. 선거 게시판 실명제가 도입된 배경은 2004년 4월 총선을 앞둔 정치권이 인터넷상의 비판적인 여론을 차단하기 위한 목적으로 입법화된 것이다 …… 선거 게시판 실명제는 인터넷상의 불법선거운동을 막기 위한 조치가 아니라, 특정 정당에 비판적인 인터넷 여론을 차단하기 위해 도입된 악법이다 …… 3. 선거 게시판 실명제는 국민의 표현의 자유와 정치권에 대한 자유로운 비판과 언론의 자유를 옥죄는 반

언론 반국민적 위헌적 악법이다. 선거와 아무런 관련이 없는 문화, 여성, 종교, 환경 등의 기사 댓글을 익명으로 쓸 수 없게 전면 차단된다.

[발췌 12]에서는 우선, 선거 게시판 실명제의 정치적 배경을 명확히 폭로하고 있다. 특정 정치 정당에 관한 비판적인 인터넷 여론을 차단하기 위한 악법이라는 것이다. 또한 그것은 게시판 실명제가 국민의 언론과 표현의 자유를 억압하는 위헌적 법률로 규정한다.

그런데 실명제 도입 담론이 지닌 이런 정치적 맥락과 의도는 사이버 공간이 소수에 의한 여론 조작의 장이 돼서는 안 된다는 주장에서 한층 더 두드러지게 나타난다. 앞서 밝혔듯이, 실명제 담론이 처음으로 공론화되기 시작한 2003년 3월에 이미 한나라당 이상배 의원은 인터넷이 북한의 대남 심리전 매체로 활용되는 것을 막아야 한다고 주장했다. 유사한 맥락에서, '소수에 의한 여론조작 방지'는 소수의 사람들이 사이버 게시판 전체 댓글을 압도해 인터넷 여론을 왜곡하고 호도하는 것은 안 된다는 관념을 내포하고 있다. 아래의 [발췌 13]은 2006년 3월 11일 《매일경제》에 실린 〈'인터넷 여론장악'은 위험천만〉이라는 사설의 일부다.

[발췌 13]
5·31 지방선거가 2개월여 앞으로 다가온 가운데 진보 청년단체인 '6·15 공동선언실천 청년학생연대'가 수구세력에 의해 장악된 인터넷 여론을 되돌리겠다며 행동지침을 마련한 것은 오해를 사기에 충분하다 …… 소수에 의한 여론 조작 위험의 본보기인 셈이다. 열린 공간인 인터넷 게시판을 소수의 사람들이 자신들의 전유물인양 활용해 여론을 좌지우지하고 편가르기와 정치적 행동을 하는 것은 묵과할 수 없다. 한 대형 포털사이트 조사에서 한 달 평균 70건 이상의 댓글을 작성하는 슈퍼댓글족이 인원으로는 3.4%에 불과하지만 이들이 전체의 절반이 넘는 무려 221만건의 댓글을 올린 것으로 나타난 것은 이런 여론 조작의 위험을 여실히 보여주고 있다. 이래가지고는 인터넷 여론의 대표성을 인정하기 어렵다. 인터넷 게시판에서는 누구나 자유롭게 의견을 낼 수 있어야

하지만 소수가 공간을 과점해 다수의 의견인양 비춰지는 일은 결코 바람직하지 않다 …… 우리는 무엇보다 중요한 장치로 인터넷 실명제를 조속히 도입할 것을 촉구한다.

[발췌 13]에서는 지방선거를 앞두고 벌어지는 정치 단체의 온라인 정치 활동을 "소수에 의한 여론조작 위험"으로 틀 짓기 하는 담론 전략이 구사되고 있다. 비약과 과장의 수사법을 통해 "열린 공간인 인터넷 게시판"에서 "정치적 행동"을 하는 것을 마치 "여론조작"을 낳는 부적절한 행위인 것처럼 다루고 있다. 물론 [발췌 13]에서는 전체 댓글 작성 인원의 3.4퍼센트에 불과한 사람들에 의해 전체 댓글의 절반 이상이 작성된다는 사실이 그런 여론 조작 위험성의 근거로 제시되고 있다. 그러나 여기에도 일종의 과장 어법이 적용되고 있다. 소수의 사람들이 다수의 침묵하는 사람들 앞에서 자신의 목소리를 높이는 것은 현대 정치 과정의 일상적인 형태라 할 수 있다. 따라서 그것을 반드시 사이버 공간에만 나타나는 일탈적 현상으로 볼 필요는 없다. 또한 온라인 게시판 등 사이버 공간에서 소수의 적극적 참여자들이 전체 토론을 주도하는 현상은 대부분의 사회에서 공통적으로 나타나는 현상이다. 이런 적극적 참여자의 역할을 부정적인 것으로만 볼 것이 아니라, 다른 참여자들의 의견이라고 생각되는 입장을 밝히고 대규모 토론이 지닌 복잡성을 줄이는 구실, 즉 "잠재적 대변자 latent representative"의 구실을 하는 긍정적인 것으로 볼 수 있다(Albrecht 2006, 72). 그러나 [발췌 13]에서는 편향된 과장 어법을 통해 적극적 참여자의 구실을 여론 조작으로 틀 짓기 하고 있다. 아울러, 정치 집단의 온라인 정치 활동을 명확한 근거 없이 "소수가 공간을 과점해 다수의 의견인양 비춰지는"것으로 규정하면서도, 사이버 공간에서 "누구나 자유롭게 의견을 낼 수 있어야" 한다고 밝히는 '표면적 부정apparent denial' 전략을 사용하고

있다. 요컨대, [발췌 13]은 인터넷 실명제가 사이버 폭력 예방이라는 명분을 넘어서서, 사이버 공간에서 일어나는 자유로운 정치적 활동과 의사표현을 규율하고자 하는 좀더 정치적인 목적에서 추진되는 제도임을 드러내주고 있다.

'익명성의 순기능/역기능'이라는 주제는 인터넷 실명제를 둘러싸고 제기된 정치적 논쟁의 또 다른 이슈라 할 수 있다. '익명성의 순기능/역기능'은 익명성의 역기능은 반드시 해소되어야 한다는 주장, 익명성에 의한 득보다는 실이 더 많다는 주장, 그리고 표현의 자유를 빙자한 범죄 예방을 위해 익명성을 제한해야만 한다는 주장들을 포괄한다. 여기에 대하여, '순기능 함몰'은 익명성 때문에 사이버 폭력이 발생한다는 점을 대체로 시인하면서도, 역기능 해결을 위해 그것이 민주 정치에 갖는 순기능을 희생시켜서는 안 된다는 주장을 포괄한다. [발췌 14]는 2005년 12월 21일 《중앙일보》에 〈인터넷 제한실명제 잘한 일〉이라는 제목으로 실린 칼럼의 일부이다. [발췌 14]는 인터넷 익명성의 순기능과 역기능 문제를 다루고 있다.

[발췌 14]
인터넷의 직접민주주의적 기능은 그동안의 언론 역사에서 보지 못한 엄청난 자유언론의 보장을 가져오고 있다. 그동안 소수의 언론기관이 독점했던 국민 의사 형성에 대해 수많은 인터넷매체를 통해 누구나 참여할 수 있는 자유언론 광장이 만들어지게 된 것이다. 이러한 언론자유 광장은 일방적이 아닌 참여자 모두의 평등한 상호작용적 커뮤니케이션을 가능하게 해 국민의 의사를 정확하게 표출시키는 장소가 됐다. 그러나 문제점도 아울러 발생하고 있다...인터넷이라는 또 다른 언론매체의 등장은 그 자체의 익명성과 직접성으로 인해 그동안의 언론매체가 수행해 온 건전한 여론 형성과는 다른 순간적이고 정리되지 않은 의견과 비판이 난무하게 했다. 즉 인터넷은 다른 언론 매체에 존재하는 자체 편집 및 정화기능이 없다 …… 서비스 제공자들의 관리 소홀로 인해 이용자가 특정인을 심하게 비난하는 현상이 자주 등장하고 있다. 성숙하지 못한 대화 문화의 결과로 볼 수 있기도 하지만, 우리 사회는 아직 이러한 명예훼손이 불

법 행위라는 인식이 없는 듯하다...늦었지만 이제 정부가 이러한 불법적인 현상을 방지하고, 사이트 관리자의 책임을 강화하는 정책을 도입하려는 노력에 찬성한다.

[발췌 14]는 우선, 인터넷이 지닌 직접 민주주의적 요소의 긍정성을 인정한다. 인터넷이 누구나 참여할 수 있는 평등한 의사소통의 장이며, 국민의 의사가 정확하게 표출되는 장이라는 것이다. 그러나 [발췌 14]는 '참여', '평등', '언론 자유', '정확한 국민의사' 등과 같은 용어들을 매우 모호하게 사용하고 있다. 이런 모호한 어휘들은 각기 다른 독자들로 하여금 서로 상반되거나 모순된 의미를 추론하도록 만든다. 그리하여 각기 전적으로 상이한 이유로 [발췌 14]의 주장에 동의하도록 하는 효과를 누린다. 흔히 '참여', '평등', '언론 자유' 등과 같은 인터넷과 연관된 직접 민주주의적 요소들은 온라인 소통의 익명성과 밀접한 관련성을 갖는 것으로 이해된다. 그러나 [발췌 14]는 그런 측면을 무시하거나 모호하게 다루면서도 궁극적으로는 민주주의가 바로 그 익명성 때문에 위협받는 것처럼 다루고 있다. 인터넷의 익명성은 인터넷을 "정리되지 않은 의견과 비판이 난무"하는 장으로 만들었고, 기존의 언론 매체와는 달리 "건전한 여론 형성"의 장이 되지 못하게 만들었다는 것이다. 나아가, 흔히 인터넷의 민주적 잠재성의 중요 요소로 간주되어온 편집 기능의 부재를 오히려 온라인 민주주의의 위협 요소로 간주하고 있다. 이런 주장은 [발췌 14]의 전체 논리가 단순한 '표면적 부정'의 논리, 즉 익명성을 포함한 인터넷 매체의 민주적 함의를 사실상 부정하면서도 겉으로는 그것의 직접 민주주의적 요소를 긍정하는 듯 하는 논리에 근거하고 있음을 보여준다.

한편, 익명성의 역기능 해소를 강조하는 실명제 도입 담론에 반대해 제기된 '익명성의 순기능 함몰' 담론은 익명성이 민주적 정치 제도의 발전에 갖는 중요성을 적극적으로 강조하기보다는 수세적이고 방어적으로 익명성의 문제를 다루는 경향이 있다. '순기능 함몰' 담론은 표현의 자유란 익명으로 표현할 자유까지 포함하며, 프라이버시를 보호하기 위해서도 익명성을 필요하다는 주장 등을 포괄하기도 하였지만, 익명성이 사이버 폭력의 원인임을 인정하거나 혹은 우리의 인터넷 사용 환경이 이미 익명적이지 않다는 사실을 중심으로 표출되었다. 대부분의 인터넷 사이트들이 사용자들로 하여금 회원 가입을 위해서는 주민등록번호나 실명을 제시할 것을 요구하고 있다는 점에서 인터넷 실명제는 사실상 이미 시행되고 있다는 것이다. 반면, 익명성은 최소한의 개인적 프라이버시와 인권의 의미에서뿐만 아니라, 더욱 일반적인 의미에서 양심과 학문의 자유, 언론과 출판의 자유, 비밀투표권, 집회와 결사의 자유 등 민주적 권리의 근본 토대가 되는 관념이라는 사실은 별로 적극적이고도 강력하게 제기되지는 못한 한계를 드러냈다.

6. 나가며

인터넷 실명제 찬성 담론은 실명제에 관한 초기의 불리한 여론을 극복하고 인지적, 규범적, 정치적 우월성을 확보함으로써, 궁극적으로 실명제 도입에 관한 사회적 동의를 획득하는데 성공했다. 실명제 찬성 담론은 사이버 폭력을 낳는 근본 원인은 바로 온라인 행위의 익명성에 있다는 관념이 대중적으로 널리 공유되도록 만들었다. 그리고 그것은 현재 우리 사회에서 사이버 폭력은 시급한 대책이 필요할 정도로 매우 심각하다는 인식을 사회적으로 확산시키는 데도 성공했다. 또한 실명제 찬성 담론은 실명제가 사이버 폭력을 예방할 수 있는 유력한 정책이라는 점을 대중들에게 납득시키는 데도 일정한 성공을 거두었다. 반면 실명제 반대 담론은 비록 실명제의 효율성 주장을 다양한 근거에서 반박했지만, 좀더 근본 문제라 할 수 있는 사이버 폭력과 온라인 익명성 사이의 인과성 주장에 관해서는 적절하게 대응하지 못했다. 사이버 공간의 익명성이 사이버 폭력을 불러온다는 주장은 실명제 찬반 입장이 공유하는 하나의 대전제, 즉 '상식'으로 작용했다. 실명제 찬성 담론은 인과성 주장을 암묵적으로 전제할 뿐, 그것에 관한 엄밀한 실증적 근거를 결코 제시하지 않았으며, 실명제 반대 담론도 인과성 주장을 당연한 것으로 수용하는 경향을 보였다.

　　사실, 온라인 익명성과 비대면성 그리고 폭력적 행위 사이의 인과성을 실증적으로 규명하기 위한 학술 연구들이 이미 1980년대 말과 1990년대 초에 미국의 일부 사회심리학자, 경영학자, 컴퓨터공학자들을 중심으로 활발하게 이루어졌다(이항우 2005a). 그러나 서로 상충되고 모순되는 발견들로 인해, 온라인 익명성과 사이버 폭력 사이에는 분명한 인과성이 존재한다고 확언하기는 매우 어렵다는 것이 그간의 학계의 통설이다. 이른바 '단서부재론'을 주창한 미국 카네기-멜론 대학의 키슬러Kiesler 연구팀은 시청각적, 사회적 단서(표정, 음정, 눈맞춤, 자세, 몸동작, 직업, 성, 인종, 나이 등)가 희박하거나 부재한 비대면의 온라인 소통이 대면 소통보다 플레이밍과 같은 절제되지 않은 행동을 표출할 가능성이 높다는 실험 연구 결과를 발표했다(Kiesler, Seigel, and McGuire 1986). 키슬러와 그 동료들은 대면 그룹, 실명의 온라인 토론 그룹, 익명의 온라인 토론 그룹에 관한 실험 연구를 통해, 대면 그룹에 견줘 온라인 토론 그룹에서 모욕, 인신공격 등과 같은 플레이밍이 더 많이 발생한다는 사실을 밝혔다. 실명의 온라인 그룹보다는 익명의 온라인 그룹이, 실명의 비동시적 온라인 토론 그룹보다는 실명의 동시적인 온라인 토론 그룹이, 그리고 이메일 소통보다는 실명의 동시적 온라인 토론 그룹이 더 자주 플레이밍에 빠져든다는 사실도 밝혔다.

그러나 이후의 연구에서는 정반대되는 결과가 보고되기도 했는데, 그 대표적인 예가 미국 뉴저지 지역 대학의 힐츠Hiltz와 그 동료들이 수행한 대면 그룹, 실명 온라인 그룹, 익명 온라인 그룹 사이의 플레이밍 발생 빈도에 대한 비교연구 결과이다(Hiltz, Turoff, and Johnson 1989). 이 연구 결과에 따르면, 실명과 익명의 온라인 집단 모두 플레이밍과 같은 절제되지 않은 행동의 발생 빈도는 매우 낮았다. 아울러, 실명 집단과 익명 집단 사이의 플레이밍 발생 빈도는 거의 차이가 없었다. 또한 리어Lea 등은 1980년대 말과 1990년대 초에 이루어진 수많은 실험 연구 결과를 종합해, 플레이밍은 사이버 공간에서 절대적으로 자주 발생하는 현상이 아니며, 상대적으로도 대면 상황에 견줘 더 자주 일어나는 현상이 아니라고 주장한다. 익명 집단이 실명 집단보다, 비대면 그룹이 대면 그룹보다 더 많은 플레이밍을 발생시킨다고 볼 수 없다는 것이다(Lea, O'Shea, Fung, and Spears 1992, 96~97). 힐츠 연구팀과 리어 연구팀의 입장은 흔히 사회 영향 이론이라 불리는데, 그것은 온라인 상호 작용에서 플레이밍은 일반적이기보다는 예외적인 현상이며, 상호 작용 그룹의 성격이나 그룹의 지배적인 행위 규범에 따라 플레이밍의 발생 빈도나 양상이 달라진다고 주장한다. 이처럼 다양한 실증 연구의 결과에 근거할 때, 익명성과 플레이밍 사이의 인과성을 확정적으로 간주하기란 매우 어렵다.

사이버 폭력과 인터넷 익명성의 인과성을 실증적으로 뒷받침하는 일은 실명제 도입에 관한 사회적 논란의 과정에서 전혀 중요한 문제가 되지 못한 반면, 사이버 폭력을 결코 그대로 방치해서는 안 된다는 규범적 주장은 실명제 도입에 매우 중요하고도 결정적인 힘으로 작용했다. 앞에서도 밝혔듯이, 정보통신부가 2003년 초에 제기했다가 스스로 철회한 실명제를 2005년 6월부터 본격적으로 다시 추진하게 된 데에는 그 즈음에 일어난 이른바 '개똥녀 사건'과 '트위스트 김 씨 사건' 등이 상당히 커다란 영향을 미쳤다. '개똥녀'와 '트위스트 김 씨'에 쏟아 부은 인터넷 이용자들의 극심한 욕설과 비방, 인신공격 등에 관한 사회적 도덕 감정은 매우 악화됐고, 그것은 인터넷 실명제 도입 찬성 여론의 확산으로 귀결됐다. 그 사건들은 사이버 폭력과 인터넷 실명제의 문제를, 사이버 폭력과 익명성 사이의 인과성에 관한 실증적 근거와는 무관하게, 심각한 규범의 문제로 틀 짓기 하는 데 결정적인 계기가 됐다. 나아가, 그 사건들에서 제기된 규범의 문제는 개인정보 도용과 그에 따른 인권 침해 문제로서가 아니라 욕설과 인신공격과 같은 사이버 폭력의 문제로 틀 짓기 됨으로써, 그 사건들은 실명제 도입 필요성의 더 강력한 근거로 작용하게 됐다.

인터넷 실명제는 인지적 측면과 규범적 측면 모두에서, 앞서 밝혔듯이, 현대 사회 정책 담론의 전형적인 수사 전략인 'TINA' 원리에 터하여 추진되었다. TINA 원리는 영국의 대처 전 수상이 즐겨 사용했던 것으로서, 특정한 정책이 특정한 현실적 조건에서 불가피하게 채택될 수밖에 없음을 강조하는 수사 원리다(Fairclough 2003, 99). TINA 원리는 사실과 예측, 사실과 가치를 뒤섞음으로써 특정한 정책 대안이 채택되도록 하는 데 곧잘 동원된다. 인지적 측면에서, 실명제 도입 담론은 사이버 공간에서 욕설, 비방, 인신공격과 같은 행위 양태들이 존재한다는 사실로부터, 그것이 예외적인 현상이 아니라 광범위하고 일반적인 것이라는 주장을 객관적 사실인 양 도출한다. 그리고 온라인 상호 작용의 익명성 때문에 그러한 문제가 발생하는 것으로 단정하고, 실명제를 도입해야만 해결될 것이라는 주장이 사회적으로 수용되도록 만들었다. 규범적 측면에서, 실명제 도입 담론은 인신공격과 욕설과 같은 행위 양태들에 관한 규범적 판단을 인터넷 실명제 도입 요구의 문제로 전환시킨다. 규범의 일탈을 강조함으로써, 실명제는 바로 그런 규범의 문제를 바로잡을 수 있는 현실적 대안의 위치를 손쉽게 차지하게 되는 것이다.

정치적 정당성의 획득이라는 측면에서, 표현의 자유와 프라이버시 보호라는 민주적 권리에 관한 요구는 건전한 공론장 형성을 위한 책임 있는 의사 표현 필요성이라는 담론에 압도돼버렸다. 그리고 사이버 공간을 소수에 의한 여론 조작으로부터 보호해야 한다는 주장도 정치적으로 상당히 중요한 고려 사항으로 작용했다. 또한 사이버 공간의 익명성이 사이버 폭력의 근본 원인으로 간주되는 상황에서, 익명성이 지닌 중요한 민주적 기능은 적극적으로 혹은 제대로 강조되지 못했다. 익명성의 순기능 함몰 담론은 익명성이 프라이버시 보호, 양심과 학문의 자유, 언론과 출판의 자유, 비밀 투표권 등과 같은 민주적 권리의 토대가 된다는 점을 적극적으로 강조하기보다는 수세적이고 방어적으로 익명성의 문제를 다루는 한계를 보이기도 했다.

이상과 같은 실명제 도입 담론의 인지적, 규범적, 정치적 우월성 확보 과정 속에서, 사이버 폭력은 사회적, 담론적으로 구성됐다. 담론 구성물로서 사이버 폭력은 그것이 온라인 상호 작용의 익명성에 근원하고, 그 폐해가 너무나도 심각하여 실명제를 도입하지 않을 수 없는 상황이 됐으며, 건전한 공론장 형성을 위해 책임 있는 의사 표현이 중요하다는 세 가지 핵심 관념을 내포한다. 그리고 그것들은 사이버 폭력에 관한 오늘날 우리 사회의 '상식'이 되었다. 그러나 앞서 밝혔듯이, 익명성과 사이버 폭력의 인과성에 관한 우리의 상식적 믿음과는 달리, 대부분의 기존 실증 연구는 그 인과성을 뒷받침하지 않는다. 그리고 사이버 폭력 예방을 명분으로 실명제를 전면적으로 도입하는 경우는 세계에서 유례를 찾아보기 힘들다. 미국의 경우, 인터넷 발전의 초창기인 1960년대 말부터 이미 플레이밍이 컴퓨터 문화와 관련한 중요한 사회 이슈가 됐지만, 익명성이 사이버 폭력의 근본 원인이라고 볼 수 없었기 때문에, 그 해결을 위한 방안으로 실명제를 심각하게 검토하여 도입한 적은 없다(Lee 2002; Pfaffenberger 1996). 아울러, 표현의 자유라는 헌법적 권리가 책임 있는 의사 표현이라는 명분에 의해 그렇게 손쉽게 유보될 수 있는 전통을 갖고 있지도 않다.

실명제 찬성 담론이 인지적, 규범적, 정치적 측면에서 담론적 지도력을 확보한 과정은 입법부와 행정부에 의한 정치적 개입이나 강압과 긴밀하게 결부되어 진행됐다. 정보통신부와 열린우리당 그리고 한나라당은 실명제 입법화를 관철시키는 데 여론의 흐름을 적절하게 활용했다. 이 점은 이 정치 영역에서 이루어진 각종 공청회와 토론회 행사의 시점을 살펴봄으로써 확인할 수 있다. 인터넷 실명제가 처음으로 공론화되기 시작한 2003년 3월부터, 실명제 법안이 국회를 통과한 직후인 2007년 1월까지, 언론 단체, 학술 단체, 정보통신부, 정당 등에 의해 개최된 인터넷 실명제 관련 토론회와 심포지엄은 총 10건이 언론에 보도됐다. 그런데 이 토론회들의 조직양상은 '개똥녀 사건'이 커다란 파장을 낳던 시점인 2005년 5월과 6월을 분기점으로 확연하게 양분되는 특징을 보인다. 인터넷 기자협회, 민주언론운동시민연합, 한국언론법학회, 한국언론재단 등과 같은 언론, 학술 단체가 주최한 총 4건의 토론회는 모두 2005년 5월 이전에 개최됐다. 인터넷 기자협회는 2003년 8월 21일, 민주언론운동시민연합은 2004년 1월 28일, 한국언론법학회는 2004년 2월 18일, 한국언론재단은 2004년 4월 2일에 토론회를 개최했다. 즉, 민간단체가 주도한 토론회는 모두 실명제를 둘러싼 사회적 논란 초기의 실명제 반대 여론이 다소 우세한 상황에서 열렸다고 볼 수 있다. 반면, 정보통신부와 정치 정당이 주최한 총 6건의 공청회는 모두 2005년 8월부터 2006년 6월 사이에 집중됐다. 열린우리당은 2005년 8월 26일, 정보통신부는 2005년 9월 12일과 2005년 12월 19일, 열린우리당과 한나라당 공동 2006년 5월 1일, 정통부의 정보통신윤리위원회는 2006년 6월 1일, 한나라당은 2006년 6월 5일에 토론회를 개최했다. 이것은 '개똥녀 사건' 등을 계기로 강화된 실명제 찬성 여론에 힘입어 정부와 정치권이 실명제 도입을 위한 각종 공청회와 토론회를 적극적으로 조직한 결과로 해석될 수 있다.

그리고 입법, 사법, 행정 영역에서 법률적 수단을 통한 물리적 강제도 인터넷 실명제의 입법화에 매우 중요한 요인으로 작용했다. 앞서 밝혔듯이, 국회는 정보통신부의 인터넷 실명제 추진 노력과는 독립적으로, 2004년 3월에 개정한 공직선거법에 이미 선거 게시판 실명제를 도입했다. 많은 언론과 시민단체들의 격렬한 반대에도 불구하고, 한나라당과 열린우리당은 선거 게시판 실명제를 국회에서 통과시켰다. 중앙선거관리위원회는 2006년 5월 31일 실시된 지방선거에서 이 법을 적용하여, 선거 게시판 실명제를 위반한 인터넷 사이트들에 단속과 처벌을 강화했다. 중앙선거관리위원회는 다양한 언론과 시민단체들의 강력한 반발 속에서도, 선거 게시판 실명제 적용대상인 총 807개 인터넷 언론사를 단속해 '민중의 소리'를 포함해 실명제를 위반한 26개의 사이트들에게 이행 명령서와 과태료를 부과했다. 이처럼 선거 게시판 실명제의 도입과 집행 과정 자체가 상당한 강압의 과정을 동반한 것이기도 하지만, 그것의 강제성은, 앞에서도 밝혔듯이, 이후 인터넷 실명제의 입법화에도 적지 않은 영향을 미쳤다.

사실, 인터넷 실명제 도입에 대한 정치권의 관심은 집요한 것이었고, 그것은 종종 매우 이데올로기적으로 표출되기도 하였다. 소수의 지배 집단은 늘 대중문화를 정치적 불안의 징후로 보고 그것을 끊임없이 간섭하고 통제하려는 충동을 보이기 마련이다(Storey 1993, 37). 인터넷이 북한의 대남 선전선동의 매체로 활용되고 있다는 주장은 실명제 초기 공론화의 한 가지 근거가 되었다. 사이버 공간에서 발생하는 욕설과 인신공격은 이데올로기적 함의가 강한 인민 재판이나 인격 사형으로 비유되기도 했다. 또한 사이버 공간에서 이루어지는 정치 단체의 정치적 활동이 소수에 의한 여론 조작 위험의 본보기로 간주되기도 했다. 이런 사실로부터 인터넷 실명제가 단순히 사이버 폭력의 해결책으로서만이 아니라, 사이버 공간에서 형성되는 여론에 대한 정치권의 공포와 두려움에서 제기됐을 것이라는 추론이 성립될 수 있다.

　　　인터넷 실명제는 모든 사람이 익명의 상황에서 동일하게 폭력적으로 된다는 것이 분명한 사실로 충분히 입증될 때에만, 모든 사람을 규율하는 법률로 성립될 수 있는 제도일 것이다. 만일 그 전제가 성립하지 않는다면, 실명제 입법화는 정당성을 갖기 어렵다. 더구나 사이버 공간에서 불법 행위를 한 사람들은 아이피 주소 추적을 통해 그 신원을 얼마든지 밝혀낼 수 있고, 수많은 인터넷 사이트들이 이미 실명으로 회원 가입을 받고 있어 아이피 주소 추적이 필요 없는 경우가 허다한 상황에서, 실명제 입법화는 더더욱 정당성을 획득하기 어렵다. 인터넷 실명제는 우리의 인터넷 문화와 토론 문화 발전에 커다란 장애를 초래하고, 우리의 시민 문화와 정보 사회 발전에 불행한 결과를 초래하는 제도라는 비판으로부터 자유로울 수 없다. 인터넷 실명제는 정보화 시대 정보 프라이버시의 중요성을 강조하기는커녕, 개인정보 유출에 특히 취약한 사이버 공간의 이러저러한 사이트에 이용자들이 자신에 관한 정보를 드러낼 것을 강요한다. 그리고 그것은 사이버 폭력 예방을 명목으로 건전한 대다수 시민들의 자유로운 의사 표현을 봉쇄할 위험성이 매우 높다. 나아가 실명제는 파놉티콘 감시의 효과, 즉 감시의 시선을 내면화해 스스로 감시하고 유순하고도 순종적인 주체를 만들어내는 결과를 초래하기 쉽다. 무엇보다도, 인터넷 실명제는 자율적이고 독립적인 시민의 형성과 다양한 근대 민주적 권리 발전의 근본 토대로서의 익명성과 프라이버시가 갖는 가치를 심각하게 훼손한다는 비판으로부터 자유로울 수가 없을 것이다.

10^장 경합적 다원주의와 온라인 토론
— '양심적 병역 거부' 찬반 담론

1. 들어가며

　　많은 연구자들은 인터넷이 정치 참여와 숙의deliberation를 촉진시키고 민주주의 지평을 확장시키는 데 커다란 도움이 되는 매체라고 간주한다(강상현 2000; 백욱인 1999; 홍성태 2003; Connery 1997; Dahlberg 1998; Tambini 1999). 이런 가능성에 주목하여, 일부 연구자들은 사이버 공간을 '숙의 민주주의'가 꽃필 수 있는 공론장으로 이해한다(김종길 2005; Downey and Fenton 2003; Stromer-Galley 2003). 그러나 온라인 토론과 상호 작용의 성격에 관한 일부 경험 연구들은 사이버공간이 반드시 공론장의 가능성을 충분히 실현하고 있는 것은 아니라고 주장한다(강상현 2000; 윤영철 2000; Dahlberg 1998). 온라인 토론이 그 참가자들 사이에 합의의 형성으로 귀결되는 일은 좀처럼 일어나지 않으며, 욕설과 비방, 인신공격과 같은 플레이밍이 온라인 상호 작용의 대표적인 행위 유형들 중의 하나로 인식되고 있는 점을 고려하면,

경험 연구에 바탕을 둔 이런 비관적 진단은 상당한 설득력을 갖는다고 볼 수도 있을 것이다.

그러나 많은 온라인 토론이 플레이밍으로 손쉽게 빠져든다고 해서 반드시 사이버 공간의 민주적 함의를 부정적으로 규정할 필요는 없을 것이다. 숙의 민주주의 모델은 '합의'보다는 '차이'를 강조하는 '경합적 다원주의agonistic pluralism' 모델과 적지 않은 긴장 관계에 놓여 있다. 무페 (Mouffe 1993)의 경합적 다원주의 이론에 따르면, 근대 민주주의 사상의 근간이 되는 요소는, 그 어떤 정치적 담론도 결코 영원하고도 안정된 헤게모니를 갖지 못하며 언제든지 그 '구성적 외부constitutive outside'에 의해 끊임없이 위협받고 부정된다고 보는 다원주의에 관한 믿음이다. 민주주의의 심화를 위해 '차이'는 해소되어야만 하는 것이 아니라, 오히려 적극적으로 표출되고 확산돼야 한다는 것이다. 따라서 급진적 민주주의론의 관점에서 볼 때, 온라인 토론이 좀처럼 합의에 이르지 못한다는 사실을 반드시 온라인 토론 공간의 민주적 잠재성의 부정적 근거로 인식할 필요는 없게 될 것이다.

이 글은 합의의 형성에 초점을 맞추는 숙의 민주주의론 대신에, 상이한 입장들이 활발하게 표출되고 서로 역동적으로 경합하는 과정이 민주주의의 확대에 미치는 긍정적 영향을 강조하는 경합적 다원주의 모델에 입각해, 온라인 토론에서 그 참가자들이 어떻게 서로 의견 차이를 드러내고 다루는지 살펴보려 한다. 글의 구성은 다음과 같다. 우선, 위에서 밝힌 민주주의에 대한 두 가지 이론적 패러다임을 더욱 자세히 소개하고, 각각의 이론이 온라인 토론의 성격에 관한 분석에서 어떤 개념적 연관성을 갖는지를 살펴볼 것이다. 다음으로, 연구에서 사용한 방법론과 자료 수집의 절차에 관해 간략하게 서술하고, 주요 연구 결과와 그것의 이론적 함의에 관해 밝힐 것이다.

2. 연구 배경

1 온라인 토론과 숙의 민주주의

사이버 공간의 민주적 잠재성에 주목하는 많은 연구자들은 주로 숙의 민주주의론의 입장에서 온라인 토론 공간이 하버마스가 말한 의미에서의 공론장이 될 수 있을 것이고 주장한다. 낙관론자들은 인터넷을 통한 양방향, 다대다, 비동시적 소통은 전통적인 대중매체가 전파하는 담론을 수동적으로 소비하는 고립된 대중이 아니라, 적극적으로 상호 작용하고 대화하는 대중을 길러낼 것이라고 믿는다. 또한 인터넷을 통한 대규모의 정보 저장과 급속한 정보 확산은 교양 있는 시민을 만들어내는 데 도움이 될 것이라고 믿는다. 나아가, 이들은 온라인 상호 작용에는 그 참가자들의 사회경제적 지위를 드러내는 단서가 비교적 불분명하기 때문에, 모든 사람이 온라인 상호 작용에 동등하게 참여하고 평등하게 대우받을 수 있을 것이라고 믿는다. 마지막으로, 인터넷의 탈중심화된 시스템은 국가 권력이나 자본이 쉽사리 통제하거나 감시할 수 없는, 본질적으로 반권위주의적 소통공간을 마련해 줄 것이라고 기대한다(Connery 1997: Dahlberg 1998).

하버마스의 공론장의 관점에서 온라인 토론의 민주적 함의를 실증적으로 분석한 대표적인 논문으로는 빌헬름(Wilhelm 1998)의 연구가 있다. 빌헬름은 온라인 정치 토론이 얼마나 숙의를 달성하고 있으며, 숙의가 향상될 수 있도록 하는 조건은 무엇인지 탐구한다. 온라인 정치 토론 그룹에 게시된 글에 관한 내용 분석을 통해, 빌헬름은 온라인 토론에서 숙의 민주주의는 매우 제한적으로만 실현되고 있다고 주장한다. 즉, 토론의 참가자들은 여전히 듣기보다는 말하기, 상호 이해와 존중보다는 개인적인 자아 표출에 더 많은 관심을 가지고 있다는 것이다. 아울러 빌헬름은 온라인 토론이 드러내고 있는 강한 내집단 동질성은 정치적 의견과 입장의 다양성을 확대하는 데 장애 요인이 되고 있다고 지적한다. 한편, 윤영철은 2000년 4월 총선시민연대 사이트의 게시판 분석을 통해 온라인 토론 그룹에서 숙의 민주주의가 발전할 수 있는 가능성에 관해 고찰한다(윤영철 2000). 윤영철은 총선연대 게시판이 숙의의 조건들 중 '의견의 다양성'과 '상호작용성'을 비교적 긍정적으로 평가할 수 있는 결과를 보이고 있기는 하지만, 숙의의 또 다른 조건인 '근거 있는 주장'이나 '타협 혹은 상호 이해'의 측면에서는 부정적인 결과를 보여준다고 지적한다. 게시판 토론이 "자신의 느낌이나 선입견에 입각한 즉흥적이고 즉각적인 글이 많은 반면, 객관적인 증거나 합리적인 원칙에 충실한 글은 별로 발견되지 않았다는 점"(같은 책, 141), 그리고 "논쟁이 진행되는 경우 상대방을 이해하거나 타협의 여지를 남기기보다는 자기주장만을 굽힘없이 반복적으로 게재하는 경우가 대부분"(같은 책, 141)이었다는 점에서 게시판 토론이 숙의의 조건을 제대로 충족시키지 못하고 있다는 것이다. 빌헬름과 윤영철의 연구는 온라인 정치 토론이 민주주의의 확장에 기여할 수 있는 많은 잠재성을 가지고 있음에도 불구하고, 아직까지는 숙의 민주주의를 충분히 실현하고 있지는 못하다는 결론을 공통적으로 도출하고 있다.

그러나 이런 사실로부터 온라인 토론 공간의 민주적 함의 전반에 관해 반드시 부정적인 진단을 내릴 필요는 없을 것이다. 파파차리시(Papacharissi 2004)는 온라인 토론에서 차이와 불일치의 표출이 가진 민주적 함의를 적극적으로 평가한다. 파파차리시는 온라인 그룹에서 펼쳐지는 격렬하고도 열띤 토론은 사이버 공간의 민주적 해방은 합의에 의해서가 아니라 불일치와 무질서를 통해 이루어질 것이라는 리오타르Lyotard의 기대를 실현시킬 수 있는 곳으로 만든다고 믿는다. 파파차리시는 사이버 공간에서 발견되는 적대성을 '무례한 행위'와 '비시민적uncivil 행위'로 구분해서 이해해야 한다고 주장한다. 무례한 행위는 욕설, 비방, 인신공격, 저속한 표현 등을 포괄하는 행위를 지칭하는 반면, 비시민적 행위는 민주적 규범의 토대를 부정하는 행위(민주적 정치 체제 부정, 인종주의 표출, 개인의 자유 억압 등)를 지칭한다. 온라인 메시지들에 관한 내용 분석을 통해 파파차리시는 우선, 무례함과 비시민적 행위가 온라인 토론의 지배적인 행위유형이 아님을 밝히고 있다. 나아가 무례함은 종종 충동적이고 뜻하지 않게 발생하는 다분히 인간적인 행위이자 격렬한 민주적 토론의 구성 요소로 간주돼야 한다고 주장한다. 따라서 파파차리시는 온라인 정치 토론이 단순히 무례한 것이라고 해서 그 의의를 무시해서는 안 되며, 그것을 비시민적 행위 즉, 행위자의 태도와 신념과 근본적으로 결부돼 있으며 민주적 가치와 규범에 더욱 큰 영향을 미치는 행위와 구분해야 한다고 주장한다. 이런 구분을 통해 파파차리시는 온라인 토론의 민주적 함의를 더욱 적극적으로 탐색할 수 있는 가능성을 열고 있다고 평가할 수 있다. 그러나 파파차리시가 애초에 제기한 관점, 즉 민주주의란 합의보다는 불일치와 차이를 통하여 진전한다는 관점을 고려할 때, 온라인 토론에 관한 평가는 '무례한 표현'과 '비시민적 행위'를 구분하고 전자에 일종의 면죄부를 주는 것을 넘어서서 이루어질 필요가 있다. 민주적 규범과 전통에 커다란 영향을 미치는 신념과 가치의 충돌이 온라인 토론 공간에서 어떻게 일어나고 있으며, 그것의 민주적 함의를 어떻게 평가해야 하는가라는 문제는 여전히 남아있기 때문이다.

무례한 행위는 민주적 가치를 둘러싼 태도나 입장의 차이가 충돌하는 과정에서 쉽게 동원되는 하나의 행위 전략으로 이해될 수도 있다. 코너리(Connery 1997)에 따르면, 플레이밍은 온라인 토론이 지닌 말하기와 글쓰기 사이의 긴장관계 때문에 발생한다. 글쓰기는 흔히 오랫동안 숙고한 결과물로 인식되며, 따라서 권위적이 되기 쉽다. 반면 말하기는 대체로 우리가 대화의 과정에서 한 말을 다시 수정할 수 있다는 의미에서의 태도나 입장의 유연성을 암묵적으로 전제한다. 그러나 코너리에 따르면, 부르조아 공론장이 그랬던 것처럼, 인터넷이라고 하는 본질적으로 반권위주의적 대화의 공간에서 이루어지는, 글쓰기가 갖는 고유한 권위주의적 성격 때문에 의견의 불일치 혹은 합의의 부재는 종종 플레이밍으로 귀결된다. 합의가 형성되지 않는 것을 참지 못하거나, 대화보다는 글쓰기를 우선시하는 사람들은 플레이밍을 통해 토론을 끝내려 한다. 역으로, 합의보다는 불일치, 글쓰기보다는 대화를 우선시하는 사람들은 플레이밍을 권위주의적 태도를 공격하기 위한 수단으로 사용하기도 한다. 코너리는 플레이밍이 종국에는 온라인 토론 그룹을 해체시켜버릴 위험성을 내포한다고 볼 수도 있겠지만, 사이버 공간은 기본적으로 권위주의와 반권위주의가 충돌하고 대결하는 공간, 비권위주의적 사회관계가 시연될 수 있도록 하는 공간이 돼야 한다고 주장한다. 이 경우 사이버공간은 지배와 저항의 담론이 서로 격렬하게 경쟁하고 대립하는 담론적 경합의 공간이 된다.

2 경합적 다원주의와 온라인 사회 정치 토론

하버마스의 숙의 민주주의 모델은 시민들의 자유롭고 평등한 참여, 상호 이해와 존중, 합의의 형성을 민주주의에 바탕이 되는 요소로 간주하지만, '차이'의 표출과 인정이 민주주의 과정에서 가지는 의의에 관해서는 비교적 소극적인 태도를 보인다. 물론 숙의 민주주의 모델은 모든 목소리가 공론장에서 자유롭게 표현돼야 한다는 것을 전제한다는 점에서, 전적으로 차이를 억압하거나 무시하는 입장이라고 말할 수는 없을 것이다. 그러나 굴드(Gould, 1996)가 밝혔듯이, 민주주의에 관한 숙의 모델에서 숙의의 목적과 그것을 달성하는 방법은 바로 '합의'의 형성이다. 여기에서 차이는 '과거의 것'이 되고 "상호인정은 차이를 확대하고 표출하기 위한 것이라기보다는 공통의 합의를 형성하기 위한 것이 된다"(같은 책, 172). 즉, 하버마스의 숙의 민주주의 모델에서, 다양성은 여러 가지 담론이 공론장에서 교환되기 위한 전제조건이 되고 있기는 하지만, 궁극적으로는 단일성과 통일성이 숙의의 규범적 원리가 되고 있는 것이다. 굴드에 따르면, 합의의 형성이 토론의 규범적 원리로 강조되는 상황에서는 합의의 형성을 어렵게 하거나 방해할 수 있는 차이의 표출이 억제될 가능성이 높다. 합의를 이루어내야만 한다는 압박감은 진행 중인 토론에 일정한 압력을 행사하게 되고 때로는 차이를 억압하거나 그것의 가치를 평가 절하하는 결과를 초래할 수 있다(같은 책, 174).

숙의 민주주의 모델과는 달리, 경합적 다원주의 모델은 단순히 사람에 따라 가치와 세계관이 다양할 수 있다는 의미에서의 다원주의가 아니라 가치론적axiological 의미에서의 다원주의, 즉 공공선, 정의, 정치적인 것에 대한 경쟁하는 견해들 사이의 충돌과 해소되지 않는 잔여residue가 부재한 그 어떤 판결도 불가능하다는 것을 믿는 다원주의를 추구한다. 무페(1993)는 우리가 자유롭고 이상적인 소통상황에서 다양한 의견의 차이를 해소하고 궁극적인 합의에 도달할 수 있다고 믿는 것은 민주주의를 향한 노력에 필수 불가결한 요인이 되기보다는 오히려 그것을 위험에 빠트리는 결과를 낳을 것이라고 주장한다. 무페의 경합적 다원주의는 근대의 정치적 자유주의를, 한편으로는 경제적 자유주의와는 분명하게 구분되고, 다른 한편으로는 계몽적 합리주의를 극복한 새로운 정치 이념으로 발전시키려는 이론이다. 경합적 다원주의의 가장 중요한 원리들 중의 하나는 다원주의에 대한 믿음이다. 이 점에서 경합적 다원주의는 가치의 다원성, 즉 다원주의를 거부하는 공동체주의와는 근본적으로 대립한다. 공동체주의는 사회의 모든 구성원이 동의할 수 있는 유일한 공공선과 바람직한 가치가 존재한다고 믿으며 정의는 모든 사람이 추구해야 할 바람직한 삶의 형태를 인정하는 것에서 출발한다고 주장하지만, 경합적 다원주의는 그런 보편선을 인정하지 않으며, 그 누구도 자신이 믿는 공공선을 위해 다른 사람들에게 권리와 자유를 희생하도록 강요할 수 없다고 주장한다. 그러나 무페의 경합적 다원주의의와 자유주의적 개인주의의 결합은 오래가지 않는다. 무페는 근대의 자유주의적 개인주의가 사회생활의 모든 규범적 요소를 사적인 도덕의 영역으로 밀어 넣고, 공적인 정치의 영역은 그 어떤 규범적 측면도 배제된 순전히 도구적 절차적 영역으로 제한시켜버렸다고 비판한다. 무페는 이런 정치에 관한 도구주의적 관점을 극복하고, 정치의 영역에 규범의 요소가 결합된 이론을 구축하기 위해 공동체주의의 중요한 한 가지 이념을 받아들인다. 그것은 개인이 사회의 부당한 강제와 억압을 막아내고 개인적 자유를 누릴 수 있게 하는 조건을 확보하기 위해서는, 마키아벨리가 말한 것처럼, 스스로 시민의 덕목을 함양하고 공공의 기능을 수행하며 정치 과정에 적극적으로 참여하여야 한다는 관념이다.

무페에 따르면, 이처럼 규범의 요소를 내포한 정치의 영역에서 정치적 행위의 문법을 형성하는 가장 근본적인 규범적 이념은 '자유'와 '평등'이다. 그런데 무페는 사적인 도덕 규범의 타당성을 평가할 수 있는 절대적 기준이 존재하지 않듯이, 자유와 평등이라는 정치적 규범에 관한 보편적으로 타당한 의미 규정과 해석은 불가능하다고 주장한다. 민주주의 정치의 공간에서 무엇이 참된 자유이며 무엇이 진정한 평등인지에 관한 해석의 궁극적인 다원성은 결코 해소될 수 없다는 것이다. 자유와 평등이라는 근대 정치 과정의 기본 규범에 관한 서로 이질적이고 상이한 해석을 주장하고 경합하는 과정에서, 특정한 사회적 정체성이 형성되고 사회적 객관성과 정치적 권력은 확보된다. '우리'의 해석이 '그들'의 해석을 압도할 때, 우리의 해석은 사회적 권력을 획득하고 사회적으로 '객관적인' 해석이 된다. 그러나 성공한 담론의 헤게모니는 오직 일시적으로만 그 지배력을 행사할 수 있을 뿐이며, 그것이 배제한 '그들', 즉 '구성적 외부'에 의해 끊임없이 위협받고 부정된다. 무페에 따르면, 왜곡되지 않은 합리적 소통과 이성적 합의에 근거한 사회적 통합을 추구하는 하버마스류의 자유주의적 주장은 정치에 내재한 갈등과 긴장과 대립의 요소를 무시하는 지극히 반정치적 주장이 된다. 무페에 따르면, "보편적이고 합리적인 합의가 왜곡되지 않은 대화를 통해 도출될 수 있으며, 자유로운 공적 이성이 국가의 중립성을 보장할 것이라는 자유주의적 주장은 사회관계에 내재한 소거불가능한 적대적 요소를 부정할 때에만 가능한 것이며, 민주주의에 재앙을 초래하는 주장이 될 것이다"(같은 책, 140).

이 연구는 이상에서 살펴본 논의를 바탕으로 이질적인 것들 사이의 충돌과 결코 해소되지 않는 차이의 표출이 민주주의 과정에서 갖는 의의를 강조하는 경합적 다원주의의 관점에서 온라인 토론 공간의 민주적 함의를 고찰하고자 한다. 근대 민주주의의 두 가지 핵심적 가치이자 민주적 행동의 규칙인 자유와 평등에 대한 존중, 그것에 관한 다양하고도 경합하는 해석, 특이한 것과 이질적인 것의 표출, 확실성을 향한 도전, 차이의 인정과 확대와 같은 경합적 다원주의를 구성하는 주요한 요소들이 어떻게 온라인 토론 공간에서 표출되고 있는지를 살펴볼 것이다. 이 논문의 주요 연구 질문은 아래와 같다.

- 온라인 토론 공간에서 의견의 '차이'는 어떤 방식으로 표출되는가?
- 참가자들은 '차이'를 다루기 위해 어떤 행위 전략들을 도입하는가?
- 차이의 표출과 처리 과정에 지배와 저항 담론은 어떤 방식으로 조직되고 있는가?

3. 방법

　　본 연구는 디시인사이드DCINSIDE의 토론 게시판을 사례로 채택해 토론 과정에 관한 비판적 담론 분석을 수행한다. 디시인사이드는 디지털 카메라에 관한 최신 정보, 구매와 판매, 사진 촬영과 같이 기본적으로 디지털 카메라에 관심이 큰 동호인들이 주로 즐겨 찾는 공간이다. 이런 점에서 이 토론 게시판은, 대부분의 정치 정당이나 정치 단체들의 토론 게시판에 견줘 정치적 지향이 각기 상이하고 다양한 사람들로 구성돼 있을 가능성이 더 높다고 볼 수 있다. 따라서 이 게시판은 온라인 토론에서 다양한 의견과 입장이 표출되고 차이가 서로 충돌하며 경합하는 과정을 분석하고자 하는 본 연구에 적합한 분석 대상이라 할 수 있다.

　　일반적으로 담론 분석은 구어나 술어로 표현된 텍스트에 내재하는 의미의 구조, 담론의 조직 전략, 담론 생산과 이해의 과정을 분석하는 연구 기법이다. 그것은 담론 혹은 언어를 단순히 사물이나 사건을 묘사하고 우리의 생각을 표현하는 매체가 아니라 어떤 특정한 실천적인 효과를 낳고 실질적인 힘을 지니는 사회적 행위로 파악한다. 한편 비판적 담론 분석은 텍스트를 상이한 담론들이 담론적 지배력을 확보하고자 서로 대립하고 충돌하는 투쟁의 장으로 간주한다. 특히 그것은 불평등한 사회적 권력 관계가 언어를 통해 표출되고, 언어에 의해 형성되며, 나아가 언어를 통해 정당화되는 과정을 비판적으로 탐구하는 연구 방법이다. 따라서 담론 분석은 거시적 수준의 사회 구조와 사회 관계가 어떻게 미시적 수준의 일상적 담론 구조 속에서 작동하고 있는지 분석하는 데 매우 유용한 방법이다. 이런 측면에서 비판적 담론 분석의 방법은 온라인 토론 공간에서 차이가 표출되고 처리되는 과정에서 작동하고 있는 지배와 저항의 동학을 분석하고자 하는 본 연구에 적합한 방법이라 할 수 있다(Fairclough 1995; Wodak 2001).

이 연구는 이른바 '양심적 병역 거부'(이하 '양병거')라는 문제를 둘러싸고 디시인사이드 토론 게시판의 참가자들 사이에서 벌어진 찬반논쟁을 분석한다. 2004년 7월 4일부터 14일까지 10일간 해당 토론 게시판에 접속해 2004년 5월 25일부터 2004년 6월 19일까지 총 25일 동안 게시판에 올라온 355개의 게시물을 저장하고 출력한 자료에 근거했다. 아래에서 좀더 구체적으로 살펴보겠지만, 355개의 게시물들 중 양병거 반대론은 주로 '분단, 휴전 상황', '국가주의', '성차별주의', '시기상조론', '역차별론' '병역 의무의 평등한 이행'등과 같은 담론들을 중심으로 조직되고 있으며, 그 찬성론은 '인권', '양심의 자유', '소수자 존중', '차이의 인정', '복무 현실의 개선'등과 같은 담론을 중심으로 전개되고 있다. 그러나 연구가 수집한 자료의 분석은 토론 참가자들이 '양심적 병역 거부'에 관해 어떤 생각이나 의견을 갖고 있으며 그것이 얼마나 타당한 것인지를 파악하기보다는, 그 주제와 관련한 다양한 언어적, 담론적 실천들이 특정의 사회적 목적을 달성하기 위하여 어떤 행위 전략들을 도입하고 구사하고 있는지를 탐구하는 것에 초점을 맞췄다.

4. 분석

'양병거'에 관한 사회적 논란은 2004년 5월 서울 남부지방법원의 한 판사가 양병거를 병역 기피의 정당한 사유로 판단해 한 양심적 병역 거부자에게 무죄를 선고한 후 본격화됐다. 양병거 반대론은 병역 의무는 국가 존립을 위해 모든 국민이 예외 없이 수행하여야 하며, 현재의 분단 상황에서 국방 의무는 그 무엇보다도 우선하는 가치가 되어야 한다는 주장을 중심으로 조직됐다. 반면, 찬성론은 양심의 자유는 헌법이 보장한 개인의 기본권이며, 한국도 다른 나라들(대만, 독일)처럼 양심적 병역 거부를 인정해야 하며, 군 복무에 준하는 대체 복무제를 도입해야 한다는 주장을 내세운다. 토론의 기본적인 주제는 대한민국의 헌법이 보장하고 규정하고 있는 '양심의 자유'와 '병역의 의무'의 관계를 어떻게 이해하고 해석할 것인가에 관한 것이라고 할 수 있다. 두 가지 입장은 모두 근대 민주주의가 추구하는 핵심 가치들인 '자유'와 '평등'에 관한 나름의 해석을 제시하고 그것을 정당화하려는 노력으로 이해할 수 있다. 양병거를 옹호하는 입장은 양심의 자유라는 민주적 가치가 병역의 의무에 의해 궁극적으로 훼손될 수 없는 것이라고 역설하는 반면, 그것에 반대하는 입장은 국방 의무의 평등한 이행이 평등이라는 민주적 이념을 실현하는 길이라는 점을 강조하고 있다.

▮ 지배 전략

① 입론

한국의 대부분의 성인 남성들이 병역 의무를 수행해야 하고, 모든 병역 기피자는 국가 기관에 의해 처벌받게 되는 현실을 고려할 때, '양병거' 반대 담론은 오늘날 한국 사회에서 하나의 지배 담론으로 작용한다고 볼 수 있다. 지배 담론으로서의 '양병거' 반대론, 즉 양심의 자유와 국방 의무의 평등한 수행 사이의 관계에 대한 해석에서 국방 의무의 평등성을 강조하는 입장은 종종 '분단과 휴전 담론'과 '국가주의 담론'을 동원하거나, '성차별 담론'을 확산시킴으로써 '양병거'에 대한 반대와 처벌을 정당화시키기도 한다.

[발췌 1]
국가 위기 상황이란 갑자기 뭐가 난리가 나고 벼락이 치면서 오는 게 아니라

소리소문 없이 국가 기강력이 하나씩 둘 씩 사라지고, 또 국민은 그런 것에 무관심해지거나 위기상황을 느끼지 못할 때야말로 국가 망조가 든 진정한 위기라고 생각하오.

[발췌 2]
우리가 이렇듯 군사 독재정권으로부터 오롯이 우리의 권리를..인권을 되찾고 자유롭게 다양한 의견과 사상을 논의할 수 있게 된 배경에는..수많은 이들의 피와 땀이 있었다는 점입니다. 때론 목숨을 담보로 하여 온몸으로 독재에 항거하였던...사회 각계각층에서 학자나 종교인 학생 모두가 나서 반파쇼 독재를 외치며 항거하였기에 우린 지금과 같은 축복을 누릴 수 있었던 것입니다. 그러나..그럼에도 불구하고 우리가 이렇듯 평화로운 시절을 보내고 있다고 하여..놓쳐서는 안될 것이 있습니다...우리를 둘러싼 외부적인 주변정세는 군사 독재정권시절이나 지금이나 별반 달라진 것이 없다는 점입니다...당장 우리의 안위를 위협하는 가장 큰 적대세력인 이북의 김정일 정권..

위의 발췌문들은 '분단과 휴전 담론'이 양심적 병역 거부 반대를 위해 동원되고 있음을 보여준다. 분단, 휴전 상태라는 특수성을 강조함으로써 한국에서는 전쟁의 발발 가능성이 상존한다는 사실을 환기시키고 있는 것이다. 이런 주장에는 법률적 휴전 상태가 반드시 전쟁 발발의 실질적 가능성을 높일 것이라는 가정이 함축돼 있다. 또한 우리의 분단 상태가 지구상의 많은 나라들이 직면하고 있는 민족적, 인종적, 종교적, 계급적 분쟁 상황보다도 더 위험하고 특수한 분쟁 상황을 만들고 있다는 가정도 함축되어 있다. 양병거를 인정하는 것이 필연적으로 전쟁 가능성을 높일 것이라는 점을 전제하고 있는 반면, 독일이나 대만과 같이 분단 국가들도 양병거를 인정했거나 인정하고 있다는 점을 이 발췌문들은 고려하고 있지 않다. [발췌 1]에서는 분단과 휴전의 논리가 일상의 과정 속에 더욱 확대, 심화되고 있음을 알 수 있다. 위기 상황은 그것을 인식하지 못하는 안이한 일상생활과 태도에서 시작된다는 주장은 "작은 구멍이 댐을 무너뜨린다. 이게 그 시초가 될까 심히 두렵고 걱정이 앞선다"와 같은 담론 과정을 통해서 지속적으로 재생산된다. [발췌 2]는 사회적 주체가 각기 상이한 지배담론들의 충돌과 교차의 효과에 의해 매우 다중적이고도 모순적인 방식으로 형성되고 있음을 잘 보여주고 있다. 한편으로는 반독재를 신봉하는 주체 위치와 다른 한편으로는 분단과 휴전 상황의 특수성에 따른 인권 억압의 당위성을 받아들이는 주체 위치가 동일한 주체성 속에 공존하고 있는 것이다. 이러한 담론적 실천에는 어떤 정치적 결정이나 선택이 특정한 '위험'이나 '위협'을 초래할 것이기 때문에 그러한 결정이나 선택을 하지 말아야 한다는 정당화의 기제가 작동하고 있다. 양병거를 인정하게 되면, 국가 기강이 해이해지고 결과적으로는 양병거에 대한 적대감만 증폭될 것이라는 논리가 구성된다. 따라서 양병거에 대한 사회적 반감은 양심적 병역 거부자 스스로가 자초한 것이 된다.

아래의 [발췌 3]은 양병거에 대한 반대논리가 또 다른 지배 담론의 일종인 '국가주의 담론'을 동원하고 있음을 보여주는 사례이다.

[발췌 3]
양심을 부르짖으며 병역을 거부하는 당신들 모두 이 땅에서 태어났긴 마찬가지일 겁니다. 당신들이 이 땅에서 아무 탈 없이 태어나 이만큼 자랄 수 있었던 것은 근본적으로 '대한민국'이라는 나라가 있었기 때문입니다. 더 자세히 말하자면, 나 하나의 양심 따위는 접어두고 가족을 위해, 친구를 위해, 조국을 위해 수년 동안 총들고 고생하며 나라를 지켜 준 이들이 있기 때문입니다.

위의 [발췌 3]에서 국가는 물신화된 존재로 다루어지고 있음을 알 수 있다. 즉, 계급, 성, 지역, 연령 등에 따라 나누어질 수 있는 다양한 사회적 관계가 국가 대 개인의 관계로 환원되고 있다. 그리고 그 관계는 국가가 개인에게 무엇을 해주며 개인이 국가에게 무엇을 할 것인가의 문제로 설정된다. 우선, 개인들이 이 땅에서 마치 아무 탈 없이 태어나고 자라난 것이 사실인 양 서술되고 있다. 나아가 국가는 개인의 탄생과 성장을 보호해준 존재로 서술된다. 따라서 개인의 권리와 '양심 따위'를 포기하는 것은 개인이 국가에게 해야 할 일종의 보답, 즉 바람직한 가치인 것으로 당연시된다. 이런 국가주의 담론은 위에서 살펴본 분단과 휴전 담론과 더불어 한국 사회 대부분의 구성원들이 집단적으로 인식하고 사용하고 전승하는 일종의 '집합적 상징'으로 작용한다고 볼 수 있다. 분단과 국가주의 담론이 현실에 대한 이미지를 파악하고 현존 질서를 해석하고 정당화하는 관념적 틀로 사용되고 있기 때문이다.

　　양병거가 '여호와의 증인'이라는 특정 종교 신도들의 종교적 신념에 입각한 병역 거부로 인해 사회적 논란이 되었다는 사실을 감안할 때, 여성의 병역 의무라는 주제는 사실상 이 문제와 관련한 논란의 소재가 되지 못한다. 그럼에도 불구하고 여성의 병역 의무를 둘러싼 성차별 담론은 종종 '분단, 휴전 담론'과 '국가주의 담론'과 결합하여 양병거 반대 담론의 지배력 확보를 위해 동원되기도 한다. 그리하여 '여자들도 다 잡아 들여라 성적 능력차이로 인한 병역 거부라니? 말이 되냐???'와 같은 주장이 반복적으로 제기되기도 한다. 모든 국민이 예외 없이 국방의 의무를 이행해야 한다고 믿는 양병거 반대 담론이 국방의무 이행의 예외나 변형을 고려해야 하는 특수한 경우를 인정하는 것이 아니라 오히려 그 논리를 기계적이고도 극단적으로 확장할 때, '여성은 왜 국방의 의무를 수행하지 않는가?'라는 질문이 당연히 제기될 수 있다. 양병거를 인정하고 대체복무제를 도입하자는 주장은 이미 현존하고 있는 여러 가지 병역 특례 제도나 여성의 병역 의무 면제처럼 국방의무 이행 형태의 유연성을 높이려는 노력의 일환으로 이해할 수 있다. 그러나 '여자들도 다 잡아 들여라'는 주장에는 양병거를 반대하기 위해 현존하는 국방의무 이행 형태의 다양성을 무시하거나 거부하는 담론 전략이 도입되고 있다. 이런 주장이 드러내고 있는 성차별적 편견은 여성이 국방 의무와 관련해 마치 이미 범법자인 양 서술하는 것에서도 확인된다('다 잡아 들여라', '병역거부라니?').

② 반전

'분단, 휴전' 담론과 '국가주의' 담론과 같은 거대 담론들이 어떻게 개인들의 일상적 의식과 태도를 규정하는 확고한 신념으로 내면화되는가? 그 해답은 아마도 그런 담론들이 우리가 군대 생활에서 겪게 되는 여러 가지 경험들에 의미를 부여하고, 그것들을 해석하고, 나아가 정당화하는 과정과 긴밀히 결합된다는 사실에서 찾을 수 있을 것이다. 그런 담론들이 개인의 주관적 의식 속에 내면화될 수 있도록 하는 조건은 군대 생활에서 겪게 되는 정신적, 육체적 고통의 강도와 징병 제도의 희생자 혹은 피해자는 '그들(양심적 병역 거부자들)'이 아니라 바로 '우리'라는 인식에서 부분적으로 마련된다고 볼 수 있다.

[발췌 4]
지금도 제 인생의 최대 황금기였을 22, 23, 24세의 시기를 군대 담벼락 안에서 보낸 것에 대해 억울하고 분한 마음이 남아있습니다. 누구나 가는 것이라고 하니까 참는 거지 피 끓는 청춘이 2,3년이나 군대라는 틀에 갇혀 오로지 타의에 의해 이루어지는 생활을 참고 견디는 것만으로도 군대는 견디기 힘든 겁니다. 훈련과 노동은 그렇다 치더라도, 가족의 얼굴도 못보고, 고무신 거꾸로 신는 애인 때문에 속 끓이고, 면제받는 친구 놈 잘나가는 것에 배 아프고, 고참에게 차이고, 간부에게 차이고, 군바리라고 무시 받고 제대하니 빽 없고 힘없고 능력 없어 군대갔다 왔다는 소리나 듣고...도대체 어떤 예비역이, 어떤 현역병이 군대 안 가도 무죄라는 소리에 분노하지 않을 수 있습니까?

위의 발췌문에서는 분단, 휴전과 국가주의 담론이 표면적으로는 양병거 반대를 위한 전략으로 동원되고 있지는 않음을 알 수 있다. 그 대신 군대와 연관된 여러 가지 부정적 경험을 감내해야만 하는 개인의 고통이 서술되고 있다. 그런데 그 효과는 징병 제도의 피해자는 병역을 거부하여 감옥에 가는 '그들'이 아니라 군대를 갔다 온 '우리'라는 반전reversal으로 나타난다. 즉, 피해자는 '그들'이 아니라 '우리들'이며, 양심적 병역거부를 인정하는 것은 선량하게 군복무를 수행한 '우리들'을 향한 역차별이 된다. 군복무와 관련한 고통스러운 경험이 피해자라는 의식과 역차별이라는 감정을 강화시키는 동인으로 작용하고 있는 것이다('군대안가도 무죄라는 소리에 분노하지 않을 수 있습니까?'). 병역 의무의 이행이 많은 개인적 희생을 수반한다는 것은 대체로 사실이라 할 수 있다. 분단, 휴전 담론과 국가주의 담론, 그리고 성차별 담론은 이런 개인적 희생에 대한 관념을 위로하고 정당화하는 과정과 쉽게 결합할 수 있다. 그러한 담론들은 병역과 관련한 개인적 고통을 불가피한 것, 자연스러운 것, 심지어는 당연한 것으로 받아들이도록 설득하는 장치로 작동하기 때문이다. 육체와 정신에 각인된 고통이 큰 것만큼이나 이런 거대 담론이 개인에게 내면화되는 강도 또한 크다고 볼 수 있을 것이다.

③ 단정

단정 전략은 사회적 행위자들을 긍정적(우호적)으로 혹은 부정적(경멸적)으로 분류하고 이름붙이는 담론 전략을 지칭한다(Wodak 2001, 73). [발췌 5]가 그 예에 해당한다.

[발췌 5]
본 헬은 해군으로써 연평 해전에 참전해서 북한 애들하고 포 쏘고 쫓고 쫓기는 전투를 치렀소..나라 지키겠다고 바다 한가운데서 언제 날아올지 모를 대함 미사일 걱정하며 겁먹고 신경쇠약으로 지냈던 몇 달...후회는 없소만 내가 양심

이 없어서 병역의 의무를 다한 것이오? 그 점은 심히 불쾌하오..그런 곳에 양심
이란 성스럽고 고귀한 단어는 쓰지 맙시다!

　　이 발췌문에서는 성스럽고 고귀한 양심이란 목숨을 걸고 전투에
참가하는 것에서 찾아야 한다는 주장이 함축되어 있다. 따라서 병역 거부
와 같은 행위에는 양심이라는 단어는 적용될 수 없는 것이 된다. 여기에
는 대표적인 단정 전략 유형이라고 할 수 있는 '긍정적 자기 표현/부정적
타자 표현'이 도입되어 있음을 알 수 있다. '우리'는 좋은 일을 하고, 고통
을 인내하고, 도움을 주려하고, 선의를 보였지만, '그들'은 그렇지 않으며
따라서 비난받거나 모욕을 당하는 것이 당연한 것으로 다루어지고 있는
것이다. 단정 전략은 종종 내집단과 외집단을 분리하는 것으로 나타난다.
부정적인 그들은 긍정적인 우리로부터 분리되고 배제되며, 심지어는 우리
의 '적'으로 간주된다. 양심의 자유와 국방의무의 평등한 이행에 관한 다
양한 해석이 가능하다고 믿는 것은 대체로 민주적 행위의 규칙을 따르는
것으로 이해할 수 있지만, [발췌 6]과 [발췌 7]에서 알 수 있듯이, 권리와
의무를 둘러싼 논쟁이 모두 반드시 민주적 행위의 규칙을 따르면서 전개
되는 것은 아니다.

[발췌 6]
종교적 신념 때문에 군 입대 거부 한다면 1. 대한민국 국적을 일단 양심적으로
포기해라...2. 일단 국적을 포기하면...가급적 이 나라 떠나라...3. 이 나라 떠나
기 싫으면 국민으로써 누릴 수 있는 각종 권리도 국적을 포기했기 때문에 당연
히 누릴 수 없다. 4. 권리를 누리기 위해 신체적 자유가 허용되는 대체 복무제
를 원한다면 강제 추방이다...

[발췌 7]
그렇게 자유와 평화를 위해서 총을 못 들겠다고 거부를 하니 한반도 땅에 매
설되어 있는 지뢰 제거하는 일을 시키자구요...그거마저 안한다면 말이 안 되고

비무장지대에 있는 지뢰 꽤 되는 걸루 아는데 머 제거하다 죽는 거야 어쩔 수 없는 거구...

담론적 실천에 참가한다는 것은 단순히 한 개인이 어떤 주제에 대한 자신의 입장을 피력하는 것 이상의 의미를 갖는다. 참가자들은 나이, 성, 계급, 사회적 지위, 종교 등과 같은 사회적 범주의 한 구성원으로서 담론 과정에 참여하고, 그 속에서 자신의 정체성을 확인하고 일정한 사회적 역할을 수행한다. 사회적 역할은 친구 혹은 적, 지배 집단 혹은 피지배 집단 중 어느 한 범주에 속하거나 혹은 그것을 대변하는 것으로 표현된다. [발췌 6]과 [발췌 7]은 모두 상대방을 자유와 평등이라는 가치에 관해 상이한 해석을 할 수 있는 정당한 경쟁자라기보다는, 상대방의 존재 자체를 부정하고 파괴해버려야 하는 '적'으로 간주하고 있음을 보여준다. 양병거를 옹호하는 사람들은 우리 혹은 내집단이 아닌 그들 혹은 외집단, 즉 대한민국의 정당한 구성원이 될 수 없는('이 나라를 떠나라') 우리의 '적('대체 복무제를 원한다면 강제추방이다')'이 된다. 양심적 병역 거부자들을 사회의 정당한 구성원으로 용인하지 않으려는 태도는 그들을 '지뢰를 제거하는 일에 투입시켜야' 하고 '머 제거하다 죽는 거야 어쩔 수 없는 일이구'라는 매우 극단적인 표현으로도 나타난다. 이런 주장에는 책임성과 연관된 정당화 기제가 작동하고 있다. 평화를 위해 입영을 거부한다면 당연히 지뢰를 제거해야 하는 일을 해야 하며, 혹시라도 사망하게 된다면 그 책임을 스스로 떠맡는 것이 당연하다는 논리가 성립되고 있기 때문이다.

④ 표면적 부정과 의제 설정

양병거 반대 담론이 담론적 지배력을 관철하기 위해 도입하는 다양한 전략이 존재한다. '표면적 부정'과 '의제 설정'과 같은 것들이 그 예에 해당한다. 다음의 인용문을 보자. "양심적 병역거부, 그래서 대체 복무제를 하자고? 그래 이것이 아니라면 저것이라도 하겠다는 마음은 일단 받아들이기로 하자. 그러나 과연 무엇이 국가와 사회에다 자신의 목숨과 자유를 맡겨야 하는 비이성적인 군대라는 것에 비견할 수 있을까?([발췌 8])" 이 인용문은 표면적 부정의 담론 전략이 동원된 사례들이다. 표면적 부정은 발화의 첫 부분에서는 사회적 약자에 대하여 어떤 편견도 갖고 있지 않다고 말하지만, 곧바로 이어지는 진술에서는 정반대의 주장을 전개하는 것을 가리킨다. 양심적 병역 거부에 반대하지 않으며 인정해줘야 한다는 진술에 곧이어 '아직은' 시기상조라서 그것을 받아들일 수 없다는 논리가 종종 표출된다. [발췌 8]은 양심적 병역 거부나 대체 복무제를 일단 받아들이기로 한다면서도, 곧이어 '그러나' 그것이 목숨과 자유를 맡겨야 하는 현실에 견줘 사실상 용납될 수 없는 것이라는 주장에 의해 사실상 부정되고 있음을 보여준다.

한편, [발췌 9]에서 볼 수 있듯이, 의제의 설정은 주로 지배 담론이 담론 구조를 통제하기 위해 흔히 채택하는 전략들 중의 하나이다. "대체복무 입안이라..소행 생각에는 아직 양심적 병역거부에 대한 인정/불인정도 결정나지 않은 상황에서 대체복무를 얘기한다는 건 맞지 않는다고 생각되오. 우선 양심적 병역거부를 우리사회에서 인정해야 하나 불인정해야 하느냐를 먼저 결정해야 한다고 보오([발췌 9])." 지배 담론은 소통의 상황과 소통의 전반적 과정을 규정함으로써, 누가 소통 과정에 참여할 수 있으며 참가자들의 역할은 무엇이 돼야 하는지에 관한 통제력을 행사하게 된다. 양병거를 인정할 것인가 말 것인가에 대한 합의가 이루어지기 전에는 대체 복무에 관해 논의할 수 없다는 의제의 '제한'은, 대체 복무를 양병거와는 무관한 독립적인 사안으로 다룸으로써, 양병거는 헌법이 정한 병역 의무를 이행하지 않으려는 태도에 다름 아니라는 주장을 함축하고 있다. 한편 앞에서도 언급했듯이, 여성의 국방 의무에 관해 토론을 벌여야 할 필요가 있다는 새로운 의제의 '설정'을 통해 지배 담론은 더욱 공격적으로 종교적 병역 거부자뿐만 아니라, 여성과 같은 사회적 약자를 위해 고안된 병역의 유연성을 철회할 것을 주장한다.

2 저항 전략

① 당연한 것에 대한 도전

이상에서 알 수 있듯이, 양병거 반대가 병역 제도를 둘러싼 하나의 지배 담론으로 작동하고 있지만, 권력 관계는 전적으로 권력을 가진 집단과 그렇지 못한 집단으로 명확하게 나뉘지는 않으며, 또한 그 관계가 항상 변함없이 고정돼 있는 것도 아니다. 저항 담론은 지배적인 담론 관행을 창의적으로 파괴함으로써, 기존의 지배 관계에 도전하고 새로운 권력 배분 구조를 형성하고자 한다. 지배 담론과 저항 담론의 충돌을 통해서, 사회 관계는 끊임없이 재조정된다. 아래에서는 양병거 지배 담론에 저항하는 여러 가지 담론 전략 유형들에 관해 살펴볼 것이다. 저항 담론의 첫 번째 유형은 지배 담론이 올바른 것으로 암묵적으로 전제하며 많은 사람들이 당연하고도 확실한 것으로 받아들이는 관념에 도전하기이다. 한 토론 참가자는 다음과 같이 말한다. "병역의무는 왕 신성하다고 무슨 엄청난 것처럼 말하는데 양심적 거부는 유엔도 권장하고 있습니다...나라가 망할 것처럼 호들갑 떨지 마십시오([발췌 10])." 또 다른 참가자는 다음과 같이 주장한다. "유일한 분단국가라고 해서 인권상황이 뒤떨어져야 할 타당한 이유가 무엇이오? 만약 전쟁이 일어난다면-이건 특수성이랄 것도 없소. 군대 굴리는 나라치고 이런 가정 안하는 국가 있소?([발췌 11])" 앞의 발췌문들에서는 병역 의무의 '신성함'과 분단 국가라는 '특수성'을 자연스럽고 당연한 것으로 받아들일 수 없다는 도전이 일어나고 있다. [발췌 10]에서는 양병거와 대체 복무 제도의 도입에 대한 반대가 병역 의무를 지나치게 신성시하거나('양심적 거부는 유엔도 권장하고 있습니다') 혹은 근거 없는 국가적 위기담론을 생산하고 확산하는 것('나라가 망할 것처럼 호들갑 떨지 마십시오')에 바탕을 두고 있다는 사실이 지적되고 있다. [발췌 11]에서는 모든 군대의 존립 근거가 전쟁 상황에 관한 준비에 있다는 사실에 의해 분단, 휴전 상황의 특수성이 도전받고 있음을 알 수 있다. 나아가 이런 도전은 양병거의 문제를 인권의 문제로 봐야 한다는 관점의 전환을 꾀하고 있음을 보여주고 있다.

② 모호성의 인식

양병거에 관한 지배 담론에 저항하는 또 다른 담론 전략은 병역 의무의 절대적 당위성을 주장하는 담론이 놓치거나 애써 드러내지 않으려 하는 병역 제도의 여러 가지 불합리하고 왜곡된 상황들을 비판하는 것이다.

[발췌 12]
쓸데없이 왜 인간들 군대에 데려다가 장교들 노예로 쓰는 것이오??...사회에서 아무리 뛰어난 사람이라도 군대가면 월급 1-2만 원짜리 인간밖에는 아니 되오. 그러니 군대에서 병사들에 대한 인간적 존엄성은 다 없어지고...사병들에 대한 착취의 구조밖에는 없지 않소??...

앞에서도 살펴보았듯이, 고통스러운 복역 현실에 관한 불만은 거의 대부분의 경우 병역 의무 이행의 형평성을 강화해야 한다는 주장으로 귀결된다. 그리고 그것은 종종 분단, 휴전 담론과 국가주의 담론, 그리고 성차별 담론들과 쉽게 결합하기도 한다. 위의 [발췌 12]에서도 군복무

생활이 초래하는 고통스러운 육체적 정신적 경험이 다뤄지고 있다. 그러나 그것에 관한 해석이 분단 및 휴전 담론이나 역차별 담론과 같은 지배 담론과 결합하지는 않는다. 오히려 군복무 생활의 부정적 경험은 지배 담론이 놓치고 있거나 혹은 의도적으로 드러내지 않고 있는 병역 제도의 개선 필요성을 강조하는 근거로 활용되고 있음을 알 수 있다.

③ 차이의 인정

사회 구성원들 사이에 존재하는 생각이나 태도 그리고 행위의 차이를 인식하고 대응하는 것은 사회적 상호 작용의 핵심적 구성 요소들 중의 하나라고 할 수 있다. 페어클러프Fairclough에 따르면, 차이에 대응하는 여러 가지 행위 유형 혹은 지향들이 있다. 차이를 인정하고 받아들이는 개방적인 태도, 차이와 갈등과 대립을 강조하는 태도, 차이를 해소하거나 극복하려는 노력, 공통성과 연대성을 강조하고 차이를 외면하는 태도, 합의를 지향하고 권력의 차이를 수용하고 정상적인 것으로 받아들이는 태도와 같은 것들이 해당한다(Fairclough 2003). 저항 담론은 주로 위에서 밝힌 첫 번째 두 가지 유형의 태도와 지향, 즉 차이의 인정과 차이의 강조라는 담론 전략을 도입함으로써 지배 담론에 도전한다.

[발췌 13]
양심적 병역 거부라는 말. 소헬은 훈련소에서 제일 첨으로 접했던 말이었소. 여호와의 증인이라고 불리웠던 녀석이 한명 있었지...그 담에 본건 감방 안이었소 (소헬은 군대를 교도소로 갔다 왔소. 물론 거기서 복무했소. 징역을 산 게 아니라). 그 사람들은 모범수로 분류되기 때문에(악질 살인범 등등이 아니므로) 나름대로 편한 생활을 하고 있었소(우리보다 훨씬 더). 물론 죄인의 신분이고 빨간 줄그어지는 게 좋은 건 아니겠지만...아무튼 그때 소헬은 그 사람 참 대단하다고 생각했소. 자기 소신 때문에 빨간 줄그어지고 군복무기간이랑 같은 시간 동안 감방 안에 있다는 거 자체가..남은 인생도 순탄치 않을 터...그런 사람은 양심적 병역 거부란 말을 써도 아깝지 않을 거 같았소. 그 사람이 그렇게 인정

을 받을 수 있었던 것은..자신의 신념을 보여줄 수 있었던..그만큼 자신을 포기하는 모습을 보여줬던 것이 이유인거 같소.

사회의 일부 집단이 사회의 대다수 구성원들과는 다른 사고와 태도를 보일 수도 있으며 그 때문에 처벌받아서는 안 된다는 주장은 채식주의자에게 육식을 강요할 수 없다는 비유를 동원하기도 하고, 사회적 소수자에 의한 병역 거부가 평생을 따라다니게 될 범법자라는 낙인을 감수할 정도로 개인적 양심에 따른 것이라는 역지사지의 논리를 동원하기도 한다. 여기에서 나타나는 차이에 대한 개방적인 태도, 차이의 인정과 존중을 강조하는 담론은 대체 복무제가 개인의 양심의 자유와 병역 의무의 평등한 수행이 서로 적절하게 조화를 이룰 수 있도록 하는 대안이 될 수 있다는 점, 나아가 사회적 약자의 인권을 보호하는 민주적 질서를 구축하는 데 도움이 될 것이라는 점을 함축하고 있다.

5. 나가며

담론이라는 개념은 언어라는 개념을 대신해 최근의 많은 연구자들 사이에서 사회, 정치 현상 분석을 위한 핵심적 용어로 자리 잡아왔으며, 그 용법 또한 단순히 언어라는 개념과 거의 동일한 것으로 간주하는 경향에서부터 언어 이론을 사회, 정치 영역에 전반적으로 적용할 수 있도록 하기 위한 용어로 사용하는 경향에 이르기까지 다양하다. 그러나 언어라는 개념과 대별되는 개념으로서의 담론은 일반적으로 '언어가 관념, 지식, 경험을 체계적으로 조직하는 방식과 그것이 다른 유형의 조직 형태를 배제하는 방식(Finayson 1999, 62)'을 지칭한다. 담론에 관한 이런 이해는 더 이상 언어, 사회적 행위, 지식, 권력을 서로 명확하게 분리된 독자적인 실체로서 인식하는 것이 아니라, 그것들 사이의 경계가 서로 뒤섞이고 허물어지는 것으로 인식할 수 있도록 해준다. 위에서 살펴본 양병거를 둘러싼 찬반 담론은 징병 제도와 관련한 다양한 관념과 지식 그리고 경험에 대한 조직 방식 사이의 충돌과 경합을 드러내주고 있다. 분단과 휴전 그리고 국가와 개인 간의 관계에 관한 관념, 병역 의무와 양심의 자유에 관한 헌법적 규정과 이 문제와 관련한 타국의 사례들에 관한 지식, 억압적이고 커다란 개인적 희생을 요구하는 군복무 생활의 고통스런 경험들에 관한 해석이 한편으로는 양병거 반대 담론으로 다른 한편으로는 찬성 담론으로 조직되고 있는 것이다. 그 속에서, 권력은 국가 혹은 어떤 사회 집단이나 계급의 손에 있는 것이라기보다는 사회, 정치의 전 영역에 편재해 있으며 단지 국지적으로만 드러나고 있다는 푸코의 말처럼, 권력은 양병거를 반대하고 찬성하는 대중들의 일상적인 담론적 실천의 과정에서 미시적이고도 일상적으로 작동하고 있는 것이다.

2002년 1월에 서울지방법원의 한 판사가 현행 병역법이 양심의 자유와 병역의 의무를 조화시킬 수 있는 대체 수단을 마련하지 않아 위헌의 소지가 있다며 신청한 위헌 제청에 대하여 헌법재판소가 2004년 8월에 현재의 병역법이 합헌이라는 판결을 내림으로써 양병거를 둘러싸고 활발하게 진행되었던 온라인 공간에서의 토론도 일단 종료됐다. 온라인 토론이 그 참가자들 사이에 합의가 형성됨으로써 일단락되어야 한다고 믿는 규범적 사고와 숙의적 모델은 사실상 비현실적인 발상에 가까운 것이라고 볼 수 있다. 양병거에 관한 온라인 찬반 담론 사이의 경합은 법원의 판결과 함께 양병거 반대 담론의 사회적 헤게모니 혹은 지배력의 확인과 유지로 귀결되었다고 보는 것이 타당하다. 양병거를 용인할 수 없다는 담론이 사회적으로 타당한 것, 즉 사회적 객관성을 담보하는 지배 담론으로서 지위를 확인한 셈이다. 그러나 위의 판결을 내린 헌법재판소가 다수 의견으로 제시한 "입법부가 병역거부자의 양심을 보호할 국가적 해결책을 찾을 때가 됐다"는 권고에서도 파악할 수 있듯이, 양병거를 둘러싼 지배 담론의 헤게모니는 그것이 배제한 구성적 외부, 즉 양병거 옹호 담론의 끊임없는 도전과 위협 속에서 단지 일시적으로만 안정적인 지배력을 행사할 수 있을 뿐이다.

양병거를 둘러싼 온라인 토론의 과정에서 상대방을 향한 인신공격이나 욕설, 그리고 비방과 같은 극렬한 플레이밍의 사례들을 발견하기란 그다지 어렵지 않은 것이 사실이다. 나아가 논쟁의 참가자들 사이에 존재하는 의견의 차이나 불일치는 좀처럼 해소되지 않는 것도 사실이다. 그러나 이런 현상에 근거하여 사이버 공간과 온라인 사회, 정치 토론의 민주적 함의와 가능성을 비관적으로 전망하는 것은 민주주의의 과정을 지나치게 규범적으로만 바라보는 오류를 범하는 것이 될 수도 있다. 온라인 토론이 손쉽게 플레이밍으로 빠져든다는 사실만큼이나 혹은 그것 이상으로 온라인 토론에서 나타나는 양병거에 대한 찬성과 반대 담론은 위에서 살펴본 것처럼 각각의 주장을 뒷받침할 수 있는 논리적 근거들을 제시하고 있다는 점은 부정할 수 없는 사실이다. 연구자들은 흔히 온라인 토론이 상대방을 경청하기보다는 자신의 주장만을 일방적으로 반복한다고 지적하지만, 양병거 찬반 담론에 동원되는 논리적 근거들이 더욱 더 세련되고 정교해지는 만큼이나 토론이 이미 상대방의 입장을 경청하고 있다는 사실을 보여주는 것으로 이해할 수 있을 것이다. 실제로 토론 참가자들은 병역 의무와 양심의 자유에 관한 헌법 조문을 인용하거나, 백과사전이 밝히고 있는 여호와의 증인에 대한 소개를 제시하거나, 인권에 관한 저서와 신문이나 잡지에서 표현된 양병거에 관한 칼럼이나 기사들을 소개하는 것과 같은 다양한 방식으로 찬반의 논리적, 실증적 근거들을 확보하고 교환하고 있다. 이런 노력들은 차이의 근거를 더욱 명확히 밝히고 정교하게 다듬는 데 도움이 된다. 이처럼 정치 사회적 문제들에 관해 각기 상이한 담론들이 지배력과 헤게모니를 구축하기 위해 서로 충돌하고 경합하는 과정에서 민주주의의 폭과 깊이는 더욱 심화되고 확대될 수 있다고 봐야 할 것이다.

온라인 상호 작용과 탈근대 정치
― '행정수도 이전' 논란

11^장

1. 들어가며

이 글은 온라인 상호 작용의 민주적 함의를 탐색한다. 그동안 사이버 공간의 민주적 잠재성에 관해서는 주로 숙의 민주주의 모델에 입각한 무수히 많은 연구결과들이 발표됐다(Dahlberg 2001; Hacker and Dijk 2000; Hill and Hughes 1998; Noveck 2004; Wilhelm 1998; 김종길 2005; 윤영철 2000). 그러나 이성적 토론과 합의의 형성을 민주적 토론의 매우 중요한 규범 원리로 강조하는 숙의 모델은, 역설적이게도 바로 그것의 부재 때문에 온라인 토론의 민주적 함의를 부정적으로 평가해야만 하는 상황에 종종 직면했다(Davis 1999; Hill and Hughes 1998). 최근 숙의 모델의 이러한 딜레마에 주목하는 일부 연구는 차이의 정치를 강조하는 새로운 민주주의 이론에 근거해 사이버 공간의 민주적 함의를 재조명한다(Papacharissi 2004; Stromer-Galley 2003; 이항우 2005). 불일치와 차이의 충돌과정에서 자주 나타나기도 하는 무례하고도 적대적인 감정 표출을 반드시 비민주적인 것으로 볼 필요는 없으며, 오히려 민주적 자본을 생산하고 강화하는 데 많은 긍정적인 작용을 하는 것으로 파악할 수 있다(Papacharissi 2004). 권력이란 사회 관계의 바깥에 존재하는 것이 아니라 모든 사회적 행위와 사회 관계에 불가분하게 내재하는 것이라는 점을 강조하는 경합적 다원주의agonistic pluralism의 관점에서는, 온라인 토론에서 나타나는 정치적으로 상호 이질적인 견해들 사이의 첨예한 대립은 지배 담론과 저항 담론 사이의 헤게모니 다툼의 성격을 드러내는 중요한 계기가 될 수 있다(이항우, 2005).

이런 연구들은 대체로 차이와 관련된 격렬한 감정 표출을 비교적 긍정적으로 평가하고, 의견의 대립 과정에서 드러나는 지배 담론과 저항 담론의 성격과 유형들을 분석하는 것에 초점을 맞춘다는 점에서, 숙의 모델에 견줘 온라인 상호 작용의 민주적 잠재성과 역동성을 좀더 적극적으로 평가할 수 있도록 해주는 장점을 지닌다. 그럼에도 불구하고, 그것들은 온라인 상호 작용에서 단순한 적대감의 표출이라는 문제를 넘어서서 민주적 가치와 신념을 둘러싼 대립과 충돌이 지닌 민주적 함의란 어떤 것인가의 문제는 제대로 다루지 못하고 있으며, 온라인 상호 작용에서 지배와 저항의 전략으로 읽힐 수 있는 격렬한 감정의 표출이 경합적 다원주의가 강조하는 민주주의 모델에 과연 어떤 의의를 갖는지를 충분히 밝히지 못하는 한계를 지니고 있다.

이런 문제의식에 근거해, 이 장은 온라인 상호 작용이 어떻게 '우리들/그들' 사이의 집합적 대결로 발전하며, 그것이 민주주의와 탈근대 정치에 어떤 의의를 갖는지를 탐색하고자 한다. 우선, 경합적 다원주의를 엘리트주의 정치이론, 숙의 민주주의론, 사회 민주주의 사회학이론을 포함한 다양한 민주주의 이론들과 비교하고, 그것의 핵심적인 이론적 요소들을 소개할 것이다. 다음으로, 사이버 공간의 여러 가지 형식적, 구조적 속성들이 제공하는 민주 정치의 가능성이 숙의 민주주의 이론에서는 과연 어떻게 다루어졌으며, 또 경합적 다원주의 이론에서는 어떻게 평가될 수 있는지를 논의할 것이다. 나아가 경험 분석에 관한 절에서는 한 온라인 토론 게시판에 행정수도 이전과 관련하여 게시된 글에 관한 담론 분석의 결과를 보여줄 것이다. 결론에서는 이런 경험 분석의 결과가 사이버 공간의 탈근대 정치와 경합적 다원주의 이론에 갖는 의의를 논의할 것이다.

2. 이론적 배경

1 경합적 다원주의와 탈근대 정치

경합적 다원주의는 무페가 새로운 민주주의 이론으로 적극 주창하는 탈근대 사회·정치 이론이다(Dryzek 2005; Kapoor 2002; Mouffe 2000; 2005). 그것은 한편으로는, 근대의 계몽적 합리주의와 자유주의 정치 사상의 주요한 한계를 비판하면서도, 다른 한편으로는, '자유'와 '평등'이라는 근대 민주주의 이념이 오늘날의 탈근대 상황에서도 여전히 정치 문법을 규정하는 지배 이념이 돼야 한다는 것을 역설하는 이론 모델이다. 경합적 다원주의 이론은 정치 과정을 합리적 개인들 사이의 합의와 타협의 도출 과정으로 파악하기보다는, 기본적으로 '우리들'과 '그들' 사이의 대결과 충돌의 과정으로 이해한다. 그리고 그것은 그런 대립과 갈등이 자유와 평등에 관한 다양한 관념과 해석의 소거 불가능성을 인정하는 가치론적 다원주의와 양립할 수 있다고 믿는다.

우선, 무페의 경합적 다원주의는 정치를 상이한 사회·정치 세력들이 서로 충돌하고 대결하고 갈등하는 과정으로서가 아니라, 상이한 이해관계가 서로 조화를 이루고, 시민들 사이의 규범적 숙의가 일어나며, 합리적이고도 이성적인 대화가 지배하는 영역이 되어야 한다고 믿는 이론 패러다임들을 '탈정치' 담론으로 규정한다. 무페에 따르면, 서구 사회의 지배적인 민주주의 관념으로 널리 받아들여지고 있는 이 이론들에는 총합aggregative 모델(Schumpeter 1985; Down 1957), 숙의 모델(Habermas 1989), 사회 민주주의 사회학 이론(Beck 1997; Giddens 1994) 등이 포함된다. 총합 모델은 정치의 영역을 기본적으로 자신의 이익을 극대화하려는 합리적 개인들이 도구적으로 행동하는 장으로 이해한다. 상이한 이해관계를 지닌 개인들 사이의 타협과 절충이 이루어지는 과정이 정치라는 것이다. 그리고 총합 모델은 공동선common good이나 일반 의지등과 같은 관념은 폐기돼야 한다고 보며, 사회의 안정과 질서는 존재하지도 않는 공동선과 일반 의지를 위해 대중들을 동원하는 것에 의해서가 아니라, 이해관계의 절충과 타협을 통하여 유지될 수 있다고 주장한다.

한편, 숙의 모델은 총합 모델의 정치에 관한 도구주의 접근법을 반대하고, 정치 영역은 경제 논리가 아니라 윤리와 도덕의 논리에 의해 지배돼야 한다고 주장한다. 그것은 민주주의란 공통의 관심사에 관한 민주적 대화와 토론을 통하여 사적 개인들을 적극적인 시민으로 전환시키는 것과 긴밀히 연관되어 있다는 점을 강조한다. 물론 여기서 민주적 대화란 이미 존재하는 공동선 혹은 공통의 이익을 발견하는 과정이 아니라, 상호 이해와 합의를 통하여 그것을 만들어가는 과정으로 이해된다. 즉, 개별 시민들의 정치적 선호를 이미 주어진 것으로 간주하지 않고, 민주적 숙의의 과정이 개인들의 선호와 관점을 변화시키고 더 나은 결정에 도달할 수 있도록 한다는 것이다. 숙의 모델은 우리가 소통 합리성이 지배하는 자유롭고 이상적인 담화 상황에서, 서로 의견의 차이를 해소하고 궁극적인 합의에 도달하는 것은 가능한 일이라고 믿는다.

마지막으로, 최근의 사회 민주주의 사회학은 현대 사회의 점증하는 개인주의가 집합적 동질성에 근거한 전통적인 '좌/우' 대결의 정치를 더 이상 가능하지 않도록 만들고 있다고 주장한다. 오늘날의 위험 사회에서 근본적인 갈등은 소득, 직업, 복지 등과 같은 부의 분배와 관련한 문제들보다는 근대화가 수반하는 위험과 위협을 어떻게 예방할 것인가의 문제를 중심으로 표출된다는 것이다. 벡에 따르면, "위험사회에서 이데올로기적, 정치적 갈등은 더 이상 산업 사회에 전형적인 좌/우의 메타포를 통해 규정되지 않으며, 오히려 안전/불안전, 내부/외부, 정치적/비정치적 등과 같은 이분법에 의해 더 잘 규정된다"(Beck, Giddens and Lash 1994, 5, Mouffe 2005, 38에서 재인용). 한편, 기든스는 사회주의 체제의 붕괴와 함께 현대 사회에서 정치는 해방 정치에서 생활 정치로 이행하게 됐다고 주장한다. 기든스에 따르면, 환경 문제와 노동, 가족, 정체성 등의 성격 변화에 주목하는 생활 정치는 우리가 어떻게 살아야 하는가와 연관된 문제들에 많은 관심을 기울이는데, 이것은 전통적인 좌/우의 구분법으로는 좀처럼 표현될 수 없는 문제들이다. 무페에 따르면, 벡과 기든스의 사회 민주주의 사회학은 민주정치의 과정을 "새로운 유대를 창출하고 신뢰의 토대를 확장하려는 개인들 사이의 대화의 과정"으로 파악하며, "상이한 이해관계를 지닌 사람들이 대화를 통하여 다양한 문제들에 대한 의사 결정을 내리고, 상호 공존과 상호 인정의 관계를 발전시키는 다양한 공론장의 '창출' 덕분에 갈등은 평화롭게 극복될 수 있는"(Mouffe 2005, 48) 것으로 믿는다. 벡과 기든스에 관한 무페의 이러한 비판적 평가는 현대 사회 갈등의 소재에 관한 새로운 인식보다는, 갈등 해결 방식과 관련하여 제기되는 정치에 관한 관념을 문제 삼고 있는 것이라 할 수 있다.

　　벡과 기든스의 관점과 유사하게, 무페는 현대 사회에서 갈등은 단순히 계급 관계로 환원될 수 없는 다양한 사회 관계에서 표출되고 있으며, 서로 대결하는 세력들이 상대방을 완전한 섬멸의 대상, 즉 '적'으로 보는 적대 모델에서는 민주 정치의 희망을 찾을 수 없다는 사실을 강조한다. 그러나 무페는 정치 과정이 이성적인 개인들 사이의 합리적인 대화를 통한 합의의 형성 과정으로 한정될 수는 없다고 주장한다. 정치적인 것을 규정하는 핵심 원리는 바로 '친구'와 '적'의 구분이라고 주장한 슈미트K. Schmitt를 따라, 무페는 정치적인 것이란 '그들'과 대립하는 '우리들'을 만들어내는 과정과 항상 결부된다고 역설한다. 정치를 개인들 사이의 대화와 합의 형성 영역으로 이해하는 개인주의, 자유주의 접근법과는 반대로, 정치란 집합적 동일체들 사이의 갈등과 대결의 과정이라는 사실을 강조하는 것이다. 무페에 따르면, 정치란 자유로운 토론의 장이라기보다는 서로 대립하는 대안들 중 불가피하게 어느 하나를 선택해야만 하는 영역인데도, 자유주의는 이런 대결과 적대가 정치 과정에서 영원히 소거될 수 없다는 것을 제대로 강조하지 못하고 있다.

그리고 경합적 다원주의는, 자유주의, 합리주의 모델과 달리, 감정, 애착, 감동, 정열, 격정, 열정과 같은 정서적 요소가 정치적으로 집합적 동질성의 형성에 매우 중요한 구실을 한다는 점을 역설한다. 자유주의, 합리주의 모델은 흔히 감정이나 열정과 같은 정서적 요소를 민주 과정의 후진적 요소, 즉 이성적이고 합리적인 태도의 성숙을 통해 극복해야만 하는 대상으로 간주한다. 따라서 이해관계의 합리적 계산과 조정 혹은 공동선에 관한 도덕적·이성적 심의라는 관념으로는 정치 영역에서 '열정'이 수행하는 중요한 구실을 제대로 이해할 수 없게 된다. 그렇지만 감정이나 열정은 대중이 자신의 신념과 가치를 실현해줄 집단에 동질감을 갖도록 하는데 매우 중요한 구실을 한다. '그들'과 대립하는 '우리들'의 집합적 동질감을 구축하기 위해서는 대중의 꿈과 욕망과 상상력을 자극하고 동원하고 조직할 수 있어야 한다. 대중의 열정을 끌어올리려는 민주 정치는 필연적으로 매우 당파적일 수밖에 없는 것이다.

　　　그런데 이처럼 경합적 다원주의는 정치에서 대결과 갈등의 소거 불가능성을 강조하면서도, '우리들/그들'의 구분이 근대 민주주의의 핵심 가치인 다원주의와 양립할 수 있어야 한다고 믿는다. 무페에 따르면, 민주주의 정치에서 '우리들'과 '그들'의 관계는 적대적인 '친구'와 '적'의 관계가 아니라, 서로 경합하는agonistic 상대adversaries의 관계로 정립돼야 한다. 이것은 '우리들/그들' 사이의 구분을 도덕의 문제로 이해하는 것이 아니라 정치 문법의 차원에서 파악해야 한다는 것을 의미한다. 만일 그 관계가 정치적인 '좌/우'의 문제가 아니라 도덕적인 '올바름right/틀림wrong' 혹은 '선good/악evil'의 문제로 이해된다면, '그들'은 파괴되고 섬멸돼야만 하는 '적'으로 간주될 위험성이 매우 높아지게 된다. '그들'이 '우리들'을 도덕적으로 사악하고 올바르지 않은 집단으로 보고 우리들의 존재적 정당성 그 자체를 위협하게 될 때, '우리들'과 '그들' 사이의 관계는 적대적인 '친구'와 '적'의 관계로 전환하게 된다. '그들'은 반드시 파괴되어야만 하는 '적'이 되는 것이다. 그러나 무페에 따르면, '친구/적'의 관계는 정치적 대결이 표출되는 단지 한 가지 형태에 불과하다. 경합 모델은 서로 대결하는 집단들이 상대방을 자신들하고는 그 어떤 공통적 토대도 갖지 않는 파괴돼야만 하는 존재로 보지 않는다는 점을 강조한다. '우리들'과 '그들'은 정치적으로 서로 충돌하고 대립하지만, '자유'와 '평등'이라는 민주주의 가치를 부정하지 않는 한, 그 관계는 적대가 아닌 경합의 관계로 이해될 수 있다. 무페는 바로 이것이 '순화된 적대'로서의 경합이라고 주장한다. 경합 모델은 정치적 갈등과 대결의 합리적 해결은 가능하다고 믿지 않으면서도 상대방의 정당성은 여전히 인정돼야 한다는 점을 강조한다. '자유'와 '평등'에 대한 '그들'과 '우리들' 사이의 관념과 해석의 차이는 합리적으로 해소될 수 없겠지만, '그들'은 여전히 그것들에 관해 '우리들'과 다른 해석을 내릴 수 있는 정당한 존재이다. 이런 의미에서 '그들'은 '적'이 아니라 경합의 대상이며, 민주 정치는 '적대'를 '경합'으로 바꿀 수 있어야 한다.

마지막으로, 경합적 다원주의는 마르크스주의 역사철학, 즉 사회 구성체를 절대 정신, 생산력, 역사 법칙 등과 같은 어떤 초월적인 역사 논리의 발현에 의해 형성되는 것이라는 관점을 거부한다. 그것은 역사를 가치론적 다원주의의 관점에서, 그리고 헤게모니 과정으로 이해한다. 경합적 다원주의는 위에서도 밝혔듯이, '자유'와 '평등'이 정치적 언어게임의 지배적, 규범적 이념이 돼야 한다고 믿는다. 그러나 무엇이 진정한 '자유'이며 무엇이 참된 '평등'인지에 관한 보편타당한 의미 규정은 불가능하며 해석의 궁극적인 다원성은 결코 해소될 수 없다고 주장한다. 그것은 개인마다 또는 집단마다 각기 상이한 가치와 이념을 가질 수 있다는 의미에서의 다원주의가 아니라, 자유, 공공선, 정의, 평등 등과 같은 민주주의 가치에 관한 경쟁하는 견해들 사이의 해소되지 않는 잔여가 부재한 그 어떤 결정도 불가능하다고 믿는 가치론적 다원주의를 지향한다. 이것은 경합적 다원주의가 사회 질서를 다양한 정치 세력들 사이의 정치적 각축의 결과 오직 일시적으로만 안정성을 갖는 헤게모니 과정으로 이해하는 관점과도 연결된다. 즉, 모든 사회 질서는 헤게모니적 성격을 지니며, 일정한 시점에 특정한 질서를 세우려는 일련의 실천의 결과로서 이해된다. 이런 의미에서 현존 질서는 다른 선택과 노선을 배제한 권력 관계의 결과물이며, 그것이 배제했던 것으로부터 끊임없이 도전받고 궁극적으로는 대체될 운명에 놓여 있다.

② 온라인 토론과 민주주의

그러면 과연 온라인 상호 작용의 민주적 잠재성이란 무엇이며,

위에서 밝힌 경합적 다원주의 모델은 온라인 상호 작용의 민주적 함의를 탐색하는 데 어떤 이론적 통찰력을 제공해줄 수 있는가? 그 해답은 우선 온라인 상호작용의 물리적 환경을 구성하고 그것의 전개 과정에 적지 않은 영향을 미치는 사이버 공간의 구조적 속성에 관한 분석에서 찾아야 할 것이다. 그동안 수많은 연구자들은 인터넷을 통한 상호 작용의 구조적 규정 요인들에 주목했는데, 그것들은 소통의 탈중심성과 양방향성, 시공간 장벽의 극복, 공/사의 탈경계화, 공식적/비공식적 행위의 중첩성, 말하기/글쓰기의 혼재성, 다양한 형태의 동시적·비동시적 상호 작용, 시청각적, 사회적 단서의 희박성 등을 포함한다. 그런데 사이버 공간의 이러한 구조적 속성들이 갖는 민주적 함의에 관한 지금까지의 연구는 거의 대부분 공론장public sphere과 숙의 민주주의 모델에 입각하여 이루어져왔다. 공통의 관심사에 관하여 시민들 사이의 숙의가 일어나는 사회적 공간은 바로 공론장이다. 공론장은 시민들이 서로 동등하고도 평등한 주체로 만나서, 공통의 관심사에 대하여 합리적이고 이성적인 토론을 벌이고, 합의를 도모하고 대중적 여론을 형성하는, 자본과 국가로부터 독립된 사회 공간이다.

숙의 모델에서 보면, 온라인 상호 작용이 전례 없이 큰 규모와 범위에서 시간과 공간의 장벽을 넘어서서 이루어진다는 점에서, 상호 작용이 전달하는 정보와 의견의 사회적 파급력이 높아질 수 있으며, 상호 작용 당사자들이 더 많은 정보를 공유할 수 있을 것으로 기대할 수 있다. 그리고 게시판이나 메일링리스트 등에서 일어나는 온라인 토론은 많은 사람들이 자유롭게 접근할 수 있다는 점에서 공적인 성격을 지니며, 이 점이 참가자들로 하여금 자신들의 주장이나 의견의 근거를 좀더 분명하게 제시하게 할 것이라고 예측할 수 있다. 나아가 많은 온라인 상호 작용이 비동시적으로 이루어진다는 점에서, 상호 작용 과정에 대한 성찰과 논거 확보를 위한 시간 여유가 충분히 확보될 수도 있을 것이다. 또한 온라인 상호 작용이 비교적 즉각적으로 이루어진다는 사실은 상호 작용이 더욱 활발하게 일어나게 하는 효과가 있을 것으로 기대할 수 있다. 더욱이, 온라인 상호 작용의 시청각적, 사회적 단서의 희박성은 평등한 참여를 촉진시킬 것으로 기대되기도 했다.

　　　이런 기대가 사이버 공간에서 과연 얼마나 실현되고 있는가에 관한 경험 연구는 주로 숙의의 규범적 조건이 실제로 얼마나 충족되고 있는가라는 문제를 중심으로 이뤄져왔다. 숙의의 규범적 조건이란, '국가와 자본으로부터 자율성의 확보', '타당성 주장의 비판적 교환', '성찰적 태도', '역지사지의 자세', '진실한 태도', '개방성과 평등성' 등을 포함한다(Dahlberg 2001). 슈나이더(Schneider 1996)는 한 온라인 포럼의 낙태에 관한 토론을 분석을 통해, 그것이 높은 참여도와 상호작용성을 보인 반면, 평등성과 토론의 우량성은 기대에 미치지 못하는 것으로 평가했다. 힐과 휴즈(Hill and Hughes 1998)는 정치적 주제에 관하여 토론을 벌이는 대화방에 관한 연구를 통해, 대화방의 간결체 어구와 빠른 호흡의 교환이 참가자들로 하여금 숙고한 결과를 주고받는 것이 아니라 단편적인 논평을 교환하게 한다는 점에서, 대화방은 사려 깊은 토론에 적합한 공간이 되기 어렵다고 주장한다. 그리고 데이비스(Davis 1999)는 온라인 토론의 참가자들이 문제의 해결보다는 대화의 주도권을 장악하는 데 더 많은 관심을 보이며, 일방적인 자기 주장만을 반복하고 있다는 점에서 온라인 토론은 숙의의 과정으로 보기 어렵다고 주장한다. 빌헬름(Wilhelm 1998)은 유즈넷 뉴스그룹과 아메리카 온라인의 정치 토론 그룹에 관한 분석을 통해, 온라인 정치 토론의 참가자들이 듣기보다는 말하기, 상호 이해와 존중보다는 개인적인 자아 표출에 더 많은 관심을 갖고 있으며, 정치적 다양성의 확대에 장애 요소가 될 수도 있는 강한 내집단 동질성을 보이고 있다고 주장한다. 박영도(1999)는 사이버 공간과 민주주의에 관한 이론적 분석에서,

인터넷의 상업화와 전자 감시 권력의 강화에 따라 사이버 공간은 공적 의사소통 영역의 축소와 왜곡 현상을 확대 재생산하고 있다고 지적하면서, 사이버 공간의 민주화를 위한 실천적 노력이 필요하다고 주장한다. 윤영철(2000)은 국내의 한 온라인 게시판 분석을 통해, 온라인 토론이 비교적 높은 다양성과 상호작용성을 보여주지만, 근거 있는 주장이나 타협 혹은 상호 이해의 태도는 잘 보여주지 않는다고 주장한다.

　　　　이상에서 살펴본 것처럼, 사이버 공간의 숙의 민주주의적 의의에 관한 평가는 대체로 유보적이거나 양가적인 반면, 그동안 숙의 모델에서는 무시되거나 거의 제대로 다뤄지지 못한 요소들에 대한 관심이 최근 일부 연구들에서 환기되고 있다. 스트로머-갤러이(Stromer-Galley 2003)는 사이버공간 속 상호 작용이 정치적으로 매우 파편화되고 분절적이며 극단적인 집단들을 만들어내기 쉽다는 주장(Sunstein 2001)에 반대해, 시공간의 장벽을 넘어서서 이루어지는 온라인 상호 작용은 참가자들 사이에 상이한 신념과 이념을 둘러싼 대결과 충돌의 가능성을 한층 더 높여주며, 이것은 다양성의 확대라는 민주주의 원리에 긍정적인 구실을 할 것이라고 전망한다. 파파차리시(Papacharissi 2004)는 온라인 상호 작용의 시청각적, 사회적 단서의 희박성은 열정이나 감정과 같은 정서적 요소가 좀더 잘 표출될 수 있도록 한다고 역설한다. 그리고 파파차리시는 민주주의의 진전에 합의보다는 불일치와 차이의 구실을 더욱 강조하는 리오타르의 관점을 받아들여, 온라인 그룹에서 종종 볼 수 있는 무례하고도 격렬한 감정의 표출을, 그것이 민주적 규범과 가치를 부정하는 비시민적 행위가 아닌 한, 비민주적인 행위로 봐서는 안 되며 오히려 민주적 토론의 중요한 구성 요소로 파악해야 한다고 주장한다. 이항우(2005)는 정치적으로 이질적이며 상이한 것들 사이의 충돌과 차이의 표출이 민주주의에 미치는 긍정적 의의를 강조하는 경합적 다원주의의 관점에서 온라인 토론의 민주적 잠재성을 분석한다. 한 온라인 토론 그룹에서 의견의 차이가 표출되는 방식과 차이를 다루기 위해 도입되는 행위 전략들의 종류와 성격, 그리고 그 속에서 드러나는 지배 담론과 저항 담론의 조직 방식 등을 고찰한다.

이런 연구들은 대체로 차이와 불일치를 둘러싼 격렬한 감정의 표출을 비교적 긍정적으로 평가하고, 의견의 대립 과정에서 드러나는 지배 담론과 저항 담론의 성격과 유형들을 분석하는 것에 초점을 맞춘다는 점에서, 온라인 상호 작용의 민주적 잠재성에 관한 숙의 모델의 접근법과는 확실히 상이한 관점을 채택하고 있는 것으로 평가될 수 있다. 그리고 그런 점에서, 경합적 다원주의의 문제 의식이 온라인 토론에 관한 경험 분석에 상당히 투영돼 있다고 볼 수 있다. 그러나 이런 연구들이 지닌 한계는 온라인 상호 작용에서 지배와 저항의 전략으로 읽힐 수 있는 격렬한 감정의 표출이 경합적 다원주의가 강조하는 민주주의 모델에 과연 어떤 의의를 갖는지를 충분히 밝히지 못한다는 점이다. 특히 이항우(2005)는 온라인 토론의 민주적 잠재성을 경합적 다원주의의 관점에서 분석하고 있기는 하지만, 온라인 토론에서 구사되고 있는 지배 담론과 저항 담론 전략 사이의 대립과 충돌이 경합적 다원주의의 이념과 가치의 구현에 과연 어떤 의의를 갖는지 구체적으로 제시하고 있지는 못하다. 이를테면, 다양한 정치·사회·문화적 배경을 가진 사람들이 사이버 공간에서 전례 없는 규모와 범위의 상호작용할 수 있게 되었다는 점이 어떻게 '우리들'과 '그들'이라는 집합적 동질성의 형성과 결부되며, 주로 익명의 상황에서 글쓰기의 형태로 진행되고 공적 기록으로 남게 되는 온라인 토론의 게시글이 어떻게 특정 개인보다는 특정 사회·정치 집단의 의사 표현으로 해석되며, 온라인 상호작용의 시청각적·사회적 단서의 희박성이 어떻게 열정이나 감정과 같은 정서적 요소의 표출, 집합적 동질감의 형성과 결합하는가와 같은 문제들에 관한 본격적인 분석은 이루어지지 않고 있다.

3. 연구 대상과 방법

앞서 밝혔듯이, 합의보다는 갈등을 강조하는 경합적 다원주의
는 정치 과정을 합리적 개인들의 자율적 실천과 상호 주관적 소통보다는
'우리들'과 '그들'이라는 집합적 동일체들 사이의 대립이라는 맥락에서 이
해한다. 이런 경합적 다원주의의 관점에서 온라인 토론이 지닌 탈근대 정
치의 가능성과 한계를 탐색하기 위해, 이 장은 온라인 토론에서 집합적
동질감이 어떻게 형성되고 집합적 동일체들 사이의 갈등이 어떻게 표출
되는지를 분석했다. 본 연구는 한 온라인 토론 게시판의 행정수도 이전과
관련한 토론을 담론 분석했다. 해당 게시판은 최신의 디지털 기술과 관
련한 다양하고도 흥미로운 사이버 문화 형태를 창출하고 있는 국내의 한
유명 인터넷 포털에서 제공하는 사이트이다. 사이트는 특정 정치 정당이
나 정치인 등과는 무관하게 운영되며, 실제로 다양한 정치, 사회, 문화적
배경을 지닌 보통의 이용자들이 손쉽게 드나드는 공간이라 할 수 있다.
이용자들의 상호 작용은 자발적이며 비동시적이다. 그리고 대부분의 상
호 작용은 매우 높은 익명 상황에서 일어난다.

이 장은 이 온라인 토론 게시판에 게시된 514개의 게시글과 거
기에 수반된 댓글을 담론 분석했다. 이 게시판에서 행정수도 이전에 관한
이용자들 사이의 토론은 2004년 6월 16일부터 2004년 11월 29일까지 총
5개월여 동안 이루어졌으며, 본 연구의 분석은 이 기간에 게시된 글 모두
를 컴퓨터 파일로 옮겨 받아 출력한 자료에 근거했다. 본 연구의 자료는
토론 참가자들이 행정수도 이전의 필요성, 이전과 건설 비용, 예상 효과
등 행정수도 이전과 관련해 논의한 주요 쟁점들을 거의 모두 포괄하고
있다. 즉, 자료는 행정수도 이전과 건설 비용, 행정수도 이전에 따른 추가
세금 부담, 재원 조달 방식, 수도권 부동산 가치 하락, 수도권 신도시 건

설 예상 비용, 수도권 교통과 환경 비용, 천도로서 수도 이전, 수도권 집중 억제, 국토 균형 발전, 통일 수도의 위치, 수도 이전의 추진 방식, 지방 분권화, 서울 경쟁력 강화, 수도권 연담화(현재의 수도권이 팽창하여 충청권까지 수도권으로 아우르는 하나의 거대 수도권이 되는 현상), 인구, 자원, 권력의 수도권 집중이 초래하는 수도권과 지방 사이의 격차와 불평등의 문제 등에 관한 참가자들의 토론 내용을 담고 있다. 위의 쟁점들 중 특정한 한두 가지 문제들에만 집중하는 일부 자료들을 제외하고는, 대부분의 자료들은 쟁점들을 두루 포괄적이고도 복합적으로 다루는 특징을 보이고 있다.

　　본 연구는 위의 온라인 토론이 지닌 경합적 다원주의의 함의를 밝히는 것에 초점을 맞추어 위의 자료를 분석했다. 즉, 자료 분석은 토론 참가자들에 의해 구사되는 담론 전략들이 경합적 다원주의의 확대에 어떤 의의를 갖는지를 밝히는 것에 초점을 맞췄다. 좀더 구체적으로, 본 연구는 온라인 토론에서 개인적 이익, 공동 선, 권력 불평등의 문제들이 어떻게 '우리들'과 '그들' 사이의 집합적 대결의 계기가 되고 있는지 고찰했다. 그리고 온라인 토론에서 열정과 같은 감정적 요소들이 어떻게 '우리들/그들'이라는 집합적 동질감의 획득과 결합하며, 이성적 토론에 관한 규범적 요구와 어떻게 충돌하는지를 분석하였다. 또한 '합의'의 수용에 관한 담론 전략들이 서로 어떻게 대립하며, 도덕적인 '옳음', '그름'의 차원에서 '우리들'과 '그들'의 충돌이 전개되는 담론은 어떤 특징을 지니는지를 드러내고자 했다.

　　분석의 도구들로는 '가정assumption하기', '가치판단 하기', '동기나 규범을 드러내기', '잠재된 권력 투쟁을 드러내기', '숨겨진 관행을 폭로하기', '단정', '반전' 등과 같은 담론 분석의 일반적인 도구들을 활용했다(Smith 2006; 이항우 2005). 마지막으로, 인용된 발췌문들은 가독성을 높이기 위한 띄어쓰기를 제외하고는, 가능한 한 수정 없이 원문의 형태 그대로 제시됐다.

4. 분석

■1 사적 이익, 공동 선, 권력 불평등 ─ '은폐된 권력 투쟁 드러내기'

행정수도 이전은 2002년 대통령 선거 유세에서 노무현 민주당 후보의 대통령 공약 사항으로 제기됐다. 대통령 선거에서 승리한 노무현 정권은 2003년 4월 14일 신행정수도 건설추진기획단을 발족시켜 행정수도 이전 사업을 본격화했다. 2003년 7월 21일에는 신행정수도특별법안이 입법예고 되었으며, 그해 12월 29일에 '신행정수도의 건설을 위한 특별조치법'이 국회에서 당시 여당과 야당의 합의로 통과됐다. 그리하여 2004년 1월 16일에 신행정수도 건설을 위한 특별조치법이 공포됐으며, 이 법은 2004년 4월 17일부터 발효됐다. 그러나 2004년 4월 15일 국회의원 총선거에서 한나라당의 패배와 5월 14일 대통령 탄핵 심판 사건 기각 결정 직후인 6월부터,《조선일보》를 위시한 보수 언론과 한나라당의 반대에 의해 신행정수도 건설을 위한 특별조치법은 급격하게 폐지 논란에 휩싸이게 된다. 행정수도 이전 반대 세력은 2004년 7월 12일 신행정수도 건설특별법 헌법 소원을 신청하였으며, 마침내 이 법은 그해 10월 21일에 헌법재판소에 의해 위헌 결정을 받게 됐다.

본 연구의 대상 게시판에서 이루어진 토론의 쟁점들은 사적 이익, 공동선, 권력 불평등이라는 범주들과의 관련성에 따라 세 가지 유형들로 분류될 수 있다. 먼저, 사적 이해관계와 연관성이 높은 문제들에는 세금으로 충당될 이전 비용, 추가 세금 부담, 수도권 집값 하락, 수도권 신도시 건설 예상 비용, 수도권 교통 및 환경 비용 등이 포함된다. 다음으로, 공동선과 좀 더 관련성이 높은 사안들로는 수도권 집중 억제, 지방 균형 발전, 수도 이전, 통일 수도의 위치, 수도 이전의 추진 방식, 지방 분권화, 서울 경쟁력 강화와 규모의 경제 유지, 수도권 연담화 등이 있다. 마지막으로, 수도권과 지방 사이의 불평등한 권력 관계와 좀더 연관된 쟁점들로는 인구와 자원과 권력의 수도권 집중이 초래하는 수도권과 지방 사이의 격차와 관련한 문제들이 있다.

이런 사적 이익, 공동 선, 권력 불평등의 문제들은 [발췌 1], [발췌 2], [발췌 3]에서 볼 수 있듯이, 행정수도 이전을 둘러싼 '우리들'과 '그들'의 구별과 대립에 중요한 계기들로 작용한다. 그리고 다양한 사회, 문화적 배경을 지닌 사람들이 시공간의 장벽을 넘어서서 공통의 관심사에 관해 손쉽게 토론할 수 있는 사이버 공간은 오프라인의 상황에 견줘 사적이익, 공동선, 권력 불평등 등과 같은 문제들이 훨씬 더 빈번히 그리고 좀더 직접적으로 표출될 수 있는 조건을 제공한다고 볼 수 있다. 먼저, 주로사적 이익의 차원에서 대립이 표출되고 있는 [발췌 1]을 살펴보자.

[발췌 1]
현재 서울에 사는 사람들은 크던 작던 이 무임승차자들의 일부요.. 모든 국민이 공평하게 누려야할 문화적 사회적인 이익들을 단지 수도에 산단 이유만으로 다른 사람들 보다 과도하게 누리고 즐기고 있소.. 이건 다른 지역민들의 희생위에 가능한게오.. 행정수도의 이전은 기존의 무임승차자들이 누리던 해택을 다른 모든 지역민들에게 골고루 분배하는 것이오.

니꼬라지: 지금 서울에 사는 사람은 (중략) 길어야 아버지 할아버지 세대부터 또는 자수성가로 죽을 힘 다해서 돈 벌어서 비싼 세금 물고 전세를 전전하면서 서울에 사는 사람들이오. 지금 누가 누구보고 무임승차라 하는 거요? 진짜 무임승차는 행정수도 이전으로 이득을 보는 무리들이오.

푸른바다: 니꼬라지/ 무임승차자 맞소.. 서울을 위한 투자 즉 사회기반시설건설 유지 보수등 은 서울시민들이 낸 세금으로 이루어져야 하오.. 근데 이게 여지껏 국민들이 낸 세금으로 서울을 위해 투자 되었소.

니꼬라지: 그리고 한마디 더하겠소. 내 서울 인구 과밀화 억제 같은 논리라면 어느 정도 이해는 가오. 그런데 무임승차? 웃기지도 않소. 서울에 살면서 누리는 혜택이 그렇게 부러웠으면 누구나 서울에 이사 오면 되는 것이오. 혜택보다 불편함이 더 크면 안 오면 되는 것이고. 이게 게임의 룰이고.

푸른바다: 서울로 이사 오면 되지 라고 말하는 햏의 말에 더 이상 할말이 업소이다. (중략) 모든 국민이 서울근처로 이사 오면 문제는 자연히 해결되겠소. (중략) 그럼 님은 여전히 비싼 전세에 비싼 물가에 숨이 막히는 대기오염에 고통체증 등으로 고생 하며 계속 살고 있겠궁려

니꼬라지: 수도권 걱정은 이만 접으시죠. 대기오염 교통체증은 사실 서울시 문제 아닙니까.

[발췌 1]에서는 "무임승차", "자수성가", "비용", "세금" 등과 같은 용어들에서 알 수 있듯이, 행정수도 이전의 문제가 다소 노골적으로 사적인 이해관계의 맥락에서 다뤄지고 있다. 서울 생활의 상당 부분이 지방민들의 희생에 바탕을 둔 것이라는 점에서 '무임승차'와도 같은 것이라고 정의되고, 서울의 기반 시설이 서울 시민들의 세금만이 아니라 지방민을 포함한 전체 국민들이 낸 "세금"에 의해 충당됐다는 주장은 이런 무임승차 논리를 뒷받침하는 근거로 활용된다. 그러나 여전히 사적 이익의 맥락에서, 이런 무임승차 담론을 제압하기 위한 자수성가 담론, 즉 대다수 서울 사람들의 삶은 오히려 자수성가라는 맥락에서 이해돼야만 한다는 담론 전략이 구사된다. 자수성가 담론은, 진짜 무임승차는 오히려 행정수도 이전을 통해 이익을 보려는 태도에서 찾아야 한다고 주장한다는 점에서, 일종의 '반전' 전략을 구사하고 있는 것으로 이해될 수 있다.

이처럼 행정수도 이전이라는 공통의 관심사가 주로 사적 이익의 차원에서 다뤄지는 경우, 공동선에 관한 고려는 좀처럼 심각한 의제로 떠

오르지 못하고 주변화되거나 혹은 상대방을 논박하기 위한 수사로만 활용되기도 한다. [발췌 1]에서, 무임승차 담론을 반박하는 담론 전략의 차원에서 공동선("서울인구 과밀화 억제") 담론이 단지 편의적으로만 도입되고 있다. 행정수도 이전 문제를 서울 인구 과밀화 억제라는 공동선의 문제로 접근하는 것은 나름의 설득력이 있을 수 있다고 말하면서도, 서울이 주는 혜택을 동경하는 사람들은 그냥 모두 서울로 이사 오는 것이 당연한 "게임의 룰"이라는 것을 받아들여야 한다고 주장하기 때문이다. 나아가, 수도 이전 문제를 물가, 환경, 교통 등과 같이 사적 이익과의 연관성은 높지만 여전히 삶의 질과 좀더 밀접히 관련된 공동선의 문제로 다시 제기하는 경우에도, 이것을 서울에 살지 않는 사람들이 참견할 필요가 없는 서울 시민의 문제로 규정해버리기 때문이다. 행정수도 이전 문제는 공동선의 문제로 전환되지 못하고 개인적 이익 혹은 사적 선택이라는 문제의 틀은 쉽게 바뀌지 않는다.

다음으로, 좀더 직접적으로 공동선의 맥락에서 행정수도 이전 문제가 제기되는 경우, 여기에 관한 담론 구성 전략은 어떤 특징을 보이는지 살펴보자.

[발췌2]
국가의 중요한 문제인 만큼 지금 우리들보다 우리들의 아이들이 겪어야 될 부분까지 생각해서 자신의 이익을 떠나 생각하고 그래도 안 되면 반대해도 충분할꺼 같은데.
피에르: 대다수의 소시민들은 핼처럼 생각하지 않소. 단지 땅값 오르고 떨어지고의 문제만 생각한다오.;;
조언자K: 너도 피땀 흘려 집 한번 사 보십시오. 땅값 오르니 내리느니 그런 말 못할 것 같습니다.

[발췌 2]에서, 행정수도 이전과 같은 "국가적으로 중요한 문제"를

사적인 이해관계를 넘어선 공동선의 문제로 바라보아야 한다는 주장은, "땅값 오르고 떨어지고"의 사적인 이해관계에 따라 행정수도 이전 문제가 사고되기 마련이라는 사실을 결코 이길 수 없는 듯이 다뤄진다. 행정수도 이전을 공동선의 문제로 틀 지으려는 시도를 사적 이익이라는 틀 짓기로 가로막고 있는 것이다. 실제로 세금 문제나 부동산 문제는 사회 구성원들의 당장의 이해관계와 직결되는 문제이기 때문에, 그것들을 둘러싼 대립은 상당히 노골적으로 표출되기 쉽다. 그런데 공적 토론의 영역에서는 대체로 개인의 사욕이 분명히 드러나는 주장은 다른 사람들을 설득시킬 만한 힘을 갖추기가 매우 어렵기 때문에, 사람들은 자신의 선택을 정당화할 수 있는 그럴 듯한 공적인 이유를 찾으려 한다(Gutmann and Thompson 1996). 그러나 [발췌 2]에서는 공적 토론의 그런 속성이 잘 파악되지 않는다. 이것은 그룹 구성원들 사이의 상호 작용이 공개된 것이기는 하지만 여전히 비공식, 비대면, 익명의 상황에서 이루어지고 있다는 점에서, 공동선의 문제를 노골적인 사적 이익의 문제로 환원시키는 것이 비교적 쉽게 일어날 수 있다는 데 기인하는 것으로 해석될 수도 있을 것이다.

이처럼 사적인 이해관계를 초월한 공동선의 모색은 별반 성공적이지 못한 반면, [발췌 3]에서 볼 수 있는 것처럼 토론은 종종 사회정치권력을 둘러싼 집단들 사이의 대립과 투쟁의 담론 전략에 의해 지배된다.

[발췌 3]

ZZZ: 행정수도 이전에 왜 국민투표를 물어야 하는지. 또 다른 편 가르기의 시작 아닌감? 기 득권을 놓치 않으려는 자들과 새로운 기회를 잃지 않으려는 자들 간의 충돌. 다신 그런꼴 보기 싫다오.

짜증용팔: ZZZ// 이 땅엔 열우당과 한나라밖에 없오? 그런 흑백논리는 누구를 위한 거요. 행정수도 이전을 지지하면 열우당, 반대하면 딴나라. 탄핵 지지하면 수구꼴통, 반대하면 진보개혁. 언제까지 바둑알로 판단할 꺼요.

ZZZ: 그럼 어떤 식으로 판단해야 될까요. 해방이후 가진 자를 대변해 왔던 딴나라당과 피박과 억압 속에서 이제 한번 힘을 제대로 가지게 된 그들이 당연히 가진 자의 힘을 평등하게 분배하는 것이 잘못 된 것이란 말이오. 그리고 이런 논쟁에서 찬성과 반대만이 존재할 뿐 유보란 있을 수 없소.

[발췌 3]에서 "흑백논리"와 "편 가르기"를 향한 부정적인 태도가 공유되고 있는 듯이 보이지만, 실제로 "편 가르기"라는 말은 단지 상대방을 공격하기 위하여 수사적 도구로서 상당히 편의적으로 활용되고 있다. 우선, 이미 법률로 결정된 행정수도 이전을 또다시 국민 투표를 통해 그 실시 여부를 묻는 것은 기득권을 지키려는 집단이 조장하는 편 가르기가 된다. 그러나 다른 한편으로, 행정수도 이전 찬반 입장을 특정 정당에 대한 지지와 연결시키는 것 자체가 흑백논리에 근거한 편 가르기가 되기도 한다. 이 경우 편 가르기로 피해보는 집단은 행정수도 이전을 찬성하는 "열우당"이나 "진보개혁" 집단이 아니라 그것을 반대하는 "딴나라" 혹은 "수구꼴통" 집단인 것처럼 이해된다. 흥미롭게도, 흑백논리를 반대한다는 주장 자체가 이미 일정한 편 가르기 전략에 근거한다는, 그런 숨겨진 관행을 우리는 여기에서 발견할 수 있다. 결국, 대립은 좀더 직접적으로 그리고 명확하게 표출된다. 행정수도 이전 찬반 입장은 단순한 사적 개인의 태도 문제가 아니라, 사회 집단들 간의 정치적 충돌의 문제가 된다("가진 자를 대변해 왔던 딴나라당과 피박과 억압 속에서 이제 한번 힘을 제대로 가지게 된 그들"). 대립의 밑바탕에 권력 투쟁이 자리하고 있음을 명확하게 밝히는 것이다. 그리고 한편으로는, 불평등한 권력 관계에서 생겨나는 집단 간 대립과 갈등에서 편 가르기는 불가피하고도 당연한 것이 되며("찬성과 반대만이 존재할 뿐 유보란 있을 수 없소"), 다른 한편으로, 편 가르기 담론은 다분히 상대방을 공격하기 위한 수사적 전략으로만 채택되는 경향이 있다.

② 열정과 민주적 토론 — '동기와 규범을 드러내기'

근대 민주주의 이론에서 시민들 사이의 합리적이고 이성적인 토론은 대체로 민주 정치의 발전에 매우 중요한 요소로 간주되는 반면, 정치에 관한 대중들의 감정적이고 정서적인 반응은 종종 민주 정치 질서의 성립에 위협이 되는 요소로 이해된다. 엘리트주의 정치 이론은 사회의 공적 이슈의 심의와 의사 결정은 지적, 전문적 능력과 충분한 정보를 갖춘 엘리트의 몫이어야 한다고 주장한다. 그리고 그것은 엘리트에 의한 숙의가 대중들 사이에 즉흥적이고도 감정적인 판단이 확산되는 것을 막고 사회적, 정치적 안정과 질서를 유지하는 데 커다란 기여를 할 것이라고 주장한다. 감정과 열정에 관한 이런 부정적인 태도는 대중들의 적극적인 정치 참여와 숙의를 강조하는 숙의 민주주의 모델에서도 발견된다. 공론장에서 토론은 합리적이고 이성적으로 이뤄져야 한다. 상대방을 동등한 시민으로 존중하고, 서로 이해하려 하며, 오직 더 나은 논리적 주장만이 힘을 발휘할 수 있는 토론이 돼야 한다. 그러나 궁극적으로 합의의 형성을 지향하는 이런 금욕주의 토론 관념은 참가자들 사이의 갈등을 최소화하고자 하며, 결국 감정과 의견의 자유로운 표출을 억압하는 결과를 초래할 가능성이 크다.

합리적, 이성적 토론 관념은 "인간 본성과 대화의 열정성, 예측 불가능성, 격렬성"을 인식하지 못하며 "격심한 불일치가 민주주의에 도움이 된다는 것"을 이해하지 못하는 한계를 지닌다(Papacharissi 2004, 262). 사실 민주주의는 "충동적이고, 과격하고, 불합리하고, 이기적이고, 무례하고, 성마르고, 자아도취적인"(Schudson 1997, 308) 행위 양태들을 적극 수용할 것을 요구하기도 한다. 공적 사안에 관한 문제 해결을 지향하는 정치 토론은 "상이한 배경과 상이한 가치관을 가진 사람들 사이의 토론이며, 또한 매우 불편한 것"(Schudson 1997, 299)일 수밖에 없다. 정서적, 감정적 요소가 집합적 동질감의 형성에 미치는 긍정적 효과를 무시하는 것은 잘못이며, 합리성의 확장은 정치에서 후진적인 '열정' 같은 요소들을 일소하게 될 것이라고 믿는 것은 정치적으로 너무나도 순진한 사고법이다(Mouffe 2005, 6).

아래의 발췌문들은 온라인 토론에서 열정과 같은 감정적 요소들이 어떻게 '우리들' 혹은 '그들'이라는 집합적 동질감의 획득과 결합하며, 이성적 토론에 대한 규범적 요구와 어떻게 충돌하는지를 보여주고 있다. 우선 [발췌 4]를 살펴보자.

[발췌 4]
감정이 쌓여 가슴에 한을 가지고 정치하면 이 꼴 나는 거다. (중략) 기득권층에 대한 무조건적인 반감. (중략) 데모할 때 쌓인 감정, 그 느낌으로 나라 최고의 자리에 앉아서 정치를 하고 있으니. 그러니 부자, 기득권 층을 무조건적 나라의 적으로 돌리고. 반대하면 나라를 망하게 하는 측으로 몰아세우고. 그로서 국민 통합이 아니라 오히려 편 가르고. 이번 수도이전도 매한가지 문제. 아. 도대체 나라가 편하지가 않네.

지랄: 자기들이 최고라고 생각했는데 (중략) 죽어라 공부해서 경기중, 경기고, 서울대를 들어가서 자기가 최고로 잘난 줄 알았는데 두 번이나 상고출신들한테 대통령자리를 물 먹었으니 눈에 뵈는 게 있나 (중략) 자기보다 못 배운 사람들에 대한 무조건 적인 무시와 멸시!!! 아무튼 원한에 쌓여 나라에 딴지를 거는 짓을 계속하면 나라꼴 우습게 된다. 모든 게 다 매한가지 문제. 아. 도대체 나라가 언제 편해질려나!

앞서 살펴본 발췌문들과는 달리, [발췌 4]에서는 행정수도 이전 문제가 대립의 직접적인 소재로 다뤄지지는 않는다. 그리고 개인적 이익이나 이해관계에 따라 갈등이 표출되고 있지도 않다. 대립은 행정수도 이전을 찬성 혹은 반대하는 집단의 심리구조에 관한 부정적인 평가와 가치판단의 순환 작용을 통해 이루어지고 있다. 개브리얼(Gabriel 1998)에 따르면, 갈등 과정은 종종 의례적ritual 성격을 띤다. "때때로, 모욕적 언행을 주고받는 일은, 마치 선물 교환과도 같이, 농담을 주고받는 관계처럼 하나의 의례로 제도화될 수 있다." [발췌 4]에서, 행정수도 이전을 추진하는 정치 집단을 향한 공격은, 그 집단의 심리 구조 혹은 심리적 동기가 "기득권층에 대한 무조건적인 적대감"에 바탕을 두고 있다는 사실을 드러냄으로써 이루어진다("한을 가지고 정치하면 이 꼴 나는 거다", "이렇게 쓸데없는 데서 마구 튀어나오면 안 된다"). 이런 행위 전략은 행정수도 이전을 추진하는 '그들'과 달리 나라의 평온을 바라는 '우리들'의 정체감을 확인하는데 긍정적인 구실을 할 수 있다("아 도대체 나라가 편하지가 않네"). 그러나 그것은 동시에 '그들'로부터 거의 동일한 수준의 감정적 대응을 초래하며("두 번이나 …… 물먹었으니 눈에 뵈는 게 있나", "자기보다 못 배운 사람들에 대한 무조건적인 무시와 멸시"), '그들'의 동질감을 높이는 결과를 낳기도 한다("아 도대체 나라가 언제 편해질려나").

사실 이처럼 형식에서는 거의 동일하지만 내용에서는 완전히 상반되는 관점의 직접적이고도 즉각적인 병립은, 오프라인의 일상적 사회 관계에서는, 매우 예외적인 경우를 제외하고는, 쉽게 찾아보기 어려운 현상이라 할 수 있다. 사이버 공간에서는 물리적 장소가 아닌 공통의 관심사를 중심으로 여러 가지 유형의 사회 집단이 얼마든지 만들어질 수 있기 때문에, 온라인 상호 작용은 종종 이데올로기적으로 동질적인 사람들끼리 만의 접촉 강화에 따른 관점과 가치관의 파편화와 극단화에 빠지기 쉬운 것으로 이해되기도 한다(Sunstein 2001). 그러나 [발췌 4]에서 볼 수 있듯이, 정치, 경제, 사회, 문화적으로 다양한 배경을 지닌 사람들이 손쉽게 한데 모여 공통의 관심사에 관해 논쟁을 벌이는 온라인 그룹에서는 하나의 관점이 일방적인 지배력을 행사하기란 사실상 쉽지 않다. 나아가, 토론 참가자들의 다양한 정치적 이데올로기적 배경은 시청각적, 사회적 단서가 희박한 상호 작용 맥락에서 상반되는 의견의 감정적, 직접적, 즉각적 병립이 비교적 흔히 일어나도록 한다고 볼 수 있다.

한편, 앞서 밝혔듯이, 2004년 1월 16일 국회에서 공포된 '신행정수도 건설을 위한 특별조치법'은 2004년 10월 21일 헌법재판소에 의해 위헌으로 판결됐다. 헌법재판소는 서울이 대한민국의 수도인 것은 '관습헌법'이고 수도를 이전하려면 개헌을 통해 헌법에 명문으로 수도 규정을 넣어야 한다는 주장을 다수 의견으로 채택함으로써, 개헌을 하지 않고서는 수도 이전을 할 수 없다는 결정을 내렸다. 성문 헌법의 명문 규정을 보충하고 그것의 실효성을 높이기 위하여 극히 제한적으로만 관습 헌법을 인정하는 성문 헌법 국가에서, 관습 헌법을 헌법 재판의 유일한 판단 근거로 삼은 헌법재판소의 결정은 세계적으로 보기 드문 매우 이례적인 사건이었으며, 그것의 논리 박약과 법리 부적합성은 헌법재판소 결정에 대한 많은 사회적 비난과 심지어는 조롱의 원천이 되기도 하였다.

헌법재판소 결정 직후 그것의 부당성에 대한 극심한 분노의 표출은 본 연구의 대상 집단에서도 어렵지 않게 발견할 수 있는 일이었다. 수도권과 지방 사이의 불평등 구조와 헌법재판소의 위헌 결정을 향한 분노가 열정적으로 표출되고 있는 [발췌 5]를 살펴보자.

[발췌 5]
아직도 여전히 '서울 하늘이 청명하게 개었다'는 둥의 개소리를 9시 뉴스에서 보여주는 나라에서 살고 있는 너희들은 앞으로 수십 년은 이 쓰잘데기 없는 뉴스를 보아야 할 것이다. 서울 하늘 청명한거랑 너네 살림살이랑 무슨 상관이 있더란 말이냐. (중략) 동일한 세금 꼬박꼬박 내면서도 너희들이 얼마나 거지처럼 궁상맞게 살고 있는지 모를 것이다. 서울이라는 곳이 얼마나 많은 문화적 혜택을 독점하고 있는지 너희는 모를 것이다. (중략) 지방에서 대학다니며 서울에서 열리는 작품전 한번 볼려고 새벽밥 먹고 겨우 버스타고 올라와서 보는 둥 마는 둥 시간에 쫓겨서 내려가야 하는 엿 같은 생활을 청산할 수 있는 하늘이 주신 기회를 너희들은 포기한 것이다. 지방에 남아서 고향땅 지키는 늙은이

들아 (중략) 너네 새끼들이 그나마 가까운 곳에서 경제활동을 할 수 있고 혜택을 받을 수 있는 기회를 왜 못 알아보는가 (중략) 지방에서 서울 올라와 밥벌이 하고 있는 족속들아 보아라. (중략) 서울이라는 곳이 여러 가지 혜택을 독점하고 있기에 그나마 줄도 없고 빽도 없는 인간들이 꾸역꾸역 기어 올라오는 거 아니냐? 이제 그 독점의 사슬을 끊고 지방에 사는 인간도 서울만큼은 아니겠지만 그 비슷하게나마 혜택을 주겠다는데 왜 스스로 놓아버리느냔 말이다.

그래도: 민중은 당신 뜻대로 해석하지마세요. 각자 이득이 있는 집단을 선택할 수 있으며, 지극히 개인적인 단체입니다. 나라가 정말 걱정된다면 공부하세요. 그리고 윗대가리란 소리 들을 때 다시 행동으로 옮겨보세요

한국 전체 면적의 10분의 1정도에 불과한 면적을 가진 수도권으로의 인구 집중은 1970년에 대략 28퍼센트에서 2005년에는 48퍼센트를 넘길 정도로 점점 더 심화돼왔다. 그리고 중앙 행정 기관의 100퍼센트, 100대 대기업의 91퍼센트, 제조업체의 57퍼센트, 은행 예금과 대출의 65퍼센트가 몰려 있을 정도로 사회경제적 자원과 권력의 수도권 집중은 심각하다(성경륭 2006). 그리고 2002년 현재 재정 자립도가 80퍼센트를 초과하는 서울, 인천, 경기 지역을 제외한 전국 대부분의 지방 재정 자립도는 50퍼센트를 넘어서지 못하고 있다. 이런 통계 수치들은 수도권과 지방의 불균등 발전의 현황을 잘 보여주겠지만, [발췌 5]에서는 굳이 거기에 의존하고 않고서도 불평등 구조에 대한 분노의 열정적 표출을 통해서 그것 못지 않은 효과를 거두어들일 잠재성을 발견할 수 있다. 통계 수치로는 잘 드러나지 않는 불평등 관행을 폭로하거나 새삼 환기하는 효과가 있는 것이다. 따라서 수도권과 지방 사이의 불평등 현상("서울 하늘이 청명하게 개었다는 둥의 개소리를 9시뉴스에서 보여주는 나라", "너희들이 얼마나 거지처럼 궁상맞게 살고 있는지 모를 것이다")에 대한 분노의 격정적 표출("이 쓰잘데기 없는 뉴스", "서울 하늘 청명한거랑 너네 살림살이랑 무슨 상관이 있더란 말이냐?", "시간에 쫓겨서 내려가야 하는 엿 같은 생

활")이 불평등 구조의 수량적 표현보다 특별히 덜 이성적이거나 혹은 덜 객관적인 것으로 이해될 필요는 없을 것이다.

[발췌 5]의 제시 글에 달린 댓글은 수도권에 대한 기존의 무비판적인 태도에 기대어 행정수도 이전 문제를 개인의 문제로 환원시킴으로써("각자 이득이 있는 집단을 선택할 수 있으며", "윗대가리란 소리 들을 때 다시 행동으로 옮겨보세요.") 갈등의 집단적 측면을 애써 감추려 하시만, 제시 글에 나타난 불평등 구조에 관한 열정적 반응에는 수도권과 지방 사이의 불평등한 권력 관계를 비판하기보다는 수도권을 "개인적 입신과 출세를 위한 경쟁의 무대"로 여기고 "중앙 무대로 진출하지 못한 스스로의 처지를 문제 삼는"(장세훈 2003, 45) 지방 사람의 전통적인 태도와는 사뭇 다른 행위 전략이 도입되고 있음을 알 수 있다.

[발췌 6]에서 볼 수 있는 것처럼, 불평등 구조에 관한 열정적, 감정적 반응에 대처하는 행위 전략은 대체로 이성적 사고와 객관적 판단이 정치 토론의 바람직한 규범임을 강조하는 전략으로 나타난다.

[발췌 6]

수도이전 위헌 결정에 대한 토론을 하며 내세우는 것들이 머리에서 나오는 것이 아니라, 단순히 감정에서 나오는 '화'정도의 수준 밖에 안 된다는 것이 참 안타깝습니다 (중략) 우리들의 이 토론은 토론이라고 말할 수가 없습니다. 이것은 단순한 감정과 감정의 싸움이며, 하나의 전쟁이 되어가고 있습니다 (중략) 우리들에겐 이 장소를 진정한 토론의 장으로 끌고 나갈 필요가 있습니다. 감정을 노출시키고 서로 헐뜯는 일은 우리가 나쁘고, 악하고, 틀려서가 아니라 단지 한번도 서로를 존중하며, 의견을 내세우고 나누는 것을 배운 적이 없어서일 뿐입니다. 지금부터, 우리는 하나의 표현을 할 때마다 그 글자 하나하나가 모두 스스로의 뇌의 지배를 받도록 해야 합니다. 그러면 감정은 조절되고 객관적인 생각을 할 수 있습니다 (중략) 토론을 할 시에 절대로 감정적으로 치우쳐서는 안 됩니다 (중략) 객관적인 판단, 그것은 곧 나 자신, 우리들, 대한민국을 바꾸는 길입니다.

행정수도: 건설안에 대해서는 얼마든지 찬성, 반대할 수 있고 그건 각자의 가치
관과 판단에 달린 거죠. 그런데 위헌 판결에 결과(즉 수도이전 하지 말라는 것)
에 찬성한다 해서 그에 동원된 순억지 논리까지 합리화시키지는 말아야하오.
헌재는 스스로 제헌권을 부여해서 헌법 조항을 제정했소. 이건 유일무이한 주
권자인 국민에게서 제헌권을 찬탈한 행위요.

[발췌 6]의 제시 글에서, 토론과정에서의 감정의 표출은 "화", "싸
움", "전쟁" 등과 같은 단어들이 지닌 부정적 의미와 결합하여, 이성의 "지
배"와 "객관적인 판단"을 가로막는 해악적인 요소로 다루어진다. 그리고
여기에는 '가정하기'의 담론 전략이 적절하게 활용된다. 행정수도 이전 위
헌 결정에 "화"를 내며 감정적으로 반응하기 쉬운 집단이 누구인지를 생
각해보면, 제시 글은 진정한 토론을 가로막고 이성적 판단을 하지 못하
는 집단은 사실상 바로 헌법재판소의 위헌 결정을 반대하는 사람들이라
는 주장을 함축하고 있음을 알 수 있다. 심지어 그것은 그 사람들이 결정
된 의사를 존중할 것을 한번도 교육받지 못한 사람들이며 "객관적인 판
단"을 할 수 없기 때문에 "대한민국을 바꿀" 집단이 될 수 없다는 주장까
지도 함축하고 있다.

그러나 여기에 대처하는 행위 전략은, [발췌 6]의 댓글에서 볼 수
있듯이, 이성적 사고와 감정적 반응이 결코 대립되거나 분리될 수 없는
것이라는 담론 전략의 도입으로 나타난다. 이 담론 전략은 우선, 문제는
감정에 치우치지 않는 이성적 토론과 객관적 판단이 필요하다는 것에 있
지 않고, 헌법재판소가 내린 행정수도 이전 위헌 판결의 법적 근거가 논
리적, 이성적으로 정당화될 수 없다는 데 있음을 강조한다. 그리고 그것
은 객관적으로 정당하지 못한 판결("그에 동원된 순억지 논리까지 합리
화시키지는 말아야 하오.")에 대한 국민적 분노의 표출("주권자인 국민에
게서 제헌권을 찬탈한 행위요")은 자연스럽고 당연한 것이라는 주장을

함축하고 있다. 이성적 사고와 열정의 표출이 서로 분리되면 진정한 토론은 이루어지기가 오히려 더 어렵다는 담론 전략이 구사되고 있는 것이다.

③ 합의와 헤게모니 질서 — '숨겨진 관행을 폭로하기'

숙의 모델에서 민주적 토론의 궁극적 목적은 합의의 형성이다. 그것은 이상적 담화 상황에서 참가자들 사이의 상호 주관적 교환이 사적 이익을 넘어서서 모든 사람들이 받아들일 수 있는 공통의 대안을 형성할 수 있을 것으로 믿는다. 숙의 모델은 개별 시민들의 정치적 선호를 이미 주어진 것으로 간주하지 않고, 민주적 숙의의 과정이 개인들의 선호와 관점을 변화시키고 더 나은 결정에 도달할 수 있도록 한다고 본다. 그러나 이상적인 소통상황에서 우리가 의견의 차이를 해소하고 궁극적인 합의에 도달할 수 있다고 믿는 것은 정치적으로 순진하거나 혹은 반정치적인 주장으로 귀결되기 쉽다. 하닉(Honig 1996)에 따르면, "민주주의 이론에서 (단순히 동일성이 아니라) 차이를 심각하게 고려한다는 것은 갈등의 불가피성, 주체와 제도와 가치의 질서를 세우려는 정치적이고 도덕적인 기획에 대한 저항의 제거 불가능성을 인정한다는 것이다. 그것은 가정과 같은 장소, 권력과 갈등과 투쟁으로부터 자유로운 장소, 차이에 의해 각인되거나 찢겨지지 않은 장소(정체성, 생활양식, 집단의 관점), 자신의 자리에 뿌리 내리려는 정체성이 견디어 내야 하는 권력의 손길로부터 자유로운 장소에 대한 환상을 버린다는 것이다"(같은 책, 258).

이처럼 합의에 대한 숙의 모델과 경합 모델의 관념은 매우 상이하다. 온라인 토론에서도 합의에 관한 이런 상이한 관념은 서로 대립하고 충돌한다. [발췌 7]을 살펴보자.

마음에 들지는 않을 수 있지만 이미 헌재에서 결정이 난 상태라면 이 상황에서 지역 발전을 위해서 가장 좋은 방법을 이번에는 국민들이 납득하고 이해할 수 있도록 분열이 아닌 합의의 마음으로 논의하였으면 좋겠습니다.

여기가: 정치토론을 할 수 있는 곳이라 생각하셨다니 좀 그렇습니다만 헌재의 판결을 받아 들이느냐 마느냐는 것은 그들의 행위에 달려있는 것이지 그들의 존재 자체가 동의의 대상이 되는 것은 아닙니다.
다빈치 콜드: 이곳이 정치 토론으로 마련된 곳이라는 것은 저의 생각인 모양입니다. 이곳에 있으신 분들이 납득하지 못할 판결을 하였다고 해서 다른 사람에게도 그런 것은 아니라고 생각됩니다. (중략) 헌재가 최종 판결의 기구라고 국민과 국가가 합의한 곳이라는 점은 인정을 해야 한다는 것입니다.
모튼: 사람들은 좋던 싫던 일단 판결이 났으니까 그에 따라야하는 게 당연한거고 대부분의 사람들은 헌재의 판결을 따르되 그것이 진정 올바른 것인지 문제가 없지 않았는지 얘기할 뿐입니다...
어차피: 정치판에서 이해를 통한 합의점을 도출할 수 있는 선은 존재하지 않습니다. 전적으로 힘의 문제이니까요. 국민적 합의는 깨어지기 쉬운 유리병일 뿐입니다. 지금의 구도가 그저 평등한 국민간의 대등한 싸움이라 보신다면, 그저 분열적 상황에 대한 혐오에 눈을 돌리기만 하시려 하면 앞으로의 길은 어디에도 보이지 않습니다.
님의: 말씀에 100% 공감합니다. 그러나 이곳은 토론을 할만한 곳이 못됩니다. 아니, 국내 인터넷 게시판 어디에서도 균형 잡힌, 제대로 된 토론을 할 수 있는 곳은 없습니다. (중략) 논리는 뒷전이고 편 가르기가 먼저입니다. 아직은 토론을 할 여건이 안 됩니다.

[발췌 7]에서는 '합의'와 관련된 여러 가지 담론 전략들이 표출되고 있다. 헌법재판소 법적 권위, 행정수도 이전 위헌 판결의 정당성, 정치적 합의의 성격, 정치 토론의 장으로서의 인터넷 등과 같은 문제들에 관한 상이한 관점들이 서로 충돌하고 있다. 우선, 법령의 합법성을 판단하는 사법적 최종 심판 기관으로서 헌법재판소의 헌법적 지위와 그것이 내린 결정의 법적 구속력을 강조하는 담론("이미 헌재에서 결정이 난 상태라면", "헌재가 최종 판결의 기구라고 국민과 국가가 합의한 곳이라는 점

은 인정을 해야")은 별반 논란의 대상이 되지 못한다("좋던 싫던 일단 판결이 났으니까 그에 따라야하는 게 당연한거고"). 그러나 헌법재판소 판결의 법적 지위와 구속력을 강조하는 행위 전략은 판결의 정당성을 확보하려는 목적까지 성공적으로 달성하지는 못한다. 헌법재판소 판결의 정당성은 항상 의심과 비판의 대상이 되기 마련이라는 담론 전략 때문이다("헌재의 판결을 받아들이느냐 마느냐는 것은 그들의 행위에 달려있는 것이지 그들의 존재 자체가 동의의 대상이 되는 것은 아닙니다", "대부분의 사람들은 헌재의 판결을 따르되 그것이 진정 올바른 것인지 문제가 없지 않는지 얘기할 뿐입니다"). 요컨대, 이런 담론 전략은 숨겨진 관행을 경계하고 폭로하는 효과를 지닌다.

그런데 좀더 급진적이고도 근본적인 행위 전략은 합의를 합리적이고 이성적인 토론을 통해 도출될 수 있는 것으로 보지 않고("이해를 통한 합의점을 도출할 수 있는 선은 존재하지 않습니다"), 오히려 정치 세력들 간 권력 투쟁의 결과 형성되는 힘의 관계에 의해 강제된다는 담론을 구축한다("전적으로 힘의 문제이니까요", "국민적 합의는 깨어지기 쉬운 유리병일 뿐입니다"). 그리고 이런 담론 전략은 불평등한 권력 관계로부터 발생하는 갈등과 분열을 부정적이고도 비정상적인 것이 아니라 지극히 당연한 것으로 만든다("그저 분열적 상황에 대한 혐오에 눈을 돌리기만 하시려 하면 앞으로의 길은 어디에도 보이지 않습니다"). 헌법재판소의 법적 권위를 강조하고 합의가 갖는 규범적 구속성에 호소하는 것은 행정수도 이전 반대 입장의 헤게모니를 강화하기 위해 동원하는 하나의 행위 전략에 불과한 것이 될 수도 있다.

그런데 합의란 권력 관계에 의해 강제되는 것일 뿐이라는 담론에 대처하는 행위 전략으로 도입되는 담론은 인터넷 토론이 아무 쓸모도 없다는 인터넷 토론 무용론이다. 합의의 마음으로 토론을 하지 않는 한 온라인 공간은 "제대로 된" 토론의 장이 될 수 없다는 전제 속에서, "균형 잡힌" 토론을 가로막는 집단은 가슴에 가득 찬 "울분"으로 "편 가르기"를 하는 사람들, 즉 행정수도 이전 위헌 판결의 정당성을 인정하지 못하는 사람들이라는 논리가 구축된다. 나아가 인터넷 토론이 수도 이전 위헌 결정에 분노하고 그것의 부당성을 지적하고 비판하는 분위기에 지배되는 한, 그것은 모두 진정한 토론의 발전에 전혀 도움이 되지 않는다는 주장으로까지 발전하고 있다. 여기서 우리는 인터넷 토론 무용론이 행정수도 이전 위헌 판결 반대론을 압박하는 효과를 확인할 수 있다.

④ 적대와 다원주의 — '단정하기'

위에서 밝힌 대결의 정치는 과연 다원주의 가치와 논리적으로 서로 어떻게 양립할 수 있는가? 그 해답은 앞에서도 살펴봤듯이, 민주 정치에서 '우리들'과 '그들' 사이의 대립과 충돌은 정치적 '좌/우'의 문제라는 견지에서 전개돼야지 도덕적 '선(올바름)/악(틀림)'의 문제라는 차원에서 다뤄져서는 안 된다는 관념에서 찾아야 할 것이다. 그럴 때에만 '우리들'과 '그들'의 관계는 순화된 적대, 즉 경합의 관계로 정립될 수 있다. 그들은 우리와 정치적으로 대립하지만, 그들이 자유와 평등이라는 민주주의 이념을 근본적으로 부정하지 않는 한, 그들은 반드시 섬멸돼야만 하는 적으로 간주될 수 없다. 이런 믿음이 바로 탈근대 정치 사상으로서의 경합적 다원주의를 한편으로는 마르크스주의, 이슬람 근본주의, 기독교 근본주의 등과 대결의 정치를 공유하면서도, 또 다른 한편으로는 그것들의 적대적 정치 모델과는 질적으로 상이한 것으로 만드는 핵심 요소라 할 수 있다.

온라인 토론에서 대결의 정치는, [발췌 8]에서 나타나듯이 종종 적대적 정치 모델의 한계를 드러낸다.

[발췌 8]

U F O: 박정희에 대해선 이해찬이 조차도 그 업적에 대해선 인정을 했다. 억지로 깍아 내릴려고 발악해봤자 소용없는 짓이다..

쪼각 케이크: 노무현 똘만니 심복 따위 말은 믿을 수가 없지. 너네들 솔직히 박정희가 친일 한것도 몰르고 다끼기 마사오라는 것도 몰르지. 친일한 후 업적만 좋고 은폐시키고 조작 하면 영원히 위인되는 나라는 우리나라 밖에 없을 꺼야...

U F O: 쪼각 케이크여 너도 부랄 달린 사내라면 인정할 껀 인정하고 그만 찌질거릴려라 (중략) 애써 깍아 내릴려고 애처롭게 발악하는 꼬라지가 심히 볼썽 사납구나. 할일 없다고 게시판에 똥싸지 말고 썩은 케이크라도 쳐 먹고 자빠져 자든지 하라..

쪼각 케이크: U F O 너 바보냐? 부랄 달린 사내? 어이없네. 역시 한빠는 뭔가 달르네. 어이없다. 진짜 개념도 없고 애처럽게 발악한다고? 그러면 다끼기 마사오가 한 짓 은 인정안하지 (중략) 개념 없는 놈아 너 국사공부하고 깝죽거려봐. 어이없는 놈들 여긴 수도이전논란 갤인데 여기서 박사모라는 한빠녀석이 다끼기 마사오 찬양하는 거 쓰고 니말 대로 하면 친일짓거리 하는 게 더 낫겠다.

U F O: 불쌍한 쪼각케이크..ㅠㅠ 이제 쪼각케이크에서 가루 케이크로 닉네임 바꿔야 쓰겄 넹.. 그러게..내가 주접 떨지 말고 잠이나 처자라고 했을 때 말 들을 것이지...이.. 바 보같은 년아~ 거..참.. 어디서 누구한테 세뇌를 당했는지는 몰라도 정상으로 돌아올라면 시간 꽤나 걸리겠구만..

쪼각 케이크: 미친놈들 내가 노빠인줄 아나보네? 할튼 한빠는 반대자는 무조건 노빠냐? U F O 개마초 새끼야 욕할 때 성별알고 욕해라 너 때문에 여성부가 기살아서 날뛰자나.

[발췌 8]에서 박정희의 "업적"과 "친일"에 관한 의견 대립은 점차 욕설, 인신공격, 비방 등과 같은 플레이밍("부랄 달린 사내라면", "발악하는 꼬라지가", "개마초 새끼")으로 발전하고 있다. 그리고 이처럼 극심한 언어 폭력의 교환은 온라인 토론에서 흔히 발견할 수 있는 대표적인 행위 유형들 중의 하나이다.

그런데 [발췌 8]에서 플레이밍은 기본적으로 상대방을 "노빠"나 "한빠"로 단정하는 것에 근거하여 발생하고 있다는 점에 주목할 필요가 있다. 적대감의 극렬한 표출은 박정희 찬양 글을 "개념 없이" 수도 이전 게시판에 쓰는 "어이없는 놈"을 "한빠"로 규정하고, 누군가로부터 "세뇌를" 당해 박정희의 업적을 인정하지 못하는 "바보 같은 년"을 "노빠"로 딱지 붙이는 행위와 긴밀하게 결합해 이루어진다. 이렇게 상대방을 "한빠" 혹은 "노빠"로 규정하거나 혹은 누군가로부터 "세뇌"를 당한 것으로 폄하하는 담론 전략은, 자신과 상대방을 단순히 '우리'와 '그들'로 구분하는 것 이상의 의미를 함축한다. 특정 정치인과 정치집단에 대한 지지를 광적이고 맹목적이며 비합리적인 것으로 낙인찍는 태도에서 '그들'을 민주질서의 건전하고도 정당한 구성원으로 인정하는 자세를 기대하기란 매우 어렵다. 이 경우, '우리들/그들'의 관계는 정치적 '좌/우'의 관계가 아니라 도덕적 '선/악'의 관계로 규정되기 쉽다. 나아가, 이런 딱지 붙이기는 토론 참가자들이 상대방을 부정함과 동시에 온라인 토론의 진정성, 생산성, 유의미성을 부정하기 위하여 손쉽게 도입하는 행위 전략이 되기도 한다.

5. 나가며

이상에서 살펴봤듯이, 사적 이익, 공동선, 권력 불평등은 본 온라인 토론 그룹에서 '우리들'과 '그들'의 구별과 대립의 중요한 계기들로 작용하고 있다. 행정수도 이전을 공동선 추구라는 맥락에서 틀 지으려는 시도는 행정수도 이전 문제가 결코 개인적 이해관계를 넘어서서 사고될 수 없다는 완고한 프레임을 쉽게 넘어서지 못한다. 차라리 온라인 토론을 사회정치적 불평등에 의해 초래된 집단들 사이의 권력 다툼으로 틀 짓는 것은 행정수도 이전을 사적 이익이나 공동선의 프레임으로 접근하는 것의 급진적 대안이 될 수 있다. 논쟁이 소모적인 '편 가르기'가 돼서는 안 된다는 일견 규범적인 주장은 권력 불평등을 둘러싼 대립에서 사실상 상대방을 공격하기 위한 하나의 수사에 불과한 것이 될 수도 있다. 나아가 온라인 토론에서 감정의 열정적 분출을 이성적, 객관적 판단에 장애가 되는 부정적인 요소로 다루는 행위 전략은 사실 감정적으로 전혀 중립적이지 않을 수 있다. 결정된 의사를 수용하는 것과 의사 결정의 타당성을 문제 삼는 것은 별개의 문제임에도 불구하고, 후자에서 비롯된 정당한 분노의 표출을 마치 전자를 부정하는 것으로 해석하는 것은 객관적이거나 중립적인 행위가 결코 될 수 없을 것이기 때문이다. '합의'의 규범적 구속력을 강조하는 것도 경우에 따라서는 지배 헤게모니를 강화하기 위한 담론 전략으로서의 의미만을 갖는 것이 될 수도 있다.

한편, 사적 이익, 공동선, 권력 불평등 등과 같은 문제들이 온라인 토론에서 두루 표출되는 것은 다양한 사회, 문화적 배경을 지닌 사람들이 사이버 공간에서 시공간의 장벽을 넘어서서 한데 모여 공통의 관심사에 관해 서로 토론할 수 있다는 사실에 크게 힘입었다고 볼 수 있다. 그런데 위에서 밝혔듯이, 온라인 토론에서 공동선을 추구하자는 주장은 사적 이익과 권력 불평등의 논리보다 특별히 더 큰 반향을 불러일으키지 못한다. 비공식, 비대면, 익명의 상황에서 이루어지는 온라인 토론은 공적 토론의 일반적 속성인 상대방을 설득할 수 있을 만한 공적인 근거를 찾으려는 노력을 등한시하는 경향이 있을 수 있다. 그리고 다양한 배경을 지닌 사람들이 한데 모여 벌이는 온라인 토론에서 하나의 관점이 일방적인 지배력을 행사하기란 매우 어려우며, 시청각적, 사회적 단서가 희박한 온라인 상호 작용의 맥락에서 상반되는 의견의 감정적이고 직접적인 병립과 대립은 비교적 흔히 볼 수 있는 일이다.

합의가 잘 형성되지 않고 분노의 감정이 곧잘 표출되는 인터넷 토론의 특징에 관한 불만은 인터넷 토론 자체가 아무 쓸모없는 것이라는 인터넷 토론 무용론으로 발전할 수 있다. 그런데 이런 무용론은 결정된 의사의 타당성에 관한 의심과 문제제기를 봉쇄하기 위한 하나의 과장된 행위 전략으로 도입되는 측면도 있다. 한편으로는 그런 의심과 문제제기가 쓸모없는 것이라는 의미와, 다른 한편으로는 인터넷 토론을 쓸모없는 것으로 만드는 책임이 바로 그런 의문을 제기하는 집단이라는 의미가 함축될 수 있기 때문이다. 나아가 상대방을 '한빠'나 '노빠'로 딱지 붙이는 것은 '우리들'과 '그들'을 정치적인 '좌/우'의 문법이 아닌 도덕적인 '옳음/그름'의 문법에서 규정하는 것이라 할 수 있으며, 이런 행위는 맹목적인 광신 집단과는 이성적이고 유의미한 상호작용 자체가 불가능하며 그럴 필요도 없다는 주장을 함축하기도 한다. 온라인 토론에서 적대감의 표출이 민주적 가치와 덕목을 부정하는 행위와 결합하면, 그것은 도덕적인 '선/악'의 문제가 되기 쉬우며 다원주의적 민주주의 질서에 위협이 될 수 있다.

요컨대, 경합적 다원주의의 관점에서 온라인 상호작용의 성격을 고찰하는 것은 온라인 상호 작용이 지닌 민주적 함의를 좀 더 창의적이고 적극적으로 파악할 수 있게 해준다. 온라인 토론이 좀처럼 타협이나 합의에 이르지 못한다고 해서 그것을 민주주의 발전에 별반 기여를 하지 못하는 것으로 해석할 필요는 없을 것이다. 집합적 동질감의 형성과 표출이라는 맥락에서 볼 때, 온라인 토론은 오히려 훨씬 더 직접적이고 역동적인 정치 과정을 발전시키는 것으로 평가될 수 있다. 그리고 온라인 토론에서 의사 결정이 이성적이고 합리적인 토론의 결과물로 이해되기보다는 서로 갈등하는 사회, 정치 세력들 사이의 헤게모니 대결의 일시적 결과로 간주될수록, 참가자들의 사회 변화에 관한 신념과 사회 질서에 관한 반본질주의적 태도는 더욱 커지고 확대될 것이다. 아울러, 온라인 토론에서 종종 나타나는 열정적인 감정 표출은 집합적 동질감의 형성과 민주주의를 향한 열망의 분출에 긍정적 요인이 될 수 있다. 물론 이런 요소들은 온라인 토론이 '선/악'의 도덕 문법이 아닌 '좌/우'의 정치 문법에서 조직될 수 있을 때에만 비로소 온전하게 평가될 수 있을 것이다. 온라인 토론에서 민주주의를 향한 대중의 집합적 열망과 열정이 '선/악'의 도덕 문법이 아닌 '좌/우'의 정치 문법에서 조직되어 나간다면, 한국 사회의 민주주의는 그만큼 더 확대되고 심화될 것이다. 그리고 경합적 다원주의는 마르크스주의의 적대적 정치 모델과 기든스와 하버마스 등의 자유주의 정치 모델의 한계를 동시에 뛰어넘는, 한국 사회 새로운 민주주의 이념의 급진적 대안이 될 수 있을 것이다.

4부

인터넷 거버넌스
― 중심화와 탈중심화

12^장 공유 자원의 비극?
─ 유즈넷의 중심화와 탈중심화

보건대, 이것은 알트^{alt} 네트워크의 즐거움이다. 그룹은 만들어지고, 아무도 그
것을 죽일 수 없다. 사람들이 더 이상 읽지 않을 때에만 그것은 죽을 수 있다.
그 어떤 인위적 죽음도 없으며, 오로지 자연적 죽음만이 있을 뿐이다.

─ 브라이언 레이드(Brain Reid, Hardy 1993b에서 재인용)

1. 들어가며

이 장은 유즈넷 문화의 형성에 결부된 중심화와 탈중심화 사이
의 충돌과 대결을 탐구한다. 한편으로, 유즈넷의 통제 저항적 성격에 대
한 광범위한 믿음에도 불구하고, 유즈넷은 효과적인 중앙 통제 장치를
발전시켜왔다. 다른 한편으로, 유즈넷은 여전히 매우 탈중심적 방식으로
작동하고 있으며, 상향적 동학과 평등주의 문화를 촉진시키고 있다. 유
즈넷은 'comp', 'humanities', 'misc', 'rec', 'sci', 'soc', 'talk', 'alt', 'biz', 'us',
'uk' 등으로 시작하는 이름을 가진 다양한 종류의 뉴스그룹으로 구성
된 지구적 범위의 토론 그룹 네트워크를 가리키는 말이다. 지난 수 년 동
안, 유즈넷이 온라인과 오프라인의 인간관계에 미치는 영향에 관한 많은
연구들이 이루어졌다. '가상성'이라는 개념은 유즈넷의 '공동체'(Baym 1997;
McLaughlin, Osborne, and Ellison 1997; Watson 1997; Wellman and Gulia 1998)와 '온라인 정

체성'(Burkhalter 1998; Donath 1998; Mitra 1997; Shaw 1997)의 특징에 관한 연구에 매우 중요한 요소로 간주됐다. '가상성'에 관한 논의는 주로 유즈넷의 탈경계적 성격이 사이버 공간 속의 공동체와 정체성에 어떤 영향을 미치는지에 초점을 맞췄다. 또한 '통제' 관념은 유즈넷의 초기 발전(Hauben & Hauben 1997; Rheingold 1994), '네티켓'이라 불리는 행위 규범의 출현(MacKinnon 1995; McLaughlin Osborne, & Smith 1995; Phillips 1996), 그리고 '표현의 자유'를 둘러싼 갈등(Bumgarner 1995; Hardy 1993a, 1993b; Jordan 1999; Mehta & Plaza 1997; Pfaffenberger 1996; Shade 1996)에 관한 연구에 매우 중요하게 다뤄졌다. 유즈넷의 '통제'에 관한 연구들은 중심화와 탈중심화의 사회 동학이 유즈넷 문화의 형성에 어떤 영향을 미쳤는지에 집중했다.

유즈넷의 탈중심적이고 감시 저항적인 성격은 흔히 자명한 것으로 간주되지만, 그것은 몇 가지 잘 고안된 통제와 중심화의 장치들을 발전시켰다. 중앙 집중적 소유권과 거시적 수준의 거버넌스 주체가 없는 상태에서, 일부 중간 수준의 행위자들이 전체 유즈넷의 운영에 관한 임무를 자임하면서 다양한 중심화의 메커니즘을 발전시켰다. 유즈넷의 초창기에, 주요 참가 사이트의 일부 시스템 관리자들은 '백본 케이블Backbone Cabal"을 만들었다. 여기에는 진 스패포드(조지아공과대학교), 리치 아담스(지진연구센터), 스티브 벨로빈(AT&T), 프레드 아보리오(DEC), 헨리 스펜서(토론토대학교), 마크 호톤(1), 에릭 페어(캘리포니아대학교 버클리), 로버트 레이크(앨버타대학교), 그렉 파울러(HP 연구소) 등의 대학, 연구소, 기업의 연구자들이 포함돼 있었다. 백본 케이블은 뉴스그룹 생성에 관한 절차 마련과 관리자 존재 그룹 도입 그리고 'fa', 'net', 'mod' 등 애초의 3개 위계 구조에서 'comp', 'misc', 'news', 'rec', 'sci', 'soc', 'talk' 등의 7개 위계 구조로 유즈넷을 재편한 '대개명Great Renaming' 등 유즈넷 통신을 조절하고 통제하는 중요한 의사 결정을 내렸다. 백본 케이블은 나중에 해체되기는 했으나, 그 유산은 지속적으로 유즈넷에 영향을 미쳤다. 오늘날, 유즈넷 관리는 뉴스그룹 관리자들과 참여 사이트의 시스템 관리자들에 의해 계속 이루어지고 있다. 관리자들은 그룹 창출 과정과 그룹의 상황 변화를 일상적으로 모니터링한다. 유즈넷에는 시스템 관리자들과 반스팸 조직(예컨대, SPUTUM Subgenius People Usenet Tactical Unit Mobil)으로 구성된 또 다른 중간 수준의 통제 메커니즘이 존재한다. 이들은 스팸 사이트나 개인 스패머들의 유즈넷 메시지를 차단하는 '유즈넷 사형 선고 Usenet Death Penalty, UDP'를 공표함으로써 유즈넷 과용과 남용을 통제하려 한다.

여러 가지 측면에서, 유즈넷의 역사는 이런 통제와 중심화 동학에 맞선 풀뿌리 저항에 관한 이야기라 할 수 있다. 이 연구는 유즈넷 발전과 관련된 세 가지 에피소드를 살펴본다. 그것들은 첫째, 백본 케이블의 소멸, 둘째, 'alt' 위계의 출현, 셋째, 'new.admin.netabuse.usenet', 'news.admin.net-abuse.misc', 그 밖의 유관 뉴스그룹의 스팸 파이터와 시스템 관리자들이 요구하는 '유즈넷 사형 선고'이다. 이 에피소드들을 탐구함으로써, 이 장은 유즈넷의 중심화/탈중심화 동학이 기존의 자율적이고 자치적인 공유자원 Common-Pool Resource, CPR 기관의 디자인 원리들과 어떤 유사성과 차이점을 갖는지 분석한다.

2. '공유지의 비극'과 공유 자원 시스템의 자율과 자치

엘리너 오스트롬 Elinor Ostrom은 자신의 《공유지를 관리하기 — 집합 행동 기관의 진화》(1990)에서 다양한 공유 자원 유형들에 나타난 자치와 자율의 과정을 분석했다. 공유 자원은, 오스트롬에 따르면, "잠재적 수혜자들이 그것을 사용하는 것을 막기에는 너무 큰 비용이 들거나 혹은 불가능할 정도로 큰 자연 혹은 인공의 자원 체계"(Ostrom 1990, 30)를 가리킨다. 교량, 주차장, 메인프레임 컴퓨터 등과 같은 인공 자원과 어장, 지하수역, 방목지, 삼림, 강, 호수 등의 자연 자원이 그 예에 해당한다. 그러나 수천 년 동안, "모든 사람의 재산"이지만 동시에 "누구의 재산"도 아닌 공유 자원의 사용과 관리는 인류에게 쉽지 않은 딜레마를 남겼다. 공유자원 이용자들은 자신의 행동이 장기적으로 자원 체계에 어떤 영향을 미치는지를 고려하지 않은 채, 개인적 이익을 극대화하기 위해 점점 더 많은 자원을 가져갔다. 많은 사람들이 공유 자원을 사용하게 되면, 자원 시스템에서 얻는 자원 단위의 총량이 자원 획득의 적정한 경제 수준을 넘어서는 경향이 있다. 그 결과, 공유된 자원은 종종 심각하게 남용되고 훼손된다. 이런 현상은 흔히 "공유지의 비극"으로 불린다(Hardin 1969, Ostrom 1990에서 재인용). 공유지의 비극은 "제3세계 전역에서 일어난 땔감 위기, 산성비 문제, 모르몬 교회 조직, 미국 의회의 예산 과용 억제 불능"(Ostrom 1990, 3) 등과 같은 많은 문제들에서 나타났다.

　　공유재가 공공재와 다른 점은 자원 단위의 "차감 가능성 subtractability"이다. 공유 자원 시스템은 공공재와 마찬가지로 이용자들이 공동으로 사용할 수 있다. 그러나 오스트롬에 따르면, 공유 자원 체계의 자원 단위는 공동으로 사용할 수가 없다. 다시 말해서, 만일 어떤 이용자가 공유 자원 시스템의 단위 자원을 사용하고 있다면, 그것은 자원 시스템에서 차감된다. 예컨대, 만일 주차장에 어떤 차가 특정 지점에 주차돼 있다면, 다른 차는 동일한 주차장을 사용할 수는 있지만 이미 주차된 지점에 주차할 수는 없다. 반면 일기 예보는 공공재라 할 수 있는데, 그것은 차감될 수 없기 때문이다. 결과적으로, 공유 자원 상황에서는 "밀집 효과crowding effects"와 "과용overuse" 문제가 항상 대두되며, 자원 단위의 차감 가능성은 공유 자원 시스템의 제한된 수용 능력을 넘어서서 현실화될 수 있다.

오스트롬은 공유 자원의 사유화 혹은 정부 관리라는 이분법적 대안을 비판하면서, 많은 공유 자원 기관들이 그런 전통적인 구분법에 얽매이지 않는 사적이면서도 공적인 메커니즘을 구축하고 있다고 주장한다. 그리고 집합 행동의 자율적이고 자치적인 형태에 관한 이론을 발전시킨다. 오스트롬에 따르면, 자율적이고 자치적인 기관을 조직할 수 있는 개인들의 능력에 영향을 미치는 요소들을 분석할 때, 우리는 세 가지의 주요한 문제 해결 방법에 집중해야 한다. 그것은 첫째, 새로운 제도를 만들기, 둘째, 공유 자원 이용자들의 헌신을 담보하기, 셋째, 이용자들이 규칙을 준수하는지를 모니터링하기이다. 오스트롬(Ostrom 1990, 90)은 이런 세 가지 문제를 해결하는 데 도움이 되는 디자인 원리들을 다음과 같이 밝힌다.

- 명확하게 규정된 경계
- 이용, 공급 규칙과 지역 조건의 조화
- 집합적 선택 장치
- 모니터링
- 제재
- 갈등 해결 메커니즘
- 조직화 권리에 관한 최소한의 인정
- 내포된 기획(nested enterprises)

공유 자원 시스템의 경계를 세우고 정당한 사용자를 규정하는 것은 중요하다. 그런 경계가 없다면, 정당한 사용자들은 자신들이 생산한 자원을 자원 생산에 전혀 기여하지 않은 사람들이 사용하는 매우 불편한 상황에 직면할 수 있다. 그리고 자원 시스템을 유지시키기 위해서는, 자원 단위의 사용과 그런 자원의 구축과 유지를 규정하는 규칙은 자원 시스템의 조건을 반드시 고려해야 한다. 집합적 선택 장치와 관련하여, 오스트롬은 대부분의 사용자들이 자신들에게 영향을 미치는 규칙을 수정하는 데 참여할 수 있어야 한다고 지적한다. 나아가, 대부분의 성공적인 자치적 공유 자원 기관에서, 모니터링과 점차적인 제재는 중요하다. 공유자원의 상태와 사용자들의 이용 양태를 적극적으로 관찰하고, 규칙을 위반하는 사람들에게 일정한 제재를 가하는 것이 필요하다. 대부분의 성공적인 공유 자원 기관은 이용자들 사이 혹은 이용자들과 관리자들 사이에 발생하는 갈등을 다루는 적절한 해결 장치를 갖고 있다. 나아가, 이용자들은 정부 관리 등과 같은 외부의 간섭을 받지 않고 기관을 변경할 권리를 갖는다. 마지막으로, 만일 공유 자원 시스템이 더 큰 시스템의 한 부분이면, 위에서 나열한 모든 디자인 원칙들이 다수의 내포된 메커니즘 속에서 조직된다.

이런 디자인 원리들은 유즈넷의 중심화와 탈중심화 동학, 특히 유즈넷의 통제와 중심화 메커니즘에 관한 논의와 매우 높은 연관성을 갖는다. 초기 백본 케이블, 유즈넷 참가 사이트들의 일부 시스템 관리자들, 그리고 반스팸 활동가들은 유즈넷을 통제하기 위한 규칙을 마련하는 데 매우 적극적이었다. 그 속에서, 그 사람들은 관리자가 있는 그룹의 도입, 대개명, 그룹 생성 규칙 수립, 유즈넷 사형 선고 등과 같은 다양한 중심화 장치를 발전시켰다. 아래에서는 유즈넷의 이런 중심화 메커니즘이 자율적이고 자치적인 공유 자원 기관의 디자인 원리들을 어떻게 따르고 있는지를 구체적으로 밝힌다.

3. 분석

1 백본 케이블과 유즈넷의 중심화

알파넷Advanced Research Project Agency Network, ARPANET(인터넷의 모

태)의 대안으로 등장한 유즈넷은 종종 "아래로부터의 풀뿌리 주도성" 정신을 담은 "가난한 사람의 알파넷"으로 불린다(Daniel 1993; Hardy 1993b; Pfaffenberger 1996). 비록 알파넷이 핵 공격에도 파괴되지 않을 탈중심 네트워크로 디자인되었지만, 그 참가는 국방부 관련 연구를 수행하는 사람들에게만 제한되었다. 그래서 알파넷에서 배제된 혜택 받지 못한 네트워킹 희망자들은 유즈넷을 만들었다. 1979년 듀크 대학교의 대학원생 톰 트러스콧Tom Truscott과 제임스 엘리스James Ellis 그리고 노스캐롤라이나 대학교의 대학원생 스티브 벨로빈Steve Bellovin이 두 대학 사이의 유닉스 통신Unix-to-Unix Copy Protocol, UUCP을 위해 유즈넷을 처음으로 만들었다. 에이티앤티AT&T의 벨 연구소Bell Laboratory가 1977년에 만든 유유시피UUCP는 유닉스를 탑재한 컴퓨터들이 서로 파일을 교환할 수 있도록 해줬다. 그리고 유즈넷과 알파넷 사이의 게이트웨이는 알파넷 사이트였던 버클리 대학이 1981년 유즈넷에 연결되면서 만들어졌다(Hardy 1993b).

비록 유즈넷은 단일한 통제 주체를 가진 적이 없지만, 참여 사이트의 일부 시스템 관리자들은 유즈넷의 관리에 매우 중요한 구실을 했다. 그 관리자들은 유즈넷의 작동, 특히 자신들의 통제 아래 있는 기계들에서 허용될 수 있는 활동을 규정하는 힘을 가졌다. 대부분의 공유 자원 상황에서처럼, 시스템 관리자들에게는 두 가지 상반되는 압력이 존재했다. 한 편으로, 관리자들은 뉴스그룹을 선택할 때 사이트 이용자들의 요구를 최대한 반영해야 했다. 다른 한편으로, 관리자들은 유즈넷 트래픽에 드는 비용도 고려해야만 했다. 유즈넷 트래픽이 증가함에 따라 디스크 공간과 대역폭 확장을 위한 투자가 필요했기 때문에 비용은 항상 관심의 대상이었다(Hardy 1993a). 시스템 관리자들은 이 두 요인들 사이의 균형을 맞춰야 했다. 모든 뉴스그룹을 전달하는 것은 불가능하고 어떤 것은 선택하고 어떤 것은 포기해야 했기 때문에, 그들의 결정은 종종 이용자들로부터 감시로 비난받았다. 물론 관리자들은 비용 문제를 이유로 들어 자신들의 결정을 정당화했다.

백본 케이블이 다뤄야 했던 것도 바로 이러한 딜레마였다. 유즈넷의 주요 백본 사이트의 시스템 관리자들로 구성된 백본 케이블은 뉴스그룹 트래픽을 효율적으로 재전송하기 위하여 1984년에 형성됐다. 자신들의 기계가 상대적으로 덜 바쁜 시간에만 유즈넷 트래픽을 전달했던 다른 사이트들과는 달리, 백본 사이트들은 그것을 즉각적으로 유통했다. 뉴스그룹 포스팅이 지연되거나 독자들에게 전달되기도 전에 소멸하는 것을 막기 위해서 대부분의 포스팅은 백본을 경유했다(Bumgarner 1995). 백본 케이블의 리더였던 스패포드Gene Spafford는 다음과 같이 말했다.

> 결국, 1986년 유닉스 회의 이후부터 대개명 시점까지, 나는 **훌륭한 연결성**, 주류 그룹 유통, 안정적인 뉴스와 메일 소프트웨어에 대한 헌신 등 백본 사이트를 구성하는 것이 무엇인지를 밝히는 메시지를 정기적으로 게시함으로써 백본을 정식화하였다. 이것들은 내가 초기부터 강조했던 바로 그것들이며 사람들을 메일링 리스트에 올린 이유들이다(1990c).

백본 케이블은 전체 유즈넷 공동체에 영향을 미치는 중요한 의사들을 결정했다. 급속히 증가하는 유즈넷 트래픽에 반응해, 백본 케이블은 그것의 양과 질을 통제하기 위한 장치들을 고안했다. 그것은 투표를 거쳐 그룹이 생성되도록 하는 것, 관리자가 있는 뉴스그룹을 만드는 것, 그리고 대개명 등이 그것이다. 이 중, 특히 대개명은 백본 케이블의 권력을 드러냄과 동시에 그 해체의 발단이 된 가장 중요한 사건이었다. 유즈넷 초창기에는 'net'과 'fa'라는 두 개의 주요 위계만이 존재했다. 'net' 그룹들은 최초의 유즈넷 뉴스그룹들이었다. 'fa' 그룹들은 1981년 버클리 대학이 유즈넷에 결합한 이후에 만들어졌으며, 알파넷 메시지의 '복사본'이나 '축약본'을 유통했다. 그런데 대개명과 함께 이 세 개의 위계는 'comp', 'misc', 'news', 'rec', 'sci', 'soc', 'talk' 등의 7개의 위계로 재조직되었다.

대개명 논의는 노던 버지니아Northern Virginia 대학교의 지진 연구소 시스템 관리자였던 리치 애덤스Rich Adams가 플레이밍 빈발 그룹들을 한데 묶기 위한 'talk' 위계를 생성하자고 제안하면서 시작되었다(Bumbarner 1995; Pfaffenberger 1996). 당시 애덤스의 시스템은 미국과 유럽 사이의 유일한 링크 구실을 수행하고 있었다. 그런데 점증하는 유즈넷 포스팅 전송에 드는 전화 비용 때문에, 플레이밍이 빈발하는 그룹에 대한 유럽인들의 불만이 점차 높아져갔다. 그래서 플레이밍 그룹을 통제해야겠다는 시스템 관리자들의 욕구가 커지게 됐고, 이것이 결국 대개명을 촉발하였다. 플레이밍 그룹을 제거하는 것보다는 'talk' 위계를 새로 만드는 것이 훨씬 더 바람직하고 실용적인 처방으로 간주됐다. 많은 시스템 관리자들은 모든 플레이밍 뉴스그룹들을 'talk' 위계 속에 몰아넣으면, 자신들의 사이트 환경 설정 파일 속에 간단한 명령어를 넣는 것만으로도 그것들을 차단할 수 있을 것으로 생각하였다. 범가너(Bumgarner 1995)는 'talk' 위계의 생성기에 백본 케이블이 보여준 태도를 다음과 같이 묘사하였다.

> 케이블과 그 친구들은 종종 "유즈넷은 황금의 규칙에 따라 작동한다. 금을 가진 사람이면 누구나 규칙을 만들 수 있다"는 주문을 외웠다. 이런 방식으로 그들은 자기가 좋아하지 않는 그룹을 위해 장거리 통신비를 지불할 마음이 없음을 밝혔다.

그러나 대개명 이후 백본 케이블은 자신의 권력 기반을 허무는 몇 가지 중요한 도전에 직면했고, 결국 1987년에 최종적으로 지배적 위치를 상실하게 됐다. 첫 번째 도전은 '섹스sex'와 '마약drug'에 관한 토론그룹 생성 제안과 그것에 따른 또 다른 최상위 위계, 'alt' 그룹들의 생성이었다.

섹스와 마약 토론그룹 제안이 성공적으로 투표를 통과하였지만, 백본 케이블은 그것들을 전송하는 것을 거부했다. 스패포드(1992)는 다음과 같이 말했다.

상당수의 사이트가 유통하지 않을 그룹들을 나의 리스트에 포함하지 않을 것이다. 그 그룹들이 유통되지 않는 사이트 이용자들의 혼란을 막기 위해서이다. 백본은 능숙한 시스템 관리자들의 대표 집단이며 백본이 무엇을 유통시키는가는 어떤 그룹이 유통될 수 있는 가능성에 대한 좋은 지시계라 할 수 있다. 백본의 4분의 3은 투표 결과가 어떻든 soc.sex 같은 것을 유통시키지 않을 것이며, 리스트에 올리지 않을 것이다.

그러나 백본 케이블의 이런 결정에 반대해, 일부 시스템 관리자들과 백본 케이블 구성원들은 유즈넷 게시물을 배포하는 대안 루트를 만들어 'alt.sex'와 'alt.drug'와 같은 'alt' 뉴스그룹들이 유통될 수 있도록 하였다. 백본 케이블의 공식 투표 멤버였던 브라이언 레이드Brian Reid는 'alt' 뉴스그룹의 생성에 중요한 역할을 했다. 그것의 생성에 관해, 레이드는 다음과 같이 밝혔다(Hardy 1993b)에서 재인용.

거의 1년이 지난 후, 'soc.sex'에 관한 투표가 성공적으로 통과했음에도 불구하고, 스패포드는 그것을 생성하는 것을 거부했다. 그래서 나는 1988년 4월 3일에 'alt.sex'를 만들고 유즈넷 백본 케이블에 다음과 같은 메시지를 보냈다.

From: reid@decwrl.dec.com(Brian Reid)
Message-Id: 8804040154.AA01236@woodpecker.dec.com
Date: 3 Apr 1988 1754-PST (Sunday)
To: backbone@purdue.edu, chiefdan@vaxl.acs.udel.edu,
mejac!hoptoad!gnu@decwrl.dec.com
Subject: Re: soc.sex . nal results
In-Reply-To: Gene Spafford spaf@purdue.edu/Sun, 03 Apr
88 18:22:36 EST.
8804032322. AA15650@arthur.cs.purdue.edu

유예 상태를 끝내기 위해 alt.sex를 만들었습니다. 이는 이제 alt 네트워크가 alt.sex와 alt.drugs를 유통시킨다는 것을 의미합니다. alt.rock-n-roll을 만드는 것이 예술적으로 필요한 일이고, 그것도 만들었습니다. 그것이 어떤 내용을 다룰지 모릅니다. 이상한 내용으로 채워지면 제거하든가 관리하겠지만, 그렇지 않다면 그냥 그대로 둘 것입니다.

유즈넷 메시지 유통을 위한 기술적 가능성과 유즈넷의 감시 저항적 사회 규범의 결합이 'alt' 위계라는 풀뿌리 원격 포럼 시스템을 창출한 것이다. 'alternet'의 생성으로, 유즈넷 메시지는 두 개의 주요 루트를 통하게 되었다. 백본은 대부분의 유즈넷 트래픽을 유통시켰고, 'alternet'은 'alt' 뉴스그룹들을 유통시켰다. 물론 'alt' 위계가 이론적으로는 다른 표준 유즈넷 위계들보다 더 제한된 유통 범위를 가지긴 했지만, '언더그라운드' 뉴스그룹으로서 그것은 토론 내용에 관한 한 사실상 아무런 제한을 두지 않는 위계였다.

백본 케이블의 권력을 약화시킨 또 다른 중요한 발전은 인터넷과 티시피/아이피Transmission Control Protocol/Internet Protocol, TCP/IP의 확산과 유유시피UUCP에서 엔엔티피Network News Transfer Protocol, NNTP로의 유즈넷 트래픽 전달 프로토콜의 전환이다. 엔엔티피NNTP는 유즈넷 트래픽이 빨리 전파되도록 해 줬을 뿐만 아니라, 네트워크 어디에서든 유즈넷 포스팅에 접근할 수 있도록 해줬다. 인터넷의 패킷-스위칭 시스템은 메시지 전달에 관한 그 어떤 인위적 장애도 인식하고 메시지를 우회시킨다. 따라서 설사 시스템 관리자가 특정 뉴스그룹을 자기 사이트에 유통시키지 않더라도, 인터넷 계정을 가진 사람이면 누구나 그 그룹을 유통시키는 다른 사이트에서 유즈넷 메시지를 받아볼 수 있게 됐다. 여기에 더해, 상업 인터넷 서비스 제공자들Internet Service Providers, ISPs도 백본 케이블의 쇠퇴를 촉진시켰다. 대학이나 연구소 그리고 기업의 시스템 관리자들은 기관의 최고 책임자들이 좋아하지 않는다는 이유를 들어 많은 뉴스그룹을 차단하는 경향이 있었다. 그러나 상업 인터넷 서비스 제공자들은 경쟁의 압력 속에서 가능한 한 많은 뉴스그룹, 특히 사용자들로부터 일정한 수요가 있는 그룹을 전달하려 하였다.

② 'NET.GODS'의 '자비로운 독재'와 'ALT' 위계의 탈중심화

백본 케이블은 1987년에 해체됐지만, 그것은 유즈넷에 많은 중요한 유산을 남겼다. 과거의 백본처럼 전체 유즈넷 관리를 자임하는 공식 조직은 없지만, 오늘날 표준 뉴스그룹들에 관한 많은 '관리' 작업은 'news.groups', 'news.admin.misc', 'news.answers', 'news.announce. newgrousp', 'news.announce.newusers' 등과 같은 유즈넷 뉴스그룹들에 의해 이루어지고 있다. 우선, 유즈넷 뉴스그룹 생성과 관련하여, 초창기에는 새 그룹의 생성이 비교적 쉽고 간단했다. 그룹 생성에 대한 심각한 반대가 없는 한, 새 그룹에 관한 짧은 토론 기간을 거친 후 그룹들은 창출되었다. 누구든지 그룹을 새로 만들고 그것을 유즈넷에 알리기만 하면 됐다. 그러나 백본 케이블이 자신들이 좋아하지 않는 그룹을 유통시키지 않는 방식으로 그룹의 명명과 생성 과정에 개입하면서 이런 관행은 오래 가지 못했다(Bumgarner 1995). 백본 케이블이 1987년 투표 시스템을 도입한 데에는 백본 케이블이 유즈넷을 감시하고 통제한다는 논쟁에 휘말리지 않으려는 의도도 깔려 있었다. 범가너(1995)는 "애초의 시스템은 종국적으로 제안과 '투표' 시스템으로 변했다. 투표를 거치는 것은 어떤 그룹이 인기가 없을 때 이용자들의 불만을 봉쇄할 수 있는 방법이 되었다"며 그것의 의도를 비교적 분명하게 밝혔다.

오늘날 유즈넷은 'comp', 'humanities', 'misc', 'news', 'rec', 'sci', 'soc', 'talk' 등 최상위 8개 위계에 속해 있는 표준 뉴스그룹의 생성에 관한 아주 엄격하고 공식적이며 상세한 규칙을 가지고 있다(Lawrence 2000b). 첫째, 새 그룹을 만들기 위해서는 잘 만들어진 제안서를 제출해야 한다. 'news.announce.newgroups'와 'news.groups'의 관리자들은 "뉴스그룹 제안서를 잘 쓰는 법"이라는 포스팅에서 좋은 제안서 작성을 위한 자세한 가이드라인을 제공한다. 표준 뉴스그룹을 만들기 위해서는, '토론 요청서Request for Discussion'를 'new.announce.newgroups'와 'news.groups', 그리고 다른 관련 그룹들에 반드시 게시해야 한다. 토론 요청서는 '행동 방침의 근거rationale', '선언문charter', '관리 계획', '메일링 리스트 연결 계획' 등을 밝혀야 한다. '행동 방침의 근거'는 그룹 생성의 필요성, 특히 유사한 주제를 다루는 기존 그룹과의 관계를 설명해야 한다. 제안된 그룹이 다른 그룹과 충돌하거나 중복되면, 기존 그룹의 존재에도 불구하고 그것이 필요한 이유에 대한 자세한 설명을 할 수 있어야 한다. '선언문'은 그룹의 일반 주제와 그룹이 다루게 될 글의 유형을 밝힌다. 만일 그룹이 관리자를 둔다면, 왜 관리가 필요한지에 관한 설명, 이름이나 이메일 주소 등과 같은 관리자에 관한 정보, 관리자의 자격에 관한 정보, 관리자의 일반적 의무에 관한 정보 등을 밝혀야 한다.

제안서가 요구하는 이런 엄격한 요건에 더해, '8개 대위계Big Eight Hierarchies'는 토론 기간과 투표 기간 등 그룹 생성 과정이 거쳐야 할 일정 표를 갖고 있다(Albery 2000; Calame 2000; Dippold 1995; Stanley 1999). 우선, '토론 요청서'는 'news.groups' 그룹에서 최소한 21일 간의 토론 기간을 거쳐야 한다. 종종 'net.gods'로 불리는 토론 참가자들은 주로 기업, 연구소, 대학의 시스템 관리자들로 구성된다. 토론 기간 동안, 그 관리자들은 토론 요청서에 나타난 제안 그룹의 거의 모든 측면들을 검토한다. 토론에 관한 대답이 필요하거나 이전의 토론 요청서로부터 60일이 경과한 경우, 제안자는 또 다른 토론 요청서를 게시할 필요가 있을 수도 있다. 마지막 토론 요청서가 게시된 지 120일이 지났거나, '유즈넷 자원 투표 관리자들Usenet Volunteer Votetakers, UVV'이 투표 요청Call for Votes을 위해 사용하는 지지자 설문서Proponent Questionnaire가 마지막 토론 요청서를 제출한 지 60일 이내에 제출되지 않으면, 그것은 폐기된 것으로 간주된다.

투표 기간과 관련해, 첫 번째 토론 요청서가 게시된 지 최소 60일이 지나면, 유즈넷 자원 투표 관리자들은 투표 절차를 관리하는 작업에 들어간다. 투표 관리자들은 토론 요청서가 게시된 바로 그 뉴스그룹에 투표 요청서를 게시한다. 투표 기간은 21일에서 31일간 지속된다. 익명 투표, 전달 투표, 대리 투표, 존재하지 않는 계정에서 이루어진 투표, WWW/HTML/CGI로 전달된 투표, 그리고 그 밖의 지침 위반 투표 등은 무효로 처리된다. 투표가 완료되면, 유즈넷 자원 투표 관리자들은 그 결과를 투표 요청서가 게시됐던 뉴스그룹에 게시한다. 그룹이 투표를 통과하면, 대개 5일의 대기 기간 이후에 생성된다. 대기 기간 동안, 'news. announce.newgroups'의 관리자는 투표 결과의 정당성에 관한 이의 신청을 받는다. 반면, 투표를 통과하지 못한 그룹이 다시 토론 요청서를 제출하려면 6개월을 기다려야만 한다.

'8개 대위계'에서 그룹 생성에 관한 세 번째 중요한 조절 장치는 두 가지 조건을 충족시켜야만 '통과'로 간주되는 투표 시스템이다. 우선, 유효 찬성표가 반대표보다 적어도 100표 이상 많아야 한다. 둘째, 찬성표는 전체 유효 투표의 3분의 2 이상이 되어야 한다. 첫 번째 요건은 새 그룹이 유즈넷 참가자들, 특히 그 뉴스그룹을 전달할지 안 할지를 결정하는 시스템 관리자들로부터 상당한 관심을 얻어야 한다는 것을 의미하는 요건이다. 다수결 규칙보다 더 엄격한 두 번째 요건은 그룹 생성에 관한 심각한 반대가 없어야 한다는 것을 의미하는 요건이다. 5일간의 대기

기간이 지나고 투표 결과에 관한 심각한 반대가 없으면, 'news.announce. newgroup'의 관리자들은 투표의 통과와 실패에 관한 최종 결정을 내린다. 통과한 투표의 경우, 관리자는 제안 그룹이 투표를 통과했다는 '컨트롤 메시지control message'를 공표한다.

'8개 대위계'의 엄격한 규제와는 반대로, 'alt' 위계는 그룹 생성에 관한 매우 느슨한 요건을 가지고 있다Barr 2000; Kelly 1999. '8개 대위계'에서 그룹 생성 절차와 유사하게, 'alt' 위계에서 그룹 생성의 첫 번째 단계는 제안서를 쓰고 그것을 'alt.config' 뉴스그룹에 게시하는 것이다. 제안서는 '정당화', '뉴스그룹 명칭과 설명', '선언문'을 포함해야 한다. '8개 대위계'에서 제출하는 토론 요청서하고는 달리, 새 'alt' 뉴스그룹의 유일한 중요한 정당화는 지난 3개월 동안 제안된 주제에 관한 1일 포스팅 수가 평균 10개는 돼야 한다는 규정이다. '선언문'은 주제와 광고, 교차 포스팅에 관한 규칙들을 밝힌다. 다음으로, 제안서에 관한 토론의 제한된 일정표는 없다. 그리고 무엇보다도 중요하게, 'alt' 위계에서는 투표 과정 자체가 없다. 수 주 동안의 토론을 거친 후, 제안자는 '컨트롤 메시지'를 보내고 그룹을 생성한다. 새 'alt' 뉴스그룹의 성공은 많은 시스템 관리자들이 그것을 자신의 사이트에 유통시키려 하는지 여부에 달려 있다. 제안서에 관한 토론이 큰 반대 없이 진행되면, 제안자는 자신의 그룹이 많은 사이트에서 유통될 수 있을 것으로 기대할 수 있다. 브라이언 레이드는 'alt' 위계의 성격을 다음과 같이 밝혔다(Hardy 1993b)에서 재인용.

> 그 메시지를 보낼 당시, 나는 alt 그룹이 불멸할 것이며 누군가에 의해 죽임을 당하지 않을 것이라는 사실을 알지 못했다. 돌이켜 보건대, 이것은 alt 네트워크의 즐거움이다. 그룹은 만들어지고, 아무도 그것을 죽일 수 없다. 사람들이 읽을 것을 멈출 때에만 그것은 죽을 뿐이다. 그 어떤 인위적 죽음도 없다. 단지 자연적 죽음만이 있을 뿐이다.

앞서 밝혔듯이, 백본 케이블은 '뉴스그룹의 생성을 조절하는 활동이 감시 논란에 빠져들지 않도록 하기 위하여 투표 시스템을 도입했다. 오늘날, 투표 시스템은 이러한 애초의 목적이 일정 정도 잘 실현되고 있는 것처럼 보인다. 'news.announce.newgroups'와 'news.groups'의 '새 유즈넷 그룹들NewUsenetGroups'이라는 포스팅에 따르면, 1999년 1월에서 1999년 12월 사이에 총 53개의 새 뉴스그룹들이 투표를 거쳤다. 그런데 이 중 21개만이 성공적으로 투표를 통과했고, 나머지 32개는 실패했다. 또한 같은 기간에 118개의 토론 요청서 중 많은 수가 철회되거나, 계속 토론 중이거나, 아예 투표 단계에 도달하지 못했다.

외견상 민주적 과정인 것처럼 보이게 함으로써 '8개 대위계'의 투표 시스템은 새 그룹의 수를 통제하고 매우 탈중심적인 유즈넷을 중심화하는 장치가 됐다. 그리고 대부분의 뉴스그룹 제안자들이 '8개 대위계'의 규칙과 통제를 따른다는 점에서, 이런 중심화 메커니즘은 상당한 효과를 거둔 것으로 보일 수도 있다. 그렇지만 그 반대의 과정도 마찬가지로 유즈넷의 오랜 관행이라 할 수 있다. 때때로 새 그룹 제안자들은 '8개 대위계'의 규칙을 무시하고 스스로 그룹을 만든다. 예를 들어, 'soc.culture.padania'는 1999년에 두 번에 걸쳐 투표 과정을 거쳤으나 두 번 모두 실패했다. 그러나 두 번째 실패 이후, 제안자는 'news.announce.newgrous'의 관리자로부터 아무런 '허락'도 받지 않고 '8개 대위계' 속에 그룹을 '생성시켰다'. 여기에 관해, 충분히 예상할 수 있듯이, 'news.announce.newgroups'의 관리자는 'soc.culture.padania'의 생성을 부정하고, 그것을 'news.announce.newgroups'와 'news.groups'에 정기적으로 게시되는 '가짜 유즈넷 그룹들Bogus Usenet Groups'이라는 리스트에 올렸다Lawrence 2000a.

'가짜 유즈넷 그룹들'은 '8개 대위계'가 인정하지 않는 뉴스그룹의 목록을 공개한다. 확실히, 그것은 그룹 창출에 관한 규칙을 강제하는 장치이다. 시스템 관리자가 모든 뉴스그룹들을 자기 사이트에 유통시킬 수는 없기 때문에, '가짜 유즈넷 그룹들'에 포함된 그룹들이 유즈넷 사이트에 유통될 수 있는 가능성은 심각하게 줄어든다고 볼 수 있다. 하지만 동시에 그 리스트는 역설적으로 사람들이 '8개 대위계'의 통제 메커니즘이 얼마나 취약한 것이지를 보여주기도 한다. 더 이상 활동하지 않는 그룹들(다른 그룹들에 의해 대체되거나, 투표를 통해 제거되거나, 혹은 이름이 잘못 붙여진 그룹들)을 제외하고는, '가짜 유즈넷 그룹' 리스트에 있는 수많은 뉴스그룹들이 '8개 대위계'의 규칙을 무시하고 만들어졌다. 제안서도 없이, 토론도 없이, 투표도 없이, 심지어는 실패한 투표에도 불구하고 많은 그룹들이 생성되었다.

다른 한편, 성공적인 투표가 반드시 '8개 대위계'에서의 그룹 생성을 보장하는 것도 아니다. 그룹 생성은 자기 사이트에 그것을 유통시킬 것인지 아닌지를 결정하는 시스템 관리자의 손에 달려 있다. 일부 'news' 뉴스그룹에 정기적으로 게시되는 '유즈넷 뉴스그룹 생성 안내문 Usenet Newsgroup Creation Companion'은 이 점을 분명히 보여준다.

> 기억하라, 이것은 모두 시스템 관리자들 사이의 동의의 결과이다. 어떤 뉴스 관리자도 자신이 어떤 그룹을 무슨 이유에서든 유통시키지 않을 것이라고 천명할 수 있다. 만일 그가 존경받는 관리자라면, 다른 사람들도 합류할 것이다. 이는 아무도 유통하지 않는 "공식" 그룹이 생기게 되는 것까지 확대될 수 있다. 그리고 만일 news.announce.newgroups의 관리자가 당신이 규칙을 위반했다고 결정하게 된다면, 당신은 정말 끝장이다(Dippold 1995).

대부분의 시스템 관리자들에게, '8개 대위계'의 투표 제도는 그 어떤 강제력도 갖지 못하는 그저 단순한 "여론 조사"일 뿐이다. 유즈넷이 민주적이어야 하거나 혹은 민주주의를 지향해야한다는 주장을 거부하면서, 'news.groups' 뉴스그룹의 참가자들 중의 한 사람이자 'rec.arts.sf.tv.babylon5.moderated' 뉴스그룹의 관리자인 데네베임Denebeim 1999은 다음과 같이 말했다.

> 당신은 민주주의를 원하고, 당신은 인프라를 세웠고, 장비와 대역폭을 샀고 모든 것을 투자했다. 말 그대로, 뉴스 관리자는 자신의 장비가 어떻게 사용될지에 대한 절대적인 독재자들이다. 당신이 주장하는 것은 그 정당한 소유자로부터 장비를 훔치는 것이다 : : : 8개 대위계 뉴스그룹 생성 과정은 한 가지만을 위해 디자인 되었다. 그것은 관리자에게 어떤 그룹이 살아남을 수 있는지 알 수 있는 능력을 주는 것이다 : : : : 투표는 그 결정에 도움이 되는 정보를 제공해주며, 사실 실질적으로 관리자는 거의 항상 그것이 자동적으로 진행되게 한다. 이것은 관리자가 과거의 투표를 무효로 할 수 없거나 하지 않았다는 것을 의미하는 것은 아니다.

분명히, '8개 대위계'에서 그룹 생성 절차는 완전히 민주적인 것은 아니다. 한편으로, 제안자는 기존의 규칙과 절차를 무시하고 새 뉴스그룹을 만들 수 있다. 다시 말해서, 누구도 '8개 대위계' 속에서 그룹 생성을 막을 수 없다. 다른 한편으로, 투표라는 것이 단지 제안된 뉴스그룹의 적절성에 관한 정보를 얻기 위한 "여론 조사"에 불과하기 때문에, 시스템 관리자들은 무슨 이유에서든 투표 결과를 무시할 수 있다.

③ "유즈넷 사형"

앞서 살펴 본 것처럼, 몇몇 'news' 뉴스그룹의 관리자들과 시스템 관리자들에게 '8개 대위계'에서의 그룹 생성 절차는 유즈넷을 중심화하는 수단이다. 그런데, '유즈넷 사형Usenet Death Penalty'이라는 중심화의 또 다른 형태가 있는데, 이것은 개별 사용자를 통제하는 것에 초점을 맞춘다. '유즈넷 사형'은 네트워크 남용 메시지가 빈발하는 인터넷 서비스 제공자를 향한 것이기는 하지만, 그 이면에는 서비스 제공자가 문제의 사용자를 처리할 것을 강제하는 의도가 숨어 있다. 유즈넷 사형이 발효되면, 문제의 해당 사용자뿐만 아니라 그 사이트의 다른 사용자들도 피해를 입게 된다.

'유즈넷 사형'에는 두 가지 유형이 있다. 첫 번째는 문제의 서비스 제공자로부터 나오는 모든 메시지를 무효화하는 것이다. 해당 인터넷 서비스 제공자로부터 나오는 모든 게시물을 봉쇄한다는 점에서, 이 유형은 아무 잘못도 없는 사용자까지도 사실상 처벌받는 결과를 낳는다. 두 번째 유형은 특정 뉴스그룹의 뉴스 서버, 문제 사용자의 인터넷 계정, 혹은 인터넷 서비스 제공자의 다이얼업 풀 등과 같은 특정 지점에서 나오는 모든 메시지를 봉쇄한다는 점에서, 좀더 특정한 대상에 초점을 맞춘다고 할 수 있다(Lucke 2000).

기본적으로 누구든지 '유즈넷 사형'을 발동할 수 있다. 많은 경우, 시스템 관리자들과 개별 스팸 파이터들 그리고 'SPUTUM'과 같은 비상업 조직 등이 '유즈넷 사형'을 알리는 작업에 적극적으로 참여한다. 유즈넷 사용을 발동하기 전에, 시스템 관리자들과 스팸 파이터들은 스팸 발신자들에게 적절한 조치를 할 것을 문제 사이트에 요청한다. 만일 해당 사이트가 네트워크 남용자를 다루는 일을 거부하거나 소극적인 것으로 보이면, '유즈넷 사형'이 'news.admin.net-abuse.usenet' 뉴스그룹에 게시되며, 관리자들과 스팸 파이터들은 그 문제에 관해 토론하기 시작한다. 그리고 심각한 반대가 없는 한, '유즈넷 사형' 공지문이 'news.admin.net-abuse.usenet' 뉴스그룹에 게시된다. 이 공고문은 또한 '유즈넷 사형' 발효 이유와 해제 조건 등을 설명하는 글과 함께 침해 사이트에 전송된다. 5일간의 대기 기간이 지난 후, 유즈넷 사형은 해당 사이트에서 스팸 수가 현격하게 떨어질 때까지 발효된다.

1997년에 도입된 이래, '유즈넷 사형'은 '네트-남용자' 봉쇄를 위한 강력한 메커니즘으로 작용했다. 벨 애틀랜틱Bell Atlantic, 유유네트UUNET, 컴퓨서브Compuserve, 네트컴Netcom, 엠시아이2000MCI2000.com, 피에스아이네트PSINet, 스타네트Starnet Inc, 아메리테크Ameritech, 에이치케이티HKT, 브이에스엔엘VSNL, 실네트SILNET 등 수많은 인터넷 서비스 제공자들이 유즈넷 사형과 관련한 징계를 받았다. 대부분의 경우, 잠재적 혹은 실제적 유즈넷 사형은 이 회사들이 스팸의 양을 대폭 줄이고 나서야 해제됐다. 가장 최근에는 '앳홈네트워크@Home Network'라는 회사가 '유즈넷 사형' 선고를 받았는데, 'misc.jobs.misc' 뉴스그룹에 지나치게 많이 게시되는 상업 포스팅에 불만을 느낀 한 사용자가 유즈넷 사형에 관한 토론 요청서를 1999년 12월 21일에 'news.admin.net-abuse.usenet'와 'news.admin.net-abuse.misc' 뉴스그룹 등에 게시한 것이 발단이 됐다.

misc.jobs.misce에 지속적으로 올라오는 상업 스팸 문제 때문에 수 주 동안 @Home에 연락했지만, 아무 소용이 없었습니다. 따라서 1999년 12월 29일 23시에 발효되는 @Home Network Canada(IP 24.112.107.161)에 대한 유즈넷 사형 논의를 제안합니다(Stevens 1999).

앳홈네트워크에서 나오는 스팸에는 두 가지 유형이 있었다. 첫 번째는 앳홈네트워크에서 나온 웹바이너리닷컴Web-Binary.com의 바이너리 스팸이었다. 두 번째는 뉴스 서버를 탈취해 앳홈네트워크에서 작동한 전문 스패머들이었다. 스팸은 중복 포스팅, 교차 포스팅 혹은 그 둘의 결합으로 표현되는 브레이드바트 지수Breidbart Index, BI가 20에 달하는 메시지를 지칭한다. 앳홈네트워크의 경우, 탈취한 서버의 BI는 1만 4989였고 웹바이너리닷컴의 BI는 9642였다(Knight 1999). 첫 번째 '유즈넷 사형' 발효 이후, 웹바이너리닷컴은 스팸을 줄였고, 그 결과 봉쇄된 메시지 수는 1999년 12

월 26일 1만 1807개에서 12월 27일 4612개로 줄었다. 그러나 앳홈네트워크는 뉴스 서버를 탈취한 전문 스패머에게 아무런 특별한 조치를 취하지 않았기 때문에, 무효 메시지의 수는 2000년 1월 1일 2291개에서 1월 8일 1만 1630으로 다시 늘어났다(Ritz 2000a). 이처럼 지속된 문제 때문에 리츠(Ritz 2000a)는 2000년 1월 9일 앳홈네트워크 유즈넷 사형에 관한 토론을 제안했다. 리츠는 뉴스닷홈닷컴을 따돌리는 완전 수동적 유즈넷 사형과 앳홈에서 나오는 모든 유즈넷 포스팅을 취소시키는 완전 적극적 사형을 제안하였다. 유즈넷 사형 공지가 이루어진 이래, 앳홈에서 나온 스팸의 수는 1월 13일에서 17일 사이의 기간 동안, 1999년 12월 초 이래 가장 낮은 수준이 되었다. 리츠(2000b)는 'news.admin.net-ause.usenet' 뉴스그룹을 포함한 일부 뉴스그룹들에 앳홈네트워크에 대한 유즈넷 사형을 해제한다고 알렸다.

> 앳홈네트워크 측의 급속하고 긍정적인 반응으로, 1월 18일 화요일 17시(PST)에 내려진 유즈넷 사형은 해제됐다. 다음 달까지 스팸의 양과 무반응이 이전 수준으로 되돌아가면, 유즈넷 사형선고는 예고 없이 바로 발효될 것이다.

스팸 파이터와 일부 시스템 관리자들에게, '유즈넷 사형'은 유즈넷 남용을 큰 폭으로 줄이고 유즈넷 공동체를 통제하는 데 중요한 장치가 됐다. '유즈넷 사형'이라는 공지를 직면한 많은 다른 인터넷 서비스 제공자들처럼, 앳홈네트워크는 유즈넷 공동체에서 축출될 수 있다는 위협 속에서 문제의 사용자들을 적절하게 조치해야만 했다. 그렇지만 문제 사이트뿐만 아니라 무구한 일반 사용자도 종종 징벌하는 유즈넷 사형의 광범위한 포괄 범위 때문에, 유즈넷 사형에 관한 반대는 끊임없이 제기됐다. 미국시민권연합American Civil Liberties Union, 전자전선재단Electornic Frontier

Foundation 그리고 그 밖의 많은 시민단체들이 이런 유즈넷 사형을 둘러싼 논쟁에 개입하였다.

4. 나가며 — 유즈넷, 공유 자원?

백본 케이블의 등장 및 쇠퇴와 'alt' 위계의 탄생은 초기 유즈넷의 중심화/탈중심화 충돌을 잘 보여준다. 최근 '8개 대위계'와 'alt' 위계에서 이루어지는 그룹 생성 과정은, 유즈넷을 중심화하려는 'news' 뉴스그룹의 일부 관리자들과 시스템 관리자들의 노력에도 불구하고, 탈중심 원리가 지배적으로 작동함을 보여준다. 유즈넷 중심화의 또 다른 중간 수준 메커니즘인 '유즈넷 사형'은 상당한 효과를 발휘하지만, 누구라도 그것을 요청할 수 있다는 점에서, '유즈넷 사형'은 여전히 탈중심적 양식으로 작동한다고 말할 수 있다. 유즈넷의 중심화 메커니즘은 많은 자율적이고 자치적인 공유 자원 기관들의 디자인 원리와 공통성을 갖는다. 공유 자원 상황에서처럼, 시스템 관리자들은 유즈넷 포스팅을 이용자들에게 전달하는 데 드는 비용을 고려해야 한다. 유즈넷에서는 자원 단위의 '차감 가능성'이 있기 때문에, 유즈넷 트래픽의 증대는 가용한 자원에 상당한 압박이 될 수 있다. 유닉스 운영 체계에 덧붙여, 유즈넷 사이트는 네트워크에서 나오는 거대한 양의 메시지를 저장하고 운반하기 위해 커다란 양의 디스크 공간을 구입하고 유지해야 한다. 그것은 또한 뉴스그룹 포스팅의 전달과 관련한 대역폭 문제를 해결하기 위해 네트워크를 업그레이드해야 한다. 그리고 이런 투자는 시스템 관리자가 속해 있는 기관의 책임자에 의해 이루어진다.

공유 자원 상황과 유사한 이런 딜레마 때문에, 시스템 관리자들은 '과용' 문제가 발생하지 않도록 몇 가지 규칙을 수립했다. 그것들 중 하나는 경계를 설정하는 작업이다. 예를 들어, 백본 케이블의 대개명은 플레이밍 그룹을 사실상 퇴출하기 위해 뉴스그룹을 7개 대위계로 재배치하였다. 오늘날 '8개 대위계'는 주요 뉴스그룹 위계와 그 정당한 사용자의 경계를 엄격하게 규정했다. 다른 위계하고는 대조적으로, '8개 대위계'는 그룹 생성에 관한 매우 잘 고안된 규칙을 가지고 있다. 사용자가 '8개 대위계' 속에 성공적으로 뉴스그룹을 만들려면, 토론 요청서에서 투표까지 일련의 절차를 준수해야 한다. 그리고 그 과정은 일부 시스템 관리자들과 몇몇 'news' 뉴스그룹의 관리자들에 의해 관리된다. '8개 대위계'는 'news. announce.newgroups'와 'news.groups'에 그룹 생성 규칙을 위반한 그룹들을 감시하고 재제하는 수단인 '가짜 유즈넷 그룹들'을 정기적으로 게시한다. 허락 없이 만들어진 그룹들의 정당성을 부정하는 장치이다. 이런 규칙과 제한에 덧붙여, 유즈넷 사형은 개별 사용자의 유즈넷 '과용'과 '남용'을 관리하는 징계 수단이다.

그렇지만 유즈넷의 중심화 장치는 동시에 대부분의 성공적인 자율적 자치적 공유 자원 기관들의 디자인 원리들과 차이점을 드러낸다. 가장 큰 차이는, 앞에서 살펴본 'alt' 위계의 생성과 그것의 그룹 생성 양식, '8개 대위계'의 그룹 생성 규칙 무시, 유즈넷 사형 등과 같은 사례에서 나타난 것처럼, 탈중심화의 과정이 중심화 메커니즘을 근본적으로 규정한다는 사실이다. 많은 성공적인 공유 자원 기관과 비교할 때, 규칙을 향한 유즈넷 사용자들 사이의 헌신은 약한 편이다. 유즈넷의 경우, 표현의 자유라는 강한 사회 규범이 유즈넷 통제 메커니즘 도입을 어렵게 만든다. 대부분의 공유 자원 상황하고는 달리, 유즈넷 사용자들은 유즈넷에서 직접적인 경제적 이익을 추구하지 않는다. 유즈넷은 컴퓨터 네트워킹의 풀뿌리 운동에 근거한 의사소통 매체다. 따라서 사용자들은 유즈넷 사용의 경제적 비용에 별로 큰 관심을 두지 않으며, 표현의 자유라는 규범에 강한 영향을 받는 경향이 있다.

'alt' 위계의 생성은 백본 케이블이 거버넌스 기구로서 권위를 유지하지 못한 데서 기인한다. 대부분의 시스템 관리자들과 심지어는 일부 백본 케이블의 구성원들에게, 백본 케이블이 '섹스'나 '마약' 등과 같은 논란이 되는 주제들을 다룬다는 이유로 투표를 통과한 그룹을 인정하지 않는 것은 받아들이기 어려운 행동이었다. 이것이 자율적이고 자치적인 규칙을 수립하려는 백본 케이블의 노력이 감시와 통제와 관련된 논쟁에 의해 가로막힌 이유이다. 오늘날, 표준 '8개 대위계'에서 그룹 생성과 유지 규칙이 갖는 일정한 효과에도 불구하고, 그것은 대부분의 성공적인 공유 자원 기관의 디자인 원칙들과 비교할 때 매우 느슨하게 적용된다. 주요 이유는 'alt' 위계 혹은 심지어는 '8개 대위계'에서의 새 그룹 생성을 막을 수 있는 방법이 사실상 없다는 사실에 있다.

13^장 신자유주의 글로벌 인터넷 거버넌스
— ICANN

1. 들어가며

인터넷주소자원관리기구Internet Corporation for Assigned Names and Numbers, ICANN 제 36회 정기총회가 2009년 10월 24일 서울에서 열렸다. 이 행사는 인터넷주소자원관리기구가 세계 각지를 돌며 해마다 3차례 개최 하는 회의의 하나로서, 2009년 3월 멕시코 시티 대회와 6월 호주 시드니 대회에 이어 열린 대회였다. 전 세계 111개 나라에서 총 1207명이 참석한 이 회의는 한국의 방송통신위원장, 국회 문화방송관광위원장, 한국인터 넷진흥원장이 주최국을 대표하여 축사를 했는데, 대부분의 인터넷주소자 원관리기구 국제 회의도 대체로 비슷한 규모와 수준에서 진행된다. 예컨 대 2008년 2월의 뉴델리 대회는 인도 정보기술부 장관이 주관한 가운데 76개국에서 720명이 참석했고, 6월의 파리 대회는 프랑스 공공정책전망 평가 장관이 주관한 가운데 250국에서 1670명이 참석했으며, 11월의 카이로 대회는 이집트 통신정보기술부 장관이 주관한 가운데 144개국에서 1028명이 참석했다. 인터넷주소자원관리기구가 지난 10여 년 동안 세계 각지를 돌며 이와 같이 비교적 대규모 국제행사를 열 수 있었던 것은 아마도 그것이 인터넷의 주소 자원에 관한 글로벌 거버넌스 기구로 널리 인정받고 있기 때문일 것이다.

그러나 우리가 만일 인터넷주소자원관리기구의 조직적 특성을 좀더 신중하게 고려한다면, 그것이 글로벌 거버넌스 기구로서 현재 누리고 있는 권위는 다소 특이한 현상으로 보일 수도 있다. 1998년에 탄생한 인터넷주소자원관리기구는, 1995년에 출범한 세계무역기구와 마찬가지로, 초국적 기구가 전통 국민국가의 주권을 상당 정도 제약하는 세계적 신자유주의화의 산물이다. 그것은 미국 캘리포니아 주법의 관할 아래에 있는 비영리 민간 법인이라는 점에서 정부들 간 조직인 세계무역기구보다도 사적 부문의 지배력이 훨씬 더 강한 조직이라 할 수 있다. 그 어떤 개별 정부도 인터넷주소자원관리기구의 최고 의사결정기구인 이사회에 투표권을 가진 주체로 참여할 수 없으며, 미국 주법의 통제를 받는 하나의 민간 조직이 지구적 수준에서 인터넷 주소 자원 관리를 담당하고 있는 것이다. 세계적 수준에서 사적 부문의 힘과 영향력이 유난히 강한 오늘날의 신자유주의 시대에서도, 인터넷주소자원관리기구는 과연 가장 강력한 민간 초국적 기구인지도 모른다(Antonova 2007). 인터넷주소자원관리기구는 인터넷 주소 자원에 관한 의사 결정에 영향을 받는 이해관계 당사자의 이익이나 요구를 광범위하게 대변한다고 자처하지만, 그것은 기본적으로 이해관계 당사자들의 대표체가 아니며, 대표성의 원리에 따라 작동하는 초국적 기구가 아니다. 또한 그것은 다양한 목소리가 표출되고 전달될 수 있는 개방적이고 접근성 높은 조직을 지향한다고 자처하지만, 민주주의 원리를 충실히 따르는 조직으로 간주되지도 않는다.

인터넷주소자원관리기구는 스스로 인터넷 일반 사용자, 기업, 국민 국가, 국제조약기구, 비정부표준화기구들로 구성된 복합적 협치 governance 체제로 규정하지만, 앞서 밝힌 조직 성격상의 근본 특성들로 인해, 출범부터 현재에 이르기까지 책임성과 정당성을 둘러싼 논란으로부터 한시도 자유롭지 못했다. 세계적 대표성을 지니지도 않고 반드시 민주적 원리에 바탕을 두지도 않는 민간 부문에 의한 인터넷 주소자원 관리는, 어찌 보면 애초부터 취약한 정당성 문제에 시달릴 수밖에 없는 것인지도 모른다. 너무나도 많은 주요 의사 결정이 임원들 사이의 사적 전화 통화나 밀실에서 진행돼온 반면, 투명성과 책임성을 향상시키는 것이 인터넷주소자원관리기구를 신뢰할 만한 세계적 기구로 정립시키는 데 관건이 된다는 주장이 계속 제기되었다(Antonova 2007; Mueller 2001; Weinberg 2002). 요컨대, 인터넷 도메인 명칭 시스템 관리를 위한 지구적 협치 기구로서 인터넷주소자원관리기구가 현재 누리고 있는 권위 바로 이면에는 그것의 정당성에 관한 작지 않은 의문과 논란이 자리 잡고 있는 것이다.

인터넷주소자원관리기구의 민주적 정당성 문제는 일차적으로, 의사 결정 과정의 불투명성이나 임의성 같은 조직의 오랜 내부 관행에서 비롯되기는 하지만, 좀더 근원적으로는 1980년대 이래 지속되고 있는 세계의 신자유주의화에 따른 민주주의 후퇴라는 구조적 맥락에서 파생되는 것이라 할 수 있다. 신자유주의 시대에 민주주의는 국경을 초월해 세계적 범위와 수준에서 이루어지지는 자본 축적과 여전히 근대 국민국가의 경계 속에서 작동하는 민주주의 사이의 모순 상황 아래에서 계속 위축되고 있다(Held and McGrew 2007; 박영도 2000). 글로벌 인터넷 협치 기구로서 인터넷주소자원관리기구의 대표성에 관한 논란은, 인터넷 관리를 민간의 시장 메커니즘에 맡겨야 한다는 경쟁 지상주의, 상표권자와 지적재산권자의 이익을 우선적으로 고려하는 시장 친화주의, 인터넷의 지구적 상호 의존성을 강조하는 복수 이해당사자주의, 엘리트와 전문가에 의한 행정 집행력을 강조하는 엘리트주의 등과 같은 신자유주의 가치나 원리와 밀접하게 연관돼 있다.

이 장은 지구적 협치 기구로서 인터넷주소자원관리기구의 성격을 세계의 신자유주의화라는 시대적 맥락에서 파악해, 1998년 그것의 탄생에서 현재의 발전에 이르기까지 신자유주의 규범과 가치가 어떻게 그 속에 투영되고 관철됐는지를 탐구한다. 아울러, 신자유주의 글로벌 협치 기구로서 인터넷주소자원관리기구가 그것의 정당성 문제를 어떻게 다뤄 왔는지를 고찰한다. 우선, 신자유주의와 세계화 사이의 관계에 관한 논의를 소개한 후, 지구적 협치의 성격을 제도주의 국제 관계 이론을 중심으로 살펴본다. 다음으로, 인터넷주소자원관리기구의 신자유주의적 진화 과정을 민영화, 시장 친화주의, 복수 이해당사자주의, 엘리트주의, 책임성과 정당성 등과 같은 문제들을 중심으로 고찰한다. 이런 논의에 근거해, 마지막으로, 이 장은 세계의 신자유주의화와 민주주의 사이의 관계에 인터넷주소자원관리기구의 지구적 협치가 갖는 함의를 도출한다.

2. 이론적 배경 — 신자유주의와 글로벌 거버넌스

1980년대 이래 세계 자본주의는 신자유주의 체제로 전환했지만, 그 과정은 신자유주의화라는 용어보다는 세계화라는 말로 흔히 명명됐다. 세계화 담론은 매우 강력한 신자유주의 이데올로기로서 글로벌 자본주의의 신자유주의적 재조정을 주체 없는 불가피한 과정으로 신화화했다. 다시 말해, 신자유주의라는 특수한 사회 개조 프로그램이 세계화라는 보편적 사회 변동 원리와 등치되었던 것이다. 가장 상식적인 수준에서, 세계화란 세계인의 상호 작용이 정치, 경제, 사회, 문화적으로 개별 국민국가의 경계를 넘어서서 점점 더 하나의 동일한 환경에 놓이는 과정으로 규정할 수 있다. 좀더 특수하게는, 시장과 가격과 생산이 지구적 수준에서 결정되는 과정, 즉 "세계 무역, 국제적 자본 흐름, 초국적 기업에 의한 해외직접투자의 폭증과 교통과 통신비의 급격한 하락과 그것에 따른 (교통과 통신의) 증대에 의해 초래된"(Ian 2005, 263) 행위자들 사이의 상호 연결성의 심화 과정으로 정의할 수 있다. 그런데 세계화를 이처럼 세계적 상호 연결성의 강화라는 측면에서 이해하면, 그것은 최근에서야 처음 나타난 지구적 현상이 아니라 이미 수십 년 혹은 수백 년 전부터 진행돼온 역사적 과정이라는 점이 분명히 드러난다. 17세기 이래 근대의 교통, 통신 기술은 지속적으로 세계를 하나의 사회로 압축시켜왔으며, 19세기 말과 20세기 초와 비교하여 1970년대 이래의 상품과 자본과 인구의 세계적 이동이 반드시 급격하게 확장됐다고 보기도 어렵기 때문이다(Wolf 2000, 181).

　　1980년대 이후부터 사회과학계에 본격적으로 등장하기 시작한 세계화 혹은 지구화라는 용어는 사실상 세계 자본주의의 신자유주의화에 따른 정치, 경제, 사회, 문화의 세계적 재편성을 지칭하는 말에 다름 아니다. 세계 경제의 신자유주의화는 1980년대 이래 그야말로 현대인의 "정치, 경제적 삶을 어떻게 구조화할 것인가에 관한 유일하게 받아들일 수 있는 상식적 처방"(Weiss 2000, 802~803)이 된 이른바 '워싱턴 컨센서스Washington Consensus', 즉 자유 무역, 자본 시장 자유화, 변동 환율제, 복지 국가 해체, 공기업 사유화, 조세 감면, 시장 규제 완화와 철폐, 이자율의 시장 결정, 균형 예산 등과 같은 거시 경제 정책들에 바탕을 두고 있다(Held 2005, 97~98). 그리고 이런 워싱턴 컨센서스와 신자유주의 정책들의 자연스러운 도입과 실행은 다양한 신자유주의 담론들에 의해 뒷받침됐다. 신자유주의 담론의 근간은 민간 기업의 주도하에 분명한 기업주의 원리에 따라 조직되는 사회 실천이야말로 혁신과 새로운 가치 창출의 관건이 된다는 믿음이다. 구체적으로, 신자유주의 담론은 경쟁을 최상의 가치로 삼는 '경쟁 지상주의', 모든 사람은 유능한 기업가처럼 자신의 인적 자본을 관리해야 한다는 '기업가형 개인주의', 지속적인 생산성 향상은 사회구성원 모두에게 더 높은 생활 조건을 제공해준다는 '낙수 효과trickle down' 이론, 실업은 노동이 그것의 '최저 제한 가격'을 너무 높게 잡기 때문에 발생하는 자발적인 것이라는 믿음을 포괄한다. 또한 그것은 즉각적이고 가시적인 실적을 중시하는 '단기 성과주의', 의회보다는 사법과 행정 집행력을 강조하는 '법치주의', 엘리트와 전문가의 결정을 강조하는 '엘리트주의', 개인적 자유가 사회적 정의에 우선한다는 '자유지상주의' 등과 같은 원리들의 중요성을 역설한다.

그러나 "대안은 없다"는 신자유주의 표어에도 불구하고, 지난 20~30년간의 세계는 사회경제적 양극화, 불평등 심화, 빈곤 인구의 확대, 점증하는 실업, 상시적인 고용 불안정, 사회 통합력 약화, 환경 위기 등과 같은 문제들에서 볼 수 있는 것처럼, 점점 더 신자유주의 모델의 한계와 실패를 드러내 보이고 있다. 1970년대 이래 세계 경제 성장률은 계속 하락하고 있으며, 세계의 가장 잘 사는 인구와 가장 못 사는 인구 사이의 소득 격차도 1970년대 이래 더욱 심화되고 있다(하비 2005, 188~189). 세계 빈곤 국가의 일인당 소득과 평균 구매력도 점점 더 떨어지고 있다(Weiss 2000, 802). 신자유주의 충격 요법을 받았던 구 사회주의권과 중부 유럽의 국가들은 국내총생산이 이전에 견줘 오히려 대폭 축소되고 국가 부채가 급증하는 극단적 손실을 경험했다. 신자유주의 체제 아래 많은 라틴아메리카 국가들에서 경제적 불안정은 더욱 가속화됐다. 미국은 영국과 함께 신자유주의 경제 발전의 모범 국가로 널리 인식됐지만, 제조업 분야 시간당 실질임금은 1970년대 중반 이래 계속 하락하고 있으며, 상위 소득 인구와 하위 소득 인구 사이의 격차는 지속적으로 확대되고 있다. 2007년 현재 미국 최상위 가구의 소득이 전체 가구 소득에서 차지하는 비중은 1928년 대공황 직전의 수준과 거의 일치하고 있다. 진실로, 신자유주의는 그것이 약속했던 것과는 달리, 세계 대다수 인구들에게 경제적 복리를 가져다주기보다는 불평등을 더욱 심화시키고 민주주의를 심각하게 후퇴시키고 있는 것으로 보인다.

그러면 과연 신자유주의 세계 질서는 지난 20~30년간 어떻게 정당성을 확보하고 그것의 위기를 어떻게 관리하였는가? 이 질문에 답하기 위해서는 1990년대부터 사회과학에 본격 등장한 용어인 글로벌 거버넌스 개념에 주목할 필요가 있다. 지구적 정치조직체polity는, 머피(Murphy 2000)에 따르면, "세계적 함의를 갖는 신자유주의 이데올로기, 사적 공적 통치체제의 점증하는 네트워크, 지구적 수준의 정부 간 조직 체계, 초국적 조직 등을 포함한다"(같은 책, 706). 최근의 글로벌 거버넌스에 진정으로 새로운 사실은 "모든 수준의 정부에 특정 정책을 부과하는 민간 채권평가 기구, 유사한 통제력을 행사하는 재보험, 회계, 높은 수준의 컨설팅에서의 지구적 과두제, 광업에서 전기 생산물에 이르기까지 다양한 산업 부문에서 나타나는 지구와 지역 카르텔, 과두적 통제와 임시적 사적 통제 체제, 탈규제된 인터넷과 지구적 원거리 통신의 독특한 결합"(Murphy 2000, 794) 등으로 표현되는 지구적 수준의 '사적 권위'의 발전이다. 물론 이런 강력한 사적 권위는 초국적 자본이 행사하고 있지만, 초국적 자본의 지배는 종종 과학자, 전문가 그리고 시민단체와 같은 비정부 부문이 일국적, 지구적 공공 정책 결정 과정에 중요한 구실을 한다는 사실을 강조하는 경로를 밟기도 한다.

오늘날 신자유주의 글로벌 거버넌스에 관한 강력한 이론적 뒷받침을 제공해주고 있는 이론은 제도주의 국제 관계 이론이다. 제도주의 이론은 글로벌 거버넌스를 초국적 자본의 지배나 국가들 사이의 경쟁과 대결이라는 측면에서보다는 국가들 사이의 상호 의존과 협력이라는 측면에서 파악한다. 흔히 '체제 이론가들regime theorists'로 불리는 쾨헤인Keohane과 나이Nye에 따르면, 오늘날의 신자유주의 세계 질서는 '세계성globalism'이 확대된 사회인데, 여기서 세계성이란 "다대륙의 거리에서 상호 의존망들이 형성되는 세계의 상태"(2000, 105)를 의미한다. 오늘날의 신자유주의 세계 질서를 기본적으로 상호 의존성의 차원에서 이해하는 쾨헤인과 나이에게 최근의 이른바 세계화는 지구적 상호 의존성의 확대에 다름 아니다. 이런 사실은 쾨헤인과 나이가 오늘날의 세계화가 연결망의 강도, 조직의 활동 속도, 그리고 초국적 참여라는 세 가지 측면에서 현대 사회에 질적인 변화를 초래하고 있다고 주장(같은 책, 108)하는 데서 더욱 분명히 나타난다. 우선, 상호 의존성의 강화는 한 지역의 특정 부문의 변화가 다른 지역의 다른 부문에 심대한 영향을 미쳐 전체적으로 세계의 불확실성을 높이는 결과를 낳고 있다(같은 책, 112). 다음으로, 최신 정보 통신 기술의 낮은 이용비는 조직체들의 지구적 활동 속도를 매우 단축시켰으며, 이것은 결과적으로 상호 의존성을 강화하고 있다(같은 책, 114). 나아가 통신 비용의 감소는 세계적 과정에 대한 참여자의 수를 확대하고 '복합적 상호 의존성'을 확대했다. 이런 복합적 상호 의존성은 "국가만이 아니라 다양한 행위자들에 의한 사회들 사이의 다중적 통로, 어떤 분명한 위계에 의해 조절되지 않는 다중적 의제들, 그리고 국가들 사이의 힘의 사용이나 위협의 무관성"(같은 책, 115)으로 규정된다.

제도주의는 글로벌 거버넌스 기구가 이런 상호의존성의 세계 정치 과정에 매우 중요한 구실을 하는 것으로 파악한다. 부케넌과 쾨헤인(Buchanan and Keohane 1998)에 따르면, "지구적 협치는 참여 국가와 여타의 행위자들이 서로 도움이 되는 방식으로 자신들의 행위를 조정하도록 만드는 규범과 정보를 창출"(같은 책, 408)한다. 따라서 개별 국가들은 국제 관계의 원리, 규범, 규칙, 의사 결정 과정 등을 포괄하는 유엔, 국제무역기구, 국제통화기금 등과 같은 국제 레짐을 통해 자신들의 이익을 추구하는데, 이 과정에서 심지어는 자신들의 주권이 부분적으로 제한당하는 것도 감수한다. 쾨헤인과 나이(1998)는 국제 기구가 국가들 사이의 거래 비용, 즉 서로 합의한 사항이 준수될 수 있도록 하는 비용을 줄임으로써 국가들이 서로 도움을 주는 방향으로 협력할 수 있는 공간을 창출한다고 본다(같은 책, 86). 쾨헤인과 나이는 글로벌 거버넌스 기구가 국제 관계의 불확실성을 줄여주고 신뢰성을 높여준다고 주장한다. "국제 기구는 투명성이 강조되는 협상을 촉진시킴으로써, 일련의 의제들을 유사한 규칙에 따라 수년간 다루고 미래의 좋은 평판을 유지하기 위한 진정성을 촉진함으로써, 그리고 정부들이 자신의 약속을 얼마나 충실히 실행하는지를 체계적으로 평가할 수 있도록 함으로써, 이런 불확실성을 줄여줄 수 있다"(같은 책, 86). 국제 기구는 국가들 사이의 협상에 존재하는 정보 비대칭성의 문제를 덜어줄 수 있으며, 개별 국가들은 국제 기구 속에서 집합적 이득을 추구할 수 있다는 것이다.

제도주의는 글로벌 거버넌스를 위계적이기보다는 수평적인 것으로 파악한다. 글로벌 거버넌스의 의사 결정은 다양한 수준의 행위자들 사이의 정치적 조정과 협력을 통해 이루어지는 것이지, 특정한 지배 권력에 의해 독점되는 것이 아니라는 것이다. 제도주의자들은 "권력과 정치의 형태가 부문마다 이슈마다 다르며, 자신의 이익과 영향력이 경우에 따라 달라지는 지배적 권력에 의해 정책 효과가 곧바로 통제된다고 보기 어렵다"(Held and McGrew 2007, 151~152)고 본다. 따라서 쾨헤인과 나이에게, 설사 미국과 같은 초강대국이 글로벌 거버넌스에서 지대한 영향력을 발휘하고 있다고 해서, 세계 정치에서 그것이 차지하는 역할을 지나치게 강조하는 것은 적절하지 않다. 국제 기구에서 형성되는 정책들은 어쨌든 미국이 다른 나라들과 쌍무적 관계에서 사용하는 정책들과는 다를 수밖에 없기 때문이다(같은 책, 87). 제도주의는 위계적이고 불평등한 글로벌 거버넌스 형태들은 점점 더 정당성을 획득하기가 어려워지며, 세계를 운명 공동체로 보는 관념에 바탕을 둔 다자 간 협력주의가 글로벌 거버넌스의 권력 불평등을 순화시키는 작용을 할 것이라고 본다. 쾨헤인과 나이는 오늘날의 대부분의 협력 의제들은 다자 간 협상에 바탕을 두고 있기 때문에, 그 과정에서 누가 상대적으로 더 많은 이득을 보는지 평가하기가 어려우며, 결정적인 권력 관계의 변화를 수반할 위험도 줄어든다고 주장한다(같은 책, 88).

그러나 제도주의가 아무리 글로벌 거버넌스를 국제적 상호 협력과 수평적 거버넌스에 바탕을 두고 있다고 강조해도, 글로벌 거버넌스는 여전히 취약한 민주적 정당성 문제로부터 자유롭지 못하다. 세계적으로 많은 중요한 의사 결정이 글로벌 거버넌스 기구를 통해 이루어지지만 그런 과정은 소수의 강력한 자본과 국가에 의해서 주도되며 민주적으로 통제되지 않고 있다. 글로벌 거버넌스의 공적 책무성은 미약한 반면, 지구적 협치의 대상이 되는 대부분의 사람들이 그것을 통제할 권리를 부여받지 못하고 있다. 이 문제와 관련해, 쾨헤인과 나이는 국제 기구가 효과적으로 작동할 수 있어야 할 뿐만 아니라, 대중에게 책임을 질 수 있는 방향으로 개조되는 것이 필요하다고 주장한다(1998, 93). 그러나 세계적 의사 결정 기구를 만들거나 세계적 차원에서 의회민주주의 원리를 창출하는 것과 같이 영토적 민주주의 원리를 초국가 차원으로 확대하는 방식보다는, 민주적 정당성의 요구 수준을 낮추는 방법을 통해 글로벌 거버넌스의 정당성 문제를 해결해야 한다고 주장한다. 쾨헤인에 따르면, 정당한 기구만이 지배할 권리를 갖는 것은 아니며, 지구적 협치가 겪고 있는 정당성 문제의 핵심은 투명성과 책임성의 결여이다. 따라서 글로벌 거버넌스에서 필요한 것은 대표성과 투명성과 책임성을 높이기 위한 내부 개혁이다. 그 방안은 지구적 협치 기구에 참여하고 있는 각국 정부의 민주적 대표성을 강화하고, 시민들의 연결망이나 다양한 비정부 조직들이 초국적 과정에 적극적으로 결합하는 것이 되어야 한다(같은 책, 93). 실제로, 최근의 글로벌 거버넌스 개혁에 관한 대부분의 논의는 투명성, 책임성, 참여, 정당성 등과 같은 가치들을 중심으로 조직되고 있다.

글로벌 인터넷 거버넌스에 관한 기존 연구의 대부분은 지금까지 논의한 세계 정치 질서에 대한 제도주의적 접근법과 신자유주의 글로벌 거버넌스의 특징에 관한 이론 사이의 긴장을 반영하고 있다(Antonova 2007; Bernstorff 2003; Klein 2002; Kleinwachter 2000; Lips and Koops 2005; Mestdagh and Rijgersberg 2007; Mueller 1998, 2001, 2004, 2007; Weinberg 2002; 이항우 2009). 우선, 뮐러 Mueller 1998는 예전에는 국제전기통신연합이 비경쟁 서비스 공급이라는 원리에 바탕을 두고 국제 텔레커뮤니케이션을 관리했지만, 1970~80년대 이래로 그것은 초국적 경쟁 원리에 바탕을 둔 세계무역기구가 담당하고 있으며, 인터넷주소자원관리기구는 이런 초국적 경쟁과 자유무역을 강조하는 지구적 환경 속에서 탄생했다고 주장한다. 인터넷주소자원관리기구의 탄생은, 뮐러에 따르면, 미국의 자본과 정책 당국자들이 오랫동안 품어왔던 국제전기통신연합과 같은 국제조약기구에 대한 반감과 자유주의 원리만이 정부들 간 기구의 관료주의 폐해를 막을 수 있다는 믿음에 바탕을 두고 있다(같은 책, 92). 뮐러(2007)는 글로벌 인터넷 거버넌스를 국제관계 연구의 '레짐 이론'을 통하여 설명한다. 뮐러는 국제기구가 기본 작동 원리를 확립하고 그 원리에 따른 규범을 형성한 후 최종적으로 규칙과 의사 결정 절차에 합의를 이루어낼 때 제대로 작동할 수 있다고 역설한다. 그런데 뮐러는 글로벌 인터넷 거버넌스가 이러한 레짐 형성의 논리적 과정을 따르지 않았기 때문에 많은 정당성 논란에 휩싸이게 됐다고 주장하고, 인터넷 레짐 형성의 원리와 규범들을 제안한다. 우선, 뮐러는 인터넷 표준이 지구적 공통재commons를 창출하며, 인터넷은 광범위한 사적 네트워크로 구성되고, 최종 사용자 중심의 디자인을 추구하며, 배타적이고 잘 조율된 자원 할당이 필요하고, 비영토적이라는 사실 등이 인터넷 레짐의 기본 원리가 되어야 한다고 주장한다(같은 책, 246~248). 그리고 뮐러는 이런 원리 위에서, 인터넷은 다양한 구성원들이 함께 사용하는 공유지라는 사실과, 공유지가 사유화돼서는 안 되지만 그렇다고 그것이 사적 시장을 과도하게 규제하는 근거가 돼서도 안 된다는 점을 핵심 규범으로 삼아야 한다고 주장한다. 아울러, 뮐러는 인터넷의 기술적 조정이 여타의 정책 기능을 침범해서는 안 되며, 인터넷을 중심화하는 통제력은 가능한 한 분산되고 제한돼야 하며, 복수 이해당사자에 의한 거버넌스가 보장돼야 한다고 주장한다(같은 책, 248~250). 요컨대, 뮐러는 지구적 인터넷 거버넌스 레짐을 기존의 정부에 의한 정당한 강제력 행사 능력보다는 인터넷의 자율적이고 자치적인 능력을 강조하는 자유주의 노선 위에 정립돼야 하는 것으로 본다.

뮐러와 유사하게 안토노바(Antonova 2007)는 인터넷주소자원관리기구의 글로벌 거버넌스가 산업의 자율 규제와 최소한의 정부 간섭이라는 지구적 규제 원리를 도입하고 있다는 점에서 신자유주의 노선을 따르고 있다고 주장한다(같은 책, 1). 안토노바는 인터넷주소자원관리기구의 복수 이해당사자주의multi-stakeholderism가 "상호의존성을 관리하기 위한 전략"이자 "모든 참가자가 수용할 수 있는 공유된 권력의 양태로 작동"(같은 책, 7)하는 "협력"에 바탕을 두고 있다고 지적한다. 그리고 미국은 이해당사자들을 한데 모으는 구실을 할 뿐이며, 이해당사자들 사이의 협력은 지구적 상표권자, 기술 전문가 집단, 국제 기구 등의 공통적 요구와 압력 속에서 형성된 것이다. 그러나 안토노바는 인터넷주소자원관리기구가 복수 이해당사자들의 합의를 모을 수 있는 절차와 과정을 정립하지 못하고 투명하고 공정한 의사 결정 관행을 수립하지 못했다는 점에서, 복수 이해당사자 협력이 성공적으로 작동하지 못했다고 평가한다. 그리고 이것은 민주적 참여보다는 신속하고 효율적인 정책 결정 과정을 중시하는 핵심 기술자 집단과 순전히 사적 부문의 작용으로 공적 정당성을 획득할 수 있다고 본 비상업 혹은 신자유주의 부문 사이의 긴장에 의해 초래된 것이라고 주장한다(같은 책, 24). 안토노바는 시민사회 부문이 기업 부문과 함께 인터넷주소자원관리기구에서 기술 엘리트 집단과 대립하고 있는 것으로 파악한다.

밀러와 안토노바와는 달리, 많은 연구자들은 신자유주의 원리가 인터넷주소자원관리기구에 관철되는 것에 훨씬 더 비판적이다. 립스와 쿱스(Lips and Koops 2005)는 오늘날 인터넷 발전에 직접 영향을 미치고 있는 인터넷주소자원관리기구, 인터넷 소사이어티Internet Society, 인터넷 엔지니어링 태스크 포스Internet Engineering Task Force 등과 같은 10개 국제 조직의 성격과 임무, 미국 연방 정부의 역할, 법률적 관할 토대 등을 분석해 몇 가지 글로벌 인터넷 거버넌스 원리를 밝혀냈다. 립스와 쿱스에 따르면, 이 조직들은 공통적으로 비영리 국제 조직의 성격을 띠고 있고, 정부로부터 독립적이며, 자율 규제의 원리에 바탕을 두고 있다. 또한 그것들은 의사 결정이 상향적 방식으로 이루어지고, 조직들 간 상호 연결성이 높으며, 일반 이용자들보다는 전문가들과 기술자들의 활동에 좌우되고, 공적인 표준화 절차를 통해 기술이나 정책을 발전시킨다(같은 책, 125~126). 이런 원리들에는 앞서 논의한 신자유주의의 지배적 가치가 강하게 반영되어 있음을 알 수 있다. 그런데 신자유주의 세계화와 민주주의 사이의 모순에 대한 많은 지적과 마찬가지로, 립스와 쿱스는 이런 지구적 협치의 경험은 그것이 '누구를 대변하는가?'라는 의미에서 민주주의의 전치, '누가 결정하는가?'라는 의미에서의 정치의 전치, 그리고 '누가 지배하는가?'라는 의미에서의 통제의 전치를 노정해왔다고 지적한다(같은 책, 126). 또한 인터넷 거버넌스 기구들이 지구적 수준에서 민주주의와 그 법적 토대에 관한 위험들을 축적하고 있는 것이 사실이며, 그 문제를 어떻게 해결할 것인가가 그것들이 당면한 주요 과제라고 주장한다.

번스토르프(Bernstorff 2003)는 인터넷주소자원관리기구를 통한 지구적 인터넷 거버넌스가 다양한 상업 영역과 비영리 부문의 참여에 바탕을 둔 민주적인 자율 구조를 지향한다고 하지만, 사실은 그것이 강력한 행위자 집단이 특정 행위자와 이익을 배제하고 절차적으로나 실질적으로 법적 제약을 받지 않으면서도 오로지 지배력 행사의 도구로서만 '참여'를 강조하고 있을 뿐이라고 비판한다(같은 책, 513). 번스토르프에 따르면, 인터넷주소자원관리기구는 그것이 광범위한 인터넷 공동체의 자율 기구이며 개별 정부나 정부 간 기구의 관료적 통제를 받지 않는 효율적인 조직으로 자처하는 데서 민주적 정당성을 얻고자 했다. 번스토르프는 "민간의 과학 자원과 인터넷 산업의 핵심 행위자의 직접 개입을 통해 인터넷주소자원관리기구는 '관료적인' 정부 간 조직보다 더 참여적이고 효율적일 수 있었을 것"(같은 책, 515)이라고 지적한다. 하지만 번스토르프에게 이런 민간 자율 관리의 민주적 정당성은 신자유주의적 수사에 불과하다. 인터넷주소자원관리기구의 주요 의사 결정은 미국 정부, 컴퓨터 과학자, 도메인 명칭 등기소, 상표권자, 세계지적재산권기구 등과 같은 상업적 이익을 우선시하는 강력한 행위자들에 의해 이루어지기 때문이다(같은 책, 519).

좀더 구체적으로, 웨인버그(Weinberg 2002)는 인터넷주소자원관리기구가 2000년 새로운 일반 최상위 도메인 생성 과정에 매우 소극적인 태도를 보였던 것은 상표권 침해를 우려하는 상표권자, 일반 이용자 도메인 명칭 등록을 우려하는 인터넷 서비스 제공자, 부가적 경쟁을 회피하려는 기존 상업 도메인 명칭 등기소 등과 같은 기업 부문의 이익을 일반 인터넷 이용자들의 그것보다 우선적으로 고려한 데 따른 것이라고 지적한다(같은 책, 15). 또한 웨인버그는 인터넷주소자원관리기구가 새 도메인 선별 과정에서도 지원자들에게 매우 한정된 시간 안에 재정적으로 결코 적지 않은 자원 투입이 요구되는 지원서를 제출케 한 반면, 정작 새 도메인의 선별 기준은 명확하게 제시하지 않는 지극히 주관적이고 임의적이고 편향된 모습을 보였다고 주장한다(같은 책, 17~19). 클라인(Klein 2001)은 인터넷주소자원관리기구가 다양한 집단과 개인에 연루돼 있지만, 기본적으로 상업 부문과 민주주의 운동 부문으로 양분돼 있다고 지적한다. 인터넷주소자원관리기구 탄생 초기부터 이사회 구성과 이사 선출을 둘러싸고 공학 연구자 집단, 초국적 정보 기술 자본, 상표권자와 지적 재산권자, 미국의 상무부로 구성된 상업 부문과 인터넷 일반 이용자, 표현의 자유 운동 단체, 영세 자영업자, 소비자 보호 단체 등으로 구성된 민주주의 운동 부문이 치열한 대결을 벌여왔다는 것이다(같은 책, 405).

이상에서 알 수 있듯이, 인터넷주소자원관리기구의 글로벌 인터넷 거버넌스에 관한 기존의 연구는 공통적으로 인터넷주소자원관리기구가 민주적 정당성을 충분히 확보하지 못하고 있다는 점을 지적하고 있다. 그런데 기존 연구는 인터넷주소자원관리기구의 이런 취약한 정당성 문제가 상당 부분 그것의 신자유주의적 협치 원리로부터 파생된다는 점을 지적하면서도, 그것들 사이의 관계를 본격적으로 탐구하는 작업까지는 나아가지 못했다. 그러다보니 인터넷주소자원관리기구의 취약한 정당성 문제의 해결 방안이 신자유주의적 담론의 틀을 크게 넘어서지 못하는 한계를 보이기도 했다. 따라서 이 장은 1998년 출범에서 2010년에 이르기까지 인터넷주소자원관리기구의 발전 과정을 신자유주의 세계화와 신자유주의 거버넌스 원리에 비추어 체계적으로 살펴봄으로써, 인터넷주소자원관리기구가 지속적으로 노정해온 정당성 문제를 좀더 분명하게 오늘날의 신자유주의 지배 담론과 민주주의의 원리 사이의 긴장과 대립 속에서 바라볼 수 있는 바탕을 제공하려 한다.

3. 자료와 방법

이 연구는 인터넷주소자원관리기구와 미국 상무부가 1998년에서 2009년 사이에 발간한 문건들 중 33개의 주요 정책 문건들을 분석 자료로 활용했다. 이 문건들은 인터넷주소자원관리기구 정책의 근간이 되는 것들로서 표 1에서 보는 것처럼, 인터넷 명칭과 주소 자원 관리에 관한 미국 상무부 문서, 인터넷주소자원관리기구와 미국 상무부 사이의 양해각서와 개정안, 인터넷주소자원관리기구 연간 보고서, 그리고 인터넷주소자원관리기구의 책무성과 투명성에 관한 보고서 등으로 구성돼 있다.

이 중 미국 상무부가 발간한 '인터넷 명칭과 주소의 기술적 관리의 개선을 위한 제안서A Proposal to Improve the Technical Management of Internet Names and Addresses'와 '인터넷 도메인 명칭과 주소 관리에 관한 정책문서 Statement of Policy on the Management of Internet Domain Names and Addresses'는 각각 《녹서Green Paper》와 《백서White Paper》로 불리는 것들로서, 인터넷주소자원관리기구의 성격과 구실을 가장 근본적으로 규정하는 문서다. 미국 상무부와 인터넷주소자원관리기구 사이의 양해각서는 1998년에 교환되었으며, 이후 2003년까지 여섯 차례 개정되었다. 양해각서는 2006년에 '미국 상무부와 인터넷주소자원관리기구의 공동 프로젝트 협정문Joint Project Agreement between The U.S Department of Commerce and ICANN'으로 대체되었으며, 이 협정문은 다시 2009년에 '미국 상무부와 인터넷주소자원관리기구의

표 1. 분석 자료

번호	문서 이름
1	U.S Dept. of Commerce, A Proposal to Improve the Technical Management of Internet Names and Addresses(1998) 《Green Paper(녹서)》
2	U.S Dept. of Commerce, Statement of Policy on the Management of Internet Names and Addresses(1998) 《White Paper(백서)》
3	Memorandum of Understanding between The U.S Department of Commerce and ICANN(1998) 《양해각서》
4	Amendment 1 to ICANN/DOC MOU(1999) 《양해각서 제1차 개정문》
5	Amendment 2 to ICANN/DOC MOU(2000) 《양해각서 제2차 개정문》
6	Amendment 3 to ICANN/DOC MOU(2001) 《양해각서 제3차 개정문》
7	Amendment 4 to ICANN/DOC MOU(2001) 《양해각서 제4차 개정문》
8	Amendment 5 to ICANN/DOC MOU(2002) 《양해각서 제5차 개정문》
9	Amendment 6 to ICANN/DOC MOU(2003) 《양해각서 제6차 개정문》
10	Joint Project Agreement between The U.S Department of Commerce and ICANN(2006) 《공동 프로젝트 협정서》
11	Affirmation of Commitments by The U. S Department of Commerce and ICANN(2009) 《책임 확약서》
12	First Status Report to the Department of Commerce(1999) 《제1차 현황보고서》
13	Second Status Report to the Department of Commerce(2000) 《제2차 현황보고서》
14	Third Status Report to the Department of Commerce(2001) 《제3차 현황보고서》
15	Fourth Status Report to the Department of Commerce(2002) 《제4차 현황보고서》
16	Fifth Status Report to the Department of Commerce(2003) 《제5차 현황보고서》
17	Sixth Status Report to the Department of Commerce(2003) 《제6차 현황보고서》
18	Seventh Status Report to the Department of Commerce(2003) 《제7차 현황보고서》
19	Eighth Status Report to the Department of Commerce(2003) 《제8차 현황보고서》
20	Ninth Status Report to the Department of Commerce(2004) 《제9차 현황보고서》
21	Tenth Status Report to the Department of Commerce(2004) 《제10차 현황보고서》
22	Eleventh Status Report to the Department of Commerce(2005) 《제11차 현황보고서》
23	Twelfth Status Report to the Department of Commerce(2005) 《제12차 현황보고서》
24	Thirteenth Status Report to the Department of Commerce(2006) 《제13차 현황보고서》
25	ICANN: A Blueprint for Reform(2002) 《개혁 청사진》
26	President's Report: ICANN – The Case for Reform(2002) 《의장 보고서》
27	ICANN Annual Report 2005-2006(2007) 《2006 연간 보고서》
28	ICANN Annual Report 2007(2008) 《2007 연간 보고서》
29	ICANN Annual Report 2008(2009) 《2008 연간 보고서》
30	Independent Review of ICANN's Accountability and Transparency(2007) 《책무성과 투명성 평가서》
31	ICANN Accountability and Transparency Frameworks and Principles(2008) 《책무성과 투명성의 얼개와 원리》
32	ICANN Strategic Plan: July 2008-2011(2007) 《전략 계획서》
33	Improving Institutional Confidence: The Way Forward(2009) 《제도적 신뢰》

책임 확약Affirmation of Commitments by The U. S Department of Commerce and ICANN'
으로 대체됐다. 양해각서에 따라, 인터넷주소자원관리기구는 1999년부
터 2006년까지 총 13차례의 상황 보고서를 미국 상무부에 제출하였으며,
2007년부터는 인터넷주소자원관리기구 연간 보고서가 상황 보고서를 대
체했다.

　　　　이상에서 열거한 인터넷주소자원관리기구 정책 문서들에 관한
담론 분석을 수행하려 한다. 담론 분석은 글로벌 협치 기구로서 인터넷주
소자원관리기구가 어떻게 신자유주의의 원리를 구현하고 있는지를 보여
주는 것에 초점을 맞춘다. 다시 말해서, 그것이 어떻게 신자유주의 글로
벌 거버넌스 기구로 발전해 나갔으며, 그 과정에서 인터넷주소자원관리
기구의 민주적 정당성 문제가 어떻게 제기됐으며, 인터넷주소자원관리기
구는 그 문제를 어떻게 대처해 왔는지를 분석한다. 구체적으로 인터넷주
소자원관리기구의 정책 결정에 민영화, 시장 친화주의, 복수 이해당사자
주의, 엘리트의 집행력 중심주의와 같은 신자유주의 원리와 담론이 어떻
게 동원됐으며, 그것의 민주적 정당성 문제가 어떻게 투명성과 책임성이
라는 신자유주의 담론 틀 속에서 용해돼 다뤄졌는지 분석한다.

4. 분석

1 인터넷 도메인 명칭 시스템의 민영화

　　　　1997년 7월 미국 클린턴 정부는 도메인 명칭 시스템을 민영화
할 것을 상무부에 지시하였다. 도메인 명칭 시스템 관리는 원래 미국 국
방부 ARPANET 프로젝트의 일환으로 1970년대 초반 UCLA 대학원생

존 포스텔Jon Postel이 호스트 컴퓨터 이름과 주소 목록을 관리하고 유지한 것에서 비롯되었다. 포스텔은 인터넷주소할당기구Internet Assigned Numbers Authority, IANA를 통해 도메인 등록 업무를 수행하였는데, 1985년까지 'arpa', 'gov', 'edu', 'com', 'org', 'mil', 'net'의 7개 일반 최상위 도메인gTLD과 244 개의 국가부호 최상위 도메인ccTLD이 생성되었다. 그런데 1980년대 후반 ARPANET의 효력이 소멸하게 됨에 따라, 1990년대부터는 국립과학재단 National Science Foundation의 네트워크인 NSFNET이 4천 개가 넘는 연구 및 교육 기관들의 컴퓨터 연결을 뒷받침하는 백본backbone을 제공하게 되었 다. 1992년 말 국립과학재단은 네트워크 솔루션Network Solutions, Inc, NSI과 협정을 체결해 NSI로 하여금 도메인 명칭 시스템 서버를 운영하고 선착 순에 따라 무료로 최상위 도메인을 등록해주는 업무를 담당하도록 했다. 그러나 새롭게 형성된 수많은 상업 네트워크가 기존의 NSFNET와 결합 함에 따라 네트워크들의 네트워크인 인터넷의 상업적 가치가 점점 더 커 지게 되었고, 실제로 1995년을 전후하여 도메인 등록 건수가 폭증하게 됐 다. 그 결과 새로운 최상위 도메인 형성 문제 등을 포함한 도메인 명칭 시 스템 관리를 둘러싼 논쟁이 격화되었다. 미국의 클린턴 정부는 도메인 명 칭 시스템 관리 방식변화 압력을 수용하고 도메인 관리에서 손을 떼기 위 해 도메인 명칭 시스템을 민영화하라는 지시를 상무부에 내리게 되었다. 1998년 1월, 상무부는 《녹서》를 공시해 여기에 관한 대중의 의견을 수렴 했으며, 3월 23일까지 수집된 총 650개의 의견을 반영한 《백서》를 1998년 6월에 발행함으로써 인터넷 도메인 명칭 시스템 민영화의 기본 원리를 정 식화하였다.

《녹서》와 《백서》에 나타난 도메인 명칭 시스템의 민영화 근거는 대체로 경쟁지상주의와 자기중심적 소비자주의라는 신자유주의 가치와 밀접하게 연관돼 있다. 아래에서 보는 바와 같이, 《백서》는 민영화에 관한 압력이 여러 가지 부문에서 나오고 있다고 밝히고 있다.

> 도메인 명칭 등록 사업의 경쟁 부재에 대한 광범위한 불만족. 상표권 소유자와
> 도메인 명칭 소유자 사이의 갈등이 점점 더 일반화되고 있음. 이런 갈등을 해
> 결할 메커니즘은 비용이 많이 들고 성가신 것이 되고 있음. 인터넷의 성공적인
> 성장에 자신의 미래가 달린 많은 상업적 이해들은 더욱 공식적이고 강한 관리
> 구조를 요청하고 있음. 점증하는 비미국인 인터넷이용자들과 이해관계 당사자
> 들이 인터넷 조정에 참여하기를 희망하고 있음. 인터넷 명칭이 점점 더 많은 상
> 업적 가치를 갖게 됨에 따라, 인터넷 공동체를 공식적으로 책임지지 못하는 단
> 위나 개인들이 임시 방편으로 새로운 최상위 도메인을 첨가할 결정을 내릴 수
> 없음. 인터넷이 점차 상업화됨에 따라, 미국 연구기관이 그것의 방향을 결정하
> 고 자금을 지원하는 것이 점점 더 절절하지 못한 것이 되고 있음.(5)

위 글에서 알 수 있듯이, 도메인 명칭 시스템의 민영화는 인터넷
의 상업적 가치 증가에 따른 자본의 압력과 요구로부터 상당한 영향을
받은 것이라 할 수 있다. 도메인 명칭 등록 사업의 경쟁 시스템 도입, 상
표권을 둘러싼 분쟁의 효율적인 해결 장치 마련, 안정적인 인터넷 사업을
위한 더욱 공식적인 도메인 관리 요구, 새로운 최상위 도메인 도입의 신
중한 결정, 인터넷의 상업화에 걸맞은 관리 방식 도입 등과 같은 문제들
이 도메인 관리 방식 변화의 주요 근거가 되고 있기 때문이다. 그리고 이
런 상업적 관심은 새로운 도메인 관리 시스템의 기본 원리에 그대로 반영
됐는데, 《백서》는 새로운 시스템이 '인터넷의 안정성', '경쟁', '사적이고도
상향적 조정', 그리고 '대표성'이라는 네 가지 기본 원리에 바탕을 두고 발
전할 것이라고 밝히고 있다(6쪽). 이 중 '경쟁' 원리는 "가능하다면 경쟁과
소비자 선택을 강조하는 시장 메커니즘이 인터넷 관리를 추동해야 하는
데, 그 이유는 그것이 비용을 낮추고, 혁신을 촉진시키고, 사용자 선택과
만족을 높여줄 것이기 때문이다"(18쪽)라는 믿음에 바탕을 두고 있다. 이
런 믿음은 도메인 명칭 등록의 상업화가 사실상 '자연 독점natural monopoly'

을 초래할 것이기 때문에 도메인 명칭을 공적 신탁에 맡기고 인터넷 공동체 전체의 이익을 위해 활용해야 한다는 일부의 비판에도 불구하고 흔들림 없이 견지되었다. 아울러 '사적이고도 상향적인 조정'은 "사적인 조정 과정은 정부보다 더 유연하다고 할 수 있으며, 인터넷과 인터넷 사용자의 변화하는 요구를 충분히 만족시킬 수 있을 정도로 빨리 움직일 수 있다"(18쪽)는 믿음에 토대를 두고 있다.

이런 경쟁지상주의와 자기중심적 소비자주의 담론과 더불어 '최소한의 정부 개입'이라는 가치도 인터넷 도메인 명칭 민영화의 중요한 밑바탕이 되었다.《백서》는 도메인 명칭 시스템 관리는 새로운 민간 비영리 법인이 맡아야 한다고 천명하고, 미국 정부는 도메인 관리 기능을 이 법인에 가능한 한 빨리 이전할 것이라고 밝혔다. 유엔이나 국제통신연합과 같은 국제적인 정부 간 기구가 도메인 명칭 시스템을 관리해서는 안 된다는 점을 분명히 밝힌 것이다.《백서》는 "주권자로 작동하는 개별 국민 정부나 정부들의 대표체로 작동하는 국제 정부 간 기구도 인터넷 명칭과 주소 관리에 참여해서는 안 된다"(20쪽)고 못 박았다. 아울러, 도메인 관리 기능이 미국 내에서 이루어져 왔고 인터넷의 안정성을 위하여 새 민간 법인의 본부는 미국 안에서 비영리 법인에 관한 법률의 지배를 받아야 한다고 명시했다. 개별 국민 정부의 공식 대표자나 정부 간 국제 기구는 새 법인의 주요 이해관계 당사자가 아니기 때문에, 새 법인의 이사회에 참여할 수 없으며 단지 자문만을 수행할 수 있는 것으로 규정되었다.

이런 미국 정부의 강력한 신자유주의 민영화 논리에 따라 1998년 11월 인터넷주소자원관리기구가 설립되었으며, 이 기구는 미국 상무부와《양해각서》를 체결해 인터넷 도메인 명칭 시스템 관리 기능을 미국 정부로부터 이양받기로 했다. 인터넷주소자원관리기구는 양해각서에서 도메인 명칭 시스템 프로젝트를 지원하기 위한 다양한 역할을 수행할 것을 정식화하였다. 그것들은 도메인 명칭 시스템의 기술적 관리, 정관에 배치되는 결정으로 인한 피해 구제, 경쟁적인 도메인 명칭 등록 서비스 시스템 도입, 근본 루트 서버 관리, 이해당사자에 의한 정책 결정, 일반 대중에 대한 정보를 제공, 책임성과 대표성을 높이기 위한 회원 메커니즘 구축, 일반 최상위 도메인 수 관리 등을 포함했다. 이런 양해각서의 규정에 따라, 인터넷주소자원관리기구는 1999년부터 2006년까지 해마다《상황보고서》를 미국 상무부에 제출하였다.

2 기업 친화주의와 시장 개입

미국 정부에 의한 인터넷 도메인 관리의 신자유주의적 전환은 핵심적인 일반 최상위 도메인 등록에 관한 NSI의 독점적 지위 보장, 사이버 공간에서 상표권 보호, 그리고 제한된 수의 새 일반 최상위 도메인 생성 등과 같은 사안들에서도 분명하게 드러난다. 우선, 미국 정부는 '.com', '.net', '.org'와 같은 핵심적인 일반 최상위 도메인 등록을 담당하고 있는 NSI의 시장지배적 위치를 근본적으로 교정하지 않았다. 물론《백서》는 NSI가 도메인 명칭 등록 사업의 경쟁 시스템을 인정하고, 새로운 도메인 명칭 시스템 관리 기구의 도메인 정책을 따르고, 그것을 위한 다양한 지적 기술적 자원과 데이터를 제공할 것이라고 밝히고 있다. 그러나 이런 기대와는 달리, 인터넷주소자원관리기구와 NSI 사이의 관계는 협력적이기보다는 훨씬 더 갈등적이었다. NSI는 도메인 명칭 등록 사업의 경쟁 시스템 도입에 매우 비협조적이었다. 1999년에 미국 상무부에 제출한《제1차 상황 보고서》에서 인터넷주소자원관리기구는 NSI가 도메인 등기에 필요한 공유등기시스템을 경쟁 등기대행사들에게 제공하는 작업이 매우 지체되고 있으며, NSI가 자신의 등기소 기능과 등기 대행사 기능을 분리하고 있지 않다고 비판했다. 또한 NSI가 인터넷주소자원관리기구의 승인 기준을 충분히 수용하지 않고 있다고 지적하면서, 등기소로서 NSI가 갖는 독점적 지위가 그것이 다른 모든 등기 대행사들과 갖는 경쟁적 관계를 손상시키지 말아야 한다고 주장했다. 인터넷주소자원관리기구의 이런 불만에도 불구하고, 미국 정부는 NSI(이후 베리사인VeriSign이라는 회사에 인수됨)의 등기소/등기 대행사 기능을 분리하지 않도록 하는 합의문에 서명하였으며, .com과 .net 도메인 사업에 관한 그것의 독점적 지배권을 현재까지 지속적으로 보장해줬다. 인터넷주소자원관리기구와 NSI/베리사인 사이의 갈등관계에도 불구하고, 미국 정부에게는 이 두 개의 시장 행위자가 인터넷 도메인에 관한 신자유주의 글로벌 거버넌스에 사실상 똑같이 중요한 핵심 영역이라 할 수 있을 것이다.

앞서 밝혔듯이, 《양해각서》에 따라 인터넷주소자원관리기구가 일반 최상위 도메인을 새로 추가할 경우에는 아래의 사항들을 고려해야 한다. 즉,

> a. 새 일반 최상위 도메인이 인터넷 루트 서버 시스템과 인터넷 안정성에 미칠 잠재적 영향. b. 새 일반 도메인 등기소와 기존 등기소 인가를 위한 최소한의 기준 창출과 실행. c. 일반 최상위 도메인 등기소의 경쟁 환경 형성과 관련된 소비자들의 잠재적인 혜택과 비용. d. 《백서》에서 밝힌 상표권/도메인 명칭 정책에 관한 의견, (i) 사이버 해적 행위와 연관된 상표권/도메인 명칭 분쟁을 해결하기 위한 단일한 접근법 개발, (ii) 일반 최상위 도메인에서의 유명 상표 보호를 위한 정책, (iii) 새 일반 최상위 도메인과 그것과 연관된 분쟁 해결 절차 도입이 상표권과 지적 재산권 소유자에게 미칠 영향에 관한 세계지적재산권기구의 의견, 그리고 상표권/도메인 명칭 문제에 관한 다른 독립 기관의 의견(6).

위 인용문에 나타난 바와 같이, 인터넷주소자원관리기구는 일반 최상위 도메인 등록이 초래할 수 있는 상표권과 지적 재산권 침해 가능성

을 매우 우려한다. 그리하여 사이버 해적 행위와 같은 분명한 상표권 침해 행위뿐만 아니라, 사이버 공간에서 전반적인 상표권 보호 방안과 상표권/도메인 명칭 사이의 분쟁 해결을 위한 다양한 방법을 마련하는 것이 중요한 과제가 된다. 이것이 반드시 정당한 도메인 명칭 등록을 억제한다고 말할 수는 없겠지만, 도메인 명칭 등록자로 하여금 상표권과 지적재산권을 침해하지 않기 위한 모든 노력을 기울일 것을 거듭 강조한다는 점에서, 전반적으로 상표권이나 지적재산권을 가진 자본의 이해를 도메인 명칭 등록자의 그것보다 더 심각하게 고려하고 있다는 점은 분명하다.

이런 사실은 새로운 일반 최상위 도메인 명칭 도입과 관련해 인터넷주소자원관리기구가 보여준 매우 보수적이고 소극적인 태도에서도 확인할 수 있다. 기존의 7개 일반 최상위 도메인에 덧붙여 새로운 일반 최상위 도메인을 도입해야 한다는 주장은 이미 오래전부터 있었다. 포스텔은 1996년에 최대 150개의 새로운 일반 최상위 도메인을 도입하자는 제안을 했다. 새로운 일반 최상위 도메인을 만드는 데는 아무런 기술적 문제가 없기 때문에 거의 무제한의 일반 최상위 도메인 시장을 만드는 것은 얼마든지 가능한 일이었다. 그렇지만 상표권자를 비롯한 자본의 입장에서는 이 제안이 결코 달가운 것이 아니었다. 상표권자들은 "최상위 도메인 수를 증가시키는 것이 상표권자들에게 자신들의 상표와 유사하거나 동일한 도메인 명칭의 등록을 막기 위한 높은 단속 비용을 초래할 것을 염려하였다"(Weinberg 2002, 14). 결국 《녹서》는 최대 5개의 새로운 일반 최상위 도메인을 도입하는 것이 적당하다는 입장을 밝혔다. 새 도메인이 전체 도메인 공간에 미치는 영향을 잘 판단하기 위해서는 신중하고도 조심스럽게 일반 최상위 도메인을 확대해야 한다고 판단한 것이다. 그리고 이것은 《백서》에서 밝힌 도메인 명칭 시스템 관리 민영화의 4대 원칙 중 하나인 "인터넷 안정성" 명분과 잘 맞아떨어지는 것이기도 했다. 새로운 일반 최상위 도메인 명칭 도입과 관련해, 2000년 4월 도메인 명칭 지원국Domain Name Supporting Organization, DNSO의 명칭 평의회Name Council는 다음과 같은 결정을 내렸다.

> 따라서 명칭 평의회는 인터넷주소자원관리기구 이사회에 신중하고도 신뢰할 수 있는 방식으로 새 일반 최상위 도메인을 도입하기 위한 정책을 수립해야 한다고 권고하고, 그 정책의 실행에 (a) 초기 단계에 규칙적인 명칭 등록을 권장하고, (b) 일반 최상위 도메인이 지적 재산권을 침해하게 되는 결과를 최소화하고, (c) 새로운 일반 최상위 도메인과 도메인 명칭 시스템 일반의 기술적 작동에 사용자들이 신뢰감을 갖도록 할 필요성을 인식하는 것에 적절한 관심을 기울여야 한다고 권고한다 …… 우리는 이사회에 처음에는 소수의 새 최상위 도메인을 도입하고 향후의 추가적 도입은 처음 도입에 대한 신중한 평가를 거친 이후에야 이루어져야 한다고 권고한다(《제3차 현황 보고서》, 6~7).

이런 권고에 따라 인터넷주소자원관리기구는 2000년 8월에 새로운 일반 최상위 도메인 신청 모집을 공고했다. 44개의 신청서가 접수됐으며, 여기에 관한 4000건 이상의 공개 논평이 제시됐다. 인터넷주소자원관리기구의 기술, 재정, 법 전문가 집단이 신청서를 평가해 326쪽에 달하는 보고서를 작성하였다. 그리고 인터넷주소자원관리기구는 2000년 11월 정례 총회에서 총 7개(.biz, .info, .name, .pro, .aero, .coop, .museum)의 새로운 최상위 도메인을 도입하기로 결정하였다.

그러나 이 과정은 유감스럽게도 인터넷주소자원관리기구의 의사 결정의 정당성을 둘러싼 많은 논란을 불러일으켰다. 인터넷주소자원관리기구는 새 도메인 명칭 선별의 기준을 명시한 토대 위에서 지원서를 받지 않고, 각기 상이하고 다양한 내부 기준에 근거하여 작성된 지원서를 심사했다. 이처럼 명확한 선별 기준이 부재한 심사 결과는 당연히 주관적이고 임의적이고 편향된 것이라는 비판으로부터 자유로울 수 없었다. 또한 6주라는 비교적 짧은 시간에 매우 상세한 지원서를 작성해 제출케 하고 5만 달러라는 결코 적지 않은 심사비를 부과함으로써, 사실상 잠재적 지원자 수를 제한하는 방향으로 작업이 진행됐다. 그리고 44개의 지원서를 반나절 만에 검토해 신규 도메인을 최종 선별한 것은 결정의 임의성 논란을 불러일으키기에 충분한 것이었다고 볼 수 있다. 아울러, 인터넷주소자원관리기구와 새 최상위 도메인 등기소 사이의 계약서는 수백 쪽에 달하는 것이었는데, 등기소 작업의 거의 모든 영역을 구체적으로 적시할 정도로 매우 까다로운 것이었다. 계약상의 의무에 관한 이런 "하향적" 집행은 분명히 인터넷주소자원관리기구가 처음부터 천명한 "상향적" 접근법과 배치되는 것이었다. 실제로, 《양해각서 제6차 개정문》이 새 최상위 도메인 도입과 관련하여, "인터넷의 안정성을 유지하는 직접적이고 투명하고 객관적인 절차를 사용함으로써 새로운 최상위 도메인을 선별하기 위한 예측 가능한 전략을 규정하고 실행해야 한다"[5]는 조항을 신설한 것은 새 도메인 명칭 생성을 둘러싼 이런 비판을 일부 수용한 결과라 할 수 있다.

이처럼 새로운 일반 최상위 도메인 도입에 관해 인터넷주소자원관리기구가 보여준 매우 소극적인 태도는 이후의 새 최상위 도메인 도입의 영향을 평가하고자 하는 계획에서도 드러난다. 인터넷주소자원관리기구는 특별팀을 구성하여 새 도메인 도입 과정을 평가하고 새 도메인이 전체 시스템에 미치는 영향을 평가하도록 했다. 그리고 그런 평가에 근거해 향후 새로운 일반 최상위 도메인을 도입하는 것이 필요하고 적절한지 판단하기로 했다. 즉, 시장의 수요에 반응하여 자동적으로 새 도메인을 생성하는 것이 아니라, 새 도메인이 전체 시스템에 미치는 영향에 대한 엄격한 평가에 근거하여 새 도메인 생성 여부를 결정하기로 한 것이다. 이런 소극적 태도는 실제로 일정한 효과를 거두었다고 볼 수 있는데, 인터넷주소자원관리기구가 2003년 12월에 발표한 새 최상위 도메인 신청 공고에, 2000년의 경우하고는 달리, 2004년 3월까지 '.asia', '.cat', '.jobs', '.mail', '.mobi', '.post', '.tel'(2개), '.travel', '.xxx' 등 총 10개의 도메인만이 신청서를 접수했다. 유사한 문제는 다국어 도메인 명칭Internationalized Domain Name, IDN 시스템 도입에 관한 문제에서도 드러난다. 2003년 1월에 발간된 《제5차 현황 보고서》는 다국어도메인명칭위원회가 한국어, 중국어, 일본어, 아랍어, 그리스어 등과 같은 비-아스키ASCII 문자의 등록을 가능하게 해주는 새로운 도메인 명칭 시스템의 프로토콜 개발을 책임지게 되었다고 밝혔다. 하지만 여기에서도 인터넷주소자원관리기구는 다국어 도메인 명칭 시스템 도입이 사용자들 사이의 광범위한 혼란이나 도메인 명칭 투기 행위와 같은 일이 일어날 가능성에 대한 심각한 우려를 동시에 제기하였으며, 실제로 2009년에서야 겨우 시범적 도입이 결정될 정도로 다국어 도메인 명칭 도입은 너무나도 느리게 진행됐다.

3 복수 이해당사자주의와 상호의존성

복수 이해당사자 사이의 상호 의존성에 대한 강조는 인터넷주소자원관리기구의 신자유주의 글로벌 협치의 또 다른 중요한 요소를 구성하였다. 인터넷주소자원관리기구는 《양해각서》에서 한정 자원인 인터넷 주소에 관한 관리는 매우 잘 조정되어야 하며, 인터넷 전체 시스템이 잘 작동하기 위해서는 특히 루트 서버 네트워크에 관한 적절한 조정이 매우 중요하다는 점을 강조했다. "인터넷 주소 블록의 할당 정책과 방향 설정", "지배적 루트 서버 시스템 작동 감시", "루트 시스템에 새 최상위 도메인이 추가되어야 하는 상황을 결정하는 정책 관리", 그리고 "인터넷에의 광범위한 접속을 유지하는데 필요한 인터넷 기술 모수 할당의 조정"(1~2쪽) 등과 같은 작업이 전세계 네트워크들의 상호 의존적 작동을 위해 매우 중요한 일로 설정했다. 2002년 인터넷주소자원관리기구 의장 린Lynn은 《의장 보고서》에서, 인터넷주소자원관리기구의 임무는 "인터넷을 그토록 역동적인 자원으로 만들었던 창의성과 혁신을 가로막는 행동을 억제하면서도, 지구적 관리와 조정을 요구하거나 그것으로부터 혜택을 보게 될 인터넷 명칭과 주소 할당 체계의 일부 핵심 요소들에 관한 효율적인 관리와 조정"[2]이라고 천명했다. 그리고 전통적인 정부 간 국제 기구가 아니라 민간 부문 기구가 이런 상호 의존성을 가장 효율적으로 관리할 수 있는 방안이 돼야 한다는 점도 강조하고 있다. 실제로, 미국 상무부는 《백서》에서 인터넷주소자원관리기구에 참여하게 될 이해관계 당사자들을 지역 인터넷 주소 등기소, 인터넷 공학자와 컴퓨터 과학자, 도메인 명칭 등기소, 도메인 명칭 등기 대행처, 상업/비상업 사용자, 인터넷 서비스 제공자, 국제 상표권자, 그리고 국제 인터넷 공동체에서 매우 존경받는 인터넷 전문가 등의 대표자들로 규정했다. 반면 개별 국민 정부나 정부 간 국제 기구는 단지 하나의 인터넷 사용자로서 인터넷주소자원관리기구에 자문만을 수행할 수 있는 것으로 규정했다.

　　그러나 《의장 보고서》는 순전하게 사적 부문에 의한 관리라는 초기 관념이 인터넷의 지구적 상호 의존성 유지와 조정에 많은 한계를 노정시켰다는 점을 지적하고, 인터넷주소자원관리기구가 '주요 이해관계자의 저조한 참여', '절차에 대한 지나친 집착', '예산 부족'이라는 세 가지 문제를 해결하기 위한 구조 개혁을 이루어야 한다고 주장했다. 이 중 첫 번째 문제와 관련해, 《의장 보고서》는 인터넷주소자원관리기구의 성공을 위해서는 특히 개별 국민 정부와 243개의 국가부호 최상위 도메인의 참여와 협력이 중요하다는 점을 역설했다. 도메인 명칭 시스템 관리 기능의 "완전한 정부 장악을 피하고자 하는 원래의 열망이 완전하게 사적인 모델의 선택이라는 과민 반응을 낳았다"(3쪽)고 지적하고 있다. 이런 편향이 결국은 "지구적 조정 기구가 자신의 임무를 수행하는데 필수적인 뒷받침과 지원을 제공해주는 실제 세계의 기구들(즉, 정부들)로부터 인터넷주소자원관리기구를 고립시키게"(3쪽) 되는 결과를 낳았다는 것이다. 그리하여 《의장 보고서》는 순전히 사적인 해결책도 아니고 순전히 정부적인 방안도 아닌, 균형 잡힌 "공-사 파트너십"이 인터넷주소자원관리기구의 새로운 상호 의존성 모델이 돼야 한다고 역설한다. 이런 원리는 아래의 인용문에서 보는 것처럼, 《얼개와 원리들》에서도 잘 나타나 있다.

> 인터넷주소자원관리기구는 모든 이해관계 당사자들이 인터넷주소자원관리기구의 책임 영역에 해당하는 모든 정책 사안을 토론하도록 한데 모으는 복수 이해관계당사자 모델로 작동한다. 그것은 정책 개발의 상향적 모델을 따르며 이해관계 당사자들의 합의에 의존한다. 이 모델이 효과적으로 작동하기 위해서는, 인터넷주소자원관리기구는 참여를 촉진하고, 신뢰를 불어넣으며, 정보를 접근 가능한 것으로 만들고, 적절한 논쟁과 심사 메커니즘을 가질 필요가 있다(3).

새로운 상호 의존성 모델에서는 국가 부호 최상위 도메인이 인터넷주소자원관리기구 거버넌스에 폭넓게 참여하게 된다. 이것은 한편으로, 국가 부호 최상위 도메인의 참여가 이루어져야만 "지구적 도메인 명칭 시스템의 상호작동성과 안정성이 보장"(8쪽)되기 때문이다. 사실, 루트 존 파일의 커다란 부분을 차지하는 국가부호 최상위 도메인이 최상위 도메인 관리에 관한 지구적 규준과 무관하게 작동하도록 내버려둔다는 것은 상상할 수 없는 일이다. 다른 한편으로, 그것은 지구적 수준의 인터넷 명칭과 주소 정책은 인터넷주소자원관리기구가 담당하고, 그 밖의 지역적 수준의 정책은 개별 정부나 지역 자율 기구들이 스스로 결정하는 역할 분담이 필요하기 때문이다. 새로운 "공-사 파트너십"을 확고히 하기 위해 인터넷주소자원관리기구는 국가부호 최상위 도메인들 사이의 공식적인 협정서를 체결하기 시작했다. 여기에 따라, 국가 부호 최상위 도메인 등기소의 인터넷주소자원관리기구 내 위상도 강화됐는데, 원래 그것은 인터넷주소자원관리기구의 조직 구성에서 도메인명칭지원국에 속해 있었으나, 2003년 6월부터는 국가 부호 최상위 도메인에 관한 지구적 수준의 정책을 심의하고 조정하는 일을 새롭게 수행하게 된 국가부호명칭지원국 Country-Code Names Supporting Organization이라는 부서에 편재됐다.

《의장 보고서》에는 국가 부호 최상위 도메인들이 "공-사 파트너십"을 적절히 수행하기 위해서는 개별 국민 정부의 적극적인 역할이 중요하다는 점도 강조돼 있다. 다양한 이해당사자들의 자발적 협력에 의존해야만 하는 순전한 사적 기구가 개별 정부의 상당한 도움 없이 지구적으로 어떤 일을 조정하기란 매우 어렵다는 사실을 인정하고 있는 것이다. 정부 역할의 중요성에 관한 인터넷주소자원관리기구의 이런 중대한 인식 변화에 따라, 기존의 정부자문위원회Government Advisory Committee의 인터넷주소자원관리기구 내 역할도 대폭 강화된다. 《의장 보고서》는 정부자문위원회가 투표권을 갖지 않은 한 명의 연락관을 인터넷주소자원관리기구 이사회에 파견하고, 지명 위원회Nominating Committee에 한 명의 대표를 파견하고, 개별 지원국 평회와 루트서버자문위원회, 기술자문위원회, 보안자문위원회에 투표권을 갖지 않은 연락관을 파견할 수 있도록 했다. 정부위원회의 입장을 인터넷주소자원관리기구 시스템에 더 강력하게 반영하고 따라서 공공 이익의 대표성이 더욱 강화될 수 있도록 하는 장치가 도입된 셈이다.

그런데 인터넷주소자원관리기구가 《의장 보고서》에서 국가 부호 최상위 도메인과 개별 정부를 포함한 다양한 이해관계 당사자들의 참여를 강조하게 된 것은, 아래의 인용문에 나타난 것처럼, 1998년부터

2002년까지의 인터넷주소자원관리기구 활동이 직면한 재정 혹은 예산 문제를 해결하기 위한 방책이었다는 측면을 간과할 수 없다.

> 폭넓은 자금 토대를 창출하고 중요한 관계 당사자들의 완전하고 적극적인 참여를 촉진시켜야 한다는 관심에서 볼 때, 정책 평의회와 자문위원회에의 완전한 참여는 특별한 사유가 없는 한 인터넷주소자원관리기구 자금 확충에 대한 참여와 연결돼야 한다(21).

또한 《의장 보고서》는 국가 부호 최상위 도메인과의 공식적인 협정 체결 없이는 매년 40만에서 50만 달러에 달하는 상당한 액수의 인터넷주소자원관리기구 예산 부족분에 관해 국가부호 최상위 도메인이 적절한 부담을 지려 하지 않는다는 사실을 강조하고 있다. 실제로 인터넷주소자원관리기구는 2002년 8월까지 호주와 일본을 비롯한 겨우 총 4개의 국가 부호 최상위 도메인 등기소와 공식 협정을 체결할 수 있었으며, 오직 개별 정부가 가진 강제력만이 공식 협정을 체결할 동기를 별로 갖고 있지 못한 대다수의 국가 부호 최상위 도메인 등기소를 움직일 수 있을 것으로 보았다. 대부분의 국가 부호 최상위 도메인 등기소는 인터넷주소자원관리기구와 체결한 공식적인 협정문에서 해마다 일정 금액을 자발적으로 인터넷주소자원관리기구에 지불할 것을 밝히고 있다. 예를 들어, 영국이나 독일의 경우 연간 미화 8만 5000달러를 지불하고, 남아프리카 공화국은 1000달러, 칠레의 경우 1만 달러, 스웨덴이나 한국의 경우 3만 달러를 내기로 했다. 요컨대 인터넷주소자원관리기구가 2002년부터 전세계 네트워크들의 상호의존성이나 도메인 관리를 위한 공-사 파트너십의 중요성을 새삼 강조한 것은 그것이 겪고 있는 재정 문제를 해결하기 위한 경제적 이해관계로부터 파생된 측면을 간과할 수 없다.

4 엘리트 집행력 중심주의와 민주적 정당성

인터넷주소자원관리기구의 1999년 최초의 정관은 최고의사결정기구인 이사회가 도메인 명칭 지원국, 프로토콜 지원국Protocol Supporting Organization, 주소 지원국Address Supporting Organization에서 각각 3명씩 총 9명의 이사와 일반회원At-Large membership 이사 9명 그리고 의장 1명 등 총 19명으로 구성된다고 규정했다. 그리고 9명의 일반회원 이사는 전세계 일반 이용자들의 직접 투표를 통해 선출된 문화적, 경제적 대표성을 가진 사람들로 구성하기로 했으며, 이 이사들의 임기를 2000년에서 2002년까지 보장했다. 여기에 따라, 실제로 2000년 6월 총 2만 8000명의 일반 이용자들이 일반회원 이사 선출을 위한 유권자로 등록했으며, 2000년 11월 5명의 일반회원 이사가 선출되었다. 전체 이사회의 절반에 가까운 수를 일반 인터넷 이용자들이 직접 선거로 선출한다는 것은 글로벌 도메인 관리의 민주성을 높인다는 의의를 갖는 것임에 분명하다. 그러나 이 정책은 지속되지 못하고 곧바로 폐기되었다. 2002년의 인터넷주소자원관리기구 새 정관은 이사회가 총 15명의 투표 이사와 총 6명의 비투표 연락관으로 구성된다고 정했는데, 이 중 투표 이사는 주소 지원국, 국가부호 명칭 지원국, 일반 명칭 지원국Generic Name Supporting Organization에서 각각 2명씩 총 6명과 지명위원회에서 8명 그리고 의장 1명으로 구성된다고 규정했다. 기존의 일반회원 이사 제도를 철폐하고 그 대신 지명위원회 제도를 도입하여 그것이 기존의 일반회원 이사 수와 거의 동일한 8명의 이사를 지명하도록 한 것이다. 따라서 인터넷주소자원관리기구가 일반 인터넷 이용자 공동체를 대표한다는 명실상부한 대표성의 원리는 사실상 실종됐다.

이런 변화는 아래의 2002년 《의장 보고서》에서 나타나고 있듯이, 일반회원 이사 제도가 인터넷주소자원관리기구가 지나치게 의사 결정 과정에 치중하도록 만들고 그것의 자원을 갉아먹게 만드는 비효율적이고 지속 불가능한 제도라는 평가에 바탕을 두고 있다.

> 지금까지 인터넷주소자원관리기구가 주요 관계 당사자들의 필수적인 지원과 개입을 이끌어내지 못한 이유들 중 하나는 인터넷주소자원관리기구의 많은 참여자들이, 내 생각에는, 그렇게 과도한 중요성이 부여되지 않았어야 했던 다양한 비본질적 문제들에 너무 많은 관심을 기울였다는 점이다. 이런 혼란의 효과는 인터넷주소자원관리기구가 많은 사람들에게 매우 복잡한 조직도에 결박된 소란스러운 이해관계의 집합체로 보이게 만든 것으로 나타났다. 인터넷주소자원관리기구의 핵심 사안에 집중하지 못하게 한 가장 큰 요인은 일반회원 구성에 관한 수많은 경쟁적 관념들이었다(13).

이런 관점에서 볼 때, 일반회원 선거 제도는 조직의 치명적인 오류가 된다. 자원을 여기에 계속 투입하는 것은 인터넷주소자원관리기구를 효율적이고 생존 가능한 기구로 만드는 데 장애가 될 뿐이다. 실제로, 앞서 언급한 인터넷주소자원관리기구 2002년 개혁의 3대 배경이 주요 이해당사자의 저조한 참여, 비효율적인 절차에 대한 집착, 재정 압박 등이었다는 점을 염두에 둘 때, 일반회원 이사 제도는 그런 변화를 초래한 거의 결정적인 이유라 해도 지나치지 않을 것이다. 인터넷주소자원관리기구 지도부에게, 일반회원 이사 선출을 위한 온라인 투표 제도를 폐기하는 것은 그만큼 직접적으로 인터넷주소자원관리기구의 자원과 비용을 절감하는 효과가 있다. 그리고 중요한 이해당사자 중의 하나인 개별 국민정부가 인터넷주소자원관리기구의 의사 결정 과정에 참여할 수 있는 장치를 확대함으로써, 한편으로는, 인터넷주소자원관리기구의 재정 기반을 확대하고, 다른 한편으로는, 인터넷주소자원관리기구의 공적 대표성이나 책임성을 약화시킨다는 비판을 피하는 효과를 거둘 수 있었다. 인터넷주소자원관리기구는 일반회원 이사 제도를 폐기하는 대신에 이사회 자문 기구인

'일반회원 자문위원회At-Large Advisory Committee' 제도를 신설함으로써, 인터넷주소자원관리기구의 개방성과 참여의 원리를 계속 실현할 수 있다고 주장하지만, 인터넷 일반 이용자의 목소리가 최고의사결정기구인 이사회에서 표출되는 것과 자문 기관에 불과한 자문위원회에서 전달되는 것의 차이는 결코 사소한 차이라고 할 수 없을 것이다. 그런 결정은 공공 조직이나 개별 사용자 그리고 시민사회 부문이 인터넷주소자원관리기구의 정책 결정 과정에 더욱 적극적으로 참여하게 하기보다는 그 반대의 효과가 있을 가능성이 더 크다. 실제로, 이런 변화에 관해《평가서》는 아래와 같이 우려를 나타내고 있다.

> 이사회의 이해관계 당사자 대표성 문제와 좀더 구체적으로 개별 인터넷 이용자들의 대변은 중요하다. 인터넷주소자원관리기구는 2000년과 2002년 사이에 이사회 구성을 위한 인터넷 사용자 직접 투표 실험을 했지만, 그것은 작동 가능한 모델이 아니라고 간주됐다. 개별 인터넷 이용자들은 이제 8명의 이사를 뽑는 지명위원회 위원 5명을 선출하는 일반회원자문위원를 통하여 이사회 구성에 간접적으로 영향을 미칠 수 있게 됐다(37).

이런 문제는 8명의 이사 임명권을 쥔 지명위원회의 성격을 기존의 일반회의 이사의 성격과 비교해보면 더욱 분명하게 드러나게 된다. 2002년의 인터넷주소자원관리기구 새 정관에 따라 신설된 지명위원회는 이사회, 지원국, 자문위원회로부터 독립돼 있으며, 8명의 인터넷주소자원관리기구 이사, 3명의 일반 명칭 지원국 평의원, 3명의 국가 부호 명칭 지원국 평의원, 5명의 일반회원 자문위원회 위원을 선출하는 막강한 권한을 갖는 기구다. 그리고 지명위원회의 투표 위원은 중소기업 부문(1명), 대기업 부문(1명), 일반 최상위 도메인 등기소 부문(2명), 국가부호 최상위 도메인 평의회(1명), 인터넷 서비스 제공자(1명), 지적 재산권 조직(1

명), 주소지원국 평의회(1명), 인터넷 공학 태스크 포스(1명), 인터넷주소자원관리기구 기술 연락관 그룹(1명), 이사회가 인정한 학술 관련 부문(1명), 소비자, 시민사회 그룹(1명), 일반회원 자문위원회 파견(5명) 등 총 17명으로 구성된다. 일반회원 자문위원회의 파견 위원은 전체 17명 중 5명에 지나지 않으며, 학술과 일반 시민사회 그룹을 대표하는 위원 수를 덧붙인다 해도 총 7명에 지나지 않아 전체 위원의 과반수에도 미치지 못한다. 반면, 지명위원회의 절반 이상은 민간 자본과 인터넷주소자원관리기구의 주요 조직, 기술 엘리트 그룹이 차지하고 있다. 그만큼 경제 기술 엘리트 집단이 지명위원회의 의사 결정에 미치는 영향은 크다고 할 수 있다. 인터넷주소자원관리기구는 이사회나 지명위원회와 같은 최고 의사 결정 기구가 어떤 이해집단에도 포획돼서는 안 된다고 밝히고 있지만, 앞서 밝힌 것처럼 각각의 이사와 임원 구성은 그 반대의 가능성이 훨씬 높다는 것을 보여주고 있다. 인터넷주소자원관리기구의 신뢰성에 관하여 한 이용자가 인터넷주소자원기구의 한 이메일 아카이브ICANN Email Archives: [principles-comments]에서 밝힌 것처럼, 인터넷주소자원관리기구의 민주적 정당성에 관한 의심과 비판이 제기되는 것은 당연한 일일지도 모른다.

> 인터넷주소자원관리기구는 상향적 방식으로 작동한다고 주장하지만, 사실은 그렇지 않다. 대부분의 인터넷주소자원관리기구 의사 결정은 하향적이다. 인터넷주소자원관리기구는 합의를 통해 정책을 개발한다고 주장하지만, 사실은 그렇지 않다. 대부분의 정책과 결정은 이사회 투표로 이루어지거나 인터넷주소자원관리기구 참모의 명령에 의해 이루어진다. 인터넷주소자원관리기구는 공개적이고 투명하게 작동한다고 주장하지만, 사실은 그렇지 않다. 대부분의 인터넷주소자원관리기구 활동은 비밀리에 수행된다. 인터넷주소자원관리기구는 책임을 지는 기구라고 주장하지만, 사실은 그렇지 않다. 설사 인터넷주소자원관리기구가 독립 심사에 관한 정관을 실행하고자 해도, 독립 심사 패널의 모든 제안은 단지 제안일 뿐이며, 중재비를 지불하는 것 말고는 그 어떤 벌칙도 없이 인터넷주소자원관리기구에 의해 무시될 수 있다(2).

인터넷주소자원관리기구는 많은 회의를 '회의'라는 이름이 아닌 '만찬'이라는 이름으로 진행하거나 사적인 이메일 회의로 대체했다. 또한 적지 않은 회의를 비공개로 진행했으며 언론이나 대중에게 공개하지도 않았다. 이런 관행들은 인터넷주소자원관리기구의 불투명성을 악화시키는 요인이 됐다. 더불어 인터넷주소자원관리기구는 '상향적' 거버넌스를 추구한다고 자처하지만 사실은 다양한 주요 의견들을 무시하고 일방적인 의사 결정을 하향적 방식으로 밀어붙인다는 비판을 받아왔다. 이런 문제들로 인해, 이사회의 의사 결정 과정을 정관에 명문화해야 한다는 주장도 제기됐는데, 캐나다 정부 대표는 이사회가 어떤 안건이 얼마 동안 다루어질 것인지를 사전에 공고하고, 안건의 배경과 맥락을 알려주는 문건을 제시해야 하며, 안건에 관한 다양한 입장 설명과 함께 주요 문제들에 관한 분석이 이루어져야 하며, 이사회가 인터넷주소자원관리기구 공동체 전체에 책임지도록 하는 메커니즘을 도입해야 한다고 제안했다.

5 투명성과 책무성 그리고 글로벌 협치

인터넷주소자원관리기구는 《양해각서 제5차 개정안》과 《양해각서 제6차 개정안》에서 투명성, 책무성과 관련된 조항들을 한층 더 강화하거나 새롭게 도입했다. 《양해각서 제5차 개정안》에서는 인터넷주소자원관리기구와 지역 인터넷 등기소Regional Internet Registries 사이의 안정적 협정 체결을 위한 정부자문위원회와의 협력, 정부자문위원회에 더욱 효율적이고 확대된 정부 참여를 촉진하기 위한 각국 정부와의 협의, 정책 수립의 투명성 제고를 위한 절차 개선, 인터넷 공동체의 불만 시정을 위한 책무 메커니즘 개선, 최상위 도메인 등기소 선별과 연관된 각종 기준 명시, 전 지구적 인터넷 공동체의 참여를 촉진하기 위한 적절한 메커니즘 개발

등과 같은 항목들을 새로이 첨가했다. 그리고《양해각서 제6차 개정안》에서는 정책 도입 과정의 투명성, 효율성, 계획성 개선, 새 도메인 선별의 예측 가능한 전략 개발을 위해 분명하고 투명하며 객관적인 절차 도입, 이사회와 실행 부서의 책임성 강화를 위한 내부 구조 평가 수행과 다언어 소통을 위한 적절한 전략 개발 등을 포함하는《전략 계획서》작성과 같은 항목들을 새롭게 첨가했다. 물론, 애초의《양해각서》는 인터넷 공동체 구성원의 민원을 처리하기 위한 '재심reconsideration process', '독립 심사 independent review process', '중재arbitration process'의 세 가지 제도적 장치를 도입했다. 하지만 2002년의 개정 정관은 옴부즈맨 설립, 재심과 독립 심사 절차 수정, 일반회원자문위원회 구성 등과 같은 인터넷주소자원관리기구의 투명성과 책무성을 높이기 위한 제도 장치를 새로이 도입했다. 이 중 일반회원자문위원회는 개별 인터넷 사용자 조직들로 구성된 '일반회원구조At-Large Structure'를 아프리카, 아시아-태평양, 유럽, 라틴아메리카, 북아메리카 등 5개의 '지역일반회원구조Regional At-Large Structure'로 편재한 것에 바탕을 두고 만들어졌다.《제6차 현황 보고서》는 "일반회원자문위원회는 인터넷 공동체의 상이한 부문들의 목소리가 전달되고 그것이 효율적으로 고려될 수 있도록 하기 위하여 만들어졌다"(12쪽)고 밝히고 있다. 이런 책무성 강화 프로그램 도입과 더불어, 인터넷주소자원관리기구는 '인터넷 공동체 감시 그룹Internet Community Watchdog Groups'과 '캘리포니아 회사법과 캘리포니아 검찰 총장California Corporation Law and California Attorney General', '인터넷주소자원관리기구 법인 감시 패널Corporate Oversight Panel'등과 같은 집단들의 의견과 평가를 수용하고자 하였다.

　　인터넷주소자원관리기구의 투명성과 책무성에 대한 강조는 기존의《양해각서》를 대체하여 2006년 9월에 채택된《공동 프로젝트 협정서》에서도 두드러지게 나타난다. 이 협정서에서 미국 상무부는 도메인 관리 기능의 민간 부문 이양과 관련해 '투명성과 책무성', '루트서버 보안', '정부자문위원회', '감시'와 관련된 자신의 임무를 적극적으로 수행하겠다고 명시했다. 구체적으로, 미국 상무부는 루트서버의 보안 유지와 더불어 도메인 명칭 시스템에 관한 정책 도입에 투명성, 책무성, 개방성을 높이기 위한 방법을 개발하기로 했다. 아울러, 정부자문위원회의 조언이 인터넷주소자원관리기구에 의해 더 효율적으로 고려될 수 있도록 정부 간 자문위원회에 참여할 것이며, 인터넷주소자원관리기구의 활동을 계속 점검할 것이라고 밝혔다(1~2쪽). 인터넷주소자원관리기구도 '보안과 안정성', '투명성', '책무성', '루트서버 보안', '최상위 도메인 관리', '다자주의 모델', '정부 역할', '인터넷 프로토콜 주소', '법인 책임성', '법인 행정구조' 등을 주요 역점 사업으로 규정했다. 인터넷 도메인 체계의 안정성과 루트서버의 보안과 같은 기술적 문제 관리와 더불어, 투명성, 책임성, 다자주의, 정부 구실 확대, 적절한 거버넌스 체제 유지 등과 같은 인터넷주소자원관리기구의 민주적 정당성과 연관된 문제들을 중점적으로 다루고 있음을 알 수 있다(2쪽). 이 중 특히 '다자주의'는 인터넷주소자원관리기구의 거버넌스 구조를 좀더 민주적 정당성이 높은 것으로 만들기 위한 제도적 장치의 일부로서《공동 프로젝트 협정서》에서 새롭게 정식화된 원리라 할 수 있다.

　　《공동 프로젝트 협정서》체결 이래 2009년 현재까지 인터넷주소자원관리기구의 투명성, 책무성, 신뢰성 강화는 인터넷주소자원관리기구의 핵심 의제가 돼왔다. 이 점은 2007년 3월에 발표된《책무성과 투명성 평가서》, 2008년 1월에 발표된《책무성과 투명성의 얼개와 원리들》, 그리고 2009년 5월에 발표된《제도적 신뢰》와 같은 투명성과 책무성에 관한 주요 보고서가 최근에 집중적으로 제출되고 있다는 데서 확인할 수 있다. 《책무성과 투명성 평가서》는 외부 기관이 의사 결정, 정보 접근성, 정책 개발, 평가, 불만 처리 등과 같은 기준에 따라 인터넷주소자원관리기구의 투명성과 책임성 구조를 다른 국제 기구들의 거버넌스 구조와 비교하여 평가한 결과물이다. 이런 비교 작업을 통해, 인터넷주소자원관리기구는 그것이 웹사이트에 상당히 많은 양의 정보를 게시하고 있다는 점에서 투명성이 상당히 높은 반면, 웹사이트 정보에 관한 접근성이나 정보 제공의 일관성은 떨어진다는 점을 확인했다. 아울러, 이사회 의사 결정 과정의 불투명성이나 상이한 이해 당사자의 의견 미반영 등과 같은 문제점도 확인하였다. 나아가 인터넷주소자원관리기구는 자신의 활동을 평가하는 다양한 공식 절차를 통해 그 성과와 한계를 내적으로 공유하고, 이사회에 대한 불만 처리 절차는 좀더 제도화되고 공식화될 필요가 있다는 과제를 도출했다. 한편,《책무성과 투명성의 얼개와 원리들》에서는 특히 '책무성'의 원리들을 정식화하고 있는데, 인터넷주소자원관리기구 활동의 투명성과 공정성에 관한 정관 조항, 연간 보고서 회의록 정관 등과 같은 중요 문건의 공개 기준, 이사회 재심 위원회 독립 심사 패널 옴부즈맨 등과 같은 분쟁 조정 제도, 높은 수준의 투명성 기준과 절차 준수, 이사회와 지명위원회 구성의 대표성, 전략 수립과 실행 계획, 예산 등에 관한 의견 수렴, 인터넷주소자원관리기구 구조에 대한 외부 독립 기관의 평가, 인터넷주소자원관리기구 문건의 다국어 번역, 구성원의 행동 규범 정립 등을 중요한 요소로 다루고 있다. 《제도적 신뢰》에서 인터넷주소자원관리기구는 국제 사회와 개별 국민정부와의 관계와 이사회의 책무성 메커니즘에서 신뢰성의 위기를 겪고 있다고 진단한다. 그리고 이런 문제를 해결하기 위해서는 인터넷주소자원관리기구의 본부를 계속 캘리포니아에 두면서도 그 보조적 법적 기구를 미국 바깥에 두는 방안을 적극적으로 모색하고, 정부자문위원회가 인터넷주소자원관리기구의 복수 이해당사자의 의사 결정 과정에 더욱 긴밀하게 결합할 수 있도록 하는 것이 필요하다고 강조한다. 아울러, 인터넷주소자원관리기구는 이사회의 결정 사항에 관한 재심 절차를 도입하고, 이사회의 의사 결정권의 행사를 심사할 수 있는 독립심판소를 설립함으로써 이사회의 신뢰성과 책무성을 강화할 수 있을 것으로 보고 있다.

5. 나가며

기업주의, 경쟁 지상주의, 자기 중심적 소비자주의, 집행력 중심주의 등과 같은 신자유주의 원리와 담론은 인터넷주소자원관리기구의 신자유주의 글로벌 인터넷 거버넌스의 정당성을 뒷받침하는 주요 요소가 됐다. 인터넷의 상업 잠재력에 주목한 자본의 요구로부터 초래된 인터넷 도메인 명칭 시스템의 민영화는 자유로운 경쟁과 선택을 최대한 보장하는 시장 메커니즘과 민간에 의한 상향적 의사 결정 원리에 바탕을 두고 전개됐다. 개별 정부나 정부간 조직은 관료적 비효율성과 등치돼 핵심 의사 결정 단위에서 원천적으로 배제됐다. 민간에 의한 자율 규제라는 신자유주의 대표 조직 원리가 도메인 명칭 시스템 민영화를 정당한 것으로 만드는 데 중요한 작용을 한 셈이다. 이런 신자유주의 민영화 정책에 힘입어 탄생한 인터넷주소자원관리기구는 도메인 등록 사업이 기존의 상표권과 지적 재산권을 침해하지 않는 범위 안에서 그것의 상업적 잠재성을 최대한 실현할 수 있도록 했다. NSI는 세계 최대 최상위 도메인인 '.com'과 '.net'에 대한 독점적 지배권을 한번도 놓친 적이 없으며, 인터넷주소자원관리기구는 다국어 도메인 명칭을 포함한 새로운 최상위 도메인 명칭을 도입하는 일에 거의 언제나 매우 소극적인 모습을 보였다. 아울러, 인터넷 명칭 시스템 관리가 전세계 네트워크들의 상호 의존성을 안정적으로 뒷받침한다는 사실은 인터넷주소자원관리기구의 신자유주의 거버넌스 정당화의 또 다른 근거가 되었다. 국가 부호 최상위 도메인이 루트 존 파일의 커다란 부분을 차지하고 있고, 일반 최상위 도메인과 국가 부호 최상위 도메인 등록 작업이 지구적이고 일국적 차원에서 조정돼야 한다는 점에서, 인터넷은 이미 긴밀한 국가 간 상호 의존성에 바탕을 두고 있다는 주장은 상당한 설득력을 갖는다. 개별 정부가 하나의 이해당사자로서 민간 주도의 글로벌 인터넷 거버넌스에 적극 협력해야 한다는 논리도 상호 의존성에 관한 인터넷주소자원관리기구의 이런 강조로부터 나오는 것이라 할 수 있다.

그러나 인터넷주소자원관리기구의 글로벌 거버넌스의 정당성을 뒷받침해준 신자유주의 원리는 동시에 그것의 정당성 위기를 불러일으키는 원인이 되기도 했다. 효율성과 엘리트의 집행력을 강조하는 신자유주의 원리는 거버넌스의 대표성 문제에서 특히 취약한 모습을 드러낸다. 애초에 인터넷주소자원관리기구는 일반 인터넷 이용자 집단에서 선출된 일반회원 이사가 전체 이사회의 거의 절반을 차지하도록 하였고, 실제로 5명의 일반회원 이사를 인터넷 투표를 통해 선출하기도 했다. 그러나 이후 인터넷주소자원관리기구는 일반 인터넷 이용자의 대표성을 더욱 강화하고 세밀하게 하는 방안을 발전시키는 대신, 일반회원 이사 제도를 폐지하고 지명위원회가 기존의 일반회원 이사의 수와 거의 동일한 수의 이사를 지명하도록 했다. 그런데 인터넷주소자원관리기구의 이사회를 비롯한 주요부서의 핵심 임원을 선출할 권한을 가진 지명위원회의 대다수는 경제적 기술적 엘리트 그룹이 차지하고 있다. 대표성의 원리는 심각하게 약화된 반면, 자본과 전문 기술 엘리트의 지배는 더욱 강화된 것이다. 그리고 인터넷주소자원관리기구의 민주적 정당성에 관한 많은 논란이 주요 회의의 비공개성과 불투명성 그리고 이사회 의사결정 과정의 임의성과 불투명성 등과 같은 문제를 중심으로 제기됐다. 물론, 최근에 인터넷주소자원관리기구는 이런 위험에 대응해 그것의 투명성과 책무성을 높이기 위한 상당한 노력을 기울이고 있기는 하지만, 그것은 어디까지나 글로벌 거버넌스의 정당성 문제에 대한 신자유주의적 대처 방식에 다름 아니다. 인터넷 도메인 명칭이라는 전세계적 공유 자원의 대다수 일반 이용자 집단의 의사를 실질적으로 대표할 수 있는 메커니즘을 구축하는 작업은 정당성 문제와 관련한 주요 의제가 되지 못하고 있기 때문이다.

인터넷주소자원관리기구의 글로벌 인터넷 거버넌스에 관한 제도주의적 설명, 즉 지구적 상호 의존성이 점점 더 강화되는 오늘날의 세계화 시대에 인터넷주소자원관리기구는 전세계 네트워크들의 상호 연결망을 안정적으로 관리해야 한다는 과제를 개별 국민 국가를 비롯한 기업, 기술 엘리트, 시민단체 등 복수의 이해당사자들 사이의 수평적 협력을 통해 달성하려 한다는 설명을 한 꺼풀 벗기고 들여다보면, 우리는 다양한 형태의 신자유주의 원리와 담론들이 인터넷주소자원관리기구의 글로벌 인터넷 거버넌스를 떠받치고 있음을 볼 수 있다. 문제는 그것이 신자유주의와 민주주의 사이의 모순을 그대로 재생산하고 있다는 점이다. 인터넷 도메인 명칭에 관한 많은 중요한 의사 결정이 소수의 강력한 경제 기술 엘리트에 의해 이루어지는 반면, 실제 도메인 이용자인 대부분의 사람들은 그것으로부터 배제돼 있다. 글로벌 거버넌스에는 특히 사적 권위의 발전이 두드러진 현상으로 나타난다고 말한다면, 그것은 대체로 경제 엘리트의 막강한 권력을 염두에 둔 말일 것이다. 여기에 시민 사회 단체를 초국적 자본과 동등한 하나의 비정부 부문으로 간주하고 국가 개입으로부터 자유로운 자율 규제와 복수 이해당사자주의를 옹호하는 것은 너무나도 순진한 주장이 될 것이다.

14장 전자 감시와 개인정보 자기결정권의 실효성

1. 들어가며

오늘날 정보화의 진전은 사회의 다른 영역에서와 마찬가지로 감시 체계와 개인정보의 성격에도 중요한 변화를 초래하고 있다. 그런 변화는 종종 감시나 추적 기술의 광범위하고도 일상적인 적용에 따른 프라이버시의 종말이라는 우울한 현실 진단으로 표현되곤 한다(고영삼 1998; Garfinkel 2001; Whitaker 1999). 근대 인권 관념의 핵심 요소인 개인정보와 프라이버시는 이제 하나의 경제적 거래 대상 또는 상품이 돼버렸다는 주장이 더욱 더 커다란 설득력을 얻어가고 있는 것처럼 보인다(Davies 1998). 아니면 적어도 개인정보가 지닌 인권의 가치는 이제 더는 절대적인 가치가 될 수 없으며, 그 경제적 가치와 균형을 이루어야만 하는 대상으로 간주돼야 한다는 주장이 널리 받아들여지고 있는 것처럼 보이기도 한다(김동원 2003; Cate 1997; Lyon 2001; Regan 2002; Swire and Litan 1998). 물론 최근 수십 년 동안 이런 감시 체계의 고도화, 일상화와 개인정보의 상품화 과정이 별 무리 없이 일방적으로 진행돼온 것은 아니다(Bennett 1992; Bennett and Raab 2006). 1970년대 이래 세계 각국은 정보통신 기술의 광범위한 사회 적용에 따른 개인정보 침해를 예방하기 위해 많은 노력을 기울여왔다. 그 결과 "개인들, 집단들, 또는 기관들이 언제, 어떻게, 그리고 얼마나 자신들에 대한 정보가 다른 주체들에게 소통될 수 있는지를 스스로 결정할 수 있어야 한다"(Westin 1967, 7)는 개인정보 자기결정권 관념이 정립되었으며, 그것은 1980년에 마련된 경제협력개발기구OECD의 '프라이버시 보호와 국가 간 개인정보의 자유로운 흐름을 위한 가이드라인Guidelines on the Protection of Privacy and Transborder Flows of Personal Data(이하 '가이드라인')'과 1995년 유럽연합의 '개인정보와 연관된 개인의 보호 및 개인정보의 자유로운 흐름에 관한 지침 Directive on the protection of individuals with regard to the processing of personal data and on the free movement of such data(이하 '지침')'의 성립 근거가 되기도 했다. 이런 국제적 노력에 영향을 받아, 한국에서도 1994년 '공공기관의 개인정보 보호에 관한 법률'과 2001년 7월 '정보통신망 이용촉진 및 개인정보 보호에 관한 법률(이하 '정보통신망법')'이 만들어졌다. 특히 정보통신망법은 1996년 10월 OECD에 가입한 우리나라가 개인정보 보호와 이용에 관한 국제적 규준을 도입하는 과정에서 입법된 것이라 할 수 있고, 그 명칭에서부터, '가이드라인'과 '지침'과 유사하게, 개인정보 보호와 자유로운 흐름('정보통신망 이용 촉진')이라는 두 가지 원리를 동시에 추구하는 법률임을 명확히 밝히고 있다.

그러나 개인정보 보호를 위한 이런 국내외의 노력은 개인정보의 인권적 가치와 상품적 가치가 서로 균형을 이루어야 한다는 최근의 지배적 관념을 넘어서는 것이 아니라 오히려 그것에 정확하게 근거하여 이루어져 왔다. 한편으로는 '개인정보 보호'와, 다른 한편으로는 '개인정보의 자유로운 흐름' 혹은 '정보통신망 이용 촉진'이라는 요구를 동시에 달성하고자 했기 때문이다. 물론 그런 노력은 개인정보를 무분별하게 남용하는 자본의 힘에 대항하여 개인정보 보호의 원리와 준수 규범을 명확하게 정립했다는 점에서 긍정적 의의를 분명히 갖고 있다. 그러나 개인정보 보호와 자유로운 흐름이라는 상호 모순된 요구는 실제로 과연 어떻게 충족되고 있으며, 개인정보가 지닌 여러 가지 가치들이 서로 적절하게 균형을 이룬 상태란 과연 어떤 상태를 일컫는가? 이런 질문에 관한 해답은, 개인정보가 지닌 가치들이 서로 균형을 이루어야 한다는 주장을 반복하는 것을 넘어서서, 감시와 개인정보를 둘러싼 사회 세력 간 대결과 경합 그리고 힘의 우열에 의해 그 균형이 좌우되는 문제로 바라보는 것 속에서 찾아야 할 것이다. 오늘날 정보 인권 관념으로 널리 받아들여지는 개인정보 자기결정권은 그러한 정치적 대립과 갈등의 산물로 이해될 수 있겠지만, 그것이 과연 감시 체제의 강화에 따른 개인정보의 침해를 예방하는 데 얼마나 실질적으로 도움이 되는지를 따져보는 것으로 한걸음 더 나아가는 것이 필요하다. 그러지 않고서는 '균형 대상'이라는 규정 속에서 개인정보가 거의 전적으로 상품적 가치를 중심으로 파악되는 위험을 피하기가 쉽지 않을 수 있기 때문이다(Blanchette and Johnson 2002).

이런 문제의식에 입각해, 이 장은 개인정보 자기결정권이 한국사회에서 과연 어떤 실효성을 갖고 있는지를 살펴보고자 한다. 개인정보 자기결정권에 관한 지금까지의 연구들은 거의 대부분 그것이 정보 인권으로 정립된 역사적 과정을 밝히는 것에 머물러 있을 뿐, 그것이 실제 현실에서 어떻게 적용되고 있는지에 관한 본격적인 평가와 분석은 아직 활발하게 이루어지지 않고 있다. 이 장은 우선, 정보화의 진전에 따른 개인정보의 성격 변화를 이론적으로 고찰한다. 이것을 통해, 정보 사회 감시 체제의 강화와 개인정보 상품화의 맥락 속에서 개인정보 자기결정권 관념이 성립됐음을 밝힌다. 다음으로, 개인정보 자기결정의 원리가 OECD '가이드라인'과 국내의 정보통신망법에서 어떻게 반영돼 있는지 구체적인 법률과 규제 조항들을 중심으로 살펴본다. 나아가 정보통신망법의 현실 적용이 개인정보 자기결정의 원리를 과연 얼마나 실현하고 있는지 구체적인 사례 분석을 통해 살펴본다. 마지막으로, 우리의 개인정보 자기결정권이 감시 체제의 강화에 어떤 의의와 한계를 갖는지 논의하고 우리의 제도를 좀더 실효성 있게 발전시키기 위한 대안에 관해 논의할 것이다.

2. 정보 사회와 개인정보

1 정보 사회의 개인정보와 프라이버시

개인정보는 개인과 관련된 모든 식별됐거나 식별할 수 있는 정보이며, 프라이버시 관념의 핵심 구성 요소이다. 프라이버시에 관한 가장 고전적인 관념은 흔히 '혼자 있을 권리the right to be let alone' 혹은 외부의 간섭이나 침해를 받지 않을 권리로 규정되는, 소극적 혹은 부정적negative 권리 관념이다(Warren and Brandeis 1890). 개인정보를 포함한 프라이버시 보호는 근대 계몽 사상과 부르주아 시민혁명을 통해 정초된 민주주의 근본 원리들 중 하나다. 프라이버시 침해는 흔히 개인의 인격을 향한 모독으로 이해된다. 그리고 그것은 우리가 자유롭게 선택할 수 있는 행동의 범위를 심각하게 제약하는 결과를 초래할 수 있다. 따라서 프라이버시 침해는 우리 정신의 내적 성숙을 가로막고, 우리의 행동을 단순하고 소극적이며 예측 가능한 것으로 만드는 것으로 귀결될 수 있다. 또한 자유주의 인권 관념의 주요 구성 요소인 프라이버시 관념은 다수의 관점에 순응하라는 사회 압력에 저항할 수 있는 자율적이고 독립된 시민의 형성을 뒷받침 해준다(Reiman 2004, 201). 이런 최소한의 개인적인 의미뿐만 아니라 더욱 일 반적인 의미에서 프라이버시는 양심과 학문의 자유, 언론과 출판의 자유, 비밀투표권, 집회와 결사의 자유 등 민주적 권리의 근본 토대가 되는 관 념이기도 하다(Westin 1967). 따라서 규범적인 측면에서 볼 때 프라이버시는 누구에게도 드러내거나 양도할 수 없는 인간의 기본 권리라 할 수 있다.

그러나 개인정보와 프라이버시를 소극적 권리의 차원에서 규정 하는 관점은 최근 많은 비판을 받게 됐다(백윤철 2003). 오늘날과 같은 정보 화 시대에 개인정보와 프라이버시를 더는 절대적이고도 근본적인 인권 으로만 간주해서는 안 되며, 그 경제적 가치와 인권적 가치 사이의 적절 한 균형이 필요한 대상으로 바라봐야 한다는 관점이 확산되고 있다. 우 선, 인권적 가치의 절대성을 부정하는 입장은 가장 숨길 것이 많은 사람 이 가장 강하게 프라이버시를 요청할 것이라고 주장한다. 잘못한 것이 없 으면 숨기거나 두려워 할 것도 없다는 것이다. 이 입장은 프라이버시 요 구가 반사회적 행위의 보호막으로 악용될 가능성을 역설한다(Bennett and Raab 2006, 20). 다음으로, 오늘날 막대한 양의 개인정보를 수집, 분류, 처리, 활용하는 활동은 공공 부문의 정부뿐만 아니라 민간 부문의 기업에서도 광범위하게 일어나고 있다. 따라서 소비자들의 동의에 바탕을 둔 계약 상 황에서 발생하는 개인정보 침해를 시민들의 사생활에 대한 국가의 강압 적인 정보 수집이 초래하는 인권 침해의 문제와 동일한 수준에서 다루는 것은 적절하지 않을 수 있다(배대헌 2003, 145).

나아가 대중교통 이용, 쇼핑, 비디오 대여, 보험 가입, 은행 계좌 개설 등 일상생활의 많은 영역에서 개인정보를 드러내는 것이 필수 전제 조건이 되고 있는 오늘날의 상황에서, 우리가 과연 그런 조건을 받아들일 것인가 말 것인가를 결정할 수 있는 선택의 폭은 점점 더 좁아지고 있다.

그리고 이런 상황을 다소 결정론적으로 이해하는 사람들은 현대 자본주의 사회에서 개인정보는 이미 하나의 경제적 거래 대상, 즉 상품이 됐다고 역설한다(Davies 1998; Gotlieb 1996). 개인정보는 우리가 편리하고 효율적인 일상생활을 누리고 각종 범죄로부터 안전한 사회적 삶을 영위하기 위해 불가피하게 제공해야만 하는 재화가 됐다는 것이다(Flaherty 1998; Whitaker 1999). 개인정보가 광고와 판촉 그리고 직접 매매를 위한 상품이 되어감에 따라, 그것을 이제 더는 개인적 가치 혹은 근본적인 인권이 아니라 경제적, 사회적 가치와 균형을 맞춰야만 하는 대상으로 간주해야 한다는 주장이 점점 더 큰 설득력을 얻고 있다(Cate 1997; Swire and Litan 1998; 김동원 2003).

1980년의 OECD '가이드라인'은 이처럼 프라이버시와 개인정보를 근본적인 인권으로 바라보는 관점과 매매의 대상인 상품으로 바라보는 관점의 대결과 충돌 속에서 형성됐다. 그것은 한편으로는 개인정보를 인권으로 보호해야 한다는 주장과, 다른 한편으로는 개인정보라는 상품도 자본이나 노동력처럼 국제적으로 자유롭게 이동될 수 있어야 한다는 요구를 동시에 만족시키기 위해 고안된 국제 규준이다(Bennett and Raab 1996; Bellman, Johnson, Kobrin and Lohse 2004). '가이드라인'은 '일반적 정의', '국내 적용의 기본 원리(수집 제한의 원리)', '국제 적용의 기본 원리(자유로운 흐름과 정당한 제한)', '국내 실행', '국제 협력'의 총 5개의 영역으로 구성돼 있다. 그것은 개인정보의 수집, 저장, 검색, 선택, 연결 등과 같은 개인정보 처리과정에 컴퓨터가 광범위하게 사용되고, 정보 통신 기술이 지구 도처에 존재하는 무수히 많은 사용자들로 하여금 개인정보를 자유롭게 처분할 수 있도록 함과 동시에 국제적인 정보 연결망의 창출을 가능하게 하고 있는 상황에서, 그 침해 가능성이 점점 더 높아지고 있는 인권(개인정보와 프라이버시)을 적극적으로 보호하기 위하여 마련된 장치로 이해될 수 있다. 그러나 동시에 '가이드라인'은 회원 국가들이 프라이버시 보호라는 명목으로 사회, 경제 발전에 도움이 되는 개인정보의 자유로운 국제적 흐름을 부당하게 가로막아서는 안 된다는 점을 강조한다. 경제적으로 중요한 가치를 갖는 개인정보를 공정한 경쟁의 규칙에 따라 거래할 수 있도록 해야 하며, 정보의 자유로운 흐름을 막는 부당한 장벽의 설정은 금융, 보험 등과 같은 중요한 경제 영역에 심각한 장애를 초래할 수 있다는 것이다(OECD 1980).

OECD '가이드라인'은 정보화 시대 새로운 개인정보 관념인 개인정보 자기결정권 관념을 구현하고 있다. 개인정보 자기결정권은 개인정보가 그것이 지닌 여러 가지 가치들이 서로 균형을 맞춰야만 하는 대상이 되었다는 점을 전제하면서, 정보통신망 이용과 관련하여 발생하는 개인정보 침해에 관해 정보 주체가 스스로 자기 정보를 통제할 수 있어야 한다는 원리를 강조하는 관념이다. 즉 그것은 자신들에 관한 정보가 정보 수집, 처리 기관들에 의해 어떻게 수집되고 처리되며 활용되는지 정보 주체가 확인하고 점검하는 '적극적인positive' 참여의 원리를 강조한다. 개인정보 자기결정권은 개인정보 수집과 이용에 관한 정보 주체의 동의권, 수집된 개인정보의 정확성, 충실성, 보안성, 그리고 적합성을 법적으로 보장한다(임규철 2002, 250). 구체적으로, 그것은 개인정보의 수집, 보유, 이용, 열람, 제공 각 단계에 관한 정보 주체의 통제권을 보장하며, 그 권리를 실질적으로 뒷받침하기 위해 개인정보의 열람과 정정 청구권을 보장한다(백윤철 2003, 231). 개인정보 자기결정권은 "개인정보 수집에 대한 동의권, 자기정보 열람 청구권, 자기정보 정정·보완 청구권, 자기정보 삭제·사용 중지·봉쇄 청구권, 개인정보의 제3자 이용제공에 대한 동의권"(구재군 2003, 138) 등을 포함하는 것으로 정의되기도 한다.

이러한 개인정보 자기결정의 원리들은, 아래의 표 1에서 나타나듯이, OECD '가이드라인'에서 개인정보 보호와 관련하여 다음과 같은 구체적인 규정들로 표현되고 있다. 우선, 개인정보는 합법적으로, 개인들의 동의하에 필요한 정보만을 수집해야 하며, 수집된 개인정보는 정확하고 완전하며 최신의 것이어야 하며, 수집자의 목적과 관련된 것이어야 한다. 그리고 개인정보 수집 단계에서부터 그것의 사용 목적을 명확하게 적시해야 하며, 개인정보의 사용은 그 수집 목적과 일치해야 한다. 나아가 개인정보의 부당한 접근, 사용, 공개를 금지하는 장치가 마련돼야 하며, 개인정보는 정보 주체가 열람하고 수정할 수 있게 개방돼 있어야 한다(OECD 1980). 이런 조항들은 흔히 '공정한 정보 원리'fair information principles'의 8가지 원칙('수집 제한', '양질의 데이터', '목적 명시', '사용 제한', '안전 장치의 마련', '개방성', '개인의 참여', '책임성')을 실현하기 위한 것들로 간주된다(Bellman et al. 2004, 314).

2 개인정보 자기결정권과 감시

한국에서 개인정보 자기결정권은 정보통신망법에 비교적 상세하게 반영돼 있다. 앞서 밝혔듯이, 정보통신망법은 OECD '가이드라인'과 '가이드라인'의 원리를 권장 사항이 아니라 회원국의 의무사항으로 규정한 유럽연합 '지침'의 강력한 영향 아래에서 입법됐다. 그리고 그것은 표 1에서 알 수 있듯이, 개인정보 자기결정권을 보장하기 위한 여러 가지 법률 조항들을 내포하고 있다.

개인정보 보호를 위한 법률 및 제도와 관련해, 한국은 공공 영역과 민간 영역 모두에 적용되는 개인정보 보호 일반법을 갖춘 대부분의 유럽 국가들과는 달리, 공공 영역에서는 공공기관의 개인정보 보호에 관한 법률이라는 일반법을 두고 있지만 민간 영역에서는 그런 일반법을 두고 있지 않다. 단지 분야별로 신용정보의 이용 및 보호에 관한 법률, 금융

표 1. OECD의 개인정보 자기결정 원리와 정보통신망법의 개인정보 보호법률 조항

OECD의 개인정보 자기결정 원리	정보통신망 법의 개인정보 보호법률
개인정보 수집은 적법하고 공정한 방식으로 해당 개인의 동의하에 이루어져야 함	동의 없는 개인정보 수집 금지(제22조 제1항) 법정 대리인의 동의 없는 아동의 개인정보 수집 금지(제31조 제1항)
수집 목적과 반드시 관련된 것들만 수집해야 하며, 수집된 개인정보는 정확하고 완전하며 계속 갱신되어야 함	과도한 개인정보 수집 금지(제23조)
개인정보 수집 시 그 목적을 명시해야 하며, 수집된 개인정보는 명시된 목적에 맞게 사용돼야 함	개인정보 수집 시 고지·명시의 의무 (제22조 제2항) 고지·명시한 범위를 초과한 목적외 이용 금지(제24조 제1항)
개인정보는 해당 주체의 동의나 다른 법률에 의한 경우를 제외하고는 목적 외로 이용하거나 제3자에게 제공할 수 없음	고지·명시한 범위를 초과한 목적외 이용 혹은 제3자 제공 금지(제24조 제1항) 영업의 양수 등에 관한 통지의 의무(제26조 제1항) 개인정보 처리 위탁시 고지의 의무(제25조 제1항)
개인정보는 불법적 접근, 훼손, 변경, 누설 등을 예방하기 위한 적절한 장치에 의해 보호되어야 함	개인정보 관리책임자 지정의 의무(제27조 제1항) 수집 또는 제공받은 목적 달성 후 개인정보 파기의 의무(제29조) 개인정보 보호를 위한 기술적·관리적 조치 실행의 의무(제28조)
개인정보 관리자를 포함한 개인정보 관리에 관한 정책과 관행이 개방돼 있어야 함	동의철회, 열람·정정을 수집방법보다 쉽게 해야 할 의무(제30조 제6항)
개별 주체들은 정보 수집자들이 자신들에 대한 정보를 갖고 있다는 점을 알리도록 할 수 있으며, 자신들에 관한 정보를 열람하여 삭제하거나 수정할 것을 요청할 수 있어야 함	동의철회, 열람 또는 정정 요구 수용의 의무(제30조 제1항 및 제2항)
개인정보 수집자들은 이상의 원리들을 지킬 책임이 있음	

실명거래 및 비밀보장에 관한 법률, 통신비밀보호법, 위치정보의 보호 및 이용에 관한 법률, 정보통신망법 등을 운용하고 있다. 이 법률들 중 정보통신망법은 사적 영역에 관한 일반법적 성격을 띠고 있으나, 그 적용 대상이 기본적으로 정보통신 서비스 제공자와 이용자에 한정돼 있다는 점에서, 개인정보 보호 일반법으로 분류되기에는 근본적인 한계가 있다. 물론 최근의 법률 운용은 정보통신 서비스 제공자뿐만 아니라, 여행업, 학

원 등 교육 기관, 백화점과 같은 준용사업자, 금융 기관, 의료 기관, 유통업, 비영리 단체 등 다양한 영역을 포괄하고 있으며, 민간 부문에서 일어나는 개인정보 분쟁을 사실상 거의 대부분 다루고 있지만, 여전히 개인정보 보호를 위한 일반법으로서의 공식적인 법률적 지위를 갖고 있지는 않다. 개인정보 보호의 집행 모델과 관련해, 한국은 공공 영역의 개인정보 분쟁을 담당하는 개인정보 심의위원회를 두고 있지만, 거의 유명무실할 정도로 활동이 미미한 실정이다. 한편, 2001년 12월부터는 정보통신망법에 의거하여 한국정보보호진흥원 산하 개인정보분쟁조정위원회(이하 '분쟁조정위원회')와 개인정보침해신고센터에서 민간 영역의 개인정보 보호 감독과 분쟁 조정 기능을 수행하게 하고 있으며, 그 활동도 비교적 활발하게 이루어지고 있다(국가인권위원회 2003; 백윤철 2003).

　　　그러면 과연 우리 사회에서 개인정보 자기결정권은 개인정보의 보호(인권)와 자유로운 흐름(상품)이라는 두 가지 상충하는 원리들을 어떻게 조율하고 있는가? 이런 질문에 대답하기 위해서는 개인정보 자기결정권이 개인정보의 인권적 가치를 보호하고자 하는 국내외의 오랜 노력의 성과로 형성됐다는 점을 긍정적으로 평가하는 것에 머무르지 않고, 그것의 현실 적용 과정을 구체적으로 따져보는 것으로 나아가는 것이 필요하다. 앞서 밝혔듯이, 개인정보 자기결정권 원리는 기본적으로 개인정보가 그것이 지닌 여러 가지 가치들이 서로 균형을 맞춰야만 하는 대상이 됐다는 점을 전제한다. 그러나 개인정보의 인권적 가치와 상품적 가치 사이의 적절한 균형 상태를 가늠할 수 있는 객관적 기준은 존재하지 않으며, 균형은 늘 변하기 마련이다.

　　　이 장은 앞에서 밝힌 개인정보 자기결정권의 두 가지 주요 구성 원리들인 개인정보 수집, 이용, 제3자 제공 '동의권'과 자기정보 열람, 정정, 보완, 삭제, 사용 중지, 봉쇄 '청구권' 중, 개인정보 수집, 이용, 제3자

제공 '동의권'과 자기 정보 열람, 정정, 파기 '청구권'을 중심으로 다음과 같은 연구 질문들을 제기한다.

- 개인정보 수집, 이용, 제3자 제공에 관한 정보 주체의 동의권은 얼마나 보장되고 있으며, 개인정보의 상품화를 얼마나 제약하는가?

- 개인정보 열람, 정정, 파기 청구권은 얼마나 실현되고 있으며, 정보 수집자와 정보 주체 사이의 정보 비대칭성을 얼마나 해소하는가?

이런 질문들은 개인정보 자기결정권의 현실 적용이 감시 체제의 강화와 프라이버시의 약화로 표현될 수 있는 정보화 시대 정보 수집자와 정보 주체 사이의 힘의 불균형 문제를 해소하는 데 과연 얼마나 도움이 되고 있는지 비판적으로 살펴보는 데 유용한 질문들이라 할 수 있다. 정보화 시대 감시 체제에 대한 소비자들의 자발적인 동의는 시장에서 사적 자본이 행사하는 권력에 대한 정보 주체들의 어쩔 수 없는 반응의 결과로 이해될 수 있다. 갠디(Gandy 1996)에 따르면, "상품과 서비스를 얻기 위해 개인정보를 제공해야만 할 때, 개인들은 사적 자본이 행사하는 일종의 권력에 반응하는 것이 된다"(같은 책, 145). 사적 자본과의 상업 거래에서 소비자들은 계약 성립자라기보다는 계약 수용자로서 자신에 관한 정보를 일종의 거래 비용으로 제공할 것을 요구받는다고 볼 수 있기 때문이다.

자기 정보에 관한 통제권을 보장하기 위한 정보 주체의 동의권이 시장에서의 이런 권력 관계에 과연 어떤 영향을 미치는지 살펴보는 것은 개인정보 자기결정권의 실효성을 따지는 데 반드시 필요한 부분이라할 수 있다. 그리고 개인정보 사용을 둘러싼 권력 불평등의 문제는 수집된 개인정보가 어떻게 사용될 것인지를 정보 주체보다 정보 수집자가 훨씬 더 많이 알고 있으며, 정보 수집자가 제대로 프라이버시 정책을 지키고 있는지 혹은 다른 회사에 자신들의 정보를 무단으로 팔아넘기는지를 정보 주체들이 제대로 알기 어렵다는 데서도 나타난다. 나아가 은밀하게 진행되는 소비자 감시가 오로지 개인정보가 명확하게 침해될 때에만 드러난다는 점도 이런 권력 불평등을 반영하는 것이라 할 수 있다. 개인정보 자기결정권이 보장하는 개인정보 열람, 정정, 삭제 청구권이 이런 정보 비대칭성에 따른 권력 불평등에 과연 어떤 작용을 하는지 살펴보는 것은 개인정보 자기결정권의 실효성을 평가하는 데 중요한 요소가 된다고 볼 수 있다.

3. 자료와 방법

정보통신망법의 현실 운용 과정을 살펴봄으로써 위에서 밝힌 개인정보의 인권적 가치와 상품적 가치 사이의 대립과 충돌의 성격을 밝히려 한다. 그러기 위해 표 2에 나타나듯이, 2002년과 2006년 사이에 분쟁 조정위원회에 접수된 침해 유형별 피해 구제 신청 현황을 분석했다.

2002년에서 2006년 사이 피해 구제 신청 현황의 가장 두드러진 특징들을 간략하게 살펴보면, 2002년에서 2004년까지는 법정 대리인의 동의 없는 아동의 개인정보 수집이 각각 61.3퍼센트(2002년), 66.4퍼센트(2003년), 33.2퍼센트(2004년)로 압도적 다수의 비중을 차지하고 있다. 이 유형은 2001년 7월 정보통신망법의 개정에 따라 새로이 법률에 반영됨에 따라 2002년도부터 아주 높은 비율로 나타나게 됐다고 볼 수 있다. 그리고 미성년자들을 대상으로 하는 인터넷 게임이나 커뮤니티 산업이 발달하면서 법정 대리인의 동의 없는 개인정보 수집이 지속적으로 발생하기 때문에 나타난 현상으로 볼 수 있다. 다음으로, 주민등록번호와 같

표 2. 2002~2006년 연도별, 유형별 개인정보 피해 구제 신청 현황(%)

침해 유형	2002	2003	2004	2005	2006
이용자 동의 없는 개인정보 수집	4.3	2.3	3.2	6.3	10.99
과도한 개인정보 수집	0.1	0.2	0.2	0.1	0.12
개인정보 수집 시 고지 또는 명시 의무 불이행	0.4	0.2	0.2	0.2	0.26
고지, 명시한 범위를 초과한 목적 외 이용 또는 제3자 제공	7.4	4.6	11.9	5.0	3.93
개인정보 취급자에 의한 훼손, 침해 또는 누설	1.9	3.4	7.7	1.0	0.88
개인정보 처리 위탁시 고지 의무 불이행	0.0	0.2	0.0	0.05	0.02
영업의 양수 등의 통지 의무 불이행	0.1	0.0	0.0	0.05	0.05
개인정보 관리 책임자 미지정	0.1	0.1	0.0	0.2	0.09
개인정보 보호의 기술적, 관리적 조치 미비	1.1	1.4	2.1	2.1	2.7
수집 또는 제공받은 목적 달성 후 개인정보 미파기	3.9	9.6	1.1	0.8	1.2
동의 철회, 열람 또는 정정 요구 불응	13.3	6.2	6.8	4.2	3.96
동의 철회, 열람, 정정을 수집 방법보다 쉽게 해야 할 조치 미이행	1.9	0.1	0.3	1.6	2.1
법정 대리인의 동의 없는 아동의 개인정보 수집	61.3	66.4	33.2	0.4	0.1
주민번호 등 타인 정보의 훼손, 침해, 도용	3.5	4.6	24.1	53.9	46.4
기타(신용 정보 침해, 직장 프라이버시 침해 등 정보통신망법 규정 외의 침해 유형)	0.7	0.9	8.2	24.1	27.2
합계	100	100	100	100	100

출처: 한국정보보호진흥원(2003; 2004a; 2004b; 2005; 2006)

은 타인의 정보의 훼손, 침해, 도용이 2004년부터 2006년까지 큰 폭으로 증가해 지속적으로 높은 비율을 보이고 있다. 이것은 대부분의 온라인 사업자들이 소비자들의 주민등록번호를 회원 가입을 위한 본인 확인 혹은 성인 인증의 거의 유일한 수단으로 사용하고 있는 관행에서 파생된 결과라 할 수 있다. 마지막으로, 침해 유형을 명확히 분류할 수 없거나 신용정보 침해 등 정보통신망법 규정 외의 침해 유형에 해당하는 '기타'의 범주도 2005년부터 큰 폭으로 증가하고 있는데, 이것은 상당 부분 정보 통신 분야 이외의 영역에서 발생하는 개인정보 침해 사건들이 우선적으로 분쟁조정위원회에 접수되고 있기 때문에 나타난 현상으로 볼 수 있다.

아울러 분쟁조정위원회가 2003년 1월부터 해마다 발간하고 있는 《개인정보 분쟁조정 사례집》에 수록돼 있는 300개의 분쟁 조정 사례들을 분석했다. 이 사례들은 분쟁조정위원회가 당해 연도에 처리한 분쟁 조정 사건들 중 "사업자 및 이용자 모두에게 도움이 될 수 있는 주요 사례를 엄선하여 수록"한 것들이다(한국정보보호진흥원 2005, 2). 특히 분쟁조정위원회가 직접 조정 결정을 내린 사례들은 거의 모두 사례집에 포함돼 있다. 표 3에서 알 수 있듯이, 2002년의 분쟁 조정 사례 건수는 56건, 2003년은 55건, 2004년은 75건, 2005년은 63건, 그리고 2006년은 52건이 상세하게 보고됐다.

표 3의 '조정 결정'과 '조정 전 합의'는 다음과 같은 방식으로 구분된다. 분쟁조정위원회는 정보통신망법 상의 분쟁 조정 대상이 되는 사

표 3. 개인정보분쟁조정위원회의 주요 분쟁조정 사례 건수(2002~2006)

유형/년도	조정 결정	조정 전 합의	소비자 상담	기업 상담	합계
2002	16	40	0	0	56
2003	28	27	0	0	55
2004	37	9	14	14	74
2005	25	18	12	8	63
2006	23	23	6	0	52
합계	129	117	32	22	300

출처: 한국정보보호진흥원(2003; 2004a; 2004b; 2005; 2006)

안에 관해 조정 신청이 접수되면 신청인과 피신청인 모두에게 이 사실을 통보하고, 개인정보 침해 여부를 판단하기 위한 사실 조사에 착수한다. 사실 조사는 신청인과 피신청인 그리고 참고인의 진술 청취, 각각의 진술을 뒷받침할 수 있는 소명 또는 입증 자료의 수집, 전문가 자문, 사건 현장 답사 등의 활동을 통해 이루어진다. 사실 조사 후 분쟁조정위원회는 본격적인 조정에 들어가기 전에 당사자 간 합의를 권고한다. 만일 원만한 합의가 이루어지면 사건은 '조정 전 합의'로 종결되지만, 합의가 이루어지지 않으면 본격적인 조정 절차가 시작된다. 조정 절차가 시작되면 분쟁조정위원회는 분쟁 조정 신청일로부터 60일 이내에 조정안을 작성하여 신청인과 피신청인에게 수락을 권고한다. 분쟁조정위원회의 '조정 결정'을 양 당사자가 수락하면 조정이 성립되지만, 당사자 중 어느 한쪽이 거부하면 조정 절차는 종료되고 사건은 민사 소송으로 넘어가거나 혹은 취소될 수 있다.

한편, 분쟁조정위원회는 조정 사례들을 정보통신망법의 법률 조항들에 근거해 아래와 같이 다양한 침해 유형들로 분류해 보고하고 있다. 이 연구에서 분석한 300개의 사례들은 '개인정보 수집 시 본인 또는 법정 대리인의 동의를 결한 사례'(30건), '고지 또는 명시한 범위를 넘어선 개인 정보 이용 사례'(55건), '이용자의 개인정보를 동의 없이 제3자에게 제공한 사례'(31건), '사업자의 기술적, 관리적 조치 미비로 인한 개인정보 침해 사례'(25건), '개인정보의 수집, 제공 목적 달성 후 개인정보를 파기하지 않은 사례'(18건), '개인정보 취급자에 의한 개인정보 훼손, 침해, 누설 사례'(21건), '개인정보 수집에 대한 동의 철회(회원 탈퇴), 열람 또는 정정 요구 불응 사례'(23건), '타인의 개인정보 훼손, 침해, 도용 사례'(11건), '회원 탈퇴 방법을 가입 시보다 어렵게 한 사례, 개인정보 처리 위탁 사실 미고지 사례, 과도한 개인정보 수집 등을 포함한 기타 사례'(31건), '소비자 및 기업 상담'(54건) 등의 유형들로 분류됐다. 300개의 사례들은 서로 매우 유사한 사례들끼리 한데 묶여 대략 15가지의 유형들을 구성하고 있는 셈이 된다. 예를 들어, '개인정보 수집에 대한 동의 철회(회원 탈퇴)·열람 또는 정정요구 불응 사례'는 사업자가 고객의 회원 탈퇴와 개인정보 삭제 요청에 불응하고 광고성 전자 우편을 계속 전송하거나, 통신 사업자가 고객의 개인정보와 요금 내역의 정정 요구에 이유 없이 불응하거나, 혹은 온라인 게임사가 회원 탈퇴와 개인정보 삭제 요청 이후에도 계속하여 이용 요금을 부과하는 것 등과 같은 서로 매우 유사한 사례들로 구성돼 있다.

이 연구는 개인정보 수집, 이용, 제3자 제공에 대한 동의권과 개인정보 열람, 정정, 삭제 청구권이 과연 얼마나 보장되고 있는가라는 문제에 초점을 맞추어, 개인정보 피해 구제 신청 현황과 분쟁조정위원회의 분쟁 조정 결정, 조정 전 합의, 이용자 상담, 기업 상담을 포함한 총 300개 사례들의 처리 과정을 분석했다. 특히 '조정 결정'과 '조정 전 합의' 사례들은 사건의 개요, 분쟁 조정 신청인과 피신청인의 주장, 당사자들 주장에 관한 사실 판단, 피신청인의 정보통신망법 위반 여부, 위원회의 최종 결정 등의 항목을 중심으로 그 처리 과정을 상세히 살펴봤다. 지금부터 이 사례들 중 정보 주체의 동의권과 개인정보의 상품화, 정보 주체의 청구권과 정보 수집자와 정보 주체 사이의 정보 비대칭성을 가장 잘 드러내주는 전형적인 사례들을 다룬다.

4. 분석

■1 동의권과 불법 행위의 중첩성

앞서 밝혔듯이, 개인정보 자기결정권은 개인정보 수집 동의권,

자기 정보 열람 청구권, 자기 정보 정정과 보완 청구권, 자기 정보 삭제, 사용 중지, 봉쇄 청구권, 개인정보 제3자 제공 동의권을 포함한다. 좀더 구체적으로, 표 1에서 나타난 것처럼, 그것은 정보 주체로 하여금 자신에 관한 정보가 반드시 자신의 동의하에 필요한 만큼만 합법적으로 수집되도록 정보 수집자에게 요구할 권리를 보장한다. 그리고 개인정보 자기결정권은 정보 수집자에게 정확하고 완전하며 최신의 개인정보와 수집 목적과 관련된 개인정보를 수집할 의무를 부과한다. 또한 그것은 개인정보 수집 단계부터 그 사용 목적이 명확하게 적시되고 개인정보의 사용이 그 수집 목적과 일치될 것을 요구한다. 나아가 개인정보 자기결정권이 보장되려면, 개인정보의 부당한 접근, 사용, 공개를 금지하는 장치가 마련돼야 하며, 정보 주체의 열람과 수정 요구가 실현될 수 있도록 개인정보는 정보 주체에게 개방돼 있어야 한다.

합법적으로 그리고 정보 주체의 동의하에 필요한 개인정보만을 수집해야 한다는 원리와, 개인정보 수집 목적과 일치하도록 정보 공개가 이루어져야 한다는 원리는 개인정보 자기결정권 관념의 중요한 구성 요소들이다. 이런 원리들은 정보통신망법에서 동의 없는 개인정보 수집 금지와 동의의 범위를 넘어선 개인정보 이용 금지라는 법률 조항들에 반영돼 있다. 그런데 분쟁조정위원회가 이런 원리와 법률 조항에 근거해 정보 수집자와 정보 주체 사이의 분쟁을 조정 결정하는 사례들은 대부분 동의 없는 수집이나 동의 범위를 벗어난 이용 그 자체보다는, 그것들이 다른 불법적 활동과 연관된 경우들이 거의 대부분을 차지하고 있다. 표 3에서 분쟁조정위원회가 조정 결정을 내린 사례들 중 본인의 동의 없는 개인정보 수집에 해당하는 사례는 총 8건이었는데, 그것들 모두 [사례 1]과 같이 본인의 동의 없이 수집한 개인정보의 불법적 활용과 관련된 것이었다.

[사례 1]

김영주(가명) 씨는 2001년 8월 어느 날 한 신용 평가 정보 회사로부터 자신이 가입해 이용한 적이 없는 이동 전화에 관한 요금 추심 최고장을 받게 된다. 이에 김씨는 해당 대리점에 문의한 결과 그것이 전산상의 실수로 발생한 일이라는 해명을 듣고 그것을 더는 문제 삼지 않았다. 그러나 약 2년 정도가 지난 2003년 10월 어느 날 김 씨는 한 보증 보험 회사의 신용 채권 관리 센터로부터 이번에도 자신이 가입해 사용한 적이 없는 이동전화에 관한 신용 불량 정보 등록 안내장을 받게 되었다. 문제의 이동 전화 사업자를 방문해 상세한 경위를 알아본 결과, 위의 2개 이동 전화 말고도 자신의 주민등록번호로 가입된 이동 전화가 4개나 더 있다는 사실을 알게 되었다. 어떻게 이런 일이 발생하게 됐는가? 이 일은 문제의 이동 전화 사업자의 한 대리점이 주민등록번호 생성기 프로그램을 이용해 주민등록번호를 만들어낸 후 이것을 대리점 여직원의 이름과 조합해 이동 전화 가개통을 하게 됨에 따라 발생한 일이다. 생성된 주민등록번호가 마침 김 씨의 그것과 일치했고, 대리점에서 가개통 이동전화에 대한 명의 변경 등 후속 처리를 누락하게 됨에 따라 기본 요금이 발생했고, 여기에 대한 채권 추심이 신용 평가 정보 회사와 보증 보험 회사에 의해 김씨에게 통보되었던 것이다. 신용 평가 정보 회사는 채무자 실명 확인을 거쳐 해당 이동 전화의 실 명의자가 대리점 여직원이 아니라 김 씨임을 밝혀내고, 김 씨에게 채권 추심 최고장을 발부하였지만, 보증 보험 회사는 해당 이동전화의 실 명의자를 이미 김 씨로 정정한 이동 통신 사업자로부터 채무자에 대한 정보를 넘겨받아서 김 씨에게 신용 불량 정보 등록 안내장을 보냈던 것이다. 이 사건은 개인정보분쟁조정위원회가 해당 이동 통신 사업자가 김 씨에게 끼친 정신적 피해를 인정하여 당사로 하여금 김씨에게 150만 원을 지급하라는 명령을 함으로써 매듭지어졌다(한국정보보호진흥원 2005, 70~80).

분쟁조정위원회는 이 사례를 '이용자의 동의 없는 개인정보 수집 금지'를 위반한 사건으로 분류하여 보고했다. 이 사건의 핵심은 이동 통신 사업자가 정보 주체의 주민등록번호를 본인의 동의 없이 무단으로 수집하고, 그것을 불법적으로 이동 전화 가개통에 활용했다는 사실에 있다. 이 사례는 동의 없는 개인정보 수집이라는 위법 사례로 보고되었지만, 거기에는 사실상 두 가지 종류의 상이한 위법 활동이 중첩돼 있는 셈이다.

한편으로는 정보 주체의 동의 없이 개인정보를 수집한 불법성이 있고, 다른 한편으로는 이동 전화 가개통에 그것을 무단으로 이용한 불법성이 있다. 이 두 가지 불법 행위는 모두 개인정보 자기결정의 원리를 침해하는 것이며, 그 자체로 정보통신망법에 의해 각각 처벌의 대상이 될 수 있다. 즉 동의 없는 개인정보 수집은 그 불법적 활용과 무관하게 그 자체로 처벌 대상이 되며, 개인정보의 불법적 이용은 동의 없는 수집과 무관하게 그 자체로 처벌 대상이 된다. 그런데 위의 사례는 두 가지 유형의 불법 행위를 동시에 다루고 있기 때문에, 그것이 과연 순수한 의미에서 동의 없는 수집 유형에 해당하는가라는 의문이 제기된다.

실제로 분쟁조정위원회가 조정 결정을 내린 모든 동의 없는 개인정보 수집 관련 사례들은, 순수한 동의 없는 수집 그 자체보다는 그 정보를 이용해 정보 주체를 특정 서비스에 무단으로 가입시키는 활동과 연관되어 있다. 예를 들어, 일반 전화 사업자가 정보 주체의 개인정보를 동의 없이 수집해, 그 사람의 전화 요금 납부 방법을 무단으로 변경시키는 경우가 여기에 해당한다. 백화점이 소비자의 개인정보를 동의 없이 수집해 그 사람을 백화점 회원으로 무단 가입시키는 것도 또 다른 예가 된다. 그리고 통신 사업자 대리점 직원이 이용자 개인정보를 무단 수집해 휴대전화 개통에 이용하는 경우도 동의 없는 개인정보 수집의 대표적인 사례에 해당한다. 그런데 위에서도 지적했듯이, 이런 사례들은 형태만 서로 다를 뿐, 불법적 행위의 중첩성이라는 본질적으로 동일한 내용 구조를 갖고 있다. 사실 정보통신망법이 금지하는 동의 없는 개인정보 수집은 이런 중첩성이 오로지 전자에서만 확인될 뿐, 후자는 이 규정과 직접 관련돼 있지 않다.

한편 표 3의 조정 전 합의 사례들 중 이용자의 동의 없는 수집 사례들은 총 12건이었는데, 이것들은 모두 단순한 수집 혹은 수집한 정보의 홍보나 판촉용 이용에 해당하는 경우들이었다. 본인의 동의 없는 수집 사례들 중에서 불법적 활용과 연관되지 않은 사례들은 대체로 분쟁조정위원회의 조정 결정 이전에 분쟁 당사자들 사이의 원만한 조정 전 합의에 의하여 거의 대부분 해결된다. 즉, 화장품 제조업체가 개인정보를 무단 수집 후 텔레마케팅에 이용하는 것과 같이 개인정보를 정보 주체의 동의 없이 수집하거나, 동의 없이 수집한 정보를 홍보나 판촉을 위해 사용해 발생한 분쟁들은 대부분 정보 수집자가 정보 주체에게 사과하고 해당 주체의 개인정보를 시스템에서 삭제함으로써 해소된다. 요컨대, 동의 없는 개인정보 수집이라는 불법 행위가 그 자체로, 당사자 간 사후 합의와는 무관하게, 실질적인 법률적 처벌의 대상이 되는 경우란 매우 드물다.

동의 없는 개인정보 수집 금지 원리의 실제 운용에서 드러나는 이런 문제는 합법적으로 동의를 얻어서 획득한 개인정보도 애초의 목적과 무관하게 사용해서는 안 된다는 원칙 즉, 고지, 명시한 범위를 넘어선 목적 외 이용 금지의 경우에도 비슷하게 나타나고 있다. 이 원칙에 따르면, 특정 상품이나 서비스를 제공하기 위하여 수집한 고객의 정보를 해당 기업이 개발한 또 다른 상품이나 서비스의 판촉을 위해 활용할 수 없다. 이를테면, 생명보험사가 고객의 정보를 자사의 보험 상품 홍보에 활용해서는 안 된다. 유선 전화 서비스 회사가 가입자의 개인정보를 자사의 인터넷 서비스 홍보와 판촉에 이용해서도 안 된다. 그것은 허용 범위를 넘어선 개인정보의 목적 외 이용에 해당하기 때문이다.

그러나 이 원칙이 실제로 적용된 사례들을 살펴보면, 거의 모두가 위에서 예시한 순수한 목적 외 이용 그 자체보다는, 소비자들을 불법적으로 다른 서비스나 회원에 무단으로 가입시킨 경우와 반드시 연관돼 있다는 사실을 확인할 수 있다. 예를 들어, 이동 통신 사업자가 가입 고객의 개인정보를 이용하여 자사가 개발한 다른 부가 서비스에 그 고객을 무단으로 가입시키는 경우, 일반 전화 사업자가 고객의 시외 전화 서비스 사업자를 무단으로 변경시키는 경우, 통신 사업자가 가입자의 개인정보를 이용하여 자사의 초고속 인터넷 서비스에 그 사람을 무단으로 가입시키는 경우, 통신 사업자가 가입자의 정보를 이용하여 무단으로 정액 요금제 부가 서비스에 무단으로 가입시키는 경우 등과 같은 사례들이 고지, 명시한 범위를 넘어선 목적 외 이용의 대부분을 차지하고 있는 것이다.

이상에서 살펴본 것처럼 동의 없는 수집 금지나 고지, 명시한 범위를 넘어선 목적 외 이용 금지에 나타난 정보 주체의 동의권은 법률의 실제 집행 과정에서는 그다지 강하게 보장되고 있는 것 같지는 않다. 동의 없는 개인정보 수집이 불법이라는 법률 조항과는 달리, 그런 행위가 그 자체로 실질적인 법률적 처벌의 대상이 되는 경우란 지극히 드물기 때문이다. 그리고 처벌 대상이 되는 행위의 대부분이 동의 없이 수집했거나 혹은 설사 동의 하에 수집한 정보라 하더라도, 그것을 해당 정보 주체의 의지와는 상관없이 그 사람을 특정 서비스에 무단으로 가입시키는 불법적 행위에 활용하는 경우들이기 때문이다. 이처럼 불법적 행위가 중첩돼 나타나는 경우, 그것에 대한 처벌이 과연 순수하게 개인정보를 동의 없이 수집했기 때문에 이루어지는 것인지 혹은 불법적으로 이용했기 때문에 이루어지는 것인지 모호해진다. 그런데도 그것을 동의 없는 수집의 범주로 통칭하는 것이 과연 적절한 일일지 의문이다.

2 은밀한 감시와 정보 비대칭

위의 사례는 정보화 시대 감시의 중요한 특징, 즉 감시는 너무나도 은밀하고 교묘하게 진행되어 오직 프라이버시를 침해할 때에만 그 모습을 드러낸다는 특징을 잘 보여주고 있다. 위의 사례에서 김영주 씨는 2001년 8월과 2003년 10월 두 차례에 걸쳐 신용 평가 정보 회사와 보증 보험 회사로부터 요금 추심 최고장을 받고서야 자신의 주민등록번호가 사적 자본에 의해 불법적으로 수집되어 활용되고 있다는 사실을 알게 되었다. 난데없는 신용 불량자 딱지를 떠안으면서 말이다. 더욱 놀라운 사실은 해당 주체가 이미 2001년에 주민등록번호의 불법적 활용을 인지해 그 시정을 요청하였음에도 불구하고, 문제가 해결되기는커녕 2003년 10월까지 계속해서 더 많은 주민등록번호의 불법적 활용이 이루어지고 있었다는 사실이다. 이 사건의 처리 과정에서 이동 통신 사업자가 보여준 태도는 개인정보 수집자와 정보 주체 사이에 존재하는 정보 비대칭의 폐해를 잘 보여주고 있다. 이 사례는 근본적으로 이동 통신 사업자가 주민등록번호 생성기를 사용하여 유령 가입자를 만든 데서 발생한 것임에도 불구하고, 정보수집자는 이것을 지속적으로 은폐했다. 정보 수집자는 2001년 8월의 침해 사례에 관해서는 정보 주체에게 "전산상의 실수로 주민등록번호가 잘못 입력됐다"고 거짓 해명했다. 더욱이 2003년 10월의 경우에는 문제의 이동 전화 가입 신청서 등과 같은 서류에 대한 정보 주체의 열람 청구를 아예 거부했다.

개인정보 자기결정의 관념은 정보 주체들이 정보 수집자들로 하여금 자신들에 관한 정보를 갖고 있다는 사실을 알리도록 할 수 있다. 그리고 그것은 정보 주체들이 자신들에 관한 정보를 열람해 삭제하거나 수정할 것을 청구할 수 있도록 해준다. 나아가 개인정보 자기결정권은 개인정보 관리 정책과 현황이 정보 주체들에게 개방돼 있어야 한다는 점 등을 개인정보 보호의 중요한 원칙으로 삼고 있다. 그리고 이런 원칙은 정보통신망법에서 동의 철회, 열람과 정정을 수집 방법보다 쉽게 해야 할 의무, 동의 철회, 열람 또는 정정 요구 수용의 의무라는 조항으로 구체화돼 있다. 그렇지만 위의 사례에서 자신의 정보가 실제로 어떻게 이용, 관리되는

지 알 수 있어야 한다는 정보 주체의 당연한 권리가 정보 수집자에 의해 매우 손쉽게 부정되고 있음을 알 수 있다.

　　개인정보 수집자와 정보 주체 사이의 정보 비대칭성의 문제는 앞의 표 2를 통해서도 비교적 분명히 파악할 수 있다. 표 2에 나타난 모든 침해 유형들은 본질적으로 정보 수집자의 불법적 활동이 정보 주체에게 인지되어 분쟁조정위원회에 신고되는 한에서만 침해 유형들로 성립된다. 뒤집어 말하면, 불법적 활동이 인지되고 신고되지 않는 한, 정보 수집자가 공정한 개인정보 처리 관행을 준수하고 있는지 파악하기란 매우 어렵다. 정보 수집자와 정보 주체 사이에는 상당한 정보 비대칭이 존재하며, 정보 수집자의 정보 처리 활동을 상시적으로 감시할 수 있는 주체란 존재하지 않는다. 이런 정보 비대칭 혹은 힘의 불균형은 동의 철회, 열람 또는 정정 요구 불응 유형이 2002년에서 2006까지 13.3퍼센트(2002년), 6.2퍼센트(2003년), 6.8퍼센트(2004년), 4.2퍼센트(2005년), 3.96퍼센트(2006년)으로, 해마다 조금씩 감소하고 있기는 하지만 여전히 매해 전체 구성 유형들 중 상당히 높은 침해 유형으로 자리 잡고 있다는 점에서도 확인된다. 정보 주체의 정당한 청구권 행사가 개인정보 수집자에 의해 쉽사리 부정되는 관행이 좀처럼 사라지지 않고 있는 것이다. 반면, 과도한 개인정보 수집, 개인정보 처리 위탁 시 고지의무 불이행, 영업의 양수 등의 통지의무 불이행, 그리고 개인정보 관리 책임자 미지정 등의 유형들은 2002년에서 2006년까지 5년 동안 한 차례도 빠짐없이 0퍼센트에 가까울 정도로 거의 접수되지 않고 있다. 그러나 이것을 개인정보 수집자가 위의 원리들을 매우 엄격하게 준수했기 때문에 나타난 결과라고 단정 지을 수는 없을 것이다. 오로지 개인정보 침해가 발생했을 때에만 정보 수집자의 위법성을 확인할 수 있는 현재의 구조 속에서, 위 사례들의 미신고를 곧바로 정보 수집자에 의한 해당 규정의 준수 결과로 받아들이기란 쉽지 않은 일이다. 오히려 그것은 해당 규정의 위반 사례들을 실질적으로 밝혀낼 수 있는 효과적인 제도적 장치의 필요성을 역설하는 결과일지도 모른다.

❸ 유혹과 포괄적 동의

개인정보를 제공함으로써 얻게 되는 눈에 보이는 혜택이 그것을 제공함으로써 혹시라도 직면하게 될 보이지 않는 위험보다 더 크다고 느끼게 될 때, 소비자들의 개인정보 제공은 매우 자발적인 것이 될 수 있다. 이 경우, 감시는 처벌보다는 보상으로 소비자들을 유혹한다(Whitaker 1999; Elmer 2003). 다음의 사례를 살펴보자.

[사례 2]
박미숙(가명) 씨는 2003년 6월 경 친구와 함께 길을 가던 중, 한 이동 통신 사업자의 모바일 서비스에서 주최하는 가두 행사장에서 동영상 촬영을 권유받게 됐다. 동영상의 용도가 무엇인지에 관한 박미숙 씨의 질문에 행사 도우미는 동영상이 그 이동 통신 사업자의 모바일 멀티미디어 서비스에 이용되며, 만약 그것을 보고 연락을 원하는 사람이 있다면, 이동 통신 사업자 측에서 본인의 양해를 구한 후 그 사람이 연락을 취할 수 있도록 할 것이라고 대답했다. 동영상 촬영에 동의한 박미숙씨는 자신의 이름, 취미, 이상형 등과 함께 연락을 달라는 말을 담은 동영상을 촬영하게 됐다. 아울러 박미숙 씨는 자신의 이름과 휴대 전화 번호를 도우미의 요청에 따라 제공했다. 이 동영상은 미팅 희망자의 동영상을 휴대폰에서 보여주고 모바일 미팅을 주선하는 서비스를 B 이동 통신 회사와 제휴해 제공하기로 한 A 모바일 컨텐츠 사업자의 의뢰하에 C 동영상 촬영 회사가 수집했다. 약 6개월이 지난 2003년 12월 박미숙씨는 자신이 전혀 모르는 남자들로부터 폰팅을 하자는 전화를 받게 돼, 경위를 알아보니 해당 이동 통신 사업자의 모바일 서비스의 폰팅 연결방에 자신의 사진과 별명 그리고 (전화) 연결 메뉴가 있다는 사실을 알게 됐다. 박미숙 씨는 자신의 동영상을 촬영할 당시 자신의 동영상과 전화번호 등이 모바일 미팅 서비스에 사용돼 다른 사람들이 자신에게 직접 전화를 걸어오는 것에 관한 그 어떤 안내를 받거나 동의를 해준 적이 없다고 주장하며, 자신이 겪은 정신적 피해에 대해 배상해줄 것을 요구하며 분쟁 조정을 신청하게 됐다.(한국정보보호진흥원 2005, 196~203)

이 사례에서 감시 체계의 유혹은 한층 더 자극적으로 나타난다. 유혹은 편리함 혹은 안전과 같은 전통적인 서비스를 매개로 하지 않고 미팅과 폰팅과 같은 짝짓기에 대한 욕망을 불러일으킴으로써 이루어진다. 그리고 길을 가다 우연히 접한 가두 행사장에서 이루어진 개인정보의 제공은 다분히 즉흥적인 행위라 할 수 있다. 해당 개인은 자신의 이름, 취미, 이상형을 밝히고 연락을 바란다는 말을 담은 동영상을 찍었으며, 자신의 이름과 휴대 전화 번호를 동영상 촬영 회사에 제공했다. 자신의 개인정보가 제3자에게 제공될 수 있다는 것에 동의한 것이라 볼 수 있다.

그런데 이 사례는 정보 주체의 개인 정보가 모바일 미팅 참가자들에게 제공되어 직접 전화 접촉이 가능한 방식으로 이용될 수 있다는 것을 미리 고지하지 않았다는 점에서 '고지, 명시한 범위를 넘어선 개인정보의 제3자 제공'에 해당하는 것으로 판명됐다. 동영상 촬영 회사가 정보 주체로부터 얻은 개인정보 이용에 관한 동의서는 "본 동영상 촬영과 관련하여 (해당) 프로덕션은 미팅 참가자로부터 본인 정보 및 관련 자료를 모바일 미팅 서비스로 활용한다는 내용에 대한 동의를 얻었음을 확인합니다"라는 문구 아래, 동영상 촬영에 응한 여러 참가자들의 이름과 휴대전화 번호가 하나의 서류 양식에 나란히 기재된 동의서였다. 비록 이 경우는 동영상 촬영에 응한 개인들로부터 각기 독립적으로 동의를 구하지 않은 것이 동의의 효력이 발생되는 데 부정적인 영향을 미쳤지만, 현행 정보통신망법은 개인정보 제3자 제공시 이용자의 동의 방법에 관한 명확한 기준을 제시하고 있지 않다. 이용자의 동의가 있으면 고지, 명시한 범위를 넘어선 제3자 제공이 가능하다고 하지만, 구체적으로 어떤 방법으로 무슨 동의를 받아야 하는지가 분명하지 않다는 것이다.

개인정보는 정보 주체의 동의나 다른 법률에 의한 경우를 제외하고는 목적 외로 이용되거나 제3자에게 제공될 수 없다는 것은 개인정보 자기결정권의 주요 구성 원리다. 이 원리에 의해 정보 주체의 동의 없이 개인정보를 제3자에게 제공하는 행위, 가령 보험 상품 판매 대행 업체가 자신의 온라인 회원에 관한 정보를 동의 없이 생명보험사에 제공해 보험 안내 전화에 활용되도록 하는 것과 같은 행위는 모두 불법적인 것이 된다. 이런 규정은 확실히 사적 자본이 소비자와 한 거래에서 확보한 개인정보를 아무런 제약 없이 보유하고 이용하는 것을 막고 정보 주체의 자기결정권을 강화시키는 데 더 큰 도움이 된다. 그러나 이 원리가 현실에서 실제로 운용되는 방식을 살펴보면, 상황이 그렇게 낙관적일 수만은 없다는 점이 금방 드러난다. 개인정보 제3자 제공 시 정보 주체의 동의 방법에 관한 명시적인 규정이 없다는 점이 파생시키는 가장 큰 문제는 그것이 제3자 제공에 관한 포괄적 동의가 널리 인정되게 만든다는 사실이다(국가인권위원회 2003). 개인정보를 제공받는 제3자의 상호명, 사업 내용, 연락처, 제공 목적 등이 구체적으로 명시되기보다는 회원 약관에 '고객들에게 더 나은 서비스를 제공하기 위하여 제휴사 등에 정보를 제공할 수 있습니다' 혹은 '개인정보를 마케팅 등 기타 업무 목적으로 제3자에게 제공할 수 있습니다'와 같은 포괄적 동의의 획득을 통하여, 많은 기업들은 사실상 자유롭게 개인정보를 유통시킬 수 있는 것이 현재의 상황인 것이다.

■4 보존 필요성과 지체 없는 파기

개인정보는 불법적 접근, 훼손, 변경, 누설 등을 예방하기 위한 적절한 장치에 의해 보호돼야 한다는 원리와 수집 또는 제공받은 목적 달성 후 개인정보의 파기라는 국내 정보통신망법의 법률 규정은 개인정보 자기결정권의 또 다른 구성 요소라 할 수 있다. 그런데 이런 원리는 현실적으로 과연 어떻게 지켜지고 있는가? 2003년 국정 감사 자료에 따르면, 국내의 주요 이동 통신 사업자 3사가 개인정보를 계속 보유하고 있는 해지 고객의 수는 각각 443만 2000명, 342만 6000명, 295만 8000명에 이르는 것으로 나타났다. 왜 이런 일이 일어나고 있는가? 다음의 사례를 살펴보자.

[사례 3]
2004년 총 69명의 시민들이 한 시민단체를 통해 3개의 주요 이동 통신 사업자가 자신들이 이미 서비스 해지를 하였음에도 불구하고 개인정보를 파기하지 않고 계속 보유하고 있어 정신적인 피해를 입었다며 집단 분쟁 조정을 신청했다. 3사는 서비스 해지 고객의 개인정보를 파기하지 않고 계속 보유하고 있었다는 것을 인정했다. 그리고 고객 정보 관리 시스템에서 현재 이용 고객과 해지 고객을 구분하지 않고 동일하게 관리하고 있었으며, 고객 정보에 접근할 수 있는 권한을 차등 설정하지 않고 본사, 고객센터, 지사(지점), 대리점 등에서 모두 고객의 정보에 접근할 수 있도록 하고 있다는 점이 밝혀졌다. 전산 입력된 개인정보 이외에도 해지 고객이나 이용 고객에 관한 서면 상태의 개인정보도 별도의 집중 관리 없이 본사와 전국 각지의 대리점에 산재, 보관돼 있다는 점도 확인됐다. 그러나 해지 고객의 개인정보가 별도의 마케팅이나 영업 활동에 이용된 증거는 발견되지 않았다. 이 사건은 고객이 이용 요금을 완납하고 서비스를 해지했다면 이동 통신 사업자는 해지 고객의 개인정보를 지체 없이 파기해야 하지만, 예외적으로 상법, 국세 기본법, 전자상거래 소비자보호에 관한 법률, 법인세법, 부가가치세법 등 다른 법령에 의한 '국가의 세금징수·상거래 상의 자료 보존' 등과 같은 보존 필요성이 인정돼, 신청인들의 정신적인 피해 보상 요구는 기각됐다(한국정보보호진흥원 2006, 150~160).

[사례 3]은 개인정보는 불법적 접근, 훼손, 변경, 누설 등을 예방하기 위한 적절한 장치에 의해 보호돼야 한다는 원리와 수집 또는 제공받은 목적 달성 후 개인정보는 지체 없이 파기돼야 한다는 규정의 실효성에 의문을 제기하기에 충분한 사례라 할 수 있다. 이용 고객과 해지 고객을 구분하지 않고 동일하게 관리하는 고객 정보 관리 시스템에 접근할 수 있는 권한이 본사, 지사, 대리점에게 모두 무차별적으로 부여돼 있다

는 점과, 고객에 관한 서면 상태의 개인정보도 본사와 전국 각지의 대리점에 산재돼 있다는 점 등은 개인정보 침해를 예방하기 위한 적절한 조치가 거의 이루어지지 않았다는 사실을 명백히 보여준다. 나아가 서비스 해지 고객의 개인정보는 그 수집 목적을 이미 달성한 것이기 때문에 당연히 곧바로 파기돼야 한다는 사실도 인정됐다.

그럼에도 불구하고, 이런 개인정보 자기결정 원리의 침해에 따른 정신적 피해보상 요구는 예외 조항, 즉 상법 등 다른 법령에 의한 상거래 자료의 보존과 같은 보존 필요성이 인정될 수 있다는 조항 때문에 기각되었다. 그러나 다른 법령에 의한 자료 보존의 필요성 인정이 지체 없는 파기를 이런 식으로 유보시킬 수 있다면, 그것을 단순한 예외 조항이라고 보기 어렵다. 실제로 지체 없는 파기가 이런 예외 조항에 의해 유보되지 않고 효력을 발생하는 경우는, 예를 들어 인터넷 서비스 사업자가 서비스 탈퇴 회원에 관한 정보를 이용해 자사의 또 다른 서비스에 무단으로 가입시키는 것과 같이, 미파기한 개인정보를 불법적으로 사용한 경우들이 대부분이다. 그러면 과연 수집 목적을 달성한 개인정보를, 그 불법적 활용이 분명히 드러나지 않는 한 즉각 파기하지 않고 계속 보관하는 것은 현실적으로 정보통신망법의 실질적인 처벌 대상이 된다고 말할 수 있을지 의문이다.

5. 나가며

개인정보 자기결정권이 정보통신망법을 통해 실제 적용되고 있는 과정을 살펴보면, 그것이 개인정보의 수집, 보유, 사용과 관련한 정보 수집자와 정보 주체 간 권력 불평등을 해소시키는 데는 여전히 많은 한계를 드러내고 있음을 알 수 있다. 《개인정보 분쟁조정 사례집》에 나타난 동의 없는 개인정보 수집, 고지, 명시한 범위를 넘어선 목적 외 이용, 그리고 동의 없는 제3자 제공 등과 같은 침해 유형들에서, 분쟁조정위원회가 실질적이고 직접적으로 관여해 조정 결정을 내리는 사례들은 대체로 동의 없는 개인정보 수집이나 이용 그 자체가 아니라 그것들이 정보 주체가 원한 적이 없는 어떤 상품을 마치 구입한 것처럼 하는 불법적 활동과 연관된 경우들이 거의 대부분을 차지하고 있다. 다시 말해서, 불법적 활용과 연관되지 않은 순수한 동의 없는 수집과 순전한 동의 범위를 벗어난 목적 외 이용 등과 같은 행위 유형들은 아직까지는 그 자체로 정보통신망법의 실질적인 처벌 대상이 되고 있다고 보기 어렵다.

개인정보 자기결정권은 개인정보의 매우 극단적이고도 불법적인 상품화를 규제하지만, 자유로운 기업 활동에 큰 지장을 초래할 정도로 개인정보의 수집, 사용과 관련한 정보 주체의 동의권을 강력하게 보장하고 있는 것으로 보이지는 않는다. 정보 수집자에 의한 정보 주체의 동의 철회, 열람 또는 정정 요구 불응은 지속적으로 나타나고 있다. 과도한 개인정보 수집, 개인정보 처리 위탁 시 고지 의무 불이행, 개인정보 관리책임자 미지정, 개인정보 보호의 기술적, 관리적 조치 미비 등에 관한 분쟁조정 결정이 거의 이루어지지 않고 있다는 사실은, 개인정보의 수집과 이용을 둘러싼 정보 수집자와 정보 주체 사이에 존재하는 정보 비대칭성을 반영하는 것으로 이해될 수 있다. 수집 목적을 달성한 개인정보를 즉각 파기하지 않고 계속 보관하는 것이 위법이 되는 것보다 그렇지 않은 것이 될 가능성이 더 큰 조건에서, 목적 달성 후 개인정보는 즉각 파기되어야 한다는 규정은 커다란 실효성을 갖기 어려울 것이다.

개인정보 자기결정권의 바탕이 되는 OECD '가이드라인'과 유럽연합의 '지침'은 개인정보 보호와 자유로운 이용에 관한 국제적 충돌, 특히 유럽과 미국 사이의 갈등을 반영하고 있다. 유럽의 입장에서 볼 때 정보의 자유로운 흐름을 강조하는 미국의 태도는 자신의 경제적 헤게모니를 보호하기 위한 것이었으며, 미국의 입장에서 볼 때 유럽의 정보 보호 주장의 근저에는 강력한 보호 무역주의 동기가 작동하고 있었다. 그 경제적 동기가 무엇이든 간에, 그런 갈등과 대립은 한편으로는 인권으로서 개인정보를 보호하고 다른 한편으로는 상품으로서 그것을 자유롭게 이용할 수 있어야 한다는 상호 모순적인 요구를 동시에 달성해야 한다는 원칙의 정립으로 귀결됐다. 개인정보는 개인의 존엄성과 자율성이라는 최소한의 개인적인 의미에서뿐만 아니라, 양심과 학문의 자유, 언론과 출판의 자유 그리고 비밀투표권 등 근대 민주적 권리의 토대가 된다는 더욱 일반적인 의미에서도 함부로 침해돼서는 안 되는 소중한 인권이다. 그러나 동시에 그것은 현대 사회에서 더욱 편리하고 효율적이며 각종 범죄로부터 안전한 일상생활을 누리기 위하여 자발적으로 혹은 불가피하게 정보 수집자에게 제공해야만 하는 거래 대상이 되고 있다.

그런데 본문에서 살펴봤듯이, 개인정보 자기결정의 원리가 국내에서 실제로 적용되는 과정을 보면, 개인정보의 인권적 가치는 그 상품적 가치와 균형을 이루어야 한다는 강력한 주장 속에서, 개인정보가 점점 더 단지 하나의 상품으로서의 성격을 더욱 강화하고 있는 것은 아닌가라는 의문이 든다. 개인정보 자기결정권이 이처럼 느슨하게 적용되는 한, 그것은 자본에 의한 사회 통제와 감시 체계의 강화에 전혀 위협적이지 않은 사실상 이빨 빠진 종이 호랑이에 불과한 것이 될 수도 있다. 그런데 개인정보 자기결정권은 정보화 시대 개인정보의 상품화뿐만 아니라 감시의 탈중심화, 일상화, 자원화라는 근본적인 제약 속에서 성립된 관념이다 (Bennett and Raab 2006; Clarke 1988; Lyon 2001; Poster 1996; 백욱인 2005). 따라서 개인정보의 인권적 가치와 상품적 가치 사이의 균형에 관한 문제는 사회 통제와 감시를 둘러싼 사회 세력들 간 정치적 대결과 갈등의 문제가 되기도 한다. 개인정보 자기결정권이 자본의 감시 체제를 실질적으로 통제하는 효과는 미미한 반면, 우리에게는 개인정보 자기결정권을 보장하는 법률과 기구가 있다는 믿음이 오히려 점점 더 많은 감시, 통제 기술의 광범위한 사회적 적용을 정당화하고 합리화하는 결과를 초래할 수도 있다.

이런 맥락에서, 개인정보 보호와 관련하여 한국보다 더 엄격하고도 적극적인 개인정보 보호 법률과 제도를 운영하고 있는 다른 나라들의 경험, 특히 스웨덴, 노르웨이, 네덜란드 등과 같은 북유럽 복지국가들의 경험을 살펴봄으로써, 우리의 제도와 관행을 좀더 실효성 있는 것으로 발전시키는 데 그것들을 적극 활용하는 작업은 매우 유의미하고 필요한 일이라 할 수 있을 것이다. 네덜란드는 개인정보 자기결정의 원리를 구현하기 위한 정책 수단으로 등록제를 채택하고 있다. 이 모델은 개인정보를 처리하는 모든 주체들로 하여금 개인정보 시스템의 성격, 내용, 목적 등을 밝히고 그것을 등록 기관에 등록케 하는 모델이다. 등록 과정을 모두 마친 정보 처리 주체만이 개인정보를 처리할 권한을 부여받게 되는 것이다. 스웨덴과 노르웨이에서 채택하고 있는 허가제 모델은 허가증이 없이는 개인정보를 수집, 저장, 이용, 처리 등을 할 수 없도록 하는 제도이다. 이 모델은 모든 개인정보 처리 주체로 하여금 정보 처리 시스템을 정부에 등록하도록 하고, 특정 정보 시스템을 끝까지 추적할 수 있도록 하는 모델이다. 또한 정보 수집자의 개인정보 처리와 관련한 현황을 통제 기관이 훤히 들여다 볼 수 있도록 하는 장치도 마련하고 있다. 우리보다 더욱 엄격한 정보 보호 체제를 구축하고 있는 이 나라들의 개인정보 자기결정 실현의 조건과 현황을 면밀히 검토하는 작업은 우리의 제도와 관행을 상대화하고 그 발전적 대안을 찾는 데 좋은 밑바탕이 될 수 있을 것이다.

아울러, 개인정보 자기결정의 원리를 사회적으로 실현하는 작업을 분쟁조정위원회와 같은 공적 기관의 법률적 구제 장치에만 의존하는 것이 아니라, 점점 더 많은 시민들과 다양한 사회운동 단체들이 감시 체제의 강화에 따른 개인정보와 프라이버시 침해 예방을 위한 지속적인 실천을 조직할 때에만, 우리 사회의 개인정보 자기결정 문화와 제도는 제대로 정착될 수 있을 것이다.

참고 문헌

1. 국내 문헌

강상현. 2000. 〈대안매체로서의 사이버공간의 가능성과 한계〉. 《한국방송학보》 14(1). 7~40쪽.

고영삼. 1998. 《전자감시사회와 프라이버시》. 한울.

구재군. 2003. 〈인터넷 이용자의 개인정보 자기결정권〉. 《정보화정책》 10(3). 138~155쪽.

국가인권위원회. 2003. 《금융기관과 인터넷에서의 개인정보 공유현황 실태조사》. 2003년도 인권상황 실태조사 연구용역 보고서.

김동원. 2003. 〈개인정보수집에서 프라이버시와 경쟁가치들의 경합과 균형〉. 《정보화정책》 10(4) 73~91쪽.

김성국. 1991. 〈안토니오 그람시의 헤게모니 이론〉. 《사회비평》 5(4). 210~247쪽.

김유정. 2008. 〈웹 개인미디어에서의 사이버 자기표현〉. 《한국언론학보》 52권 6호. 78~99쪽.

김종길. 2005. 〈사이버공론장의 분화와 숙의민주주의의 조건〉. 《한국사회학》 39(2). 34~68쪽.

김철규·이해진·김선업·이철. 2011. 〈촛불집회 10대 참여자의 정체성과 사회의식 변화〉. 《경제와 사회》 85. 265~290쪽.

김혜은. 2004. 〈인터넷 글쓰기는 정체성 확립에 기여하는가〉. 《당대비평》 여름호.

김환석. 2006. 《과학사회학의 쟁점들》. 문학과지성사.

네그리, 안토니오·하트, 마이클. 2004. 《다중 ─ 제국이 지배하는 시대의 전쟁과 민주주의》. 세종서적.

당대비평 기획위원회. 2009. 《그대는 왜 촛불을 끄셨나요》. 산책자.

라이시, 로버트. 1994. 《국가의 일》. 도서출판 까치.

문화과학편집위원회. 2008. 〈특집 좌담 ─ 좌파, 2008년 촛불집회를 말하다〉. 《문화과학》 55. 15~65쪽.

박광순·조명휘. 〈인터넷 웹블로그(Web-blog) 이용동기와 만족도에 관한 연구 ─ 대학생 집단을 중심으로〉. 《한국언론학보》 48(5). 270~419쪽.

박영도. 1999. 〈사이버 스페이스와 민주주의 ─ 병리적 발달경향과 약한 잠재력〉. 김일철 외 지음, 《한국사회의 구조론적 이해》. 아르케.

_____. 2000. 〈세계화 시대의 민주주의: 그 딜레마와 전망〉. 《경제와 사회》 45. 198~230쪽.

배대헌. 2003. 〈인터넷상 개인정보의 이용약관에 관한 고찰〉. 《정보화정책》 10(1). 143~170쪽.

백승욱. 2003. 〈제국과 미국 헤게모니, 전지구화 ─ 세계체제 분석을 통한 《제국》 읽기〉. 《경제와 사회》 60. 101~128쪽.

배영. 2005. 〈사이버공간의 사회적 관계 ─ 개인미디어를 이용한 관계의 형성과 유지를 중심으로〉. 《한국사회학》 39권 5호. 55~82쪽.

백욱인. 1999. 〈네트와 사회운동〉. 《동향과 전망》 43(4).

_____. 2005. 〈프라이버시와 전자감시〉. 이종구·조형제·정준영 외 지음, 《정보사회의 이해》. 미래M&B.

_____. 2012. 〈모바일 소셜 네트워크 서비스와 사회운동의 변화〉.《동향과 전망》 84. 130~159쪽.

백윤철. 2003. 〈헌법상 자기결정권과 개인정보자기결정권〉.《헌법학연구》 9(3). 209~236쪽.

서로위키, 제임스. 2004.《대중의 지혜 — 시장과 사회를 움직이는 힘》. 랜덤하우스.

성경륭. 2006. 〈참여정부의 국가균형발전 정책: 선진국 진입 전략〉. 2006 후기 사회학대회 발표문.

유팔무. 1991. 〈그람시 시민사회론의 이해와 한국적 수용의 문제〉.《경제와 사회》 12. 37~57쪽.

윤명희. 2007. 〈블로그의 사회적 유형분석 — 1인 커뮤니티의 다층화〉.《한국사회학》 41권 1호. 156~193쪽.

윤영철. 2000. 〈온라인 게시판 토론과 숙의 민주주의 — 총선 연대 사이트의 게시판 분석〉.《한국방송학보》 14(2). 109~150쪽.

이동연. 2008. 〈촛불집회와 스타일의 정치〉.《문화과학》 55. 150~167쪽.

이득재. 2008. 〈촛불집회의 주체는 누구인가〉.《문화과학》 55. 90~109쪽.

이승원. 2008. 〈지구화 시대의 민주주의 문제〉.《경제와 사회》 79. 88~111쪽.

이항우. 2005. 〈경합적 다원주의와 온라인 사회·정치토론 — '양심적 병역거부' 찬반담론의 분석〉.《경제와 사회》 68. 189~212쪽.

_____. 2005b. 〈경합적 다원주의와 온라인 사회정치토론 — '양심적 병역거부' 찬반담론의 분석〉.《경제와 사회》 68. 189~212쪽.

_____. 2006. 〈미니홈피와 비공식적 공적 생활의 조건 — 공/사 경계의 조율〉.《한국사회학》 40권 3호. 124~154쪽.

_____. 2007. 〈온라인 상호작용과 민주주의 — 경합적 다원주의의 관점〉.《경제와 사회》 75. 195~228쪽.

_____. 2009. 〈지구화, 인터넷 거버넌스, 그리고 ICANN〉.《경제와 사회》 82. 128~160쪽.

_____. 2012. 〈네트워크 사회운동과 하향적 집합행동〉.《경제와 사회》 93. 244~274쪽.

이해진. 2008. 〈촛불집회 10대 참가자들의 참여 경험과 주체 형성〉.《경제와 사회》 80. 68~109쪽.

임규철. 2002. 〈정보화사회에서의 개인정보자기결정권에 대한 연구〉.《헌법학연구》 8(3). 231~260쪽.

임영일. 1985. 〈그람시의 헤게모니론과 이행의 문제틀〉.《국가, 계급, 헤게모니 — 그람시 사상연구》. 풀빛.

장세훈. 2003. 〈수도권 문제, 집중과 분산의 동학〉.《경제와 사회》 60. 40~66쪽.

정태석. 2009. 〈광우병 반대 촛불집회에서 사회구조적 변화 읽기〉.《경제와 사회》 81. 251~272쪽.

〈서로 존중하는 세계 '싸이월드'〉.《조선일보》. 2004년 3월 13일.

조정환. 2009.《미네르바의 촛불》. 갈무리.

조희연. 2008. 〈민주주의의 지구적 차원〉.《경제와 사회》 79. 10~37쪽.

진중권. 2008. 〈개인방송의 현상학〉.《문화과학》 55. 170~181쪽.

최장집. 1985. 〈그람시의 헤게모니 이론〉.《국가이론과 분단한국》. 한울.

최현·김지영. 2007. 〈구조, 의미틀과 정치적 기회〉.《경제와 사회》 75. 251~281쪽.

페미아, 조셉. 1985. 〈그람시 사상에 있어서 헤게모니와 의식〉. 임영일 엮음,《국가, 계급, 헤게모니 — 그람시 사상 연구》. 풀빛.

하비, 데이비드. 2005.《신자유주의 — 간략한 역사》. 한울아카데미.

하연섭·주재현·강민아·나태준·장지호. 2006. 〈사회의사결정구조의 개선 — 담론구조와 틀짓기 개념을 중심으로〉. 한국행정학회 2006년도 학술대회 발표논문집. 323~352쪽.

한국인터넷진흥원. 2008.《2007년 도메인관련 국제동향 보고서》. 한국인터넷진흥원.

한국정보보호진흥원. 2003.《2002 개인정보분쟁조정사례집》. 한국정보보호진흥원.

_____. 2004a.《인터넷 거버넌스환경의 정보보호정책 프레임워크에 관한 연구》. 한국정보보호진흥원.

_____. 2004b.《2003 개인정보분쟁조정사례집》. 한국정보보호진흥원.

_____. 2004c.《2004 개인정보분쟁조정사례집》. 한국정보보호진흥원.

_____. 2005.《2005 개인정보분쟁조정사례집》. 한국정보보호진흥원.

_____. 2006.《2006 개인정보분쟁조정사례집》. 한국정보보호진흥원.

현대원·박창신. 2004.《퍼스널 미디어》. 디지털미디어리서치.

한상진. 2005. 〈사이버공동체의 출현과 확산〉. 이종구·조형제·정준영 외 지음,《정보사회의 이해》. 미래M&B.

홍성태. 2003. 〈사이버공간의 변화와 사회운동〉.《경제와 사회》 58(2). 146~165쪽.

홍성태. 2008. 〈촛불집회와 민주주의〉.《경제와 사회》 80. 10~39쪽.

황진태. 2011. 〈2008년 촛불집회시위의 공간성에 관한 고찰〉.《경제와 사회》 90. 262~289쪽.

2. 언론 자료

〈매트릭스 라이프 — 블로그, 사이버 노출증〉.《동아일보》. 2004년 2월 1일.

〈1촌 맺으실 분~~회원 900만명 '싸이' 열풍〉.《동아일보》. 2004년 8월 1일.

〈디지털 키즈 — 거리낌없는 사생활 공개〉.《동아일보》. 2005년 2월 1일.

3. 국외 문헌

Albrecht, Steffen. 2006. "Whose Voice is Heard in Online Deliberation?: A Study of Participation and Representation in Political Debates on the Internet." *Information, Communication & Society* 9(1). pp. 62~82.

Albrechtslund, Anders. 2008. "Online Social Networking as Participatory Surveillance." *First Monday* 13(3). http://firstmonday.org/htbin/cgiwrap/bin/ojs/index.php/fm/article/viewArticle/2142/1949.

Allbery, Russ. 2000. "The Big Eight Newsgroup Creation Process." http://www.eyrie.org/≫eagle/faqs/big-eight.html.

Antonova, Slavka. 2007. "Power and Multistakeholderism: The ICANN Experiment." Paper presented at Global Internet Governance Academic Network Second Annual

Symposium, Rio De Janeiro, November 2007.

Arendt, Hannah. 1958. *The Human Condition*. Chicago: University of Chicago Press.

Baringhorst, Sigrid. 2008. "Political Protest on the Net." *German Policy Studies* 4. pp. 63~93.

Barnes, Barry. 1974. *Scientific Knowledge and Sociological Theory*. London: RKP.

Barnes, Susan. 2006. "A Privacy Paradox: Social Networking in the United States." *First Monday* 11(9). http://firstmonday.org/issues/issue11_9/barnes/index.html.

Barr, Dave. 2000. So You Want to Create an Alt Newsgroup. http://www.faqs.org/faqs/alt-creation-guide/index.html.

Baudrillard, Jean. 1993. *Symbolic Exchange and Death*, trans. I. H. Grant, London: Sage.

_____. 1994. *Simulacra and Simulation*, trans S. F. Glaser, Ann Arbor: the University of Michigan Press.

Baym, Nancy. 1995. "The Emergence of Community in Computer-Mediated Communication", in S. Jones (ed.) *CyberSociety: Computer-Mediated Communication and Community*. pp. 138~163. London: Sage.

Baym, Nancy K. 1997. "Interpreting Soap Operas and Creating Community: Inside an Electronic Fan Culture." in *Culture of the Internet*, ed. S. Kiesler, pp. 103~120. NJ: Lawrence Erlbaum Associates.

Beck, Ulrich. 1997. *The Reinvention of Politics: Rethinking Modernity in the Global Social Order.* Cambridge: Polity Press.

Beck, Ulrich, Anthony Giddens, and Scott Lash. 1994. *Reflexive Modernization*. Cambridge: Polity Press.

Beckett, Charlie. 2011. "After Tunisia and Egypt: Towards a New Typology of Media and Networked Political Change." [Online] http://www.charliebeckett.org/?p=4033.

Beer, David. 2008. "Social Network(ing) Sites...Revisiting the Story So Far: A Response to Danah Boyd & Nicole Ellison." *Journal of Computer-Mediated Communication* 13. pp. 516~529.

Beer, David and Burrows, Roger. 2007. "Sociology and, of and in Web 2.0: Some Initial Considerations." *Sociological Research Online* 12(5). http://www.socresonline.org.uk/12/5/17.html.

Bekkers, Victor, Henri Beunders, Arthur Edwards, and Rebecca Moody. 2011. "New Media, Micromobilization, and Political Agenda Setting: Crossover Effects in Political Mobilization and Media Usage." The Information Society 27. pp. 209~219.

Bellman, Steven, Eric Johnson, Stephen Kobrin and Gerald Lohse. 2004. "International Differences in Information Privacy Concerns: A Global Survey of Consumers." The *Information Society* 20. pp. 313~324.

Benedikt, Michael. 1991. "Introduction." In M. Benedikt (ed.), *Cyberspace: First Steps*. pp. 1~25. MA: MIT Press.

Benford, Robert and David Snow. 2000. "Framing Processes and Social Movements: An

Overview and Assessment." *Annual Review of Sociology* 26. pp. 611~639.

Benhabib, Seyla. 1996. Toward a Deliberative Model of Democratic Legitimacy. In. S. Benbabib (ed.) *Democracy and Difference: Contesting the Boundaries of the Political*, pp. 67~94. NJ: Princeton University Press.

Benjamin, Walter. 1968. *Illuminations*. NY: Harcourt, Bruce and World, Inc.

Benn, Stanley and Gerald Gaus. 1983. "The Public and the Private: Concepts and Action." in S. Benn and G. Gaus (eds.). *Public and Private in Social Life*. pp. 3~30. NY: St. Martin's Press.

Bennett, Colin. 1992. *Regulating Privacy: Data Protection and Public Policy in Europe and the United States*. Ithaca: Cornell University Press.

Bennett, Colin and Charles Raab. 1996. "The Adequacy of Privacy: The European Union Data Protection Directive and the North American Response." *The Information Society* 13. pp. 245~263.

Bennett, Colin and Charles Raab. 2006. *The Governance of Privacy: Policy Instruments in Global Perspective*. London: MIT Press.

Bennett, Lance. 2004. "Communicating Global Activism: Strengths and Vulnerabilities of Networked Politics." *Cyberprotest: New Media, Citizens and Social Movements*. London: Routledge.

Bennett, Lance and Alexandra Segerberg. 2011. "Digital Media and the Personalization of Collective Action: Social Technology and the Organization of Protests against the Global Economic Crisis." *Information, Communication & Society* 14(6). pp. 770~799.

Bernstorff, Jochen. 2003. "Democratic Global Internet Regulation?: Governance Networks, International Law and the Shadow of Hegemony." *European Law Journal* 9(4). pp. 511~526.

Berzonsky, Michael and Joseph Ferrari. 1996. "Identity Orientation and Decisional Strategies." *Personality and Individual Differences* 20. pp. 597~606.

Blanchette, Jean-Francois and Johnson, Deborah. 2002. "Data Retention and the Panoptic Society: The Social Benefits of Forgetfulness." *The Information Society* 18(1). pp. 33~45.

Bloor, David. 1976. *Knowledge and Social Imagery*. London: RKP.

Bortree, D. S. 2005. "Presentation of Self on the Web: An Ethnographic Study of Teenage Girls' Weblogs." *Education, Communication & Information* 5(1). pp. 25~39.

Boyd, Danah and Nicole Ellison. 2007. "Social Network Sites: Definition, History, and Scholarship." *Journal of Computer-Mediated Communication(JCMC)* 13(1). article 11. http://jcmc.indiana.edu/vol13/issue1/boyd.html

Brown, Robbie. 2006. "Social Networking Gets Political." *Newsweek*.

Bryant, S., Forte, A., Bruckman, A. 2005. "Becoming Wikipedian: Transformation of Participation in a Collaborative Online Enciclopedia." In Proceedings of GROUP 2005.

Bumgarner, Brett. 2007. "You Have Been Poked: Exploring the Uses and Gratifications of Facebook Among Emerging Adults." *First Monday* 12(11). http://firstmonday.org/htbin/cgiwrap/bin/ojs/index.php/fm/article/viewArticle/2026/1897

Bumgarner, Lee S. 1995. "The Great Renaming 1985~1988." http://www.vrx.net/usenet/history/rename.html.

Burkhalter, Byron. 1999. "Reading Race Online: Discovering Racial Identity in Usenet Discussions." in M. Smith and P. Kollock (eds.) *Communities in Cyberspace*. pp. 60~75. NY: Routledge.

Burrows, Roger, Sarah Nettleton, Nicholas Pleace, Brian Loader, & Steven Muncer. 2000. "Virtual Community Care? Social Policy and the Emergence of Computer Mediated Social Support." *Information, Community & Society* 3(1). pp. 95~121.

Byrne, Dara. 2007. "Public Discourse, Community Concerns, and Civic Engagement: Exploring Black Social Networking Traditions on BlackPlanet.com." *Journal of Computer-Mediated Communication(JCMC)* 3(1). article 16. http://jcmc.indiana.edu/vol13/issue1/byrne.html.

Calame, Eugene A. 2000. "Guides For Creating Newsgroups." http://homepages.go.com/≫eacalame/create.html.

Carnevale, Peter J. and Tahira M. Probst. 1996. "Conflict on the Internet." *in Culture of the Internet,* edited by S. Kiesler. pp. 233~255. NJ: Lawrence Erlbaum Associates Publishers.

Carthy, Victoria and Jake Onyett. 2006. "Protest, Cyberactivism and New Social Movements: The Reemergence of the Peace Movement Post 9/11." *Social Movement Studies* 5(3). pp. 229~249.

Castella, Orengo V., Zornoza A. M. Abad, Prieto F. Alonso, & Peiro J. M. Silla. 2000. "The Influence of Familiarity among Group Members, Group Atmosphere and Assertiveness on Uninhibited Behavior through Three Different Communication Media." *Computers in Human Behavior* 16. pp. 141~159.

Cate, Fred. 1997. *Privacy in the Information Age*. Washington, D. C: Brookings Institution Press.

Cerulo, Karen. 1997. "Reframing Sociological Concepts for a Brave New (Virtual) World." *Sociological Inquiry* 67(1). pp. 48~58.

Cerulo, Karen & Janet Ruane. 1998. "Coming Together: New Taxonomies for the Analysis of Social Relations." *Sociological Inquiry* 68(3). pp. 398~425.

Chandler, Daniel. 2004. "Identities under Construction." Paper submitted for the Open University course reader The Art of English.

Chandler, Daniel and Dilwyn Robert-Young. 2000. "The Contruction of Identity in the Personal Homepages of Adolescents." http://www.aber.ac.uk/media/Documents/short/strasbourg.htm

Chesebro, James. 1985. "Computer-Mediated Interpersonal Communication." In B. D. Ruben (ed.), *Information and Behavior*. pp. 202~222. New Brunswick, NJ: Transaction Books.

Chesney, Thomas. 2006. "An Empirical Examination of Wikipedia's Credibility." *First Monday* 11(11).

Clarke, Roger. 1988. "Information Technology and Dataveillance." *Communications of ACM* 31(5). pp. 498~512.

Coget, J. F., Y. Yamauchi and M. Suman. 2002. "The Internet, Social Networks and Loneliness," *IT & Society* 1(1). pp. 180~201. http://www.stanford.edu/group/siqss/itandsociety/v01i01/v0101a12.pdf.

Collins, H. and S. Yearley. 1992. "Epistemological Chicken". in A. Pickering (ed.) *Science as Practice and Culture*. Chicago: Chicago University Press.

Connery, Brian A. 1997. "IMHO: Authority and Egalitarian Rhetoric in the Virtual Coffeehouse." in D. Porter. (ed.) *Internet Culture*. pp. 161~179. London: Routledge.

Constant, David, Lee Sproull, & Sara Kiesler. 1996. "The Kindness of Strangers: The Usefulness of Electronic Weak Ties for Technical Advice." *Organization Science* 7(2). pp. 119~135.

Coser, Lewis. 1956. *The Functions of Social Conflict*. London: The Free Press of Glencoe.

Cox, Robert. 1996. "Structural Issues of Global Governance: Issue for Europe." in R. Cox and T. Sinclair. *Approaches to World Order*. Cambridge: Cambridge University Press.

Cross, Tom. 2006. "Puppy Smoothies: Improving the Reliability of Open, Collaborative Wikis." *First Mondy* 9(4).

Culnan, Mary J. & Markus, M. Lynne. 1987. "Information Technologies." in F.M. Jablin, L. L. Putnam, K. H. Roberts, & L. W. Porter (eds.) *Handbook of Organizational Communication: An Interdisciplinary Perspective*. pp. 420~443. CA: Sage.

Curtis, Terry. 2004. "Two Views From the Summit." *Prometheus* 22(3). pp. 259~265.

Dahlberg, Lincoln. 1998. "Cyberspace and the Public Sphere: Exploring the Democratic Potential of the Net." *Convergence* 4(1). pp. 70~84.

Dahlberg, Lincoln. 2001. "Computer-Mediated Communication and the Public Sphere: A Critical Analysis." *Journal of Computer-Mediated Communication* 7(1). http://www.ascusc.org/jcmc/vol7/issue1/dahlberg.html.

Daniel, Stephen. 1993. "Re: History of poor man''s Arpanet." Archive for the History of Usenet Mailing List. Jan. 26. http://communication.ucsd.edu/bjones/Usenet.Hist/Nethist/0222.html

Davis, Char. 1998. "Changing Space: Virtual Reality as an Arena of Embodied Being." in J. Beckmann (ed.). *The Virtual Dimension: Architecture, Representation, and Crash Culture*. pp. 144~155. NY: Princeton Architectural Press.

Davis, Richard. 1999. *The Web of Politics: The Internet's Impact on the American Political System*. Oxford: Oxford University Press.

Davies, Simon. 1998. "Re-Engineering the Right to Privacy: How Privacy Has Been

Transformed from a Right to a Commodity." in P. Agre and M. Rotenberg (ed.) *Technology and Privacy*. pp. 260~274. MA: MIT Press.

de Goede, Mareke. 1996. "Ideology in the US Welfare Debate: Neo-Liberal Representations of Poverty." *Discourse & Society* 7(3). pp. 317~357.

Denebeim, Jay. 1999. "Re: The Usenet, democracy, and procedures." Usenet Newsgroup: news. groups. Nov. 1.

Diani, Mario. 2000. "Social Movement Networks Virtual and Real." *Information, Communication & Society* 3(3). pp. 386~401.

Dingwerth, Klau and Philipp Pattberg. 2006. "Global Governance as a Perspective on World Politics." *Global Governance* 12. pp. 185~203.

Dippold, Ron. 1995. "Usenet newsgroup creation companion." Usenet Newsgroups: news. groups, news.announce,newusers, news.answers. 23 March.

Donath, Judith. 2007. "Signals in Social Supernets." *Journal of Computer-Mediated Communication* 13(1). article 12. http://jcmc.indiana.edu/vol13/issues1/donath.html.

Donk, Wim Van, Brian Loader, Paul Nixon and Dieter Rucht. 2004. "Introduction: Social Movements and ICTs." in Dont et al. (ed.) *Cyberprotest: New Media, Citizens and Social Movements*. pp. 1~26. London: Routledge.

Döring, Nicola. 2002. "Personal Home Pages on the Web: A Review of Research." *Journal of Computer-Mediated Communication(JCMC)* 7(3). http://www.ascusc.org/jcmc/vol7/issue3/doering.html

Down, Anthony. 1957. *An Economic Theory of Democracy*. New York.

Downey, John and Natalie Fenton. 2003. "New Media, Counter Publicity and the Public Sphere." *New Media & Society* 5(2). pp. 185~202.

Drissel, David. 2006. "Internet Governance in a Multipolar World: Challenging American Hegemony." *Cambridge Review of International Affairs* 19(1). pp. 105~120.

Dryzek, John. 2005. "Deliberative Democracy in Divided Societies." *Political Theory* 33(2). pp. 218~242.

Duguid, Paul. 2006. "Limits of Self-Organization: Peer Production and 'Laws of Quality'". *First Monday* 11(10).

Dutton, William and Peltu, Malcome. 2007. "The Emerging Internet Governance Mosaic: Connecting the Pieces." *Information Polity* 12. pp. 63~81.

Dwyer, Catherine. 2007. "Digital Relationships in the 'MySpace' Generation: Results from a Qualitative Study." Proceedings of the 40th Hawaii International Conference on System Sciences, p. 19. http://csis.pace.edu/~dwyer/research/DwyerHICSS2007.pdf.

Ekebald, Eva. 1999. "The Emergence and Decay of Multilogue: Self-Regulation of a Scholarly Mailinglist." Paper presented in the Symposium: Time and Coordination in a Virtual Community of Learners. European Association for Research on Learning and Instruction Conference (EARLI 99): Advancing Learning Communities in the New

Millennium, Goteborg, Sewden, August 24~28 1999. http://hem.fyristorg.com/evaek/writings/earli99/multdyn.html.

Elmer, Greg. 2003. "A Diagram of Panoptic Surveillance." *New Media & Society* 5(2). pp. 231~247.

Ethier, Kathleen and Kay Deaux. 1994. 'Negotiating Social Identity When Contexts Change: Maintaining Identification and Responding to Threat." *Journal of Personality and Social Psychology* 67(2). pp. 243~251.

Etzioni, Amitai and Oren Etzioni. 1999. "Face-to-Face and Computer-Mediated Communities, A Comparative Analysis." *The Information Society* 15. pp. 241~248.

Fairclough, Norman. 2003. *Analysing Discourse: Textual Analysis for Social Research.* London: Routledge.

Featherstone, Mike & Roger Burrows. 1995. "Cultures of Technological Embodiment: an Introduction." In M. Featherstone & R. Burrow(eds.). *Cyberspace/Cyberbodies/Cyberpunk: Cultures of Technological Embodiment.* pp. 1~20. London: Sage.

Fernback, Jan. 1999. "There Is a There There: Notes Toward a Definition of Cybercommunity." In S. G. Jones(ed.) *Doing Internet Research: Critical Issues and Methods for Examining the Net.* pp. 203~220. London: SAGE

Fernback, Jan & Brad Thompson. "Virtual Communities: Abort, Retry, Failure?" http://www.well.com/user/hlr/texts/Vccivil.htm

Fischer-Hubner, Simone. 1998. "Privacy and Security at Risk in the Global Information Society." *Information, Communication & Society* 1(4). pp. 420~441.

Foster, David. 1997. "Community and Identity in the Electronic Village." In D. Porter(ed.). *Internet Culture.* pp. 23~37. London: Routledge.

Finlayson, Alan. 1999. "Language." pp. 47~68 in Fidelma Ashe et al.(eds.) *Contemporary Social and Political Theory: An Introduction.* Buckingham: Open University Press.

Flaherty, David. 1998. "Controlling Surveillance: Can Privacy Protection be Made Effective?" in P. Agre and M. Rotenberg (ed.). *Technology and Privacy.* pp. 167~192. MA: MIT Press.

Franzen, A. 2002. "Social Capital and the New Communication Technologies." In J. Katz (ed.) *Machines that Become Us.* pp. 105~116. NJ: Transaction Publishers.

Froomkin, Michael and Lemley, Mark. 2001. "ICANNand Antitrust." A paper presented at TPRC 29th Research Conference on Communication, Information, Cabbages, and Kings. October 2001.

Gabriel, Yiannis. 1998. "An Introduction to the Social Psychology of Insults in Organizations." *Human Relations* 51. pp. 1329~1354.

Gandy, Oscar. 1996. "Coming to Terms with the Panoptic Sort." in D. Lyon and E. Zureik (eds.). *Computers, Surveillance, and Privacy.* pp. 132~155. Minneapolis: University of Minnesota Press.

Garfinkel, Simson. 2001. *Database Nation*. CA: O'Reilly & Associates.

Garrett, Kelly. 2006. "Protest in an Information Society: A Review of Literature on Social Movements and New ICTs." *Information, Communication & Society* 9(2). pp. 202~224.

Gastil, John. 1992. "Undemocratic Discourse: A Review of Theory and Research on Political Discourse." *Discourse & Society* 3(4). pp. 469~500.

Gavison, Ruth. 1983. "Information Control: Availability and Exclusion." in S. Benn and G. Gaus (eds.). *Public and Private in Social Life*. pp. 113~134. NY: St. Martin's Press.

Genosko, Gary. 1999. *McLuhan and Baudrillard*. NY: Routledge.

Gerlach, L. and V. Hine. 1970. *People, Power, Change: Movements of Social Transformation*. Indianapolis: Bobbs-Merill.

Giddens, Anthony. 1994. *Beyond Left and Right*. Cambridge: Polity Press.

Giles, Jim. 2005. "Internet Encyclopaedias Go Head to Head." *Nature* volume 438, number 7070 (15 December). pp. 900~901. http://www.nature.com/nature/journal/v438/n7070/full/438900.html.

Gimenez, Martha. 1997. "The dialectics between the real and the virtual." In J. E. Behar(ed.), *Mapping Cyberspace: Social Research on the Electronic Frontier*. pp. 79~93. Dowling Studies in the Humanities and the Social Sciences.

Gladwell, Malcolm. 2010. "Small Change: Why The Revolution Will Not Be Tweeted." *The New Yorker*.

Goffman, Erving. 1959. *The Presentation of Self in Everyday Life*. New York: Doubleday.

Gordenker, Leon and Weiss, Thomas. 1996. "Pluralizing Global Governance: Analytical Approaches and Dimensions." in T. Weiss and L. Gordenker (eds.) *NGOs, the UN, and Global Governance*. p. 17. Boulder: Westview.

Gotlieb, Calvin. 1996. "Privacy: A Concept Whose Time Has Come and Gone." in D. Lyon and E. Zureik (eds.). *Computers, Surveillance, and Privacy*. pp. 156~174. Minneapolis: University of Minnesota Press.

Gould, Carol. 1996. "Diversity and Democracy: Representing Differences." in S. Benhabib (ed). *Democracy and Difference: Contesting the Boundaries of the Political*. pp. 171~187. Princeton: Princeton University of Press.

Gowan, Peter. 1999. *The Global Gamble: Washington's Faustian Bid for World Dominance*. London: Verson.

Gramsci, Antonio. 1971. *Selections from the Prison Notebooks*. NY: International Publishers.

Grosswiler, Paul. 1998. *The Method is the Message: Rethinking McLuhan Through Critical Theory*. NY: Black Rose Books.

Gutmann, Amy and Dennis Thompson. 1996. *Democracy and Disagreement*. Cambridge: Harvard University Press.

Habermas, Jurgen. 1989. *The Structural Transformation of the Public Sphere*. Cambridge: Polity.

Hacker, K and J. van Dijk (eds). 2000. *Digital Democracy: Issues of Theory and Practice*.

Thousand Oaks: Sage.

Halavais, Alex. 2004. "The Isuzu Experiment." blog entry at A Thaumaturgical Compendium (29 August). http://alex.halavais.net/index.php?p=794

Hall, Kira. 1996. "Cyberfeminism." in S. C. Herring (ed). *Computer-Mediated Communication: Linguistic, Social, and Cross-Cultural Perspectives.* pp. 147~170. Philadelphia: J. Benjamins.

Hardy, Henry E. 1993a. "The Usenet system." http://eng.hss.cmu.edu/Internet/Hardy-Usenet-System.txt

_____. 1993b. "The history of the Net." http://eng.hss.cmu.edu/internet/Hardy-History-of-Net.txt i

Hardy, Michael. 2002. "Life Beyond the Screen: Embodiment and Identity Through the Internet." *The Sociological Review* 2002. pp. 570~85.

Harlow, Summer and Harp Dustin. 2012. "Collective Action on the Web: A Cross-Cultural Study of Social Networking Sites and Online and Offline Activism in the United State and Latin America." *Information, Communication & Society* 15(2). pp. 196~216.

Hauben, Michael, and Hauben, Ronda. 1997. *Netizens: On the history and impact of Usenet and the Internet.* Los Angeles: IEEE Computer Society Press.

Hay, Colin. 2000. "Contemporary Capitalism, Globalization, Regulation and the Persistence of National Variation." *Review of International Studies* 26(4). pp. 509~531.

Hay, Colin and Ben Rosamond. 2002. "Globalization, European Integration and the Discursive Construction of Economic Imperatives." *Journal of European Public Policy* 9(2). pp. 147~167.

Heim, Michael. 1998. *Virtual Realism.* NY: Oxford University Press.

Held, David. 1996. *Models of Democracy.* Cambridge: Polity Press.

Herrring, Susan. 1999. "Interactional Coherence in CMC." *Journal of Computer-Mediated Communication(JCMC)* 4(4). http://www.ascusc.org/jcmc/vol4/issue4/herring.html

Herring, S. C., Scheidt, L. A., Bonus, S., and Wright, E. 2005. "Weblogs as a Bridging Genre." *Information, Technology & People* 18(2). pp. 142~171.

Hevern, V. W. 2004. "Threaded Identity in Cyberspace: Weblogs and Positioning in the Dialogical Self." *Identity: An International Journal of Theory and Research* 4(4). pp. 321~335.

Hill, K. A. and Hughes, J. E. 1998. *Cyberpolitics: Citizen Activism in the Age of the Internet.* Lanham: Rowman & Littlefield.

Hiltz, Starr, MUrray Turoff, and Kenneth Johnson. 1989. "Experiments in Group Decision Making, 3: Disinhibition, Deindividuation, and Group Process in Pen Name and Real Name Computer Conferences." *Decision Support Systems* 5. pp. 217~232.

Hlebec, Valentina, Katja Manfreda, Vasja Vehovar. 2006. "The Social Support Networks of Internet Users." *New Media & Society* 8(1). pp. 9~32.

Holub, Renate. 1992. *Antonio Gramsci: Beyond Marxism and Postmodernism*. NY: Routledge.

Honig, Bonnie. 1996. "Difference, Dilemmas, and the Politics of Home." in S. Benhabib(ed.) *Democracy and Difference*. pp. 257~277. Princeton: Princeton University Press.

Hornsby, Anne. 2001. "Surfing the Net for Community: A Durkheimian Analysis of Electronic Gatherings." In P. Kivisto(ed.) *Illuminating Social Life*. pp. 73~115. Thousand Oaks: Pine Forge Press.

Howcroft, Debra. 1999. "The Hyperbolic Age of Information: an Empirical Study of Internet Usage." *Information, Communication & Society* 2(3). pp. 277~299.

Humphreys, Lee. 2007. "Moblie Social Networks and Social Practice: A Case Study of Dodgeball." *Journal of Computer-Mediated Communication(JCMC)* 13(1) article 17. http://jcmc.indiana.edu/vol13/issue1/humphreys.html

Ian, Bruff. 2005. "Making Sense of the Globalization Debate When Engaging in Political Economy Analysis." *BJPIR* 7. pp. 261~280.

Johnson, T. J. and Kaye, B. K. 2002. "Webeliveability: A Path Model Examining How Convenience and Reliance Predict Online Credibility." *Journalism & Mass Communication Quarterly* 79(3). pp. 619~642.

Johnson, Thomas, Barbara Kaye, Shannon Bichard, and Joann Wong. (2007). "Every Blog Has Its Day: Politically-Interested Internet Users' Perceptions of Blog Credibility." *Journal of Computer-Mediated Communication(JCMC)* 13(1) article 6. http://jcmc.indiana.edu/vol13/issue1/johnson.html.

Jones, Steve, Sarah Millermaier, Mariana Goya-Martinez, and Jessica Schuler. 2008. "Whose Space is MySpace? A Content Analysis of MySpace Profiles." *First Monday* 13(9). http://firstmonday.org/htbin/cgiwrap/bin/ojs/index.php/fm/article/viewArticle/2202/2024

Jordan, Tim. 1999. *Cyberpower: The culture and politics of cyberspace and the Internet.* New York: Routledge.

Kapoor, Ilan. 2002. "Deliberative Democracy or Agonistic Pluralism? The Relevance of the Habermas-Mouffe Debate for Third World Politics." *Alternatives* 27(2002). pp. 459~487.

Katz, E. and P. Lazarsfeld. 1955. *Personal Influence: The Part Played by People in the Flow of Mass Communication.* NY: Free Press.

Kelly, Mark. 1999. "How to create an ALT newsgroup." http://nylon.net/alt/newgroup.htm.

Kendall, Lori. 2002. *Hanging Out in the Virtual Pub.* CA: University of California Press.

Kiesler, Sara, Jane Siegel, and Timothy McGuire. 1984. "Social Psychological Aspects of Computer-Mediated Communication." *American Psychologist* 39(10). pp. 1123~1134.

Kiesler, Sara, D. Zubrow, A. M. Moses, and V. Geller. 1985. "Affect in Computer-Mediated Communication: an Experiment in Synchronous Terminal-to-Terminal Discussion." *Human Computer Interaction* 1. pp. 77~104.

Klein, Hans. 2001. "Online Social Movements and Internet Governance." *Peace Review* 13(3). pp. 403~410.

Kleinwachter, Wolfgang. 2000. "ICANN between Technical Mandate and Political Challenges." *Telecommunications Policy* 24. pp. 553~563.

Kling, Rob, Ya-ching Lee, Al Teich, and Mark S. Frankel. 1999. "Assessing Anonymous Communication on the Internet: Policy Deliberations." *The Information Society* 15. pp. 79~90.

Knapp, James. 1997. "Essaytic Messages: Internet Newsgroup as an Electronic Public Sphere." In D. Porter(ed.) *Internet Culture*. pp. 181~197. London: Routledge.

Knight, Howard. 1999. "Re: RFD, UDP Call, @Home Network Canada (IP 24.112.107.161)." Usenet Newsgroups: news.admin.netabuse.usenet, news.admin.net-abuse.misc, 23 December.

Kolko, Beth & Elizabeth Reid. 1998. "Dissolution and Fragmentation: Problems in On-Line Communities." In S. Jones(ed.), *Cybersociety 2.0*. pp. 212~229. London: Thousand Oaks.

Kollock, Peter. 1998. "The Economies of Online Cooperation: Gifts and Public Goods in Cyberspace." In M Smith and P. Kollock(eds.) *Communities in Cyberspace*. pp. 220~239. NY: Routledge.

Kummer, Markus. 2007. "The Debate on Internet Governance: From Geneva to Tunis and Beyond." *Information Polity* 12. pp. 5~13.

Lange, Patricia. 2007. "Publicly Private and Privately Public: Social Networking on YouTube." *Journal of Computer-Mediated Communication(JCMC)* 13(1) article 18. http://jcmc. indiana.edu/vol13/issue1/lange.html

Latour, B. and S. Woolgar. 1979. *Laboratory Life: The Social Construction of Scientific Facts*. NJ: Princeton University Press.

Lawrence, David C. 2000a. "BogusUsenet Groups." Usenet Newsgroups: news.announce. newgroups, news.groups, 24 January.

_____. 2000b. "How to write a good newsgroup proposal." Usenet Newsgroups: news.announce.newgroups, news.groups, 17 January.

Lea, Martin, Tim O'Shea, Pat Fung, and Russel Spears. 1992. "Flaming in Computer-Mediated Communication: Observations, Explanations, Implications." *Contexts of Computer-Mediated Communication*. pp. 89~112. NY: Harvester Weatsheaf.

Lee, Hangwoo. 2002. "No Artificial Death, Only Natural Death: The Dynamics of Centralization and Decentralization of Usenet Newsgroups." *The Information Society* 18(5). pp. 361~370.

Levinson, Paul. 1999. *Digital McLuhan: a Guide to the Information Millennium*. NY: Routledge.

Levy, Pierre. 1997. *Collective Intelligence: Mankind's Emerging World in Cyberspace*. Basic Books.

Lichtermen, P. 1996. *The Search for Political Community*. Cambridge: Cambridge University

Press.

Lips, Miriam and Koops, Bert-Jaap. 2005. "Who Regulates and Manages the Internet Infrastructure? Democratic and Legal Risks in Shadow Global Governance." *Information Polity* 10. pp. 117~128.

Liu, Hugo. 2007. "Social Network Profiles as Taste Performances." *Journal of Computer-Mediated Communication* 13(1) article 13. http://jcmc.indiana.edu/vol13/issue1/liu.html

Livingstone, Sonia. 2008. "Taking Risky Opportunities in Youthful Content Creation: Teenagers' Use of Social Networking Sites for Intimacy, Privacy and Self-Expression." *New Media & Society* 10(3). pp. 393~411.

Loader, Brian and Dan Mercea. 2011. "Networking Democracy?: Social Media Innovations and Participatory Politics." *Information, Communication and Society* 14(6). pp. 757~769.

Lockard, Joseph. 1997. "Progressive Politics, Electronic Individualism and the Myth of Virtual Reality." In D. Porter(ed.). *Internet Culture.* pp. 219~231. London: Routledge.

Lucke, Ken. 2000. "Usenet death penalty FAQ." http://www.stopspam.org/usenet/faqs/udp.html

Lombard, Matthew & Theresa Ditton. 1997. "At the Heart of It All: The Concept of Presence." *Journal of Computer-Mediated Communication(JCMC)* 3(2). http://www.ascusc.org/jcmc/vol3/issue2/lombard.html

Lyon, David. 2001. *Surveillance Society: Monitoring Everyday Life.* Buckingham: Open University Press.

_____. 1998. "The World Wide Web of Surveillance: The Internet and Off-World Power-Flows." *Information, Communication & Society* 1(1). pp. 91~105.

MacKinnon, Richard C. 1995. Searching for the Leviathan in Usenet. In *Cybersociety: Computer-mediated communication and community.* ed. S. G. Jones. pp. 112~137. London: Sage.

Magnus, P. D. 2008. "Early Response to False Claims in Wikipedia." *First Monday* 13(9).

Mansbridge, Jane. 1996. Using Power/Fighting Power: The Polity. S. Benbabib (ed.) *Democracy and Difference: Contesting the Boundaries of the Political.* pp. 46~66. NJ: Princeton University Press.

Marwick, Alice. 2008. "To Catch a Predator?: The MySpace Moral Panic." *First Monday,* 13(6). http://firstmonday.org/htbin/cgiwrap/bin/ojs/index.php/fm/article/viewArticle/2152/1966

Marx, Gary T. 1999. "What's in a Name? Some Reflections on the Sociology of Anonymity." *The Information Society* 15. pp. 99~112.

McCormick, Naomi B. and John W. McCormick. 1992. "Computer Friends and Foes: Content of Undergraduates' Electronic Mail." *Computers in Human Behavior* 8. pp. 379~405.

McDonald Kevin. 2002. "From solidarity to Fluidarity: Social Movements beyond 'Collective

Identity' — the case of globalization conflicts." *Social Movement Studies* 9(2). pp. 109~128.

McHenry, Robert. 2004. "The Faith-Based Encyclopedia." Tech Central Station, November 15, 2004.

McLaughlin, Margaret L., Kerry K. Osborne, and Nicole B. Ellison. 1997. "Virtual Community in a Telepresence Environment." in S. Jones (ed.) *Virtual Culture: Identity and Communication in Cybersociety*. pp. 146~168. London: Sage

McLaughlin, Margaret L., Osborne, Kerry K., and Smith, Christine B. 1995. Standards of conduct on Usenet. In S. G. Jones (ed.) *Cybersociety: Computermediated communication and Community*. pp. 90~111. London: Sage.

McLuhan, Marshall. 1964. *Understanding Media: Extension of Man*. MA: MIT press.

Mehta, Michael D., and Plaza, Dwaine E. 1997. "Pornography in cyberspace: An exploration of what's in USENET." In S. Kiesler (ed.) *Culture of the Internet*. pp. 53~67. NJ: Lawrence Erlbaum Associates.

Melucci, A. 1996. *Challenges Codes: Collective Action in the Information Age*. Cambridge: Cambridge University Press.

Mestdagh, C and Rijgersberg, W. 2007. "Rethinking Accountability in Cyberspace: A New Perspective on ICANN." *International Review of Law Computer and Technology* 21(1). pp. 27~38.

Meyrowitz, Joshua. 1985. *No Sense of Place*. New York: Oxford Univ. Press

Miller, Daniel and Don Slater. 2000. *The Internet: an Ethnographic Approach*. Oxford: Oxford University Press.

Miliard, Mike. 2008. "Wikipediots: Who Are These Devoted, Even Obsessive Contributors to Wikipedia?". Salt Lake City Weekly (2008-03-01). http://www.cityweekly.net/utah/article-5129-feature-wikipediots-who-are-these-devoted-even-obsessive-contributors-to-wikipedia.html. Retrieved on 2009-2-18.

Mitchell, William. 1995. "Public Life in Electropolis: Dialogue on Virtual Communities." http://www.feedmag.com/95.08dialog/95.08dialog1.html.

Mitra, A. and E. Cohen. 1999. "Analyzing the Web." In S. Jones (ed.) *Doing Internet Research: Critical Issues and Methods for Examining the Net*. pp. 179~202. London: Sage Publication.

Mouffe, Chantal. 1993. *The Return of the Political*. London: Verso.

_____. 2000. *The Democratic Paradox*. London: Verso.

_____. 2005. *On the Political*. London: Verso.

Moursund, Janet. 1997. "SANCTUARY: Social Support on The Internet." In J. E. Behar(ed.), *Mapping Cyberspace: Social Research on the Electronic Frontier*. pp. 53~78. Dowling Studies in the Humanities and the Social Sciences.

Mueller, Milton. 1998. "The Battle Over Internet Domain Names: Global or National TLDs?"

Telecommunication Policy 22(2). pp. 89~107.

_____. 2001a. "Rough Justice: A Statistical Assessment of ICANN's Uniform Dispute Resolution Policy." *The Information Society* 17. pp. 151~163.

_____. 2001b. "Competing DNS Roots: Creative Destruction or Just Plain Destruction?" Paper presented at TPRC 29th Research Conference on Communication, Information, Cabbages, and Kings. October 2001.

Mueller, Milton and Lee, McKnight. 2004. "The Post-.COM Internet: Toward Regular and Objective Procedures for Internet Governance." *Telecommunication Policy* 28. pp. 487~502.

Mueller, Miltion, Mathiason, John, and Klein, Hans. 2007. "The Internet and Global Governance: Principles and Norms for a New Regime." *Global Governance* 13. pp. 237~254.

Murphy, Craig. 2000. "Global Governance: Poorly Done and Poorly Understood." *International Affairs* 76(4). pp. 789~803.

Myers, David. 1987. "A New Environment for Communication Play: On-line Play." in G. A. Fine. Champaign (ed.) *Meaningful Play, Playful Meaning*. pp. 231~245. IL: Human Kinetics Publishers.

Naughton, John. 2002. "Contested Space: The Internet and Global Civil Society." pp. 147~168 in *Global Civil Society*.

Niessenbaum, Helen. 1997. "Toward an Approach to Privacy in Public: Challenges of Information Society." *Ethics & Behavior* 7(3). pp. 207~219.

Neus, Andreas. 2001. "Managing Information Quality in Virtual Communities of Practice." Paper presented at IQ 2001: The 6th International Conference on Information Quality at MIT. http://opensource.mit.edu/papers/neus.pdf.

Noguchi, Yuki. 2006. *In Teens' Web World, MySpace is So Last Year*. Washingon Post.

Nordhaug, Kristen. 2002. "Globalization and the State: Theoretical Paradigm." *The European Journal of Development Research* 14(1). pp. 5~27.

Noveck, Beth. 2004. "Unchat: Democratic Solution for a Wired World" in P. Shane(ed.) *Democracy Online: The Prospects for Political Renewal Through the Internet*. pp. 21~34. NY: Routlede.

Oetzel, John. 1998. "Explaining Individual Communication Processes in Homogeneous and Heterogeneous Groups Through Individualism-Collectivism and Self-Construal." *Human Communication Research* 25. pp. 202~224.

Oetzel, John, Stella Ting-Toomey, and Yumiko Yokuchi. 2000. "A Typology of Facework Behaviors in Conflicts with Best Friends and Relative Strangers." *Communication Quarterly* 48(4). pp. 397~419.

Oldenburg, Ray. 1999. *The Great Good Places*. NY: Marlowe & Company.

O'Reilly, Tim. 2005. "What is Web 2.0: Design Patterns and Business Models for the Next

Generation of Software." [Online] http://www.oreilly.com

Organization for Economic Cooperation and Development(OECD). 1980. *OECD Guidelines on the Protection of Privacy and Transborder Data Flows of Personal Data.* Paris: OECD.

Ostrom, Elinor. 1990. *Governing the commons: The evolution of institutions for collective action.* Cambridge: Cambridge University Press.

Papacharissi, Zizi. 2002. "Democracy Online: Civility, Politeness, and the Democratic Potential of Online Political Discussion." *New Media & Society* 6(2). pp. 259~283.

Parks, Malcome R. & Kory Floyd. 1996. "Making Friends in Cyberspace." *Journal of Computer-Mediated Communication(JCMC)* 1(4). [Online] http://www.ascusc.org/jcmc/vol1/issue4/parks.html.

Petric, Gregor. 2003. "Freedom on the Net: Theoretical and Empirical Assessment of Diverse Social Usage of Personal Web Site." Paper presented at the AOIR conference "Broadening the Band", 16~19.10., 2003. Toronto. http://www.unilj.si/~fdpetricgr/paper_pws.html

Pew Internet & American Life Project. 2007. *Data Memo: 36% of Online American Adults Consult Wikipedia.*

_____. 2009. *Pew Internet Project Memo: Adults and Social Network Websites.*

Pfaffenberger, Bryan. 1996. "If I want it, it's OK: Usenet and the (outer) limits of free speech." The Information Society 12(4). pp. 365~386.

Pichardo, Nelson. 1997. "New Social Movements: A Critical Review." *Annual Review of Sociology* 23. pp. 411~430.

Phillips, David J. 1996. "Defending the Boundaries: Identifying and Countering Threats in a Usenet Newsgroup." *The Information Society* 12. pp. 39~62.

Polletta, Francesca and James Jasper. 2001. "Collective Identity and Social Movements." *Annual Review of Sociology* 27. pp. 283~305.

Porter, David. 1997. *Internet Culture.* NY: Routledge.

Poster, Mark. 1999. "Theorizing Virtual Reality: Baudrillard and Derrida." in Marie-Laure Ryan (ed.). *Cyberspace Textuality, Computer Technology and Literary Theory.* Indiana: Indiana University Press.

_____. 1996. "Databases as Discourse: or, Electronic Interpellations." in D. Lyon and E. Zureik (eds.) *Computers, Surveillance, and Privacy.* pp. 175~192. Minneapolis: University of Minnesota Press.

Putnam, R. 2000. *Bowling Alone: The Collapse and Revival of American Community.* New York: Simon and Schuster.

Regan, Priscilla. 2002. "Privacy As a Common Good in The Digital World." *Information, Communication & Society* 5(3). pp. 382~405.

Reiman, Jeffrey. 2004. "Driving to the Panopticon: A Philosophical Exploration of the Risks to Privacy Posed by the Information Technology of the Future." in B. Rossler (ed.)

Privacies: Philosophical Evaluations. pp. 194~214 CA: Stanford University Press.

Rheingold, Howard. 1993. *The Virtual Community.* MA: Addison &Wesley Publishing Company.

Ritz, David. 2000a. [RFD] @Home UDP proposal: A request for remedial action. Usenet Newsgroups: news.admin.net-abuse.usenet, news.admin.net-abuse.misc, 9 January.

_____. 2000b. [usenet] Announcement: @Home Usenet death penalty lifted. Usenet Newsgroup: news.admin.net-abuse.usenet, 18 January.

Robinson, William. 1998. "Beyond Nation-State Paradigms: Globalization, Sociology, and the Challenge of Transnational Studies." *Sociological Forum* 13(4). pp. 561~594.

Rogers, Kevin. 2007. "The Early Ground Offensives in Internet Governance." *International Review of Law Computers and Technology* 21(1). pp. 5~14.

Rosenau, James. 1995. "Governance in the Twenty-first Century." *Global Governance* 1(1). p. 13.

Rössler, Beate. 2004. "Privacies: An Overview." pp. 1-18. in B. Rossler (ed.). *Privacies: Philosophical Evaluations.* Stanford: Stanford University Press.

Ryan, Marie-Laure. 1999. *Cyberspace Textuality: Computer Technology and Literal Theory.* Bloomington: Indiana University Press.

Sanderson, Jimmy. 2008. "The Blog is Serving Its Purpose: Self-Presentation Strategies on 38pitches.com." *Journal of Computer-Mediated Communication* 13. pp. 912~936.

Sanger, Larry. 2004. "Why Wikipedia Must Jettison Its Anti-Elitism." Kuro5hin.org, Dec 31 2004. http://www.kuro5hin.org/story/2004/12/30/142458/25.

Sarewitz, Daniel. 1996. *Frontiers of Illusion: Science, Technology and the Politics of Progress.* Temple University Press.

Satola, David. 2007. "Legal Aspects of Internet Governance Reform." *Information Polity* 12. pp. 49~62.

Schlenker, Barry. 1986. "Self-Identification: Toward an Integration of the Private and Public Self." in R. Baumeister (ed.). *Public Self and Private Self.* pp. 21-62 London: Springer-Verlag.

Schlenker, Barry and Michael Weigold. 1992. "Interpersonal Processes Involving Impression Regulation and Management." *Annual Review of Psychology* 43. pp. 133~168.

Schneider, Steven. 1996. "A Case Study of Abortion Conversation on the Internet." *Social Science Computer Review* 14(4). pp. 373~393.

Schudson, Michael. 1997. "Why Conversation is not the Soul of Democracy." *Critical Studies in Mass Communication* 14. pp. 297~309.

Schuler, Douglas. 1996. *New Community Networks.* NY: ACM Press.

Schumpeter, Joseph. 1947. *Capitalism, Socialism and Democracy.* New York. 이상구 옮김, 《자본주의, 사회주의, 민주주의》, 삼성출판사, 1985.

Scott, A. and Stree, J. 2000. "From Media Politics to E-Protest." *Information, Communication*

& Society 3(2). pp. 215~240.

Selfe, Cynthia L. and Paul, L. Meyer. 1991. "Testing Claims for On-Line Conferences." *Written Communication* 8(2). pp. 163~192.

Shade, Leslie Regan. 1996. "Is there free speech on the net?: Censorship in the global information infrastructure." In R. Shields(ed.) *Cultures of Internet: Virtual spaces, real histories, living bodies.* pp. 11~32. London: Sage.

Shank, Gary. 1993. "Abductive Multiloguing: The Semiotic Dynamics of Navigating the Net." *The Arachnet Electronic Journal of Virtual Culture* 1(1). http://www.monash.edu.au/ journals/ejvc/shank.v1n1 (23 March, 2002)

Shapiro, Stuart. 1998. "Places and Spaces: The Historical Interaction of Technology, Home, and Privacy." *The Information Society* 14. pp. 275~284.

Shaw, David F. 1997. "Gay men and computer communication: A discourse of sex and identity in cyberspace." In S. G. Jones(ed.) *Virtual culture: Identity and communication in cybersociety.* pp. 133~145. London: Sage.

Shirky, Clay. 2011. "The Political Power of Social Media." *Foreign Affairs* 90(1). pp. 28~41.

Short, J., Williams, E. & Christie, B. 1976. *The Social Psychology of Telecommunication.* London: Wiley.

Siegel, Jane., Vitaly Dubrovsky, Sara Kiesler & Timothy McGuire. 1986. "Group Processes in Computer-Mediated Communication." *Organizational Behavior and Human Decision Processes* 37. pp. 157~187.

Slouka, Mark. 1995. *War of the Worlds: Cyberspace and the High-Tech Assault on Reality.* NY: BasicBooks.

Smart, Barry. 1992. *Modern Conditions, Postmodern Controversies.* NY: Routledge.

Smith, Paul. 2006. "The Application of Critical Discourse Analysis in Environmental Dispute Resolution." *Ethics, Place and Environment* 9(1). pp. 79~100.

Smolensky, Mark W., Meghan A. Carmody, & Charles G. Halcomb. 1990. "The Influence of Task Type, Group Structure and Extraversion on Uninhibited Speech in Computer-Mediated-Communication." *Computers in Human Behavior* 6. pp. 261~272.

Snow, D. & Benford, R. 1992. "Master Frames and Cycles of Protest." in A. Morris & McClurg Mueller(ed.) *Frontiers in Social Movement Theory.* pp. 133~156 New Haven: Yale University Press.

Snow, David, Burke Rochford, Steven Worden, and Robert Benford. 1986. "Frame Alignment Processes, Micromobilization, and Movement Participation." *American Sociological Review* 51(August). pp. 464~481.

Soukup, Charles. 2006. "Computer-Mediated Communication As a Virtual Third Place: Building Oldenburg's Great Good Places on the World Wide Web." *New Media & Society* 8(3). pp. 421~440.

Southwick, Scott, and Falk, J. D. 1998. The net abuse FAQ. http://www.cybernothing.org/

faqs/net-abuse-faq.htmli

Spafford, Gene. 1990a. The backbone. Archive for the History of Usenet Mailing List, 25 October. http://communication.ucsd.edu/bjones/Usenet.Hist/Nethist/0015.html.

Spafford, Gene. 1990b. Re: IHNP4. Archive for the History of Usenet Mailing List, 11 October. http://communication. ucsd.edu/bjones/Usenet.Hist/Nethist/0085.html.

_____. 1990c. Re: The List again :-). Archive for the History of Usenet Mailing List, 11 October. http://communication.ucsd.edu/bjones/Usenet.Hist/Nethist/0014.html.

_____. 1992. More stuff. Archive for the History of Usenet Mailing List, 28 May. http://communication.ucsd.edu/bjones/Usenet.Hist/Nethist/0128.html.

Spears, Russell & Martin Lea. 1992. "Social Influence and the Influence of the 'Social' in Computer-Mediated Communication." In M. Lea(ed.) *Contexts in Computer-Mediated Communication*. pp. 30~65. NY: Harvester-Wheatsheaf.

Sproull, Lee and Sara Kiesler. 1986. "Reducing Social Context Cues: Electronic Mail in Organizational Communication." *Management Science* 32(11). pp. 1492~1512.

Stallabrass, Julian. (1995) "Empowering Technology: The Exploration of Cyberspace." *New Left Review* 211. pp. 3~32.

Stanley, John. 1999. User's guide to the changing Usenet. http://cilwww.oce.orst.edu:8080/users.guide.

Stefanone, Michael and Chyng-Yang Jang. 2007. "Writing for Friends and Family: The Interpersonal Nature of Blogs." *Journal of Computer-Mediated Communication(JCMC)* 13(1) article 7. http://jcmc.indiana.edu/vol13/issue1/stefanone.html.

Stevens, Harold. 1999. RFD, UDP Call, @Home Network Canada(IP 24.112.107.161). Usenet Newsgroup: news.admin.net-abuse.usenet, 21 December.

Stevenson, Nick. 1995. *Understanding Media Cultures: Social Theory and Mass Communication*. London: Sage.

Stone, Allucquere. R. 1992. "Will the Real Body Please Stand Up?: Boundary Stories about Virtual Cultures." In M. Benedikt(ed.) *Cyberspace*. pp. 81~118. MA: MIT Press.

Storey, John. 1993. *Cultural Theory and Popular Culture*. 박모 옮김, 《문화연구와 문화이론》, 현실문화연구, 1999.

Stromer-Galley, Jennifer. 2003. "Diversity of Political Conversation on the Internet: User's Perspectives." *Journal of Computer-Mediated Communication* 8(3).

Sunstein, Cass. 2001. *Republic.Com*. Princeton: Princeton University Press.

Swann, William B. Jr. 1987. "Identity Negotiation: Where Two Roads Meet." *Journal of Personality and Social Psychology* 53. pp. 1038~1051.

Swann, William B. Jr., G. Hixon, A. Stein-Seroussi, and D. Gilbert, 1990. "The Fleeting Gleam of Praise: Cognitive Processes Underlying Behavioral Reactions to Self-Relevant Feedback." *Journal of Personality and Social Psychology* 59. pp. 17~26.

Swire, Peter and Litan, Robert. 1998. *None of Your Business: World Data Flows, Electonic*

Commerce, and the European Privacy Directive. Washington D. C.: Brookings Institution Press.

Tambini Damian. 1999. "New Media and Democracy: The Civic Networking Movement." *New Media & Society* 1(3). pp. 305~329.

Tapscott, Don and Anthony Williams. 2006. *Wikinomics: How Mass Collaboration Changes Everything.* NY: Portfolio.

Tesser, Abraham and Moore, Janet. 1986. "On the Convergence of Public and Private Aspects of Self." pp. 99-116. in R. Baumeister (ed.) *Public Self and Private Self.* London: Springer-Verlag.

Thompsen, Philip A., & David A. Foulger. 1996. "Effects of Pictographs and Quoting on Flaming in Electronic Mail." *Computers in Human Behavior,* 12(2). pp. 225~243.

Tilly, Charles. 2004. Social Movements: 1768-2004. London.

Tong, Stephanie, Brandon Van Der Heide, Lindsey Langwell, and Joseph Walther. 2008. "Too Much of Good Thing?: The Relationship Between Number of Friends and Interpersonal Impressions on Facebook." *Journal of Computer-Mediated Communication* 13. pp. 531~549.

Trevino, Linda K., Robert H. Lengel, Richard L. Daft. 1987. "Media Symbolism, Media Richness, and Media Choice in Organization." *Communication Research* 14(5). pp. 553~574.

Turkle, Sherry. 1995. *Life on the Screen: identity in the Age of the Internet.* NY: Simon and Schuster.

_____. 1996. "Virtuality and it's Discontents." *The American Prospect* 24. pp. 50~57.

Van Laer, Jeroen and Peter Van Aelst. 2010. "Internet and Social Movement Action Repertoires: Opportunities and Limitations." *Information, Communication and Society* 13(8). pp. 1146~1171.

Viegas, F., Wattenberg, and M., DAve, K. 2004. "Studying Cooperation and Conflict Between Authors with History Flow Visualizations." In Proceedings of CHI 2004. Vienna, Austria.

von Bernstorff, Jochen. 2003. "Democratic Global Internet Regulation?: Governance Networks, International Law and the Shadow of Hegemony." *European Law Journal* 9(4). pp. 511~526.

Vrooman, Steven. 2002. "The Art of Invective." *New Media & Society* 4(1). pp. 51~70.

Walker, Katherine. 2000. "It's Difficult to Hide It: The Presentation of Self on Internet Home Pages." Qualitative Sociology 23(1). pp. 99~120.

Wall, Melissa. 2007. "Social Movements and Email: Expressions of Online Identity in the Globalization Protests." *New Media & Society* 9(2). pp. 258~277.

Wallace, Danny and Fleet, Connie. 2005. "The Democratization of Information?: Wikipedia as a Reference Resource." *Reference & User Service Quarterly* 45(2). pp. 100~103.

Walther, Joseph B. 1992. "Interpersonal Effects in Computer-Mediated Interaction: A Relational Perspective." *Communication Research* 19(1). pp. 52~90.

_____. 1996. "Computer-Mediated Communication: Impersonal, Interpersonal, and Hyperpersonal Interaction." *Communication Research* 23(1). pp. 3~43.

Warren, Samuel D and Louis D. Brandeis. 1890. "The Right to Privacy." *Harvard Law Review* 4. pp. 193~220.

Waskul, Dennis and Mark Douglass. 1997. "Cyberself: The Emergence of Self in On-Line Chat." *The Information Society* 13. pp. 375~397.

Waters, Malcolm. 1995. *Globalization.* London: Routledge.

Watson, Nessim. 1997. "Why we argue about virtual community: a Case Study of the Phish. Net Fan Community." In S. Jones(ed.) *Virtual Culture.* pp. 102~132. London: Sage.

Weinberg, Jonathan. 2001. "ICANN, 'Internet Stability,' and New Top Level Domains." Paper presented at TPRC 29th Research Conference on Communication, Information, Cabbages, and Kings. October 2001.

Weintraub, Jeff. 1997. "The Theory and Politics of the Public/Private Distinction." in J. Weintraub and K. Kumar (eds.) *Public and Private in Thought and Practice: Perspectives on a Grand Dichotomy.* pp. 1~42. Chicago: University of Chicago Press.

Weiss, Linda. 2001. "Globalization and State Power," in Degnbol-Martinusse, John and Laurids Lauridsen (eds.) *Changing Global and Regional Conditions for Development in the Third World.* Roskilde University Center, IDS Occasional Paper No. 21.

Wellman, Berry & Milena Gulia. 1998. "Virtual Communities as Communities: Net Surfers Don't Ride Alone." In M. Smith & P. Kollock(eds.) *Communities in Cyberspace.* pp. 167~194. NY: Routledge.

Wellman, Berry, Salaff Janet, Dimitrova Dimitrina, Garton Laura, Gulia Milena, & Haythornthwaite Coroline. 1996. "Computer Networks as Social Networks: Collaborative Work, Telework, and Virtual Community." *Annual Review of Sociology* 22. pp. 213~238.

Westin, Alan. 1967. *Privacy and Freedom.* NY: Atheneum.

Whitaker, Reg. 1999. *The End of Privacy: How Total Surveillance is Becoming a Reality.* New York: New Press.

Wiklund, Hans. 2005. "A Habermasian Analysis of the Deliberative Democratic Potential of ICT-enabled Services in Swedish Municipalities." *New Media & Society* 7(5). pp. 701~723.

Wilbur, Shawn P. 2000. "An Archaeology of Cyberspaces: Virtuality, Community, Identity." In D. Bell & B. M. Kennedy(eds.) *Cybercultures Reader.* pp. 45~55. NY: Routledge.

Wilhelm, Anthony. 1998. "Virtual Sounding Boards: How Deliberative is On-Line Political Discussion?" *Information, Communication & Society* 1(3). pp. 313~338

Wodak, Ruth. 2002. "The Discourse-Historical Approach." *Methods of Critical Discourse*

Analysis. London: SAGE.

Wolf, Gary. 1996. "Channeling McLuhan: The Wired Interview with Wired's Patron Saint." *Wired* (Jan). pp. 122~131.

Wolfe, Alan. 1997. "Public and Private in Theory and Practice: Some Implications of an Uncertain Boundary." in J. Weintraub and K. Kumar(eds.). *Public and Private in Thought and Practice: Perspectives on a Grand Dichotomy.* pp. 182~203. Chicago: University of Chicago Press.

Woolley, Benjamin. 1992. *Virtual Worlds.* MA: Blackwell Publishers.

Wynn, Eleanor and James Katz. 1997. "Hyperbole over Cyberspace: Self-Presentation and Social Boundaries in Internet Home Pages and Discourse." *The Information Society* 13. pp. 297~327.

Zhao, Houlin. 2007. "Internet Governance: A Personal Perspective." Information Policy 12. pp. 39~47.

Zimbra, D., H. Chen, and A. Abbasi. 2010. "A Cyber-archaeology Approach to Social Movement Research: Framework and Case Study." *Journal of Computer-Mediated Communication* 16. pp. 48~70.

Zywica, Jolene and James Danowski. 2008. "The Faces of Facebookers: Investigating Social Enhancement and Social Compensation Hypotheses: Predicting Facebook and Offline Popularity from Sociability and Self-Esteem, and Mapping the Meaning of Popularity with Semantic Networks." *Journal of Computer-Mediated Communication* 14. pp. 1~34.

찾아보기

ㄱ

ㅇ